JN355884

지역농협 최종합격을 위한 추가 학습 자료 4종

본 교재 인강 2만원 할인쿠폰

K304AC66K2K05000

해커스잡 사이트(ejob.Hackers.com) 접속 후 로그인 ▶
사이트 메인 우측 상단 [나의 정보] 클릭 ▶
[나의 쿠폰 - 쿠폰/수강권 등록]에
위 쿠폰번호 입력 후 강의 결제 시 사용

* 쿠폰 유효기간: 2026년 12월 31일까지(ID당 1회에 한해 등록 가능)
* 본 교재 인강 외 이벤트 강의 및 프로모션 강의에는 적용 불가, 쿠폰 중복 할인 불가합니다.

NCS 수리능력 추가 연습 문제(PDF) 열람권

Y4STM92875P3CG4F

해커스잡 사이트(ejob.Hackers.com) 접속 후 로그인 ▶
사이트 메인 중앙 [교재정보 - 교재 무료자료] 클릭 ▶
교재 확인 후 이용하길 원하는 무료자료의 [다운로드] 버튼 클릭 ▶
위 쿠폰번호 입력 후 다운로드

* 쿠폰 유효기간: 2026년 12월 31일까지

농협 취업 대비 특강 수강권

E727AC6736A3E000

해커스잡 사이트(ejob.Hackers.com) 접속 후 로그인 ▶ 사이트 메인 우측 상단 [나의 정보] 클릭 ▶
[나의 쿠폰 - 쿠폰/수강권 등록]에 위 쿠폰번호 입력 ▶ [마이클래스 - 일반강좌]에서 수강 가능

* 쿠폰 유효기간: 2026년 12월 31일까지(ID당 1회에 한해 등록 가능)
* 쿠폰 등록 시점부터 30일간 수강 가능합니다.

FREE 무료 바로 채점 및 성적 분석 서비스

해커스잡 사이트(ejob.Hackers.com) 접속 후 로그인 ▶
사이트 메인 중앙 [교재정보 - 교재 채점 서비스] 클릭 ▶교재 확인 후 채점하기 버튼 클릭

* 사용 기간: 2026년 12월 31일까지(ID당 1회에 한해 이용 가능)

▲ 바로 이용

* 이 외 쿠폰 관련 문의는 해커스 고객센터(02-537-5000)로 연락 바랍니다.

해커스 지역농협 6급 NCS 인적성 및 직무능력평가 +면접 통합 기본서

해커스

지역농협 6급 필기시험, 어떻게 준비해야 하나요?

많은 수험생들이 입사하고 싶어하는 지역농협,
그만큼 많은 수험생이 입사 시 필수 관문인 지역농협 6급 필기시험을 어떻게 준비해야 할지 몰라 걱정합니다.

그러한 수험생들의 걱정과 막막함을 알기에 해커스는 수많은 고민을 거듭한 끝에 「해커스 지역농협 6급 NCS 인적성 및 직무능력평가 통합 기본서」 개정판을 출간하게 되었습니다.

「해커스 지역농협 6급 NCS 인적성 및 직무능력평가 통합 기본서」 개정판은

01 최신 출제경향을 반영한 교재로 지역농협 6급 필기시험에 보다 철저하게 대비할 수 있습니다.

02 지역별 필기시험 유형에 맞게 구성된 4회분의 실전모의고사로 자신이 응시할 지역의 최근 시험 유형에 맞춰 실전에 대비할 수 있습니다.

03 취약 유형 분석표를 통해 영역별 취약 유형을 파악하고, 해커스잡 사이트(ejob.Hackers.com)에서 무료로 제공하는 NCS 수리능력 추가 연습 문제로 수리능력을 집중적으로 학습할 수 있습니다.

「해커스 지역농협 6급 NCS 인적성 및 직무능력평가 통합 기본서」라면,
지역농협 6급 필기시험을 확실히 준비할 수 있습니다.

해커스와 함께 지역농협 6급 필기시험 관문을 넘어 최종 합격하실 '예비 농협인' 여러분께 이 책을 드립니다.

해커스 NCS 취업교육연구소

목차

PART 2 NCS 실전모의고사

PART 3 NCS 인적성검사

PART 4 면접

[부록]

[책 속의 책]

지역농협 6급 합격을 위한

여섯 가지 필승 비법

1 지역농협 6급 시험 출제경향을 파악하고 전략적으로 학습한다!

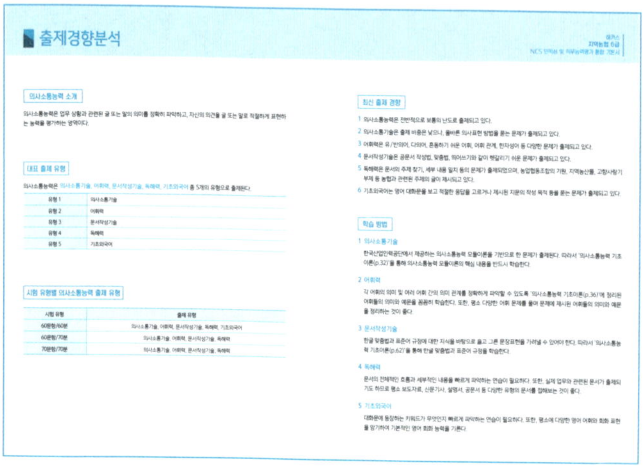

출제경향분석

해커스 지역농협 6급 NCS 인적성 및 직무능력평가 통합 기본서

의사소통능력 소개

의사소통능력은 업무 상황과 관련된 글 또는 말의 의미를 정확히 파악하고, 자신의 의견을 글 또는 말로 적절하게 표현하는 능력을 평가하는 영역이다.

대표 출제 유형

의사소통능력은 의사소통기술, 어휘력, 문서작성기술, 독해력, 기초외국어 총 5개의 유형으로 출제된다.

유형 1	의사소통기술
유형 2	어휘력
유형 3	문서작성기술
유형 4	독해력
유형 5	기초외국어

시험 유형별 의사소통능력 출제 유형

시험 유형	출제 유형
60문항/60분	의사소통기술, 어휘력, 문서작성기술, 독해력, 기초외국어
60문항/70분	의사소통기술, 어휘력, 문서작성기술, 독해력
70문항/70분	의사소통기술, 어휘력, 문서작성기술, 독해력

최신 출제 경향

1 의사소통능력은 전반적으로 보통의 난도로 출제되고 있다.
2 의사소통기술은 출제 비중은 낮으나, 올바른 의사표현 방법을 묻는 문제가 출제되고 있다.
3 어휘력은 유/반의어, 다의어, 혼동하기 쉬운 어휘, 어휘 관계, 한자성어 등 다양한 문제가 출제되고 있다.
4 문서작성기술은 공문서 작성법, 맞춤법, 띄어쓰기와 같이 헷갈리기 쉬운 문제가 출제되고 있다.
5 독해력은 문서의 주제 찾기, 세부 내용 일치 등의 문제가 출제되었으며, 농업협동조합의 기원, 지역농산물, 고향사랑기부제 등 농협과 관련된 주제의 글이 제시되고 있다.
6 기초외국어는 영어 대화문을 보고 적절한 응답을 고르거나 제시된 지문의 작성 목적 등을 묻는 문제가 출제되고 있다.

학습 방법

1 의사소통기술

한국산업인력공단에서 제공하는 의사소통능력 모듈이론을 기반으로 한 문제가 출제된다. 따라서 '의사소통능력 기초이론(p.32)'을 통해 의사소통능력 모듈이론의 핵심 내용을 반드시 학습한다.

2 어휘력

각 어휘의 의미 및 여러 어휘 간의 의미 관계를 정확하게 파악할 수 있도록 '의사소통능력 기초이론(p.36)'에 정리된 어휘들의 의미와 예문을 꼼꼼히 학습한다. 또한, 평소 다양한 어휘 문제를 풀며 문제에 제시된 어휘들의 의미와 예문을 정리하는 것이 좋다.

3 문서작성기술

한글 맞춤법과 표준어 규정에 대한 지식을 바탕으로 옳고 그른 문장표현을 가려낼 수 있어야 한다. 따라서 '의사소통능력 기초이론(p.62)'을 통해 한글 맞춤법과 표준어 규정을 학습한다.

4 독해력

문서의 전체적인 흐름과 세부적인 내용을 빠르게 파악하는 연습이 필요하다. 또한, 실제 업무와 관련된 문서가 출제되기도 하므로 평소 보도자료, 신문기사, 설명서, 공문서 등 다양한 유형의 문서를 접해보는 것이 좋다.

5 기초외국어

대화문에 등장하는 키워드가 무엇인지 빠르게 파악하는 연습이 필요하다. 또한, 평소에 다양한 영어 어휘와 회화 표현을 암기하여 기본적인 영어 회화 능력을 기른다.

출제경향분석

지역농협 6급 시험 각 영역의 대표 출제 유형, 지역별 출제 유형, 최신 출제 경향, 학습 방법 등으로 구성되어 있어 영역별 최근 출제경향을 쉽게 파악할 수 있다.

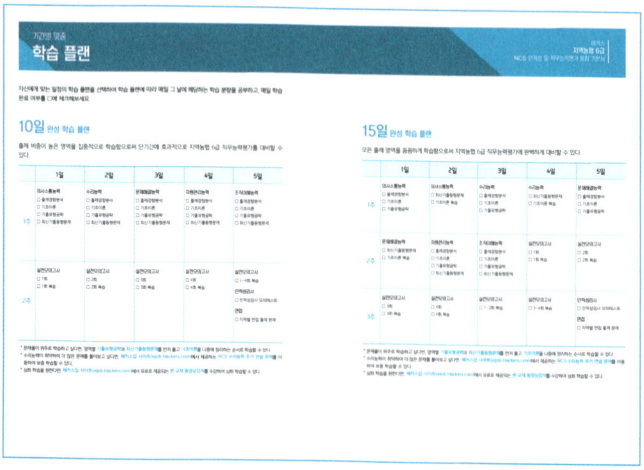

기간별 맞춤

학습 플랜

해커스 지역농협 6급 NCS 인적성 및 직무능력평가 통합 기본서

자신에게 맞는 일정의 학습 플랜을 선택하여 학습 플랜에 따라 매일 그 날에 해당하는 학습 분량을 공부하고, 매일 학습 완료 여부를 □에 체크해보세요.

10일 완성 학습 플랜

출제 비중이 높은 영역을 집중적으로 학습함으로써 단기간에 효과적으로 지역농협 6급 직무능력평가를 대비할 수 있다.

	1일	2일	3일	4일	5일
1주	의사소통능력 □ 출제경향분석 □ 기초이론 □ 기출유형공략 □ 최신기출동형문제	수리능력 □ 출제경향분석 □ 기초이론 □ 기출유형공략 □ 최신기출동형문제	문제해결능력 □ 출제경향분석 □ 기초이론 □ 기출유형공략 □ 최신기출동형문제	자원관리능력 □ 출제경향분석 □ 기초이론 □ 기출유형공략 □ 최신기출동형문제	조직이해능력 □ 출제경향분석 □ 기초이론 □ 기출유형공략 □ 최신기출동형문제
2주	실전모의고사 □ 1회 □ 1회 복습	실전모의고사 □ 2회 □ 2회 복습	실전모의고사 □ 3회 □ 3회 복습	실전모의고사 □ 4회 □ 4회 복습	실전모의고사 □ 1~4회 복습 인적성검사 □ 인적성검사 모의테스트 면접 □ 지역별 면접 출제 문제

* 문제풀이 위주로 학습하고 싶다면, 영역별 기출유형공략과 최신기출동형문제를 먼저 풀고 기초이론을 나중에 정리하는 순서로 학습할 수 있다.
* 수리능력이 취약하여 더 많은 문제를 풀어보고 싶다면, 해커스잡 사이트(ejob.Hackers.com)에서 제공하는 NCS 수리능력 추가 연습 문제를 이용하여 보충 학습할 수 있다.
* 심화 학습을 원한다면, 해커스잡 사이트(ejob.Hackers.com)에서 유료로 제공되는 본 교재 동영상강의를 수강하여 심화 학습할 수 있다.

15일 완성 학습 플랜

모든 출제 영역을 꼼꼼하게 학습함으로써 지역농협 6급 직무능력평가에 완벽하게 대비할 수 있다.

	1일	2일	3일	4일	5일
1주	의사소통능력 □ 출제경향분석 □ 기초이론 □ 기출유형공략	의사소통능력 □ 최신기출동형문제 □ 기초이론 복습	수리능력 □ 출제경향분석 □ 기초이론 □ 기출유형공략	수리능력 □ 최신기출동형문제 □ 기초이론 복습	문제해결능력 □ 출제경향분석 □ 기초이론 □ 기출유형공략
2주	문제해결능력 □ 최신기출동형문제 □ 기초이론 복습	자원관리능력 □ 출제경향분석 □ 기초이론 □ 기출유형공략 □ 최신기출동형문제	조직이해능력 □ 출제경향분석 □ 기초이론 □ 기출유형공략 □ 최신기출동형문제	실전모의고사 □ 1회 □ 1회 복습	실전모의고사 □ 2회 □ 2회 복습
3주	실전모의고사 □ 3회 □ 3회 복습	실전모의고사 □ 4회 □ 4회 복습	실전모의고사 □ 1~2회 복습	실전모의고사 □ 3~4회 복습	인적성검사 □ 인적성검사 모의테스트 면접 □ 지역별 면접 출제 문제

* 문제풀이 위주로 학습하고 싶다면, 영역별 기출유형공략과 최신기출동형문제를 먼저 풀고 기초이론을 나중에 정리하는 순서로 학습할 수 있다.
* 수리능력이 취약하여 더 많은 문제를 풀어보고 싶다면, 해커스잡 사이트(ejob.Hackers.com)에서 제공하는 NCS 수리능력 추가 연습 문제를 이용하여 보충 학습할 수 있다.
* 심화 학습을 원한다면, 해커스잡 사이트(ejob.Hackers.com)에서 유료로 제공되는 본 교재 동영상강의를 수강하여 심화 학습할 수 있다.

기간별 맞춤 학습 플랜

본 교재에서 제공하는 '10일 완성 학습 플랜', '15일 완성 학습 플랜'에 따라 학습하면 혼자서도 기출유형 공략부터 실전까지 지역농협 6급 시험을 완벽하게 대비할 수 있다.

2 영역별 핵심 이론 및 개념은 기초이론으로 정리한다!

기초이론

영역별로 꼭 알아두어야 하는 이론 및 개념만 압축하여 수록하였다. 이를 통해 지역농협 6급 시험 대비를 위한 필수 이론 및 개념을 체계적으로 학습할 수 있다. 또한, 취약한 영역의 이론을 복습하거나 시험 직전에 최종 정리용으로도 활용할 수 있다.

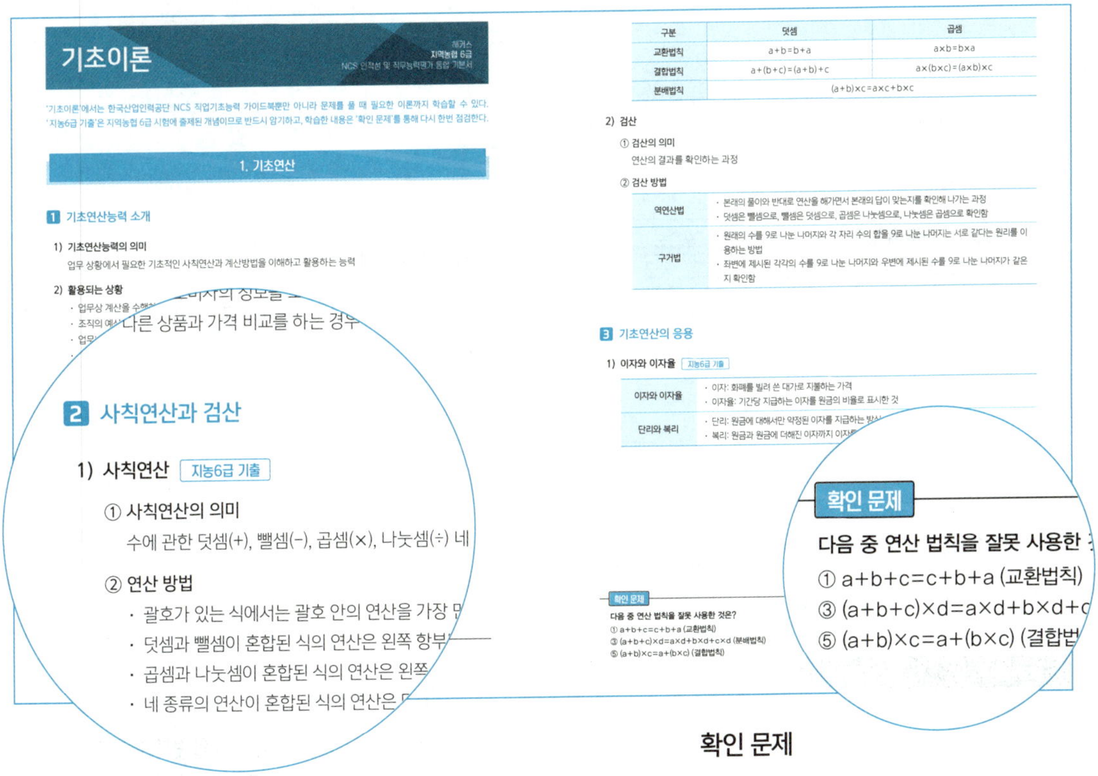

확인 문제

기초이론의 각 페이지 하단에 수록된 확인 문제를 통해 학습한 내용을 바로 점검해볼 수 있다.

지농6급 기출 표시

지역농협 6급 시험에 출제된 이론 및 개념을 별도로 표시하여 보다 효율적으로 학습할 수 있다.

지역농협 6급 합격을 위한 여섯 가지 필승 비법

3 최신 출제 유형을 파악하고 집중적으로 학습한다!

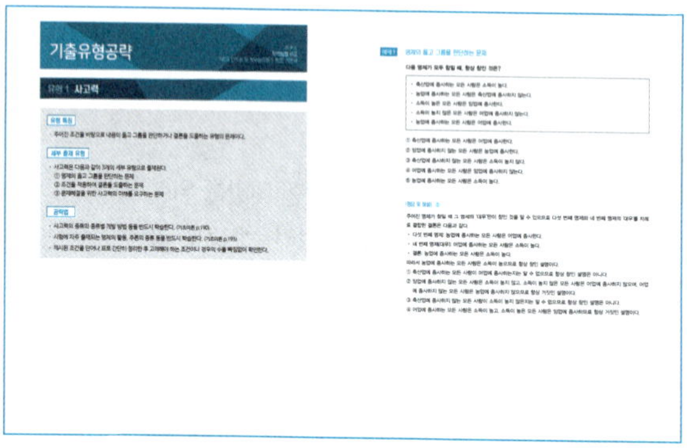

기출유형공략

지역농협 6급 시험 출제 유형의 특징과 세부 출제 유형, 공략법, 예제 등으로 구성되어 있어 지역농협 6급 시험 출제 유형을 쉽게 익힐 수 있다.

▼

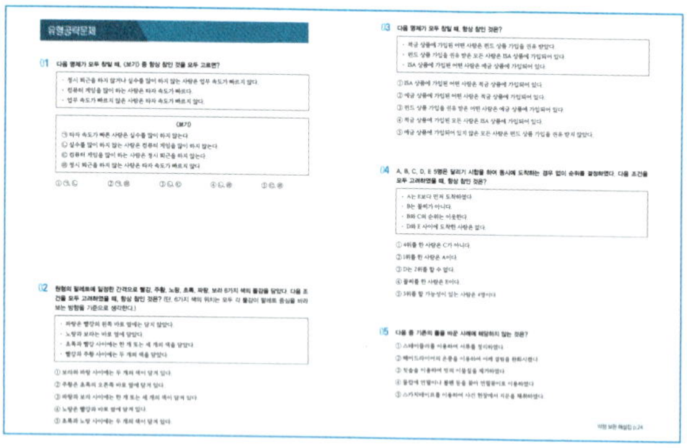

유형공략문제

유형별 문제를 풀어보며 공략법을 문제에 적용하는 연습을 할 수 있다.

▼

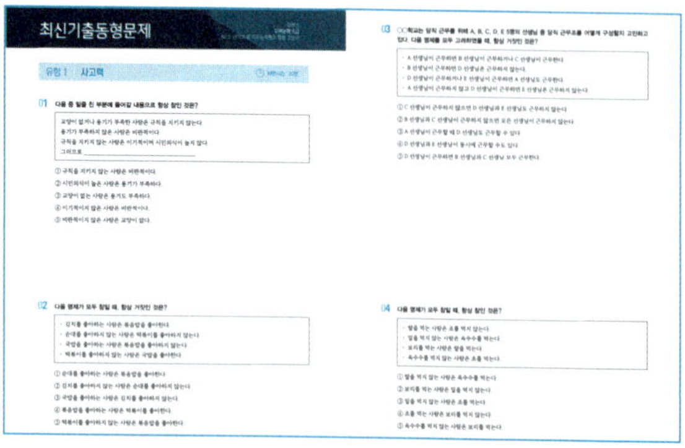

최신기출동형문제

최신 지역농협 유형별 출제 문제를 변형한 문제로 구성되어 있어 최신 출제 경향을 완벽하게 파악할 수 있으며, 제한 시간에 맞춰 풀어봄으로써 시간 관리 연습을 할 수 있다.

4 실전모의고사로 실전 감각을 극대화한다!

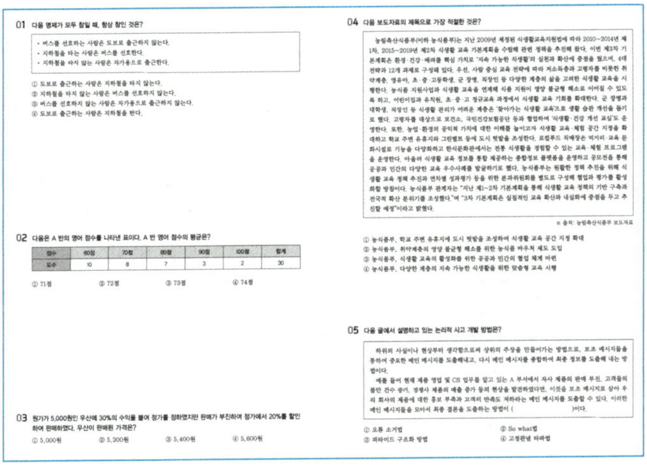

NCS 실전모의고사(4회분)

세 가지 유형 중 자신이 응시할 지역의 시험 유형에 해당하는 NCS 직무능력평가 실전 모의고사를 풀어봄으로써 실전 감각을 키울 수 있고, 해커스잡 사이트(ejob.Hackers.com)에서 제공하는 '바로 채점 및 성적 분석 서비스'를 통해 응시 인원 대비 본인의 성적 위치를 확인할 수 있다. 또한, 회독용 OMR 답안지에 직접 답을 체크하고, 반복해 풀어보면서 실전 감각을 극대화할 수 있다.

▼

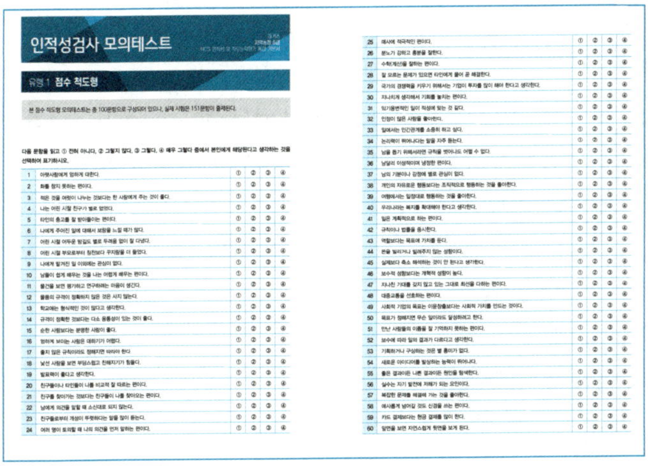

NCS 인적성검사

지역별 출제 유형을 반영한 인적성검사 모의테스트를 풀어봄으로써 직무능력평가뿐만 아니라 인적성검사까지 대비할 수 있다.

5 상세한 해설로 완벽하게 정리하고, 취약점은 반복 훈련으로 극복한다!

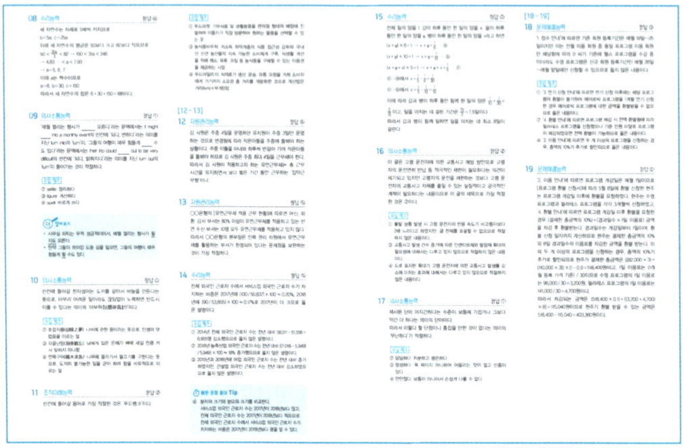

약점 보완 해설집

문제집과 해설집을 분리하여 편리하게 학습할 수 있으며, 모든 문제에 대해 자세하고 이해하기 쉬운 해설을 수록하여 더욱 체계적으로 학습할 수 있도록 하였다. 또한, '더 알아보기'로 관련 이론 및 개념까지 폭넓게 학습할 수 있고, 수리능력 해설의 '빠른 문제 풀이 Tip'을 통해 복잡한 수치 계산 문제를 빠르게 푸는 방법까지 익힐 수 있다.

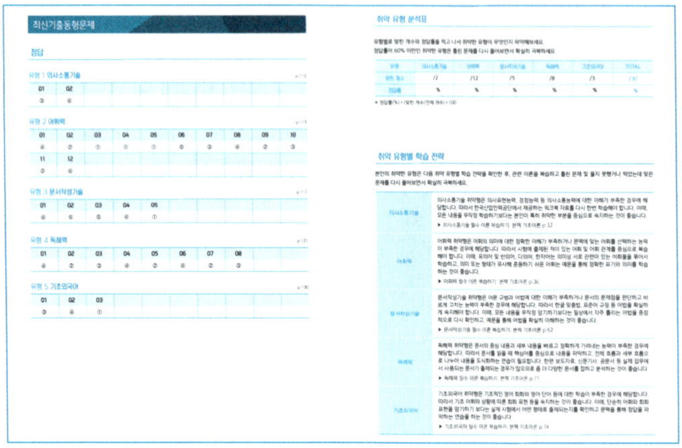

취약 유형 분석표 · 취약 유형별 학습 전략

영역별로 취약한 유형을 파악하고, 취약 유형에 대한 학습 전략을 확인할 수 있다.

6 온라인 자료와 동영상강의를 활용한다!

어느 동호회의 6명의 회원 중에는 한 쌍의 커플이 포함되어 있다. 이 동호회의 회원들이 원탁에 둘러앉을 때, 커플끼리 서로 옆에 앉을 확률은?

① $\frac{1}{3}$　② $\frac{2}{3}$　③ $\frac{1}{4}$　④ $\frac{1}{5}$　⑤ $\frac{2}{5}$

지난 달에 1,940원인 마스크 8개와 780원인 소독제 여러 개를 구매하여 20,200원을 지출하였다. 이번 달에도 동일한 수량의 마스크와 소독제를 구매하려고 하는데, 마스크와 소독제 모두 70원씩 올랐다면 이번 달에 지출해야 할 총금액은?

① 20,760원　② 21,180원　③ 21,600원　④ 23,120원　⑤ 23,900원

어느 기업의 적성검사 응시자 수는 24명으로 15명의 평균 점수는 91점이고, 나머지 9명의 평균 점수는 75점일 때, 전체 응시자의 평균 점수는?

① 81점　② 82점　③ 84점　④ 85점　⑤ 87점

NCS 수리능력 추가 연습 문제

해커스잡 사이트(ejob.Hackers.com)에서 제공하는 'NCS 수리능력 추가 연습 문제'로 많은 학습자들이 어려워하는 수리능력을 집중적으로 학습할 수 있다.

NCS 지역농협 6급 인강

해커스잡 사이트(ejob.Hackers.com)에서 유료로 제공되는 본 교재 동영상강의를 통해 교재 학습 효과를 극대화할 수 있다. 또한, 강의 수강 중 궁금한 점은 게시판을 통해 선생님께 1:1로 질문할 수 있다.

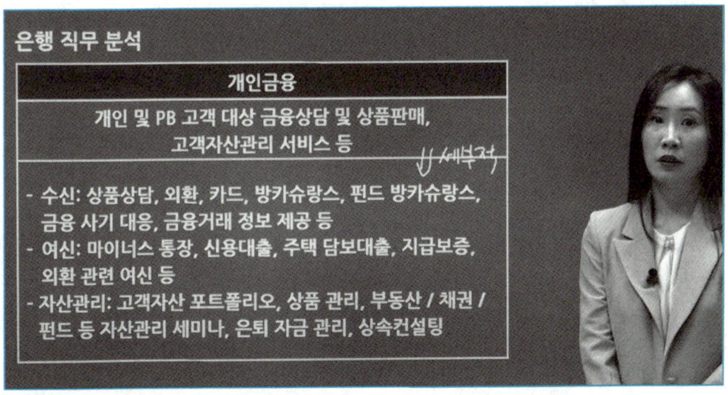

농협 취업 대비 특강

해커스잡 사이트(ejob.Hackers.com)에서는 취업 전문기업의 자소서 첨삭위원 및 취업 면접 전문가가 진행하는 '농협 취업 대비 특강'을 무료로 제공한다.

기간별 맞춤

학습 플랜

자신에게 맞는 일정의 학습 플랜을 선택하여 학습 플랜에 따라 매일 그 날에 해당하는 학습 분량을 공부하고, 매일 학습 완료 여부를 □에 체크해보세요.

10일 완성 학습 플랜

출제 비중이 높은 영역을 집중적으로 학습함으로써 단기간에 효과적으로 지역농협 6급 직무능력평가를 대비할 수 있다.

	1일	2일	3일	4일	5일
1주	의사소통능력 □ 출제경향분석 □ 기초이론 □ 기출유형공략 □ 최신기출동형문제	수리능력 □ 출제경향분석 □ 기초이론 □ 기출유형공략 □ 최신기출동형문제	문제해결능력 □ 출제경향분석 □ 기초이론 □ 기출유형공략 □ 최신기출동형문제	자원관리능력 □ 출제경향분석 □ 기초이론 □ 기출유형공략 □ 최신기출동형문제	조직이해능력 □ 출제경향분석 □ 기초이론 □ 기출유형공략 □ 최신기출동형문제
2주	실전모의고사 □ 1회 □ 1회 복습	실전모의고사 □ 2회 □ 2회 복습	실전모의고사 □ 3회 □ 3회 복습	실전모의고사 □ 4회 □ 4회 복습	실전모의고사 □ 1~4회 복습 인적성검사 □ 인적성검사 모의테스트 면접 □ 지역별 면접 출제 문제

* 문제풀이 위주로 학습하고 싶다면, 영역별 기출유형공략과 최신기출동형문제를 먼저 풀고 기초이론을 나중에 정리하는 순서로 학습할 수 있다.
* 수리능력이 취약하여 더 많은 문제를 풀어보고 싶다면, 해커스잡 사이트(ejob.Hackers.com)에서 제공하는 NCS 수리능력 추가 연습 문제를 이용하여 보충 학습할 수 있다.
* 심화 학습을 원한다면, 해커스잡 사이트(ejob.Hackers.com)에서 유료로 제공되는 본 교재 동영상강의를 수강하여 심화 학습할 수 있다.

15일 완성 학습 플랜

모든 출제 영역을 꼼꼼하게 학습함으로써 지역농협 6급 직무능력평가에 완벽하게 대비할 수 있다.

	1일	2일	3일	4일	5일
1주	의사소통능력 ☐ 출제경향분석 ☐ 기초이론 ☐ 기출유형공략	의사소통능력 ☐ 최신기출동형문제 ☐ 기초이론 복습	수리능력 ☐ 출제경향분석 ☐ 기초이론 ☐ 기출유형공략	수리능력 ☐ 최신기출동형문제 ☐ 기초이론 복습	문제해결능력 ☐ 출제경향분석 ☐ 기초이론 ☐ 기출유형공략
2주	문제해결능력 ☐ 최신기출동형문제 ☐ 기초이론 복습	자원관리능력 ☐ 출제경향분석 ☐ 기초이론 ☐ 기출유형공략 ☐ 최신기출동형문제	조직이해능력 ☐ 출제경향분석 ☐ 기초이론 ☐ 기출유형공략 ☐ 최신기출동형문제	실전모의고사 ☐ 1회 ☐ 1회 복습	실전모의고사 ☐ 2회 ☐ 2회 복습
3주	실전모의고사 ☐ 3회 ☐ 3회 복습	실전모의고사 ☐ 4회 ☐ 4회 복습	실전모의고사 ☐ 1~2회 복습	실전모의고사 ☐ 3~4회 복습	인적성검사 ☐ 인적성검사 모의테스트 면접 ☐ 지역별 면접 출제 문제

* 문제풀이 위주로 학습하고 싶다면, 영역별 기출유형공략과 최신기출동형문제를 먼저 풀고 기초이론을 나중에 정리하는 순서로 학습할 수 있다.
* 수리능력이 취약하여 더 많은 문제를 풀어보고 싶다면, 해커스잡 사이트(ejob.Hackers.com)에서 제공하는 NCS 수리능력 추가 연습 문제를 이용하여 보충 학습할 수 있다.
* 심화 학습을 원한다면, 해커스잡 사이트(ejob.Hackers.com)에서 유료로 제공되는 본 교재 동영상강의를 수강하여 심화 학습할 수 있다.

농협 소개

1 비전

변화와 혁신을 통한 새로운 대한민국 농협

- 지금까지와는 다른 변화와 혁신을 통한 새로운 농협의 면모를 강조
- 중앙회 중심 경영, 열위한 사업 경쟁력, 구조적 비효율을 벗어나, 근본적인 패러다임의 대전환을 추진(인식, 사람, 조직, 제도 등)

2 슬로건

희망농업, 행복농촌 농협이 만들어 갑니다

- 희망농업: 모두에게 행복과 안심을 선사하고 대한민국을 성장시키는 농업
- 행복농촌: 젊음과 지혜로 다시 살아나고, 쉼과 즐거움으로 찾아오는 농촌

3 핵심가치

국민에게 사랑받는 농협	지역사회와 국가경제 발전에 공헌하여 온 국민에게 신뢰받고 사랑받는 농협을 구현
농업인을 위한 농협	농업인의 행복과 발전을 위해 노력하고, 농업인의 경제적·사회적·문화적 지위 향상을 추구
지역 농축협과 함께하는 농협	협동조합의 원칙과 정신에 의거협동과 상생으로 지역 농축협이 중심에 서는 농협을 구현
경쟁력있는 글로벌 농협	미래 지속가능한 성장을 위하여 국내를 벗어나 세계 속에서도 경쟁력을 갖춘 농협으로 도약

4 혁신전략

- 농업인과 국민이 같이하는 「농사같이(農四價値)운동」 전개
- 중앙회 지배구조 혁신과 지원체계 고도화로 「농축협 중심」의 농협 구현
- 디지털 기반 「생산·유통 혁신」으로 미래 농산업 선도, 농업소득 향상
- 「금융부문 혁신」과 「디지털 경쟁력」을 통해 농축협 성장 지원
- 「미래 경영」과 「조직문화 혁신」을 통해 새로운 농협으로 도약

5 인재상

시너지 창출가	항상 열린 마음으로 계통 간, 구성원 간에 존경과 협력을 다하여 조직 전체의 성과가 극대화될 수 있도록 시너지 제고를 위해 노력하는 인재
행복의 파트너	프로다운 서비스 정신을 바탕으로 농업인과 고객을 가족처럼 여기고 최상의 행복 가치를 위해 최선을 다하는 인재
최고의 전문가	꾸준한 자기계발을 통해 자아를 성장시키고, 유통 · 금융 등 맡은 분야에서 최고의 전문가가 되기 위해 지속적으로 노력하는 인재
정직과 도덕성을 갖춘 인재	매사에 혁신적인 자세로 모든 업무를 투명하고 정직하게 처리하여 농업인과 고객, 임직원 등 모든 이해관계자로부터 믿음과 신뢰를 받는 인재
진취적 도전가	미래지향적 도전의식과 창의성을 바탕으로 새로운 사업과 성장동력을 찾기 위해 끊임없이 변화와 혁신을 추구하는 역동적이고 열정적인 인재

6 농협이 하는 일

교육지원 부문	농업인의 권익을 대변하고 농업 발전과 농가 소득 증대를 통해 농업인 삶의 질 향상에 도움을 주고 있다. 또한 '또 하나의 마을 만들기 운동' 등을 통해 농업 · 농촌에 활력을 불어넣고 농업인과 도시민이 동반자 관계로 함께 성장 · 발전하는 데 기여하고 있다.
경제 부문	농업인이 영농활동에 안정적으로 전념할 수 있도록 생산 · 유통 · 가공 · 소비에 이르기까지 다양한 경제사업을 지원하고 있다. 경제사업 부문은 크게 농업경제 부문과 축산경제 부문으로 나누어지며, 농축산물 판로확대, 농축산물 유통구조 개선을 통한 농가소득 증대와 영농비용 절감을 위한 사업에 주력하고 있다.
금융 부문	농협의 금융사업은 농협 본연의 활동에 필요한 자금과 수익을 확보하고, 차별화된 농업금융서비스 제공을 목적으로 하고 있다. 금융사업은 시중 은행의 업무 외에도 NH카드, NH보험, 외국환 등의 다양한 금융 서비스를 제공하여 가정경제에서 농업경제, 국가경제까지 책임을 다해 지켜나가고 있다.

7 계열사

중앙회 (3개사)	농협정보시스템 | 농협자산관리회사 | 농협 네트웍스
농협 경제지주 (13개사)	유통부문 농협하나로유통 | 농협유통 제조부문 농우바이오 | 남해화학 | 농협케미컬 | 농협에코아그로 식품/서비스부문 농협물류 | 농협홍삼 | 농협양곡 | 농협식품 | NH농협무역 축산부문 농협사료 | 농협목우촌
농협 금융지주 (9개사)	은행 NH농협은행 보험 NH농협생명 | NH농협손해보험 증권 NH투자증권 기타 NH-Amundi 자산운용 | NH농협캐피탈 | NH저축은행 | NH농협리츠운용 | NH벤처투자

※ 출처: NH농협 사이트

지역농협 채용 소개

1 모집 시기

지역농협 6급 신입사원 채용은 2024년 기준 상반기와 하반기에 각 1회씩 시행되었다. 모집 시기는 변동 가능성이 있다.

2 지원 자격 및 우대 사항

기본 자격	우대 사항
· 연령, 학력, 학점, 어학점수 제한 없음 · 채용공고일 전일 기준 본인 또는 부모 중 1인의 주민등록상 주소지가 응시가능 주소지 내에 있는 자 · 남자는 병역필 또는 면제자에 한함	· 일반관리직: 유통관리사 1급, 물류관리사, 농산물 품질관리사 자격증 소지자

※ 2024년 하반기 채용 기준

3 채용전형 절차

서류전형 ▶ 필기시험 ▶ 면접전형 및 신체검사 ▶ 최종합격

서류전형

- 채용공고문에 따라 접수 기간에 지원서 및 자기소개서를 작성하여 접수하는 단계이다.
- 지원서 입력 시 응시 지역의 채용 단위 중 하나를 선택해야 한다. (채용 단위별 중복 지원 불가)
- 채용 홈페이지를 통한 온라인 접수만 가능하며, 허위 작성 또는 허위 증빙자료 제출 시 합격이 취소되므로 오기재하지 않도록 주의해야 한다.
- 서류전형 및 온라인 인적성검사 합격자에 한해 필기시험에 응시하게 된다.

필기시험

- 채용의 적정성 여부 판단 및 직무에 필요한 능력을 측정하기 위한 단계이다.
- 필기시험은 직무능력평가와 인적성검사로 구성되어 있다.

면접전형

- 적합한 인재 선발을 위한 최종 단계로, 농협이 추구하는 인재상 부합 여부 및 잠재적 역량과 열정 등을 평가하는 단계이다.
- 면접은 하루에 진행되며, 인성 및 역량 관련 질문에 답변을 하는 '인성 면접'과 무작위로 뽑은 주제에 대해 1~2분의 준비 시간 후 발표하는 '주장 면접'으로 구분된다.

※ 출처: 농협 채용 사이트

지역농협 6급 필기시험 합격 가이드

1 필기시험 소개

지역농협 6급 필기시험은 직무능력평가와 인적성검사로 구성되어 있다.

구성	영역	평가요소
직무능력평가	의사소통능력	문서이해능력, 문서작성능력, 경청능력, 의사표현능력, 기초외국어
	수리능력	기초연산능력, 기초통계능력, 도표분석능력, 도표작성능력
	문제해결능력	사고력, 문제처리능력
	자원관리능력	시간관리능력, 예산관리능력, 물적자원관리능력, 인적자원관리능력
	조직이해능력	경영이해능력, 체제이해능력, 업무이해능력, 국제감각
인적성검사	인성	가치관

※ 2024년 시험 기준

2 필기시험 특징

① 지역별로 상이한 시험 유형

지역농협 6급 시험 유형은 60문항/60분, 60문항/70분, 70문항/70분 시험 세 가지로 나뉜다. 지역별로 출제되는 시험 유형이 다르며, 지역별 시험 유형은 고정되어 있지 않고 변동될 가능성이 있다.

② 농협 및 농업 관련 문제 출제

농협의 조직현황, 진행 사업 등 농협 관련 지식을 평가하는 문제가 다수 출제되며, 농협 및 농업과 관련된 자료나 글이 문제에 제시되기도 한다.

3 지역별 2024년 필기시험 출제 영역 일람표

① 60문항/60분

· 2024년 상반기: 서울, 인천, 강원, 전북, 2024년 하반기: 서울, 강원

구성	영역	문항 수	제한 시간
직무능력평가	의사소통능력	60문항	60분
	수리능력		
	문제해결능력		
	자원관리능력		
	조직이해능력		
인적성검사	인성	151문항 또는 210문항	20~30분

② 60문항/70분

· 2024년 상반기: 대전, 대구, 경북, 울산, 충북, 충남세종, 전남, 제주, 2024년 하반기: 인천, 전북, 대구, 부산, 경북, 충북, 충남세종, 전남, 광주, 제주

구성	영역	문항 수	제한 시간
직무능력평가	의사소통능력	60문항	70분
	수리능력		
	문제해결능력		
	자원관리능력		
	조직이해능력		
인적성검사	인성	151문항 또는 210문항	20~30분

③ 70문항/70분

· 2024년 상반기: 경기, 광주, 경남, 2024년 하반기: 경기, 경남

구성	영역	문항 수	제한 시간
직무능력평가	의사소통능력	70문항	70분
	수리능력		
	문제해결능력		
	자원관리능력		
	조직이해능력		
인적성검사	인성	151문항 또는 210문항	20~30분

※ 인적성검사 문항 수 및 제한 시간은 지역에 따라 달라질 수 있음

4 필기시험 출제 유형

영역	문제 유형	유형 설명
의사소통능력	의사소통기술	한국산업인력공단의 가이드북 자료를 기반으로 한 의사소통 이론이 출제되는 유형의 문제
	어휘력	어휘의 의미를 고려해 문맥에 맞는 어휘를 판단하고, 여러 어휘 간의 의미 관계를 유추하는 유형의 문제
	문서작성기술	어법에 대한 지식을 바탕으로 올바르게 문서를 작성 및 수정하는 유형의 문제
	독해력	문서의 중심 내용과 세부 내용을 이해하고, 문서에 대한 이해를 통해 업무를 수행하는 유형의 문제
	기초외국어	기본적인 영어 회화 또는 영어 문서의 작성 목적을 이해하는지를 묻는 유형의 문제
수리능력	기초연산	주어진 조건을 이용하여 식을 세우고 답을 도출하는 유형의 문제
	수/문자추리	주어진 숫자, 문자, 기호 등에 적용된 규칙을 파악하여 빈칸에 들어갈 알맞은 숫자 또는 문자를 유추하는 유형의 문제
	도표분석	주어진 도표를 분석하거나 항목의 값을 이용하여 계산하는 유형의 문제
문제해결능력	사고력	주어진 조건을 바탕으로 내용의 옳고 그름을 판단하거나 결론을 도출하는 유형의 문제
	문제처리	주어진 상황과 정보를 바탕으로 문제의 해결 방안을 도출하는 유형의 문제
자원관리능력	자원계산	주어진 자료를 분석하여 업무 수행에 소요될 자원의 양을 계산하는 유형의 문제
	자원분석	자원에 관한 자료를 종합적으로 검토하여 최선의 방안 및 자원관리 방법을 결정하는 유형의 문제
조직이해능력	조직체제	조직체제에 대한 이해를 바탕으로 부서별 담당 업무를 파악하는 유형의 문제
	경영이해	조직의 운영과 관련된 기본적인 경영 지식이 출제되는 유형의 문제
	비즈니스매너	직장생활에서 필요한 기본 예절 및 국제 상식이 출제되는 유형의 문제

5 필기시험 합격 전략

① 응시할 지역의 시험 유형을 파악한다.

지역농협 6급 시험 유형은 60문항/60분 시험과 60문항/70분 시험, 70문항/70분 시험 세 가지로 나뉜다. 지역별로 출제되는 시험 유형이 다르며, 지역별 시험 유형은 고정되어 있지 않고 변동될 가능성이 있다. 따라서 자신이 응시할 지역의 최근 시험 유형을 파악하고 해당 시험 유형에 맞춰 연습을 하되, 시험 유형이 변동될 수 있음을 염두에 두고 다른 시험 유형에도 대비하는 것이 좋다.

② 한국산업인력공단 NCS 직업기초능력 가이드북을 확인한다.

NCS는 업무 수행에 필요한 능력을 체계화한 것으로 한국산업인력공단에서는 이 능력들에 대한 기본적인 이해를 도울 수 있는 직업기초능력 가이드북(모듈이론)을 제공하고 있다. 이를 확인하여 핵심이론을 숙지하는 것이 NCS 학습의 첫걸음이다.

※ NCS 직업기초능력 가이드북 다운로드 : 국가직무능력표준 사이트(www.ncs.go.kr) 접속 ▶ [NCS 및 학습모듈검색] 클릭 ▶ [직업기초능력] 클릭 ▶ 영역별 학습자용/교수자용 파일 클릭

③ 응시할 지역의 시험 유형에 따라 시간 안배 연습을 한다.

모든 유형의 시험에 영역별 제한 시간이 없으나, 유형별로 출제 문항 수와 제한 시간이 다르므로 자신 있는 영역과 취약한 영역을 고려하여 시간을 적절히 배분하고 문제를 푸는 연습을 하는 것이 중요하다.

지역농협 6급 채용 Q&A

지역농협 6급 채용을 준비하는 사람들이 많이
물어보는 질문과 그에 대한 답변을 확인해보세요.

Q: 지역농협 6급 채용은 상/하반기에 모두 있나요?

A: 지역농협 6급 신입사원 공개 채용은 2024년을 기준으로 상/하반기에 각 1회씩 진행되었습니다. 다만, 모집 시기는 변동 가능성이 있으며, 추후 채용 방식이 달라질 수 있으므로 자신이 지원할 지역의 채용 여부를 사전에 확인하는 것이 좋습니다.

Q: 어떤 유형의 시험으로 진행되는지 미리 알 수 있나요?

A: 시험 유형은 시험 당일 전까지 미리 알 수 없습니다. 지역농협 6급 직무능력평가는 60문항/60분, 60문항/70분, 70문항/70분 세 가지 유형으로 진행되며, 지역마다 상이한 유형으로 출제됩니다. 지역별 시험 유형도 변동될 가능성이 높으므로 모든 유형의 시험에 대비하는 것이 좋습니다.

Q: 지역별 채용 인원을 알 수 있나요?

A: 지역별 채용 인원은 비공개이지만, 일부 지역에서는 채용 인원을 공개하는 경우가 있습니다.

Q: 블라인드 채용이 무엇인가요?

A: 블라인드 채용이란 학력, 출신지, 성별 등 선입견이 생길 수 있거나 차별적인 요소를 배제하고 채용하는 방식으로, 스펙보다는 직무역량을 중심으로 평가하기 위한 채용 제도입니다. 지역농협 6급 채용의 경우 서류전형과 면접접형이 블라인드 채용으로 실시되고 있습니다.

Q: 서류전형과 면접전형도 NCS 기반으로 진행되나요?

A: 지역농협 6급은 통상 필기시험만 NCS 기반으로 진행됩니다. 하지만 추후에 서류전형과 면접전형도 NCS 기반으로 진행될 가능성이 있으므로 평소에 직무에 맞는 스펙을 쌓고, 직무와 관련한 역량면접을 준비해두는 것이 좋습니다.

Q: 필기시험의 합격 기준은 무엇인가요?

A: 인적성검사 부적격자를 제외하고 직무능력평가 배점의 60% 이상 득점자 중에서 고득점자순으로 합격자를 선발하며, 동점자는 전원 합격 처리합니다.

Q: 조합원 가산점제가 있나요?

A: 조합원 자녀일 경우 서류전형에서 가산점을 부여하는 '조합원 가산점제'는 2013년 채용부터 폐지되었습니다.

PART 1

NCS 직무능력평가

PART 1 | NCS 직무능력평가

제1장 의사소통능력

출제경향분석

기초이론

기출유형공략

유형 1 의사소통기술
유형 2 어휘력
유형 3 문서작성기술
유형 4 독해력
유형 5 기초외국어

최신기출동형문제

출제경향분석

의사소통능력 소개

의사소통능력은 업무 상황과 관련된 글 또는 말의 의미를 정확히 파악하고, 자신의 의견을 글 또는 말로 적절하게 표현하는 능력을 평가하는 영역이다.

대표 출제 유형

의사소통능력은 의사소통기술, 어휘력, 문서작성기술, 독해력, 기초외국어 총 5개의 유형으로 출제된다.

유형 1	의사소통기술
유형 2	어휘력
유형 3	문서작성기술
유형 4	독해력
유형 5	기초외국어

시험 유형별 의사소통능력 출제 유형

시험 유형	출제 유형
60문항/60분	의사소통기술, 어휘력, 문서작성기술, 독해력, 기초외국어
60문항/70분	의사소통기술, 어휘력, 문서작성기술, 독해력
70문항/70분	의사소통기술, 어휘력, 문서작성기술, 독해력

최신 출제 경향

1 의사소통능력은 전반적으로 보통의 난도로 출제되고 있다.

2 의사소통기술은 출제 비중은 낮으나, 올바른 의사표현 방법을 묻는 문제가 출제되고 있다.

3 어휘력은 유/반의어, 다의어, 혼동하기 쉬운 어휘, 어휘 관계, 한자성어 등 다양한 문제가 출제되고 있다.

4 문서작성기술은 공문서 작성법, 맞춤법, 띄어쓰기와 같이 헷갈리기 쉬운 문제가 출제되고 있다.

5 독해력은 문서의 주제 찾기, 세부 내용 일치 등의 문제가 출제되었으며, 농업협동조합의 기원, 지역농산물, 고향사랑기부제 등 농협과 관련된 주제의 글이 제시되고 있다.

6 기초외국어는 영어 대화문을 보고 적절한 응답을 고르거나 제시된 지문의 작성 목적 등을 묻는 문제가 출제되고 있다.

학습 방법

1 의사소통기술

한국산업인력공단에서 제공하는 의사소통능력 모듈이론을 기반으로 한 문제가 출제된다. 따라서 '의사소통능력 기초이론(p.32)'을 통해 의사소통능력 모듈이론의 핵심 내용을 반드시 학습한다.

2 어휘력

각 어휘의 의미 및 여러 어휘 간의 의미 관계를 정확하게 파악할 수 있도록 '의사소통능력 기초이론(p.36)'에 정리된 어휘들의 의미와 예문을 꼼꼼히 학습한다. 또한, 평소 다양한 어휘 문제를 풀며 문제에 제시된 어휘들의 의미와 예문을 정리하는 것이 좋다.

3 문서작성기술

한글 맞춤법과 표준어 규정에 대한 지식을 바탕으로 옳고 그른 문장표현을 가려낼 수 있어야 한다. 따라서 '의사소통능력 기초이론(p.62)'을 통해 한글 맞춤법과 표준어 규정을 학습한다.

4 독해력

문서의 전체적인 흐름과 세부적인 내용을 빠르게 파악하는 연습이 필요하다. 또한, 실제 업무와 관련된 문서가 출제되기도 하므로 평소 보도자료, 신문기사, 설명서, 공문서 등 다양한 유형의 문서를 접해보는 것이 좋다.

5 기초외국어

대화문에 등장하는 키워드가 무엇인지 빠르게 파악하는 연습이 필요하다. 또한, 평소에 다양한 영어 어휘와 회화 표현을 암기하여 기본적인 영어 회화 능력을 기른다.

기초이론

'기초이론'에서는 한국산업인력공단 NCS 직업기초능력 가이드북뿐만 아니라 문제를 풀 때 필요한 이론까지 학습할 수 있다. '지농6급 기출'은 지역농협 6급 시험에 출제된 개념이므로 반드시 암기하고, 학습한 내용은 '확인 문제'를 통해 다시 한번 점검한다.

1. 의사소통기술

1 의사소통의 의미와 종류

1) 의사소통의 의미

어떤 개인 또는 집단이 또 다른 개인 또는 집단과 정보, 감정, 사상, 의견 등을 주고받는 과정

2) 의사소통의 종류

구분	문서적인 의사소통	언어적인 의사소통
요구 능력	문서이해능력, 문서작성능력	경청능력, 의사표현력
장점	· 권위감이 있음 · 정확성을 기하기 쉬움 · 전달성과 보존성이 좋음	· 유동성이 있음
단점	· 혼란, 오해의 여지가 있음	· 정확성을 기하기 어려움

2 의사소통의 방해요인과 이를 극복하기 위한 노력

1) 의사소통의 방해요인

- '일방적으로 말하고', '일방적으로 듣는' 무책임한 마음: 의사소통 과정에서의 상호작용 부족
- '그래서 하고 싶은 말이 정확히 뭐야?' 분명하지 않은 메시지: 복잡한 메시지, 경쟁적인 메시지
- '말하지 않아도 아는 문화'에 안주하는 마음: 의사소통에 대한 잘못된 선입견

확인 문제

다음 중 문서적인 의사소통의 특징이 아닌 것은?

① 전달성과 보존성이 좋음 ② 혼란과 곡해의 여지가 있음 ③ 유동성이 있음
④ 권위감이 있음 ⑤ 정확성을 기하기 쉬움

정답: ③

2) 의사소통능력 개발을 위한 노력 방법

- 사후검토와 피드백 주고받기: 직접 물어보거나 반응을 살펴 메시지의 내용이 실제로 어떻게 해석되는지 파악함
- 언어의 단순화: 메시지를 받아들이는 사람을 고려하여 보다 명확하고 쉽게 이해할 수 있는 어휘를 선택함
- 적극적인 경청: 상대방의 입장에서 생각하려고 노력하며 감정을 이입해 능동적으로 집중하여 경청함
- 감정의 억제: 감정적으로 메시지를 곡해하지 않도록 침착하게 의사소통하며 상황에 따라서는 평정을 찾을 때까지 의사소통을 연기하고, 그것이 어렵다면 분위기를 개선하기 위해 노력함

3 문서이해능력에 대한 이해

1) 문서이해능력의 의미

- 다양한 종류의 문서에서 전달하고자 하는 핵심 내용을 요약 및 정리하여 이해하는 능력
- 문서에서 전달하는 정보의 출처를 파악하고 내용의 옳고 그름까지 판단하는 능력

2) 문서의 종류 및 특징

- 공문서: 정부 행정기관에서 대내적 또는 대외적 공무를 집행하기 위해 작성하는 문서
- 기안서: 회사 업무에 대한 협조를 구하거나 의견을 전달하기 위해 작성하는 문서
- 기획서: 기획의 내용을 전달하고, 상대방이 해당 기획을 시행하도록 설득하기 위해 작성하는 문서
- 보고서: 특정한 일의 현황 및 진행 상황, 연구 및 검토 결과 등을 보고하기 위해 작성하는 문서
- 보도자료: 정부 기관, 기업체 등이 자신들의 정보를 기사로 내기 위해 언론을 상대로 작성하는 문서
- 비즈니스 레터: 사업상의 이유로 고객, 단체 등에 쓰는 편지
- 비즈니스 메모: 업무상 중요한 일, 확인해야 할 일이 있을 때 그 내용을 메모 형식으로 작성하는 문서
- 설명서: 상품의 특성이나 작동 방법, 작동 과정 등을 소비자에게 설명하기 위해 작성하는 문서
- 자기소개서: 가정 환경, 성장 과정, 입사 동기 등을 구체적으로 기술하여 자신을 소개하는 문서

3) 문서이해 절차

1단계	문서의 목적을 이해함
2단계	문서의 작성 배경과 주제를 파악함
3단계	문서의 정보를 밝혀내고, 문서에 제시된 현안을 파악함
4단계	상대방의 요구 및 의도를 파악하고, 자신에게 요구되는 행동에 대한 내용을 분석함
5단계	문서에서 이해한 목적을 달성하기 위해 해야 할 행동을 생각하고 결정함
6단계	상대방의 의도를 도표, 그림 등으로 메모하여 요약 및 정리함

확인 문제

다음 중 회사 내에서 업무에 대한 협조를 구할 때 작성하는 문서는?

① 기획서 ② 보고서 ③ 설명서 ④ 기안서 ⑤ 공문서

정답: ④

4 올바른 경청에 대한 이해

1) 경청의 의미와 중요성

다른 사람의 말을 주의 깊게 들으며 공감하는 능력으로, 대화 과정에서 신뢰를 쌓을 수 있음

2) 경청의 방해요인

- 걸러내기: 상대방의 말을 듣기는 하지만, 상대방의 메시지를 온전하게 받아들이지 않고 듣고 싶지 않은 메시지는 회피함
- 다른 생각하기: 상대방에게 관심을 기울이지 못하고 상대방이 말할 때 자꾸 다른 생각을 함
- 대답할 말 준비하기: 상대방의 말을 듣고 자신이 다음에 할 말을 생각하는 데 집중해 상대방의 말을 잘 듣지 않음
- 비위 맞추기: 상대방을 위로하기 위해 혹은 상대방의 비위를 맞추기 위해 너무 빨리 동의함
- 슬쩍 넘어가기: 대화가 너무 사적이거나 위협적이면 주제를 바꾸거나 농담으로 넘기려 함
- 자존심 세우기: 자신이 부족한 점에 대한 상대방의 말을 받아들이지 않기 위해 거짓말을 하고, 고함을 지르고, 주제를 바꾸고, 변명을 함
- 조언하기: 지나치게 다른 사람의 문제를 본인이 해결해 주고자 함
- 짐작하기: 상대방의 말을 믿고 받아들이기보다는 자신의 생각에 맞는 단서들을 찾아 자신의 생각을 확인함
- 언쟁하기: 단지 반대하고 논쟁하기 위해서만 상대방의 말에 귀를 기울이고, 상대방이 무슨 말을 하든 자신의 입장을 확고히 하여 방어함
- 판단하기: 상대방에 대해 부정적인 판단을 내리거나 상대방을 비판하기 위해 상대방의 말을 듣지 않음

3) 올바른 경청 방법

- 혼자서 대화를 독점하지 않음
- 상대방의 말을 가로채지 않음
- 이야기를 가로막지 않음
- 의견이 다르더라도 일단 수용함
- 말하는 순서를 지킴
- 논쟁에서는 먼저 상대방의 주장을 들어줌
- 시선을 맞춤
- 귀로만 듣지 말고 오감을 동원해 적극적으로 경청함

4) 경청 자세가 주는 메시지

- 상대방을 정면으로 마주한 자세: 상대방과 함께 의논할 준비가 되어 있음
- 손, 다리를 꼬지 않는 개방적인 자세: 상대방에게 마음을 열어놓고 있음
- 상대방을 향해 상체를 기울여 다가앉은 자세: 상대방의 말을 열심히 듣고 있음
- 우호적으로 상대를 바라보는 자세: 상대방에게 관심을 가지고 있음
- 편안한 자세: 전문가다운 자신만만함과 편안한 마음을 가지고 있음

확인 문제

다음 중 경청의 방해요인이 아닌 것은?

① 자존심 세우기 ② 다른 생각하기 ③ 요약하기 ④ 짐작하기 ⑤ 언쟁하기

정답: ③

5) 경청훈련의 방법

- 주의 기울이기: 보고, 듣고, 따라 하는 등 말하는 상대방의 모든 것에 주의를 기울임으로써 자신의 관심을 상대방에게 충분히 보여줄 수 있음
- 상대방의 경험을 인정하고 더 많은 정보 요청하기: 다른 사람의 메시지를 인정하여 상대방이 인도하는 방향으로 따라가고 있다는 것을 언어적·비언어적 표현으로 나타냄
- 정확성을 위해 요약하기: 상대방의 메시지를 이해하고 정보를 예측하도록 대화 중 주기적으로 대화 내용을 요약함
- 개방적인 질문하기: '누가', '무엇을', '어디에서', '언제', '어떻게'로 시작되는 질문을 하여 상대방의 생각을 파악하고 상대방으로부터 더 많은 정보를 얻어 서로에 대한 이해도를 높일 수 있음
- '왜?'라는 질문 피하기: '왜?'는 보통 진술을 가장한 부정적·추궁적·강압적인 표현이므로 사용하지 않는 게 좋음

5 원활한 의사표현을 위한 노력

1) 의사표현의 의미와 중요성

말하는 이가 입말을 이용한 음성언어 또는 표정, 손짓, 발짓, 몸짓 등을 이용한 신체언어로 듣는 이에게 자신의 생각과 감정을 표현하는 행위로, 이를 통해 말하는 이의 이미지가 결정됨

2) 상황에 따른 적절한 의사표현 방법

잘못을 지적할 때	· 질책 시 칭찬을 먼저 한 다음에 질책의 말을 하고, 그 뒤에 격려의 말을 붙이는 샌드위치 화법을 사용하면 듣는 사람이 부드럽게 받아들일 수 있음 · 충고 시 사례를 들거나 비유적인 표현을 사용함
요구해야 할 때	· 상대방이 요구를 들어줄 수 있는 상황인지 확인하는 태도를 보여줌 · 응하기 쉽도록 구체적으로 부탁하며, 거절을 당해도 싫은 내색을 하지 않음 · 강압적 표현보다는 청유형 표현을 사용하는 것이 효과적임
거절해야 할 때	· 거절하는 것에 대해 사과한 후, 요구에 응할 수 없는 이유를 설명함 · 불가능한 요구는 모호한 태도를 보이기보다는 단호하게 거절함
설득해야 할 때	· 일방적으로 강요해서는 안 됨 · 문 안에 한 발 들여놓기 기법: 100의 도움이 필요하다면 처음에 상대방에게 50~60을 부탁하고 점차 도움의 내용을 늘려서 상대방의 허락을 유도함 · 얼굴 부딪히기 기법: 50의 도움이 필요하다면 처음에 상대방에게 100을 부탁하고 거절하면 100보다 작은 도움을 요청하여 상대방의 허락을 유도함
칭찬할 때	· 상대에게 칭찬해 주고 싶은 중요한 내용만 해야 함 · 대화 서두에 분위기 전환 용도로 간단하게 할 수 있음

확인 문제

다음 중 경청훈련의 방법이 아닌 것은?

① 정확성을 위해 요약하기 ② 개방적인 질문하기
③ 주의 기울이기 ④ '왜?'라는 질문하기
⑤ 상대방의 경험을 인정하고 더 많은 정보 요청하기

정답: ④

2. 어휘력

1 유/반의어

1) 유의어

강등(降等) ≒ 좌천(左遷)	등급이나 계급 따위가 낮아짐
개시(開市) ≒ 마수걸이	시장을 처음 열어 물건의 매매를 시작함
개척(開拓) ≒ 개간(開墾)	거친 땅을 일구어 논이나 밭과 같이 쓸모 있는 땅으로 만듦
격려(激勵) ≒ 고무(鼓舞)	용기나 의욕이 솟아나도록 북돋워 줌
결점(缺點) ≒ 하자(瑕疵)	잘못되거나 부족하여 완전하지 못한 점
결핍(缺乏) ≒ 부족(不足)	있어야 할 것이 없어지거나 모자람
고향(故鄕) ≒ 향촌(鄕村)	자기가 태어나서 자란 곳
구조(救助) ≒ 구명(救命)	재난 따위를 당하여 어려운 처지에 빠진 사람을 구하여 줌
귀감(龜鑑) ≒ 교훈(敎訓)	거울로 삼아 본받을 만한 모범
기대(期待) ≒ 촉망(囑望)	어떤 일이 원하는 대로 이루어지기를 바라면서 기다림
기색(氣色) ≒ 동정(動靜)	일이나 현상이 벌어지고 있는 낌새
납득(納得) ≒ 수긍(首肯)	다른 사람의 말이나 행동, 형편 따위를 잘 알아서 긍정하고 이해함
단안(斷案) ≒ 결정(決定)	어떤 사항에 대한 생각을 딱 잘라 결정함 또는 그렇게 결정된 생각
둔화(鈍化) ≒ 약화(弱化)	세력이나 힘이 약해짐
말미 ≒ 방가(放暇)	일정한 직업이나 일 따위에 매인 사람이 다른 일로 말미암아 얻는 겨를 지농6급 기출
명백(明白) ≒ 명료(明瞭)	의심할 바 없이 아주 뚜렷함
몰두(沒頭) ≒ 탐닉(耽溺)	어떤 일에 온 정신을 다 기울여 열중함
무식(無識) ≒ 과문(寡聞)	배우지 않은 데다 보고 듣지 못하여 아는 것이 없음
무릇 ≒ 대저	대체로 헤아려 생각하건대 지농6급 기출
묵과(默過) ≒ 묵인(默認)	잘못을 알고도 모르는 체하고 그대로 넘김
미행(尾行) ≒ 추적(追跡)	다른 사람의 행동을 감시하거나 증거를 잡기 위하여 그 사람 몰래 뒤를 밟음
발명(發明) ≒ 창안(創案)	아직까지 없던 기술이나 물건을 새로 생각하여 만들어 냄
복원(復元) ≒ 복구(復舊)	원래대로 회복함 지농6급 기출
본질(本質) ≒ 실태(實態)	본디부터 가지고 있는 사물 자체의 성질이나 모습
볼모 ≒ 인질(人質)	약속 이행의 담보로 잡아 두는 사람

확인 문제

다음 중 '귀감(龜鑑)'의 유의어는?

① 개량(改良) ② 교훈(敎訓) ③ 개업(開業) ④ 수긍(首肯) ⑤ 단안(斷案)

정답: ②

유의어

불멸(不滅) ≒ 불후(不朽)	없어지거나 사라지지 아니함
비운(悲運) ≒ 불운(不運)	순조롭지 못하거나 슬픈 운수나 운명
생산(生産) ≒ 제조(製造)	인간이 생활하는 데 필요한 각종 물건을 만들어 냄
서거(逝去) ≒ 작고(作故)	사람의 죽음을 높여 이르는 말
선정(選定) ≒ 선발(選拔)	여럿 가운데서 어떤 것을 뽑아 정함
세련(洗練) ≒ 숙련(熟練)	서투르거나 어색한 데가 없이 능숙하고 미끈하게 갈고닦음
소모(消耗) ≒ 소비(消費)	돈이나 물자, 시간, 노력 따위를 들이거나 써서 없앰
소지(所持) ≒ 소유(所有)	물건을 가지고 있는 일 또는 그런 물건
수정(修正) ≒ 개정(改正)	바로잡아 고침
실현(實現) ≒ 성취(成就)	꿈, 기대 따위를 실제로 이룸
암시(暗示) ≒ 시사(示唆)	넌지시 알림 또는 그 내용
여객(女客) ≒ 안손님	여자 손님을 이르는 말 지농6급 기출
역사(歷史) ≒ 연혁(沿革)	인류 사회의 변천과 흥망의 과정 또는 그 기록
열중(熱中) ≒ 골몰(汨沒)	한 가지 일에 정신을 쏟음
요구(要求) ≒ 청구(請求)	받아야 할 것을 필요에 의하여 달라고 청함 또는 그 청
운명(運命) ≒ 숙명(宿命)	인간을 포함한 모든 것을 지배하는 초인간적인 힘 또는 그것에 의하여 이미 정하여져 있는 목숨이나 처지
운용(運用) ≒ 운영(運營)	무엇을 움직이게 하거나 부리어 씀
위탁(委託) ≒ 위임(委任)	남에게 사물이나 사람의 책임을 맡김
유명(有名) ≒ 저명(著名)	이름이 널리 알려져 있음
육성(育成) ≒ 교육(敎育)	지식과 기술 따위를 가르치며 인격을 길러 줌
의도(意圖) ≒ 취지(趣旨)	무엇을 하고자 하는 생각이나 계획 또는 무엇을 하려고 꾀함
의존(依存) ≒ 의지(依支)	다른 것에 마음을 기대어 도움을 받음 또는 그렇게 하는 대상
이완(弛緩) ≒ 해이(解弛)	바짝 조였던 정신이 풀려 늦추어짐
이전(移轉) ≒ 양도(讓渡)	권리 따위를 남에게 넘겨주거나 또는 넘겨받음
일호(一毫) ≒ 추호(秋毫)	한 가닥의 털이라는 뜻으로, 극히 작은 정도를 이르는 말 지농6급 기출
전념(專念) ≒ 전심(專心)	오직 한 가지 일에만 마음을 씀
전승(傳承) ≒ 계승(繼承)	조상의 전통이나 문화유산, 업적 따위를 물려받아 이어 나감
절제(節制) ≒ 제어(制御)	정도에 넘지 아니하도록 알맞게 조절하여 제한함
정세(情勢) ≒ 상황(狀況)	일이 되어 가는 형편

확인 문제

다음 중 '실현(實現)'의 유의어는?

① 소지(所持) ② 제어(制御) ③ 성취(成就) ④ 골몰(汨沒) ⑤ 시사(示唆)

정답: ③

유의어

정온(靜穩) ≒ 평온(平穩)	고요하고 평온함 지농6급 기출
제안(提案) ≒ 발의(發議)	의견을 내놓음
제압(制壓) ≒ 압도(壓倒)	위력이나 위엄으로 세력이나 기세 따위를 억눌러서 통제함
제공(提供) ≒ 공급(供給)	무엇을 내주거나 갖다 바침
증명(證明) ≒ 입증(立證)	어떤 사항이나 판단 따위에 대하여 그것이 진실인지 아닌지 증거를 들어서 밝힘
지시(指示) ≒ 명령(命令)	일러서 시킴 또는 그 내용
진력(盡力) ≒ 극력(極力)	있는 힘을 다함 또는 낼 수 있는 모든 힘
착안(着眼) ≒ 착상(着想)	어떤 문제를 해결하기 위한 실마리를 잡음
채용(採用) ≒ 기용(起用)	사람을 골라서 씀
책망(責望) ≒ 힐난(詰難)	잘못을 꾸짖거나 나무라며 못마땅하게 여김
청탁(請託) ≒ 부탁(付託)	어떤 일을 해 달라고 청하거나 맡김
체제(體制) ≒ 양식(樣式)	오랜 시간이 지나면서 자연히 정하여진 방식
췌언(贅言) ≒ 군말	쓸데없는 군더더기 말 지농6급 기출
친선(親善) ≒ 친밀(親密)	지내는 사이가 매우 친하고 가까움
판단(判斷) ≒ 변별(辨別)	사물을 인식하여 논리나 기준 등에 따라 판정을 내림
풍조(風潮) ≒ 시류(時流)	시대에 따라 변하는 세태
풍파(風波) ≒ 파란(波瀾)	순탄하지 아니하고 어수선하게 계속되는 여러 가지 어려움이나 시련
한계(限界) ≒ 범위(範圍)	사물이나 능력, 책임 따위가 실제 작용할 수 있는 범위
해결(解決) ≒ 타개(打開)	제기된 문제를 해명하거나 얽힌 일을 잘 처리함
해탈(解脫) ≒ 열반(涅槃)	불교에서 모든 번뇌의 얽매임에서 벗어나 진리를 깨닫고 불생불멸의 법을 체득한 경지
허공(虛空) ≒ 천공(天空)	텅 빈 공중
현실(現實) ≒ 실제(實際)	현재 실제로 존재하는 사실이나 상태
활용(活用) ≒ 변통(變通)	충분히 잘 이용함
회복(回復) ≒ 만회(挽回)	원래의 상태로 돌이키거나 원래의 상태를 되찾음
회전(回轉) ≒ 선회(旋回)	한 점이나 축 또는 어떤 물체를 중심으로 하여 그 둘레를 빙빙 돎
회합(會合) ≒ 모임	토론이나 상담을 위하여 여럿이 모이는 일 또는 그런 모임 지농6급 기출
희수(喜壽) ≒ 고희(古稀)	나이 일흔일곱 살을 달리 이르는 말 지농6급 기출
휴양(休養) ≒ 요양(療養)	편안히 쉬면서 몸과 마음을 보양함

확인 문제

다음 중 '지시(指示)'의 유의어는?

① 명령(命令) ② 핵심(核心) ③ 추측(推測) ④ 질책(叱責) ⑤ 판단(判斷)

정답: ①

2) 반의어

가결(可決) ↔ 부결(否決)	가결: 회의에서, 제출된 의안을 합당하다고 결정함
가명(假名) ↔ 실명(實名)	가명: 실제의 자기 이름이 아닌 이름
가입(加入) ↔ 탈퇴(脫退)	가입: 조직이나 단체 따위에 들어감
가해(加害) ↔ 피해(被害)	가해: 다른 사람의 생명이나 신체, 재산, 명예 따위에 해를 끼침
개산(概算) ↔ 정산(精算)	개산: 대강 하는 계산
걸작(傑作) ↔ 졸작(拙作)	걸작: 매우 훌륭한 작품
격감(激減) ↔ 급증(急增)	격감: 수량이 갑자기 줆
경상(經常) ↔ 임시(臨時)	경상: 일정한 상태로 계속하여 변동이 없음
경직(硬直) ↔ 유연(柔軟)	경직: 몸 따위가 굳어서 뻣뻣하게 됨
경험(經驗) ↔ 상상(想像)	경험: 자신이 실제로 해 보거나 겪어 봄 또는 거기서 얻은 지식이나 기능
고상(高尙) ↔ 저속(低俗)	고상: 품위나 몸가짐이 속되지 아니하고 훌륭함
고의(故意) ↔ 과실(過失)	고의: 일부러 하는 생각이나 태도
과작(寡作) ↔ 다작(多作)	과작: 작품 따위를 적게 지음
교수(敎授) ↔ 학습(學習)	교수: 학문이나 기예를 가르침
근면(勤勉) ↔ 태만(怠慢)	근면: 부지런히 일하며 힘씀
기립(起立) ↔ 착석(着席)	기립: 일어나서 섬
기정(旣定) ↔ 미정(未定)	기정: 이미 결정되어 있음
낭독(朗讀) ↔ 묵독(默讀)	낭독: 글을 소리 내어 읽음
낭보(朗報) ↔ 비보(悲報)	낭보: 기쁜 기별이나 소식
눌변(訥辯) ↔ 달변(達辯)	눌변: 더듬거리는 서툰 말솜씨
능숙(能熟) ↔ 미숙(未熟)	능숙: 능하고 익숙함
단란(團欒) ↔ 불화(不和)	단란: 여럿이 함께 즐겁고 화목함
답습(踏襲) ↔ 창조(創造)	답습: 예로부터 해 오던 방식이나 수법을 좇아 그대로 행함
대항(對抗) ↔ 굴복(屈服)	대항: 굽히거나 지지 않으려고 맞서서 버티거나 항거함
독점(獨占) ↔ 공유(共有)	독점: 혼자서 모두 차지함
동태(動態) ↔ 정태(靜態)	동태: 움직이거나 변하는 모습
만성(慢性) ↔ 급성(急性)	만성: 병이 급하거나 심하지도 아니하면서 쉽게 낫지도 아니하는 성질
망각(忘却) ↔ 기억(記憶)	망각: 어떤 사실을 잊어버림
매몰(埋沒) ↔ 발굴(發掘)	매몰: 보이지 아니하게 파묻히거나 파묻음

확인 문제

다음 중 '경상(經常)'의 반의어는?

① 급증(急增) ② 임시(臨時) ③ 기정(旣定) ④ 유연(柔軟) ⑤ 고상(高尙)

정답: ②

반의어

명목(名目) ↔ 실질(實質)	명목: 겉으로 내세우는 이름
방화(放火) ↔ 소화(消火)	방화: 일부러 불을 지름
배출(排出) ↔ 흡수(吸收)	배출: 안에서 밖으로 밀어 내보냄
백주(白晝) ↔ 심야(深夜)	백주: 환히 밝은 낮
보편(普遍) ↔ 특수(特殊)	보편: 모든 것에 두루 미치거나 통함 또는 그런 것
부농(富農) ↔ 빈농(貧農)	부농: 농토와 농사의 규모가 크고 수입이 많은 농가나 농민
상달(上達) ↔ 하달(下達)	상달: 윗사람에게 말이나 글로 여쭈어 알려 드림
상이(相異) ↔ 유사(類似)	상이: 서로 다름
선두(先頭) ↔ 후미(後尾)	선두: 대열이나 행렬, 활동 따위에서 맨 앞
송신(送信) ↔ 수신(受信)	송신: 주로 전기적 수단을 이용하여 전신이나 전화, 라디오, 텔레비전 방송 따위의 신호를 보냄 또는 그런 일
쇄국(鎖國) ↔ 개국(開國)	쇄국: 다른 나라와의 통상과 교역을 금지함
수익(收益) ↔ 손실(損失)	수익: 이익을 거두어들임 또는 그 이익
순종(順從) ↔ 거역(拒逆)	순종: 순순히 따름
승천(昇天) ↔ 강림(降臨)	승천: 하늘에 오름
시작(始作) ↔ 완료(完了)	시작: 어떤 일이나 행동의 처음 단계를 이루거나 그렇게 하게 함 지농6급 기출
심오(深奧) ↔ 경박(輕薄)	심오: 사상이나 이론 따위가 깊이가 있고 오묘함
야만(野蠻) ↔ 문명(文明)	야만: 미개하여 문화 수준이 낮은 상태
연결(連結) ↔ 단절(斷絶)	연결: 사물과 사물을 서로 잇거나 현상과 현상이 관계를 맺게 함
염세(厭世) ↔ 낙천(樂天)	염세: 세상을 괴롭고 귀찮은 것으로 여겨 비관함
영예(榮譽) ↔ 굴욕(屈辱)	영예: 영광스러운 명예
오만(傲慢) ↔ 겸손(謙遜)	오만: 태도나 행동이 건방지거나 거만함 또는 그 태도나 행동
오자(誤字) ↔ 정자(正字)	오자: 잘못 쓴 글자
온건(穩健) ↔ 강경(强硬)	온건: 생각이나 행동 따위가 사리에 맞고 건실함
우월(優越) ↔ 열등(劣等)	우월: 다른 것보다 나음
융기(隆起) ↔ 침강(沈降)	융기: 땅이 기준면에 대하여 상대적으로 높아짐 또는 그런 지반
융성(隆盛) ↔ 쇠퇴(衰頹)	융성: 기운차게 일어나거나 대단히 번성함
원양(遠洋) ↔ 연안(沿岸)	원양: 뭍에서 멀리 떨어진 큰 바다
이례(異例) ↔ 통례(通例)	이례: 상례에서 벗어난 특이한 예

확인 문제

다음 중 '강경(强硬)'의 반의어는?

① 단절(斷絶) ② 쇠퇴(衰頹) ③ 겸손(謙遜) ④ 온건(穩健) ⑤ 순종(順從)

정답: ④

반의어

이면(裏面) ↔ 표면(表面)	이면: 겉으로 나타나거나 눈에 보이지 않는 부분
이용(利用) ↔ 악용(惡用)	이용: 대상을 필요에 따라 이롭게 씀
인정(認定) ↔ 부인(否認)	인정: 확실히 그렇다고 여김
임대(賃貸) ↔ 임차(賃借)	임대: 돈을 받고 자기의 물건을 남에게 빌려줌
자유(自由) ↔ 속박(束縛)	자유: 외부적인 구속이나 무엇에 얽매이지 아니하고 자기 마음대로 할 수 있는 상태
자의(自意) ↔ 타의(他意)	자의: 자기의 생각이나 의견
절약(節約) ↔ 낭비(浪費)	절약: 함부로 쓰지 아니하고 꼭 필요한 데에만 써서 아낌
정설(定說) ↔ 속설(俗說)	정설: 일정한 결론에 도달하여 이미 확정하거나 인정한 설
조혼(早婚) ↔ 만혼(晩婚)	조혼: 어린 나이에 일찍 결혼함 또는 그렇게 한 혼인
존엄(尊嚴) ↔ 미천(微賤)	존엄: 인물이나 지위 따위가 감히 범할 수 없을 정도로 높고 엄숙함
주의(注意) ↔ 방심(放心)	주의: 마음에 새겨 두고 조심함
중시(重視) ↔ 경시(輕視)	중시: 가볍게 여길 수 없을 만큼 매우 크고 중요하게 여김
증여(贈與) ↔ 수령(受領)	증여: 물품 따위를 선물로 줌
진보(進步) ↔ 보수(保守)	진보: 역사 발전의 합법칙성에 따라 사회의 변화나 발전을 추구함
진화(進化) ↔ 퇴화(退化)	진화: 일이나 사물 따위가 점점 발달하여 감
찰나(刹那) ↔ 영원(永遠)	찰나: 어떤 일이나 사물 현상이 일어나는 바로 그때
천연(天然) ↔ 인위(人爲)	천연: 사람의 힘을 가하지 아니한 상태
총론(總論) ↔ 각론(各論)	총론: 어떤 부문의 일반적 이론을 총괄하여 서술한 해설이나 저작
출발(出發) ↔ 도착(到着)	출발: 목적지를 향하여 나아감 지농6급 기출
침착(沈着) ↔ 경망(輕妄)	침착: 행동이 들뜨지 아니하고 차분함
통제(統制) ↔ 방임(放任)	통제: 일정한 방침이나 목적에 따라 행위를 제한하거나 제약함
통합(統合) ↔ 분리(分離)	통합: 둘 이상의 조직이나 기구 따위를 하나로 합침
팽창(膨脹) ↔ 수축(收縮)	팽창: 부풀어서 부피가 커짐
폐쇄(閉鎖) ↔ 개방(開放)	폐쇄: 문 따위를 닫아걸거나 막아 버림
폐지(廢止) ↔ 존속(存續)	폐지: 실시하여 오던 제도나 법규, 일 따위를 그만두거나 없앰
폭로(暴露) ↔ 은폐(隱蔽)	폭로: 알려지지 않았거나 감춰져 있던 사실을 드러냄
폭염(暴炎) ↔ 혹한(酷寒)	폭염: 매우 심한 더위
하강(下降) ↔ 부상(浮上)	하강: 높은 곳에서 아래로 향하여 내려옴

확인 문제

다음 중 '은폐(隱蔽)'의 반의어는?

① 방임(放任) ② 폭로(暴露) ③ 종결(終結) ④ 폐쇄(閉鎖) ⑤ 시작(始作)

정답: ②

반의어

한해(旱害) ↔ 수재(水災)	한해: 가뭄으로 인하여 입은 재해
할인(割引) ↔ 할증(割增)	할인: 일정한 값에서 얼마를 뺌
해후(邂逅) ↔ 이별(離別)	해후: 오랫동안 헤어졌다가 뜻밖에 다시 만남
허가(許可) ↔ 금지(禁止)	허가: 행동이나 일을 하도록 허용함
현명(賢明) ↔ 우둔(愚鈍)	현명: 어질고 슬기로워 사리에 밝음
협조(協助) ↔ 훼방(毁謗)	협조: 힘을 보태어 도움
호평(好評) ↔ 혹평(酷評)	호평: 좋게 평함 또는 그런 평판이나 평가
혼란(混亂) ↔ 안녕(安寧)	혼란: 뒤죽박죽이 되어 어지럽고 질서가 없음
환대(歡待) ↔ 괄시(恝視)	환대: 반갑게 맞아 정성껏 후하게 대접함
회고(回顧) ↔ 전망(展望)	회고: 지나간 일을 돌이켜 생각함
획득(獲得) ↔ 상실(喪失)	획득: 얻어 내거나 얻어 가짐

2 다의어

가다	· 일정한 목적을 가진 모임에 참석하기 위하여 이동하다 예 오늘 저녁에는 동창회에 갈 예정이다. · 관심이나 눈길 따위가 쏠리다 예 사소한 일에도 신경이 간다. · 그러한 상태가 생기거나 일어나다 예 그에게 피해가 가지 않도록 해야 한다. · 어떤 일을 하는 데 수고가 많이 들다 예 보기보다 제법 손이 많이 가는 일이었다.
가리다	· 여럿 가운데서 하나를 구별하여 고르다 예 월드컵은 세계 최고의 축구 실력을 갖춘 국가를 가리기 위한 대회이다. · 낯선 사람을 대하기 싫어하다 예 우리 아이는 낯을 많이 가립니다. · 잘잘못이나 좋은 것과 나쁜 것 따위를 따져서 분간하다 예 시비를 가리기 위해 경찰을 불렀다. · 음식을 골라서 먹다 예 음식을 가리지 말고 골고루 먹어야 한다.

확인 문제

다음 중 '잘잘못이나 좋은 것과 나쁜 것 따위를 따져서 분간하다'의 의미로 사용된 것은?

① 음식을 가리지 말고 골고루 먹어야 한다.
② 우리 아이는 낯을 많이 가린다.
③ 시비를 가리기 위해 경찰을 불렀다.
④ 안개에 가려서 앞이 안 보인다.
⑤ 수단과 방법을 가리지 않고 어떻게든 이기겠다.

정답: ③

다의어

고치다	· 고장이 나거나 못 쓰게 된 물건을 손질하여 제대로 되게 하다 지농6급 기출 예 현종이는 고장 난 컴퓨터를 능숙하게 고쳤다. · 병 따위를 낫게 하다 예 병을 고치려면 무엇보다도 스트레스를 받지 않는 것이 중요하다. · 잘못되거나 틀린 것을 바로잡다 예 시험이 종료되기 직전에 고친 답이 정답이어서 기분이 좋다. · 모양이나 내용 따위를 바꾸다 예 영서는 강풍에 흐트러진 머리를 고치기 위해 거울을 꺼냈다.
기르다	· 육체나 정신을 단련하여 더 강하게 만들다 지농6급 기출 예 인내심을 기르는 것이 쉬운 일이 아니다. · 동식물을 보살펴 자라게 하다 예 새를 기르는 데 필요한 것을 구매하였다. · 습관 따위를 몸에 익게 하다 예 아침에 일찍 일어나는 습관을 기르고 있다.
나가다	· 생산되거나 만들어져 사회에 퍼지다 지농6급 기출 예 새 작품이 해외로 나간 후의 시장 조사는 필수적이다. · 일정한 직장이나 일터에 다니다 예 새로운 직장에 나가게 되었다. · 일정한 지역이나 공간에서 벗어나거나 집이나 직장 따위를 떠나다 예 집에서 나간 후 아직 돌아오지 않았다. · 어떤 행동이나 태도를 취하다 예 토론을 할 때 적극적인 태도로 나가는 것이 중요하다. · 값이나 무게 따위가 어느 정도에 이르다 예 이 그림은 값이 8천만 원이나 나간다.
나서다	· 어떠한 일을 적극적으로 또는 직업적으로 시작하다 지농6급 기출 예 남수는 만반의 준비를 마치고 장삿길에 나섰다. · 어떠한 일을 가로맡거나 간섭하다 예 그 일에 함부로 나섰다가 큰코다칠 수 있으니 조심해야 한다. · 어디를 가기 위하여 있던 곳을 나오거나 떠나다 지농6급 기출 예 오랜만에 친구들과 낚시를 하기 위해 아침 일찍 집을 나섰다.

확인 문제

다음 중 '생산되거나 만들어져 사회에 퍼지다'의 의미로 사용된 것은?

① 이번에 나가는 회사는 복지 제도가 잘 되어 있다.
② 소극적인 태도로 나가면 추진력을 얻기 힘들다.
③ 상품이 해외로 나간 후의 판매 추이를 살펴보아야 한다.
④ 코끼리는 무게가 약 2톤에서 6톤 정도 나간다.
⑤ 8시에 도서관에서 나갈 예정이다.

정답: ③

다의어

날리다	· 어떤 물체가 바람에 나부끼어 움직이게 하다 예 친구는 머리카락을 날리며 내게로 뛰어왔다. · 명성을 떨치다 예 그는 한때 수학 천재로 명성을 날리던 사람이었다. · 가지고 있던 재산이나 자료 따위를 잘못하여 모두 잃거나 없애다 예 모든 재산을 날린 그는 고향으로 내려갔다. · 정성을 들이지 아니하고 일을 대강대강 아무렇게나 하다 예 그는 일을 날려 하는 편이라 중요한 업무를 맡길 수 없었다.
내리다	· 타고 있던 물체에서 밖으로 나와 어떤 지점에 이르다 예 우리는 기차역에 내렸다. · 위에 있는 것을 낮은 곳 또는 아래로 끌어당기거나 늘어뜨리다 예 걷어 올린 옷소매를 내리는 게 나을 것 같다. · 판단, 결정을 하거나 결말을 짓다 예 우리는 결론을 내리기 위해 회의실에 모였다. · 값이나 수치, 온도, 성적 따위가 이전보다 떨어지거나 낮아지다 예 업체들은 하나둘 상품 가격을 내리기 시작했다.
높이다	· 값이나 비율 따위를 보통보다 위에 있게 하다 예 올해 우리 회사의 목표는 수익성을 높이는 것이다. · 지위나 신분 따위를 보통보다 위에 있게 하다 예 일 년 만에 회사는 그의 직급을 대리로 높여 주었다. · 기세 따위를 힘차고 대단한 상태에 있게 하다 예 회사는 임직원의 사기를 높이기 위해 다양한 행사를 기획했다. · 이름이나 명성 따위를 널리 알려진 상태에 있게 하다 예 선수들은 국가의 명성을 높이기 위해 노력하고 있다.
놓다	· 계속해 오던 일을 그만두고 하지 아니하다 예 당분간 일을 놓고 건강 회복에 집중할 예정이다. · 걱정이나 근심, 긴장 따위를 잊거나 풀어 없애다 예 고민이 해결되어 오랜만에 마음 놓고 웃었다. · 잡거나 쥐고 있던 물체를 일정한 곳에 두다 예 가져온 선물은 선반 위에 놓으면 된다. · 무늬나 수를 새기다 예 할머니께서 손수건에 손수 수를 놓아 선물해주셨다.

확인 문제

다음 중 '위에 있는 것을 낮은 곳 또는 아래로 끌어당기거나 늘어뜨리다'의 의미로 사용된 것은?

① 걷어 올린 옷소매를 내렸다.
② 우리는 기차역에 내렸다.
③ 회의에서 결론을 내렸다.
④ 차에서 짐을 내렸다.
⑤ 업체가 상품 가격을 내렸다.

정답: ①

다의어

당기다	· 좋아하는 마음이 일어나 저절로 끌리다 예 그는 나의 호기심이 당길 만한 제안을 했다. · 물건 따위를 힘을 주어 자기 쪽이나 일정한 방향으로 가까이 오게 하다 예 자세 교정을 위해 의자를 바싹 당겨 앉았다. · 정한 시간이나 기일을 앞으로 옮기거나 줄이다 예 올겨울에 올리기로 한 결혼식을 가을로 당겼다.
돌다	· 물체가 일정한 축을 중심으로 원을 그리면서 움직이다 예 물레방아가 빙글빙글 돌고 있다. · 기능이나 체제가 제대로 작용하다 예 이 공장은 무리 없이 잘 돌고 있다. · 돈이나 물자 따위가 유통되다 예 불경기로 인해 시장에 돈이 돌지 않아 걱정이 많습니다. · 눈이나 머리 따위가 정신을 차릴 수 없도록 아찔하여지다 예 달리는 차 안에서 책을 오래 읽었더니 눈이 핑핑 돌고 어지러웠다.
듣다	· 사람이나 동물이 소리를 감각 기관을 통해 알아차리다 예 밖에서 나는 비명을 들었다. · 다른 사람의 말이나 소리에 스스로 귀 기울이다 예 대통령은 국민의 소리를 잘 들어야 한다. · 다른 사람의 말을 받아들여 그렇게 하다 예 부모님과 선생님의 말씀을 잘 들어야 착한 어린이야. · 주로 약 따위가 효험을 나타내다 예 그 두통약은 나에게 잘 듣는다.
들다	· 밖에서 속이나 안으로 향해 가거나 오거나 하다 예 숲속에 드니 머리가 맑아지고 마음이 편안해졌다. · 빛, 볕, 물 따위가 안으로 들어오다 예 이 방은 볕이 잘 들어 겨울에도 따뜻하다. · 방이나 집 따위에 있거나 거처를 정해 머무르게 되다 예 집주인 아저씨는 지하에 들어 사는 우리를 항상 타박했다. · 어떤 일에 돈, 시간, 노력, 물자 따위가 쓰이다 예 사업을 하다 보니 여기저기 돈이 많이 든다.

확인 문제

다음 중 '기능이나 체제가 제대로 작용하다'의 의미로 사용된 것은?

① 나는 술 한 잔만 마셔도 머리가 핑 돈다.
② 어머니의 얼굴에 화색이 돌기 시작했다.
③ 투자가 위축되어 자금이 돌지 않고 있다.
④ 난방이 잘 돌아서 밤새 따뜻하게 잤다.
⑤ 지구는 태양을 중심으로 도는 행성이다.

정답: ④

PART 1 NCS 직무능력평가 | 제1장 의사소통능력 | 제2장 수리능력 | 제3장 문제해결능력 | 제4장 자원관리능력 | 제5장 조직이해능력

다의어

막히다	• 길, 통로 따위가 통하지 못하게 되다 예 길이 막혀 약속 장소에 늦게 도착했다. • 병 따위의 입구가 통하지 못하게 되다 예 병이 마개로 막혀 있어 내용물이 쏟아지지 않았다. • 어이가 없거나 할 말이 궁색하여 말이 나오지 않다 예 예상치 못한 질문을 받는 바람에 말문이 막혀 버렸다.
맞추다	• 서로 떨어져 있는 부분을 제자리에 맞게 대어 붙이다 예 깨진 조각에 접착제를 발라 잘 맞추어 붙였다. • 서로 어긋남이 없이 조화를 이루다 예 워크숍의 가장 중요한 목표는 팀원들이 서로 마음을 맞추는 것이다. • 어떤 기준이나 정도에 어긋나지 아니하게 하다 예 선생님은 채점 기준에 맞추어 주관식 답안지를 채점하기 시작했다. • 어떤 기준에 틀리거나 어긋남이 없이 조정하다 예 라디오를 듣기 위해 주파수를 맞추었다.
먹다	• 음식 따위를 입을 통하여 배 속에 들여보내다 예 밥을 너무 많이 먹었는지 배가 살살 아프기 시작했다. • 연기나 가스 따위를 들이마시다 예 연탄가스를 먹고 정신을 잃은 일가족이 병원에 실려 왔다. • 어떤 마음이나 감정을 품다 지능6급 기출 예 나는 마음을 독하게 먹고 공부에만 몰두했다. • 일정한 나이에 이르거나 나이를 더하다 예 걔는 나이를 먹어도 좀처럼 철이 들지 않아서 걱정이야.
맵다	• 고추나 겨자와 같이 맛이 알알하다 예 점심을 맵게 먹어서 그런지 속이 쓰리다. • 성미가 사납고 독하다 예 그의 매운 눈길을 받고 하던 행동을 멈추었다. • 날씨가 몹시 춥다 예 날씨가 매워서 감기에 걸릴 것 같다. • 연기 따위가 눈이나 코를 아리게 하다 예 담배 연기가 자욱하여 눈이 맵다. • 결기가 있고 야무지다 예 서현이는 일을 맵게 처리한다는 평가를 받는다.

확인 문제

다음 중 '어떤 마음이나 감정을 품다'의 의미로 사용된 것은?

① 하루만 지나면 나이를 한 살 더 먹는다.
② 누군가 그에게 앙심을 먹고 모함한 것이 틀림없다.
③ 부엌에 자욱한 연기를 먹고 정신을 잃었다.
④ 흰쌀밥에 노릇하게 구워진 햄을 얹어 먹고 싶다.
⑤ 그는 실수로 탄내를 먹고는 몇 번 콜록거렸다.

정답: ②

다의어

밀다	· 일정한 방향으로 움직이도록 반대쪽에서 힘을 가하다 예 움직이지 못하는 자동차를 뒤에서 힘껏 밀었다. · 바닥이나 거죽의 지저분한 것을 문질러서 깎거나 닦아 내다 예 대패로 통나무를 밀다. · 허물어 옮기거나 깎아 없애다 예 아파트 단지를 짓기 위해 산을 밀었다. · 뒤에서 보살피고 도와주다 예 아무래도 누군가 영수를 임원으로 밀고 있는 것 같다. · 바닥이 반반해지도록 연장을 누르면서 문지르다 예 구겨진 면바지를 다리미로 밀었다. · 눌러서 얇게 펴다 예 칼국수를 만들기 위해 밀가루 반죽을 밀었다.
바르다	· 풀칠한 종이나 헝겊 따위를 다른 물건의 표면에 고루 붙이다 예 벽지를 사다가 벽에 발랐다. · 차지게 이긴 흙 따위를 다른 물체의 표면에 고르게 덧붙이다 예 벽에 시멘트를 발랐으니 등이 닿지 않도록 조심하세요. · 물이나 풀, 약, 화장품 따위를 물체의 표면에 문질러 묻히다 예 상처에 약을 발랐다.
보다	· 눈으로 대상의 존재나 형태적 특징을 알다 예 길을 건널 때에는 신호등을 잘 보고 건너야 한다. · 눈으로 대상을 즐기거나 감상하다 예 어제 친구와 함께 영화를 봤다. · 일정한 목적 아래 만나다 예 맞선을 보러 나가는 길이다. · 맡아서 보살피거나 지키다 예 아이를 보느라 외출할 겨를이 없었다. · 음식상이나 잠자리 따위를 채비하다 예 어머니는 술상을 보느라 바쁘다.
싸다	· 물건을 안에 넣고 보이지 않게 씌워 가리거나 둘러 말다 예 직원들이 상품을 포장지에 싸고 있었다. · 어떤 물건을 다른 곳으로 옮기기 좋게 상자나 가방 따위에 넣거나 종이나 천, 끈 따위를 이용해서 꾸리다 예 서둘러 도시락을 싸서 집을 나섰다.

확인 문제

다음 중 '눈으로 대상을 즐기거나 감상하다'의 의미로 사용된 것은?

① 이번 주말에는 어머니와 연극을 보기로 했다.
② 공원에서 수상한 사람을 보고 경찰에 신고하였다.
③ 지난주 내내 어린 동생을 보느라 공부를 못 했다.
④ 부모님의 성화에 못 이겨 맞선을 보러 나왔다.
⑤ 갑자기 찾아온 손님의 저녁상을 보고 있다.

정답: ①

다의어

엿보다	· 잘 보이지 아니하는 대상을 좁은 틈 따위로 바라보다 지능6급 기출 예 문틈으로 하늘을 엿보다. · 어떤 사실을 바탕으로 실상을 미루어 알다 지능6급 기출 예 그림을 통해 당시의 생활을 엿볼 수 있다. · 무엇을 이루고자 온 마음을 쏟아서 눈여겨보다 지능6급 기출 예 박 대리는 승진 기회를 항상 엿보는 사람이다. · 남이 보이지 아니하는 곳에 숨거나 남이 알아차리지 못하게 하여 대상을 살펴보다 예 창문으로 방 안을 엿보다.
열다	· 닫히거나 잠긴 것을 트거나 벗기다 예 창문을 열어 환기를 시키자. · 사업이나 경영 따위의 운영을 시작하다 예 그녀는 회사를 그만두고 꽃집을 열었다. · 자기의 마음을 다른 사람에게 터놓거나 다른 사람의 마음을 받아들이다 예 좀 더 마음을 열고 남을 이해하기 위해 노력해보렴. · 다른 사람에게 어떤 일에 대하여 터놓거나 이야기를 시작하다 예 묵묵부답이던 용의자가 마침내 입을 열었다.
울다	· 짐승, 벌레, 바람 따위가 소리를 내다 예 새벽에 늑대 우는 소리가 들렸다. · 종이나 천둥, 벨 따위가 소리를 내다 예 자명종이 요란스럽게 울렸다. · 물체가 바람 따위에 흔들리거나 움직여 소리가 나다 예 거센 바람에 문풍지가 울기 시작했다. · 기쁨, 슬픔 따위의 감정을 억누르지 못하거나 아픔을 참지 못하여 눈물을 흘리다 예 아무 말도 못 하고 주저앉아 울기만 했다.
재다	· 잘난 척하며 으스대거나 뽐내다 예 그렇게 재고 다니다가는 언젠가 큰코다친다. · 자, 저울 따위의 계기를 이용하여 길이, 너비, 높이, 깊이, 무게, 온도, 속도 따위의 정도를 알아보다 예 감자의 무게를 저울로 쟀다. · 여러모로 따져 보고 헤아리다 예 결혼할 사람은 여러모로 재어 보고 선택해야 한다. · 동작이 재빠르다 예 시간이 부족하다는 말에 손을 더욱 재게 놀리기 시작했다.

확인 문제

다음 중 '닫히거나 잠긴 것을 트거나 벗기다'의 의미로 사용된 것은?

① 책상에 앉은 그는 서랍을 열어서 일기장을 꺼냈다.
② 작년에 문을 연 이래로 이번 달 매출이 가장 높다.
③ 내내 침묵하던 그녀는 이모의 설득에 입을 열었다.
④ 민우는 동생과 고향에 카페를 열겠다는 목표를 세웠다.
⑤ 마음을 열고 다른 사람들과 즐겁게 대화를 나누었다.

정답: ①

다의어

지내다	· 사람이 어떤 장소에서 생활을 하면서 시간이 지나가는 상태가 되게 하다 예 그녀는 일을 그만두고 집에서 편하게 지내고 있다. · 서로 사귀어 오다 예 우리는 가족처럼 지내는 사이입니다. · 과거에 어떤 직책을 맡아 일하다 예 그 사람은 왕년에 도지사를 지낸 사람이다. · 혼인이나 제사 따위의 관혼상제 같은 어떤 의식을 치르다 예 차례를 지내러 고향에 내려갑니다.
취하다	· 자기 것으로 만들어 가지다 예 따뜻한 우유를 마시는 것은 숙면을 취하는 데 도움이 된다. · 어떤 일에 대한 방책으로 어떤 행동을 하거나 일정한 태도를 가지다 예 명분보다는 실리를 챙기는 대외 정책을 취할 필요가 있다. · 어떤 특정한 자세를 취하다 예 사진을 찍기 위해 포즈를 취했다.
타다	· 탈것이나 짐승의 등 따위에 몸을 얹다 예 지하철이 끊겨 할 수 없이 택시를 탔다. · 몫으로 주는 돈이나 물건 따위를 받다 예 사내 체육대회에서 추첨 번호에 당첨되어 경품을 탔다. · 바람이나 물결, 전파 따위에 실려 퍼지다 예 방송을 탄 후 가게에 손님이 몰려들었다.
파다	· 구멍이나 구덩이를 만들다 예 땅에 구덩이를 팠다. · 그림이나 글씨를 새기다 예 요즘에는 도장을 파는 곳을 찾기 어렵다. · 어떤 것을 알아내거나 밝히기 위하여 몹시 노력하다 예 그는 한번 어떤 일을 파기 시작하면 끝장을 본다. · 문서나 서류 따위에서 어떤 부분을 삭제하다 예 호적을 파다.
헐다	· 몸에 부스럼이나 상처 따위가 나서 짓무르다 예 요즘 너무 무리했는지 입안이 헐었다. · 물건이 오래되거나 많이 써서 낡아지다 예 우산이 너무 헐어서 쓸 수가 없다.

확인 문제

다음 중 '어떤 것을 알아내거나 밝히기 위하여 몹시 노력하다'의 의미로 사용된 것은?

① 나무를 심기 위해 적당한 장소에서 땅을 파기 시작했다.
② 더 이상 사고를 친다면 호적에서 팔 것이라는 경고를 들었다.
③ 김 씨는 이 부근에서 도장을 제일 잘 파는 인물로 알려져 있다.
④ 할머니 댁 마당에는 아버지가 직접 판 우물이 있다고 한다.
⑤ 그 경찰은 사건의 진상을 파기 위해 백방으로 뛰고 있다.

정답: ⑤

3 혼동하기 쉬운 어휘

가늠/가름	· 가늠: 사물을 어림잡아 헤아림 예 내 남자친구는 워낙 말이 없어서 그 속마음을 가늠하기가 어렵다. · 가름: 쪼개거나 나누어 따로따로 되게 함 / 승부나 등수 따위를 정함 예 오늘 경기는 전반전에 획득한 점수가 승부를 가름하였다.
개발/계발	· 개발: 기술, 경제, 책, 제품, 국토, 인력 등 물질적인 것을 발전시킴 / 지식이나 재능 따위를 발달하게 함 예 국토 개발에 노력을 기울여야 한다. · 계발: 슬기나 재능, 사상 따위를 일깨워 줌 예 학생의 창의력과 소질을 계발하는 데 효과적이다.
검정/검증	· 검정: 일정한 규정에 따라 자격이나 조건을 검사하여 결정함 예 교과서를 더욱 엄격한 기준으로 검정할 필요가 있다. · 검증: 검사하여 증명함 예 검증되지 않은 민간요법을 함부로 따르는 것은 위험하다.
게재/기재	· 게재: 글이나 그림 따위를 신문이나 잡지 따위에 실음 예 그의 논문이 세계적인 학술지에 게재되었다. · 기재: 문서 따위에 기록하여 올림 예 이력서에 기재된 내용이 사실과 다를 경우 불합격 처리됩니다.
결재/결제	· 결재: 결정할 권한이 있는 상관이 부하가 제출한 안건을 검토하여 허가하거나 승인함 지농6급 기출 예 이번 주 금요일은 공휴일이므로 반드시 오늘까지 결재를 받아야 한다. · 결제: 증권 또는 대금을 주고받아 매매 당사자 사이의 거래 관계를 끝맺는 일 지농6급 기출 예 만 원 이하의 소액도 카드 결제가 가능하다.
고안/착안	· 고안: 연구하여 새로운 안을 생각해 냄 예 정약용은 도르래의 원리를 응용하여 거중기를 고안해냈다. · 착안: 어떤 문제를 해결하기 위한 실마리를 잡음 예 이 기계는 작용 반작용의 법칙에 착안하여 제작된 것이다.
곤욕/곤혹	· 곤욕: 심한 모욕 또는 참기 힘든 일 예 작은 말실수 때문에 오랫동안 곤욕을 치렀다. · 곤혹: 곤란한 일을 당하여 어찌할 바를 모름 예 친구의 갑작스러운 울음에 곤혹을 느꼈다.

확인 문제

다음 중 밑줄 친 단어의 쓰임이 바르지 않은 것은?

① 논문이 학술지에 게재되었다.
② 교과서의 검정 기준은 매우 엄격하다.
③ 9회 말 홈런이 승부를 가름하였다.
④ 오늘까지 사장님의 결제를 받아야 한다.
⑤ 국토 개발에 노력을 기울이고 있다.

정답: ④

혼동하기 쉬운 어휘

구분/구별	· 구분: 일정한 기준에 따라 전체를 몇 개로 갈라 나눔 지농6급 기출 예 책장의 책들을 소설책과 시집으로 구분하여 정리해 두었다. · 구별: 성질이나 종류에 따라 차이가 남 또는 성질이나 종류에 따라 갈라놓음 지농6급 기출 예 누가 언니고 누가 동생인지 구별할 수 없을 정도로 키가 비슷하다.
근간/근원	· 근간: 사물의 바탕이나 중심이 되는 중요한 것 예 전통시장은 서민 경제의 근간이다. · 근원: 사물이 비롯되는 근본이나 원인 예 스트레스는 모든 병의 근원이라 할 수 있다.
금일/익일	· 금일: 지금 지나가고 있는 이날 예 급한 사안이므로 금일 안으로 서류를 작성하여 제출해 주세요. · 익일: 어느 날 뒤에 오는 날 예 내가 접수한 택배 물품은 익일에 배송될 예정이다.
너비/넓이	· 너비: 평면이나 넓은 물체의 가로로 건너지른 거리 예 양발을 어깨 너비로 벌리고 양 무릎을 살짝 굽혀주세요. · 넓이: 일정한 평면에 걸쳐 있는 공간이나 범위의 크기 예 다음 평면도형의 넓이를 구하시오.
단합/담합	· 단합: 많은 사람이 마음과 힘을 한데 뭉침(≒ 단결) 예 주민들의 단합을 도모하기 위해 마을 운동회를 개최했다. · 담합: 서로 의논하여 합의함 예 일제히 영화 값이 오른 것에 대해 일각에서는 극장업계의 담합을 의심하고 있다.
대비/대처	· 대비: 앞으로 일어날지도 모르는 어떠한 일에 대응하기 위하여 미리 준비함 예 동네 사람들은 폭우에 대비하여 모래주머니로 제방을 쌓아놓았다. · 대처: 어떤 정세나 사건에 대하여 알맞은 조치를 취함 예 기업은 고객의 불만에 대해 빠르게 대처해야 한다.
도래/초래	· 도래: 어떤 시기나 기회가 닥쳐옴 예 정보화 시대가 도래한 지 오래다. · 초래: 일의 결과로서 어떤 현상을 생겨나게 함 예 한순간의 실수가 엄청난 사건을 초래할 수도 있다.
도출/표출	· 도출: 판단이나 결론 따위를 이끌어 냄 예 세 번의 회의를 가졌음에도 불구하고 결국 합의점이 도출되지 않았다. · 표출: 겉으로 나타냄 예 입시 제도가 갑작스럽게 변경되자 많은 학부모들이 분노를 표출했다.

확인 문제

다음 중 밑줄 친 단어의 쓰임이 바르지 않은 것은?

① 전통시장은 서민 경제의 근간이다.
② 누가 언니고 누가 동생인지 구별할 수 없다.
③ 양발을 어깨 넓이로 벌려주세요.
④ 동네 재개발을 위해 주민들이 단합하고 있다.
⑤ 혹시 모를 폭우에 대비하여 둑을 쌓다.

정답: ③

혼동하기 쉬운 어휘

동의/동조	· 동의: 다른 사람의 행위를 승인하거나 시인함 예 국민의 안전을 최우선으로 여기는 그 법안에 대해 야당과 여당 모두 동의하였다. · 동조: 남의 주장에 자기의 의견을 일치시키거나 보조를 맞춤 예 나는 그녀의 의견이 옳지 못하다고 생각하였으나 일단 동조하는 척하였다.
독선/독단	· 독선: 자기 혼자만이 옳다고 믿고 행동하는 일 예 독선에 빠져 다른 이들의 의견을 묵살하는 것은 화합을 저해하는 요소이다. · 독단: 남과 상의하지도 않고 혼자서 판단하거나 결정함 예 그렇게 독단적으로 일을 결정할 거면서 왜 나에게 의견을 물었니?
막역/막연	· 막역: 허물이 없이 아주 친함 예 그와 나는 10년 전부터 막역하게 지내왔다. · 막연: 갈피를 잡을 수 없게 아득함 / 뚜렷하지 못하고 어렴풋함 예 많은 사람들이 막연하게 부동산 임대업을 노후 준비의 하나로 여기고 있다.
매매/매입	· 매매: 물건을 팔고 삼 예 올해 초 집값 상승으로 아파트 매매가 활발히 이루어지지 않았다. · 매입: 물품 따위를 사들임 예 과거 태국 정부는 시장가격보다 비싼 값에 농민들의 쌀을 매입하였다.
명분/명색	· 명분: 일을 꾀할 때 내세우는 구실이나 이유 따위 예 러시아는 자국민 보호를 명분으로 내세우며 남오세티야 전쟁에 개입하였다. · 명색: 실속 없이 그럴듯하게 불리는 허울만 좋은 이름 예 복지부장은 명색일 뿐 실상 나는 학급 청소를 도맡아 하는 역할이었다.
모사/묘사	· 모사: 사물을 형체 그대로 그림 / 원본을 베끼어 씀 예 고흐는 밀레의 그림을 모사하는 것을 즐겼으며, 밀레의 삶까지 닮고자 했다. · 묘사: 어떤 대상이나 사물, 현상 따위를 언어로 서술하거나 그림을 그려서 표현함 예 어젯밤에 목격한 상황을 자세하게 묘사해 주세요.
반증/방증	· 반증: 어떤 사실이나 주장이 옳지 아니함을 그에 반대되는 근거를 들어 증명함 예 그 사람의 주장을 반증할 수 있는 자료들을 찾아야만 한다. · 방증: 사실을 직접 증명할 수 있는 증거가 되지는 않지만, 주변의 상황을 밝힘으로써 간접적으로 증명에 도움을 줌 예 최근 인문학 도서가 많이 출간되고 있는 것은 해당 분야에 대한 대중의 관심이 높다는 방증이다.

확인 문제

다음 중 밑줄 친 단어의 쓰임이 바르지 않은 것은?

① 독단적으로 행동하지 말고 친구들과 의논해보렴.
② 자국민 보호를 명분으로 전쟁을 일으켰다.
③ 그의 주장을 반증할 수 있는 자료가 있다.
④ 그와 나는 오래전부터 막연하게 지내왔다.
⑤ 어젯밤에 본 장면을 생생하게 묘사해 주세요.

정답: ④

혼동하기 쉬운 어휘

발달/발전	· 발달: 신체, 정서, 지능 따위가 성장하거나 성숙함 / 학문, 기술, 문명, 사회 따위의 현상이 보다 높은 수준에 이름 예 과도한 조기교육은 아이들의 뇌 발달에 악영향을 미칠 수 있다. · 발전: 더 낫고 좋은 상태나 더 높은 단계로 나아감 / 일이 어떤 방향으로 전개됨 예 백화점이 들어선 이후로 우리 동네가 빠르게 발전하고 있다.
변절/변질	· 변절: 절개나 지조를 지키지 않고 바꿈 예 충신으로 소문난 그가 변절했다는 소식은 모든 이를 놀라게 하였다. · 변질: 성질이 달라지거나 물질의 질이 변함 예 요구르트, 우유 등과 같은 유제품은 여름철에 쉽게 변질된다.
보상/배상	· 보상: 남에게 진 빚 또는 받은 물건을 갚음 예 올해 직원들의 노고를 보상하기 위하여 작은 행사를 마련하였습니다. · 배상: 남의 권리를 침해한 사람이 그 손해를 물어 줌 예 애완견이 행인을 물면 애완견 주인이 피해자의 치료비를 배상해야 한다.
보전/보존	· 보전: 온전하게 보호하여 유지함 예 미래 세대를 위해서라도 반드시 생태계를 보전해야 한다. · 보존: 잘 보호하고 간수하여 남김 예 이 문화재는 보존이 잘 되어 있는 편이다.
보충/보급	· 보충: 부족한 것을 보태어 채움 지농6급 기출 예 철분의 보충을 위해서는 계란이나 토마토를 섭취하는 것이 좋다. · 보급: 물자나 자금 따위를 계속해서 대어 줌 지농6급 기출 예 국악 보급에 힘쓰고 있다.
부문/부분	· 부문: 일정한 기준에 따라 분류하거나 나누어 놓은 낱낱의 범위나 부분 예 이 영화는 아카데미 시상식에서 작품상, 미술상 등 두 개 부문을 석권하였다. · 부분: 전체를 이루는 작은 범위 또는 전체를 몇 개로 나눈 것의 하나 예 이 영화는 마지막 부분의 반전이 예술이다.
상연/상영	· 상연: 연극 따위를 무대에서 하여 관객에게 보임 예 오늘 우리 극장은 연극 〈로미오와 줄리엣〉을 상연할 예정입니다. · 상영: 극장 따위에서 영화를 영사하여 공개함 예 이 영화는 지난달에 개봉하여 현재 극장에서 상영 중이다.
수상/시상	· 수상: 상을 받음 예 그 배우는 여우주연상을 수상했다. · 시상: 상장이나 상품, 상금 따위를 줌 예 노벨 위원회는 노벨상 후보 선정과 시상의 권한을 가지고 있다.

확인 문제

다음 중 밑줄 친 단어의 쓰임이 바르지 않은 것은?

① 신기술이 전 세계에 보급되었다.
② 행사는 크게 두 부분으로 나누어 진행될 예정이다.
③ 그의 갑작스러운 변절이 놀랍기만 하다.
④ 근로자의 노고를 배상할 방법을 찾고 있다.
⑤ 수면 부족은 뇌 발달에 악영향을 미친다.

정답: ④

혼동하기 쉬운 어휘

실용성/실효성	· 실용성: 실제적인 쓸모가 있는 성질이나 특성 예 나는 실용성을 고려해 수납공간이 넉넉한 가구를 구입했다. · 실효성: 실제로 효과를 나타내는 성질 예 이 제도는 실효성이 없다는 비판을 받았다.
실재/실제	· 실재: 실제로 존재함 예 이 소설은 실재하는 인물과 사건을 바탕으로 만들어졌다. · 실제: 사실의 경우나 형편 예 상상만 했던 분을 실제로 뵙게 되어 가슴이 벅찼다.
여유/여지	· 여유: 물질적·공간적·시간적으로 넉넉하여 남음이 있는 상태 / 느긋하고 차분하게 생각하거나 행동하는 마음의 상태 / 대범하고 너그럽게 일을 처리하는 마음의 상태 예 급할수록 여유를 가지는 것이 중요하다. · 여지: 어떤 일을 하거나 어떤 일이 일어날 가능성이나 희망 예 그때는 너무 급박했기 때문에 나에게는 선택의 여지가 없었다.
온전/완전	· 온전: 본바탕 그대로 고스란함 / 잘못된 것이 없이 바르거나 옳음 예 이 지역에는 삼국시대의 유물과 유적이 온전히 남아 있다. · 완전: 필요한 것이 모두 갖추어져 모자람이나 흠이 없음 예 우리나라는 오늘 오후 태풍의 영향권에서 완전히 벗어났다.
운용/운영	· 운용: 무엇을 움직이게 하거나 부리어 씀 예 소비 심리가 살아날 수 있도록 경제 정책을 과감하게 운용해야 한다. · 운영: 조직이나 기구, 사업체 따위를 운용하고 경영함 예 우리 아버지께서는 작은 사업체를 운영하고 계신다.
원료/연료	· 원료: 어떤 물건을 만드는 데 들어가는 재료 예 천연 원료를 사용한 화장품은 특히 임산부에게 인기가 높다. · 연료: 연소하여 열, 빛, 동력의 에너지를 얻을 수 있는 물질 예 수소를 연료로 사용하는 자동차는 매연 배출량이 적다.
유래/유례	· 유래: 사물이나 일이 생겨남 또는 그 사물이나 일이 생겨난 바 예 이 행사는 유래가 깊다. · 유례: 같거나 비슷한 예 예 이런 사건은 국내뿐만 아니라 외국에서도 유례를 찾기 힘들다.

확인 문제

다음 중 밑줄 친 단어의 쓰임이 바르지 않은 것은?

① 이 행사는 유래가 아주 깊다.
② 실효성이 없는 정책은 비판을 피할 수 없다.
③ 태풍의 영향권에서 완전히 벗어났다.
④ 우리의 계획은 성공할 여지가 있다.
⑤ 이 영화는 실제하는 인물과 관련이 없다.

정답: ⑤

혼동하기 쉬운 어휘

응용/인용	· 응용: 어떤 이론이나 이미 얻은 지식을 구체적인 개개의 사례나 다른 분야의 일에 적용하여 이용함 예 과학 기술을 농업에 응용하는 젊은 농부들이 늘어나고 있다. · 인용: 남의 말이나 글을 자신의 말이나 글 속에 끌어 씀 예 그는 학자의 말을 인용하여 자신의 소설 첫머리에 실었다.
일절/일체	· 일절: 아주, 전혀, 절대로의 뜻으로, 흔히 행위를 그치게 하거나 어떤 일을 하지 않을 때에 쓰는 말 예 당분간 교무실 출입을 일절 금지하도록 하겠습니다. · 일체: '전부' 또는 '완전히'의 뜻을 나타내는 말 예 소송과 관련한 일체의 비용은 패소한 쪽이 물어야 한다.
임대/임차	· 임대: 돈을 받고 자기의 물건을 남에게 빌려줌 예 건물주는 건물 일부를 병원에 임대해 주었다. · 임차: 돈을 내고 남의 물건을 빌려 씀 예 병원은 큰 비용을 지불하고 건물 일부를 임차하였다.
의식/인식	· 의식: 어떤 것을 두드러지게 느끼거나 특별히 염두에 둠 / 생각이 미치어 어떤 일이나 현상 따위를 깨닫거나 느낌 예 나를 쳐다보는 그의 눈빛을 의식하고 있었으나 애써 태연한 척했다. · 인식: 사물을 분별하고 판단하여 앎 예 일반적으로 가격이 저렴하면 품질이 좋지 않다는 인식이 있다.
자각/지각	· 자각: 현실을 판단하여 자기의 입장이나 능력 따위를 스스로 깨달음 예 자신의 잘못을 자각한 학생이 반성문을 작성하여 선생님에게 건넸다. · 지각: 감각 기관을 통하여 대상을 인식함 예 그는 뛰어난 공간 지각 능력을 갖추고 있다.
작렬/작열	· 작렬: 포탄 따위가 터져서 쫙 퍼짐 / 박수 소리나 운동 경기에서의 공격 따위가 포탄이 터지듯 극렬하게 터져 나오는 것을 비유적으로 이르는 말 예 적군이 던진 수류탄이 작렬하여 아군 수십 명이 사살되었다. · 작열: 불 따위가 이글이글 뜨겁게 타오름 예 이번 여름휴가는 태양이 작열하는 해변에서 보낼 것이다.
재고/제고	· 재고: 어떤 일이나 문제 따위에 대하여 다시 생각함 지농6급 기출 예 섣불리 결정하지 말고 재고해 봅시다. · 제고: 쳐들어 높임 지농6급 기출 예 국가 경쟁력을 제고하기 위해서는 국민과 정부가 함께 노력해야 한다.

확인 문제

다음 중 밑줄 친 단어의 쓰임이 바르지 않은 것은?

① 남의 눈을 의식하지 말고 하고 싶은 것을 해라.
② 칼럼에 유명 학자의 말을 인용하다.
③ 건물주는 자신의 건물 일부를 임차해 주었다.
④ 태양이 작열하는 여름이 돌아왔다.
⑤ 국민은 국가 경쟁력의 제고를 위해 노력해야 한다.

정답: ③

혼동하기 쉬운 어휘

재연/재현	· 재연: 한 번 하였던 행위나 일을 다시 되풀이함 예 태연히 범행을 재연하는 범인의 모습에 사람들은 경악했다. · 재현: 다시 나타남 또는 다시 나타냄 예 한국 축구선수들이 2002년 월드컵의 영광을 재현했다.
정체/지체	· 정체: 사물이 발전하거나 나아가지 못하고 한자리에 머물러 그침 예 낮은 풍속으로 대기가 정체될 경우 미세먼지 농도가 더욱 짙어질 수 있다. · 지체: 때를 늦추거나 질질 끎 예 지체할 시간이 없으니 어서 준비해라.
조정/조종	· 조정: 어떤 기준이나 실정에 맞게 정돈함 예 선거구를 조정하기로 결정했다. · 조종: 비행기나 선박, 자동차 따위의 기계를 다루어 부림 예 그는 10년 넘게 비행기를 조종했다.
증가/증감	· 증가: 양이나 수치가 늚 예 불볕더위가 기승을 부리면서 에어컨 판매량이 빠르게 증가하고 있다. · 증감: 많아지거나 적어짐 예 변동비는 생산량의 증감에 따라 늘거나 줄어드는 비용이다.
지양/지향	· 지양: 더 높은 단계로 오르기 위하여 어떠한 것을 하지 아니함 지농6급 기출 예 학생들의 건강을 해칠 수 있는 지나친 야간 자율 학습은 지양해야 한다. · 지향: 어떤 목표로 뜻이 쏠리어 향함 지농6급 기출 예 정부는 그 무엇보다도 국민의 안전 보장을 우선으로 지향해야 한다.
찬성/찬조	· 찬성: 어떤 행동이나 견해, 제안 따위가 옳거나 좋다고 판단하여 수긍함 예 우리 가족은 8월 중순에 휴가를 보내는 것에 대해 모두 찬성하였다. · 찬조: 어떤 일의 뜻에 찬동하여 도와줌 예 교장선생님의 찬조에 힘입어 우리는 학예회를 무사히 마칠 수 있었다.
창간/창건	· 창간: 신문, 잡지 따위의 정기 간행물의 첫 번째 호를 펴냄 예 통신 기술이 발달함에 따라 다양한 온라인 잡지들이 창간되고 있다. · 창건: 건물이나 조직체 따위를 처음으로 세우거나 만듦 예 태조 이성계가 창건한 경복궁은 조선을 대표하는 궁궐이다.

확인 문제

다음 중 밑줄 친 단어의 쓰임이 바르지 않은 것은?

① 정부는 국민의 안전 보장을 지양해야 한다.
② 지체할 시간이 없으니 어서 준비해라.
③ 범인은 그날의 범행을 태연히 재연하였다.
④ 이 사찰은 조선 시대에 창건되었다.
⑤ 과반수의 찬성으로 영수가 반장이 되었다.

정답: ①

혼동하기 쉬운 어휘

참고/참조	· 참고: 살펴서 생각함 / 살펴서 도움이 될 만한 재료로 삼음 예 교수님께서 쓰신 칼럼을 참고하여 이 논문을 작성하였습니다. · 참조: 참고로 비교하고 대조하여 봄 예 더 자세한 내용은 상기 기사를 참조하시기 바랍니다.
체계/체제	· 체계: 일정한 원리에 따라서 낱낱의 부분이 짜임새 있게 조직되어 통일된 전체 예 원격진료의 도입은 우리나라 의료 전달 체계에 큰 변화를 가져올 것이다. · 체제: 생기거나 이루어진 틀 / 사회를 하나의 유기체로 볼 때에, 그 조직이나 양식 또는 그 상태를 이르는 말 예 1990년에 독일이 통일되면서 국제 관계의 냉전 체제가 종식되기 시작했다.
출연/출현	· 출연: 연기, 공연, 연설 따위를 하기 위하여 무대나 연단에 나감 예 그 배우는 유명한 영화에 출연하여 인지도를 높일 수 있었다. · 출현: 나타나거나 또는 나타나서 보임 예 갑작스러운 해파리의 출현으로 해수욕장의 피서객들이 모두 대피하였다.
폄하/폄훼	· 폄하: 가치를 깎아내림 예 작가의 사생활을 문제 삼아 그 작가의 작품을 폄하하는 것은 옳지 않다. · 폄훼: 남을 깎아내려 헐뜯음 예 그녀가 주변 인물을 폄훼하기 시작하자 모든 사람의 눈살이 찌푸려졌다.
표기/표지	· 표기: 적어서 나타냄 예 식품에 원산지를 표기하는 것은 소비자에게 신뢰감을 준다. · 표지: 표시나 특징으로 어떤 사물을 다른 것과 구별하게 함 예 이 지하철역은 너무 복잡하므로 화장실 표지를 더욱 눈에 띄게 만들어야 한다.
혼돈/혼동	· 혼돈: 마구 뒤섞여 있어 갈피를 잡을 수 없음 예 아베노믹스의 부작용으로 국채 금리와 물가가 상승할 경우 일본 경제는 혼돈에 빠질 수 있다. · 혼동: 구별하지 못하고 뒤섞어서 생각함 예 색각 이상이 있는 사람들 중에는 적색과 녹색을 혼동하는 사람이 많다.
확정/획정	· 확정: 일을 확실하게 정함 예 워크숍 장소는 아직 확정되지 않았습니다. · 획정: 경계 따위를 명확히 구별하여 정함 예 선거구 획정을 놓고 말이 많았다.

확인 문제

다음 중 밑줄 친 단어의 쓰임이 바르지 않은 것은?

① 자유와 방종을 혼동해서는 안 된다.
② 원산지를 표기하지 않은 가공식품이 많다.
③ 해변에 상어가 출현해 모든 피서객이 대피하였다.
④ 송년회 개최 일시가 드디어 확정되었다.
⑤ 그 영화는 인기가 없다는 이유로 폄훼되고 있다.

정답: ⑤

4 어휘 관계

유의관계	의미가 서로 비슷한 단어의 관계 지능6급 기출 예 다부지다 : 야무지다, 이자 : 금리, 재배 : 배양
반대관계	의미가 서로 반대되는 단어의 관계 지능6급 기출 예 출발 : 도착, 원인 : 결과, 시작 : 완료, 세입 : 세출
포함관계	한 단어가 다른 단어에 포함되는 단어의 관계 예 과학 : 물리, 생물 : 동물, 가구 : 장롱
동위관계	두 단어가 동일한 상위개념에 포함되는 단어의 관계 예 세탁기 : 냉장고, 호랑이 : 사자
재료 - 완제품관계	한 단어는 재료, 다른 단어는 그 재료로 만들어진 완제품에 해당하는 단어의 관계 예 고무 : 지우개, 보리 : 맥주
직업 - 업무관계	한 단어는 직업, 다른 단어는 직업의 업무에 해당하는 단어의 관계 예 의사 : 진찰, 기자 : 취재, 미화원 : 청소
전체 - 부분관계	한 단어는 전체, 다른 단어는 전체의 한 부분에 해당하는 단어의 관계 예 산 : 봉우리, 입 : 입술
서술관계	· 목적어 - 서술어관계: 목적어와 서술어로 결합하여 사용되는 단어의 관계 예 직위 : 박탈, 자리 : 이동, 문명 : 수용 · 주어 - 서술어관계: 주어와 서술어로 결합하여 사용되는 단어의 관계 예 화산 : 폭발, 주가 : 상승하다 · 부사어 - 서술어관계: 부사어와 서술어로 결합하여 사용되는 단어의 관계 예 역할 : 충실, 분수 : 넘치다
결과관계	· 원인 - 결과관계: 한 단어는 원인, 다른 단어는 그로 인한 결과에 해당하는 단어의 관계 예 바람 : 파도, 폭우 : 홍수, 사망 : 흉문 · 과정 - 결과관계: 한 단어는 과정, 다른 단어는 그에 대한 결과에 해당하는 단어의 관계 예 공사 : 준공, 주조 : 조폐
도구 - 용도관계	한 단어는 도구, 다른 단어는 도구의 용도에 해당하는 단어의 관계 예 냄비 : 취사, 비누 : 세면
단위 - 대상관계	한 단어는 묶어 세는 단위, 다른 단어는 묶어 세는 대상에 해당하는 단어의 관계 예 손 : 고등어, 우리 : 기와, 강다리 : 장작

확인 문제

다음 단어 간의 관계는?

재배 : 배양

① 유의관계 ② 포함관계 ③ 동위관계
④ 주어 - 서술어관계 ⑤ 원인 - 결과관계

정답: ①

5 한자성어

刻骨難忘(각골난망)	남에게 입은 은혜가 뼈에 새길 만큼 커서 잊히지 아니함
肝膽相照(간담상조)	서로 속마음을 털어놓고 친하게 사귐
牽強附會(견강부회)	이치에 맞지 않는 말을 억지로 끌어 붙여 자기에게 유리하게 함
見蚊拔劍(견문발검)	모기를 보고 칼을 뺀다는 뜻으로, 사소한 일에 크게 성내어 덤빔을 이르는 말
姑息之計(고식지계)	우선 당장 편한 것만을 택하는 꾀나 방법
苦肉之策(고육지책)	자기 몸을 상해 가면서까지 꾸며 내는 계책이라는 뜻으로, 어려운 상태를 벗어나기 위해 어쩔 수 없이 꾸며 내는 계책을 이르는 말 ≒ 苦肉之計(고육지계)
孤掌難鳴(고장난명)	외손뼉만으로는 소리가 울리지 아니한다는 뜻으로, 혼자의 힘만으로 어떤 일을 이루기 어려움을 이르는 말
苦盡甘來(고진감래)	쓴 것이 다하면 단 것이 온다는 뜻으로, 고생 끝에 즐거움이 옴을 이르는 말
曲學阿世(곡학아세)	바른길에서 벗어난 학문으로 세상 사람에게 아첨함
過猶不及(과유불급)	정도를 지나침은 미치지 못함과 같다는 뜻으로, 중용이 중요함을 이르는 말
刮目相對(괄목상대)	눈을 비비고 상대편을 본다는 뜻으로, 남의 학식이나 재주가 놀랄 만큼 부쩍 늚을 이르는 말
矯角殺牛(교각살우)	소의 뿔을 바로잡으려다가 소를 죽인다는 뜻으로, 잘못된 점을 고치려다가 그 방법이나 정도가 지나쳐 오히려 일을 그르침을 이르는 말
近墨者黑(근묵자흑)	먹을 가까이하는 사람은 검어진다는 뜻으로, 나쁜 사람과 가까이 지내면 나쁜 버릇에 물들기 쉬움을 비유적으로 이르는 말
錦上添花(금상첨화)	비단 위에 꽃을 더한다는 뜻으로, 좋은 일 위에 또 좋은 일이 더하여짐을 비유적으로 이르는 말
錦衣還鄕(금의환향)	비단옷을 입고 고향에 돌아온다는 뜻으로, 출세를 하여 고향에 돌아가거나 돌아옴을 비유적으로 이르는 말
起死回生(기사회생)	거의 죽을 뻔하다가 도로 살아남
落花流水(낙화유수)	떨어지는 꽃과 흐르는 물이라는 뜻으로, 가는 봄의 경치를 이르는 말
囊中之錐(낭중지추)	주머니 속의 송곳이라는 뜻으로, 재능이 뛰어난 사람은 숨어 있어도 저절로 사람들에게 알려짐을 이르는 말
大器晩成(대기만성)	큰 그릇을 만드는 데는 시간이 오래 걸린다는 뜻으로, 크게 될 사람은 늦게 이루어짐을 이르는 말
螳螂拒轍(당랑거철)	제 역량을 생각하지 않고, 강한 상대나 되지 않을 일에 덤벼드는 무모한 행동거지를 비유적으로 이르는 말

확인 문제

다음 의미에 해당하는 한자성어를 고르면?

> 바른길에서 벗어난 학문으로 세상 사람에게 아첨함

① 곡학아세(曲學阿世) ② 괄목상대(刮目相對) ③ 고식지계(姑息之計)
④ 당랑거철(螳螂拒轍) ⑤ 견강부회(牽強附會)

정답: ①

한자성어

同床異夢(동상이몽)	같은 자리에 자면서 다른 꿈을 꾼다는 뜻으로, 겉으로는 같이 행동하면서도 속으로는 각각 딴생각을 하고 있음을 이르는 말
同舟相救(동주상구)	같은 배를 탄 사람끼리 서로 돕는다는 뜻으로, 같은 운명이나 처지에 놓이면 아는 사람이나 모르는 사람이나 서로 돕게 됨을 이르는 말
燈火可親(등화가친)	등불을 가까이할 만하다는 뜻으로, 서늘한 가을밤은 등불을 가까이 하여 글 읽기에 좋음을 이르는 말
馬耳東風(마이동풍)	동풍이 말의 귀를 스쳐 간다는 뜻으로, 남의 말을 귀담아듣지 아니하고 지나쳐 흘려버림을 이르는 말
萬事亨通(만사형통)	모든 것이 뜻대로 잘됨
面從腹背(면종복배)	겉으로는 복종하는 체하면서 내심으로는 배반함
目不識丁(목불식정)	아주 까막눈임을 이르는 말 지능6급 기출
刎頸之交(문경지교)	서로를 위해서라면 목이 잘린다 해도 후회하지 않을 정도의 사이라는 뜻으로, 생사를 같이할 수 있는 아주 가까운 사이, 또는 그런 친구를 이르는 말
百折不屈(백절불굴)	어떠한 난관에도 결코 굽히지 않음
四面楚歌(사면초가)	아무에게도 도움을 받지 못하는, 외롭고 곤란한 지경에 빠진 형편을 이르는 말
事必歸正(사필귀정)	모든 일은 반드시 바른길로 돌아감
三人成虎(삼인성호)	세 사람이 짜면 거리에 범이 나왔다는 거짓말도 꾸밀 수 있다는 뜻으로, 근거 없는 말이라도 여러 사람이 말하면 곧이듣게 됨을 이르는 말
首丘初心(수구초심)	여우가 죽을 때에 머리를 자기가 살던 굴 쪽으로 둔다는 뜻으로, 고향을 그리워하는 마음을 이르는 말
袖手傍觀(수수방관)	팔짱을 끼고 보고만 있다는 뜻으로, 간섭하거나 거들지 아니하고 그대로 버려둠을 이르는 말 지능6급 기출
守株待兎(수주대토)	한 가지 일에만 얽매여 발전을 모르는 어리석은 사람을 비유적으로 이르는 말 지능6급 기출
脣亡齒寒(순망치한)	입술이 없으면 이가 시리다는 뜻으로, 서로 이해관계가 밀접한 사이에 어느 한쪽이 망하면 다른 한쪽도 그 영향을 받아 온전하기 어려움을 이르는 말 지능6급 기출
識字憂患(식자우환)	학식이 있는 것이 오히려 근심을 사게 됨
羊頭狗肉(양두구육)	양의 머리를 걸어 놓고 개고기를 판다는 뜻으로, 겉보기만 그럴듯하게 보이고 속은 변변하지 아니함을 이르는 말
養虎遺患(양호유환)	범을 길러서 화근을 남긴다는 뜻으로, 화근이 될 것을 길러서 후환을 당하게 됨을 이르는 말
言中有骨(언중유골)	말 속에 뼈가 있다는 뜻으로, 예사로운 말 속에 단단한 속뜻이 들어 있음을 이르는 말
烏飛梨落(오비이락)	까마귀 날자 배 떨어진다는 뜻으로, 아무 관계도 없이 한 일이 공교롭게도 때가 같아 억울하게 의심을 받거나 난처한 위치에 서게 됨을 이르는 말
龍頭蛇尾(용두사미)	용의 머리와 뱀의 꼬리라는 뜻으로, 처음은 왕성하나 끝이 부진한 현상을 이르는 말

확인 문제

다음 의미에 해당하는 한자성어를 고르면?

처음은 왕성하나 끝이 부진한 현상

① 양호유환(養虎遺患) ② 용두사미(龍頭蛇尾) ③ 면종복배(面從腹背)
④ 우공이산(愚公移山) ⑤ 사면초가(四面楚歌)

정답: ②

한자성어

愚公移山(우공이산)	우공이 산을 옮긴다는 뜻으로, 어떤 일이든 끊임없이 노력하면 반드시 이루어짐을 이르는 말
遠禍召福(원화소복)	화를 물리치고 복을 불러들임
陸地行船(육지행선)	안 되는 일을 억지로 하려고 함을 비유적으로 이르는 말 지농6급 기출
人面獸心(인면수심)	사람의 얼굴을 하고 있으나 마음은 짐승과 같다는 뜻으로, 마음이나 행동이 몹시 흉악함을 이르는 말
日就月將(일취월장)	나날이 다달이 자라거나 발전함 지농6급 기출
立身揚名(입신양명)	출세하여 이름을 세상에 떨침 ≒ 立身出世(입신출세)
自强不息(자강불식)	스스로 힘써 몸과 마음을 가다듬어 쉬지 아니함 지농6급 기출
張三李四(장삼이사)	장 씨의 셋째 아들과 이 씨의 넷째 아들이라는 뜻으로, 이름이나 신분이 특별하지 아니한 평범한 사람들을 이르는 말
輾轉反側(전전반측)	누워서 몸을 이리저리 뒤척이며 잠을 이루지 못함
轉禍爲福(전화위복)	재앙과 근심, 걱정이 바뀌어 오히려 복이 됨
切磋琢磨(절차탁마)	옥이나 돌 따위를 갈고 닦아서 빛을 낸다는 뜻으로, 부지런히 학문과 덕행을 닦음을 이르는 말
晝耕夜讀(주경야독)	낮에는 농사짓고, 밤에는 글을 읽는다는 뜻으로, 어려운 여건 속에서도 꿋꿋이 공부함을 이르는 말
指鹿爲馬(지록위마)	윗사람을 농락하여 권세를 마음대로 함을 이르는 말
鐵中錚錚(철중쟁쟁)	같은 무리 가운데서도 가장 뛰어남 또는 그런 사람을 이르는 말 지농6급 기출
靑出於藍(청출어람)	쪽에서 뽑아낸 푸른 물감이 쪽보다 더 푸르다는 뜻으로, 제자나 후배가 스승이나 선배보다 나음을 이르는 말
他山之石(타산지석)	다른 산의 나쁜 돌이라도 자신의 산의 옥돌을 가는 데에 쓸 수 있다는 뜻으로, 본이 되지 않은 남의 말이나 행동도 자신의 지식과 인격을 수양하는 데에 도움이 될 수 있음을 이르는 말
卓上空論(탁상공론)	현실성이 없는 허황한 이론이나 논의 지농6급 기출
兎死狗烹(토사구팽)	토끼가 죽으면 토끼를 잡던 사냥개도 필요 없게 되어 주인에게 삶아 먹히게 된다는 뜻으로, 필요할 때는 쓰고 필요 없을 때는 야박하게 버리는 경우를 이르는 말
風樹之嘆(풍수지탄)	효도를 다하지 못한 채 어버이를 여읜 자식의 슬픔을 이르는 말
風月主人(풍월주인)	맑은 바람과 밝은 달 따위의 아름다운 자연을 즐기는 사람
鶴首苦待(학수고대)	학의 목처럼 목을 길게 빼고 간절히 기다림
螢雪之功(형설지공)	반딧불 · 눈과 함께 하는 노력이라는 뜻으로, 고생을 하면서 부지런하고 꾸준하게 공부하는 자세를 이르는 말
狐假虎威(호가호위)	남의 권세를 빌려 위세를 부림
興盡悲來(흥진비래)	즐거운 일이 다하면 슬픈 일이 닥쳐온다는 뜻으로, 세상일은 순환되는 것임을 이르는 말

확인 문제

다음 의미에 해당하는 한자성어를 고르면?

> 부지런히 학문과 덕행을 닦음

① 타산지석(他山之石) ② 학수고대(鶴首苦待) ③ 장삼이사(張三李四)
④ 절차탁마(切磋琢磨) ⑤ 흥진비래(興盡悲來)

정답: ④

3. 문서작성기술

1 문서작성에 대한 이해

1) 문서작성의 중요성

문서작성이란 개인의 의사소통을 위한 업무일 수도 있으나, 이를 넘어 조직의 사활이 걸린 중요한 업무이기도 함

2) 문서작성 시 고려사항

- 문서를 작성하는 이유와 문서를 통해 전달하려는 것을 명확하게 정하고 작성해야 함
- 문서작성 시에는 개인의 사고력과 표현력을 총동원해야 함
- 문서에는 문서의 대상, 목적, 시기가 포함되어야 함
- 기획서나 제안서와 같은 문서에는 기대효과가 포함되어야 함

2 문서작성의 원칙

1) 문장 구성 시 주의사항

- 간단한 표제를 추가함
- 문서의 주요 내용을 먼저 작성함
- 문장을 짧고 간결하게 작성하며 불필요한 한자 사용을 배제함
- 긍정문으로 작성함

2) 문서작성 시 주의사항

- 문서는 작성 시기를 정확하게 기입해야 함
- 문서작성 완료 후 반드시 내용을 다시 한번 검토해야 함
- 문서에 반드시 필요한 자료 외에는 첨부하지 않도록 해야 함
- 문서에는 금액, 수량, 일자 등을 정확하게 기재해야 함

확인 문제

다음 중 문서작성의 원칙이 아닌 것은?

① 문서작성 완료 후 내용을 다시 한번 검토한다.
② 문서에 다양한 자료를 첨부한다.
③ 문서의 주요 내용을 먼저 작성한다.
④ 문서작성 시기를 정확하게 기입한다.
⑤ 문장은 긍정문으로 작성한다.

정답: ②

3 문서의 종류에 따른 작성 방법

구분	작성 방법
공문서 지농6급 기출	· 회사 외부로 전달되는 문서이므로 누가, 언제, 어디서, 무엇을, 어떻게(혹은 왜)가 드러나도록 작성함 · 날짜는 연도와 월일을 반드시 함께 기입함 · 날짜 다음에 괄호를 사용할 경우 마침표를 찍지 않음 · 한 장에 담아내는 것이 원칙 · 마지막엔 반드시 '끝' 자로 마무리함 · 내용이 복잡할 경우 '- 다음 -' 또는 '- 아래 -'와 같은 항목을 만들어 구분함 · 대외문서이고, 장기간 보관되는 문서이므로 정확하게 기술함
설명서 지농6급 기출	· 명령문보다 평서형으로 작성함 · 상품이나 제품에 대해 설명하는 글이므로 정확하게 기술함 · 정확한 내용 전달을 위해 간결하게 작성함 · 소비자들이 이해하기 어려운 전문용어는 가급적 사용하지 않음 · 복잡한 내용은 도표를 통해 시각화함 · 동일한 문장의 반복을 피하고 다양한 표현을 이용함
기획서	· 기획서의 목적을 달성할 수 있는 핵심 사항이 정확하게 기입되었는지 확인함 · 상대가 채택하게끔 설득력을 갖춰야 하므로, 상대가 요구하는 것이 무엇인지 고려하여 작성함 · 내용이 한눈에 파악되도록 체계적으로 목차를 구성함 · 핵심 내용의 표현에 신경을 써야 함 · 효과적인 내용 전달을 위해 내용에 적합한 표나 그래프를 활용하여 시각화함 · 충분히 검토를 한 후 제출함 · 인용한 자료의 출처가 정확한지 확인함
보고서 지농6급 기출	· 업무 진행 과정에서 쓰는 보고서인 경우 진행 과정에 대한 핵심 내용을 구체적으로 제시함 · 내용의 중복을 피하고, 핵심 사항만을 산뜻하고 간결하게 작성함 · 복잡한 내용일 때에는 도표나 그림을 활용함 · 보고서는 개인의 능력을 평가하는 기본 요소이므로 제출하기 전에 반드시 최종 점검함 · 참고자료는 정확하게 제시함 · 내용에 대한 예상 질문을 사전에 추출해 보고, 그에 대한 답을 미리 준비함

확인 문제

다음 중 공문서를 작성하는 방법으로 적절하지 않은 것은?

① 한 장에 담아내는 것이 원칙이다.
② 날짜는 연도와 월일을 반드시 함께 기입한다.
③ 문서 마지막은 반드시 '끝' 자로 마무리한다.
④ 복잡한 내용일 때에는 도표나 그림을 활용한다.
⑤ 날짜 다음에 괄호를 사용할 경우 마침표를 찍지 않는다.

정답: ④

4 상황에 따른 작성 방법

구분	작성 방법
요청이나 확인을 부탁하는 경우	· 업무 내용과 관련된 요청사항이나 확인절차를 요구해야 하는 경우 공문서를 활용함
정보제공을 위한 경우	· 적시에 유용한 정보를 제공하기 위해 기업 정보를 제공하는 홍보물이나 보도 자료 등의 문서, 제품 관련 정보를 제공하는 설명서나 안내서 등이 해당됨 · 시각적인 자료를 활용하는 것이 효과적임 · 모든 상황에서 문서를 통한 정보제공은 무엇보다 신속하고 정확하게 이루어져야 함
명령이나 지시가 필요한 경우	· 관련 부서나 외부기관, 단체 등에 명령이나 지시를 내려야 하는 경우 업무 지시서를 활용함 · 상황에 적합하고 명확한 내용을 작성하고, 즉각적인 업무 추진이 실행될 수 있도록 작성함
제안이나 기획을 할 경우	· 제안서나 기획서의 목적은 업무를 어떻게 혁신적으로 개선할지, 어떤 방향으로 추진할지에 대한 의견을 제시하는 것임 · 관련 내용을 깊이 있게 담을 수 있는 작성자의 종합적인 판단과 예견적인 지식이 필요함
약속이나 추천을 위한 경우	· 약속을 위한 문서는 고객이나 소비자에게 제품의 이용에 관한 정보를 제공하고자 할 때 작성함 · 추천서는 개인이 다른 회사에 지원하거나 이직을 하고자 할 때 상사가 작성함

5 문서표현의 시각화

1) 문서를 시각화하여 구성하는 방법

차트 시각화	· 데이터 정보를 이해하기 쉽도록 시각적으로 표현함 · 도표나 차트로 통계 수치 등을 명확하고 효과적으로 전달함
다이어그램 시각화	· 도형, 선, 화살표 등 여러 상징을 사용하여 개념이나 주제와 같이 중요한 정보를 시각적으로 표현함
이미지 시각화	· 전달하려는 내용을 관련된 그림, 사진 등으로 표현함

2) 문서표현 시각화의 효과

- 문서 전반적인 내용을 쉽게 파악할 수 있음
- 문서 내용의 논리적 관계를 쉽게 이해할 수 있음
- 문서 내용에 대한 기억력을 높일 수 있음

확인 문제

다음 중 다이어그램 시각화에 대한 설명으로 적절한 것은?

① 통계 수치 등을 도표를 이용해 효과적으로 전달한다.
② 전달하려는 내용과 관련된 그림, 사진 등으로 표현하다.
③ 주로 데이터 정보를 이해하기 쉽게 시각적으로 표현한다.
④ 문서 내용에 대한 집중을 떨어트려 기억력을 낮추기도 한다.
⑤ 도형, 선, 화살표 등으로 중요한 정보를 시각적으로 표현한다.

정답: ⑤

6 문서작성 시 올바른 문장표현을 위한 어법

1) 한글 맞춤법

① 된소리

한글 맞춤법 제5항	· 한 단어 안에서 뚜렷한 까닭 없이 나는 된소리는 다음 음절의 첫소리를 된소리로 적는다. 예 거꾸로, 담뿍, 딱따구리, 몽땅, 엉뚱하다, 이따금 · 다만, 'ㄱ, ㅂ' 받침 뒤에서 나는 된소리는 같은 음절이나 비슷한 음절이 겹쳐 나는 경우가 아니면 된소리로 적지 아니한다. 예 갑자기, 깍두기, 몹시, 법석, 싹둑

② 구개음화

한글 맞춤법 제6항	· 'ㄷ, ㅌ' 받침 뒤에 종속적 관계를 가진 '-이(-)'나 '-히-'가 올 적에는, 그 'ㄷ, ㅌ'이 'ㅈ, ㅊ'으로 소리 나더라도 'ㄷ, ㅌ'으로 적는다. 예 굳이, 걷히다, 맏이, 묻히다, 샅샅이, 해돋이

③ 모음

한글 맞춤법 제8항	· '계, 례, 몌, 폐, 혜'의 'ㅖ'는 'ㅔ'로 소리 나는 경우가 있더라도 'ㅖ'로 적는다. 예 계시다, 계집, 폐품, 혜택 · 다만, '偈(쉴 게), 揭(높이들 게), 憩(쉴 게)'는 본음인 'ㅔ'로 적는다. 예 게시판(揭示板), 휴게실(休憩室)

④ 두음법칙

한글 맞춤법 제10항	· 한자음 '녀, 뇨, 뉴, 니'가 단어 첫머리에 올 적에는, 두음 법칙에 따라 '여, 요, 유, 이'로 적는다. 예 여자, 연도, 연세, 요소 · 다만, 의존 명사 '냥(兩), 냥쭝(兩-), 년(年)' 등은 두음 법칙을 적용하지 않는다. 예 금 한 냥, 은 열 냥쭝, 삼십 년 · 단어의 첫머리 이외의 경우에는 본음대로 적는다. 예 남녀, 당뇨, 은닉 · 접두사처럼 쓰이는 한자가 붙어서 된 말이나 합성어에서, 뒷말의 첫소리가 'ㄴ' 소리로 나더라도 두음 법칙에 따라 적는다. 예 신여성, 공염불, 남존여비

확인 문제

다음 중 맞춤법에 맞는 것은?

① 구지 ② 몹씨 ③ 휴계실 ④ 깍두기 ⑤ 꺼꾸로

정답: ④

한글 맞춤법 제11항	· 한자음 '랴, 려, 례, 료, 류, 리'가 단어의 첫머리에 올 적에는, 두음 법칙에 따라 '야, 여, 예, 요, 유, 이'로 적는다. 예 양심, 예의, 유행, 이발 · 다만, 의존 명사 '량(輛), 리(理, 里, 厘)' 등은 두음 법칙과 관계없이 본음대로 적는다. 예 다섯 량의 열차, 백 리, 그럴 리가 없다 · 단어의 첫머리 이외의 경우에는 본음대로 적는다. 예 개량, 도리, 선량, 쌍룡, 하류, 혼례 · 다만, 모음이나 'ㄴ' 받침 뒤에 이어지는 '렬, 률'은 '열, 율'로 적는다. 예 나열, 백분율, 분열, 비율, 실패율
한글 맞춤법 제12항	· 한자음 '라, 래, 로, 뢰, 루, 르'가 단어의 첫머리에 올 적에는, 두음 법칙에 따라 '나, 내, 노, 뇌, 누, 느'로 적는다. 예 낙원, 내일, 노인, 뇌성, 누각 · 단어의 첫머리 이외의 경우에는 본음대로 적는다. 예 가정란, 광한루, 극락, 비고란, 쾌락 · 다만, 고유어나 외래어 뒤에 결합하는 경우에는 두음 법칙을 적용하여 적는다. 예 어린이난, 어머니난, 가십난

⑤ 접미사가 붙어서 된 말

한글 맞춤법 제19항	· 어간에 '-이'나 '-음/-ㅁ'이 붙어서 명사로 된 것과 '-이'나 '-히'가 붙어서 부사로 된 것은 그 어간의 원형을 밝히어 적는다. 예 깊이, 높이, 미닫이, 쇠붙이, 벼훑이, 묶음, 앎, 얼음, 웃음 / 덧없이, 실없이, 짓궂이, 익히, 작히 · 다만, 어간에 '-이'나 '-음'이 붙어서 명사로 바뀐 것이라도 그 어간의 뜻과 멀어진 것은 원형을 밝히어 적지 아니한다. 예 고름, 너비, 목도리, 빈털터리, 코끼리 · 비교적 널리 결합하는 '-이, -음'과는 달리, 불규칙적으로 결합하는, 모음으로 시작된 접미사가 붙어서 다른 품사로 바뀐 것은, 그 원형을 밝히지 않고 소리 나는 대로 적는다. 예 꾸중, 늘그막, 코뚜레, 바투, 불긋불긋, 주섬주섬
한글 맞춤법 제20항	· 명사 뒤에 '-이'가 붙어서 된 말은 그 명사의 원형을 밝히어 적는다. 지농6급 기출 예 틈틈이, 곳곳이, 낱낱이, 샅샅이, 바둑이, 외톨이, 절름발이 · '-이' 이외의 모음으로 시작된 접미사가 붙어서 된 말은 그 명사의 원형을 밝히어 적지 아니한다. 예 끄트머리, 모가치, 이파리, 터럭 · 예외적으로 발음이 굳어진 것은 관용에 따라 적는다. 예 모가치, 값어치, 벼슬아치, 반빗아치

확인 문제

다음 중 맞춤법에 맞지 않는 것은?

① 미닫이 ② 짓궂이 ③ 늘그막 ④ 어린이란 ⑤ 빈털터리

정답: ④

한글 맞춤법 제21항	· 명사나 혹은 용언의 어간 뒤에 자음으로 시작된 접미사가 붙어서 된 말은 그 명사나 어간의 원형을 밝히어 적는다. 예 값지다, 넋두리, 부엌데기, 넓죽하다, 높다랗다, 늙다리, 읊조리다 · 다만, 겹받침의 끝소리가 드러나지 아니하는 것 또는 어원이 분명하지 아니하거나 본뜻에서 멀어진 것은 소리대로 적는다. 예 할짝거리다, 널따랗다, 널찍하다, 말쑥하다, 얄팍하다 / 납작하다, 넙치

⑥ 합성어 및 접두사가 붙은 말

한글 맞춤법 제29항	· 끝소리가 'ㄹ'인 말과 딴 말이 어울릴 적에 'ㄹ' 소리가 'ㄷ' 소리로 나는 것은 'ㄷ'으로 적는다. 예 반짇고리, 사흗날, 섣부르다, 이튿날, 잗다랗다
한글 맞춤법 제30항	· 사이시옷은 순우리말로 된 합성어로서 앞말이 모음으로 끝난 경우, 뒷말의 첫소리가 된소리로 나는 것, 뒷말의 첫소리 'ㄴ, ㅁ' 앞에서 'ㄴ' 소리가 덧나는 것, 뒷말의 첫소리 모음 앞에서 'ㄴㄴ' 소리가 덧나는 것일 때 받치어 적는다. 예 선짓국, 아랫집, 햇볕 / 뒷머리, 냇물 / 허드렛일, 나뭇잎, 댓잎, 베갯잇 · 사이시옷은 순우리말과 한자어로 된 합성어로서 앞말이 모음으로 끝난 경우, 뒷말의 첫소리가 된소리로 나는 것, 뒷말의 첫소리 'ㄴ, ㅁ' 앞에서 'ㄴ' 소리가 덧나는 것, 뒷말의 첫소리 모음 앞에서 'ㄴㄴ' 소리가 덧나는 것일 때 받치어 적는다. 예 귓병, 자릿세, 전셋집, 햇수 / 제삿날, 툇마루, 양칫물 / 예삿일, 훗일 · 두 글자(한자어 형태소)로 된 한자어 중, 앞 글자의 모음 뒤에서 뒤 글자의 첫소리가 된소리로 나는 6개 단어에만 사이시옷을 받치어 적는다. 예 곳간(庫間), 셋방(貰房), 숫자(數字), 찻간(車間), 툇간(退間), 횟수(回數)
한글 맞춤법 제31항	· 두 말이 어울릴 적에 'ㅂ' 소리나 'ㅎ' 소리가 덧나는 것은 소리대로 적는다. 예 댑싸리, 부릅뜨다, 햅쌀 / 살코기, 수캐, 암탉

⑦ 준말

한글 맞춤법 제40항	· 어간의 끝음절 '하'의 'ㅏ'가 줄고 'ㅎ'이 다음 음절의 첫소리와 어울려 거센소리로 될 적에는 거센소리로 적는다. 예 간편케(간편하게), 다정타(다정하다), 흔타(흔하다) · 'ㅎ'이 어간의 끝소리로 굳어진 것은 받침으로 적는다. 예 않다 - 않고 - 않지 - 않든지, 아무렇다 - 아무렇고 - 아무렇지 - 아무렇든지 · 어간의 끝음절 '하'가 아주 줄 적에는 준 대로 적는다. 예 거북지(거북하지), 생각건대(생각하건대), 깨끗지 않다(깨끗하지 않다), 섭섭지 않다(섭섭하지 않다)

확인 문제

다음 중 맞춤법에 맞지 않는 것은?

① 사흗날 ② 아랫집 ③ 예사일 ④ 살코기 ⑤ 생각건대

정답: ③

⑧ 띄어쓰기

한글 맞춤법 제41항	· 조사는 그 앞말에 붙여 쓴다. 예 꽃밖에, 나가기는커녕, 나가면서까지도, 어디까지나, 집에서만이라도, 집에서처럼
한글 맞춤법 제42항	· 의존 명사는 띄어 쓴다. 예 떠난 지가 오래다, 뜻한 바를 알다, 먹을 만큼 먹어라, 아는 이를 만나다, 할 수 있다
한글 맞춤법 제43항	· 단위를 나타내는 명사는 띄어 쓴다. 예 세 그루, 밥 한 술, 집 한 채, 차 다섯 대, 토끼 두 마리 · 다만, 순서를 나타내는 경우나 숫자와 어울리어 쓰는 경우에는 붙여 쓸 수 있다. 예 2미터, 500원, 3층, 사학년
한글 맞춤법 제44항	· 수를 적을 적에는 '만(萬)' 단위로 띄어 쓴다. 지농6급 기출 예 십이억 삼천사백오십육만 칠천팔백구십팔, 12억 3456만 7898, 스물다섯, 백삼십구
한글 맞춤법 제45항	· 두 말을 이어주거나 열거할 적에 쓰이는 말들은 띄어 쓴다. 예 국장 겸 과장, 열 내지 스물, 청군 대 백군, 사장 및 이사진
한글 맞춤법 제46항	· 단음절로 된 단어가 연이어 나타날 적에는 붙여 쓸 수 있다. 예 그때 그곳, 내것 네것, 좀더 큰 이 새집
한글 맞춤법 제47항	· 보조 용언은 띄어 씀을 원칙으로 하되, 경우에 따라 붙여 씀도 허용한다. 지농6급 기출 예 불이 꺼져 간다 - 불이 꺼져간다, 열어 놓다 - 열어놓다, 뛰어 본다 - 뛰어본다, 모르는 체한다 - 모르는체한다 · 다만, 앞말에 조사가 붙거나 앞말이 합성 용언인 경우, 그리고 중간에 조사가 들어갈 적에는 그 뒤에 오는 보조 용언은 띄어 쓴다. 예 물어만 보고, 밀어내 버렸다, 잘난 체를 한다, 집어넣어 둔다, 잡아매 둔다, 책을 읽어도 보고

2) 표준어 규정

① 발음 변화에 따른 표준어 규정

표준어 규정 제3항	· 다음 단어들은 거센소리를 가진 형태를 표준어로 삼는다. 예 끄나풀, 나팔꽃, 녘, 부엌, 살쾡이, 칸, 털어먹다
표준어 규정 제5항	· 어원에서 멀어진 형태로 굳어져서 널리 쓰이는 것은, 그것을 표준어로 삼는다. 예 강낭콩, 고삿, 사글세, 울력성당 · 다만, 어원적으로 원형에 더 가까운 형태가 아직 쓰이고 있는 경우에는, 그것을 표준어로 삼는다. 예 갈비, 갓모, 굴젓, 말곁, 물수란, 밀뜨리다, 적이, 휴지
표준어 규정 제6항	· 다음 단어들은 의미를 구별함이 없이, 한 가지 형태만을 표준어로 삼는다. 예 돌, 둘째, 셋째, 넷째, 빌리다 · 다만, '둘째'는 십 단위 이상의 서수사에 쓰일 때에 '두째'로 한다. 예 열두째, 스물두째

확인 문제

다음 중 띄어쓰기가 잘못된 것은?

① 집에서처럼 ② 2미터 ③ 책을 읽어도 보고 ④ 스물 다섯 ⑤ 먹을 만큼

정답: ④

표준어 규정 제7항	· 수컷을 이르는 접두사는 '수-'로 통일한다. 예 수꿩, 수나사, 수놈, 수사돈, 수소, 수은행나무 · 다만, 1. 다음 단어에서는 접두사 다음에서 나는 거센소리를 인정한다. 접두사 '암-'이 결합되는 경우에도 이에 준한다. 예 수캉아지, 수캐, 수컷, 수키와, 수탉, 수탕나귀, 수톨쩌귀, 수퇘지, 수평아리 · 다만, 2. 발음상 사이시옷과 비슷한 소리가 있다고 판단되는 다음 단어의 접두사는 '숫-'으로 한다. 예 숫양, 숫염소, 숫쥐
표준어 규정 제8항	· 양성 모음이 음성 모음으로 바뀌어 굳어진 다음 단어는 음성 모음 형태를 표준어로 삼는다. 예 깡충깡충, -둥이(바람-, 흰-, 막-), 발가숭이, 보퉁이, 봉죽, 뻗정다리, 아서, 아서라, 오뚝이, 주추 · 다만, 어원 의식이 강하게 작용하는 다음 단어에서는 양성 모음 형태를 그대로 표준어로 삼는다. 예 부조(扶助), 사돈(査頓), 삼촌(三寸)
표준어 규정 제9항	· 'ㅣ' 역행 동화 현상에 의한 발음은 원칙적으로 표준 발음으로 인정하지 아니하되, 다만 다음 단어들은 그러한 동화가 적용된 형태를 표준어로 삼는다. 예 -내기(서울-, 시골-, 풋-), 냄비, 동댕이치다 · 현실 언어에 맞게 다음 단어는 'ㅣ' 역행 동화가 일어나지 아니한 형태를 표준어로 삼는다. 예 아지랑이 · 기술자에게는 '-장이', 그 외에는 '-쟁이'가 붙는 형태를 표준어로 삼는다. 예 미장이, 유기장이 / 멋쟁이, 소금쟁이, 담쟁이덩굴, 골목쟁이, 발목쟁이
표준어 규정 제10항	· 다음 단어는 모음이 단순화한 형태를 표준어로 삼는다. 예 -구먼, 괴팍하다, 미루나무, 미륵, 여느, 온달, 으레, 케케묵다, 허우대, 허우적허우적
표준어 규정 제12항	· '웃-' 및 '윗-'은 명사 '위'에 맞추어 '윗-'으로 통일한다. 예 윗넓이, 윗눈썹, 윗니, 윗당줄, 윗덧줄, 윗도리, 윗동아리, 윗막이, 윗머리, 윗목, 윗몸, 윗바람 · 다만, 1. 된소리나 거센소리 앞에서는 '위-'로 한다. 예 위짝, 위쪽, 위채, 위층 · 다만, 2. '아래, 위'의 대립이 없는 단어는 '웃-'으로 발음되는 형태를 표준어로 삼는다. 예 웃국, 웃기, 웃돈, 웃비, 웃어른, 웃옷
표준어 규정 제14항	· 준말이 널리 쓰이고 본말이 잘 쓰이지 않는 경우에는, 준말만을 표준어로 삼는다. 예 귀찮다, 김, 똬리, 무, 미다, 뱀, 뱀장어, 빔, 샘, 생쥐, 솔개, 온갖, 장사치
표준어 규정 제15항	· 준말이 쓰이고 있더라도, 본말이 널리 쓰이고 있으면 본말을 표준어로 삼는다. 예 경황없다, 궁상떨다, 귀이개, 낌새, 낙인찍다, 내왕꾼, 돗자리, 뒤웅박, 뒷물대야, 마구잡이, 맵자하다 · 다음과 같이 명사에 조사가 붙은 경우에도 이 원칙을 적용한다. 예 아래로

확인 문제

다음 중 표준어가 아닌 것은?

① 무우　② 귀이개　③ 케케묵다　④ 웃어른　⑤ 위층

정답: ①

표준어 규정 제16항	· 준말과 본말이 다 같이 널리 쓰이면서 준말의 효용이 뚜렷이 인정되는 것은, 두 가지를 다 표준어로 삼는다. 예 거짓부리 - 거짓불, 노을 - 놀, 막대기 - 막대, 망태기 - 망태, 머무르다 - 머물다, 서두르다 - 서둘다
표준어 규정 제17항	· 비슷한 발음의 몇 형태가 쓰일 경우, 그 의미에 아무런 차이가 없고, 그중 하나가 더 널리 쓰이면, 그 한 형태만을 표준어로 삼는다. 예 구어박다, 귀고리, 귀지, 꼭두각시, 내숭스럽다, 더부룩하다, 봉숭아, 옹골차다, 코맹맹이
표준어 규정 제19항	· 어감의 차이를 나타내는 단어 또는 발음이 비슷한 단어들이 다 같이 널리 쓰이는 경우에는, 그 모두를 표준어로 삼는다. 예 거슴츠레하다 - 게슴츠레하다, 고까 - 꼬까, 고린내 - 코린내, 교기(驕氣) - 갸기, 구린내 - 쿠린내, 꺼림하다 - 께름하다, 나부랭이 - 너부렁이

② 어휘 선택의 변화에 따른 표준어 규정

표준어 규정 제20항	· 사어(死語)가 되어 쓰이지 않게 된 단어는 고어로 처리하고, 현재 널리 사용되는 단어를 표준어로 삼는다. 예 난봉, 낭떠러지, 설거지하다, 애달프다, 오동나무, 자두
표준어 규정 제21항	· 고유어 계열의 단어가 널리 쓰이고 그에 대응되는 한자어 계열의 단어가 용도를 잃게 된 것은, 고유어 계열의 단어만을 표준어로 삼는다. 예 가루약, 구들장, 길품삯, 까막눈, 꼭지미역, 나뭇갓, 늙다리, 두껍닫이, 떡암죽, 마른갈이, 마른빨래
표준어 규정 제22항	· 고유어 계열의 단어가 생명력을 잃고 그에 대응되는 한자어 계열의 단어가 널리 쓰이면, 한자어 계열의 단어를 표준어로 삼는다. 예 겸상, 고봉밥, 단벌, 마방집, 민망스럽다, 면구스럽다, 방고래, 부항단지, 산누에, 총각무
표준어 규정 제23항	· 방언이던 단어가 표준어보다 더 널리 쓰이게 된 것은, 그것을 표준어로 삼는다. 이 경우, 원래의 표준어는 그대로 표준어로 남겨 두는 것을 원칙으로 한다. 예 멍게 - 우렁쉥이, 물방개 - 선두리, 애순 - 어린순
표준어 규정 제25항	· 의미가 똑같은 형태가 몇 가지 있을 경우, 그중 어느 하나가 압도적으로 널리 쓰이면, 그 단어만을 표준어로 삼는다. 예 -게끔, 고구마, 광주리, 까치발, 농지거리, 담배꽁초, 부지깽이, 붉으락푸르락, 샛별, 쌍동밤, 칡범
표준어 규정 제26항	· 한 가지 의미를 나타내는 형태 몇 가지가 널리 쓰이며 표준어 규정에 맞으면, 그 모두를 표준어로 삼는다. 예 가는허리 - 잔허리, 가락엿 - 가래엿, 개수통 - 설거지통, 넝쿨 - 덩굴, 땅콩 - 호콩, 말동무 - 말벗, 목화씨 - 면화씨

확인 문제

다음 중 표준어가 아닌 것은?

① 가락엿 ② 알타리무 ③ 고봉밥
④ 애달프다 ⑤ 덩굴

정답: ②

4. 독해력

1 기본 독해 방법

문단의 핵심 내용 찾기	· 글에 반복적으로 등장하는 어휘에 주목하며 문단의 중심 화제를 찾는다. · 중심 화제를 토대로 문단의 중심 문장을 찾는다. - 중심 문장은 대부분 문단의 처음 또는 마지막에 위치하며, 전체 내용을 포괄할 수 있는 일반적이고 추상적인 진술로 표현된다. - 따라서, 그러므로, 요컨대 등과 같이 결론을 제시하거나 요약하는 접속어 뒤에 중심 문장이 제시되는 경우가 많다. - 예컨대, 왜냐하면, 다시 말해 등과 같이 부연 설명을 덧붙이는 접속어가 나오면 그 앞에 중심 문장이 제시되는 경우가 많다.
글 전체의 주제 찾기	· 내용에 따라 문단을 묶으며 문단 간의 관계를 분석하고, 그중 주요 문단과 보조 문단을 파악한다. · 주요 문단의 중심 문장을 바탕으로 글 전체의 주제를 파악한다. - 설명문은 중심 화제에 관한 사항을 객관적이고 논리적으로 서술한 글이므로 첫 문단에 주제가 드러나는 경우가 많다. - 논설문은 중심 화제에 관한 필자의 생각이나 주장을 서술한 글이므로 마지막 문단에 주제가 드러나는 경우가 많다.
세부 정보 파악하기	· 각 선택지의 핵심어를 찾아 표시하고, 글에서 그 핵심어를 설명하는 문장을 찾는다. - 선택지의 핵심어를 고를 때는 고유명사, 숫자와 같이 글에서 쉽게 찾을 수 있는 말을 우선적으로 고려한다. - 선택지의 핵심어를 고를 때는 글이나 선택지에 자주 반복되는 말은 제외하는 것이 좋다. 왜냐하면 여러 선택지에 공통적으로 나오는 말은 그 선택지만 대표하는 것으로 보기 어렵기 때문이다. - 선택지의 핵심어가 글에 그대로 등장하지 않는다면, 글에 나온 말이 유의어로 바뀐 것은 아닌지, 글에 나온 말의 상위개념을 사용해 일반적인 진술로 바뀐 것은 아닌지 확인해본다. · 반드시, 절대, 전혀, 뿐, 만 등과 같이 단정적인 표현이 포함된 선택지는 글의 내용과 일치하지 않을 확률이 높다. · 글에 나온 정보를 바탕으로 사실적 태도로 내용 일치 여부를 판단해야 하며, 자기 생각과 주관적 판단이 개입되거나 지나치게 확대 해석하지 않도록 해야 한다.

확인 문제

다음 빈칸에 들어갈 연결어로 적절한 것은?

> 국제 원유 가격이 상승하였다. (　　) 국내 기름 가격도 조만간 오를 것이다.

① 하지만　② 다만　③ 따라서
④ 예컨대　⑤ 그렇지만

정답: ③

2 문단 배열

논리적 구조 파악하기	· 선택지를 바탕으로 첫 번째 또는 마지막 순서에 올 수 있는 문단을 확인한다. - 첫 번째 문단에서는 중심 화제를 포함하는 큰 범주의 내용을 설명하는 경우가 많고, 마지막 문단에서는 글 전체의 내용을 요약 및 마무리하는 경우가 많다. - 첫 번째 문단에서는 대부분 흥미를 유발하거나 관심을 유도하는 문장, 문제나 논제를 제시하는 문장, 앞으로의 전개 방법이나 서술 방법을 소개하는 문장 등이 나타난다. · 중심 화제를 토대로 핵심 문장을 찾고, 핵심 문장을 부연 설명하는 문장을 찾는다. - 중심 화제와 관련된 용어의 정의에 해당하는 문장은 첫 문단에 위치할 확률이 높다. - 글의 핵심 문장은 대부분 첫 문단 또는 마지막 문단에 위치하며, 핵심 문장을 설명하는 문장은 핵심 문장이 포함된 문단의 뒤 또는 앞에 위치한다. 예 핵심 문장 - 부연 설명 문장: 중심 문장의 진술 - 뒷받침 문장의 진술, 요약 진술 - 부연 진술, 추상적 진술 - 구체적 진술, 포괄적 진술 - 구체적 진술, 단정적 진술 - 비유적 진술 · 상황에 따라 사용되는 접속어를 고려하며 문단 간 순서를 파악한다. - 순접: 앞의 내용을 심화하면서 다른 내용을 추가할 때 사용하는 접속어 예 그러니, 그러하니, 그래서, 그러면, 그렇다고 하면, 이리하여, 그리하여, 이러하니, 이와 같이 하여, 그리고는, 그리고서, 그리고 등 - 역접: 앞의 내용과 뒤의 내용이 상반될 때 사용하는 접속어 예 그러나, 그렇지만, 다만, 그렇더라도, 그렇다고 해서, 하지만, 그렇건마는, 그래도, 그럴지라도, 그러되, 반면에 등 - 전환: 앞의 내용과 다른 새로운 내용을 전개할 때 사용하는 접속어 예 그런데, 그는 그렇고, 그러면, 다음으로, 각설, 한편, 헌데 등 - 인과: 앞의 내용과 뒤의 내용이 원인과 결과 관계를 이룰 때 사용하는 접속어 예 그러므로, 따라서, 그렇다면, 드디어, 마침내, 그러니까, 그런즉, 그런 만큼, 그래서, 한즉, 하니까, 그런 고로, 그런 까닭에, 그렇기 때문에, 왜냐하면 등 - 첨가/보충: 앞의 내용과 관련 있는 내용을 추가할 때 사용하는 접속어 예 오히려, 그리고, 더구나, 그리고는, 그리고서, 또한, 또, 더욱, 그 위에, 및, 게다가, 그뿐 아니라, 다시, 아울러 등 - 환언/요약: 앞의 내용을 다른 말로 바꾸어 정리할 때 사용하는 접속어 예 바꾸어 말하면, 곧, 즉, 결국, 그것은, 전자는, 후자는, 요컨대, 다시 말하면, 말하자면 등 - 비유/예시: 앞의 내용에 대한 예시를 들 때 사용하는 접속어 예 이를테면, 예컨대, 비교하건대 등 · 지시어가 가리키는 대상이 무엇인지 찾는다. - 이(것), 그(것), 저(것), 이러한, 그러한, 이런 점에서 등과 같은 지시어는 반드시 지시하는 대상이 앞에 있어야 한다. · 중복 사용되는 핵심어를 찾는다. - 같은 어휘를 반복하여 사용하는 문단끼리는 서로 앞뒤로 바로 연결될 확률이 높으므로 배열의 선후 관계가 확실한 문단으로 묶는다.

확인 문제

다음 중 앞의 내용과 다른 새로운 내용을 전개할 때 사용하는 접속어가 아닌 것은?

① 그런데　② 각설　③ 한편
④ 더구나　⑤ 헌데

정답: ④

시간의 흐름 파악하기	· 제시된 문단별 내용을 통해 글의 전개 과정을 추측한다. - 문단별 내용을 시간의 흐름에 따라 자연스럽게 연결할 수 있는 글의 전개 과정을 파악한다. - 과거형 어휘를 사용하는 문단과 현재형 어휘를 사용하는 문단, 전망 및 바람 등 미래지향적인 내용을 설명하는 문단이 복합적으로 제시돼 있다면, 과거 - 현재 - 미래 순으로 글이 전개될 확률이 높다. - 문제를 다루고 있는 문단과 해결 방안을 다루고 있는 문단이 복합적으로 제시돼 있다면, 문제를 다루고 있는 문단 - 해결 방안을 다루고 있는 문단 순으로 배열한다. - 중심 화제의 원인에 해당하는 문단과 결과에 해당하는 문단이 복합적으로 제시돼 있다면, 원인을 다루는 문단 - 결과를 다루는 문단 순으로 배열한다. - 설명문에 해당한다면, 중심 화제의 정의나 뜻풀이 등이 앞문단에, 중심 화제에 대한 구체적인 설명이 뒷문단에 위치한다.

확인 문제

다음 중 앞의 내용과 뒤의 내용이 원인과 결과 관계를 이룰 때 사용하는 접속어는?

① 그래서 ② 하지만 ③ 이를테면
④ 그리고 ⑤ 게다가

정답: ①

5. 기초외국어

1 사람 관련 어휘

temper	성미, 성질
foolish	어리석은, 바보 같은
clever	영리한, 독창적인
pretend	속이다, ~인 척하다
modest	겸손한, 보통의
active	적극적인, 활동적인
friendly	다정한, 친절한
wonder	궁금해하다, 놀라움
creative	창의적인, 창조적인
male	남성의, 수컷의
beard	턱수염
charming	매력적인, 멋진
pale	(얼굴이) 창백한, (색깔이) 옅은
beauty	아름다움, 미
seem	~처럼 보이다
weak	약한, 힘이 없는
frustrate	좌절시키다, 방해하다
satisfied	만족한, 납득한
humor	유머, 익살
explain	설명하다
influence	영향을 주다; 영향, 영향력
proportion	비율, 크기, 균형
passive	소극적인, 수동적인
lay	놓다, 두다, 눕히다

attitude	태도, 마음가짐
wise	현명함, 지혜로운
serious	진지한, 심각한
cheerful	쾌활한, 명랑한
personality	성격, 개성
brave	용감한
rude	버릇없는, 무례한
character	인격, 성격, 특징
appearance	외모, 겉모습
female	여성의, 암컷의
curious	호기심이 많은, 궁금한
spread	펼치다, 퍼지다
approach	다가가다, 접근하다
movement	동작, 움직임
overweight	과체중의, 비만의
worried	걱정하는, 걱정스러운
relationship	관계
divorce	이혼; 이혼하다
contact	연락, 접촉; 연락하다
mature	어른스러운, 성숙한
anniversary	기념일
belong	속하다, 소유물이다
influence	영향을 주다; 영향, 영향력
valuable	소중한, 값비싼

확인 문제

다음 단어의 의미로 적절한 것은?

proportion

① 연락　② 운명　③ 관계
④ 약한　⑤ 비율

정답: ⑤

2 일상생활 관련 어휘

household	가구, 가정	labor	노동, 일
furniture	가구	firm	회사
ceiling	천장	attach	첨부하다, 붙이다
faucet	수도꼭지	department	부서, 학과
basement	지하실, 지하층	career	직업, 경력, 이력
sweep	(먼지를) 쓸다, 털다	detail	세부 사항; 열거하다
broom	빗자루	employ	고용하다
mop	대걸레; 대걸레로 닦다	purpose	목적, 의도
shelf	선반, 책꽂이	perform	수행하다, 실행하다, 공연하다
edge	가장자리, 모서리	agency	대행사, 대리점, 기관, 단체
tool	연장, 도구	appoint	임명하다, 지명하다, 약속하다
wipe	닦다, 훔치다	succeed	성공하다, 잘 되다
trim	다듬다, 손질하다	operate	영업하다, 작동하다
comb	빗; 빗질하다	associate	동료; 연상하다, 결부시키다
outlet	콘센트, 배출구	profession	직업, 전문직
pack	(짐을) 싸다	expert	전문가
gather	모으다, 모이다	document	문서, 서류; 기록하다
dump	내버리다; 쓰레기장	obtain	얻다, 획득하다
condition	상태, 조건	illustrate	보여주다, 설명하다
set up	설치하다, 준비하다	achieve	달성하다, 이루다
electric	전기의	confirm	확인하다, 확정하다, 승인하다
chore	잔심부름, 허드렛일	distribute	유통시키다, 분배하다
appliance	가전제품, (가정용) 기구	superior	상급의, 우수한
interior	내부의, 내부	retire	은퇴하다, 은퇴시키다
resident	주민, 거주자	assign	배치하다, 할당하다, 임명하다
leak	새다	delivery	배송, 배달
polish	(윤이 나도록) 닦다	connect	연결하다, 연결되다

확인 문제

다음 단어의 의미로 적절한 것은?

confirm

① 닦다　② 쓸다　③ 확인하다
④ 연상하다　⑤ 연결하다

정답: ③

3 사물과 상태 관련 어휘

brief	짧은, 잠시 동안의, 간단한	nearly	거의
broad	(폭이) 넓은, 광범위한	further	추가의, 더 이상의; 더 멀리
narrow	(폭이) 좁은, 제한된, 한정된	opposite	반대의, 맞은편의, 정반대의
describe	묘사하다, 기술하다	fantastic	환상적인, 굉장한
tiny	아주 작은	quick	빠른, 신속한, 순식간의
common	흔한, 공동의, 공통의	sudden	갑작스러운, 뜻밖의
locate	위치를 찾아내다, 두다	exact	정확한, 정밀한, 꼼꼼한
empty	빈, 공허한, 무의미한	following	그다음의; 다음의 것
mild	(정도가) 가벼운, 약한, 온화한	recently	최근에, 근래에
pure	순수한, 맑은, 깨끗한	moreover	게다가, 더욱이
rapid	빠른, 신속한	increase	증가시키다; 증가, 증대
object	물건, 목적, 목표; 반대하다	decrease	감소하다; 감소
sharp	날카로운, 뾰족한	situation	상황, 처지, 입장, 위치, 장소
smooth	매끈한, 부드러운, 잔잔한	badly	심하게, 몹시, 나쁘게
rough	거친, 고르지 않은, 대강의	mostly	주로, 일반적으로
neat	정돈된, 단정한	useless	쓸모없는, 소용없는
exactly	정확하게, 틀림없이	valid	유효한, 타당한, 정당한
precious	귀중한, 값비싼	realistic	현실적인, 실제적인
necessary	필수적인, 필요한	moderate	적당한, 알맞은
distinct	분명한, 뚜렷한, 전혀 다른	obvious	분명한, 명백한
surround	둘러싸다, 에워싸다	potential	잠재적인, 가능성이 있는
faint	(빛·소리·냄새 등이) 희미한	complex	복잡한, 복합적인
particular	특별한, 특정한	frequently	자주, 빈번히
monotonous	단조로운, 지루한	alternative	대체 가능한, 대안적인; 대안
enormous	거대한, 막대한	back and forth	이리저리, 왔다 갔다
flexible	유연한, 잘 구부러지는	up close	바로 가까이에서
artificial	인공의, 인조의, 거짓의, 꾸민	worse	더 나쁜; 더 심하게

확인 문제

다음 단어의 의미로 적절한 것은?

particular

① 특별한 ② 인공의 ③ 심하게
④ 적당한 ⑤ 신속한

정답: ①

4 과학과 기술 관련 어휘

data	자료, 정보	computer	컴퓨터
machine	기계	e-mail	이메일, 전자우편
invent	발명하다, 장착하다	internet	인터넷
brain	뇌, 두뇌	website	웹사이트
cell	세포, 방, 칸	search	찾아보다, 조사하다; 검색, 찾기
easily	쉽게, 용이하게	type	타자를 치다; 종류, 유형
result	결과, 결실	fix	고치다, 수리다; 고정시키다
error	오류, 잘못	switch	스위치; 바꾸다, 전환하다
fail	실패하다, (시험에) 떨어지다	screen	화면, 스크린
research	연구, 조사; 연구하다, 조사하다	tip	비법, 조언, 봉사료; 끝 부분
focus	집중하다; 초점, 중점	link	연결하다; 관련, 관계
develop	개발하다, 발전시키다	file	파일, 자료
inspect	점검하다, 조사하다	click	누르다, 클릭하다; 클릭하는 소리
impossible	불가능한, 있을 수 없는	code	암호, 부호
means	수단, 방법	online	온라인의; 온라인으로
virtual	가상의, 사실상의	edit	편집하다, 수정하다
visible	(눈에) 보이는, 분명한, 명백한	laptop	노트북[휴대용] 컴퓨터
mobile	이동하기 쉬운, 이동하는	device	기기, 장치
prove	증명하다, (~임이) 드러나다	system	시스템, 체계
experiment	실험, 시험; 실험하다, 시도하다	technology	(과학) 기술
adapt	적응하다, 맞추다, 조정하다	browse	둘러보다, 훑어보다
replace	교체하다, 바꾸다, 대신하다	capture	캡처하다, 포착하다, 붙잡다
widespread	널리 퍼진, 광범위한	communicate	소통하다, 통신하다
beyond	(범위를) 넘어서, 저편에, (시간이) 지나	vaccine	백신, 바이러스 예방 프로그램
delete	삭제하다, 지우다	operator	(기계를) 조작하는 사람, 기사
formula	공식, 방식	combination	조합, 결합
multiply	증가하다, 증가시키다, 곱하다	access	접속, 접근; 접속하다, 접근하다

확인 문제

다음 단어의 의미로 적절한 것은?

access

① 접근 ② 조합 ③ 공식
④ 기계 ⑤ 정보

정답: ①

5 장소 관련 어휘

airport	공항
amusement park	놀이공원
bakery	빵집
bank	은행
beach	해변가
broadcasting station	방송국
buffet	뷔페
car dealership	자동차 영업소
church	교회
clothing store	옷 가게
court	법원
dentist's office	치과 진료실
factory	공장
farm	농장
grocery store	식료품 가게
gym	체육관
hair salon	미장원
hospital	병원
laundry room	세탁소
library	도서관

mall	쇼핑몰
market	마켓
movie theater	극장
museum	박물관
office	사무실
parking lot	주차장
post office	우체국
prison	교도소
real estate agency	복덕방
restaurant	음식점
sanatorium	요양원
school	학교
seaport	항구 도시
senior citizen center	경로당
subway station	지하철역
temple	절
train station	기차역
travel agency	여행사
wedding hall	예식장
zoo	동물원

확인 문제

다음 단어의 의미로 적절한 것은?

laundry room

① 요양원 ② 도서관 ③ 동물원
④ 세탁소 ⑤ 음식점

정답: ④

6 직업 관련 어휘

actor	배우	journalist	기자
archeologist	고고학자	judge	판사
architect	건축가	lawyer	변호사
athlete	운동선수	manager	관리인
baker	제빵사	mayor	시장
biologist	생물학자	mechanic	기계공
carpenter	목수	minister	장관
cashier	출납원	movie director	영화감독
consultant	컨설턴트	official	공무원
cook	요리사	pilot	조종사
dentist	치과의사	police officer	경찰관
designer	디자이너	president	대통령
diplomat	외교관	professor	교수
electrician	전기공	prosecutor	검사
employee	종업원	reporter	리포터
employer	고용주	statesman	정치가
fire fighter	소방관	surgeon	외과의사
flight attendant	승무원	taxi driver	택시 기사
hairdresser	미용사	tutor	과외 교사
interpreter	통역사	waitress	여종업원

확인 문제

다음 단어의 의미로 적절한 것은?

athlete

① 전기공 ② 외교관 ③ 정치가
④ 영화감독 ⑤ 운동선수

정답: ⑤

7 상황에 따른 표현 - 쇼핑하기

I'm just browsing.	그냥 둘러보는 중이에요.
Do you have this in a size six?	이거 6치수로 있나요?
Do you have this in a different color?	이거 다른 색상 있나요?
It looks good on you.	당신에게 그것은 잘 어울리네요.
I'll check our inventory.	우리 재고를 확인해 보겠습니다.
How much does it cost?	이거 얼마예요?
It costs an arm and a leg!	엄청 비싸네요!
It's a bargain.	정말 싸게 사시는 거예요.
Charge it to my credit card.	신용카드로 계산할게요.
I was ripped off.	바가지를 썼어요.
I got it for nothing.	헐값에 샀어요.
Can I get a refund?	환불할 수 있나요?

8 상황에 따른 표현 - 여행하기

I'll take an all-inclusive package.	모든 비용이 포함된 패키지로 할게요.
We give discounts for large groups.	단체는 할인해 드립니다.
Do you have a room available for two?	두 명이 묵을 방이 있나요?
Is breakfast included?	조식이 포함되어 있나요?
Can I book a ticket to Sydney?	시드니행 티켓을 예약할 수 있나요?
Would you like a one-way or round-trip ticket?	편도를 원하십니까, 왕복을 원하십니까?
I need to change my reservation.	예약을 변경하고 싶습니다.
My flight arrived on time.	내 비행기는 제시간에 도착했어요.
I've got nothing to declare.	저는 신고할 것이 없습니다.

확인 문제

다음 영어 문장을 해석한 내용으로 적절한 것은?

Can I get a refund?

① 예약할 수 있을까요?
② 조식이 포함되어 있나요?
③ 다른 색상 있나요?
④ 환불할 수 있나요?
⑤ 얼마인가요?

정답: ④

9 상황에 따른 표현 - 길찾기

What's the fastest way there?	그곳까지 가는 가장 빠른 길이 무엇인가요?
Where is it located?	그것은 어디에 있습니까?
Will I have to take a detour?	우회해서 가야 합니까?
I think we made a wrong turn.	우리가 길을 잘못 들어선 것 같아요.
I don't know where it is.	그것이 어디에 있는지 모르겠어요.
We've been driving in circles.	우린 빙빙 돌고 있어요.
Follow the directions.	표지판을 따라가세요.
Make a left at the intersection.	교차로에서 좌회전하세요.
You'll have to make a U-turn.	유턴하셔야 할 거예요.
You can't miss it.	찾기 쉬워요.

10 상황에 따른 표현 - 전화하기

Can I talk to Jason?	Jason과 통화할 수 있나요?
Is he available?	그가 전화 받을 수 있나요?
Who's calling, please?	전화하신 분은 누구세요?
She is on another line.	그녀는 통화 중이에요.
Would you hang on for a second?	잠깐 기다리실래요?
Can I take a message?	메모를 남겨 드릴까요?
I'll let him know you called.	당신이 전화했었다고 그에게 말할게요.
Call me on my cell phone.	제 휴대전화로 전화해 주세요.
You can reach me at extension 202.	내선 202번으로 저와 연락하실 수 있어요.
The lines are crossed.	전화가 혼선되었어요.

확인 문제

다음 영어 문장을 해석한 내용으로 적절한 것은?

Call me on my cell phone.

① 그것이 어디에 있는지 모르겠어요.
② 제 휴대전화로 전화해 주세요.
③ 교차로에서 좌회전하세요.
④ 전화가 혼선되었어요.
⑤ 표지판을 따라가세요.

정답: ②

기출유형공략

유형 1 의사소통기술

유형 특징

· 한국산업인력공단의 가이드북 자료를 기반으로 한 의사소통 이론이 출제되는 유형의 문제이다.

세부 출제 유형

· 의사소통기술은 다음과 같이 1개의 세부 유형으로 출제된다.
① 올바른 의사소통 방법에 대한 지식을 묻는 문제

공략법

· 올바른 경청 방법, 상황에 따른 적절한 의사표현 방법 등 의사소통능력에 대한 기본적인 내용을 학습한다. (기초이론 p.34)

예제 1 올바른 의사소통 방법에 대한 지식을 묻는 문제

홍보팀의 신입사원인 귀하는 효과적인 의사표현 방법에 대한 교육을 받은 후 팀장님과 면담하는 시간을 가졌다. 다음 대화의 빈칸에 들어갈 내용으로 가장 적절하지 않은 것은?

팀장: 지희씨, 이번 교육을 통해 어떤 점을 배우셨나요?

귀하: 네, 팀장님. 저는 메시지를 전할 때 전달 수단이 중요하다는 것을 알게 되었어요. 전달받는 입장에서는 같은 내용이더라도 얼굴을 보며 이야기하는 것과 전화나 이메일로 통보받는 것에는 큰 차이가 있다는 점을 배우게 되었어요.

팀장: 중요한 내용을 알게 되셨네요. 메시지를 전달한 후 상대에게 피드백을 받는 것에 대해서는 어떻게 생각하세요?

귀하: 매우 중요한 과정이라고 생각해요. 제가 전달한 내용을 상대가 어떻게 해석하였는지 파악하는 과정을 거쳐야 오해 없이 대화가 진행될 수 있을 것 같아요.

팀장: 교육 내용을 잘 이해하고 계시네요. 끝으로, (   ) 점을 명심하신다면 의사표현을 하시는 데 큰 어려움이 없으실 거예요. 오늘 배우신 내용이 회사생활에 큰 도움이 되셨으면 좋겠네요.

① 상대에게 전달하는 메시지에 내용이 충분하게 담겨있는지 확인하는 절차가 중요하다는

② 의사표현은 자신의 메시지를 상대에게 전달하는 중요한 능력이라는

③ 말하는 사람은 자신이 전달하고자 하는 생각과 감정이 무엇인지 분명하게 인식해야 한다는

④ 명료하게 의사표현을 하기 위해 메시지를 한 번만 전달해야 한다는

⑤ 표정이나 몸짓을 통해 메시지의 내용을 더욱 효과적으로 전달할 수 있다는

|정답 및 해설| ④

효과적인 의사표현 방법에 따르면 한 번의 의사표현으로는 자신의 의도가 듣는 이에게 충분하게 전달되는 경우가 많지 않기 때문에 확실한 의사표현을 위해서는 반복적 전달이 필요하므로 명료하게 의사표현을 하기 위해 메시지를 한 번만 전달해야 한다는 것은 빈칸에 들어갈 내용으로 가장 적절하지 않다.

유형공략문제

01 **귀하는 인사팀 팀장으로, 신입사원을 대상으로 '대화를 통한 경청훈련방법'을 교육하고 있다. 귀하가 신입사원 교육에서 언급할 내용으로 가장 적절하지 않은 것은?**

① 대화를 할 때는 주의를 기울여야 합니다. 상대방의 얼굴과 몸의 움직임은 물론 호흡하는 자세까지 주의를 기울여야 합니다.

② 가능하면 '왜?'라는 질문을 많이 해야 합니다. 그래야 상대방에 대한 가감 없는 정보를 얻을 수 있게 되기 때문이지요.

③ 상대방의 경험을 인정해야 합니다. 그리고 여기에 부드러운 지시나 질문의 형태로 더 많은 정보를 요청한다면 상대방의 마음도 열리게 되어 있습니다.

④ 서로에 대한 더 많은 정보를 공유하고 이해도를 높이기 위해서는 개방적인 질문을 많이 해야 합니다.

⑤ 대화를 하면서 중간중간 요약하는 것은 상대방에 대해 자신이 확실히 이해하고 있는지 확인하는 데 큰 도움이 됩니다.

02 다음 중 문서의 종류와 용도가 적절하지 않게 연결된 것은?

구분	종류	용도
①	공문서	정부 행정기관에서 대내적 혹은 대외적 공무를 집행하기 위해 작성하는 문서
②	기획서	특정한 일에 관한 현황이나 그 진행 상황 또는 연구 및 검토 결과 등을 보고하고자 할 때 작성하는 문서
③	기안서	회사의 업무에 대한 협조를 구하거나 의견을 전달할 때 작성하는 문서로, 흔히 '사내 공문서'로 불림
④	설명서	상품의 특성이나 작동 방법 및 과정을 소비자에게 설명해주는 문서
⑤	보도자료	정부 기관이나 기업체, 각종 단체 등이 언론을 상대로 자신들의 정보가 기사로 보도되게 하려고 보내는 문서

약점 보완 해설집 p.2

유형 2 어휘력

유형 특징

- 어휘의 의미를 고려해 문맥에 맞는 어휘를 판단하고, 여러 어휘 간의 의미 관계를 유추하는 유형의 문제이다.

세부 출제 유형

- 어휘력은 다음과 같이 6개의 세부 유형으로 출제된다.
  ① 단어의 유의어와 반의어를 고르는 문제
  ② 단어가 가진 의미를 파악하는 문제
  ③ 대체하여 쓸 수 있는 단어를 고르는 문제
  ④ 빈칸에 들어갈 단어를 고르는 문제
  ⑤ 단어 간의 의미 관계를 파악하는 문제
  ⑥ 한자어의 적절한 사용을 고르는 문제

공략법

- 시험에 출제된 적이 있는 것을 중심으로 예문과 함께 다양한 어휘를 학습한다. (기초이론 p.36)
- 단어의 유의어와 반의어를 고르는 문제는 제시된 단어와 발음이 비슷한 단어는 함정일 가능성이 높다는 것을 염두에 두고 빠르게 정답을 찾는다.
- 단어가 가진 의미를 파악하는 문제는 각 문장의 밑줄 친 단어와 호응하는 주어, 목적어, 서술어 등을 비교하여 어휘의 의미를 구분한다.
- 대체하여 쓸 수 있는 단어를 고르는 문제는 선택지의 단어를 직접 대입해보며 가장 자연스럽게 연결되는 단어를 찾는 방식으로 오답을 소거하여 풀이시간을 단축한다.
- 빈칸에 들어갈 단어를 고르는 문제는 빈칸의 앞뒤에 있는 단어 또는 문장과 자연스럽게 연결되는 단어가 무엇인지 확인하며 빠르게 정답을 찾는다.
- 단어 간의 의미 관계를 파악하는 문제는 선택지에 제시된 단어의 의미와 속성을 고려해 단어 간의 관계를 유추하며 빠르게 정답을 찾는다.
- 한자어의 적절한 사용을 고르는 문제는 익숙하거나 정확하게 알고 있는 선택지부터 확인하여 풀이시간을 단축한다.

예제 1 단어의 유의어와 반의어를 고르는 문제

다음 밑줄 친 단어와 의미가 유사한 것은?

글쓰기를 잘하기 위해서는 췌언을 줄이는 연습을 해야 한다.

① 교언 ② 방언 ③ 실언 ④ 군소리 ⑤ 제소리

|정답 및 해설| ④

밑줄 친 단어는 쓸데없는 군더더기 말이라는 의미로 쓰였으므로 하지 아니하여도 좋을 쓸데없는 말이라는 의미의 ④가 적절하다.

① 교언(巧言): 교묘하게 꾸며 댐 또는 그 말

② 방언(方言): 한 언어에서, 사용 지역 또는 사회 계층에 따라 분화된 말의 체계

③ 실언(失言): 실수로 잘못 말함 또는 그렇게 한 말

⑤ 제소리: 글자의 바른 음

예제 2 단어가 가진 의미를 파악하는 문제

다음 밑줄 친 단어와 같은 의미로 사용된 것은?

시간이 촉박하여 풀지 못한 문제는 공백으로 두고 넘어갔다.

① 그는 메이저리그 데뷔 이후 첫 우승을 눈앞에 두고 있다.

② 진경이는 20여 개국에 지사를 둔 글로벌 기업에 재직 중이다.

③ 임원진들은 업무의 효율성을 제고하고자 비서를 두는 경우가 많다.

④ 그 선비는 학문이 깊고 출중함에도 벼슬에 뜻을 두지 않았다.

⑤ 이 약은 반드시 12시간 이상 간격을 두고 섭취해야 한다.

|정답 및 해설| ⑤

밑줄 친 단어는 시간이 부족해서 풀지 못한 문제는 빈칸으로 남기고 지나갔다는 의미로 쓰였으므로 시간적 여유나 공간적 간격 따위를 준다는 의미의 ⑤가 적절하다.

① 어떤 상황이나 상태 속에 놓다

② 직책이나 조직, 기구 따위를 설치하다

③ 사람을 데리고 쓰다

④ 생각 따위를 가지다

예제 3 대체하여 쓸 수 있는 단어를 고르는 문제

다음 밑줄 친 부분과 바꿔 쓸 수 있는 것은?

주방장의 <u>다부진</u> 요리 솜씨로 인해 식당에는 항상 사람이 많았다.

① 남다른　② 범상한　③ 야무진　④ 재빠른　⑤ 예사로운

|정답 및 해설| ③

밑줄 친 부분은 주방장의 요리 솜씨가 허술하거나 부족한 점이 없다는 의미로 쓰였으므로 사람의 성질이나 행동, 생김새 따위가 빈틈이 없이 꽤 단단하고 굳세다는 의미의 ③이 적절하다.

① 남다르다: 보통의 사람과 유난히 다르다

② 범상하다: 중요하게 여길 만하지 아니하고 예사롭다

④ 재빠르다: 동작 따위가 재고 빠르다

⑤ 예사롭다: 흔히 있을 만하다

예제 4 빈칸에 들어갈 단어를 고르는 문제

다음 빈칸에 들어갈 단어로 적절한 것은?

상식적으로 그의 그런 무례한 행동을 (　　　)할 수 없었다.

① 수락　② 사절　③ 거절　④ 사양　⑤ 용납

|정답 및 해설| ⑤

빈칸이 있는 문장에서 그의 무례한 행동을 이해하기 어려웠다고 하였으므로 너그러운 마음으로 남의 말이나 행동을 받아들인다는 의미의 ⑤가 적절하다.

① 수락: 요구를 받아들임

② 사절: 사양하여 받지 아니함

③ 거절: 상대편의 요구, 제안, 선물, 부탁 따위를 받아들이지 않고 물리침

④ 사양: 겸손하여 받지 아니하거나 응하지 아니함

예제 5 단어 간의 의미 관계를 파악하는 문제

다음 두 단어 쌍이 같은 관계가 되도록 빈칸에 들어갈 단어를 고르면?

입학 : 졸업 = 수입 : (   )

① 매입　　② 매출　　③ 수출　　④ 방출　　⑤ 생산

|정답 및 해설| ③

제시된 단어 입학과 졸업은 각각 학생이 되어 공부하기 위해 학교를 들어감과 학생이 규정에 따라 소정의 교과 과정을 마침을 뜻하므로 반대관계이다.
따라서 다른 나라로부터 상품이나 기술 따위를 국내로 사들인다는 의미의 '수입'과 반대관계인 단어는 국내의 상품이나 기술을 외국으로 팔아 내보낸다는 의미의 '수출'이 적절하다.

예제 6 한자어의 적절한 사용을 고르는 문제

다음 의미에 해당하는 한자성어를 고르면?

육지에서 배를 저으려 한다는 뜻으로, 안 되는 일을 억지로 하려고 함을 비유적으로 이르는 말

① 남선북마(南船北馬)　　② 수주대토(守株待兎)　　③ 수륙만리(水陸萬里)
④ 육지행선(陸地行船)　　⑤ 행선축원(行禪祝願)

|정답 및 해설| ④

제시된 의미에 해당하는 한자성어는 '육지행선(陸地行船)'이다.
① 남선북마(南船北馬): 중국의 남쪽은 강이 많아서 배를 이용하고 북쪽은 산과 사막이 많아서 말을 이용한다는 뜻으로, 늘 쉬지 않고 여기저기 여행을 하거나 돌아다님을 이르는 말
② 수주대토(守株待兎): 한 가지 일에만 얽매여 발전을 모르는 어리석은 사람을 비유적으로 이르는 말
③ 수륙만리(水陸萬里): 바다와 육지에 걸쳐 만 리나 떨어진 먼 거리
⑤ 행선축원(行禪祝願): 아침저녁의 예불 때, 부처에게 나라와 백성이 평안하기를 기원하고 구도와 중생 교화를 위하여 끝없이 정진할 것을 다짐하는 일

유형공략문제

01 다음 단어와 의미가 유사한 것은?

온당하다

① 온전하다 ② 합당하다 ③ 완연하다 ④ 원만하다 ⑤ 대등하다

02 다음 빈칸에 들어갈 단어로 적절한 것은?

입대 하루 전날 이루 말할 수 없는 온갖 (　　　)이 떠올라 마음이 복잡하여 밤잠을 설쳤다.

① 집념 ② 묵념 ③ 신념 ④ 통념 ⑤ 상념

03 다음 밑줄 친 단어와 같은 의미로 사용된 것은?

커피가 너무 써서 설탕을 <u>넣을</u> 수 밖에 없었다.

① 주말이지만 업무를 하려고 컴퓨터 본체에 전원을 <u>넣었다</u>.

② 혹시 모를 상황을 대비하여 은행에 돈을 <u>넣어</u> 두는 편이 좋다.

③ 그가 술병에 독을 <u>넣는</u> 것을 보았다는 증언이 쏟아졌다.

④ 아궁이에 불을 <u>넣으니</u> 방에 금세 훈기가 돌았다.

⑤ 영화에 자막을 <u>넣는</u> 작업은 생각보다 어려운 작업이었다.

04 다음 의미에 해당하는 한자성어를 고르면?

눈을 비비고 상대편을 본다는 뜻으로, 남의 학식이나 재주가 놀랄 만큼 부쩍 늚을 이르는 말

① 괄목상대(刮目相對) ② 청출어람(靑出於藍) ③ 목불식정(目不識丁)
④ 다재다능(多才多能) ⑤ 박학다식(博學多識)

05 다음 밑줄 친 부분과 바꿔 쓸 수 있는 것은?

동별당은 <u>안손님</u>들이 묵거나 다과를 들며 담소를 나누던 곳이다.

① 속객 ② 여객 ③ 가객 ④ 이용객 ⑤ 문안객

06 다음 빈칸에 들어갈 단어가 순서대로 바르게 연결된 것은?

해녀(海女)는 바닷속에서 해삼, 전복, 미역 등의 해산물을 (㉠)하는 것을 직업으로 삼는 여자를 일컫는 말이다. 일반적으로 농업과 함께 물질을 (㉡)으로 하는 경우가 많은데, 농사일을 하다가도 물때가 되면 물옷을 입고 바다로 나가 빗창, 호맹이 등의 도구를 가지고 작업을 시작한다. 이들은 산소 공급 장치 없이 바다로 들어가 목표로 하는 수심에 (㉢)하면 물질을 하기 시작하는데, 수심 5m에서 대략 30초 정도 작업하는 것이 일반적이지만 바다 깊숙한 곳에 있는 해산물을 캐기 위해 수심 20m에서 2분 이상 잠수를 하는 경우도 있다. 현재 우리나라 해녀들은 제주도를 비롯해 경상도, 강원도, 전라도, 부산, 울산 등 다양한 한반도 해안가에서 활동하고 있으며, 2016년에는 제주 해녀 문화가 유네스코 인류무형문화유산으로 (㉣)되기도 하였다.

① 채굴 - 겸업 - 도래 - 등재 ② 채굴 - 전업 - 도달 - 등단
③ 채취 - 겸업 - 도달 - 등재 ④ 채취 - 전업 - 도래 - 등단
⑤ 채취 - 겸업 - 도달 - 등단

약점 보완 해설집 p.2

유형 3 문서작성기술

유형 특징

- 어법에 대한 지식을 바탕으로 올바르게 문서를 작성 및 수정하는 유형의 문제이다.

세부 출제 유형

- 문서작성기술은 다음과 같이 3개의 세부 유형으로 출제된다.
  ① 어법에 알맞은 표현을 고르는 문제
  ② 문서의 종류에 따른 작성 방법을 고르는 문제
  ③ 논리적 흐름과 어법을 고려해 문서를 바르게 수정하는 문제

공략법

- 문서작성 시 주의해야 할 사항을 확인하고, 문서의 종류에 따른 작성 방법을 반드시 학습한다. (기초이론 p.62)
- 한글 맞춤법, 표준어 규정 등의 어법을 모두 암기하기보다는, 틀리기 쉬운 맞춤법이나 띄어쓰기, 헷갈리는 표준어와 비표준어 등 시험에 자주 출제되는 어법을 확실히 학습한다. (기초이론 p.65)

예제 1 어법에 알맞은 표현을 고르는 문제

다음 중 맞춤법에 맞는 것은?

① 네가 먹고 싶어하는 것 같아서 사 왔다.

② 잠시 일을 쉬었더니 그새 감이 떨어졌다.

③ 농부는 이윽고 밭에서 참새떼를 쫓아내버렸다.

④ 다들 조용한 것을 보니 열심히 일하고 있나보다.

⑤ 이 책은 열린 결말이라 꽤 여러 번 읽어볼만하다.

|정답 및 해설| ②

②는 맞춤법에 맞는 문장이다.

① 먹고 싶어하는 (X) → 먹고 싶어 하는 (O)
- 한글 맞춤법 제47항에 따라 '-아/어 하다'가 구에 결합하는 경우 띄어 쓴다. 따라서 '먹고 싶어 하는'으로 써야 한다.

③ 쫓아내버렸다 (X) → 쫓아내 버렸다 (O)
- 한글 맞춤법 제47항에 따라 앞 단어가 합성 용언인 경우에는 보조 용언을 앞말에 붙여 쓰지 않는다. 따라서 '쫓아내 버렸다'라고 써야 한다.

④ 있나보다 (X) → 있나 보다 (O)
- 한글 맞춤법 제47항에 따라 보조 용언 앞에 '-(으)ㄹ까', '-지' 등의 종결 어미가 있는 경우에는 보조 용언을 그 앞말에 붙여 쓸 수 없다. 따라서 '있나 보다'라고 써야 한다.

⑤ 읽어볼만하다 (X) → 읽어 볼만 하다/읽어볼 만하다 (O)
- 한글 맞춤법 제47항에 따라 보조 용언이 거듭 나타나는 경우는 앞의 보조 용언만을 붙여 쓸 수 있다. 따라서 '읽어 볼만 하다/읽어볼 만하다'라고 써야 한다.

예제 2 문서의 종류에 따른 작성 방법을 고르는 문제

N 기업의 교육 담당자인 귀하는 신입사원을 대상으로 공문서 작성 방법에 관한 교육을 진행하였다. 이후 공문서 작성 방법에 대해 신입사원끼리 논의하였을 때, 다음 중 교육 내용을 가장 잘못 이해한 사원은?

A 사원: 공문서는 한 장 분량으로 작성하는 것이 원칙이니, 내용이 과하게 길어지지 않도록 주의해야겠어요. **B 사원**: '끝' 자를 기입하여 문서의 마지막이 어디인지 정확하게 표시해야 해요. **C 사원**: 날짜 다음에 괄호를 사용하는 경우에만 마침표를 찍고, 그 외의 경우에는 마침표를 찍지 않는다는 점을 명심해야겠어요. **D 사원**: 전달해야 하는 내용이 많을 경우 '–다음–' 또는 '–아래–'와 같은 항목으로 구분하여 작성하면 가독성을 높일 수 있어요. **E 사원**: 공문서는 회사 외부로 전달되는 문서이기 때문에 육하원칙을 지켜서 작성되었는지 검토하는 과정을 거쳐야겠네요.

① A 사원 ② B 사원 ③ C 사원 ④ D 사원 ⑤ E 사원

|정답 및 해설| ③

공문서 작성 방법에 따르면 날짜 다음에 괄호를 사용하는 경우 마침표를 찍지 않으므로 교육 내용을 가장 잘못 이해한 사람은 'C 사원'이다.
①, ②, ④, ⑤ 모두 공문서 작성 방법에 대한 설명으로 옳은 내용이다.

예제 3 논리적 흐름과 어법을 고려해 문서를 바르게 수정하는 문제

농촌진흥청에서 근무하는 귀하는 언론사에 배포할 보도자료의 원고를 작성한 후 검토하던 중 몇 군데 수정할 부분을 발견하였다. 다음 보도자료의 ㉠~㉤을 바르게 고쳐 쓴다고 할 때 가장 적절하지 않은 것은?

> 농촌진흥청은 경남지역의 농업 경쟁력 향상 및 농가 소득 증대를 위해 경남 농업 발전을 이끌어갈 양파, 곤충, 파프리카, 단감, 국화, 사과, 도라지, 망고 8개 특화 작목을 ㉠5년 간 집중 육성할 것이라고 밝혔다. 특히 8개의 특화 작목 중 양파와 곤충은 국가 집중 육성 작목으로 선정되었다.
>
> 양파는 전국 재배면적의 19.3%를 차지하는 경남지역 대표 작목이다. ㉡그러나 값비싼 수입 황색 양파를 주로 재배하여 종묘비 부담이 가중되고 있다. 특히 농촌 고령화 현상 등으로 인해 노동력 및 생산비 절감을 위한 기계화 재배 기술도 필요한 실정이다. 이에 따라 ㉢국내종을 대체할 수 있는 고품질 황색 양파 품종을 육성하고, 양파의 소비 확대를 위해 적색 양파, 백색 양파 등 신품종을 육성 및 보급하여 종자 ㉣자급율을 30%에서 50%까지 높일 뿐만 아니라 양파 껍질을 활용한 기능성 가공품을 개발하는 등 양파 가공품 소비 비중도 2배 늘릴 계획이다.
>
> 경남 곤충 농가의 60%는 모두 흰점박이꽃무지 생산 농가로, 농가의 흰점박이꽃무지 동시 출하로 인한 판매 어려움 및 가격 하락, 판로 개척을 위한 새로운 곤충 작목 부족 등의 문제를 겪고 있다. 이에 따라 식용곤충 특유의 이취 제거 기술을 개발하고, 식용곤충을 이용한 가공제품을 개발하는 등 소비 확대를 위한 각종 방안을 추진하고 있다. 이를 통해 경남 유용 곤충 시장 규모를 ㉤88억원까지 확대하고, 우유 곤충 생산성도 15kg/3.3㎡까지 증대시킬 계획이다.

① 띄어쓰기가 올바르지 않으므로 ㉠을 '5년간'으로 붙여 쓴다.

② 앞뒤 문장의 자연스러운 연결을 위해 ㉡에는 '그래서'가 들어가야 한다.

③ 문맥상 ㉢은 적절하지 않은 단어이므로 '수입종'으로 바꿔 써야 한다.

④ 표기법에 따르면 모음이나 'ㄴ' 받침 뒤에서만 '율'로 적어야 하므로 ㉣은 '자급률'로 고쳐야 한다.

⑤ 단위를 나타내는 명사는 띄어 써야 하므로 ㉤은 '88억 원'으로 수정해야 한다.

|정답 및 해설| ②

㉡의 앞에서는 양파가 전국 재배면적의 19.3%를 차지하는 경남지역 대표 작목이라는 내용을 말하고 있고, ㉡의 뒤에서는 값비싼 수입 황색 양파를 주로 재배해 종묘비 부담이 가중된다는 내용을 말하고 있으므로 서로 상반되는 사실을 나타내는 두 문장을 이어줄 때 쓰는 접속 부사인 '그러나'가 들어가야 한다.

따라서 앞의 내용이 뒤의 내용의 원인이나 근거, 조건 따위가 될 때 쓰는 접속 부사인 '그래서'가 들어가는 것은 가장 적절하지 않다.

① '동안'을 의미하는 접미사 '간(間)'은 앞에 오는 명사와 붙여 쓰므로 ㉠을 '5년간'으로 붙여 써야 한다.

③ ㉢의 앞 문장에서 값비싼 수입 황색 양파를 주로 재배해 종묘비 부담이 가중되고 있다고 하였으므로 외국으로부터 사들인 물품의 종류라는 의미의 '수입종(輸入種)'으로 바꿔 써야 한다.

④ 한글 맞춤법 제11항에 따라 '률'은 모음이나 'ㄴ' 받침 뒤에서는 '율'로 적고 그 외의 받침 뒤에서는 '률'로 적으므로 '자급율'을 '자급률'로 고쳐야 한다.

⑤ 한글 맞춤법 제43항에 따라 단위를 나타내는 명사는 띄어 쓰므로 ㉤을 '88억 원'으로 수정해야 한다.

유형공략문제

01 다음 ㉠~㉤ 중 수정이 필요한 부분의 개수는?

[갑 지역, 주주형 이모작 공동영농 모델로 농업 혁신 선도]

갑 지역은 지난 ㉠ 5월달 '농업대전환 공동영농 성과 보고회'를 개최하여 20XX년 지역 농업 혁신 사례와 공동영농 모델의 성과를 통한 농업의 미래에 대해 발표하였다. 본 행사에는 농림축산식품부 장관을 비롯한 지역 도지사, 시장, 군수, 관련 기관 및 단체 관계자 등 총 ㉡ 200여 명이 참석하였다.

이번 보고회의 핵심 주제로 다뤄진 공동영농 모델은 농가가 개별적으로 농사를 짓는 전통 방식에서 벗어나, 주주로 참여하여 법인에 토지와 경영을 맡기고 연말에 배당금을 받는 주주형 공동영농이다. 이는 농업의 첨단화와 규모화를 통해 농가 소득을 증대시키는 것을 목표로 하며, 갑 지역의 공동 영농단지 내 혁신농업타운은 이러한 모델을 실현하기 위한 핵심 거점으로 자리 잡고 있다. 주주형 공동영농은 크게 세 가지 장점을 가진다. 첫째, 법인이 콩, 양파, 감자 등 다양한 작물을 ㉢ 이모작함으로서 과잉 생산된 쌀의 공급을 ㉣ 늘려 가격 안정을 도모한다. 둘째, 다양한 작물 생산을 통해 곡물 자급율을 높이고 식량 안보를 강화한다. 마지막으로, 고령화로 인해 농업 활동에 직접적으로 참여하기 어려운 농민들 또한 소득 안정을 꾀할 수 있도록 한다. 갑 지역의 혁신농업타운은 지역 농업의 새로운 패러다임을 제시하며, 농업 대전환을 위한 중요한 전환점을 마련한 것으로 평가된다.

이번 성과 보고회는 공동영농 모델이 지역 농업에 미친 긍정적인 변화를 ㉤ 조명하며 농업 혁신의 새로운 비전을 제시했다는 점에서 의의를 가진다. 농림축산식품부 장관은 "갑 지역이 전국 최초로 시도한 주주형 공동영농 모델이 농업의 효율성을 극대화하고, 농촌의 활력을 되살릴 수 있을 것으로 생각한다"며 "이런 혁신 사례를 전국적으로 확산시켜 대한민국이 농업 강국으로 도약하도록 지원을 아끼지 않겠다"고 말했다.

① 0개 ② 1개 ③ 2개 ④ 3개 ⑤ 4개

02 **다음 중 밑줄 친 단어의 쓰임이 적절하지 않은 것은?**

① 양궁 선수가 화살을 정확히 과녁에 맞췄다.

② 딸 아이에게 예방주사를 맞히러 병원에 다녀왔다.

③ 영어 시험이 끝난 후 옆자리 친구와 답을 맞춰 보았다.

④ 그는 두 번이나 나에게 바람을 맞혔다.

⑤ 잠깐 졸다가 빨래에 비를 맞히고 말았다.

약점 보완 해설집 p.3

유형 4 독해력

유형 특징

- 문서의 중심 내용과 세부 내용을 이해하고, 문서에 대한 이해를 통해 업무를 수행하는 유형의 문제이다.

세부 출제 유형

- 독해력은 다음과 같이 4개의 세부 유형으로 출제된다.
  ① 문서의 중심 내용을 파악하는 문제
  ② 문서의 세부 내용을 파악하는 문제
  ③ 문단을 올바르게 배열하는 문제
  ④ 문서를 통해 업무 행동을 결정하는 문제

공략법

- 문서의 중심 내용을 파악하는 문제는 문서의 맨 앞부분 또는 맨 뒷부분을 먼저 읽으며 중심 내용 또는 화자의 의견이 제시되어 있는지 확인한다.
- 문서의 세부 내용을 파악하는 문제는 각 선택지의 핵심어를 파악한 후 문서에서 핵심어와 관련된 내용을 찾는 방식으로 선택지 내용과 문서 내용을 대조하며 풀이시간을 단축한다.
- 문단을 올바르게 배열하는 문제는 선택지를 비교하여 첫 문단을 찾은 후 접속어, 지시어를 통해 문장 또는 문단 간의 순서를 유추한다.
- 문서를 통해 업무 행동을 결정하는 문제는 업무 완료 기한, 업무 수행자, 업무 특징 등 업무 행동을 결정하는 중요한 요소들에 표시하며 문서를 읽는다.

예제 1 문서의 중심 내용을 파악하는 문제

다음 글의 제목으로 가장 적절한 것은?

농작물 사이에서 자주 발견되는 진드기는 사람의 피부에 붙어 피를 빨아먹으며 그 과정에서 진드기 속 바이러스가 인체 내로 들어가 병을 일으킨다. 쯔쯔가무시증, 라임병과 같은 진드기 매개 질병은 발열, 두통, 발진 등의 증상을 동반하며 심한 경우 사망에 이를 수도 있다. 특히 작년 한 해 진드기 매개 감염병 환자의 역학적 특성을 분석한 결과, 감염 위험 요인 중 절반 이상이 농작업 및 텃밭 작업과 관련이 있었던 만큼 농작업이 본격적으로 시작되는 가을철에는 진드기 물림에 대한 경각심을 늦추지 말아야 한다. 농작업 중 진드기 물림을 예방하기 위해서는 피부 노출을 최소화하는 것이 중요하다. 이를 위해 긴팔 셔츠와 긴 바지를 착용하고, 바지 밑단을 신발에 넣어 진드기가 몸에 올라오는 것을 막아야 한다. 장갑은 천이나 고무 재질로 된 것으로 선택하되, 진드기의 침투를 막을 수 있도록 손목과 팔꿈치를 덮을 수 있는 디자인을 고르는 것이 좋다. 또한, 진드기뿐만 아니라 다른 벌레로부터도 신체를 보호해 주는 기피제를 피부에 바르고 옷에도 뿌려주는 것이 효과적이다. 만약 이러한 예방에도 불구하고 진드기에 물렸다면 반드시 의료기관을 방문해야 한다. 특히 그 증상이 코로나19와 유사하기 때문에 진료를 받을 때 농작업 활동 이력을 알려 적절한 치료를 받을 수 있도록 해야 한다.

① 진드기 매개 질병의 종류와 감염 사례
② 코로나19와 진드기 매개 질병의 차이점
③ 농작업자를 위한 진드기 매개 감염병 예방 수칙
④ 가을철 진드기로부터 농작물을 보호하기 위한 방법
⑤ 진드기가 우리나라 농업 환경에 미치는 영향

|정답 및 해설| ③

이 글은 진드기 매개 감염병의 위험성과 농작업 시 발생할 수 있는 진드기 물림에 대한 예방법을 설명하는 내용으로 이 글의 제목으로 가장 적절한 것은 ③이다.

예제 2 문서의 세부 내용을 파악하는 문제

다음 글의 내용과 일치하는 것은?

바쁜 일상으로 인해 아침을 챙겨 먹는 것이 쉽지 않지만, 하루 식사 중 가장 중요한 끼니라고도 할 수 있는 아침을 걸러서는 안된다. 아침을 먹지 않으면 밤새 감소한 신진대사율이 그대로 유지되며 이는 체중 증가나 에너지 부족을 초래할 수 있다. 반면 아침을 먹으면 소화 시스템이 활성화되고 혈압이 낮아지며, 심장 질환의 위험을 줄일 수 있다. 특히 아침 메뉴는 뇌가 활동하는 데 필요한 영양소인 탄수화물이 풍부한 밥을 먹는 것이 가장 좋다. 이러한 아침밥의 중요성에 대해 알리고자 시작된 농협의 캠페인 '아침 먹자! 삼식이 챌린지'는 아침밥을 먹고 하루 세 끼를 챙기는 건강한 습관을 만들자는 취지를 담고 있다. 챌린지는 참가자들이 앱에 아침밥 인증샷을 등록하는 방식으로 진행되며, 인증 횟수를 기준으로 앱 내에서 사용가능한 캐시를 지급한다. 챌린지에 참여할 수 있는 연령은 제한되어 있지 않으며, 참여 방법도 간단하여 누구나 쉽게 도전할 수 있다. 다만 챌린지에는 몇 가지 참여 규칙이 있다. 첫째로 아침 5시부터 9시까지 업로드 된 사진만 인정되며 당일 촬영한 사진으로 1일 1회만 참여할 수 있다. 둘째로 시리얼, 과일, 채소 등 쌀이 포함된 음식이 아닐 경우 인정되지 않으며, 떡, 쌀빵 등 쌀을 활용한 가공품일 경우에는 국산 쌀을 사용하였다는 포장지와 함께 등록해야 인정된다. 마지막으로 다른 유저가 올린 사진을 그대로 업로드 한 것이 확인될 경우 캐시 지급이 반환될 수 있다. 챌린지 기간은 이달 1일부터 15일이며, 캐시는 챌린지가 종료된 후 지급된다. 지급되는 캐시는 총 8천만 원으로, 업로드 횟수에 비례하여 몫이 증가한다. 예를 들어, 총 1,000명이 15일 동안 한 번씩 참여하였다면, 각각 8만 원치의 캐시를 받을 수 있는 것이다.

① 만 19세 이하의 경우 부모님의 인증을 받아야 챌린지에 참여할 수 있다.
② 아침을 먹지 않으면 신진대사율이 감소하여 체중 관리에 효과적이다.
③ 뇌의 활동을 위해 아침에는 탄수화물보다 비타민을 섭취하는 것이 좋다.
④ 어제 아침에 먹은 쌀밥은 오늘 오전 9시까지 업로드 할 수 있다.
⑤ 인정되는 사진의 업로드 횟수에 비례하여 총 캐시에 대한 배당이 증가한다.

|정답 및 해설| ⑤

지급되는 캐시는 총 8천만 원으로, 업로드 횟수에 비례하여 몫이 증가한다고 하였으므로 적절한 내용이다.

① 챌린지에 참여할 수 있는 연령은 제한되어 있지 않으며, 참여 방법도 간단하여 누구나 쉽게 도전할 수 있다고 하였으므로 적절하지 않은 내용이다.
② 아침을 먹지 않으면 밤새 감소한 신진대사율이 그대로 유지되며 이는 체중 증가나 에너지 부족을 초래할 수 있다고 하였으므로 적절하지 않은 내용이다.
③ 아침 메뉴는 뇌가 활동하는 데 필요한 영양소인 탄수화물이 풍부한 밥을 먹는 것이 가장 좋다고 하였으므로 적절하지 않은 내용이다.
④ 아침 5시부터 9시까지 업로드된 사진만 인정되며 당일 촬영한 사진으로 1일 1회만 참여할 수 있다고 하였으므로 적절하지 않은 내용이다.

예제 3 문단을 올바르게 배열하는 문제

다음 문단을 논리적 순서대로 알맞게 배열한 것은?

(가) 독립의 움직임도 잠시 러시아가 무력을 동원하여 크림반도 전역을 장악하였고, 타타르인을 제외하고 합병을 위한 주민투표를 실시한 결과 압도적 찬성을 얻으며 크림반도 전역은 다시 러시아 영토가 되었다. 러시아의 크림반도 합병에 대해 우크라이나 정부가 거세게 반발하면서 국제적 문제로 대두되었고, UN을 비롯한 국제사회에서는 러시아의 크림반도 합병을 국제법 위반이라 하여 인정하지 않고 있다.

(나) 본래 크림반도는 제1차, 제2차 러시아-투르크 전쟁을 거쳐 러시아에 귀속된 영토였으나 1954년 소련이 우크라이나에 친선의 의미로 크림반도를 양도하면서 우크라이나로 편입되었다. 이후 1991년 소련 해체로 우크라이나는 소련으로부터 독립하였고, 크림반도는 우크라이나에 속하기로 결정하면서 자치공화국의 지위를 얻었다.

(다) 크림반도는 우크라이나 최남단 흑해를 향하여 돌출해 있는 반도로, 비옥한 농토와 일 년 내내 해면이 얼지 않는 부동항을 가지고 있어 러시아 등 주변국들이 중시해 온 곳이다. 인구는 약 200만 명이며 러시아계가 약 58%, 우크라이나계가 약 24%, 크림 타타르계가 약 12%, 그 밖에 유대인, 독일인 등의 소수민족이 5% 정도로 구성되어 있다.

(라) 그러나 2013년에 시작된 우크라이나 반정부 시위가 대통령의 퇴진과 야권 주도의 임시정부 설립으로 이어졌고, 이를 계기로 친러시아 세력과 친서방 세력 간 투쟁이 벌어지면서 크림반도 내부에서도 우크라이나로부터 독립하자는 움직임이 일었다.

① (나) - (가) - (라) - (다)
② (나) - (다) - (가) - (라)
③ (다) - (나) - (가) - (라)
④ (다) - (나) - (라) - (가)
⑤ (다) - (라) - (나) - (가)

|정답 및 해설| ④

이 글은 크림반도 소속 변경에 대한 역사적 흐름을 설명하는 내용의 글이다.
따라서 '(다) 크림반도의 지리적 · 인구통계학적 특징 → (나) 러시아에 귀속된 영토에서 우크라이나 소속으로 변경된 크림반도 → (라) 독립의 움직임이 일어난 크림반도 → (가) 무력 진압으로 인해 러시아와 합병된 크림반도' 순으로 연결되어야 한다.

예제 4 문서를 통해 업무 행동을 결정하는 문제

A 문화재단에 소속된 귀하는 문화카드 관련 고객 문의에 답변하는 업무를 맡았다. 귀하가 다음 문화카드 자동 재충전 안내문을 토대로 고객 문의에 답변한 내용으로 가장 적절하지 않은 것은?

[문화카드 자동 재충전 안내]

1. 문화카드란?

- 삶의 질 향상과 문화 격차 완화를 위하여 기초 생활 수급자 및 차상위 계층을 대상으로 문화예술, 국내여행, 체육활동 등을 지원하는 카드

2. 자동 재충전 안내

1) 자동 재충전 기간: 20X2. 1. 28.(금)~20X2. 2. 9.(수)

2) 자동 재충전 금액: 1인당 10만 원

3. 자동 재충전 대상자

1) 자동 재충전 대상자: 20X1년도 문화카드 발급자 중 수급 자격 유지자

2) 자동 재충전 제외 대상자

- 20X2. 1. 17.(월)~20X2. 1. 21.(금) 기준 수급 자격이 없는 자
- 카드 유효 기간이 20X2. 1. 28.(금) 이전인 카드 보유자
- 분실신고 등의 사고 등록 카드, 본인 요청 등의 사용 정지 카드 보유자
- 우편 수령 후 수령 등록을 하지 않은 카드 보유자
- 20X1년도 기준 문화카드 지원금을 한 번도 사용하지 않은 자
- 20X1년도에 카드를 발급받은 후 20X2년도 자동 재충전 자격 검증일(20X2. 1. 21.) 이전에 이름, 주민등록번호 등의 개인정보를 변경한 자

※ N 은행과 문화카드 담당자를 통해 개인정보 변경 신청을 한 경우는 제외함

4. 자동 재충전 여부 확인 방법

1) 주민센터: 주민센터에 전화 혹은 방문하여 주민등록번호 조회 후 확인할 수 있음

2) 온라인 홈페이지: 온라인 홈페이지에 접속하여 본인 인증 후 확인할 수 있음

3) 모바일 앱: 문화카드 모바일 앱을 다운로드하여 가입 및 인증 후 확인할 수 있음

4) 고객센터(ARS): 문화카드 고객센터(1544-△△△△)를 통해 주민등록번호 조회 후 확인할 수 있음

5. 참고 사항

1) 자동 재충전 완료 시 문자 메시지로 알림을 받을 수 있으므로 문화카드 모바일 앱에서 전화번호가 정확하게 등록되어 있는지 확인이 필요함

2) 문화카드의 분실, 이용, 합산 등 세부 사항은 문화카드 온라인 홈페이지 FAQ에서 확인할 수 있으며, 그 밖의 문의 사항은 문화카드 온라인 홈페이지에서 문의할 수 있음

① Q: 제가 보유하고 있는 문화카드의 유효 기간은 20X2년 2월 9일입니다. 카드 재발급이 필요한가요?
A: 문화카드 유효 기간이 20X2년 1월 28일 이전인 카드 보유자에 한하여 자동 재충전을 해드리지 않고 있습니다. 따라서 고객님은 카드 재발급을 받지 않으셔도 괜찮습니다.

② Q: 문화카드에 지원금이 재충전되었는지 확인하고 싶습니다. 오프라인으로 확인할 수 있는 방법이 있나요?
A: 고객센터에 직접 방문하시면 담당자가 주민등록번호 조회를 통해 문화카드 재충전 여부를 전달드릴 것입니다.

③ Q: 저희 가족 4명 모두 문화카드 자동 재충전 조건에 부합한다면 총 얼마의 금액을 지원받을 수 있나요?
A: 자동 재충전 대상자라면 1인당 10만 원씩 재충전 되므로 4명 가족 기준 총 40만 원을 받으실 수 있습니다.

④ Q: 제가 소지하고 있는 문화카드에 지원금이 자동 재충전된 경우에는 항상 재충전 완료 알림을 받을 수 있나요?
A: 문화카드 정보에 본인의 전화번호가 정확하게 등록되어 있다면 언제나 자동 재충전 완료 알림을 문자 메시지로 받으실 수 있습니다.

⑤ Q: 20X1년에 받은 문화카드 지원금을 아직 사용하지 않았습니다. 이번에 지원금을 받게 되면 합산하여 사용할 수 있나요?
A: 20X1년에 받은 문화카드 지원금을 아직 사용하지 않았을 경우에는 자동 재충전 제외 대상자에 해당하므로 20X2년 지원금을 받으실 수 없습니다.

|정답 및 해설| ②

'4. 자동 재충전 여부 확인 방법'에 따르면 자동 재충전 여부는 주민센터에 전화 또는 방문 문의, 고객센터에 전화 문의 등을 통해 확인할 수 있다고 하였으므로 고객센터에 직접 방문하면 재충전 여부를 확인할 수 있다는 답변은 가장 적절하지 않은 내용이다.

① '3. 자동 재충전 대상자 – 2)'에 따르면 카드 유효 기간이 20X2. 1. 28.(금) 이전인 카드 보유자가 자동 재충전 제외 대상이라고 하였으므로 적절한 내용이다.
③ '2. 자동 재충전 안내 – 2)'에 따르면 자동 재충전 금액은 1인당 10만 원이라고 하였으므로 적절한 내용이다.
④ '5. 참고 사항 – 1)'에 따르면 자동 재충전 완료 시 문자 메시지로 알림을 받을 수 있어 문화카드 모바일 앱에서 전화번호가 정확하게 등록되어 있는지 확인이 필요하다고 하였으므로 적절한 내용이다.
⑤ '3. 자동 재충전 대상자 – 2)'에 따르면 20X1년도 기준 문화카드 지원금을 한 번도 사용하지 않은 사람은 자동 재충전 제외 대상자라고 하였으므로 적절한 내용이다.

유형공략문제

[01 - 02] 다음 글을 읽고 각 물음에 답하시오.

온라인 시장의 성장과 비대면 소비가 가속화됨에 따라 농협은 도소매 사업을 온라인 중심으로 개편하였다. 현재 농협은 농협몰 내 '농협몰' 페이지 외에도 하나로마트 매장 상품을 온라인으로 구매할 수 있는 'e-하나로마트' 페이지와 하나로마트 사업자 회원에 한하여 대용량 식자재를 온라인으로 판매하는 '식자재' 페이지를 운영하고 있다. 농협몰과 e-하나로마트, 식자재는 현재 서로 다른 배송 시스템으로 운영되고 있는데, 구체적인 내용은 다음과 같다. 농협몰 페이지의 경우 소비자가 온라인 또는 모바일로 상품을 주문하면 업체 및 산지에서 공휴일 및 연휴를 제외하고 평균 2~5일 이내에 전국 배송지에 택배로 발송한다. 상품의 신선도 유지를 위해 토요일, 공휴일, 공휴일 전날에는 택배를 발송하지 않으며, 배송일을 따로 지정할 수 없다. 배송비는 기본적으로 무료 배송 또는 조건별 무료 배송으로 운영된다. 다만, 업체별·상품별로 배송비가 다르고 일부 상품의 경우 제주도 및 도서·산간 지역에는 배송이 불가능하거나 배송 시 추가 배송비가 발생할 수 있다. 농협몰 페이지에서 주문한 상품의 교환 및 반품은 상품을 받은 날로부터 7일 이내에 가능하며, 표시 내용과 다른 상품이 배달된 경우 동일 상품에 한해 30일 이내에 교환 및 취소할 수 있다. 단, 고객의 단순 변심에 의한 교환 및 환불의 경우 반품 회수에 드는 왕복 배송비를 고객이 부담해야 한다. 또한 과일·채소·양곡·냉장·냉동식품 등 신선식품은 시간이 지나면 재판매할 수 없기 때문에 고객의 단순 변심에 의한 교환 및 반품이 불가능하다. 한편 e-하나로마트 페이지와 식자재 페이지는 지역마다 배송 정책이 다르지만, 기본적으로 소비자가 지정한 하나로마트 점포에서 결제 시 지정한 날짜와 시간대에 전용 차량으로 직접 당일배송하는 것을 원칙으로 운영된다. 점포별 배송비 정책은 상이하나 일반적으로 주문 금액에 따라 배송비가 조건별 무료로 제공된다.

현재 운영되는 농협몰을 바탕으로 농협은 2023년까지 전국 각지에 분포된 하나로마트를 활용하여 소비자가 농협의 온라인 쇼핑몰인 농협몰을 통해 주문한 농식품을 배송지 근처의 하나로마트에서 직접 당일배송하는 당일배송 시스템을 전국으로 확대하는 것을 목표로 한다. 이는 이미 시행되고 있는 대형 유통업체의 당일배송 시스템과 흡사해 보일 수 있다. 그러나 수도권이나 거점도시에만 당일배송을 운영하는 대형 유통업체와 달리 농협은 중소도시에는 물론 농어촌 지역에도 하나로마트가 존재하기 때문에 배송권역을 전국으로 확대할 수 있다는 점에서 차별성을 가진다. 게다가 농협은 농축산물을 취급하는 규모가 다른 유통 업체보다 현저하게 크기 때문에 신선식품 시장에서의 경쟁력은 다른 온라인 배송업체보다 높을 것으로 보인다. 농협은 서울을 시작으로 인천, 대전, 대구, 광주 등 7대 도시를 거쳐 전국으로 점차 당일배송 서비스 시행 지역을 넓혀나갈 예정이다. 여기에 농협은 배송 속도를 앞당겨 경쟁력을 강화하기 위해 기존 오프라인 매장의 일부 공간을 디지털풀필먼트센터(DFC)로 전환하여 온라인 주문 상품을 2시간 이내에 배송하는 싱싱배송 서비스를 전국으로 확대할 방침이다. DFC란 전자상거래 기업이 물류센터에 상품을 보관해 두었다가 주문이 들어오면 제품을 선별 및 포장하여 고객에게 배송하는 전 과정을 디지털화한 시스템이다. 농협은 성남 유통센터와 고양 유통센터에서 DFC 시범 매장을 운영한 이후 단계적으로 확대하여 싱싱배송 서비스 권역을 점차 확대할 예정이다.

01 **농협몰 고객센터에서 근무하는 귀하가 농협몰 홈페이지에 안내된 배송 서비스 안내를 토대로 문의사항에 대해 답변한 내용으로 가장 적절하지 않은 것은?**

① 고객: 이주 전 농협몰 페이지에서 쌀을 미리 주문했는데, 사용하려고 보니 결제한 목록과 다른 쌀이 배송되었더라고요. 아직 상품을 뜯지 않았는데 원래 결제했던 상품으로 교환 가능한가요?
귀하: 네, 표시된 내용과 다른 상품이 배송된 경우 30일 이내에 같은 상품으로 교환하거나 취소하실 수 있으므로 결제하신 상품으로 교환하실 수 있도록 처리해 드리겠습니다.

② 고객: 농협몰 페이지의 상품 후기에 빠르면 당일 늦어도 이틀이면 온다기에 공휴일인 월요일에 김장하려고 토요일에 산지직송 배추와 각종 야채를 주문했는데 하루가 지나도 발송조차 되지 않아 언제 배송될 예정인지 문의드립니다.
귀하: 네, 농협몰 페이지에서 주문한 상품의 경우 토요일, 공휴일, 공휴일 전날에는 상품의 신선도를 유지하기 위해 택배 발송이 진행되지 않으므로 월요일에 발송될 예정입니다.

③ 고객: 농협몰 페이지에서 과일을 주문했는데 때마침 과일 세트가 선물로 들어와서 반품하고자 합니다. 주문은 어제 해서 오늘 상품을 받았고, 아직 개봉하지 않았는데 반품하고 환불받을 수 있을까요?
귀하: 네, 고객님. 주문한 상품의 교환 및 반품은 상품 제공일로부터 7일 이내에 가능한 것이 원칙이지만, 과일과 같은 신선식품은 시간이 지나면 재판매할 수 없어 고객의 단순 변심에 의한 교환 및 반품이 불가능합니다.

④ 고객: 온라인으로 농협 농식품을 주문하려고 하는데요, 배송일을 따로 지정 가능한가요?
귀하: 네, 고객님. 농협몰 페이지에서 주문하는 상품의 경우 배송일 지정이 어려우므로 근처에 있는 하나로마트 오프라인 지점을 조회한 후 e-하나로마트 페이지를 통해 주문하시면 배송일과 배송 시간대를 지정하실 수 있는 점 안내해 드립니다.

⑤ 고객: 제주도에 거주하시는 부모님에게 농협몰 페이지에서 상품을 주문하여 보내드리려고 하는데, 오늘 주문할 경우 언제 도착하는지 알 수 있을까요?
귀하: 네, 고객님. 온라인으로 상품을 주문하시면 공휴일 및 연휴를 제외하고 평균 2~5일 이내에 발송되지만, 일부 상품의 경우 제주도에는 배송이 불가능하거나 배송 시 추가 배송비가 발생할 수 있으니 이 점 확인 후 주문 부탁드립니다.

02 **윗글의 내용과 일치하지 않는 것은?**

① 농협의 당일배송 서비스가 기존 대형 유통업체와 다른 점은 전국을 배송권역으로 삼는다는 것이다.

② 농협은 상품의 선별부터 배송까지의 전 과정을 책임지는 디지털풀필먼트센터를 통해 신속한 배송을 실현할 계획이다.

③ 농협은 농협몰 내 대용량 식자재 구매를 희망하는 모든 소비자를 대상으로 식자재 페이지를 운영하고 있다.

④ 농협은 타 유통업체 대비 농축산물의 취급 규모가 커 신선식품 시장에서 높은 경쟁력을 얻을 것으로 전망된다.

⑤ 농협은 당일배송 서비스와 싱싱배송 서비스의 확대를 통해 신선식품 시장에서의 경쟁력을 강화하고자 한다.

03 다음 밑줄 친 부분에 대한 설명으로 적절하지 않은 것은?

고향사랑기부제는 2023년 1월 1일부터 시행된 제도로, 대한민국 국민이 자신이 태어나거나 연고가 있는 지역에 기부하여 지역 발전에 기여할 수 있도록 한 제도이다. 이 제도는 지역의 재정 자립을 높이고, 지역사회 활성화의 목적을 가지고 있다. 기부는 고향사랑e음 웹사이트를 통해 간편하게 온라인으로 할 수 있으며, 모바일을 활용한 기부가 어려울 경우 전국 5,900여 개 농협 지점에서도 기부가 가능하다. 기부액 한도는 개인당 연간 최대 500만 원까지이며, 2025년 1월 1일부터는 연간 2,000만 원으로 확대된다. 기부자는 기부금에 대해 세액공제 혜택을 받을 수 있을 뿐 아니라 기부한 금액에 비례하는 기부포인트를 통해 해당 지역의 답례품도 받을 수 있다. 답례품의 형태는 제철식품, 특산품에서 더 나아가 관광서비스, 지역상품권 등으로 다양하며 기부자가 원하는 상품으로 선택할 수 있다. 주의 사항은 본인의 주민등록등본상 거주지에 해당하는 지역에는 기부할 수 없으며, 타인 명의로 기부할 수 없다는 점이다. 또한 고향사랑기부금법 제6조제1항에 따라 업무·고용 그 밖의 관계를 이용하여 다른 사람에게 기부 또는 모금을 강요하는 행위는 금지된다. 고향사랑기부제를 통한 기부금은 지역 경제 활성화를 위한 다양한 사업과 프로젝트에 활용되며, 이를 통해 수도권에 집중된 경제적 자원과 기회가 지방으로 분산되어 지역 간 균형 발전이 촉진되는 긍정적 효과를 기대할 수 있다.

① 업무 관계를 이용하여 타인에게 기부를 강요하는 행위는 법적으로 금지되어 있다.

② 기부금에 대한 혜택은 세액공제 혹은 답례품 둘 중 하나를 선택하여 수령하는 것이다.

③ 기부자는 온라인 및 오프라인 방식을 통해 기부할 수 있다.

④ 기부자 본인의 주민등록등본상 주소지에는 기부할 수 없다.

⑤ 기부금을 통한 사업은 지역 경제 활성화와 지역 간 균형 발전을 목표로 한다.

약점 보완 해설집 p.3

유형 5 기초외국어

유형 특징

- 주어진 대화문이나 문장을 보고 빈칸에 들어갈 적절한 말을 찾거나 주어진 글을 읽고 작성된 목적을 파악하는 유형의 문제이다.

세부 출제 유형

- 기초외국어는 다음과 같이 2개의 세부 유형으로 출제된다.
  ① 영어 대화문 또는 문장을 이해하는 문제
  ② 영어 지문을 읽고 글의 작성 목적 또는 주제를 파악하는 문제

공략법

- 대화 또는 지문 속에 등장하는 키워드를 빠르게 파악하여 풀이시간을 단축한다.

예제 1 영어 대화문 또는 문장을 이해하는 문제

다음 대화의 빈칸에 들어갈 말로 알맞은 것은?

A : Why did you arrive late to the meeting?
B : ______________________________

① The news said it would snow today.

② Traffic was terrible.

③ Work was busy this week.

④ There was too much to see in one day.

⑤ As soon as possible.

|정답 및 해설| ②

A가 '회의에 왜 늦게 도착했나요'라고 물었으므로 '길이 꽉 막혔어요'라는 대답이 적절하다.

① 뉴스에서 오늘 눈이 온다고 했어요.

③ 이번 주에는 일이 바빴어요.

④ 하루에 보기에는 너무 많은 것들이 있었어요.

⑤ 가능한 한 일찍이요.

예제 2 영어 지문을 읽고 글의 작성 목적 또는 주제를 파악하는 문제

지문의 목적으로 가장 적절한 것은?

To Mr. Blake Jones :

This notice is in regards to your electric bill for the previous month. According to our records, your payment was due 15 days ago on March 30th. Please find attached the summary of your new bill. The total cost now covers 30 days of service, as well as charges and penalty fines for each day past your payment due date. We must receive the full amount by the end of business tomorrow. If we do not, be advised that your electricity will be shut off. If you have any questions, contact customer service.

① 45일간의 서비스에 대한 납부를 청구하기 위해

② 전기가 차단될 것임을 알리기 위해

③ 통지서를 받았는지 확인하기 위해

④ 요금을 납부하지 않은 것에 대한 벌금을 설명하기 위해

⑤ 전기 요금을 언제까지 납부해야 하는지 문의하기 위해

|정답 및 해설| ①

지문 전반에서 지난 30일간의 전기세와 납부 기일 이후 15일간의 전기세를 납부할 것을 요청하고 있으므로 지문의 주제로 '45일간의 서비스에 대한 납부를 청구하기 위해'가 적절하다.

유형공략문제

01 다음 대화가 일어나는 장소로 적절한 것은?

A: Do you have these in black?
B: I'm sorry, but green is the only color we have.
A: OK. I guess I'll take them, anyway.
B: Great, I think you will look great wearing these.

① at a bakery ② at a clothing store ③ at a restaurant
④ at a gym ⑤ at an office

02 다음 대화에서 B의 대답으로 알맞은 것은?

A : Thank you for helping me move today.
B : ______________________________

① I needed a lot of help today.

② It was no bother at all.

③ Sorry for the inconvenience.

④ I appreciate the offer.

⑤ I accept your apology.

약점 보완 해설집 p.4

유형 1 | 의사소통기술

제한시간: 1분

01 다음 중 경청의 방해요인에 대해 적절하지 않은 설명을 한 사원은?

갑: 대화의 주제가 다소 위협적이거나 사적인 경우 주제를 바꾸거나 농담으로 넘기는 사람이 있는데, 이러한 태도를 지닌 사람은 상대의 고민을 진정으로 들을 수 없어.
을: 상대가 전달하는 메시지를 온전하게 받아들이지 않고 듣고 싶은 내용만 듣는 것은 상대의 메시지를 회피하는 행동이야.
병: 상대의 말을 듣고 바로 대답을 하지 않으면 상대는 대화에 집중하지 않는다고 느낄 수 있으니 대화를 하면서 계속 대답할 말을 준비하는 것이 좋아.
정: 상대의 말에 빠르게 동의를 하면 상대가 감정을 충분히 표현할 시간이 부족할 수 있으므로 적당한 시간 차이를 둘 필요가 있어.
무: 자신이 다른 사람의 문제를 해결할 수 있다고 생각하고 계속해서 조언하는 경우가 있는데, 상대가 원하는 것이 공감과 위로였다면 조언은 오히려 독이 될 수 있지.

① 갑　② 을　③ 병　④ 정　⑤ 무

02 의사소통의 종류에 따른 특징을 정리한 표가 다음과 같을 때, 수정이 필요한 부분은?

구분	문서적인 의사소통	언어적인 의사소통
요구 능력	문서이해능력, 문서작성능력	① 경청능력, 의사표현력
장점	② 권위감이 있음 정확성을 기하기 쉬움	③ 유동성이 있음 ④ 전달성과 보존성이 좋음
단점	⑤ 혼란과 오해의 여지가 있음	정확성을 기하기 어려움

약점 보완 해설집 p.8

01 다음 빈칸에 들어갈 속담으로 가장 적절한 것은?

1인 미디어가 전성기를 맞은 지금, 다양한 플랫폼을 통해 누구나 자신의 목소리를 낼 수 있는 시대가 도래하면서 크리에이터는 단연 인기 직업 중 하나로 꼽히고 있다. 그 배경에는 계정만 있으면 채널을 만들 수 있다는 낮은 진입장벽과 트렌드의 선두주자로서 인정받을 수 있는 영향력이 존재한다. 하지만 성공한 크리에이터가 되기 위한 길은 쉽지 않다. 온라인 플랫폼에서는 영상의 조회 수에 따라 수익이 결정된다. 따라서 구독자가 적은 신규 크리에이터는 콘텐츠의 조회 수를 높이기 쉽지 않으며, 어느 정도 인기를 얻더라도 알고리즘의 선택을 받지 못할 경우 한순간에 수익이 급락할 수 있다. 실제로 크리에이터들의 열악한 현실을 보여주는 통계가 있다. 20XX년 1인 미디어 창작자 수입금액 현황 통계자료에 따르면, 크리에이터를 비롯한 1인 창작자 중 중위소득에 해당하는 하위 50%의 연간소득은 단 30만 원에 불과하다고 한다. 이 수치는 크리에이터의 수익이 얼마나 불안정하고 어려운지를 여실히 보여준다. '(   )'라는 속담처럼, 많은 이들이 꿈꾸는 화려한 크리에이터로서의 성공은 겉으로 보기에는 쉬워 보일 수 있지만 그 가능성은 매우 희박하다.

① 늙은 중이 먹을 간다.
② 번갯불에 콩 볶아 먹겠다.
③ 냉수 먹고 이 쑤신다.
④ 눈 익고 손 설다.
⑤ 도랑 치고 가재 잡는다.

02 다음 밑줄 친 단어와 의미가 유사한 것은?

제출된 업무 보고서를 살펴보니 데이터 분석이 부족하고 결론이 명확하지 않아 전반적으로 그 내용이 <u>미흡</u>하다는 느낌을 받았다.

① 명료 ② 미비 ③ 명확 ④ 견고 ⑤ 투명

03 다음 밑줄 친 단어와 의미가 유사한 것은?

밤새 몸이 아파 뒤척이느라 <u>겉잠</u>을 잤다.

① 괭이잠 ② 나비잠 ③ 새우잠 ④ 통잠 ⑤ 말뚝잠

04 다음 밑줄 친 단어와 의미가 유사한 것은?

문제를 해결하지 않고 <u>방관</u>하는 태도가 상황을 더욱 악화시켰다.

① 좌시 ② 책망 ③ 용인 ④ 경시 ⑤ 관여

05 다음 중 빈칸에 들어갈 한자성어로 가장 적절한 것은?

> 기원전 2000년경 중국 하나라 계(啓)왕에겐 여섯 아들이 있었다. 그 중 맏이인 태강은 아버지의 뒤를 이어 왕이 되자 정치를 돌보지 않고 사냥만 즐겼다. 그는 나라의 경제적 어려움이 극에 달한 상황에서도 호화로운 생활을 이어갔고, 백성들이 굶주리며 고통받는 동안에도 연회를 즐기며 시간을 보냈다. 진정한 조언을 건네는 충신들을 무시하는 태강에게 신하들은 점차 등을 돌렸으며 민심 또한 흉흉해지고 있었다. 어느 날 그는 언제나처럼 사냥을 나갔다가 인접국 유궁국의 왕 후예에 의해 귀로가 끊기고 결국 쫓겨나 비참하게 죽음을 맞게 된다. 다섯 형제들은 나라를 망친 형을 원망하며 번갈아가면서 노래를 불렀는데, 그 중 막내가 불렀다고 하는 노래의 대목인 '만백성들은 우리를 원수라 하나, 우린 장차 누굴 의지할꼬, 답답하고 섧도다, 이 마음 낯이 뜨거워지고 부끄러워지누나'에서 유래하여 (　　　　　)라는 사자성어가 쓰이게 되었다. 이 사자성어는 오늘날까지도 자신의 잘못을 깨닫지 못하고 부끄러움을 모르는 사람들을 일컬어 널리 사용되고 있다.

① 후안무치(厚顔無恥)

② 이재발신(以財發身)

③ 과유불급(過猶不及)

④ 견마지로(犬馬之勞)

⑤ 오매불망(寤寐不忘)

06 다음 내용에서 공통으로 연상할 수 있는 단어로 가장 적절한 것은?

> 삼국사기, 벽란도, 서경 천도 운동, 노비안검법

① 고구려　② 백제　③ 통일신라　④ 발해　⑤ 고려

07 다음 두 단어 쌍이 같은 관계가 되도록 빈칸에 들어갈 단어를 고르면?

> 평화 : 화목 = 털끝 : (　　　)

① 한풀　② 털실　③ 일호　④ 어림　⑤ 천지

08 다음 밑줄 친 단어의 사전적 의미로 가장 적절한 것은?

몇 년 동안 아픈 어머니를 돌본 그녀의 효성이 참으로 갸륵하다.

① 어떤 대상에 대하여 정성을 다하는 태도가 있다
② 어떤 일에 대한 마음가짐이나 자세 따위가 유달리 특별하다
③ 잘못된 것이 없이 바르거나 옳다
④ 착하고 장하다
⑤ 대하는 태도가 매우 정겹고 고분고분하다

09 다음 내용에서 공통으로 연상할 수 있는 단어로 가장 적절한 것은?

절기, 겨울, 팥죽, 책력

① 입추 ② 동지 ③ 경칩 ④ 소한 ⑤ 대서

10 다음 빈칸 ㉠, ㉡에 들어갈 한자가 순서대로 바르게 연결된 것은?

제19조(조합원의 자격)
① 조합원은 지역농협의 구역에 주소, 거소(㉠)나 사업장이 있는 농업인이어야 하며, 둘 이상의 지역농협에 가입할 수 없다.
② 「농어업경영체 육성 및 지원에 관한 법률」 제16조 및 제19조에 따른 영농조합법인과 농업회사법인으로서 그 주된 사무소를 지역농협의 구역에 두고 농업을 경영하는 법인은 지역농협의 조합원이 될 수 있다.
③ 특별시 또는 광역시의 자치구를 구역의 전부 또는 일부로 하는 품목조합은 해당 자치구를 구역(㉡)으로 하는 지역농협의 조합원이 될 수 있다.
④ 제1항에 따른 농업인의 범위는 대통령령으로 정한다.
⑤ 지역농협이 정관으로 구역을 변경하는 경우 기존의 조합원은 변경된 구역에 주소, 거소나 사업장, 주된 사무소가 없더라도 조합원의 자격을 계속하여 유지한다. 다만, 정관으로 구역을 변경하기 이전의 구역 외로 주소, 거소나 사업장, 주된 사무소가 이전된 경우에는 그러하지 아니하다.

① 居所 - 舊逆
② 居所 - 九域
③ 居所 - 區域
④ 去訴 - 舊逆
⑤ 去訴 - 區域

11 **다음 밑줄 친 단어의 한자를 바르게 표기한 것은?**

> 오늘 아침 신문 기사에 고객의 옷차림에 따라 <u>차등</u> 대우한 백화점 점원의 사례가 실렸다.

① 蹉跌 ② 差等 ③ 借讀 ④ 借用 ⑤ 差異

12 **다음 밑줄 친 부분과 바꿔 쓸 수 없는 것은?**

> - 말다툼이 워낙 심각하게 이어져서 내가 ㉠<u>끼어들</u> 여지가 없었다.
> - 거래처로부터 ㉡<u>할 수 있는 대로</u> 빨리 업무를 끝내달라는 요청을 받았다.
> - 우리나라의 경우 18세기 후반부터 19세기 초반까지 물가가 큰 폭으로 상승하였는데, 특히 미곡과 면포가 당시의 물가상승을 ㉢<u>주도한</u> 것으로 분석된다.
> - 최근 일과 삶의 균형이 중요해지면서 기업에서는 다양한 복지제도를 마련하고 있는데, 이는 개인의 행복이 업무 성과와 ㉣<u>무관하지 않기</u> 때문이다.
> - 그 강연은 토론활동이 많으므로 반드시 필기도구를 ㉤<u>가지고 참여해야</u> 한다.

① ㉠: 개입할 ② ㉡: 가급적 ③ ㉢: 이끈
④ ㉣: 관계없기 ⑤ ㉤: 지참해야

약점 보완 해설집 p.8

유형 3 | 문서작성기술

제한시간: 4분 10초

01 **다음 중 맞춤법에 맞지 않는 것은?**

① 앞에서 열두째에 서 있는 사람이 민석이의 형이다.

② 그는 식당 매출이 증가하기를 간절하게 바랐다.

③ 산 정상에 올라가 눈을 지그시 감으며 맑은 공기를 마셨다.

④ 정민이와 나는 뗄레야 뗄 수 없는 막역한 사이이다.

⑤ 공연 연습이 끝난 후 거적때기를 깔고 앉아 저녁을 먹었다.

02 **다음 중 문서작성의 원칙으로 가장 적절하지 않은 것은?**

① 문장은 가능한 한 짧고 간결하게 작성한다.

② 불가피하게 문서에 첨부자료가 필요할 때는 반드시 필요한 자료만 첨부한다.

③ 가급적 한 사안은 한 장의 용지에 담길 수 있도록 작성해야 한다.

④ 문장을 쓸 때는 상대방의 입장에서 상대방이 이해하기 쉽게 쓴다.

⑤ 주요한 내용은 문서의 흐름상 가장 마지막에 오도록 한다.

03 출판사에서 근무하는 귀하는 2달 동안 역사적 인물의 일생에 대한 간단한 소개글을 작성하여 홈페이지에 업로드하는 업무를 맡게 되었다. 귀하가 작성한 소개글의 초안이 다음과 같을 때, 수정이 필요한 부분으로 가장 적절하지 않은 것은?

> **[베트남 독립의 아버지 - 호찌민]**
>
> 호찌민은 베트남 민주공화국 초대 대통령을 지낸 인물이자 베트남의 혁명가이며 정치가로 잘 알려져 있다. 하지만 호찌민은 사실 그의 본명이 아니다. 그의 본명은 응웬 닷 탕으로, 호찌민은 그가 민족운동을 하며 사용한 ㉠160여개의 필명과 가명 중 하나이다. 어릴 때부터 삼국지, 서유기 등의 역사책을 즐겨 읽었던 그는 조국의 역사에도 관심이 많았다. 그는 다양한 역사서를 탐독하며 자신만의 소명의식을 키워나갔고, 이는 그가 성장하여 살아가는 데 큰 영향을 미치게 된다. 그는 선택 앞에서 신중하기는 했지만, (㉡). 청년기에 납세 거부 시위에 참여했다는 이유로 퇴학을 당했을 때도 그는 낙담하지 않고 세계로 눈을 돌렸다. 1911년 프랑스 증기선에 주방 보조로 취직한 그는 프랑스, 미국, 영국 등을 떠돌며 식견을 넓혔다. 이 과정에서 그의 민족주의적 가치관은 점차 확고해졌고, 그는 1919년 제1차 세계대전이 끝난 뒤 파리에서 베트남 독립을 위한 식민지 해방운동을 전개해 나갔다. 한편 세계를 돌아다니는 동안 호찌민은 자신이 선진국이라고 생각했던 영국, 프랑스에도 피폐한 삶을 살아가는 노동자가 있음을 깨닫게 된다. ㉢그리고 이러한 깨달음은 사회주의에 몸담게 되는 계기가 된다. 1924년에는 제5차 코민테른 대회에서 프랑스 공산당 대표로 참석해 아시아의 식민지 문제와 농민의 역할에 대한 연설을 직접 하기도 하였다. 이후 약 20년간 사회주의 혁명가로 활동한 호찌민은 제2차 세계 대전이 끝난 뒤 고국으로 돌아와 그토록 염원하던 베트남의 독립을 선언하고 정부 수석으로 취임했다. 안타깝게도 이러한 행복은 오래가지 않았다. 그는 외세로부터 베트남을 지키기 위해 애썼으나 제네바회담으로 인해 베트남은 남과 북으로 갈라졌고 베트남 전쟁이라는 비극이 이어졌다. 그는 전쟁의 종결과 분단된 국가의 통일을 위해 노력했지만 ㉣마침내 조국의 통일을 보지 못하고 세상을 떠났다. 하지만 그의 노력은 헛되지 않았다. 그가 사망한 후 3년 뒤 베트남 전쟁은 ㉤종전되었고, 많은 베트남 국민들은 평생을 베트남을 위해 헌신했던 그를 기억하고 있기 때문이다.

① '개'와 같은 의존명사는 띄어 쓰는 것이 원칙이므로 ㉠을 '160여 개의'로 수정한다.

② 앞뒤 내용을 고려해 ㉡에 '확신이 서면 과감하게 행동했다'를 넣는다.

③ 주어가 없으므로 ㉢을 '그리고 이러한 깨달음은 그가 사회주의에 몸담게 되는 계기가 된다'로 수정한다.

④ 문장 성분의 호응이 적절하지 않으므로 ㉣을 '끝내'로 고쳐 쓴다.

⑤ ㉤을 문맥에 맞는 의미의 단어인 '개전'으로 바꾼다.

04 **농협몰에서 근무하는 귀하는 식품 배송에 대한 안내문을 작성하였다. 귀하가 작성한 안내문이 다음과 같을 때, 수정이 필요한 부분으로 가장 적절하지 않은 것은?**

> **[농협몰 식품 배송 안내문]**
>
> 1. 택배 배송 안내
>   1) 농협몰은 항상 고객님께 신선하고 건강한 유기농 제품만을 ㉠전수해 드릴 것을 약속합니다.
>   2) 신선한 상태로 배송하기 위해 업체 및 산지에서 택배로 발송하여 평균 ㉡2~4일내로 배송됩니다.
>   - 오후 12시까지 결제 완료 시: 당일 출고
>   - 오후 12시 이후 결제 완료 시: 결제일 기준 2일 후 출고
>   ※ 주말 결제 시 주문일 기준 4일 후 출고
>   3) 주문 후 성함, 연락처, 주소지 등이 ㉢포함되어진 개인 정보에 대한 변경이 필요하신 경우 고객센터로 문의하시기 바랍니다.
>   4) 배송 주소지가 회사인 경우 주말 배송이 불가하며, 주소지 입력 시 주소지 뒷부분에 회사명을 반드시 기입하여 주시기 바랍니다.
>   5) 제주 및 도서·산간 지역의 경우 익일 배송이 불가능하거나 추가 운임이 ㉣부과될 수 있습니다.
>
> 2. 취소 및 환불 안내
>   1) 단순 변심으로 교환 또는 환불하시는 경우 택배 왕복비 및 선박 운송료는 고객님 부담입니다.
>   2) 냉동 및 냉장 식품 특성상 시간의 경과에 따라 상품이 변질될 가능성이 높아 단순 변심에 의한 교환 및 환불은 불가합니다.
>   3) 출고 전 주문 취소는 오전 11시 전까지 가능하며, ㉤이전 취소 접수 건의 택배 왕복비 및 선박 운송료는 고객님 부담입니다.

① ㉠　　② ㉡　　③ ㉢　　④ ㉣　　⑤ ㉤

05 농업회사 홍보팀에서 근무하는 귀하는 사보 발행을 담당하고 있으며, 이번 달에는 최근 이슈가 되고 있는 '대기업의 농업진출'에 대한 내용을 실으려고 한다. 귀하와 함께 원고를 작성하는 동료 팀원 A가 다음과 같이 초안을 작성했다고 하였을 때, 귀하가 제안할 수정방안으로 가장 적절하지 않은 것은?

> 최근 저렴한 수입농산물의 증가와 농촌의 노동력 감소 등으로 인해 농업의 산업화가 필요해진 가운데, 기업들이 농업에 눈을 돌리기 시작하였다. 이미 선진국에서는 일부 대기업이 농업에 뛰어들고 있다. (㉠) 자동차로 유명한 일본의 도요타 그룹은 한 은행과 협력하여 쌀농사를 지원하고 수출까지 하고 있으며, 네덜란드에서는 네슬레, 유니레버 등의 글로벌 기업들과 농업 대학이 함께 푸드밸리를 조성해 새로운 첨단 농업 기술을 개발하고 있다. 이렇게 농업이 기업화되면 생산성이 높아지고 수출 활로도 넓어지는 효과가 발생한다. ㉡ 하지만 우리나라 농업계의 경우 반대가 거세다. 대기업이 농업에 진출할 경우 농민들의 일자리와 수입이 많이 감소할 것이라고 여기기 때문이다. 한국농촌경제연구원 등에 따르면 우리나라 농가의 순수 농업 소득은 여전히 ㉢ 천만 원 대에 머무는 것으로 나타났으며, 일각에서는 농가의 연평균 소득이 앞으로 더 줄어들 것이라는 분석을 내놓기도 하였다. 이는 ㉣ 그 만큼 농업계가 열악하다는 것을 보여준다. 이러한 상황에서 대기업의 일방적인 농업 진출에 대한 반발은 당연하다. 그러므로 기업들은 무작정 농업에 진출하기에 앞서 농민들의 상황을 이해하고 그들과 상생할 방안을 모색해야 한다. 가령 농촌에 현대화된 농법을 보급한다거나 부가가치가 높은 재배 품종을 지원하는 등 다양한 방안을 마련해 농가의 소득을 보장한다면, 대기업에 대한 농민들의 막연한 거부감을 줄일 수 있을 것이다. 또한, 농민들도 대기업의 농업진출을 무조건 반대하기보다는 한국의 농업 경쟁력이 강화되어야 한다는 점을 ㉤ 염두하고 냉철한 판단을 해야 한다.

① 앞의 문장과 뒤의 문장이 자연스럽게 연결되도록 ㉠에 '따라서'를 넣으면 좋겠습니다.

② ㉡은 반대하는 대상이 생략되어 있으므로 '대기업의 농업진출에 대한'을 추가해야 합니다.

③ '-대'는 접미사로 앞말에 붙여 써야 하므로 ㉢을 '천만 원대'로 수정해야 합니다.

④ ㉣은 '그만한 정도로'를 의미하는 한 단어이므로 '그만큼'으로 붙여 쓰는 것이 적절합니다.

⑤ '염두'는 '마음속'이라는 뜻의 명사이므로 ㉤은 '염두에 두고'로 고쳐 써야 합니다.

약점 보완 해설집 p.9

01 다음 글의 내용과 일치하지 않는 것은?

미국 뉴욕시 허드슨강 어귀의 리버티섬에는 미국의 대표적인 관광지로 꼽히는 자유의 여신상이 세워져 있다. 오른손에는 자유의 빛을 상징하는 횃불을, 왼손에는 미국 독립 선언서를 들고 있는 자유의 여신상은 자유와 민주주의, 인권, 기회 등과 같은 상징적 의미가 있다. 자유의 여신상은 1888년에 미국의 독립 100주년을 기념하여 프랑스에서 선물한 것으로, 두 나라 사이의 역사적인 동맹을 확인하려는 프랑스의 의도가 표현되었다는 상징적 가치도 지니고 있다. 자유의 여신상을 제작한 것은 화가이자 조각가인 프레데리크 오귀스트 바르톨디로 알려져 있으나, 여신상을 세우는 데 기여한 사람은 한 명 더 있다. 자유의 여신상은 겉으로 보기에는 조각상 같지만 내부에는 계단과 엘리베이터가 설치된 건축물의 요소를 가지고 있는데, 이 내부 철골 구조물을 설계한 것이 바로 구스타브 에펠이다. 이름에서 알 수 있듯이 그는 프랑스의 랜드마크 에펠탑을 설계한 사람이다. 에펠탑은 프랑스 혁명 100주년에 맞춰 개최된 1889년 파리 만국박람회에서 개관하였는데, 당시 프랑스는 1851년 런던 만국박람회에서 호평을 받은 영국의 수정궁을 능가하는 건축물을 만들기 위해 노력하였으며 그 결과로 탄생한 것이 바로 에펠탑이었다. 에펠탑은 높이 약 300미터, 무게 약 7,300톤으로, 1930년에 뉴욕 크라이슬러 빌딩이 그 기록을 깨기 전까지 세계에서 가장 높은 건축물이었다. 현재는 파리의 상징물로 인정받고 있는 에펠탑은 공사가 한창 진행되고 있을 무렵 우아한 파리의 경관을 해친다는 이유로 수많은 사람의 비난을 받았다. 특히 에펠탑에 대한 강력한 반감을 드러낸 프랑스의 작가 기 드 모파상은 파리 시내 어디에서나 보이는 에펠탑을 보지 않기 위해 에펠탑 안에 있는 레스토랑에서 식사했다는 일화가 있을 정도이다. 그러나 에펠탑이 준공되어 대중에 공개되자 모파상을 비롯한 소수를 제외하고 그전까지 에펠탑 건립을 반대하던 파리의 시민들과 예술가들은 획기적이고 웅장한 에펠탑의 모습에 감탄하며 세기의 탑이라는 찬사를 보냈다.

① 자유의 여신상 내부를 설계한 건축가가 에펠탑 제작에도 참여하였다.

② 에펠탑은 영국의 수정궁을 압도하는 건축물을 만드는 것을 목표로 제작되었다.

③ 1920년대까지만 해도 세계에서 가장 높은 건축물은 에펠탑이었다.

④ 에펠탑에는 미국과의 동맹 관계를 공고히 하기 위한 프랑스의 정치적 의도가 숨어있다.

⑤ 1889년 개관 이후에도 에펠탑에 대한 모파상의 태도는 바뀌지 않았다.

[02 - 03] 다음 글을 읽고 각 물음에 답하시오.

한국은행의 경제연구에 실린 보고서에 따르면 우리나라 근로자 중 대학 전공과 무관한 분야에 취업하는 '전공 불일치' 비율은 약 50.1%로, OECD 29개 국가 중에서 두 번째로 높다. OECD 평균인 39.6%를 상회하는 수준이다. 우리나라의 경우 전공 불일치가 근로자의 임금에 미치는 영향이 약 -4.1%로 집계되었는데, 이는 전공 불일치 비율이 1%p 상승할 때 임금은 4.1% 감소한다는 것을 의미한다. 이러한 경향은 불황기에 두드러진다. 전공과 일치하지 않는 취업은 대졸 취업자의 임금을 낮추는 결과로 이어지며, 한번 적게 받은 임금은 단시간에 해결되지 않아 지속적인 임금 손실이 발생하게 된다. 즉, 불황기에 근로자가 자신의 전공과 무관하거나 관련이 낮은 업종으로 취업을 하게 되면 전공과 관련된 경력을 쌓기가 쉽지 않고, 경제 상황이 호전되더라도 자신의 전공을 활용할 수 있는 일자리로 이직하는 것이 어려워 비슷한 정도의 일자리에만 계속 머무르기 때문에 임금 손실이 회복되지 않는 것이다. OECD는 한국이 더 높은 단계로 발전하기 위해서는 사회적 자원의 낭비를 부르는 전공 불일치 비율을 낮춰야 한다고 충고한다. 이를 위해서는 직종 간 이동이 보다 자유로울 수 있도록 노동시장을 유연화시켜야 하고, 기업 차원에서도 인적 자본을 확충할 수 있도록 근로자에 대한 직무 교육 등을 통해 전공 불일치 문제를 완화하려는 노력이 필요하다.

02 **윗글에 나타난 필자의 의견으로 가장 적절한 것은?**

① 수험생은 대학 진학 시 학교 이름보다는 전공을 더 중요하게 여겨야 한다.

② 직업 선택에 있어서 전공 불일치 정도를 해소하는 정책이 요구된다.

③ 취업 준비생은 직무 역량을 개발시켜 자신의 분야에 대한 전문성을 기르는 것이 중요하다.

④ 직업을 선택하는 과정에서 가장 중요한 것은 보상이 아닌 일에 대한 가치이다.

⑤ 재정 정책을 통해 경기 변동의 강도를 완화시켜야 전공 불일치 비율이 떨어질 것이다.

03 **윗글을 통해 추론한 내용으로 적절하지 않은 것은?**

① 전공과 동일한 분야로 취업한 사람은 다른 분야로 취업한 사람보다 평균 임금이 높을 가능성이 크다.

② OECD 국가 중 한국보다 전공 불일치 비율이 높은 국가는 1개국이다.

③ 한 직장에서 오래 근무할 수 있는 근무 환경을 조성하면 전공 불일치 비율이 낮아질 것이다.

④ 첫 임금을 낮게 받은 전공 불일치 근로자의 임금은 단시간에 정상 수준으로 회복되지 않을 것이다.

⑤ 경기 침체기에 자신의 전공과 관련 없는 직종으로 취업한 사람은 직종을 변경하여 재취업하기 어렵다.

04 다음 (가)~(마)의 소제목으로 적절한 것의 개수는?

(가) 인수 합병(M&A)의 반대 개념으로 여겨지는 기업 분할은 기존 회사의 특정한 사업 부문에 자본금과 부채를 분배한 후에 새로운 기업을 독립적으로 설립하는 것으로, 우리나라에는 1998년에 IMF 이후 기업 구조조정을 용이하게 진행하려는 목적으로 상법이 개정되면서 본격적으로 허용되었다. 그러나 구조조정 이외에도 전망이 좋은 사업부 혹은 모기업과 사업 내용에 차이가 있는 사업부를 독립시켜 또 다른 주력 사업으로 키울 수 있다는 이점 덕분에 인수 합병과 더불어 국내 기업의 새로운 경영전략으로 자리 잡았다.

(나) 기업 분할은 주주총회에서 논의를 통해 결정되고, 이전 회사의 채무는 분할된 회사들이 공동 부담한다. 분사(分社)도 이와 비슷하게 이루어지나, 분사된 기업은 독립적인 주주권과 경영권을 갖는다는 차이가 있다. 기업 분할은 회사를 매각 혹은 인수 합병하기 유리하며, 경영진과 대주주 입장에서 감자(減資)나 주식 매수의 부담이 없다는 장점이 있다. 그러나 기업 분할을 잘못하면 성장 동력이던 사업부를 상실하게 되는 원인이 된다. 또한, 과도하게 내부 관계 기업에 종속된 사업부를 독립시키면 독자 생존이 불가한 피(被)분할 회사가 되어 관계 기업의 비용만 증가하게 된다.

(다) 기업 분할은 합병을 수반하는지의 여부에 따라 단순 분할과 분할 합병으로 분류되기도 하지만, 일반적으로는 물적 분할과 인적 분할로 구분된다. 물적 분할은 분리 또는 신설된 법인의 주식을 분할 회사가 모두 소유하지만, 인적 분할은 존속 회사의 주주들이 본인이 소유한 비율에 따라 신설 법인의 주식을 나누어 갖는다. 그래서 인적 분할 시에는 곧장 주식 상장과 등록을 할 수 있지만, 물적 분할 시에는 일반 기업과 동일한 절차가 필요하다. 다시 말해 물적 분할과 인적 분할의 가장 큰 차이는 '누가 피분할 회사의 주식을 가지는가'에 있다.

(라) 물적 분할 시 피분할 회사의 실적과 자산 가치는 지분법에 의거하여 존속 회사에 고스란히 연결되는데, 분할 회사가 분할될 예정인 사업부를 자회사처럼 보유하므로 피분할 회사에 대한 기업의 지배권을 강력하게 지속할 수 있다는 장점이 있다. 이에 따라 피분할 회사의 성장 효과를 분할 회사에서 활용할 수 있으며, 피분할 회사에 대한 분할 회사의 경영권 유지에 공헌할 수 있다. 따라서 분할하려는 사업부의 핵심 역량이 기업의 기존 사업과 이질성이 크지 않고 협력의 필요성이 높으면 물적 분할을 선택하는 것이 좋다.

(마) 이와 달리 인적 분할에서는 기업 분할 후 초기에는 피분할 회사의 주주들이 분할 회사의 주주들과 동일하지만, 추후 주식 거래 등을 통해 달라지기 때문에 분할 회사와 피분할 회사가 경제적으로 독립된 형태를 갖추게 된다. 이를 통해 주주가 독립된 피분할 회사와 분할 회사의 주식을 모두 보유할 수 있기 때문에 선택의 폭이 넓어져 본인의 기호에 맞는 주식을 골라서 보유 혹은 매각할 수 있다. 그리하여 통상적으로 인적 분할은 주가에 긍정적인 영향을 주는 것으로 평가된다.

(가): 기업이 기업 분할과 인수 합병을 시행하는 이유
(나): 분사와 기업 분할의 차이점 및 기업 분할의 장단점
(다): 물적 분할과 인적 분할을 구분하는 가장 큰 기준
(라): 기업 분할 시 물적 분할의 선택을 권장하는 경우
(마): 주가에 긍정적인 영향을 미치는 인적 분할

① 1개 ② 2개 ③ 3개 ④ 4개 ⑤ 5개

05 A 저축은행의 고객행복센터에 소속된 귀하는 다음과 같은 안내문을 전달받았다. 귀하가 현재 2024년 12월 30일에 근무 중일 때, 다음 중 고객 문의에 대해 답변한 내용으로 가장 적절하지 않은 것은?

[지점 통합으로 인한 XX지점 영업종료 안내]

1. 요청 사항
 - 아래 상세내용을 확인하시고 고객 응대에 임해주시기 바랍니다.

2. 상세 내용

영업종료 지점	경기 XX지점
영업종료 일자	2024년 12월 31일(화) 18:00
계좌 이관 관련	1) 고객님이 원하시는 당사 타 지점으로 계좌 이관 가능함 ※ 경기 XX지점에 방문하여 신청서를 작성해야 함 2) 영업종료 시점까지 계좌 이관과 관련하여 의사표시가 없을 경우 고객님 계좌는 아래 지점으로 일괄 이전됨 • 통합지점: 경기 ○○지점 경기도 △△시 ○○구 123길 031) 123-5678 • 통합일자: 2025년 1월 3일(금)
계좌 해지 관련	2024년 12월 31일(화) 18:00 전 지점 방문하여 계좌 해지 시, 약정 이율 지급 적용 ※ 만기일이 남은 계좌를 해약하는 경우에도 약정 이율로 적용 처리됨
기타	영업종료로 인한 인사이동 등 상세한 안내를 원할 경우 직접 XX지점으로 문의하도록 정중하게 안내함

① Q: XX지점에서 들어둔 적금 만기일이 다음 달인데, 지금 해지하면 약정 이율을 못 받는 건가요?
A: 네, 고객님. 만기일이 남은 계좌를 해약하실 경우에도 적금에 가입하셨을 때의 약정 이율이 적용됩니다.

② Q: 혹시 XX지점의 박 계장님은 어느 지점으로 이동되는지 알 수 있을까요? 그동안 상품 설명이나 자산 관리에 대해 친절히 설명해주셔서 계속 그분을 통해서 은행업무를 보고 싶어서요.
A: 네, 고객님. XX지점의 박수진 계장을 말씀하시는 것인가요? 박수진 계장의 경우 1월 3일자로 경기 ○○지점으로 발령받을 것으로 보입니다.

③ Q: XX지점이 ○○지점과 통합된다고 하는데, ○○지점 말고 다른 지점으로 계좌를 이관하는 방법은 없나요?
A: 네, 고객님. 당연히 가능합니다. 다만, 타 지점으로의 계좌 이관을 원하실 경우 내일 중으로 XX지점에 방문하시어 계좌 이관 신청서를 작성해 주셔야 합니다.

④ Q: 내일 XX지점을 이용할 수 있는 건가요?
A: 네, 고객님. XX지점은 12월 31일, 화요일 오후 6시까지 영업을 하므로 지점 방문하시어 원하시는 은행 업무를 보실 수 있습니다.

⑤ Q: 오늘에야 XX지점 영업종료 소식을 알게 되었는데요. 따로 XX지점을 방문할 시간이 없을 것 같은데, 이 경우에 제 계좌는 어떻게 처리되나요?
A: 네, 고객님. 영업종료 시점까지 계좌 이관과 관련하여 특별히 의사표시를 하지 않으신 고객님의 계좌는 ○○지점으로 일괄 이전됩니다.

[06 - 07] 다음 글을 읽고 각 물음에 답하시오.

서기 800년경부터 바이킹은 노르웨이를 장악하기 시작하였다. 이들은 유럽 전역에서 약탈과 영토 확장을 자행하였으며, 헤브리디스 제도, 북부 스코틀랜드, 아일랜드 등을 정복하고 아이슬란드, 그린란드 등에 식민지를 세웠다. 이 시기에 남쪽에서 해안을 따라 북쪽으로 항해하는 길을 '북쪽으로 가는 길'이라고 부르던 데에서 '노르웨이'라는 이름이 생겨났다. 오늘날 노르웨이는 유럽 스칸디나비아반도의 서쪽을 차지하고 있는 국가로, 본토 외에도 북극해의 스발바르 제도 및 얀마위엔 섬, 남대서양의 부베 섬 등을 영유하고 있다. 노르웨이의 가장 큰 특징을 꼽는다면 바로 백야(白夜)일 것이다. 이는 한여름에 태양이 지평선 아래로 내려가지 않는 현상으로, 북위 약 66.5도 이상의 북반구 지역과 남위 약 66.5도 이상의 남반구 지역에서 일어난다. 노르웨이의 경우 약 북위 57~71도에 걸쳐 있어 4월 말에서 7월 말까지 해가 지지 않는 색다른 경험을 할 수 있다. 백야 현상보다 상대적으로 잘 알려져 있지는 않지만, 극야(極夜) 역시 노르웨이의 특이한 현상이다. 이는 고위도 지역이나 극점 지역에서 발생하는 것으로, 겨울철에 오랫동안 해가 뜨지 않고 밤만 계속되는 현상이다. 이처럼 다양한 자연현상이 나타나는 노르웨이는 위도상의 특징 때문에 매우 추울 것 같지만, 사실 멕시코 만류의 영향으로 기온이 낮지 않은 편이다. 그래서 비슷한 위도에 있는 알래스카, 그린란드, 북시베리아에 비해서 기후가 따뜻한 것으로 알려져 있다. 한편 노르웨이는 국토 면적이 작은데도 불구하고 해안선이 길고 복잡한데, 이는 북해와 맞닿은 남서 해안에 발달한 '피오르' 때문이다. 여기서 피오르는 빙하의 침식으로 만들어진 특이한 지형을 가리킨다. 산골짜기 사이를 채웠던 거대한 빙하가 중력에 의해 이동하면서 지표의 바닥과 측면을 깎고, 기온 상승으로 빙하가 모두 녹으면서 빙하가 깎여 나간 U자형의 골짜기가 나타난다. 이후 해수면이 상승함에 따라 바닷물이 들어와 이 골짜기를 채우면서 좁고 긴 만의 피오르가 만들어지는 것이다. 피오르는 높이 약 1,000~15,000m의 깎아지른 듯한 절벽으로 수심도 깊은 편인데, 노르웨이의 피오르 중 세계적으로 가장 잘 알려진 송네피오르는 그 길이가 약 200km에 달하며, 가장 깊은 곳의 수심은 1,300m, 양쪽 암벽의 높이는 1,000m가 넘을 정도로 거대한 규모를 자랑한다. 피오르는 항구가 들어서기에 좋은 조건이기 때문에 예로부터 노르웨이는 이를 중심으로 항해와 무역이 번성하였다. 20세기에 이르러 피오르는 제조업 발전의 원동력으로 작용한다. 피오르가 수력 발전에 최적의 입지 여건을 가지고 있다는 점에 착안한 노르웨이가 외국에서 기술을 도입해 대규모 수력 발전소를 설립한 것이다. 이 덕분에 저렴한 에너지를 바탕으로 노르웨이의 조선업 및 제지업이 발전할 수 있었으며, 제2차 세계대전 이후에는 선박업까지 성공 궤도에 올라 노르웨이는 선진국 대열에 합류할 수 있었다.

06 윗글의 내용과 일치하는 것은?

① 그린란드의 평균 기온은 노르웨이에 비해 높은 편이다.

② 극야는 위도가 낮은 지역에서 일어나는 현상이다.

③ 노르웨이는 스칸디나비아반도의 동쪽에 위치한 국가이다.

④ 5월의 노르웨이는 밤에도 해가 지지 않는다.

⑤ 피오르 지형의 특징은 만의 폭에 비해 길이가 짧은 것이다.

07 윗글을 통해 추론한 내용으로 일치하지 않는 것은?

① 얀마위엔 섬과 부베 섬의 위치는 서로 다르나 모두 노르웨이령의 섬이다.

② 노르웨이는 자체 기술력만으로 피오르를 활용한 수력 발전소를 세우는 데 성공하였다.

③ 노르웨이에서 여름철에는 백야를, 겨울철에는 극야를 경험할 수 있다.

④ 바이킹이 노르웨이에 정착한 시대에 노르웨이라는 용어는 이미 사용되고 있었다.

⑤ 노르웨이는 저렴한 가격으로 에너지를 수급하는 것이 가능해지면서 산업이 발전되기 시작하였다.

08 다음 문단을 논리적 순서대로 알맞게 배열한 것은?

(가) 한편 동양의 화장 문화를 확인하기 위해서는 중국의 사례를 살펴볼 필요가 있다. 기원전 3000년경부터 중국에서는 화장이 널리 퍼졌는데, 특이한 것은 손톱에도 화장을 했다는 점이다. 중국의 귀족들은 금색과 은색, 붉은색과 검은색으로 손톱을 칠했으며, 남성들도 전쟁터에 나가기 전 결의를 다지기 위해 손톱을 물들였다. 이뿐만 아니라 농경사회의 중국인들은 쌀가루나 꿀, 매화 등의 자연재료를 이용해 피부를 단장했다는 특징이 있다.

(나) 치료와 주술의 의미가 강했던 화장은 이집트 여왕 클레오파트라 7세가 등장한 이후 본격적으로 미의 도구로서 기능하게 된다. 클레오파트라는 눈꺼풀과 얼굴 바깥쪽에 음영을 주는 화려하고 짙은 화장을 통해 자신의 외모를 보완했다. 또한, 피부를 관리하는 데에도 노력을 기울였으며, 장미를 이용한 향수를 즐겨 뿌렸다. 얼굴뿐만 아니라 신체를 꾸미는 데에도 관심이 높았던 것이다.

(다) 로마를 거쳐 날로 발전하던 서양의 화장 문화는 중세 시대에 잠시 주춤하게 된다. 교회가 막강한 힘을 가진 시대가 도래함에 따라 장식 문화가 쇠퇴했고, 몸을 치장하고 화장하는 것이 하나의 죄악으로 받아들여졌기 때문이다. 하지만 르네상스 시대에 접어들면서 서양의 화장 문화는 다시금 부흥할 수 있었다.

(라) 화장과 관련한 가장 오래된 기록은 고대 이집트에서 찾아볼 수 있다. 고대 이집트 사람들은 남녀 모두 짙은 눈 화장을 한 것으로 알려져 있다. 그들은 눈 화장을 통해 적당히 눈을 자극하고 눈물을 흘렸는데, 이는 뜨겁고 건조한 모래바람으로부터 눈을 보호하는 하나의 방법이었다. 또한, 눈 화장을 하면 신으로부터 보호받을 수 있다는 상징적인 믿음이 존재하기도 했다.

(마) 고대 그리스에서는 하얀 얼굴이 장시간 노동할 필요가 없는 상류 계급을 상징한다고 여겨, 피부를 하얗게 보이게 하는 화장이 유행했다. 그리스인들은 얼굴을 하얗게 만들기 위해 미백효과가 있다고 알려진 백연광이라는 납 성분을 얼굴에 발랐는데, 이 때문에 납 중독으로 죽음을 맞이하는 경우도 적지 않았다.

① (나) - (가) - (라) - (마) - (다)
② (나) - (마) - (라) - (다) - (가)
③ (라) - (나) - (마) - (다) - (가)
④ (라) - (마) - (다) - (나) - (가)
⑤ (마) - (라) - (나) - (가) - (다)

약점 보완 해설집 p.10

01 다음 대화에서 A의 대답으로 알맞은 것은?

A : I would like to purchase these clothes, please.
B : No problem. Will you be paying with cash or check?
A : ______________________
B : Unfortunately, we only accept cash or check.
A : In that case, I'll have to come back later.

① I would like to buy them as a gift.
② It would be better to buy another size.
③ Actually, I would like to pay with my credit card.
④ I would like to pay my brother a visit later.
⑤ I'd prefer to leave as soon as possible.

02 다음 중 빈칸에 공통으로 들어갈 단어는?

- We hope the new employees will ______ on to our way of doing things.
- After missing two weeks of class, Jon had to ______ up on a lot of work.

① go ② jump ③ hurry ④ catch ⑤ stop

03 다음 글의 제목으로 가장 적절한 것은?

Writing a first draft is an important part of writing an essay. A first draft allows you to get started without needing every sentence to be perfect. Drafts can also be helpful because they are an opportunity to put your thoughts down on paper so that you can go back later and organize them, or decide that some of your ideas should be omitted because they don't fit. There's no wrong way to write a first draft, and it's always a great idea to do one.

① 초안 쓰기의 장점

② 초안 쓰기의 단점

③ 완성된 에세이를 쓰는 방법

④ 생각을 종이에 쓰는 방법

⑤ 생각을 종이에 옮기는 것이 어려운 이유

약점 보완 해설집 p.11

PART 1 | NCS 직무능력평가

제2장 수리능력

출제경향분석

수리능력 소개

수리능력은 업무 상황에 필요한 기본적인 사칙연산 능력, 다양한 형태의 수치 자료를 이해하고 분석하는 능력을 평가하는 영역이다.

대표 출제 유형

수리능력은 기초연산, 수/문자추리, 도표분석 총 3개의 유형으로 출제된다.

유형 1	기초연산
유형 2	수/문자추리
유형 3	도표분석

시험 유형별 수리능력 출제 유형

시험 유형	출제 유형
60문항/60분	기초연산, 도표분석
60문항/70분	기초연산, 수/문자추리, 도표분석
70문항/70분	기초연산, 수/문자추리, 도표분석

최신 출제 경향

1 수리능력은 전반적으로 어려운 난도로 출제되고 있다.

2 기초연산은 작업량, 거리·속력·시간, 정가·할인가 등 방정식을 활용하는 문제와 경우의 수, 확률과 같이 기본 공식에 대입하여 풀이하는 문제가 꾸준히 출제되고 있다. 저축 예금의 복리 이자율 등 금융 관련 이론을 적용하여 계산하는 문제가 출제되기도 한다.

3 수/문자추리는 제시되는 숫자, 문자, 기호 등에 적용된 규칙을 찾아 빈칸에 들어갈 알맞은 숫자 또는 문자를 고르는 문제가 출제되었다. 문자는 주로 알파벳으로 제시되며, 최근에는 알파벳과 숫자가 함께 제시된 문제가 출제되기도 하였다.

4 도표분석은 자료의 수치를 이용하여 특정 값을 구하는 문제와 그래프, 표 등의 자료를 해석하는 문제가 출제되고 있으며, 최근에는 제시된 조건에 맞지 않는 그래프를 고르는 문제도 출제되었다.

학습 방법

1 기초연산

방정식, 확률, 통계 등 기초적인 수학 이론 및 공식과 이자, 이자율, 원리금 등 금융 관련 이론 및 공식에 대한 학습이 필요하다. 따라서 '수리능력 기초이론(p.137)'에 정리된 기초연산의 응용, 통계의 의미와 활용 이론을 학습하여 문제에 적용하는 연습을 한다.

2 수/문자추리

등차수열, 등비수열 등 기본적인 수열 규칙과 알파벳, 한글 자음 등 문자 순서에 대한 학습이 필요하다. 따라서 '수리능력 기초이론(p.144)'에 정리된 기본수열 및 응용수열과 문자 순서를 학습하여 규칙을 빠르게 찾는 연습을 한다.

3 도표분석

'수리능력 기초이론(p.147)'에 정리된 도표분석 방법을 학습하여 다양한 분야의 자료를 빠르고 정확하게 분석하는 연습을 한다. 또한, 자료를 활용한 수치 계산 문제를 빠르게 풀 수 있도록 증감률, 비중 등 도표분석 시 활용되는 계산식을 반드시 암기한다.

기초이론

해커스
지역농협 6급
NCS 인적성 및 직무능력평가 통합 기본서

'기초이론'에서는 한국산업인력공단 NCS 직업기초능력 가이드북뿐만 아니라 문제를 풀 때 필요한 이론까지 학습할 수 있다. '지농6급 기출'은 지역농협 6급 시험에 출제된 개념이므로 반드시 암기하고, 학습한 내용은 '확인 문제'를 통해 다시 한번 점검한다.

1. 기초연산

1 기초연산능력 소개

1) 기초연산능력의 의미

업무 상황에서 필요한 기초적인 사칙연산과 계산방법을 이해하고 활용하는 능력

2) 활용되는 상황

· 업무상 계산을 수행하고 결과를 정리하는 경우
· 조직의 예산안을 작성하는 경우
· 업무비용을 측정하는 경우
· 업무수행 경비를 제시해야 하는 경우
· 고객과 소비자의 정보를 조사하고 결과를 종합하는 경우
· 다른 상품과 가격 비교를 하는 경우

2 사칙연산과 검산

1) 사칙연산 지농6급 기출

① 사칙연산의 의미

수에 관한 덧셈(+), 뺄셈(−), 곱셈(×), 나눗셈(÷) 네 종류의 계산법이며, 사칙계산이라고도 함

② 연산 방법

· 괄호가 있는 식에서는 괄호 안의 연산을 가장 먼저 계산함
· 덧셈과 뺄셈이 혼합된 식의 연산은 왼쪽 항부터 차례로 계산함
· 곱셈과 나눗셈이 혼합된 식의 연산은 왼쪽 항부터 차례로 계산함
· 네 종류의 연산이 혼합된 식의 연산은 덧셈과 뺄셈보다 곱셈과 나눗셈을 먼저 계산함

확인 문제

다음 중 연산 방법이 최초로 잘못 적용된 곳은?

$8+(4-1)\div5\times7=8+3\div5\times7=11\div5\times7=2.2\times7=15.4$

① ② ③ ④ (각 등호 아래 화살표 표시)

정답: ②

③ 연산 법칙

구분	덧셈	곱셈
교환법칙	a+b=b+a	a×b=b×a
결합법칙	a+(b+c)=(a+b)+c	a×(b×c)=(a×b)×c
분배법칙	(a+b)×c=a×c+b×c	

2) 검산

① 검산의 의미

연산의 결과를 확인하는 과정

② 검산 방법

역연산법	· 본래의 풀이와 반대로 연산을 해가면서 본래의 답이 맞는지를 확인해 나가는 과정 · 덧셈은 뺄셈으로, 뺄셈은 덧셈으로, 곱셈은 나눗셈으로, 나눗셈은 곱셈으로 확인함
구거법	· 원래의 수를 9로 나눈 나머지와 각 자리 수의 합을 9로 나눈 나머지는 서로 같다는 원리를 이용하는 방법 · 좌변에 제시된 각각의 수를 9로 나눈 나머지와 우변에 제시된 수를 9로 나눈 나머지가 같은지 확인함

3 기초연산의 응용

1) 이자와 이자율 지능6급 기출

이자와 이자율	· 이자: 화폐를 빌려 쓴 대가로 지불하는 가격 · 이자율: 기간당 지급하는 이자를 원금의 비율로 표시한 것
단리와 복리	· 단리: 원금에 대해서만 약정된 이자를 지급하는 방식 · 복리: 원금과 원금에 더해진 이자까지 이자를 지급하는 방식

확인 문제

다음 중 연산 법칙을 잘못 사용한 것은?

① a+b+c=c+b+a (교환법칙)
② (a+b+c)+d=a+(b+c+d) (결합법칙)
③ (a+b+c)×d=a×d+b×d+c×d (분배법칙)
④ a×b×c×d=b×a×d×c (교환법칙)
⑤ (a+b)×c=a+(b×c) (결합법칙)

정답: ⑤

2) 원리금 지능6급 기출

기수불과 기말불	· 기수불: 각 기간의 첫날에 적립하는 것 · 기말불: 각 기간의 마지막 날에 적립하는 것
정기예금	S: 원리금 합계, A: 원금, r: 이자율, n: 기간일 때 · 단리: $S=A(1+rn)$ · 복리: $S=A(1+r)^n$
정기적금	S: 원리금 합계, A: 원금, r: 이자율, n: 기간일 때 · 단리(기수불): $S=An+A\times r\times\frac{n(n+1)}{2}$ · 단리(기말불): $S=An+A\times r\times\frac{n(n-1)}{2}$ S: 원리금 합계, A: 원금, r: 이자율, n: 기간일 때 · 복리(기수불): $S=\frac{A(1+r)\{(1+r)^n-1\}}{(1+r)-1}$ · 복리(기말불): $S=\frac{A\{(1+r)^n-1\}}{(1+r)-1}$

3) 약수와 배수 지능6급 기출

약수와 배수의 정의	· 자연수 A가 B로 나누어 떨어질 때, B는 A의 약수, A는 B의 배수 $\underline{A}=\underline{B}\times\underline{Q}$ 배수 약수 약수 예 $15=3\times5$ → 15의 약수: 3, 5 3과 5의 배수: 15
소인수분해	· 자연수 N을 소인수들의 곱으로 나타내는 것 $N=a^x\times b^y\times c^z$ (단, a, b, c는 서로 다른 소인수) 예 $12=2\times2\times3=2^2\times3$
최대공약수와 최소공배수	· 최대공약수: 각 자연수를 소인수분해한 후 공통 인수만을 곱한 것 · 최소공배수: 각 자연수를 소인수분해한 후 적어도 어느 한 자연수에 포함되는 인수를 모두 곱한 것 예 12의 소인수분해: $2^2\times3$, 15의 소인수분해: 3×5 12와 15의 최대공약수: 3 12와 15의 최소공배수: $2^2\times3\times5=60$ 또는 $\frac{12\times15}{3}=60$

확인 문제

매달 1%의 복리 이자를 주는 12개월 만기 예금 상품에 가입하여 첫 달에 50만 원을 예치하였을 때, 만기 후 받게 되는 원리금은? (단, $(1.01)^{12}\fallingdotseq1.13$이다.)

① 553,000원 ② 560,000원 ③ 565,000원 ④ 570,000원 ⑤ 582,000원

정답: ③

4) 다항식의 연산

곱셈공식	· 다항식의 곱을 전개할 때 쓰이는 공식 · $(a \pm b)^2 = a^2 \pm 2ab + b^2$ · $(a+b)(a-b) = a^2 - b^2$ · $(x+a)(x+b) = x^2 + (a+b)x + ab$ · $(ax+b)(cx+d) = acx^2 + (ad+bc)x + bd$ 예 $(2x+4)(5x-1) = 10x^2 + (-2+20)x - 4 = 10x^2 + 18x - 4$
인수분해	· 다항식을 2개 이상의 인수의 곱으로 나타내는 것 · $a^2 \pm 2ab + b^2 = (a \pm b)^2$ · $a^2 - b^2 = (a+b)(a-b)$ · $x^2 + (a+b)x + ab = (x+a)(x+b)$ · $acx^2 + (ad+bc)x + bd = (ax+b)(cx+d)$ 예 $x^2 - 5x - 6 = (x+1)(x-6)$

5) 방정식

방정식	· 정의: 미지수를 포함하는 등식으로, 미지수의 값에 따라 참 또는 거짓이 되는 식 · 근: 방정식이 참이 되게 하는 미지수의 값으로, '해'라고도 함
이차방정식의 근의 공식	· 이차방정식 $ax^2 + bx + c = 0(a \neq 0)$의 근 $x = \frac{-b \pm \sqrt{b^2 - 4ac}}{2a}$
이차방정식의 근과 계수와의 관계	계수가 a, b이고, 상수가 c인 이차방정식 $ax^2 + bx + c = 0(a \neq 0)$의 두 근을 α, β라고 하면 · $\alpha + \beta = -\frac{b}{a}$ · $\alpha\beta = \frac{c}{a}$ 예 $2x^2 - 3x - 5 = 0$의 두 근의 합 : $-\frac{-3}{2} = \frac{3}{2}$

확인 문제

$4x^2 + 4x - 3 = 0$의 두 근이 a, b일 때, a−b의 값은? (단, a>b)

① $\frac{1}{2}$ ② 1 ③ $\frac{3}{2}$ ④ 2 ⑤ $\frac{5}{2}$

정답: ④

6) 방정식의 활용 지농6급 기출

작업량	· $\text{시간당 작업량} = \frac{\text{작업량}}{\text{시간}}$ · 작업량 = 시간당 작업량 × 시간 · $\text{시간} = \frac{\text{작업량}}{\text{시간당 작업량}}$
거리 · 속력 · 시간	· 거리 = 속력 × 시간 · $\text{속력} = \frac{\text{거리}}{\text{시간}}$ · $\text{시간} = \frac{\text{거리}}{\text{속력}}$
소금물의 농도	· $\text{소금물의 농도(\%)} = \frac{\text{소금의 양}}{\text{소금물의 양}} \times 100$ · $\text{소금의 양} = \text{소금물의 양} \times \frac{\text{소금물의 농도}}{100}$ · 소금물의 양 = 물의 양 + 소금의 양
정가 · 이익 · 할인율 · 할인가	· $\text{정가} = \text{원가} \times \left(1 + \frac{\text{이익률}}{100}\right)$ · 이익 = 정가 − 원가 (정가 > 원가) · $\text{정가 이익률(\%)} = \left(\frac{\text{이익}}{\text{정가}}\right) \times 100$ · $\text{원가 이익률(\%)} = \left(\frac{\text{이익}}{\text{원가}}\right) \times 100$ · $\text{할인율(\%)} = \left(\frac{\text{정가} - \text{할인가}}{\text{정가}}\right) \times 100$ · $\text{할인가} = \text{정가} \times \left(1 - \frac{\text{할인율}}{100}\right)$

7) 부등식 지농6급 기출

부등식의 정의	부등호를 사용하여 두 수 또는 두 식의 대소관계를 나타낸 식
부등식의 성질	· $a<b$일 때, $a+c<b+c$, $a-c<b-c$ · $a<b$, $c>0$일 때, $ac<bc$, $\frac{a}{c}<\frac{b}{c}$ · $a<b$, $c<0$일 때, $ac>bc$, $\frac{a}{c}>\frac{b}{c}$
부등식의 사칙연산	$a<x<b$, $c<y<d$일 때, · 덧셈: $a+c<x+y<b+d$ · 뺄셈: $a-d<x-y<b-c$ · 곱셈: 경계값들의 계산 결과, ac, bc, ad, bd 중 가장 큰 값과 가장 작은 값 · 나눗셈: 경계값들의 계산 결과, $\frac{a}{c}$, $\frac{b}{c}$, $\frac{a}{d}$, $\frac{b}{d}$ 중 가장 큰 값과 가장 작은 값

확인 문제

정가가 52,000원인 쌀 20kg을 20% 할인해서 판매할 때, 할인가는?

① 45,000원 ② 41,600원 ③ 39,000원 ④ 36,400원 ⑤ 35,000원

정답: ②

8) 여러 가지 경우의 수 지능6급 기출

두 사건의 경우의 수	어떤 사건 A가 일어나는 경우의 수를 m, 어떤 사건 B가 일어나는 경우의 수를 n이라고 하면 · 두 사건 A, B가 동시에 일어나지 않을 때, 사건 A 또는 B가 일어나는 경우의 수: $m+n$ · 두 사건 A, B가 서로 영향을 주지 않을 때, 두 사건 A, B가 동시에 일어나는 경우의 수: $m \times n$
동전, 주사위를 던질 때의 경우의 수	· n개의 동전을 던질 때의 경우의 수: 2^n · n개의 주사위를 던질 때의 경우의 수: 6^n
한 줄로 세울 때의 경우의 수	· n명을 한 줄로 세울 때의 경우의 수: $n \times (n-1) \times (n-2) \times \cdots \times 2 \times 1 = n!$ · n명 중 k명만 한 줄로 세울 때의 경우의 수: $n \times (n-1) \times (n-2) \times \cdots \times (n-k+1)$
대표를 선출할 때의 경우의 수	· n명 중 자격이 다른 2명의 대표를 선출할 때의 경우의 수: $n \times (n-1)$ · n명 중 자격이 같은 2명의 대표를 선출할 때의 경우의 수: $\frac{n \times (n-1)}{2}$

9) 순열과 조합 지능6급 기출

순열	· 서로 다른 n개에서 중복을 허락하지 않고 r개를 택하여 한 줄로 배열하는 경우의 수: ${}_nP_r = n \times (n-1) \times (n-2) \times \cdots \times (n-r+1) = \frac{n!}{(n-r)!}$ (단, $0 < r \le n$)
중복순열	· 서로 다른 n개에서 중복을 허용하여 r개를 택하는 순열의 수: ${}_n\Pi_r = n^r$
같은 것이 있는 순열	· n개 중 같은 것이 각각 p개, q개, r개일 때, n개를 모두 사용하여 한 줄로 배열하는 경우의 수: $\frac{n!}{p!q!r!}$ (단, $p+q+r=n$)
원순열	· 서로 다른 n개를 원형으로 배열하는 경우의 수: $\frac{{}_nP_n}{n} = \frac{n!}{n} = (n-1)!$ · 서로 다른 n개에서 r개를 택하여 원형으로 배열하는 경우의 수: $\frac{{}_nP_r}{r}$
조합	· 서로 다른 n개에서 순서를 고려하지 않고 r개를 택하는 경우의 수: ${}_nC_r = \frac{n \times (n-1) \times (n-2) \times \cdots \times (n-r+1)}{r!} = \frac{n!}{r!(n-r)!}$ (단, $0 < r \le n$)

확인 문제

7명의 학생 중 대표 2명을 뽑을 때의 경우의 수는?

① 49가지 ② 42가지 ③ 21가지 ④ 14가지 ⑤ 7가지

정답: ③

10) 확률 지능6급 기출

확률의 정의	· 사건 A가 일어날 확률: $\frac{\text{사건 A가 일어날 경우의 수}}{\text{모든 경우의 수}}$
여사건의 확률	· 어떤 사건 A가 일어날 확률이 p일 때, 사건 A가 일어나지 않을 확률: 1 - p · '적어도…'의 확률: 1 - (반대 사건의 확률)
확률의 덧셈정리와 곱셈정리	어떤 사건 A가 일어날 확률을 p, 어떤 사건 B가 일어날 확률을 q라고 하면 · 두 사건 A, B가 동시에 일어나지 않을 때, 사건 A 또는 B가 일어날 확률: p + q · 두 사건 A, B가 서로 영향을 주지 않을 때, 두 사건 A, B가 동시에 일어날 확률: p × q

4 기초통계능력 소개

1) 기초통계능력의 의미

업무 상황에서 평균, 합계, 빈도와 같은 기초적인 통계기법을 활용하여 자료를 정리하고 요약하는 능력

2) 활용되는 상황

- 연간 상품 판매실적을 제시하는 경우
- 업무비용을 다른 조직과 비교해야 하는 경우
- 업무 결과를 제시해야 하는 경우
- 상품 판매를 위한 지역조사를 하는 경우

5 통계의 의미와 활용

1) 통계의 의미

- 집단적 현상이나 수집된 자료에 대한 양적 표현을 반영하는 숫자 또는 수량적인 기술
- 사회 집단이나 자연 현상을 정리하거나 분석하는 수단

2) 통계의 종류와 기능

① 통계의 종류

- 정태 통계: 일정한 시점에 대상이 되는 집단의 상태를 파악하는 통계
- 동태 통계: 일정한 기간에 대상이 되는 집단의 누적 상태를 파악하는 통계

② 통계의 기능

- 많은 수량적 자료를 처리 가능하고 쉽게 이해할 수 있는 형태로 축소시키는 도구
- 표본을 통해 연구대상 집단의 특성을 유추하는 도구
- 관찰 가능한 자료를 통해 논리적으로 어떠한 결론을 추출 및 검증하는 도구
- 의사결정의 보조수단이 되는 도구

확인 문제

3명이 가위바위보를 할 때, 모두 같은 것을 낼 확률은?

① $\frac{1}{27}$ ② $\frac{1}{9}$ ③ $\frac{4}{27}$ ④ $\frac{2}{9}$ ⑤ $\frac{1}{3}$

정답: ②

3) 대푯값과 퍼진 정도

① 대푯값 지농6급 기출

평균	· 변량의 총합을 변량의 개수로 나눈 값으로 대상집단의 성격을 함축하여 나타내지만 극단적이거나 이질적인 값에 영향을 크게 받아 자료 전체를 대표하지 못할 가능성이 있음 예 92, 85, 67, 81, 76, 67에 대한 평균은 $\frac{92+85+67+81+76+67}{6}=78$ · 평균의 종류 – 산술평균: 변량의 총합을 변량의 개수로 나눈 값 – 가중평균: 변량에 중요도나 영향도에 해당하는 각각의 가중치를 곱하여 모두 더한 값을 가중치의 합계로 나눈 값
최댓값	· 변량 중에서 크기가 가장 큰 값 예 92, 85, 67, 81, 76, 67에 대한 최댓값은 크기가 가장 큰 92
최솟값	· 변량 중에서 크기가 가장 작은 값 예 92, 85, 67, 81, 76, 67에 대한 최솟값은 크기가 가장 작은 67
중앙값	· 변량을 최솟값부터 최댓값까지 크기 순으로 배열했을 때 정중앙에 위치하는 값으로 너무 작거나 너무 큰 값에 영향을 받지 않고 자료 전체를 대표할 수 있음 예 92, 85, 67, 81, 76, 67에 대한 중앙값은 크기 순으로 3번째와 4번째에 위치하는 81과 76의 평균인 $\frac{81+76}{2}=78.5$
최빈값	· 변량 중에서 가장 많이 나오는 값으로 한 개 이상 존재할 수 있음 예 92, 85, 67, 81, 76, 67에 대한 최빈값은 두 번 관찰되는 67

② 퍼진 정도 지농6급 기출

분산	· 각 변량과 평균의 차이의 제곱합을 변량의 개수로 나눈 값으로 자료의 퍼져 있는 정도를 구체적인 수치로 알려주는 도구 예 변량 91, 85, 67, 81, 76의 평균값이 80일 때, 분산은 $\frac{(91-80)^2+(85-80)^2+(67-80)^2+(81-80)^2+(76-80)^2}{5}=66.4$
표준편차	· 분산값의 제곱근 값으로 각 변량이 평균값으로부터 얼마나 떨어져 있는지 나타내는 도구 · 표준편차가 크면 변량이 평균값으로부터 넓게 퍼져 있고, 작으면 평균값에 집중됨을 의미함
범위	· 최댓값에서 최솟값을 뺀 값으로 분포의 흩어진 정도를 나타내는 가장 간단한 도구 · 계산이 용이한 반면, 극단적인 값에 크게 영향을 받을 수 있음

4) 통계자료 해석 시 유의사항

- 대푯값 중 평균과 중앙값은 서로 다른 개념이므로 어떤 값을 사용했는지 명확히 제시해야 함
- 대푯값 중 평균과 중앙값은 모두 중요한 개념이므로 같은 중요도를 가지고 활용해야 함
- 평균과 표준편차만으로 원자료의 전체적인 특징을 파악하기 어렵기 때문에 최댓값, 최솟값, 중앙값, 하위 25% 값, 상위 25% 값 다섯 숫자를 활용해야 함

확인 문제

변량 80, 65, 90, 80, 68, 85, 73, 68, 98, 88, 80의 최빈값은?

정답: 80

1 기본수열 지농6급 기출

등차수열

· 앞항에 차례로 일정한 수를 더하면 다음 항이 얻어지는 수열

예

1	→	3	→	5	→	7	→	9	→	11	→	13
	+2		+2		+2		+2		+2		+2	

등비수열

· 앞항에 차례로 일정한 수를 곱하면 다음 항이 얻어지는 수열

예

1	→	2	→	4	→	8	→	16	→	32	→	64
	×2		×2		×2		×2		×2		×2	

2 응용수열 지농6급 기출

등차 계차수열

· 앞항과 다음 항의 차가 순서대로 등차를 이루는 수열

예

1	→	3	→	7	→	13	→	21	→	31	→	43
	+2	→	+4	→	+6	→	+8	→	+10	→	+12	
		+2		+2		+2		+2		+2		

등비 계차수열

· 앞항과 다음 항의 차가 순서대로 등비를 이루는 수열

예

1	→	3	→	7	→	15	→	31	→	63	→	127
	+2	→	+4	→	+8	→	+16	→	+32	→	+64	
		×2		×2		×2		×2		×2		

반복수열

· 앞항과 다음 항 사이에 여러 개의 연산기호가 반복적으로 적용되는 수열

예

1	→	3	→	6	→	4	→	6	→	12	→	10
	+2		×2		−2		+2		×2		−2	

· 앞항과 다음 항 사이에 여러 개의 연산이 반복적으로 적용되는 수열

예

1	→	3	→	9	→	11	→	33	→	35	→	105
	+2		×3		+2		×3		+2		×3	

확인 문제

다음에 제시된 수열의 종류는?

1 3 9 27 81 243

정답: 등비수열

피보나치수열

· 앞의 두 항을 더하면 다음 항이 얻어지는 수열

예

0	→	1	→	1	→	2	→	3	→	5	→	8
				=0+1		=1+1		=1+2		=2+3		=3+5

기타수열

· 홀수항에 적용되는 연산과 짝수항에 적용되는 연산이 각각 일정한 규칙으로 변화하는 수열

예

1		2		4		7		28		33		198
	+1		×2		+3		×4		+5		×6	

· 앞항과 다음 항 사이에 적용되는 연산이 분기점을 중심으로 변화하는 수열

예

1	→	1	→	2	→	6	→	24	→	72	→	144
	×1		×2		×3		×4		×3		×2	

· 앞항에 두 개 이상의 연산을 적용시키면 다음 항이 얻어지는 수열

예

1	→	3	→	8	→	19	→	42	→	89	→	184
	×2+1		×2+2		×2+3		×2+4		×2+5		×2+6	

3 문자 순서 지농6급 기출

알파벳

…	X	Y	Z	A	B	C	D	E	F	G	H
…	-2	-1	0	1	2	3	4	5	6	7	8
I	J	K	L	M	N	O	P	Q	R	S	T
9	10	11	12	13	14	15	16	17	18	19	20
U	V	W	X	Y	Z	A	B	C	…		
21	22	23	24	25	26	27	28	29	…		

한글 자음

…	ㅌ	ㅍ	ㅎ	ㄱ	ㄴ	ㄷ	ㄹ	ㅁ	ㅂ	ㅅ
…	-2	-1	0	1	2	3	4	5	6	7
ㅇ	ㅈ	ㅊ	ㅋ	ㅌ	ㅍ	ㅎ	ㄱ	ㄴ	ㄷ	…
8	9	10	11	12	13	14	15	16	17	…

한글 모음

…	ㅠ	ㅡ	ㅣ	ㅏ	ㅑ	ㅓ	ㅕ	ㅗ
…	-2	-1	0	1	2	3	4	5
ㅛ	ㅜ	ㅠ	ㅡ	ㅣ	ㅏ	ㅑ	ㅓ	…
6	7	8	9	10	11	12	13	…

확인 문제

빈칸에 들어갈 알맞은 문자는?

ㄱ ㄷ ㅁ ㅅ ( ) ㅋ

정답: ㅈ

3. 도표분석

1 도표의 의미와 종류

1) 도표의 의미

도표는 타인이 자신의 주장을 한눈에 알아볼 수 있도록 선, 그림, 원 등을 이용하여 데이터를 시각적으로 표현한 것을 의미함

2) 도표의 종류

선(꺾은선)그래프	· 정의: 주로 시간의 경과에 따라 수량에 의한 변화의 상황을 꺾은선의 기울기로 나타내는 그래프 · 용도 – 시간적 추이 즉, 시계열 변화를 표시하는 용도로 쓰임 – 경과, 비교, 분포(도수, 곡선그래프)를 비롯하여 상관관계 등을 나타내는 용도로 쓰임
막대그래프	· 정의: 수량을 의미하는 막대의 길이를 비교하여 각 수량 간의 대소관계를 나타내는 그래프 · 용도: 내역, 경과, 비교, 도수 등을 표시하는 용도로 쓰임
원그래프	· 정의: 하나의 원을 전체 수량에 대한 부분의 비율에 따라 비례하는 면적의 부채꼴로 나타내는 그래프 · 용도: 내역, 내용의 구성비 등을 나타내는 용도로 쓰임
점그래프	· 정의: 가로축과 세로축의 요소가 각기 다른 데이터들의 분포를 점으로 나타내는 그래프 · 용도: 지역분포를 비롯하여 도시, 지방, 기업, 상품 등의 평가나 위치, 성격을 표시하는 용도로 쓰임
방사형그래프 (레이더차트, 거미줄그래프)	· 정의: 원그래프의 한 종류로, 비교하는 수량을 직경, 또는 반경으로 나누어 원의 중심에서의 거리에 따라 각 수량의 관계를 나타내는 그래프 · 용도: 다양한 요소를 한 번에 비교하거나 경과를 나타내는 용도로 쓰임

확인 문제

시간의 경과에 따라 수량에 의한 변화의 상황을 꺾은선의 기울기로 나타내는 그래프는?

① 선그래프 ② 막대그래프 ③ 원그래프
④ 점그래프 ⑤ 방사형그래프

정답: ①

2 도표분석능력 소개

1) 도표분석능력의 의미

직장생활에서의 도표분석능력은 도표의 의미를 파악하고, 필요한 정보를 해석하여 자료의 특성을 규명하는 것을 의미함

2) 활용되는 상황

- 도표로 제시된 자료를 해석하는 경우
- 도표로 제시된 업무비용을 측정하는 경우
- 조직의 생산가동률 변화표를 분석하는 경우
- 계절에 따른 고객의 요구도가 그래프로 제시된 경우
- 경쟁업체와의 시장점유율이 그림으로 제시된 경우

3 도표분석 방법

1) 도표분석 시 활용되는 계산식 지농6급 기출

변화량	· 기준연도 A 대비 비교연도 B의 변화량 = 비교연도 B − 기준연도 A 예 2020년 매출액이 500억 원, 2022년 매출액이 700억 원일 때 2020년 대비 2022년 매출액의 변화량 : 700 − 500 = 200억 원
증감률	· 기준연도 A 대비 비교연도 B의 증감률(%) = {(비교연도 B − 기준연도 A) / 기준연도 A} × 100 예 2020년 매출액이 500억 원, 2022년 매출액이 700억 원일 때 2020년 대비 2022년 매출액의 증감률 : {(700 − 500) / 500} × 100 = 40%
비중	· 전체에서 A가 차지하는 비중(%) = (A / 전체) × 100 예 2022년 S 사가 제조한 A 제품은 100만 개, 전체 제품은 400만 개일 때 2022년 S 사가 제조한 전체 제품 중 A 제품이 차지하는 비중: (100 / 400) × 100 = 25%

2) 도표분석 시 유의사항

- 자신의 업무와 관련된 지식을 상식화해야 함
- 도표에 제시된 자료의 의미에 대한 정확한 숙지가 필요함
- 도표로부터 알 수 있는 것과 알 수 없는 것을 완벽히 구별해야 함
- 총량의 증가와 비율의 증가를 구분해야 함
- 백분위수와 사분위수의 의미를 정확히 이해해야 함

확인 문제

20X0년 오렌지 생산량이 50만 톤이고, 20X1년 오렌지 생산량이 47.5만 톤일 때, 20X0년 대비 20X1년 오렌지 생산량의 증감률은?

① −20%　② −15%　③ −5%　④ 5%　⑤ 15%

정답: ③

4 도표작성능력 소개

1) 도표작성능력의 의미

업무 상황에서 데이터를 이용하여 도표를 효과적으로 제시하는 능력

2) 활용되는 상황

- 도표를 사용하여 업무결과를 제시하는 경우
- 업무의 목적에 맞게 계산결과를 묘사하는 경우
- 업무 중 계산을 수행하고 결과를 정리하는 경우
- 업무에 소요되는 비용을 시각화해야 하는 경우
- 고객과 소비자의 정보를 조사하고 결과를 설명하는 경우

5 도표작성 방법

1) 도표작성의 목적

- 보고 및 설명을 위함
- 상황분석을 위함
- 관리목적을 위함

2) 도표작성의 절차

1단계	어떠한 도표로 작성할 것인지 결정함
2단계	가로축과 세로축에 나타낼 것을 결정함
3단계	가로축과 세로축의 눈금의 크기를 결정함
4단계	자료를 가로축과 세로축이 만나는 위치에 표시함
5단계	표시된 점에 따라 도표를 작성함
6단계	도표의 제목 및 단위를 표시함

확인 문제

다음 중 도표작성의 절차상 1단계에 진행해야 하는 것은?

① 자료를 가로축과 세로축이 만나는 위치에 표시
② 가로축과 세로축에 나타낼 것 결정
③ 도표의 제목 및 단위 표시
④ 어떠한 도표로 작성할 것인지 결정
⑤ 표시된 점에 따라 도표 작성

정답: ④

3) 도표작성 시 유의사항

선(꺾은선)그래프	· 일반적으로 세로축에 수량(금액, 매출액 등), 가로축에 명칭구분(연, 월, 장소 등)을 제시함 · 축의 모양은 L자형으로 나타냄 · 세로축의 눈금을 가로축의 눈금보다 크게 나타내어 높이에 따른 수치 파악을 용이하게 함 · 선이 두 종류 이상인 경우에는 선마다 명칭을 기입해야 함 · 중요한 선은 다른 선보다 굵게 하거나 색을 다르게 나타내어 강조함
막대그래프	· 세로 막대그래프와 가로 막대그래프 중 세로 막대그래프를 일반적으로 사용함 · 축의 모양은 L자형이 일반적이지만 가로 막대그래프는 사방을 틀로 싸는 것이 좋음 · 가로축은 명칭구분(연, 월, 장소, 종류 등)을, 세로축은 수량(금액, 매출액 등)을 제시함 · 부득이하게 막대 수가 많을 경우에는 눈금선을 기입하는 것이 좋음 · 각 항목에 따른 막대의 폭은 모두 같게 나타내야 함
원그래프	· 일반적으로 정각 12시의 선을 시작선으로 하여, 이를 기점으로 오른쪽으로 그려야 함 · 분할선은 구성비율이 큰 순서로 그리며, '기타' 항목은 가장 마지막에 그리는 것이 좋음 · 각 항목의 명칭은 일반적으로 같은 방향으로 기록하며, 각도가 적어서 명칭을 기록하기 힘든 경우에는 지시선을 써서 기록함

4) 도표작성의 실제

① 엑셀프로그램을 활용한 도표작성의 장점

엑셀을 이용하여 작성한 도표는 호환성이 대단히 높고, 비교적 간편하게 작성할 수 있음

② 엑셀프로그램을 활용한 도표작성의 단계

1단계	자료의 입력
2단계	삽입 - 그래프의 종류 선택
3단계	데이터의 범위와 계열 수정
4단계	범례 수정
5단계	제목 및 그래프 색 수정

확인 문제

다음 중 막대그래프에 대한 설명으로 옳지 않은 것은?

① 각 항목에 따른 막대의 폭은 모두 같게 나타내야 한다.
② 막대 수가 많을 경우에는 눈금선을 기입하는 것이 좋다.
③ 가로축은 수량을, 세로축은 명칭구분을 제시한다.
④ 일반적으로 가로 막대그래프보다 세로 막대그래프를 사용한다.
⑤ 가로 막대그래프는 사방을 틀로 싸는 것이 좋다.

정답: ③

기출유형공략

유형 1 기초연산

유형 특징

· 주어진 조건을 이용하여 식을 세우고 답을 도출하는 유형의 문제이다.

세부 출제 유형

· 기초연산은 다음과 같이 3개의 세부 유형으로 출제된다.
① 금융 관련 이론을 적용하여 계산하는 문제
② 기본 공식을 적용하여 계산하는 문제
③ 통계 관련 이론을 적용하여 계산하는 문제

공략법

· 사칙연산과 방정식, 경우의 수, 확률, 평균, 분산 등 기본적인 수학 이론을 학습한다. (기초이론 p.136)

· 금융 상품과 관련 있는 문제를 풀어보며 이자, 이자율, 만기지급액, 중도상환액 등의 계산 방법을 익힌다.

예제 1 금융 관련 이론을 적용하여 계산하는 문제

종화는 3월 1일에 은행에서 월 이자율 1%인 월 복리 비과세 적금 상품에 가입하였다. 3월 1일부터 시작하여 매월 1일에 100만 원씩 3개월 동안 적립했다고 하였을 때, 6월 1일에 만기 해지하며 받을 수 있는 총금액은? (단, 6월 1일에는 100만 원을 적립하지 않으며, $(1.01)^3=1.0303$이다.)

① 3,030,000원 ② 3,060,300원 ③ 3,090,900원 ④ 3,120,500원 ⑤ 3,360,000원

|정답 및 해설| ②

매월 1일에 적립하는 원금을 A, 이자율을 r, 기간을 n이라고 하면 기수불의 원리금 합계는 $\frac{A(1+r)\{(1+r)^n-1\}}{(1+r)-1}$임을 적용하여 구한다.

종화는 월 이자율 1%인 월 복리 비과세 적금 상품에 가입하여 매월 1일에 100만 원씩 3개월 동안 적립하므로 매월 1일에 적립하는 원금 A는 1,000,000원이고, 월 이자율 r은 1%=0.01이며, 기간 n은 3이다.

따라서 종화가 6월 1일에 만기 해지하며 받을 수 있는 총금액은 $\frac{1{,}000{,}000(1+0.01)\{(1+0.01)^3-1\}}{0.01}=3{,}060{,}300$원이다.

예제 2 기본 공식을 적용하여 계산하는 문제

동현이는 둘레가 총 16m인 직사각형 모양의 테이블을 제작하기 위해 도면을 그렸으나, 실제로는 가로 길이를 2m 줄이고, 세로 길이도 1m 줄여서 테이블을 제작하였다. 실제로 제작된 직사각형 모양 테이블의 넓이가 $4m^2$일 때, 처음 도면에 그린 테이블의 넓이는? (단, 처음 도면에 그린 테이블의 가로 길이는 세로 길이보다 길다.)

① $7m^2$ ② $10m^2$ ③ $12m^2$ ④ $15m^2$ ⑤ $16m^2$

|정답 및 해설| ③

직사각형의 둘레 길이=(가로 길이×2)+(세로 길이×2), 직사각형의 넓이=가로 길이×세로 길이임을 적용하여 구한다.
동현이가 처음 도면에 그린 테이블의 가로 길이를 x라고 하면, 세로 길이는 $(16-2x)/2=8-x$이다.
실제로 제작한 테이블은 처음 도면에 그린 테이블 대비 가로 길이를 2m, 세로 길이를 1m 줄여서 넓이가 $4m^2$가 되었으므로
$(x-2)(8-x-1)=4 \rightarrow -x^2+9x-14-4=0 \rightarrow -x^2+9x-18=0 \rightarrow -(x-3)(x-6)=0 \rightarrow x=3$ 또는 6이다.
$x=3$인 경우 처음 도면에 그린 테이블의 가로 길이는 3m, 세로 길이는 5m이고, $x=6$인 경우 처음 도면에 그린 테이블의 가로 길이는 6m, 세로 길이는 2m이다. 이때 처음 도면에 그린 테이블의 가로 길이는 세로 길이보다 길므로 처음 도면에 그린 테이블의 가로 길이는 6m, 세로 길이는 2m이다.
따라서 처음 도면에 그린 테이블의 넓이는 $6\times2=12m^2$이다.

예제 3 통계 관련 이론을 적용하여 계산하는 문제

A~E 5명이 응시한 지역농협 승진시험에서 시험 점수가 높은 순서대로 상위 2명만 승진할 수 있다. 다음 조건을 모두 고려하였을 때, 승진시험 점수의 커트라인은?

- A의 승진시험 점수는 B의 승진시험 점수보다 4점이 높지만, C의 승진시험 점수보다 3점이 낮다.
- C는 D보다 승진시험 점수가 10점 높다.
- E는 40점으로 가장 낮은 승진시험 점수를 받았고, 5명의 평균 승진시험 점수보다 8점 낮다.

① 49점 ② 50점 ③ 51점 ④ 52점 ⑤ 53점

|정답 및 해설| ④

변량의 총합=평균×변량의 개수임을 적용하여 구한다.

E는 40점으로 가장 낮은 승진시험 점수를 받았고, 5명의 평균 승진시험 점수보다 8점이 낮으므로 5명의 평균 승진시험 점수는 48점임에 따라 5명의 승진시험 점수의 총합은 48×5=240점이다.

C의 승진시험 점수를 x라고 하면 A의 승진시험 점수는 C의 승진시험 점수보다 3점이 낮으므로 A의 승진시험 점수는 $x-3$이고, B의 승진시험 점수는 A의 승진시험 점수보다 4점이 낮으므로 B의 승진시험 점수는 $(x-3)-4=x-7$이며, D의 승진시험 점수는 C의 승진시험 점수보다 10점 낮으므로 D의 승진시험 점수는 $x-10$이다.

이때 5명의 승진시험 점수의 총합이 240점이므로

$(x-3)+(x-7)+x+(x-10)+40=240 \rightarrow 4x-20+40=240 \rightarrow 4x=220 \rightarrow x=55$

승진시험 점수는 A가 55−3=52점, B가 55−7=48점, C가 55점, D가 55−10=45점, E가 40점이고, 5명 중 시험 점수가 높은 순서대로 상위 2명만 승진할 수 있으므로 승진시험 점수가 55점인 C와 52점인 A가 승진하였다. 이에 따라 둘 중 승진시험 점수가 더 낮은 A의 승진시험 점수가 승진시험 점수의 커트라인이다.

따라서 승진시험 점수의 커트라인은 52점이다.

유형공략문제

01 △△기업에서는 작년에 A 제품의 정가를 260만 원으로 책정하여 판매하였더니 제품 1개당 얻은 정가 이익률이 30%였다. 올해 A 제품의 원가가 28만 원 상승하였으나 A 제품에 대한 정가 이익률은 작년과 동일하게 30%로 유지하고자 할 때, A 제품의 작년 정가와 올해 정가의 금액 차는?

① 28만 원 ② 32만 원 ③ 36만 원 ④ 40만 원 ⑤ 44만 원

02 총무부에 근무하는 김 사원은 직원 50명의 간식으로 빵과 우유를 50개씩 주문하였다. 빵의 정가는 개당 1,500원이고 우유의 정가는 개당 1,000원이며, 각각 30개를 초과하는 단체 주문 시 초과분에 대해 빵은 20%, 우유는 15%의 할인을 받을 때, 간식을 구매하는 데 지불한 총 비용은?

① 107,500원 ② 110,000원 ③ 116,000원 ④ 117,500원 ⑤ 125,000원

03 다음은 1년 동안 우리나라의 월별 최고 기온을 나타낸 자료이다. 월별 최고 기온의 최빈값을 a, 평균값을 b, 중앙값을 c라고 할 때, a+b+c의 값은?

구분	1월	2월	3월	4월	5월	6월	7월	8월	9월	10월	11월	12월
최고 기온	2℃	5℃	13℃	20℃	27℃	30℃	31℃	34℃	28℃	20℃	12℃	6℃

① 57 ② 58 ③ 59 ④ 60 ⑤ 61

04 대명이는 일본 여행 경비로 원화 535,000원을 엔화로 환전하였고, 환전한 엔화의 70%를 일본 여행에서 사용 후 귀국하여 남은 엔화를 모두 원화로 다시 환전하였을 때, 대명이가 귀국 후 다시 환전한 원화는? (단, 여행 전후와 관계없이 환전 가격은 모두 환율표와 같다.)

[환율표]

구분	현금 살 때	현금 팔 때
1달러	1,162원	1,122원
1유로	1,384원	1,330원
100엔	1,070원	1,030원
1위안	185원	166원

※ '현금 살 때'는 원화를 지불하여 외화를 구매하는 것을 의미하고, '현금 팔 때'는 외화를 지불하여 원화를 구매하는 것을 의미함

① 154,500원 ② 160,500원 ③ 166,920원 ④ 274,920원 ⑤ 374,500원

05 N 목욕탕에서 온탕에 물을 가득 채우는 데 A 호스로는 14분, B 호스로는 10분, C 호스로는 35분이 걸린다고 한다. 3개의 호스를 동시에 사용하여 온탕에 물을 가득 채우는 데 걸리는 시간은?

① 4분 ② 4분 40초 ③ 5분 ④ 5분 20초 ⑤ 6분

약점 보완 해설집 p.12

유형 2 수/문자추리

유형 특징

- 주어진 숫자, 문자, 기호 등에 적용된 규칙을 파악하여 빈칸에 들어갈 알맞은 숫자 또는 문자를 유추하는 유형의 문제이다.

세부 출제 유형

- 수/문자추리는 다음과 같이 3개의 세부 유형으로 출제된다.
  ① 수의 관계를 유추하는 문제
  ② 문자의 관계를 유추하는 문제
  ③ 기호에 적용된 숫자와 문자의 관계를 유추하는 문제

공략법

- 시험에 출제된 적이 있는 기본수열과 응용수열을 학습한다. (기초이론 p.144)
- 알파벳, 한글 자음, 한글 모음 순서를 충분히 학습하여 숫자로 빠르게 변경하는 연습을 한다. (기초이론 p.145)
- 나열된 수에서 규칙을 찾을 수 없을 때에는 홀수항과 짝수항을 나누어 비교하거나, 제시된 수를 2개 또는 3개씩 나누어 비교하며 규칙을 파악해 본다.
- 숫자 또는 문자로 구성된 문자열에서 각 자리 숫자의 위치가 변경되는 등의 규칙이 적용되므로 최대한 많은 문제를 풀어보면서 다양한 규칙을 빠르게 파악하는 연습을 한다.

예제 1 수의 관계를 유추하는 문제

다음 숫자가 규칙에 따라 나열되어 있을 때, 빈칸에 들어갈 알맞은 것을 고르면?

2 4 8 16 ( )

① 20 ② 24 ③ 28 ④ 30 ⑤ 32

|정답 및 해설| ⑤

제시된 각 숫자 간의 값이 ×2로 반복되므로 빈칸에 들어갈 알맞은 숫자는 '32'이다.

예제 2 문자의 관계를 유추하는 문제

다음 문자가 규칙에 따라 나열되어 있을 때, 빈칸에 들어갈 알맞은 것을 고르면?

F G H I ( ) K L M N

① A ② G ③ J ④ O ⑤ S

|정답 및 해설| ③

제시된 각 문자를 알파벳 순서에 따라 숫자로 변경한다.

F	G	H	I	(J)	K	L	M	N
6	7	8	9	10	11	12	13	14

각 숫자 간의 값이 +1로 반복되므로 빈칸에 들어갈 알맞은 문자는 숫자 10에 해당하는 'J'이다.

예제 3 기호에 적용된 숫자와 문자의 관계를 유추하는 문제

다음 각 기호가 문자, 숫자의 배열을 바꾸는 규칙을 나타낸다고 할 때, 빈칸에 들어갈 알맞은 것을 고르면?

SK2G SAG7

↓ ↓

( ) → ○ → △ → VQDN

↓ ↓

VI3K 7ASG

① ASMR ② AMSR ③ DQNV ④ DVQN ⑤ VSGQ

|정답 및 해설| ①

○: 문자와 숫자 순서에 따라 첫 번째 문자(숫자)를 다음 세 번째 순서에 오는 문자(숫자)로, 두 번째 문자(숫자)를 이전 두 번째 순서에 오는 문자(숫자)로, 세 번째 문자(숫자)를 바로 다음 순서에 오는 문자(숫자)로, 네 번째 문자(숫자)를 다음 네 번째 순서에 오는 문자(숫자)로 변경한다.

ex. abcd → dzdh (a+3, b−2, c+1, d+4)

△: 첫 번째 문자(숫자)를 세 번째 자리로, 세 번째 문자(숫자)를 네 번째 자리로, 네 번째 문자(숫자)를 첫 번째 자리로 이동시킨다.

ex. abcd → dbac

따라서 빈칸에 들어갈 알맞은 것은 ASMR → ○ → DQNV → △ → VQDN이다.

유형공략문제

01 다음 숫자가 규칙에 따라 나열되어 있을 때, 빈칸에 들어갈 알맞은 것을 고르면?

5　7　10　15　23　35　52　(　　)

① 60　② 65　③ 70　④ 75　⑤ 80

02 다음 문자가 규칙에 따라 나열되어 있을 때, 빈칸에 들어갈 알맞은 것을 고르면?

F　A　H　B　(　　)　C　L　D　N

① A　② D　③ I　④ J　⑤ K

03 다음 숫자가 규칙에 따라 나열되어 있을 때, 빈칸에 들어갈 알맞은 것을 고르면?

1792　896　448　(　　)　112　56

① 196　② 224　③ 280　④ 304　⑤ 320

04 다음 각 기호가 문자, 숫자의 배열을 바꾸는 규칙을 나타낸다고 할 때, 빈칸에 들어갈 알맞은 것을 고르면?

		2537		S7O4		
		↓		↓		
38BF	→	♡	→	■	→	BE47
		↓		↓		
		3436		( )		

① T6O3 ② O7S4 ③ O4S7 ④ 7S4O ⑤ 7OS4

05 다음 각 기호가 문자, 숫자의 배열을 바꾸는 규칙을 나타낸다고 할 때, 빈칸에 들어갈 알맞은 것을 고르면?

		25OT		C82U		
		↓		↓		
W7B3	→	◇	→	★	→	( )
		↓		↓		
		17NV		8CU2		

① 9V5A ② 5X1C ③ V9A5 ④ X5C1 ⑤ X9C5

약점 보완 해설집 p.12

유형 3 도표분석

유형 특징

- 주어진 도표를 분석하거나 항목의 값을 이용하여 계산하는 유형의 문제이다.

세부 출제 유형

- 도표분석은 다음과 같이 3개의 세부 유형으로 출제된다.
  ① 도표의 수치를 이용하여 계산하는 문제
  ② 도표의 의미를 해석하는 문제
  ③ 도표를 다른 형태로 변환하는 문제

공략법

- 도표를 정확히 분석할 수 있도록 도표의 종류 및 용도를 학습하고, 도표분석 시 유의사항을 숙지한다. (기초이론 p.146)
- 변화량, 증감률, 비중 등 도표분석 시 활용되는 계산식을 반드시 암기한다. (기초이론 p.147)
- 선택지를 먼저 확인하고 제시된 도표에서 필요한 정보만 선별적으로 확인하여 풀이시간을 단축한다.

예제 1 도표의 수치를 이용하여 계산하는 문제

다음은 H 기업의 성별 1인당 평균 월급여액에 대한 자료이다. 제시된 기간 동안 연도별 남성과 여성의 1인당 평균 월급여액 차이가 가장 큰 해에 남성 1인당 평균 월급여액의 전년 대비 증가율은?

[성별 1인당 평균 월급여액]

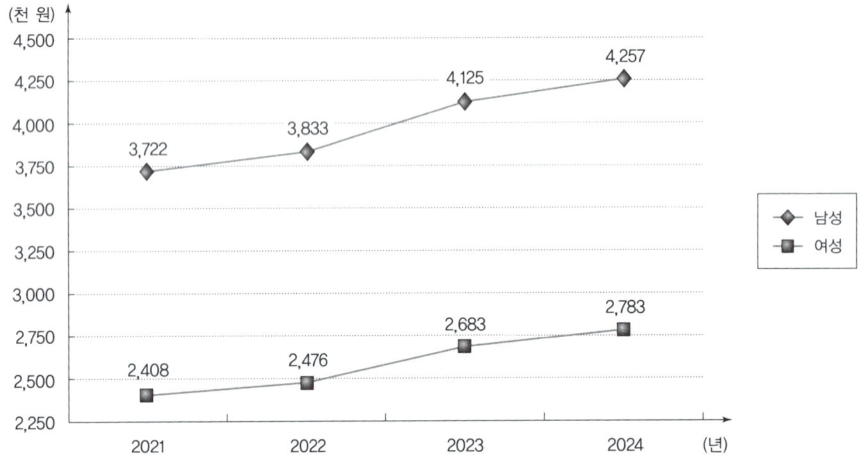

① 3.0%　② 3.2%　③ 3.4%　④ 3.6%　⑤ 3.8%

|정답 및 해설| ②

제시된 기간 동안 연도별 남성과 여성의 1인당 평균 월급여액 차이는 2021년에 3,722−2,408 = 1,314천 원, 2022년에 3,833−2,476 = 1,357천 원, 2023년에 4,125−2,683 = 1,442천 원, 2024년에 4,257−2,783 = 1,474천 원으로 2024년에 가장 크다.

따라서 2024년 남성 1인당 평균 월급여액의 전년 대비 증가율은 {(4,257−4,125)/4,125} × 100 ≒ 3.2%이다.

예제 2 도표의 의미를 해석하는 문제

다음은 S 국의 연령대별 남성 및 여성 봉사활동 현황에 대한 자료이다. 자료에 대한 설명으로 옳은 것은?

[연령대별 남성 봉사활동 횟수]

(단위: 백 회)

구분	2019년	2020년	2021년	2022년	2023년	2024년
10대 이하	4,660	8,800	10,050	8,700	9,500	7,200
20대	3,600	5,130	6,080	9,500	9,800	6,600
30대	1,560	1,930	1,760	2,010	1,790	2,400
40대	2,020	2,850	2,780	2,350	1,900	1,600
50대	1,380	2,180	2,400	2,650	2,370	2,800
60대 이상	3,430	2,860	3,270	4,350	4,110	4,600
전체	16,650	23,750	26,340	29,560	29,470	25,200

[연령대별 여성 봉사활동 횟수]

(단위: 백 회)

구분	2019년	2020년	2021년	2022년	2023년	2024년
10대 이하	6,270	11,460	14,650	11,300	12,500	9,870
20대	5,200	9,500	8,800	14,200	13,800	12,840
30대	3,230	3,250	2,410	2,180	1,710	1,860
40대	7,800	8,660	8,070	6,820	5,600	4,380
50대	5,650	8,080	9,170	9,100	8,250	7,200
60대 이상	6,750	8,450	9,960	14,000	13,340	14,400
전체	34,900	49,400	53,060	57,600	55,200	50,550

① 2020년 이후 봉사활동 횟수의 전년 대비 증감 추이는 30대 남성과 30대 여성이 매년 서로 동일하다.

② 2024년 전체 남성 봉사활동 횟수에서 20대 이하 남성의 봉사활동 횟수가 차지하는 비중은 60% 이상이다.

③ 2020년에 봉사활동 횟수가 많은 순서에 따른 연령대별 순위는 남성과 여성이 동일하다.

④ 2019년 대비 2024년 전체 봉사활동 횟수의 증가량은 여성이 남성보다 7,100백 회 더 많다.

⑤ 2023년 40대 남성의 봉사활동 횟수의 2년 전 대비 감소율은 30% 미만이다.

|정답 및 해설| ④

2019년 대비 2024년 전체 봉사활동 횟수의 증가량은 여성이 50,550 − 34,900 = 15,650백 회, 남성이 25,200 − 16,650 = 8,550백 회로 여성이 남성보다 15,650 − 8,550 = 7,100백 회 더 많으므로 옳은 설명이다.

① 2022년에 30대 남성의 봉사활동 횟수는 전년 대비 증가했지만 30대 여성의 봉사활동 횟수는 전년 대비 감소했으므로 옳지 않은 설명이다.

② 2024년 전체 남성 봉사활동 횟수에서 20대 이하 남성의 봉사활동 횟수가 차지하는 비중은 {(7,200 + 6,600) / 25,200} × 100 ≒ 54.8%로 60% 미만이므로 옳지 않은 설명이다.

③ 2020년에 봉사활동 횟수가 많은 순서에 따른 연령대별 순위는 남성이 10대 이하, 20대, 60대 이상, 40대, 50대, 30대 순이고, 여성이 10대 이하, 20대, 40대, 60대 이상, 50대, 30대 순으로 서로 다르므로 옳지 않은 설명이다.

⑤ 2023년 40대 남성의 봉사활동 횟수의 2년 전 대비 감소율은 {(2,780 − 1,900) / 2,780} × 100 ≒ 31.7%로 30% 이상이므로 옳지 않은 설명이다.

예제 3 도표를 다른 형태로 변환하는 문제

다음은 S 지역 축산 농가의 연도별 폭설 피해액에 대한 자료이다. 이를 바탕으로 만든 그래프로 옳지 않은 것은?

[연도별 폭설 피해액]

(단위: 백만 원)

구분	2020년	2021년	2022년	2023년	2024년
가축 폐사	234	259	231	192	162
가축 부상	89	74	68	48	38
시설 붕괴	251	222	320	290	265
기타	195	185	210	160	180
합계	769	740	829	690	645

① 연도별 시설 붕괴 피해액

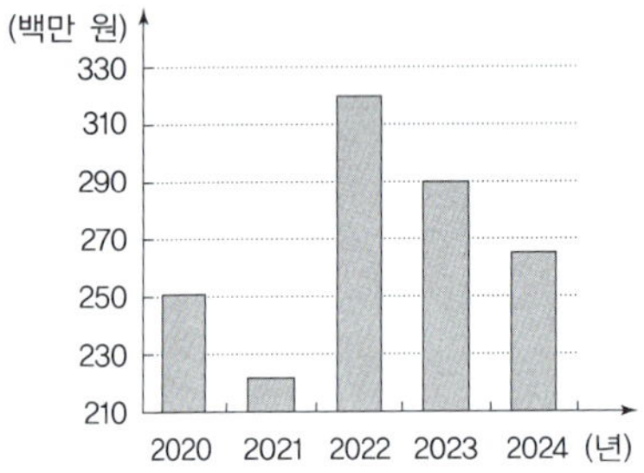

② 2021년 폭설 피해액 비중

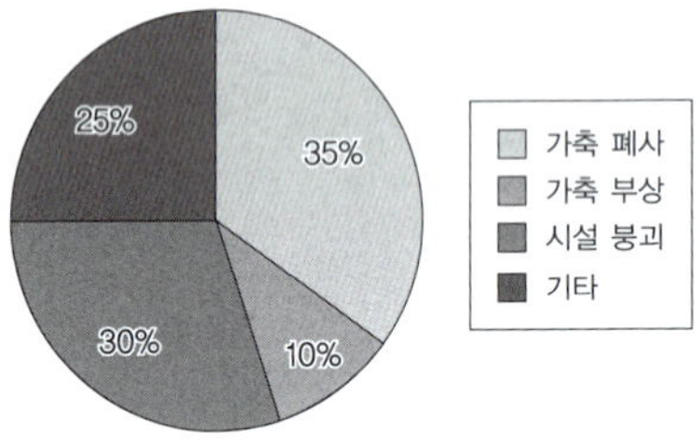

③ 가축 부상 피해액 전년 대비 감소량

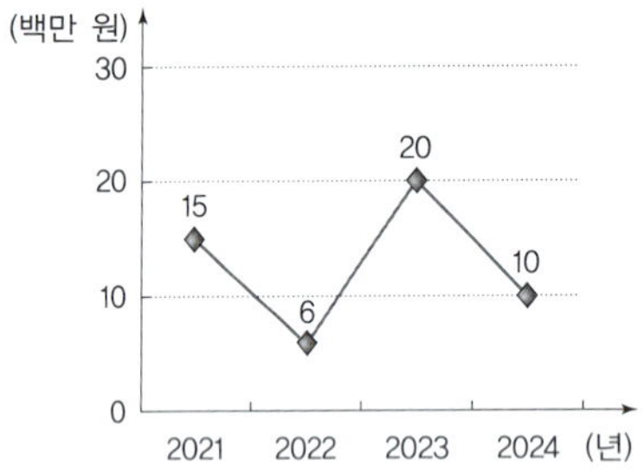

④ 2022~2023년 폭설 피해액

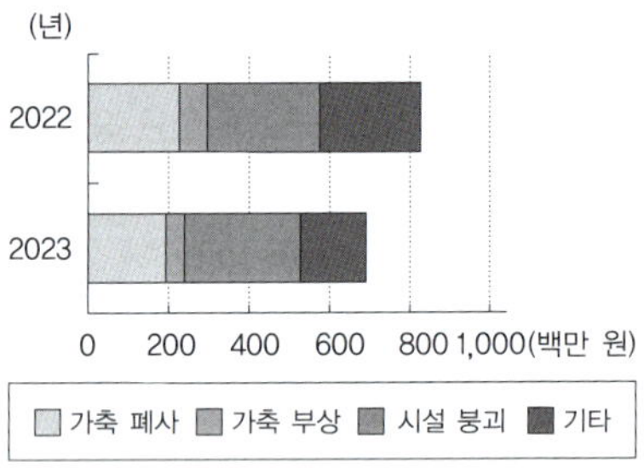

⑤ 연도별 기타 대비 가축 폐사 피해액 비율

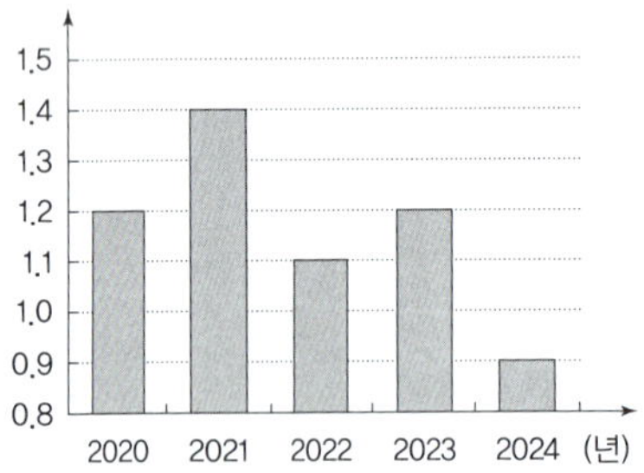

|정답 및 해설| ④

2022년 가축 폐사 피해액, 가축 부상 피해액, 시설 붕괴 피해액의 합은 231 + 68 + 320 = 619백만 원이지만 이 그래프에서는 600백만 원보다 낮게 나타나므로 옳지 않은 그래프는 ④이다.

① 연도별 시설 붕괴 피해액은 2020년에 251백만 원, 2021년에 222백만 원, 2022년에 320백만 원, 2023년에 290백만 원, 2024년에 265백만 원이므로 옳은 그래프이다.

② 2021년 폭설 피해액 비중은 가축 폐사가 (259 / 740) × 100 = 35%, 가축 부상이 (74 / 740) × 100 = 10%, 시설 붕괴가 (222 / 740) × 100 = 30%, 기타가 (185 / 740) × 100 = 25%이므로 옳은 그래프이다.

③ 가축 부상 피해액 전년 대비 감소량은 2021년에 89 − 74 = 15백만 원, 2022년에 74 − 68 = 6백만 원, 2023년에 68 − 48 = 20백만 원, 2024년에 48 − 38 = 10백만 원이므로 옳은 그래프이다.

⑤ 연도별 기타 대비 가축 폐사 피해액 비율은 2020년에 234 / 195 = 1.2, 2021년에 259 / 185 = 1.4, 2022년에 231 / 210 = 1.1, 2023년에 192 / 160 = 1.2, 2024년에 162 / 180 = 0.9이므로 옳은 그래프이다.

유형공략문제

01 다음은 J 국의 덤프 운반차 보유 현황에 대한 자료이다. 자료에 대한 설명으로 옳은 것은?

[지역별 덤프 운반차 보유 대수]

(단위: 대)

구분	수동 덤프	유압 덤프	리프트 덤프
A 지역	1,305	1,950	921
B 지역	1,031	1,045	305
C 지역	12,840	16,585	7,771
D 지역	8,337	19,860	10,381
E 지역	7,999	20,296	13,956
F 지역	12,900	26,867	8,098
G 지역	10,604	18,641	5,509
H 지역	981	2,457	1,507
합계	55,997	107,701	48,448

※ 1) 덤프 운반차는 수동 덤프, 유압 덤프, 리프트 덤프로만 분류됨
2) J 국의 지역은 제시된 8곳뿐임

① 수동 덤프 보유 대수가 여섯 번째로 많은 지역은 E 지역이다.

② H 지역의 유압 덤프 보유 대수는 수동 덤프 보유 대수보다 1,456대 더 많다.

③ J 국의 전체 리프트 덤프 보유 대수에서 F 지역의 리프트 덤프 보유 대수가 차지하는 비중은 15% 미만이다.

④ 리프트 덤프 보유 대수가 유압 덤프 보유 대수보다 많은 지역은 없다.

⑤ C 지역의 덤프 운반차 총 보유 대수는 36,196대이다.

02 다음은 연도별 황사 발생횟수와 지속일수에 대한 자료이다. 자료에 대한 설명으로 옳은 것을 모두 고르면?

[연도별 황사 발생횟수]

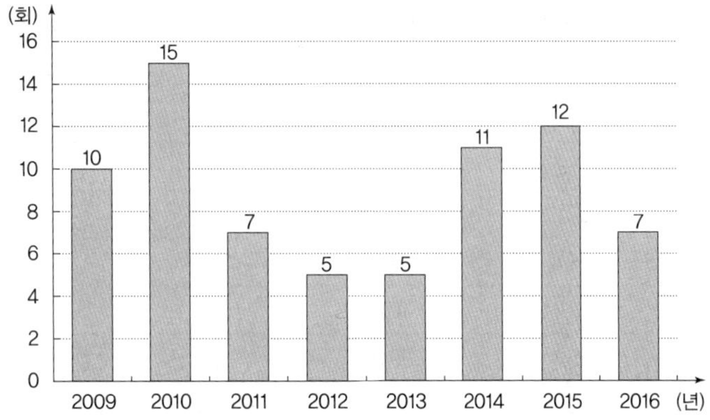

※ 발생횟수: 한반도에 영향을 끼친 황사의 횟수

[연도별 황사 지속일수]

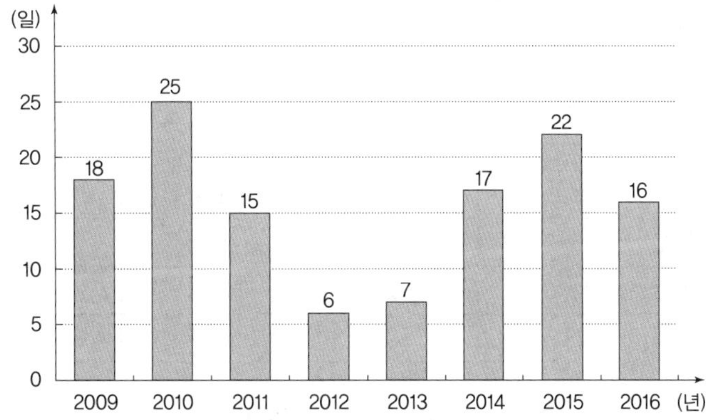

※ 지속일수: 황사 유입시점에서 소멸시점까지의 평균 기간

※ 출처: KOSIS(기상청)

㉠ 제시된 기간 동안 황사 발생횟수가 네 번째로 높은 해에 황사 지속일수는 17일이다.
㉡ 2017년 한반도에 영향을 끼칠 황사 발생횟수가 8회로 예측된다면 2017년보다 황사 발생횟수가 적은 해는 총 4개 연도이다.
㉢ 2010년 이후 황사 발생횟수와 황사 지속일수가 전년 대비 증가한 해는 동일하지 않다.
㉣ 2008년부터 2016년까지 황사 지속일수의 평균이 15일이라면 2008년 황사 지속일수는 9일이다.
㉤ 2008년에 황사 발생횟수가 6회였다면 2009년 황사 발생횟수의 전년 대비 증가율은 65% 이하이다.

① ㉠, ㉣ ② ㉡, ㉢ ③ ㉣, ㉤
④ ㉡, ㉢, ㉣ ⑤ ㉡, ㉢, ㉤

[03 - 04] 다음은 연령대 및 성별 정부기관 일자리 수에 대한 자료이다. 각 물음에 답하시오.

[연령대별 정부기관 일자리 수]

(단위: 만 개)

		2016년	2017년	2018년	2019년	2020년
30세 미만		26.8	27.2	27.8	29.9	32.6
	공무원	20.0	20.3	21.4	22.9	24.4
	비공무원	6.8	6.9	6.4	7.0	8.2
30대		50.6	50.5	49.0	50.2	51.1
	공무원	38.4	38.3	38.5	39.5	40.0
	비공무원	12.2	12.2	10.5	10.7	11.1
40대		55.7	56.0	55.0	55.9	58.2
	공무원	39.7	39.9	40.2	40.7	41.6
	비공무원	16.0	16.1	14.8	15.2	16.6
50대		41.1	42.8	44.2	47.3	50.5
	공무원	28.5	29.3	30.2	31.4	32.0
	비공무원	12.6	13.5	14.0	15.9	18.5
60세 이상		12.0	12.6	13.4	16.3	20.3
	공무원	1.4	1.5	1.5	1.4	1.5
	비공무원	10.6	11.1	11.9	14.9	18.8
전체		186.2	189.1	189.4	199.6	212.7
	공무원	128.0	129.3	131.8	135.9	139.5
	비공무원	58.2	59.8	57.6	63.7	73.2

[성별 정부기관 일자리 수]

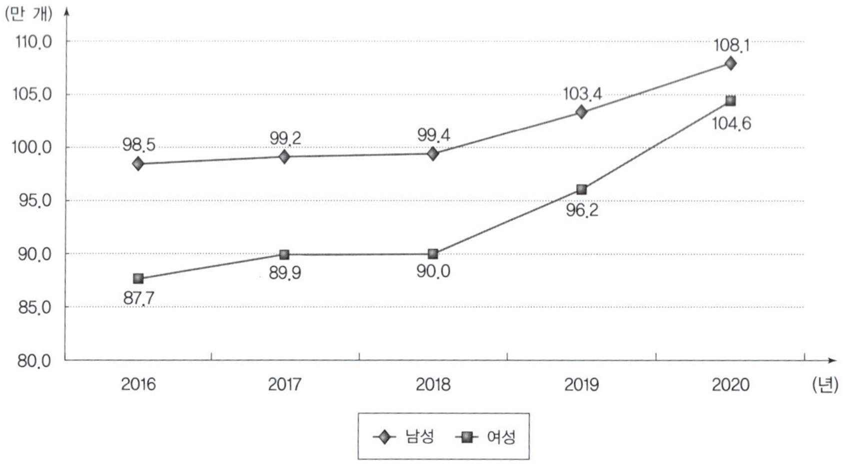

※ 출처: KOSIS(통계청, 일자리행정통계)

03 위 자료에 대한 설명으로 옳은 것을 모두 고르면?

> ㉠ 2020년 전체 정부기관 일자리 수의 4년 전 대비 증가율은 15% 미만이다.
> ㉡ 2018년 남성 정부기관 일자리 수의 전년 대비 증가량은 0.2만 개이다.
> ㉢ 2020년 정부기관 일자리 수는 연령대가 높을수록 공무원과 비공무원의 일자리 수도 많아진다.
> ㉣ 제시된 기간 동안 여성 정부기관 일자리 수가 처음으로 95만 개 이상인 해와 전체 비공무원 일자리 수가 가장 많았던 해는 동일하다.

① ㉠, ㉡ ② ㉠, ㉣ ③ ㉡, ㉢ ④ ㉠, ㉡, ㉢ ⑤ ㉠, ㉡, ㉣

04 위 자료를 바탕으로 만든 그래프로 옳지 않은 것은?

① 30세 미만 전체 정부기관 일자리 수

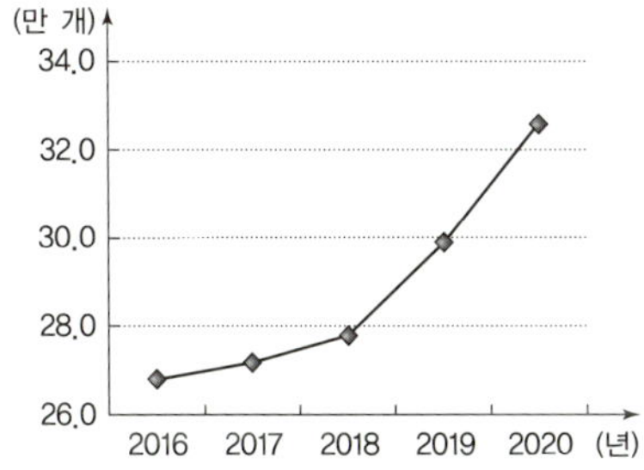

② 2016년 전체 정부기관 일자리 수 비중

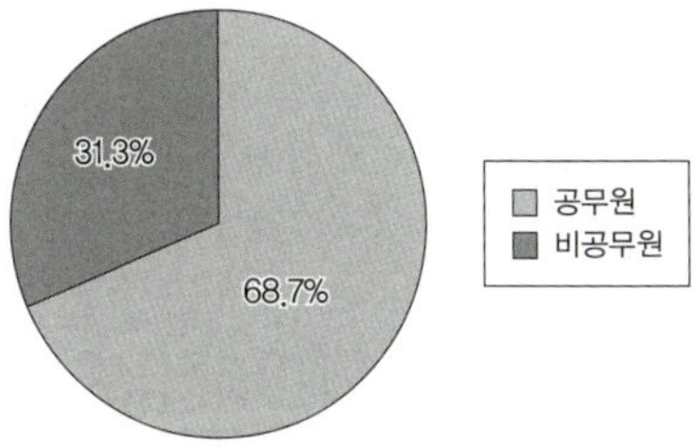

③ 2018년 연령대별 공무원 일자리 수

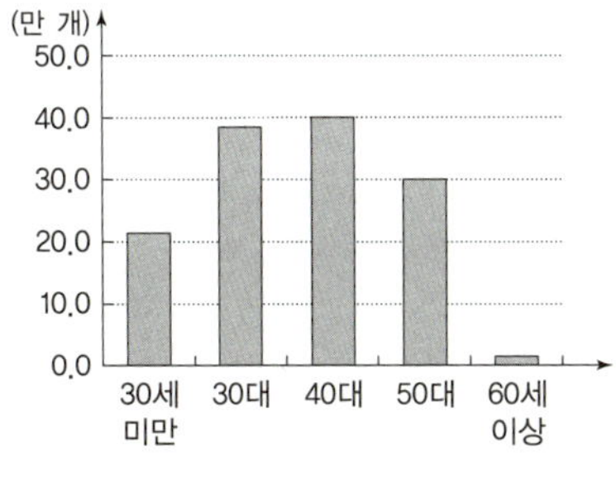

④ 연도별 성별 정부기관 일자리 수의 차

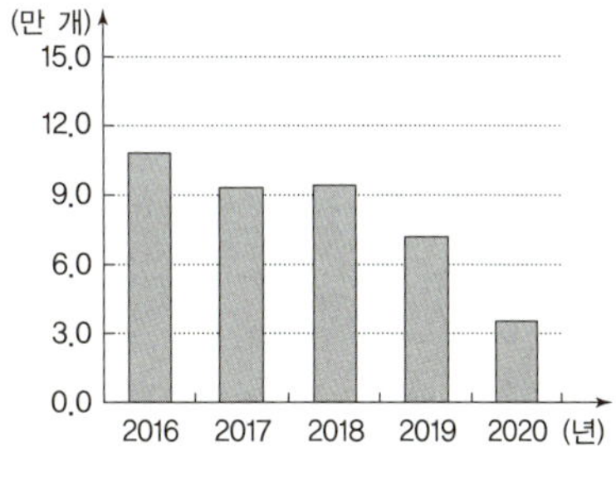

⑤ 연도별 50대 비공무원 일자리 수

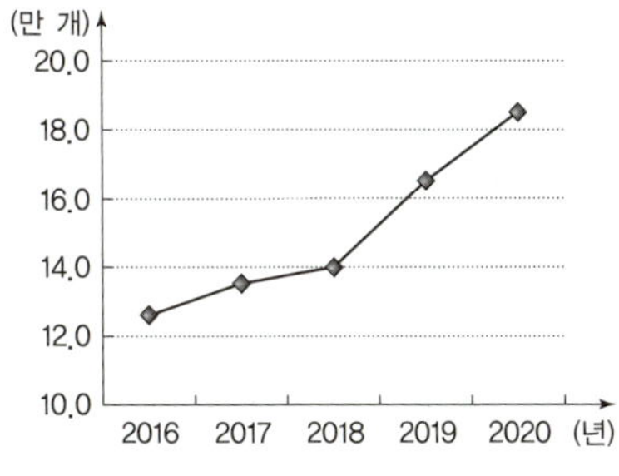

05 다음은 K 체육센터의 스포츠 종목별 수강생 수에 대한 자료이다. 제시된 기간 중 전체 수강생이 가장 많은 해에 전체 수강생에서 수영 수강생이 차지하는 비중은 얼마인가?

[스포츠 종목별 수강생 수]

(단위: 명)

구분	2021년	2022년	2023년	2024년
요가	920	950	1,008	860
테니스	1,650	1,610	1,170	1,200
수영	2,760	3,135	2,688	3,010
탁구	2,200	2,370	1,840	1,370
기타	1,670	1,435	1,694	2,160

① 28% ② 30% ③ 32% ④ 33% ⑤ 35%

약점 보완 해설집 p.13

최신기출동형문제

유형 1 | 기초연산

제한시간: 7분 30초

01 오늘 건희는 만기가 6개월인 월복리 예금 상품에 가입하여 550,000원을 거치하였다. 예금 상품의 연 이자율은 3.6%이고, 이자는 월 단위로 적용될 때, 건희가 6개월 뒤 만기 해지 시 돌려받을 총 원리금 중 이자는 약 얼마인가? (단, $1.003^6 \fallingdotseq 1.020$이며, 세금은 고려하지 않는다.)

① 6,000원 ② 8,000원 ③ 9,000원 ④ 11,000원 ⑤ 12,000원

02 $257 \leq x < 275$를 만족하는 모든 자연수 x의 합은?

① 4,522 ② 4,665 ③ 4,779 ④ 4,797 ⑤ 5,054

03 지역농협 ○○지점 입사를 앞둔 갑과 을의 신체 검사 결과가 다음과 같을 때, 갑과 을의 비만도가 바르게 각각 연결된 것은? (단, 소수점 셋째 자리에서 반올림하여 계산한다.)

구분	신장	체중
갑	178cm	71.5kg
을	180cm	81.0kg

※ 1) 체질량지수$(kg/m^2) = \frac{체중(kg)}{신장(m)^2}$

2) 비만도는 체질량지수가 $18kg/m^2$ 미만이면 저체중, $18kg/m^2$ 이상 $23kg/m^2$ 미만이면 정상체중, $23kg/m^2$ 이상 $25kg/m^2$ 미만이면 과체중, $25kg/m^2$ 이상이면 비만으로 분류됨

	갑	을
①	저체중	과체중
②	저체중	비만
③	정상체중	정상체중
④	정상체중	과체중
⑤	정상체중	비만

04 지역농협에 재직 중인 A, B, C 세 사람의 현재 근속연수를 모두 합치면 45년이다. A의 현재 근속연수는 C의 현재 근속연수의 5배이고, B의 5년 뒤 근속연수는 C의 5년 뒤 근속연수의 2배일 때, C의 현재 근속연수는?

① 2년 ② 4년 ③ 5년 ④ 7년 ⑤ 8년

05 치과기공사인 민아 혼자서 틀니 1개를 제작하는 데 소요되는 기간은 10일이고, 유미 혼자서 틀니 1개를 제작하는 데 소요되는 기간은 15일이다. 유미는 혼자서 먼저 틀니를 제작하기 시작하였고, 유미가 혼자서 작업을 한 지 5일 후 민아와 유미는 함께 유미가 제작하고 있던 틀니를 이어서 제작하기 시작하여 틀니 1개 제작을 끝마쳤다고 할 때, 민아와 유미가 함께 틀니를 제작한 기간은?

① 4일 ② 5일 ③ 6일 ④ 7일 ⑤ 8일

06 김 주임과 이 대리, 박 사원은 9개의 사내 동호회 중 각자 1개의 서로 다른 사내 동호회에 가입하려고 한다. 김 주임과 이 대리, 박 사원이 사내 동호회에 가입할 수 있는 경우의 수는?

① 27가지 ② 84가지 ③ 256가지 ④ 504가지 ⑤ 729가지

07 ○○회사는 전산시스템 개편을 위해 A, B, C 세 업체 중 평가 결과가 높은 업체를 선정하여 계약을 진행하려고 한다. 평가 결과는 평가 항목별 평균 점수로 도출할 때, 평가 항목별 중요도를 고려하지 않은 경우와 고려하는 경우의 계약 업체를 순서대로 나열한 것은?

평가 항목	중요도	A 업체	B 업체	C 업체
전략수립	30	80점	60점	70점
보안관리	50	70점	80점	90점
구축현황	20	90점	70점	65점

① A 업체, B 업체 ② A 업체, C 업체 ③ B 업체, A 업체
④ B 업체, C 업체 ⑤ C 업체, A 업체

08 놀이공원에 간 A, B, C 세 사람은 서로 다른 놀이기구 5개 중에서 4개를 선택하여 탑승권을 구매하였다. 4장의 놀이기구 탑승권을 세 사람이 2장, 1장, 1장씩 나누어 가지기로 하였을 때, 세 사람이 놀이기구 탑승권을 나누어 가질 수 있는 방법은 총 몇 가지인가?

① 40가지　② 60가지　③ 80가지　④ 180가지　⑤ 480가지

09 미연이와 기수는 계단의 중간지점에서 가위바위보를 이긴 사람은 계단을 한 칸씩 올라가고 진 사람은 계단을 한 칸씩 내려가는 게임을 시작하였다. 가위바위보를 10회 한 결과 기수가 미연이보다 4칸 위의 계단에 있었다면, 기수가 이긴 횟수는? (단, 비기는 경우는 없다.)

① 3회　② 4회　③ 5회　④ 6회　⑤ 7회

10 K 마트에서 판매하는 수박 한 개의 원가는 x원, 복숭아 한 개의 원가는 2,500원이고, 과일의 정가는 원가에 30%를 가산하여 책정된다. 수박을 120개, 복숭아를 150개 판매하여 얻은 총이익이 328,500원일 때, 수박 한 개의 원가는?

① 7,800원　② 7,500원　③ 7,000원　④ 6,500원　⑤ 6,000원

약점 보완 해설집 p.18

01 다음 숫자가 규칙에 따라 나열되어 있을 때, 빈칸에 들어갈 알맞은 것을 고르면?

7 11 20 36 ( ) 97 146

① 54 ② 58 ③ 61 ④ 66 ⑤ 69

02 다음 숫자가 규칙에 따라 나열되어 있을 때, 빈칸에 들어갈 알맞은 것을 고르면?

360 60 300 75 ( )

① 15 ② 45 ③ 150 ④ 225 ⑤ 300

03 다음 숫자가 규칙에 따라 나열되어 있을 때, 규칙이 적용되지 않는 숫자는?

1 2 3 4 6 8 12 16 26 48

① 3 ② 4 ③ 16 ④ 26 ⑤ 48

04 다음 숫자가 규칙에 따라 나열되어 있을 때, 빈칸에 들어갈 알맞은 것을 고르면?

<u>10 9 1</u> <u>27 13 1</u> <u>51 16 ( )</u>

① 1 ② 2 ③ 3 ④ 4 ⑤ 5

05 다음 숫자가 규칙에 따라 나열되어 있을 때, 빈칸에 들어갈 알맞은 것을 고르면?

$\frac{3}{19}$ $\frac{7}{17}$ $\frac{11}{15}$ $\frac{15}{13}$ ( ) $\frac{23}{9}$ $\frac{27}{7}$

① $\frac{17}{13}$ ② $\frac{3}{2}$ ③ $\frac{19}{11}$ ④ 2 ⑤ $\frac{7}{3}$

06 다음 문자가 규칙에 따라 나열되어 있을 때, 빈칸에 들어갈 알맞은 것을 고르면?

D L F M H N J O ( )

① I ② K ③ L ④ M ⑤ P

07 다음 문자가 규칙에 따라 나열되어 있을 때, 빈칸에 들어갈 알맞은 것을 고르면?

C I D E O J ( )

① G ② H ③ K ④ M ⑤ O

08 다음 문자가 규칙에 따라 나열되어 있을 때, 빈칸에 들어갈 알맞은 것을 고르면?

ㄷ ㅂ ㅌ ㅊ ㅂ ( )

① ㅂ ② ㅇ ③ ㅊ ④ ㅌ ⑤ ㅎ

09 다음 각 기호가 문자, 숫자의 배열을 바꾸는 규칙을 나타낸다고 할 때, 빈칸에 들어갈 알맞은 것을 고르면?

		39UQ		W7Z1		
		↓		↓		
51JB	→	◐	→	◎	→	(　　)
		↓		↓		
		UQ39		T8W2		

① GC22 ② 22GC ③ 44IE ④ I4E4 ⑤ JB15

10 다음 각 기호가 문자, 숫자의 배열을 바꾸는 규칙을 나타낸다고 할 때, 빈칸에 들어갈 알맞은 것을 고르면?

		97HG		51YB		
		↓		↓		
L63J	→	♧	→	◀	→	(　　)
		↓		↓		
		GH79		43VD		

① IN53 ② IN35 ③ I53N ④ I35N ⑤ I5N3

약점 보완 해설집 p.19

01 다음은 G 국의 농가소득에 대한 자료이다. 자료에 대한 설명으로 옳은 것은?

[연도별 전국 농가소득]

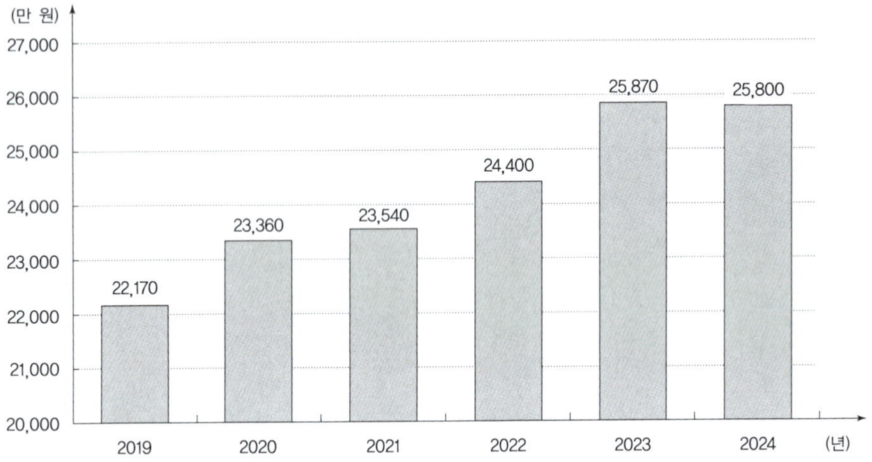

[지역별 농가소득]

(단위: 만 원)

구분	2019년	2020년	2021년	2022년	2023년	2024년
A 지역	3,885	4,100	4,090	4,350	4,820	5,058
B 지역	3,650	3,960	3,850	3,720	3,730	3,842
C 지역	3,555	3,650	3,750	3,840	4,010	3,980
D 지역	3,130	3,472	3,450	3,600	4,350	4,400
E 지역	3,680	3,828	3,820	3,595	4,092	3,755
F 지역	4,270	4,350	4,580	5,295	4,868	4,765

① 2020년 이후 D 지역의 농가소득은 전년 대비 매년 증가하였다.

② 제시된 지역 중 농가소득이 세 번째로 많은 지역은 2019년과 2021년에 서로 같다.

③ 2023년 전국 농가소득에서 A 지역의 농가소득이 차지하는 비중은 전년 대비 감소하였다.

④ 2024년 농가소득이 전년 대비 감소한 지역의 2024년 농가소득의 합은 125백만 원이다.

⑤ 제시된 기간 중 B 지역의 농가소득이 다른 해에 비해 가장 많은 해에 전국의 농가소득은 전년 대비 1,290 만 원 증가하였다.

[02 - 03] 다음은 H 국의 업종별 창업 기업에 대한 자료이다. 각 물음에 답하시오.

[업종별 창업 기업 수]

(단위: 개)

구분	2020년	2021년	2022년	2023년	2024년
A 업종	235	239	290	220	235
B 업종	335	280	311	295	330
C 업종	58	53	72	47	53
D 업종	70	77	87	95	105
E 업종	108	152	165	128	110
F 업종	224	209	195	205	257
합계	1,030	1,010	1,120	990	1,090

[연도별 창업 기업 직원 수 및 창업 지원금]

(단위: 명, 십억 원)

구분	2020년	2021년	2022년	2023년	2024년
직원 수	1,390	1,480	1,640	1,820	1,960
창업 지원금	13,590	14,140	15,120	15,840	13,500

02 다음 중 자료에 대한 설명으로 옳지 않은 것은?

① 제시된 기간 동안 연도별 창업 기업 수가 많은 상위 3개 업종은 매년 동일하다.

② 제시된 기간 동안 A 업종의 창업 기업 수는 매년 C 업종의 창업 기업수의 4배 이상이다.

③ 제시된 기간 중 창업 기업 직원 1명당 창업 지원금이 가장 적은 해는 2024년이다.

④ 2021년 이후 창업 기업 직원 수의 전년 대비 증가 인원이 가장 많은 해에 전체 창업 기업 수에서 B 업종 창업 기업 수가 차지하는 비중은 30% 이상이다.

⑤ 2024년 F 업종 창업 기업 수의 전년 대비 증가량은 2022년 E 업종 창업 기업 수의 전년 대비 증가량의 4배이다.

03 2021년 이후 D 업종의 창업 기업 수의 전년 대비 증가율이 가장 큰 해에 전체 창업 기업 1개당 창업 지원금은?

① 125억 원 ② 130억 원 ③ 135억 원 ④ 140억 원 ⑤ 160억 원

04 다음은 S 도서관 이용 현황에 대한 자료이다. 제시된 기간 중 이용자 수가 가장 많은 해에 자연과학 보유 도서의 전년 대비 증가량은?

[연도별 이용자 수 및 총 보유 도서]

(단위: 명, 권)

구분	2020년	2021년	2022년	2023년	2024년
이용자 수	253,300	259,700	264,800	265,500	262,300
총 보유 도서	6,500	6,600	7,000	6,800	7,200

[연도별 보유 도서 비율]

구분	2020년	2021년	2022년	2023년	2024년
문학	0.22	0.16	0.21	0.18	0.20
자연과학	0.46	0.55	0.48	0.56	0.49
사회과학	0.18	0.12	0.12	0.16	0.20
예술/체육	0.06	0.08	0.11	0.06	0.06
기타	0.08	0.09	0.08	0.04	0.05

① 152권 ② 248권 ③ 270권 ④ 352권 ⑤ 448권

05 다음은 S 국의 에너지원별 발전량에 대한 자료이다. 이를 바탕으로 만든 그래프로 옳은 것은?

[에너지원별 발전량]

(단위: TWh)

구분	2020년	2021년	2022년	2023년	2024년
원자력	1,060	1,140	1,235	1,350	1,440
수력	675	515	595	405	608
화력	736	760	670	594	672
신재생	155	120	145	135	160
기타	234	165	225	216	320
합계	2,860	2,700	2,870	2,700	3,200

① 2021년 에너지원별 발전량

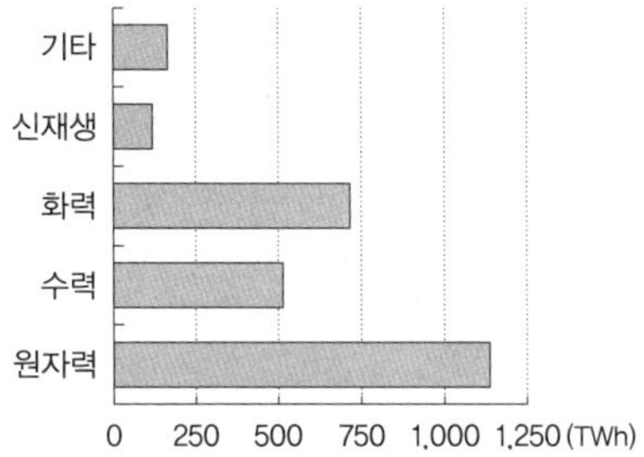

② 연도별 수력 발전량

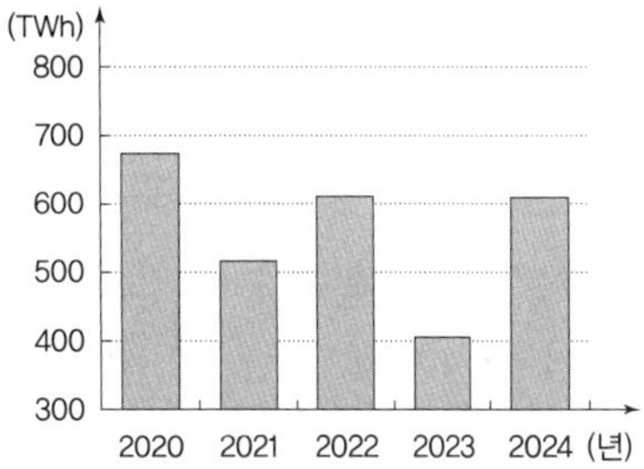

③ 원자력 발전량의 전년 대비 증가량

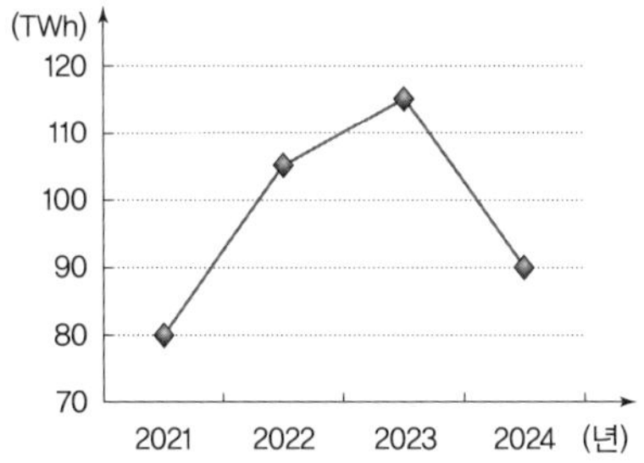

④ 2023년 에너지원별 발전량 비중

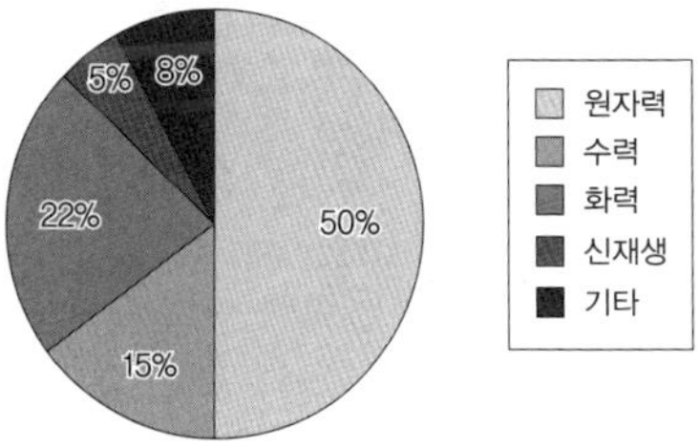

⑤ 2024년 에너지원별 발전량 비중

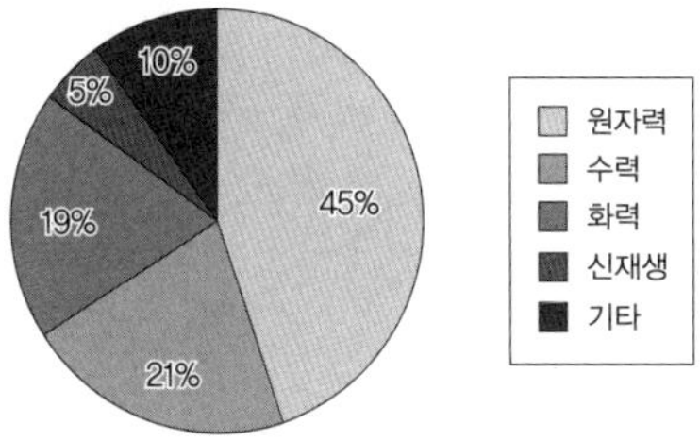

06 다음은 농협 □□지점에 납품된 농산물에 대한 자료이다. 자료에 대한 설명으로 옳지 않은 것은?

[연도별 농산물 납품 현황]

(단위: 천 호, 톤)

구분		2019년	2020년	2021년	2022년	2023년	2024년
납품 농가 수		233	212	213	194	192	201
농산물 납품량		1,778	1,732	1,758	1,781	1,774	1,768
농산물 처리량	현장판매량	90	67	98	82	98	86
	온라인배송량	304	311	363	436	364	406
	도매시장공급량	1,376	1,352	1,294	1,259	1,310	1,271
	기타	8	2	3	4	2	5

※ 농산물 납품량 = 농산물 처리량

① 제시된 기간 동안 전체 농산물 처리량에서 도매시장공급량이 차지하는 비중은 매년 70% 이상이다.

② 2020~2024년 현장판매량과 온라인배송량의 전년 대비 증감 추이가 서로 동일한 해는 2021년뿐이다.

③ 납품 농가 천 호당 농산물 납품량은 2019년보다 2021년에 더 많다.

④ 제시된 기간 중 농산물 납품량이 가장 많은 해에 납품 농가 수도 가장 많다.

⑤ 2022년부터 2024년까지 농산물 납품량의 평균은 1,774톤 이상이다.

07 다음은 X 국의 지역별 신혼부부 현황에 대한 자료이다. 다음 중 자료에 대한 설명으로 옳지 않은 것은?

[지역별 신혼부부 현황]

구분	신혼부부 수(쌍)	평균 출산 자녀(명)	맞벌이 비중(%)	주택 소유 비중(%)
전국	888,800	0.75	45.0	46.8
A 지역	242,800	0.62	52.4	39.2
B 지역	95,000	0.73	42.4	46.0
C 지역	35,600	0.84	46.3	53.7
D 지역	32,800	0.90	38.0	55.5
E 지역	12,500	0.79	51.1	45.3
F 지역	366,400	0.74	45.5	42.1
G 지역	103,700	0.81	44.1	46.3

① A 지역의 신혼부부 수는 E 지역 신혼부부 수의 20배 미만이다.

② D 지역의 신혼부부가 출산한 자녀 수는 C 지역의 신혼부부가 출산한 자녀 수보다 많다.

③ 제시된 지역 중 맞벌이 비중이 가장 높은 지역과 가장 낮은 지역은 각각 주택 소유 비중이 가장 낮은 지역과 가장 높은 지역과 같다.

④ 제시된 지역 중 평균 출산 자녀가 전국보다 적은 지역은 총 3곳이다.

⑤ 전국의 맞벌이 신혼부부는 400,000쌍 미만이다.

[08 - 10] 다음은 시도별 식량작물의 경지 이용 현황에 대한 자료이다. 각 물음에 답하시오.

[식량작물의 경지 이용 현황]

구분	2019년			2020년		
	경작 가능 면적(천 ha)	경작 이용 면적(천 ha)	경지이용률(%)	경작 가능 면적(천 ha)	경작 이용 면적(천 ha)	경지이용률(%)
서울	0.3	0.1	33.3	0.3	0.1	33.3
부산	5.3	2.6	49.1	5.2	2.6	50.0
대구	7.3	3.3	45.2	7.1	3.5	49.3
인천	18.6	11.6	62.4	17.6	11.9	67.6
광주	8.9	6.1	68.5	8.8	6.1	69.3
대전	3.6	1.3	36.1	3.6	1.2	33.3
울산	9.7	4.4	45.4	9.6	4.4	45.8
세종	7.4	4.3	58.1	7.3	4.3	58.9
경기	157.5	90.5	57.5	155.1	88.1	56.8
강원	97.7	47.4	48.5	96.9	46.6	48.1
충북	98.7	47.4	48.0	97.7	46.6	47.7
충남	204.3	146.4	71.7	203.1	144.2	71.0
전북	191.7	147.0	76.7	189.4	142.2	75.1
전남	277.9	201.2	72.4	275.4	197.0	71.5
경북	250.2	116.4	46.5	248.5	115.1	46.3
경남	138.1	80.5	58.3	136.7	78.9	57.7
제주	55.5	13.6	24.5	55.2	13.2	23.9
전국	1,532.7	924.1	60.3	1,517.5	906.0	59.7

※ 경지이용률(%) = (경작 이용 면적 / 경작 가능 면적) × 100

※ 출처: KOSIS(통계청, 농업면적조사)

08 위 자료에 대한 설명으로 옳지 않은 것을 모두 고르면?

㉠ 2019년에 경작 이용 면적이 두 번째로 큰 지역과 경지이용률이 두 번째로 높은 지역은 동일하다.
㉡ 2020년에 경지이용률이 60% 이상인 지역들의 평균 경작 이용 면적은 100천 ha 이상이다.
㉢ 2019년에 경작 가능 면적이 50천 ha 이상인 지역의 수와 경지이용률이 50% 이상인 지역의 수는 동일하다.
㉣ 2020년 경북의 경지 이용률은 전년 대비 0.2%p 감소하였다.

① ㉠, ㉡　② ㉠, ㉢　③ ㉡, ㉢　④ ㉡, ㉣　⑤ ㉢, ㉣

09 **2020년 경작 가능 면적이 10천 ha 미만인 지역들의 전체 경작 가능 면적과 전체 경작 이용 면적에 따른 경지이용률은 약 얼마인가?** (단, 소수점 첫째 자리에서 반올림하여 계산한다.)

① 48% ② 50% ③ 51% ④ 53% ⑤ 55%

10 **다음 중 위 자료를 바탕으로 만든 그래프로 옳지 않은 것은?**

① 2019년 수도권 경지이용률

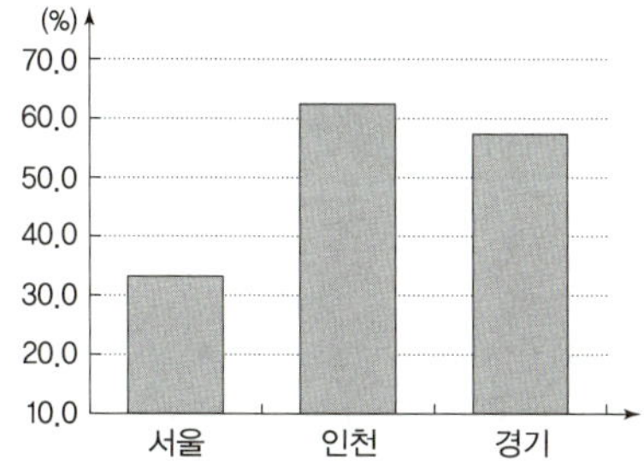

② 2020년 호남지방 경작 가능 면적의 전년 대비 감소량

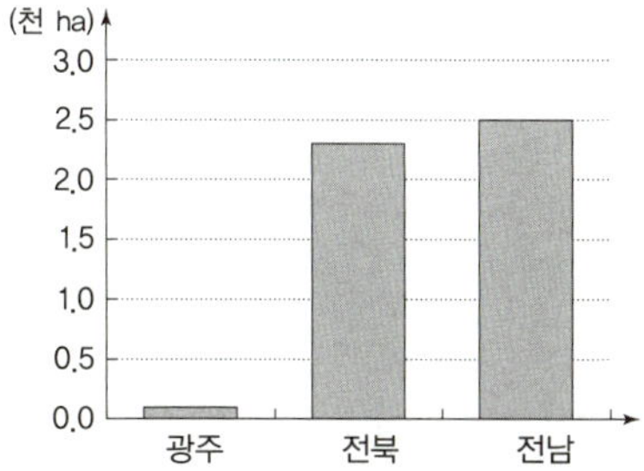

③ 2019년 광역시별 경작 이용 면적

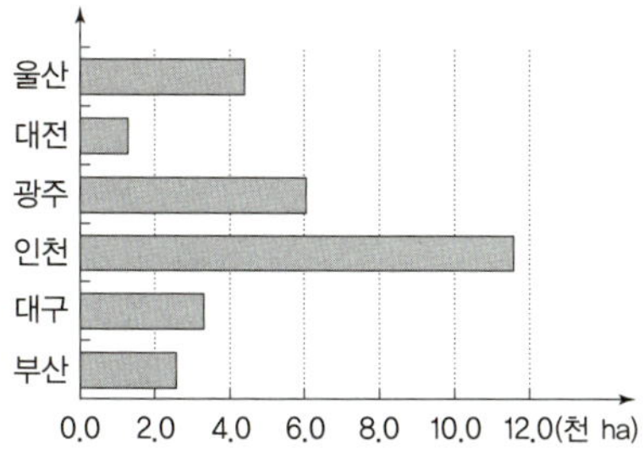

④ 2020년 영남지방 경지이용률

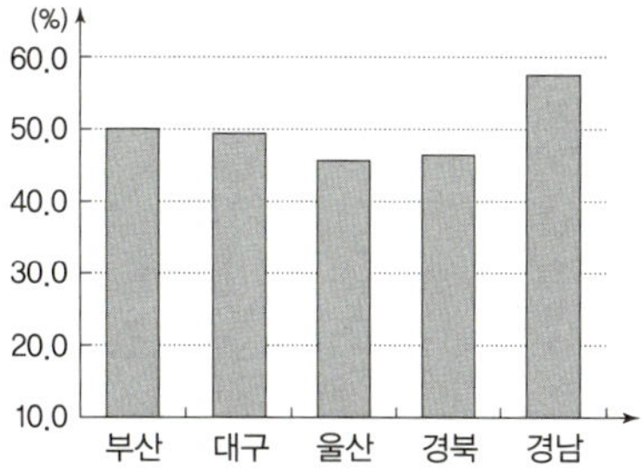

⑤ 2020년 남부지방 도별 경작 가능 면적

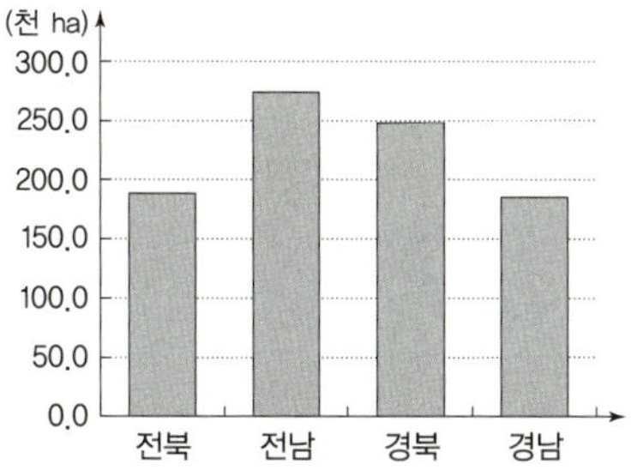

약점 보완 해설집 p.20

PART 1 | NCS 직무능력평가

제3장 문제해결능력

출제경향분석

문제해결능력 소개

문제해결능력은 업무 상황에서 올바른 결론을 도출하는 능력, 업무 수행 중 발생하는 여러 가지 문제를 올바르게 인식하고 창의적, 논리적, 비판적 사고를 통해 문제를 적절히 해결하는 능력을 평가하는 영역이다.

대표 출제 유형

문제해결능력은 사고력, 문제처리 총 2개의 유형으로 출제된다.

유형 1	사고력
유형 2	문제처리

시험 유형별 문제해결능력 출제 유형

시험 유형	출제 유형
60문항/60분	사고력, 문제처리
60문항/70분	사고력, 문제처리
70문항/70분	사고력, 문제처리

최신 출제 경향

1 문제해결능력은 전반적으로 보통의 난도로 출제되고 있다.

2 사고력은 기초이론을 학습해야 정답을 찾을 수 있는 문제해결의 절차에 대한 문제, 명제의 '역, 이, 대우'를 이용하여 옳고 그름을 판단하는 문제, 거짓말을 하는 사람을 찾는 문제, 조건을 적용하여 위치를 배치하거나 순서를 결정하는 등의 문제가 출제되었다.

3 문제처리는 SWOT 관련 문제, 최선의 방안을 도출하는 문제가 출제되었다.

학습 방법

1 사고력

'문제해결능력 기초이론(p.190)'을 통해 문제해결능력 모듈이론의 핵심 내용을 반드시 학습하고 명제, 추론 등 기본적인 논리 이론을 문제에 적용하는 연습을 한다.

2 문제처리

한국산업인력공단에서 제공하는 문제해결능력 모듈이론을 기반으로 한 문제와, 문제에 제시된 상황을 이해하고 필요한 정보만을 빠르게 선별하여 최선의 방안을 도출하는 문제가 출제된다. 따라서 '문제해결능력 기초이론(p.196)'을 통해 문제의 의미와 유형, 문제해결의 절차 등을 꼼꼼히 학습하고, 다양한 문제를 풀어보며 상황에 따라 적절한 해결 방법을 도출하는 연습을 한다.

기초이론

해커스
지역농협 6급
NCS 인적성 및 직무능력평가 통합 기본서

'기초이론'에서는 한국산업인력공단 NCS 직업기초능력 가이드북뿐만 아니라 문제를 풀 때 필요한 이론까지 학습할 수 있다. '지농6급 기출'은 지역농협 6급 시험에 출제된 개념이므로 반드시 암기하고, 학습한 내용은 '확인 문제'를 통해 다시 한번 점검한다.

1. 사고력

1 사고력의 의미와 중요성

1) 사고력의 의미

창의적, 논리적, 비판적으로 생각하는 능력으로, 일상생활뿐만 아니라 공동체 생활의 문제해결을 위해 요구되는 기본 요소

2) 사고력의 중요성

사고력은 다양한 형태의 문제에 대처하고 자신들의 의견 및 행동을 피력하는 데 중요한 역할을 함

2 사고력의 종류

1) 창의적 사고

의미	· 당면한 문제를 해결하기 위해 개인이 가지고 있는 경험과 지식을 가치 있는 새로운 아이디어로 결합함으로써 참신한 아이디어를 산출하는 능력
특징	· 정보와 정보의 조합으로 사회나 개인에게 새로운 가치를 창출해 줌 · 교육훈련을 통해 개발될 수 있음
창의적 사고를 위한 태도	· 문제에 대해서 다양한 사실을 찾거나 다채로운 아이디어를 창출하는 발산적 사고가 요구됨
개발 방법	· 자유연상법 - 어떤 생각에서 다른 생각을 계속해서 떠올리는 작용을 통해 어떤 주제에서 생각나는 것을 계속해서 열거해 나가는 발산적 사고 방법

확인 문제

다음 중 '어떤 생각에서 다른 생각을 계속해서 떠올리는 작용을 통해 어떤 주제에서 생각나는 것을 계속해서 열거해 나가는 발산적 사고 방법'은 무엇인가?

① NM법 ② Synectics법 ③ Logic Tree ④ 자유연상법 ⑤ 체크리스트

정답: ④

<table>
<tr><td>개발 방법</td><td>
- 대표 기법: 브레인스토밍 지농6급 기출
<table>
<tr><td>의미</td><td>두뇌에 폭풍을 일으킨다는 뜻으로, 발산적 사고를 일으키는 대표적 기법</td></tr>
<tr><td>진행 방법</td><td>1단계: 구체적이고 명확한 주제 선정
2단계: 구성원들이 마주 볼 수 있는 좌석 배치 및 기록할 용지 준비
3단계: 구성원들의 다양한 의견을 도출할 수 있는 리더 선출
4단계: 다양한 분야에 있는 5~8명 정도의 사람으로 구성원 구성
5단계: 구성원들의 자유로운 발언, 발언 내용 기록 후 구조화
6단계: 독자적이고 실현 가능한 아이디어 채택(아이디어 비판 금지)</td></tr>
</table>
· 강제연상법
- 각종 힌트를 강제적으로 연결 지어서 발상하는 방법
- 대표 기법: 체크리스트, 스캠퍼기법
· 비교발상법
- 주제와 본질적으로 닮은 것을 힌트로 하여 새로운 아이디어를 얻는 방법
- 대표 기법
<table>
<tr><td>NM법</td><td>대상과 비슷한 것을 힌트로 새로운 아이디어 등을 도출하는 방법</td></tr>
<tr><td>Synectics법</td><td>서로 관련 없어 보이는 것들을 조합하여 새로운 것을 도출하는 집단 아이디어 발상 방법</td></tr>
</table>
</td></tr>
</table>

2) 논리적 사고

의미	· 사고의 전개에 있어서 전후의 관계가 일치하고 있는가를 살피고, 아이디어를 평가하는 사고능력 · 자신이 만든 계획이나 주장을 주위 사람에게 이해시켜 실현시키기 위해 필요한 능력
논리적 사고를 위한 태도	· 생각하는 습관 · 구체적인 생각 · 설득 · 상대 논리의 구조화 · 타인에 대한 이해
개발 방법	· 피라미드 구조화 방법: 하위의 사실이나 현상부터 사고함으로써 상위의 주장을 만들어가는 방법 · So what 방법: 눈앞에 있는 정보로부터 의미를 찾아내어 가치 있는 정보를 이끌어 내는 방법

3) 비판적 사고

의미	· 어떤 주제나 주장 등에 대해서 적극적으로 분석하고 종합하여 평가하는 능동적인 사고능력 · 어떤 논증, 추론, 증거, 가치를 표현한 사례를 타당한 것으로 수용할 것인가 아니면 불합리한 것으로 거절할 것인가에 대한 결정을 내릴 때 요구되는 사고능력
비판적 사고를 위한 태도	· 지적 호기심, 객관성, 개방성, 융통성, 지적 회의성, 지적 정직성, 체계성, 지속성, 결단성, 다른 관점에 대한 존중 · 비판적인 사고를 개발하기 위해서는 어떤 현상에 대해서 문제의식을 가지고, 고정관념을 버려야 함

확인 문제

다음 중 비판적 사고를 위한 태도로 적절하지 않은 것은?

① 폐쇄성　② 객관성　③ 지적 호기심
④ 체계성　⑤ 다른 관점에 대한 존중

정답: ①

3 논리적 오류의 대표 유형 지능6급 기출

권위나 인신공격에 의존한 논증	다른 사람의 권위를 빌려 자신의 논리적 취약점을 가리거나 상대방의 주장이 아니라 상대방의 인격을 공격하는 오류
허수아비 공격의 오류	자신의 주장이 빈약할 때 상대가 의도하지 않은 것을 강조하거나 허점을 비판하여 자신의 주장을 내세우는 오류로, 상대방의 입장과 유사하지만 사실은 똑같지 않은 주장을 상대방의 입장으로 대체하여 반박하거나 공격하는 오류
무지의 오류	증명할 수 없거나 증명이 어려운 주장이 증명되지 않았다는 이유로 그 반대의 주장이 참이라고 생각하는 오류
결합·분할의 오류	집합의 부분이 가지는 속성을 전체 집합도 가지고 있다고 여기거나 반대로 전체 집합이 가지는 속성을 그 집합의 부분들도 가지고 있다고 여길 때 발생하는 오류
성급한 일반화 오류	대표성이 결여된 한정적인 정보만으로 성급하게 일반 원칙을 도출할 때 발생하는 오류
복합 질문의 오류	사실상 두 가지 이상의 내용이 합쳐진 하나의 질문을 함으로써 답변자가 어떻게 대답하든 숨겨진 질문에 수긍하게 만드는 질문을 할 때 발생하는 오류
과대 해석의 오류	의도하지 않은 행위의 결과에 대해 의도가 있었다고 확대 해석할 때 발생하는 오류
애매성의 오류	애매한 언어를 사용하여 발생하는 오류
연역법의 오류	'A는 B이다, B는 C이다, 따라서 A는 C이다.'와 같은 삼단논법에서 발생하는 오류
인과의 오류	인과의 원인이 아닌 것을 원인이라고 주장하는 오류
잘못된 유비추리의 오류	유사하지 않은 두 관계를 동등한 관계로 비유해 추리하는 오류
논점 일탈의 오류	서로 연관이 없는 사안이나 망상을 인용하면서 핵심으로부터 주의를 돌리는 오류

확인 문제

다음 중 '증명할 수 없거나 증명이 어려운 주장이 증명되지 않았다는 이유로 그 반대의 주장이 참이라고 생각하는 오류'는 무엇인가?

① 허수아비 공격의 오류　② 무지의 오류　③ 과대 해석의 오류
④ 연역법의 오류　⑤ 복합 질문의 오류

정답: ②

4 명제의 활용

1) 명제의 의미

가정과 결론으로 구성되어 참과 거짓을 명확히 판별할 수 있는 문장이며, 어떤 명제를 'p이면 q이다.'의 꼴로 나타낼 때 p를 가정, q를 결론이라 함

2) 명제의 '역', '이', '대우' 지능6급 기출

명제	p이면 q이다. 예 축구를 할 수 있는 모든 사람은 야구도 할 수 있다.
명제의 '역'	q이면 p이다. 예 야구를 할 수 있는 모든 사람은 축구도 할 수 있다.
명제의 '이'	p가 아니면 q가 아니다. 예 축구를 할 수 없는 모든 사람은 야구도 할 수 없다.
명제의 '대우'	q가 아니면 p가 아니다. 예 야구를 할 수 없는 모든 사람은 축구도 할 수 없다.

3) 명제 사이의 관계 지능6급 기출

명제와 '대우' 사이의 관계	주어진 명제가 참일 때 그 명제의 '대우'만이 참인 것을 알 수 있고, 주어진 명제가 거짓일 때 그 명제의 '대우'만이 거짓인 것을 알 수 있음
명제와 '역', '이' 사이의 관계	주어진 명제의 참과 거짓을 판별할 수 있더라도 그 명제의 '역'과 '이'의 참과 거짓은 판별할 수 없음

확인 문제

다음 중 '운동을 좋아하는 사람은 활동적이다.'의 '대우'는?

① 활동적인 사람은 운동을 좋아한다.
② 운동을 좋아하지 않는 사람은 활동적이지 않다.
③ 활동적이지 않은 사람은 운동을 좋아한다.
④ 운동을 좋아하는 사람은 활동적이지 않다.
⑤ 활동적이지 않은 사람은 운동을 좋아하지 않는다.

정답: ⑤

4) 명제의 부정 지능6급 기출

명제에 반대되는 개념이 아니라 명제를 제외한 나머지 모두를 포함하는 개념이며, 어떤 명제 'p이면 q이다.'의 부정은 'p이면 q가 아니다.'가 됨

5) 연결어, 수식어의 부정 지능6급 기출

'그리고'와 '또는'의 부정	'그리고(and)'라는 의미를 갖는 연결어의 부정은 '또는(or)'이라는 의미를 갖는 연결어임 예 독일어를 할 수 있는 사람은 / 이탈리아어와 스페인어를 할 수 있다. (명제) 독일어를 할 수 있는 사람은 / 이탈리아어를 할 수 없거나 스페인어를 할 수 없다. (명제의 '부정')
	'또는'이라는 의미를 갖는 연결어의 부정은 '그리고'라는 의미를 갖는 연결어임 예 독일어를 할 수 있는 사람은 / 이탈리아어를 할 수 있거나 스페인어를 할 수 있다. (명제) 독일어를 할 수 있는 사람은 / 이탈리아어와 스페인어를 할 수 없다. (명제의 '부정')
'모든'과 '어떤'의 부정	'모든'이라는 의미를 갖는 수식어의 부정은 '어떤'이라는 의미를 갖는 수식어임 예 독일어를 할 수 있는 사람은 모두 / 스페인어를 할 수 있다. (명제) 독일어를 할 수 있는 사람 중 일부는 / 스페인어를 할 수 없다. (명제의 '부정')
	'어떤'이라는 의미를 갖는 수식어의 부정은 '모든'이라는 의미를 갖는 수식어임 예 독일어를 할 수 있는 사람 중 일부는 / 스페인어를 할 수 있다. (명제) 독일어를 할 수 있는 사람은 모두 / 스페인어를 할 수 없다. (명제의 '부정')

6) 명제의 분리 지능6급 기출

연결어를 포함한 명제는 경우에 따라 분리가 가능함

① 분리된 명제가 참인 경우

(S or P) → Q (참)	S → Q (참), P → Q (참)
S → (P and Q) (참)	S → P (참), S → Q (참)

② 분리된 명제의 참과 거짓을 판별할 수 없는 경우

S → (P or Q) (참)	S → P (알 수 없음), S → Q (알 수 없음)
(S and P) → Q (참)	S → Q (알 수 없음), P → Q (알 수 없음)

확인 문제

다음 중 '물을 마시거나 음료수를 마시면 갈증이 해소된다.'라는 명제가 참일 때, 항상 참인 것은?

① 음료수를 마시지 않으면 갈증이 해소되지 않는다.
② 물도 마시고 음료수도 마시면 갈증이 해소되지 않는다.
③ 물을 마시지 않으면 갈증이 해소되지 않는다.
④ 음료수를 마시면 갈증이 해소된다.
⑤ 갈증이 해소됐다면 물을 마시거나 음료수를 마신 것이다.

정답: ④

5 추론의 종류

1) 연역추론 지농6급 기출

- 일반적인 원리를 전제로 개별적인 경우를 추론하는 방법
- 전제가 참이면 결론도 반드시 참인 특징이 있음
- 삼단논법이 연역추론의 대표적인 형태임

예 직장인은 모두 양복을 입고 다닌다.
민국이는 양복을 입지 않았다.
그러므로 민국이는 직장인이 아니다.

2) 귀납추론 지농6급 기출

- 특수하거나 개별적인 여러 사실에서 일반적인 결론을 도출해 내는 추론 방법
- 전제와 결론 사이에는 논리적 필연성이 존재하지 않음

예 지혜는 어제도 늦고 오늘도 늦었으니, 내일도 늦을 것이다.

확인 문제

다음 중 연역추론과 귀납추론에 대한 설명으로 적절하지 않은 것은?

① 연역추론은 전제가 참이면 결론도 반드시 참이다.
② 귀납추론은 특수하거나 개별적인 사실에서 일반적인 결론을 도출하는 방법이다.
③ 연역추론의 대표적인 형태로 삼단논법을 들 수 있다.
④ 연역추론은 일반적인 원리를 전제로 개별적인 경우를 추론하는 방법이다.
⑤ 귀납추론의 전제와 결론 사이에는 논리적 필연성이 존재한다.

정답: ⑤

2. 문제처리

1 문제의 의미와 유형

1) 문제의 의미

조직에서의 목표와 현실의 차이를 말하며, 업무를 수행함에 있어서 해결하기를 원하지만 실제로 해결해야 하는 방법을 모르거나 해답은 있지만 해답을 얻는 데 필요한 일련의 행동을 알지 못하는 상태

2) 문제의 유형

기준	기능	해결방법	시간	업무수행 과정
유형	· 제조 문제 · 판매 문제 · 자금 문제 · 인사 문제 · 경리 문제 · 기술상 문제	· 창의적 문제 · 논리적 문제	· 과거 문제 · 현재 문제 · 미래 문제	· 발생형 문제 · 탐색형 문제 · 설정형 문제

① 해결방법에 따른 문제의 유형 지능6급 기출

구분	창의적 문제	논리적 문제
문제제시 방법	현재 문제가 없더라도 보다 나은 방법을 찾기 위한 문제 탐구로, 문제 자체가 명확하지 않음	현재의 문제점이나 미래의 문제로 예견될 것에 대한 문제 탐구로, 문제 자체가 명확함
해결방법	창의력에 의한 많은 아이디어 작성을 통해 해결함	분석, 논리, 귀납과 같은 논리적 방법을 통해 해결함
해답의 수	해답의 수가 많으며, 많은 해답 중 최선을 선택함	해답의 수가 적으며, 해답은 한정되어 있음
주요 특징	주관적, 직관적, 감각적, 정성적, 개별적, 특수성	객관적, 논리적, 이성적, 정량적, 일반적, 공통성

확인 문제

다음 중 창의적 문제에 대한 설명으로 옳은 것은?

① 분석, 논리, 귀납과 같은 방법을 통해 해결한다.
② 해답의 수가 많으며, 많은 해답 중 최선을 선택한다.
③ 문제 자체가 명확하다.
④ 현재의 문제점이나 미래의 문제로 예견될 것에 대한 문제 탐구이다.
⑤ 일반적이고 정량적이라는 특징이 있다.

정답: ②

② 업무수행 과정에 따른 문제의 유형

구분	발생형 문제(보이는 문제)	탐색형 문제(찾는 문제)	설정형 문제(미래 문제)
의미	현재 직면하여 걱정하고 해결하기 위해 고민하는 이미 일어난 문제	현재 상황을 개선하거나 효율을 높이기 위해 더 잘해야 할 문제	앞으로 어떻게 미래 상황에 대응할지와 관련된 장래 경영 전략의 문제
대체 용어	· 일탈 문제 · 미달 문제 · 원인지향적인 문제	· 잠재 문제 · 예측 문제 · 발견 문제	· 목표지향적 문제 · 창조형 문제

2 문제해결능력의 의미와 중요성

1) 문제해결능력의 의미

업무수행 중 발생한 문제의 원인 및 특성을 파악하여 적절한 해결안을 적용하고 그 결과를 평가하여 피드백하는 능력

2) 문제해결능력의 중요성

· 조직 측면: 조직의 관련 분야에서 세계 일류 수준을 지향하며, 경쟁사 대비 탁월하게 우위를 확보할 수 있음
· 고객 측면: 고객이 불편하게 느끼는 부분을 찾아 개선하고 고객감동을 통해 만족을 높일 수 있음
· 자기 자신 측면: 불필요한 업무를 제거하거나 단순화하여 업무를 효율적으로 처리하게 됨으로써 자신을 경쟁력 있는 사람으로 만들 수 있음

3 문제해결의 방해요인과 이를 극복하기 위한 태도

1) 문제해결의 방해요인

· 문제를 철저하게 분석하지 않는 경우
· 고정관념에 얽매이는 경우
· 쉽게 떠오르는 단순한 정보에 의지하는 경우
· 너무 많은 자료를 수집하려고 노력하는 경우

2) 문제해결을 위한 기본요소

· 체계적인 교육훈련
· 문제해결방법에 대한 지식
· 문제 관련 지식에 대한 가용성
· 문제해결자의 도전의식과 끈기
· 문제에 대한 체계적인 접근

확인 문제

다음 중 문제해결을 위한 기본요소가 아닌 것은?

① 문제해결자의 도전의식과 끈기
② 유동적인 교육훈련
③ 문제해결방법에 대한 지식
④ 문제에 대한 체계적인 접근
⑤ 문제 관련 지식에 대한 가용성

정답: ②

3) 문제해결을 위한 기본적 사고

구분	내용
전략적 사고	현재 당면하고 있는 문제와 그 해결방법에만 집착하지 말고, 그 문제와 해결방안이 상위 시스템 또는 다른 문제와 어떻게 연결되어 있는지를 생각해야 함
분석적 사고	전체를 각각의 요소로 나누어 그 요소의 의미를 도출한 다음 우선순위를 부여하고 구체적인 문제해결방법을 실행해야 함 · 성과 지향의 문제: 기대하는 결과를 명시하고 효과적으로 달성하는 방법을 사전에 구상함 · 가설 지향의 문제: 현상 및 원인분석 전에 일의 과정이나 결론을 가정한 후 사실일 경우 다음 단계의 일을 수행함 · 사실 지향의 문제: 객관적 사실로부터 사고와 행동을 시작함
발상의 전환	기존에 가지고 있는 인식의 틀을 전환하여 새로운 관점에서 사고해야 함
내·외부자원의 효과적인 활용	문제해결 시 기술, 재료, 방법, 사람 등 필요한 자원 확보 계획을 수립하고 내·외부자원을 효과적으로 활용하도록 해야 함

4) 문제해결을 위한 방법

구분	내용
소프트 어프로치	문제해결을 위해서 직접적인 표현이 바람직하지 않다고 여기며, 무언가를 시사하거나 암시를 통하여 의사를 전달하고 기분을 서로 통하게 함으로써 문제를 해결하는 방법
하드 어프로치	상이한 문화적 토양을 가지고 있는 구성원을 가정하며, 서로의 생각을 직설적으로 주장하고 논쟁이나 협상을 통해 서로의 의견을 조정해 가는 방법
퍼실리테이션	깊이 있는 커뮤니케이션을 통해 서로의 문제점을 이해하고 공감함으로써 창조적으로 문제를 해결하는 방법

4 문제해결의 실행

1) 문제해결의 절차 지농6급 기출

1단계	문제 인식	해결해야 할 전체 문제를 파악하여 우선순위를 정하고, 선정한 문제에 대한 목표를 명확히 하는 단계
2단계	문제 도출	선정한 문제를 분석하여 해결해야 할 것이 무엇인지를 명확히 확인하고, 현상에 따라 문제를 분해하여 인과관계 및 구조를 파악하는 단계
3단계	원인 분석	파악된 핵심문제에 대한 분석을 통해 근본적인 문제의 원인을 도출하는 단계
4단계	해결안 개발	문제로부터 도출된 근본원인을 효과적으로 해결할 수 있는 최적의 해결방안을 수립하는 단계
5단계	실행 및 평가	해결안 개발을 통해 만들어진 실행계획을 실제 상황에 적용하는 활동으로 당초 장애가 되는 문제의 원인들을 해결안을 사용하여 제거하는 단계

확인 문제

다음 중 무언가를 시사하거나 암시를 통하여 의사를 전달하고 기분을 서로 통하게 함으로써 문제를 해결하는 방법은?

① 소프트 어프로치 ② 하드 어프로치 ③ 퍼실리테이션
④ NM법 ⑤ SWOT 분석

정답: ①

2) 문제 인식의 세부 절차

<table>
<tr><th>세부 절차</th><th>내용</th></tr>
<tr><td>환경 분석</td><td>
· Business System상 거시적 환경 분석
· 문제가 발생했을 때 가장 먼저 고려해야 함
· 주요 기법
- 3C 분석: 자사(Company), 경쟁사(Competitor), 고객(Customer)에 대한 체계적인 분석을 통해 환경 분석을 수행할 수 있음
- SWOT 분석 [지농6급 기출]
ⓐ 기업내부의 강점(Strengths), 약점(Weaknesses)과 외부 환경의 기회(Opportunities), 위협(Threats) 요인을 분석 평가하고 이들을 서로 연관 지어 전략 및 문제해결 방안을 개발하는 방법
ⓑ 전략 수립 방법
<table>
<tr><th></th><th></th><th colspan="2">내부 환경요인</th></tr>
<tr><th></th><th></th><th>강점</th><th>약점</th></tr>
<tr><td rowspan="2">외부 환경 요인</td><td>기회</td><td>SO
외부 환경의 기회 활용을 위해
내부 강점을 사용</td><td>WO
내부 약점을 극복하여
외부 환경의 기회 활용</td></tr>
<tr><td>위협</td><td>ST
외부 환경의 위협 회피를 위해
내부 강점을 사용</td><td>WT
외부 환경의 위협을 회피하고
내부 약점 최소화</td></tr>
</table>
· 고객요구 조사 방법
- 심층면접법: 조사자가 응답자와 1 : 1로 마주한 상태에서 응답자의 잠재된 동기, 신념 등을 발견하고 조사 주제에 대한 정보를 수집하는 방법으로, 심층적인 정보를 확보할 수 있으나 많은 시간과 비용이 소요되고 인터뷰 결과를 실제와 다르게 해석할 수 있는 여지가 있음
- 표적집단면접: 6~8인으로 구성된 그룹에서 특정 주제에 대해 논의하는 과정으로, 조사 목적 수립, 대상자 분석, 그룹 수 결정, 대상자 리쿠르트, 가이드라인 작성의 과정을 거쳐 진행됨
</td></tr>
<tr><td>▼</td><td></td></tr>
<tr><td>주요 과제 도출</td><td>
· 환경 분석을 통해 현상을 파악한 후에는 분석 결과를 검토하여 주요 과제를 도출해야 함
· 다양한 과제 후보안을 도출해내는 일이 선행되어야 함
· 주요 과제 도출 시 과제안을 작성할 때는 과제안 간의 수준이 동일한지, 표현은 구체적인지, 주어진 기간 내에 해결 가능한 안들인지 등을 확인해야 함
</td></tr>
<tr><td>▼</td><td></td></tr>
<tr><td>과제 선정</td><td>
· 과제안 중 효과 및 실행 가능성 측면을 평가하여 우선순위를 부여한 후 가장 우선순위가 높은 안을 선정함
· 우선순위 평가 시에는 과제의 목적, 목표, 자원현황 등을 종합적으로 고려하여 평가해야 함
</td></tr>
</table>

확인 문제

다음 중 SWOT 분석에서 내부 약점을 극복하여 외부 환경의 기회를 활용하는 전략 수립 방법은?

① SO 방법　② ST 방법　③ WO 방법　④ WT 방법　⑤ SW 방법

정답: ③

3) 문제 도출의 세부 절차

세부 절차	내용
문제 구조 파악	· 전체 문제를 다룰 수 있는 이슈들로 작게 세분화하는 과정 · 문제의 내용 및 미치고 있는 영향 등을 파악하여 문제 구조를 도출해내야 함 · Logic Tree 지능6급 기출 - 문제의 원인을 깊이 파고든다든지 해결책을 구체화할 때 제한된 시간 속에 넓이와 깊이를 추구하는 데 도움이 되는 기술로, 주요 과제를 나무 모양으로 분해, 정리하는 기술 [참고] Logic Tree를 작성할 때 유의사항 ⓐ 전체 과제를 명확히 해야 함 ⓑ 분해해 가는 가지의 수준을 맞춰야 함 ⓒ 원인이 중복되거나 누락되지 않고 각각의 합이 전체를 포함해야 함
▼	
핵심문제 선정	· 문제에 큰 영향력을 미칠 수 있는 이슈를 핵심이슈로 설정함

4) 원인 분석의 세부 절차

세부 절차	내용
이슈 분석	· 핵심이슈 설정: 현재 수행하고 있는 업무에 가장 크게 영향을 미치는 문제로 설정함 · 가설 설정: 이슈에 대해 자신의 직관, 경험, 지식, 정보 등에 의존하여 일시적인 결론을 예측해 보는 가설을 설정함 [참고] 가설 설정의 조건 ⓐ 관련 자료, 인터뷰 등을 통해 검증이 가능해야 함 ⓑ 간단명료하게 표현되어야 함 ⓒ 논리적이며 객관적이어야 함 · 분석 결과 이미지 결정: 가설 검증계획에 따라 분석 결과를 미리 이미지화 함
▼	
데이터 분석	· 데이터 수집계획 수립: 데이터 수집 범위 결정 · 데이터 정리 · 가공: 정보를 항목별로 정리 · 데이터 해석: '무엇을', '어떻게', '왜' 측면에서 의미 해석
▼	
원인 파악	· 이슈와 데이터 분석을 통해서 얻은 결과를 바탕으로 최종 원인을 확인하는 단계 · 인과관계 종류 - 단순한 인과관계: 원인과 결과를 분명하게 구분할 수 있는 경우 - 닭과 계란의 인과관계: 원인과 결과를 구분하기 어려운 경우 - 복잡한 인과관계: 단순한 인과관계, 닭과 계란의 인과관계 두 가지 유형이 서로 얽혀 있는 경우

확인 문제

다음 중 문제의 구조를 파악하기 위해 Logic Tree를 작성할 때 유의해야 할 사항이 아닌 것은?

① 원인 각각의 합이 전체를 포함해야 한다.
② 분해해 가는 가지의 수준을 맞춰야 한다.
③ 중복되는 원인이 제시되어야 한다.
④ 전체 과제를 명확히 해야 한다.
⑤ 원인이 누락되지 않아야 한다.

정답: ③

5) 해결안 개발의 세부 절차

세부 절차	내용
해결안 도출	· 열거된 근본 원인을 어떠한 시각과 방법으로 제거할 것인지를 명확히 해야 함 · 독창적이고 혁신적인 방안을 도출함 · 전체적인 관점에서 보아 해결의 방향과 방법이 같은 것을 그룹핑(Grouping)함 · 최종 해결안 정리
▼	
해결안 평가 및 최적안 선정	· 문제(What), 원인(Why), 방법(How)을 고려해서 해결안을 평가하고 가장 효과적인 해결안을 선정함 · 중요도와 실현 가능성(개발 기간, 개발 능력, 적용 가능성) 등을 고려해서 종합적인 평가를 하고 채택 여부를 결정하는 과정

6) 실행 및 평가의 세부 절차

세부 절차	내용
실행계획 수립	· 무엇을(What), 어떤 목적으로(Why), 언제(When), 어디서(Where), 누가(Who), 어떤 방법으로(How)의 물음에 대한 답을 가지고 계획하는 단계 · 실행계획 수립 시 고려해야 할 사항 - 자원(시간, 예산, 물적, 인적)을 고려해야 함 - 세부 실행내용의 난이도를 고려하여 해결안별 실행계획을 구체적으로 수립해야 함 - 실행의 목적과 과정별 진행 내용을 일목요연하게 정리해야 함
▼	
실행 및 사후관리 (Follow-up)	· 가능한 사항부터 실행하며, 그 과정에서 나온 문제점을 해결해 가면서 해결안의 완성도를 높이고 일정한 수준에 도달하면 전면적으로 전개해 나가는 단계 · 실행 단계에서의 문제점 해결방안 - Pilot Test를 통해 문제점을 발견 - 해결안을 보완한 후 대상 범위를 넓혀서 전면적으로 실시 - 실행상의 문제점을 해결하기 위한 모니터링(Monitoring) 체제를 구축해야 함 [참고] 모니터링 체제를 구축할 때 유의사항 ⓐ 바람직한 상태가 달성되었는지 ⓑ 문제가 재발하지 않을 것을 확신할 수 있는지 ⓒ 사전에 목표한 기간 및 비용은 계획대로 지켜졌는지 ⓓ 혹시 또 다른 문제를 발생시키지는 않았는지 ⓔ 해결책이 주는 영향은 무엇인지

확인 문제

다음 중 해결안 실행 및 사후관리(Follow-up) 단계에서 실행상의 문제점을 해결하기 위해 모니터링 체제를 구축할 때 유의해야 할 사항이 아닌 것은?

① 또 다른 문제를 발생시키지는 않았는지 확인한다.
② 해결책이 주는 영향이 무엇인지 확인한다.
③ 문제가 재발하지 않을 것을 확신할 수 있는지 확인한다.
④ 사전에 목표한 기간과 비용이 계획대로 지켜졌는지 확인한다.
⑤ 현재 수행하고 있는 업무에 가장 크게 영향을 미치는 문제만 확인한다.

정답: ⑤

기출유형공략

유형 1 사고력

유형 특징

- 주어진 조건을 바탕으로 내용의 옳고 그름을 판단하거나 결론을 도출하는 유형의 문제이다.

세부 출제 유형

- 사고력은 다음과 같이 3개의 세부 유형으로 출제된다.
  ① 명제의 옳고 그름을 판단하는 문제
  ② 조건을 적용하여 결론을 도출하는 문제
  ③ 문제해결을 위한 사고력의 이해를 요구하는 문제

공략법

- 사고력의 종류와 종류별 개발 방법 등을 반드시 학습한다. (기초이론 p.190)
- 시험에 자주 출제되는 명제의 활용, 추론의 종류 등을 반드시 학습한다. (기초이론 p.193)
- 제시된 조건을 단어나 표로 간단히 정리한 후 고려해야 하는 조건이나 경우의 수를 빠짐없이 확인한다.

예제 1 명제의 옳고 그름을 판단하는 문제

다음 명제가 모두 참일 때, 항상 참인 것은?

- 축산업에 종사하는 모든 사람은 소득이 높다.
- 농업에 종사하는 모든 사람은 축산업에 종사하지 않는다.
- 소득이 높은 모든 사람은 임업에 종사한다.
- 소득이 높지 않은 모든 사람은 어업에 종사하지 않는다.
- 농업에 종사하는 모든 사람은 어업에 종사한다.

① 축산업에 종사하는 모든 사람은 어업에 종사한다.

② 임업에 종사하지 않는 모든 사람은 농업에 종사한다.

③ 축산업에 종사하지 않는 모든 사람은 소득이 높지 않다.

④ 어업에 종사하는 모든 사람은 임업에 종사하지 않는다.

⑤ 농업에 종사하는 모든 사람은 소득이 높다.

|정답 및 해설| ⑤

주어진 명제가 참일 때 그 명제의 '대우'만이 참인 것을 알 수 있으므로 다섯 번째 명제와 네 번째 명제의 '대우'를 차례로 결합한 결론은 다음과 같다.

- 다섯 번째 명제: 농업에 종사하는 모든 사람은 어업에 종사한다.
- 네 번째 명제(대우): 어업에 종사하는 모든 사람은 소득이 높다.
- 결론: 농업에 종사하는 모든 사람은 소득이 높다.

따라서 농업에 종사하는 모든 사람은 소득이 높으므로 항상 참인 설명이다.

① 축산업에 종사하는 모든 사람이 어업에 종사하는지는 알 수 없으므로 항상 참인 설명은 아니다.

② 임업에 종사하지 않는 모든 사람은 소득이 높지 않고, 소득이 높지 않은 모든 사람은 어업에 종사하지 않으며, 어업에 종사하지 않는 모든 사람은 농업에 종사하지 않으므로 항상 거짓인 설명이다.

③ 축산업에 종사하지 않는 모든 사람이 소득이 높지 않은지는 알 수 없으므로 항상 참인 설명은 아니다.

④ 어업에 종사하는 모든 사람은 소득이 높고, 소득이 높은 모든 사람은 임업에 종사하므로 항상 거짓인 설명이다.

예제 2 조건을 적용하여 결론을 도출하는 문제

A~E 5명은 각각 감자, 고구마, 토마토, 옥수수 중 1개의 작물을 재배한다. 다음 조건을 모두 고려하였을 때, 항상 참인 것은?

- 감자, 고구마, 옥수수는 각각 1명이 재배하고, 토마토는 2명이 재배한다.
- D와 같은 작물을 재배하는 사람은 B이다.
- C는 감자를 재배하지 않는다.
- E가 재배하는 작물은 고구마이다.

① A는 옥수수를 재배한다.
② B는 감자를 재배한다.
③ C는 고구마를 재배하지 않는다.
④ D는 토마토를 재배하지 않는다.
⑤ 5명이 각각 재배하는 작물로 가능한 경우의 수는 총 2가지이다.

|정답 및 해설| ③

제시된 조건에 따르면 감자, 고구마, 옥수수는 각각 1명이 재배하고, 토마토는 2명이 재배하며, D와 같은 작물을 재배하는 사람은 B이므로 B와 D는 토마토를 재배한다. 이때 E가 재배하는 작물은 고구마이고, C는 감자를 재배하지 않으므로 A가 감자를 재배하고, C가 옥수수를 재배한다.
따라서 C는 고구마를 재배하지 않으므로 항상 참인 설명이다.
① A는 감자를 재배하므로 항상 거짓인 설명이다.
② B는 토마토를 재배하므로 항상 거짓인 설명이다.
④ D는 토마토를 재배하므로 항상 거짓인 설명이다.
⑤ 5명이 각각 재배하는 작물로 가능한 경우의 수는 총 1가지이므로 항상 거짓인 설명이다.

예제 3 문제해결을 위한 사고력의 이해를 요구하는 문제

다음 설명에 해당하는 논리적 오류의 유형으로 적절한 것은?

'늦잠을 잔 것을 보니 학교 가기가 싫은가 보다.'와 같이 일부의 사례만을 토대로 결론을 도출할 때 발생하는 오류이다. 이러한 오류가 일어나면 편견이 만들어지고, 편견이 확고하게 고정되는 경우 그 편견을 타파할 수 있는 행위도 넘어가는 경향을 보일 수 있다.

① 무지의 오류　② 논점 일탈의 오류　③ 결합의 오류
④ 애매성의 오류　⑤ 성급한 일반화의 오류

|정답 및 해설| ⑤

제시된 내용은 '성급한 일반화의 오류'에 대한 설명이다.

① 무지의 오류: 어떠한 주장이 아직 증명되지 않았음을 근거로 그 반대의 주장이 참이라고 생각하는 논리적 오류
② 논점 일탈의 오류: 관련이 없거나 망상적인 쟁점을 인용하여 논증의 핵심에서 멀어지는 논리적 오류
③ 결합의 오류: 논리적 주장을 확대하여 집합의 부분이 가지는 속성을 전체 집합도 가지고 있다고 여길 때 발생하는 논리적 오류
④ 애매성의 오류: 애매한 언어를 사용하여 발생하는 논리적 오류

유형공략문제

01 **다음 명제가 모두 참일 때, 〈보기〉 중 항상 참인 것을 모두 고르면?**

- 정시 퇴근을 하지 않거나 실수를 많이 하지 않는 사람은 업무 속도가 빠르지 않다.
- 컴퓨터 게임을 많이 하는 사람은 타자 속도가 빠르다.
- 업무 속도가 빠르지 않은 사람은 타자 속도가 빠르지 않다.

〈보기〉

㉠ 타자 속도가 빠른 사람은 실수를 많이 하지 않는다.
㉡ 실수를 많이 하지 않는 사람은 컴퓨터 게임을 많이 하지 않는다.
㉢ 컴퓨터 게임을 많이 하는 사람은 정시 퇴근을 하지 않는다.
㉣ 정시 퇴근을 하지 않는 사람은 타자 속도가 빠르지 않다.

① ㉠, ㉡ ② ㉠, ㉣ ③ ㉡, ㉢ ④ ㉡, ㉣ ⑤ ㉢, ㉣

02 **원형의 팔레트에 일정한 간격으로 빨강, 주황, 노랑, 초록, 파랑, 보라 6가지 색의 물감을 담았다. 다음 조건을 모두 고려하였을 때, 항상 참인 것은?** (단, 6가지 색의 위치는 모두 각 물감이 팔레트 중심을 바라보는 방향을 기준으로 생각한다.)

- 파랑은 빨강의 왼쪽 바로 옆에는 담지 않았다.
- 노랑과 보라는 바로 옆에 담았다.
- 초록과 빨강 사이에는 한 개 또는 세 개의 색을 담았다.
- 빨강과 주황 사이에는 두 개의 색을 담았다.

① 보라와 파랑 사이에는 두 개의 색이 담겨 있다.
② 주황은 초록의 오른쪽 바로 옆에 담겨 있다.
③ 파랑과 보라 사이에는 한 개 또는 세 개의 색이 담겨 있다.
④ 노랑은 빨강과 바로 옆에 담겨 있다.
⑤ 초록과 노랑 사이에는 두 개의 색이 담겨 있다.

03 다음 명제가 모두 참일 때, 항상 참인 것은?

> · 적금 상품에 가입된 어떤 사람은 펀드 상품 가입을 권유 받았다.
> · 펀드 상품 가입을 권유 받은 모든 사람은 ISA 상품에 가입되어 있다.
> · ISA 상품에 가입된 어떤 사람은 예금 상품에 가입되어 있다.

① ISA 상품에 가입된 어떤 사람은 적금 상품에 가입되어 있다.

② 예금 상품에 가입된 어떤 사람은 적금 상품에 가입되어 있다.

③ 펀드 상품 가입을 권유 받은 어떤 사람은 예금 상품에 가입되어 있다.

④ 적금 상품에 가입된 모든 사람은 ISA 상품에 가입되어 있다.

⑤ 예금 상품에 가입되어 있지 않은 모든 사람은 펀드 상품 가입을 권유 받지 않았다.

04 A, B, C, D, E 5명은 달리기 시합을 하여 동시에 도착하는 경우 없이 순위를 결정하였다. 다음 조건을 모두 고려하였을 때, 항상 참인 것은?

> · A는 E보다 먼저 도착하였다.
> · B는 꼴찌가 아니다.
> · B와 C의 순위는 이웃한다.
> · D와 E 사이에 도착한 사람은 없다.

① 4위를 한 사람은 C가 아니다.

② 1위를 한 사람은 A이다.

③ D는 2위를 할 수 없다.

④ 꼴찌를 한 사람은 E이다.

⑤ 3위를 할 가능성이 있는 사람은 4명이다.

05 다음 중 기존의 틀을 바꾼 사례에 해당하지 않는 것은?

① 스테이플러를 이용하여 서류를 정리하였다.

② 헤어드라이어의 온풍을 이용하여 어깨 결림을 완화시켰다.

③ 칫솔을 이용하여 빗의 이물질을 제거하였다.

④ 물컵에 연필이나 볼펜 등을 꽂아 연필꽂이로 이용하였다.

⑤ 스카치테이프를 이용하여 사건 현장에서 지문을 채취하였다.

약점 보완 해설집 p.24

유형 2 문제처리

유형 특징

· 주어진 상황과 정보를 바탕으로 문제의 해결 방안을 도출하는 유형의 문제이다.

세부 출제 유형

· 문제처리는 다음과 같이 2개의 세부 유형으로 출제된다.
① 문제해결을 위한 최선의 방안을 도출하는 문제
② 문제해결 절차를 파악하는 문제

공략법

· 문제의 유형에 따라 적절한 해결 방법을 적용할 수 있도록 문제해결을 위한 방법, 문제해결의 절차 등 문제처리와 관련된 이론을 반드시 학습한다. (기초이론 p.196)

· 한 문제에 여러 자료가 복합적으로 제시되는 경우에는 선택지를 먼저 확인하고 문제를 푸는 데 필요한 정보만 선별적으로 확인하여 풀이시간을 단축한다.

예제 1 문제해결을 위한 최선의 방안을 도출하는 문제

다음 팜 스테이 안내문을 근거로 판단한 내용으로 옳지 않은 것은?

[팜 스테이 안내문]

1. 팜 스테이란?

– 농협이 주관하는 농촌 체험 브랜드로, 농가에서 숙식하며 농사나 문화 체험, 영농 체험 등에 참여할 수 있는 농촌 체험 여행

2. 이용 방법

구분	1단계 마을 고르기	2단계 마을 예약하기	3단계 마을 찾아가기	4단계 계산하기	5단계 마을 체험하기
이용 방법	홈페이지& 농촌 체험 여행 책자 확인	홈페이지& 전화 예약	마을 찾아가기	농촌 사랑 상품권, 무통장 입금, 신용카드 결제	다양한 체험 프로그램 이용

3. 팜 스테이 마을 수

경기	강원	충북	충남	전북	전남	경북	경남
48개	48개	31개	30개	20개	27개	26개	36개
제주	**부산**	**대구**	**인천**	**광주**	**대전**	**울산**	**합계**
4개	1개	2개	7개	1개	2개	3개	286개

4. 팜스테이 체험 프로그램

구분	프로그램 내용
생태문화 관광	계곡, 강, 섬, 자연 박물관, 생태체험, 명승지, 지역 축제, 갯벌 체험 등
야외놀이 문화 체험	등산, 래프팅, 물고기 잡기, 곤충채집 등
전통놀이 체험	활쏘기, 농악, 탈춤, 제기차기, 널뛰기 등
영농 체험	과일 수확, 감자 캐기 등

① 팜 스테이 참여 시 농촌 사랑 상품권 또는 현금으로만 결제가 가능하다.

② 팜 스테이는 농협이 주관하는 농촌 체험 브랜드로 농가에서 숙식하는 체험 여행이다.

③ 팜 스테이 마을은 홈페이지나 농촌 체험 여행 책자에서 확인할 수 있다.

④ 전통놀이 체험 프로그램에서 탈춤과 제기차기 놀이에 모두 참여할 수 있다.

⑤ 팜 스테이 마을 수가 40개 이상인 지역은 2곳이다.

|정답 및 해설| ①

'2. 이용 방법'에 따르면 팜 스테이 참여 시 농촌 사랑 상품권, 무통장 입금, 신용카드로 계산할 수 있으므로 옳지 않은 내용이다.

② '1. 팜 스테이란?'에 따르면 팜 스테이는 농협이 주관하는 농촌 체험 브랜드로, 농가에서 숙식하며 농사나 문화 체험, 영농 체험 등에 참여할 수 있는 농촌 체험 여행이므로 옳은 내용이다.

③ '2. 이용 방법'에 따르면 팜 스테이 마을은 홈페이지 또는 농촌 체험 여행 책자에서 확인할 수 있으므로 옳은 내용이다.

④ '4. 팜 스테이 체험 프로그램'에 따르면 탈춤, 제기차기 등의 체험은 전통놀이 체험에 포함되므로 옳은 내용이다.

⑤ '3. 팜 스테이 마을 수'에 따르면 팜 스테이 마을 수가 40개 이상인 지역은 경기, 강원 2곳이므로 옳은 내용이다.

예제 2 문제해결 절차를 파악하는 문제

다음 글에서 설명하는 고객요구 조사 방법의 장점으로 옳지 않은 것은?

조사자와 응답자가 일대일로 마주한 상태에서 응답자의 태도 및 신념 또는 잠재된 동기 등을 발견하고 응답자에 대한 정보를 수집하는 방법이다. 조사자는 진행 과정과 조사 문제에 대한 철저한 계획을 세운 후 시작해야 하며, 진행 시 편안한 분위기를 만들어 응답자의 응답에 영향을 주어서는 안 된다. 첫 번째 질문을 던지고 이에 대한 응답자의 응답에 따라 면접을 진행하며, 구체적인 질문 내용과 순서는 응답자의 응답에 따라 유동적으로 진행한다.

① 심층적 정보 획득　② 독특한 정보 수집　③ 매뉴얼 제작 가능

④ 낮은 사실 왜곡 가능성　⑤ 높은 소요비용

|정답 및 해설| ④

제시된 고객 요구 조사 방법은 '심층면접법'으로 인터뷰 결과를 사실과 다르게 해석할 여지가 있으므로 낮은 사실 왜곡 가능성이 장점이라는 것은 옳지 않은 내용이다.

유형공략문제

01 거래처와 미팅이 있어 H 타워에 방문한 임씨는 주차장 이용 안내문을 확인하였다. 다음 안내문을 기준으로 주차장을 이용할 때, 가장 적절하지 않은 것은?

[H 타워 주차장 이용 안내문]

1. 주차장 운영 시간
   1) 평일 운영 시간: 06:00~23:00 (운영 시간 이후 입출차 제한)
   2) 주말·공휴일 운영 시간: 08:00~24:00 (운영 시간 이후 입출차 제한)

2. 주차장 이용 요금

2시간 이내	최초 2시간 초과 시 10분마다	일일 주차	비고
무료	500원	20,000원	10분 미만은 10분으로 계산

※ 주차 요금은 할인권 및 카드로만 납부 가능하며, 출차 시 이용 시간에 따라 주차료 청구

3. 주차장 이용 할인권

할인권	가격	구입처	비고
1시간 주차권	500원	이용 매장 또는 지정업소 (지하 1층 △△문고)	할인권은 1회 최대 2장까지 사용 가능
2시간 주차권	1,000원		
일일 주차권	10,000원		
월 정기권	50,000원		

※ 1) H 타워 상가 및 업무 시설 방문 고객에 한하여 판매
   2) 주차장 이용 할인권은 기본 무료 주차 이용 시간 후 사용 가능

4. 무인 정산기 이용 방법
   1) 출구 정산기: 8호관 1층 주차장 출구 차단기
   2) 사전 정산기: 5호관 지하 2층 4호기 엘리베이터 전실
   ※ 사전 정산기 이용 시 요금 정산 후 15분간의 출차 여유 시간 부여

① 5호관 지하 2층 4호기 엘리베이터 전실에서 사전 정산을 마쳤다면 출차 시간 15분을 받게 된다.

② H 타워에 차량을 주차한 뒤 미팅 장소가 다른 건물로 변경되었다면 할인권을 구매할 수 없다.

③ 주차비를 할인받기 위해 2시간 주차권 2매를 구입했다면 이용 가능 시간은 최대 4시간이다.

④ 임씨가 진행하는 비즈니스 미팅이 수요일 밤 11시 30분에 끝났다면 출차가 제한될 수 있다.

⑤ 주차장 이용 시간이 2시간 45분이며 별도의 할인권이 없을 경우 납부해야 할 주차료는 최소 1,500원이다.

02 다음 글을 읽은 결과를 바탕으로 분석한 P 회사의 SWOT 전략으로 가장 적절하지 않은 것은?

가전제품을 생산하는 P 회사는 지난 10년간 관련 업계에서 소비자와 재직자 모두에게 선호도 1위를 고수하고 있다. 사람들은 가전제품을 구매하고자 할 때 P 회사를 자동으로 떠올릴 정도로 P 회사를 신뢰한다. 이러한 높은 신뢰도는 P 회사의 체계적인 연구 프로세스를 기반으로 한 고품질의 제품 덕분인 것으로 분석된다. 장기간에 걸쳐 축적한 가전제품 개발 노하우와 안정적인 제조 기술력을 보유한 P 회사는 경쟁사가 주의를 기울이지 않는 사소한 부분까지 꼼꼼하게 확인하여 단점을 보완할 수 있는 제품을 지속적으로 개발한다.

하지만 P 회사는 급속한 성장으로 인해 회사의 규모가 빠르게 커지면서 조직 결속도가 낮아졌다는 문제를 안고 있다. 또한, 전문가들은 하나의 제품을 점점 더 좋게 개선하는 방향으로 제품을 개발하는 P 회사의 특성상 경쟁사 대비 라인업이 부족하기 때문에 가까운 시일 안에 성장이 정체될 가능성이 있다고 지적하며, 경쟁력을 확보하기 위해서는 제품 라인업을 늘려야 한다고 조언한다.

한편, 4차 산업혁명 시대가 도래하면서 정부가 전자·전기, IT 분야의 연구원을 양성하고자 관련 학과와 학교를 적극적으로 지원하는 등 전문 인력을 충원하기 용이한 환경이 조성되었다는 점은 연구 인력의 확보를 중요시하는 P 회사에게 매우 긍정적으로 작용할 것으로 전망된다. 게다가 평균 가구원 수가 감소하고 20~30대 중 취미로 요리를 하는 사람들이 늘어나면서 소형 가전제품에 대한 수요가 증가하자 P 회사의 이사회에서는 소형 가전제품을 출시하는 것에 대한 논의가 진행되고 있다.

그러나 전 세계의 경기 침체가 장기화되면서 저렴한 제품을 선호하는 소비자들이 늘어남에 따라 P 회사도 가격 경쟁의 영향을 피해가기는 어려울 것으로 보인다. 그뿐만 아니라 최근 경쟁사인 Q 회사에서 고급 연구 인력을 확보하기 위해 총력을 기울이면서 P 회사의 기존 연구원들이 Q 회사로 이직하는 비율이 높아지고 있다는 맹점이 있다. 기존 연구원이 경쟁사로 이직할 경우 발생하는 경제적 손실이 막대하기 때문에 해당 문제를 타개하기 위한 방안을 빠르게 마련해야 할 필요가 있다.

내부 환경 / 외부 환경	강점(Strength)	약점(Weakness)
기회(Opportunity)	① 전자·전기 관련 학과와 학교에서 P 회사에 대한 홍보를 강화하여 전문 인력의 지원을 유도한다.	② 요리에 자주 사용되는 소형 가전제품을 출시하여 라인업을 확장하고 경쟁력을 확보한다.
위협(Threat)	③ 안정적인 제품 생산 기술력을 기반으로 가격대가 저렴한 가전제품을 개발하여 시장 점유율을 높인다. ④ 직원 복지를 강화하고 사내 교육을 시행하여 조직 충성도를 높이고 이직률을 낮춘다.	⑤ 제품 라인을 일반형, 고급형, 저가형으로 세분화하여 타깃을 명확히 한 후에 제품을 개발하고, 라인별 특장점을 살려 홍보를 강화한다.

03 다음은 공과대학 과정별 졸업 요건을 나타낸 자료이다. 윤희가 공과대학 과정별 졸업 요건에 따라 자신의 학점 이수 내역을 분석한 내용으로 옳지 않은 것은?

[윤희의 학점 이수 내역]

현재 휴학생인 윤희는 4학년 1학기 복학을 앞두고 있으며, 수강신청 전 학교 홈페이지를 통해 공학인증 과정을 포기하고 비인증 과정으로 변경했다. 윤희는 3학년 2학기까지 일반교양 4개 영역에서 한 과목씩 수강했고, 핵심교양은 한 과목도 수강하지 못했다. 대학교양은 과학, 수학, 전산 과목을 포함하여 총 30학점을 이수했지만, 대학물리실험(I)의 성적이 F로 학점이 인정되지 않았다. 전공은 지난 학기까지 48학점을 이수했고, 기초영어는 두 과목 모두 이수했다. 휴학 기간에 한 기업체에서 인턴을 했기 때문에 현장실습 증명서와 보고서는 이미 제출했고, 졸업논문은 복학한 뒤에 교수님과 상담 후 주제를 정할 예정이다.

[공과대학 과정별 졸업 요건]

과정	이수 요건		세부 내용
공학인증 과정	학점 요건		• 기초영어(2학점), 전문교양(23학점), 기초과학(30학점), 전공(54학점) 포함하여 총 132학점 이상 필수 이수
	과목별 이수 요건	기초영어	• 기초영어 I, II 중 한 과목 이상 필수 이수
		전문교양	• 일반교양 1~5영역, 핵심교양 6~8영역 중 6개 영역 선택 후, 영역별 한 과목 이상 필수 이수
		대학교양	• 과학, 수학, 전산 과목 각 9학점씩 필수 이수 • 과학 과목 중 대학물리(I), 대학물리실험(I), 대학화학(I), 대학화학실험(I) 필수 이수
		설계	• 기초설계, 종합설계 필수 이수
		전공	• 학과별 전공필수 과목 필수 이수
	기타		• TOEIC 기준 없음
비인증 과정	학점 요건		• 기초영어(2학점), 전문교양(20학점), 기초과학(24학점), 전공(50학점) 포함하여 총 140학점 이상 필수 이수
	과목별 이수 요건	기초영어	• 기초영어 I, II 중 한 과목 이상 필수 이수
		전문교양	• 일반교양 1~5영역 중 4개 영역 선택 후 영역별 한 과목 이상 필수 이수 • 핵심교양 6~8영역에서 영역별로 한 과목 이상 필수 이수
		대학교양	• 과학, 수학, 전산 과목 각 9학점씩 필수 이수 • 과학 과목 중 대학물리(I), 대학물리실험(I), 대학화학(I), 대학화학실험(I), 대학생물(I) 필수 이수
		전공	• 학과별 전공필수 과목 필수 이수
	기타		• TOEIC 750점 이상(성적 증명서 필수 제출)
			• 졸업논문 필수 제출 • 현장실습 증명서 및 보고서 필수 제출(사업장 날인 필)

※ 1) 교양 과목의 이수학점은 2학점이며, 전공 과목의 이수학점은 모두 2학점 이상임

2) 전공필수 과목은 3학년 2학기까지 이수해야 함

① 윤희는 대학물리실험(I)을 다시 수강해야 한다.

② 대학교양에서 실험 과목만 예외적으로 1학점이라면 윤희가 필수로 이수해야 하는 과학 과목은 총 8학점이다.

③ 윤희가 필수 이수 과목을 모두 수강했다고 하더라도 전체 이수학점이 132학점이면 졸업을 할 수 없다.

④ 윤희의 TOEIC 점수가 720점이라면 30점 이상을 향상시켜야 하며, 성적 증명서를 반드시 제출해야 한다.

⑤ 윤희는 핵심교양 6~8영역에서 영역별로 한 과목씩 수강하면 전문교양 이수 요건을 모두 충족시킬 수 있다.

04 **사무실 내 탕비실 한쪽 벽면에 타일을 꽉 차게 붙이려고 한다. 벽면의 크기는 가로 120cm, 세로 200cm이고 벽면 가장 위쪽과 아래쪽의 각 2줄씩만 레드 타일로 포인트를 주고 나머지는 화이트 타일을 붙일 예정이다. 타일을 아래의 방법에 따라 붙일 때, 타일 구매에 필요한 금액은?**

[타일 종류별 단가]

구분	규격(가로 × 세로)	단가
레드 타일	240mm × 50mm	16,000원
	120mm × 50mm	9,000원
화이트 타일	240mm × 50mm	13,000원
	120mm × 50mm	7,000원

[타일 붙이는 방법]

1. 타일은 벽 아래쪽부터 한 줄씩 가로 방향으로 붙인다.
2. 한 줄 위의 타일은 아래쪽 타일 하나의 중앙 지점부터 시작하여 어긋나는 모양으로 붙인다.
3. 규격이 큰 타일을 먼저 붙이고, 남는 공간에 규격이 작은 타일을 붙인다.

예

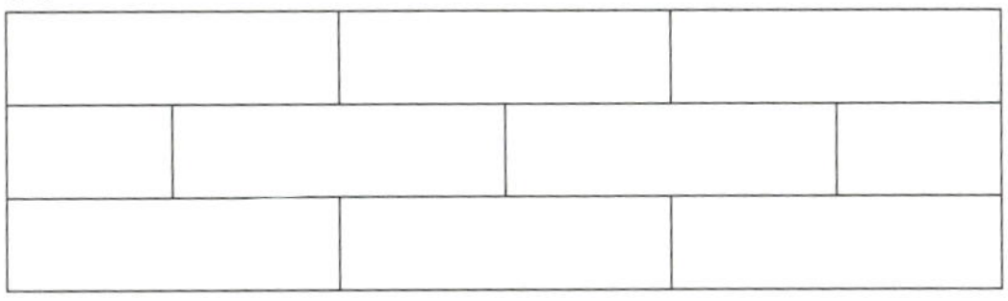

① 2,452,000원　② 2,535,000원　③ 2,601,000원　④ 2,682,000원　⑤ 2,736,000원

05 다음은 문제해결의 절차를 나타낸 것이다. 빈칸에 들어갈 문제해결의 절차 단계에 관한 설명으로 옳지 않은 것은?

문제 인식 → 문제 도출 → 원인 분석 → (　　　　) → 실행 및 평가

① 열거된 근본 원인을 어떠한 시각과 방법으로 제거할 것인지를 명확히 해야 한다.

② 이슈와 데이터 분석을 통해서 얻은 결과를 바탕으로 최종 원인을 확인해야 한다.

③ 전체적인 관점에서 보아 해결 방향과 방법이 같은 것을 그룹핑해야 한다.

④ 문제, 원인, 방법을 고려해서 해결안을 평가하고 가장 효과적인 해결안을 선택해야 한다.

⑤ 해결안의 채택 여부를 결정해야 한다.

약점 보완 해설집 p.25

최신기출동형문제

유형 1 | 사고력

제한시간: 20분

01 **다음 중 밑줄 친 부분에 들어갈 내용으로 항상 참인 것은?**

> 교양이 없거나 용기가 부족한 사람은 규칙을 지키지 않는다.
> 용기가 부족하지 않은 사람은 비판적이다.
> 규칙을 지키지 않는 사람은 이기적이며 시민의식이 높지 않다.
> 그러므로 ______________________________

① 규칙을 지키지 않는 사람은 비판적이다.

② 시민의식이 높은 사람은 용기가 부족하다.

③ 교양이 없는 사람은 용기도 부족하다.

④ 이기적이지 않은 사람은 비판적이다.

⑤ 비판적이지 않은 사람은 교양이 없다.

02 **다음 명제가 모두 참일 때, 항상 거짓인 것은?**

> · 김치를 좋아하는 사람은 볶음밥을 좋아한다.
> · 순대를 좋아하지 않는 사람은 떡볶이를 좋아하지 않는다.
> · 국밥을 좋아하는 사람은 볶음밥을 좋아하지 않는다.
> · 떡볶이를 좋아하지 않는 사람은 국밥을 좋아한다.

① 순대를 좋아하는 사람은 볶음밥을 좋아한다.

② 김치를 좋아하지 않는 사람은 순대를 좋아하지 않는다.

③ 국밥을 좋아하는 사람은 김치를 좋아하지 않는다.

④ 볶음밥을 좋아하는 사람은 떡볶이를 좋아한다.

⑤ 떡볶이를 좋아하지 않는 사람은 볶음밥을 좋아한다.

03 ○○학교는 당직 근무를 위해 A, B, C, D, E 5명의 선생님 중 당직 근무조를 어떻게 구성할지 고민하고 있다. 다음 명제를 모두 고려하였을 때, 항상 거짓인 것은?

- A 선생님이 근무하면 B 선생님이 근무하거나 C 선생님이 근무한다.
- B 선생님이 근무하면 D 선생님은 근무하지 않는다.
- D 선생님이 근무하거나 E 선생님이 근무하면 A 선생님도 근무한다.
- A 선생님이 근무하지 않고 D 선생님이 근무하면 E 선생님은 근무하지 않는다.

① C 선생님이 근무하지 않으면 D 선생님과 E 선생님도 근무하지 않는다.

② B 선생님과 C 선생님이 근무하지 않으면 모든 선생님이 근무하지 않는다.

③ A 선생님이 근무할 때 D 선생님도 근무할 수 있다.

④ D 선생님과 E 선생님이 동시에 근무할 수도 있다.

⑤ D 선생님이 근무하면 B 선생님과 C 선생님 모두 근무한다.

04 다음 명제가 모두 참일 때, 항상 참인 것은?

- 쌀을 먹는 사람은 조를 먹지 않는다.
- 밀을 먹지 않는 사람은 옥수수를 먹는다.
- 보리를 먹는 사람은 쌀을 먹는다.
- 옥수수를 먹지 않는 사람은 조를 먹는다.

① 쌀을 먹지 않는 사람은 옥수수를 먹는다.

② 보리를 먹는 사람은 밀을 먹지 않는다.

③ 밀을 먹지 않는 사람은 조를 먹는다.

④ 조를 먹는 사람은 보리를 먹지 않는다.

⑤ 옥수수를 먹지 않는 사람은 보리를 먹는다.

05 다음 명제가 모두 참일 때, 항상 참인 것은?

- 조깅을 좋아하는 사람은 등산을 좋아한다.
- 배드민턴을 좋아하는 사람은 테니스를 좋아한다.
- 크로스핏을 좋아하는 사람은 등산을 좋아하지 않는다.
- 테니스를 좋아하는 사람은 크로스핏을 좋아하지 않는다.

① 등산을 좋아하지 않는 사람은 배드민턴을 좋아한다.

② 조깅을 좋아하는 사람은 테니스를 좋아한다.

③ 크로스핏을 좋아하는 사람은 조깅을 좋아하지 않는다.

④ 테니스를 좋아하지 않는 사람은 등산을 좋아하지 않는다.

⑤ 배드민턴을 좋아하는 사람은 크로스핏을 좋아한다.

06 다음 명제가 모두 참일 때, 항상 참인 것은?

- 과학자는 호기심이 많다.
- 상상력이 풍부한 사람은 걱정이 많다.
- 호기심이 많은 사람은 도전 정신이 뛰어나다.
- 상상력이 풍부하지 않은 사람은 호기심이 많지 않다.

① 상상력이 풍부하지 않은 사람은 도전 정신이 뛰어나다.

② 걱정이 많은 사람은 과학자이다.

③ 도전 정신이 뛰어나지 않은 사람은 과학자이다.

④ 과학자는 걱정이 많다.

⑤ 걱정이 많은 사람은 호기심이 많다.

07 다음 명제가 모두 참일 때, 항상 거짓인 것은?

- 해산물을 좋아하는 사람은 버섯을 좋아한다.
- 우유를 좋아하는 사람은 빵을 좋아한다.
- 떡볶이를 좋아하는 사람은 해산물을 좋아하지 않는다.
- 아이스크림을 좋아하지 않는 사람은 우유를 좋아하지 않는다.
- 떡볶이를 좋아하지 않는 사람은 빵을 좋아하지 않는다.

① 떡볶이를 좋아하는 사람은 버섯을 좋아한다.

② 버섯을 좋아하지 않는 사람은 빵을 좋아하지 않는다.

③ 아이스크림을 좋아하는 사람은 해산물을 좋아한다.

④ 해산물을 좋아하는 사람은 우유를 좋아한다.

⑤ 떡볶이를 좋아하지 않는 사람은 우유를 좋아하지 않는다.

08 다음 명제가 모두 참일 때, 항상 거짓인 것을 모두 고르면?

- 사내 동호회는 야구, 축구, 등산, 음악 동호회가 있으며 동호회에 중복으로 가입할 수 있다.
- 어떤 영업관리팀 사원은 음악 동호회에서 활동한다.
- 등산 동호회에서 활동하면 야구 또는 축구 동호회에서도 활동한다.
- 축구 동호회와 음악 동호회에 중복으로 가입한 사원은 없다.
- 음악 동호회에서 활동하는 사원은 모두 야구 동호회에서 활동한다.
- 영업관리팀 사원은 모두 등산 동호회에서 활동한다.

〈보기〉

㉠ 어떤 영업관리팀 사원은 야구 동호회에서 활동한다.

㉡ 등산 동호회에서 활동하는 사원은 모두 축구 동호회에서도 활동한다.

㉢ 축구 동호회에서 활동하는 영업관리팀 사원이 없을 수도 있다.

㉣ 음악 동호회와 야구 동호회에 중복으로 가입한 사원은 등산 동호회에 가입하지 않았다.

① ㉠　　② ㉢　　③ ㉡, ㉢　　④ ㉡, ㉣　　⑤ ㉢, ㉣

09 K 은행 인천지역본부 본부장은 A, B, C, D, E 5개 지역본부의 과일 판매 실적을 바탕으로 과일 판매 순위를 결정하려고 한다. 과일 판매 순위 결정 기준과 202X년 과일 판매 실적을 고려하였을 때, 항상 참인 것을 모두 고르면?

[과일 판매 순위 결정 기준]

1. 총 판매 실적이 큰 순서대로 순위가 결정된다.
2. 동일한 순위가 나오거나 순위가 결정되지 않는 경우에는 다음 순서대로 순위를 결정한다.
   1) 수박과 자몽 판매 실적의 합이 클수록 높은 순위
   2) 각 과일의 판매 실적이 모두 1억 원 이상인 경우가 아닌 경우보다 높은 순위
   3) 각 지역본부의 판매 실적이 가장 큰 과일의 판매 실적이 클수록 높은 순위

[202X년 과일 판매 실적]

(단위: 백만 원)

지역본부 \ 과일	수박	키위	체리	딸기	자몽
A	150	200	250		550
B	140	250	30		240
C	250	650	50		200
D	350	150	150		250
E	150	350	400		300

〈보기〉

㉠ 딸기를 제외하고 순위를 결정하면 1위는 E이다.
㉡ A와 C의 딸기 판매 실적이 같다면 A가 C보다 순위가 낮다.
㉢ 딸기의 판매 실적이 E, A, D, C, B 순으로 크면 B의 순위가 가장 낮다.
㉣ C의 딸기 판매 실적이 100백만 원이고, 나머지 지역본부의 딸기 판매 실적이 50백만 원이면 C가 E보다 순위가 높다.
㉤ 과일 판매의 최하위 순위는 B이다.

① ㉠, ㉣ ② ㉡, ㉤ ③ ㉠, ㉢, ㉣ ④ ㉠, ㉢, ㉤ ⑤ ㉡, ㉣, ㉤

10 ○○은행에 근무하는 A, B, C, D, E, F의 직급은 부장 1명, 과장 1명, 대리 2명, 사원 2명이고, 6명은 일정한 간격을 두고 원탁 테이블에 앉아 회의를 진행하려고 한다. 다음 조건을 모두 고려하였을 때, 항상 참인 것은?

- C는 D와 직급이 같고 서로 마주 보고 앉는다.
- 대리는 사원 오른쪽 바로 옆자리에 앉지 않는다.
- E는 D 바로 옆자리에 앉는다.
- A와 F의 직급은 대리이다.
- 과장은 C 오른쪽 바로 옆자리에 앉는다.

① A는 D 왼쪽 바로 옆자리에 앉는다.

② E의 직급은 과장이다.

③ B는 C 오른쪽 바로 옆자리에 앉는다.

④ A와 F는 서로 마주 보고 앉지 않는다.

⑤ C는 F 바로 옆자리에 앉지 않는다.

11 지역농협 ○○지점의 김 팀장, 이 대리, 박 사원은 택시를 타고 △△지점으로 이동하려고 한다. 다음 조건을 모두 고려하였을 때, 항상 거짓인 것은?

- 김 팀장, 이 대리, 박 사원은 택시 기사 좌석을 제외한 1~4번 좌석에 앉는다.
- 김 팀장은 4번 좌석에 앉지 않는다.
- 김 팀장과 이 대리는 바로 옆에 이웃하여 앉는다.
- 박 사원은 2번 좌석에 앉지 않는다.

[택시 좌석 배치도]

전면

택시 기사		1
2	3	4

후면

① 김 팀장이 3번 좌석에 앉으면 이 대리는 2번 좌석에 앉는다.

② 박 사원이 1번 좌석에 앉으면 3번 좌석에는 김 팀장이 앉는다.

③ 2번 좌석에 아무도 앉지 않으면 박 사원은 4번 좌석에 앉는다.

④ 이 대리는 1번 좌석에 앉지 않는다.

⑤ 박 사원은 3번 좌석에 앉지 않는다.

12 상현, 지혜, 유진, 민철, 재준 5명은 각각 쿠키와 해시브라운 중 1개를 먹었다. 쿠키를 먹은 2명은 모두 진실을 말하고 있고, 해시브라운을 먹은 3명은 모두 거짓을 말하고 있다. 다음 조건을 모두 고려하였을 때, 쿠키를 먹은 사람은?

- 상현: 지혜는 쿠키를 먹지 않았다.
- 지혜: 유진이와 재준이는 모두 해시브라운을 먹었다.
- 유진: 재준이는 거짓을 말하고 있다.
- 민철: 지혜와 유진이 중 적어도 한 명은 쿠키를 먹었다.
- 재준: 나는 해시브라운을 먹지 않았다.

① 상현, 유진　② 상현, 재준　③ 지혜, 유진　④ 유진, 민철　⑤ 민철, 재준

13 나리, 보담, 승구, 태수, 혜옥 5명은 경품 이벤트에 참가하였고, 5명 중 1명만 이벤트에 당첨되었다. 5명 중 1명만 진실을 말하고 있고, 나머지 4명은 모두 거짓을 말하고 있을 때, 이벤트에 당첨된 사람은?

- 나리: 보담이는 이벤트에 당첨되지 않았어.
- 보담: 나리 또는 승구가 이벤트에 당첨됐어.
- 승구: 보담이 또는 태수가 이벤트에 당첨됐어.
- 태수: 나리와 혜옥이는 모두 거짓을 말하고 있어.
- 혜옥: 승구는 진실을 말하고 있어.

① 나리　② 보담　③ 승구　④ 태수　⑤ 혜옥

14 ○○회사에서는 워크숍 장소 섭외를 위하여 A~E 5명 중 2명을 선발대로 선출하였다. 5명 중 1명의 진술만 거짓이고, 나머지 4명의 진술이 모두 진실일 때, 선발대로 선출된 2명은?

- A: D는 선발대로 선출되지 않았어.
- B: C와 E 중 한 명만 선발대로 선출되었어.
- C: A는 선발대로 선출되었어.
- D: 나는 선발대로 선출되었어.
- E: B와 C 중 한 명만 선발대로 선출되었어.

① A, B　② A, C　③ B, E　④ C, D　⑤ D, E

15 ◇◇공사의 인사팀에는 A~H 8명의 직원이 근무하고 있다. A~H 8명의 직원은 모두 월요일부터 금요일 중 1일씩 연차를 사용하였다. 다음 조건을 모두 고려하였을 때, 항상 참인 것은?

> - 같은 요일에 연차를 사용한 사람은 최대 3명이다.
> - 인사팀 직원은 월요일, 수요일, 금요일에 7명씩 근무하였다.
> - E와 G는 같은 날 연차를 사용하였다.
> - A와 D가 함께 연차를 사용하고 바로 다음 날에 F가 연차를 사용하였다.
> - C가 가장 마지막으로 연차를 사용하였다.

① B와 D는 같은 날 연차를 사용하였다.

② 화요일에 연차를 사용한 사람은 3명이다.

③ 가장 먼저 연차를 사용한 사람은 H이다.

④ 수요일에 연차를 사용한 사람은 F이다.

⑤ A는 B보다 늦게 연차를 사용하였다.

16 신입사원 A~F 6명은 각각 미국, 영국, 캐나다, 호주 4개국 중 한 곳을 선택하여 어학연수를 가려고 한다. 다음 조건을 모두 고려하였을 때, 항상 참인 것은?

> - 미국은 최대 3명, 이외 나머지 국가는 최대 2명까지 선택할 수 있다.
> - B는 캐나다를 선택하지 않았고, C는 캐나다를 선택하였다.
> - A와 E는 같은 국가를 선택하였다.
> - F는 미국을 선택하였다.
> - 4개국 중 아무도 선택하지 않은 국가가 있다.

① 미국을 선택한 사람은 3명이다.

② 아무도 선택하지 않은 국가는 호주이다.

③ 캐나다는 1명이 선택했다.

④ B와 D 중 미국을 선택한 사람이 있다.

⑤ A와 E는 캐나다를 제외한 모든 국가를 선택할 수 있다.

17 다음 설명에 해당하는 사고의 유형은?

> 직접 당면한 문제를 이미 알고 있는 경험이나 지식을 바탕으로 하여 새로운 정보로 결합해 가치 있고 참신한 아이디어를 산출하는 사고로, 교육 훈련을 통해 개발될 수 있으며 사회나 개인에게 새로운 가치를 창출한다. 이 사고를 개발하기 위한 방법으로 강제연상법, 비교발상법 등이 있다.

① 창의적 사고　② 논리적 사고　③ 분석적 사고
④ 비판적 사고　⑤ 수렴적 사고

18 다음 자료에서 설명하고 있는 창의적 사고 개발 방법은?

> L 기업은 최근 신제품 개발에 심혈을 기울이고 있다. 이 때문에 연구개발 A~D 팀에서는 각각 우수사원 3명씩을 선출하여 신제품 개발팀을 새롭게 구성한 후 신제품 관련 업무를 진행하고 있다. 신제품 개발팀의 팀장을 맡게 된 민 대리는 신제품 개발에 앞서 아이디어 회의를 통해 여러 사람의 의견을 수집하고 업무 방향을 설정하려고 한다. 민 대리는 팀원들이 자기 생각을 자유롭게 이야기하고, 서로의 아이디어에서 연쇄반응을 통해 또 다른 아이디어가 자유분방하게 나올 수 있도록 편안한 분위기 속에서 회의를 진행하고자 한다. 이에 대한 회의 내용을 공지하기 위해 민 대리는 사내 인트라넷을 통해 각 팀원에게 쪽지를 발송하였다.

받은 쪽지

> 보낸 이: 민○○
> 받은 시간: 201X-10-18 14:22:34
>
> 안녕하세요, 신제품 개발팀 팀장 민○○입니다. 내일(10/19) 오후 2시 소회의실에서 아이디어 회의를 진행할 예정이니, 각자 신제품 콘셉트에 대한 아이디어를 준비하여 참석해 주시기 바랍니다. 회의는 전체 인원을 세 팀으로 나눠 자유롭게 의견을 나누는 형식으로 진행될 예정이므로 가벼운 마음으로 참석해 주시고, 질보다는 양으로 승부하여 많은 아이디어를 수집할 수 있도록 노력해봅시다. 또한, 각자의 의견을 자유롭게 듣기 위한 회의이니 타인의 아이디어를 비판하기보다는 자신의 아이디어와 타인의 아이디어를 서로 결합하여 발전시킬 수 있도록 긍정적인 마음가짐으로 참석해 주시기 바랍니다. 얼마 전 회사에서 교육받은 것과 같이 우리 모두 두뇌에 폭풍을 일으키는 발상으로 여러 아이디어를 수집해 보도록 합시다. 내일 뵙겠습니다.

① Synectics법　② NM법　③ 체크리스트
④ 브레인스토밍　⑤ 스캠퍼기법

19 **N 은행의 인사팀은 신입사원 교육 커리큘럼으로 비판적 사고를 함양하는 교육을 계획하려고 한다. 비판적 사고를 함양하는 교육 커리큘럼에 대한 의견으로 옳지 않은 것은?**

① 비판적 사고를 위해서는 어떤 주제나 주장 등에 대해서 적극적으로 분석하고 종합하여 평가하는 능동적인 사고 능력이 필요하므로 '우리 회사'라는 주제를 자유롭게 분석하여 보고서를 작성하는 교육을 진행한다.

② 비판적 사고를 개발하기 위해서는 어떤 현상에 대해 문제의식을 가져야 하므로 신입사원이 최근에 겪었던 문제의 원인, 문제의 해결안, 효과 등을 상기하여 마인드맵을 작성하는 교육을 진행한다.

③ 다른 관점을 존중하고 고정관념을 버리는 것은 비판적 사고를 개발하는 데 도움이 되므로 토론 교육을 진행한다.

④ 자신이 만든 계획이나 주장을 주위 사람에게 이해시켜 실현하기 위한 사고능력이 비판적 사고의 기초가 되므로 발표 교육을 진행한다.

⑤ 체계적이고 객관적으로 주장이나 문제를 분석해야 바람직한 비판적 사고를 할 수 있으므로 논리적 일관성을 유지하고 감정적 요소와 주관적 요소를 배제하는 교육을 진행한다.

20 **다음에서 설명하고 있는 문제의 유형과 관련 있는 것은?**

> 윤 대리는 현재 자신이 담당하고 있는 업무의 효율을 높이기 위해 여러 방안을 모색하고 있다. 당장 급한 문제는 아니지만 이 문제를 뒤로 미뤘을 때 추후에는 더 큰 손실이 따르거나 해결할 수 없는 문제로 나타나게 될 수 있다는 판단 때문이다. 이에 따라 윤 대리는 자신의 업무에서 발생할 수 있는 문제를 잠재 문제, 예측 문제, 발견 문제 총 3가지로 나눴고, 이에 따른 문제점들을 정리해 보았다. 윤 대리는 이 문제들을 해결하면서 현재 진행 중인 업무의 효율이 더 높아지거나 상황이 개선되기를 기대하고 있다.

① 지난 하반기 영업 실적 감소

② 업무 프로세스 개선을 통한 영업 이익 증대

③ 신규 사업 진출에 대한 검토

④ 매출 목표에 미치지 못한 영업 실적

⑤ 국외 시장 공략을 위해 준비해야 할 업무

약점 보완 해설집 p.30

유형 2 | 문제처리

제한시간: 11분 40초

01 **주희진 대리는 ◇◇기업에서 사내 체육대회 준비를 위한 회의를 진행하였고, 회의에 참석하지 않은 이현서 이사가 행사 준비 업무 일정에 대해 문의하여 답변하려고 한다. 회의록을 근거로 판단할 때, 회의록에서 알 수 없는 질문은?** (단, ◇◇기업은 주말에 근무하지 않는다.)

<table>
<tr><th colspan="6">회의록</th></tr>
<tr><th>회의 일시</th><td>2021년 5월 12일(수)</td><th>회의 장소</th><td>[3] 회의실</td><th>작성자</th><td>주희진 대리</td></tr>
<tr><th>참석자</th><td colspan="5">• 기획팀: 이순복 팀장, 한지현 대리, 이연지 사원
• 홍보팀: 김호민 팀장, 주희진 대리, 이혜민 대리
• 디자인팀: 한예진 팀장, 안소연 대리, 홍규현 사원</td></tr>
<tr><th>회의 목적</th><td colspan="5">6월 7일(월)에 개최되는 '◇◇기업 사내 체육대회' 준비를 위한 팀별 업무 및 일정 수립</td></tr>
<tr><th>회의 내용</th><td colspan="5">1. '◇◇기업 사내 체육대회'의 팀별 담당 업무 내용
<table>
<tr><th>구분</th><th>담당팀</th><th>업무 내용</th><th>업무 소요 기간</th></tr>
<tr><td>1</td><td>디자인팀</td><td>현수막 도안 3개 제작/
팸플릿 도안 1개 제작</td><td>현수막 도안 1개당 1일/
팸플릿 도안 1개당 2일</td></tr>
<tr><td>2</td><td>홍보팀</td><td>회사 홈페이지 행사 안내문 업로드</td><td>1일</td></tr>
<tr><td>3</td><td>기획팀</td><td>행사 프로그램 구성</td><td>5일</td></tr>
<tr><td>4</td><td>홍보팀</td><td>경품 목록 작성 및 필요 물품 구매</td><td>2일</td></tr>
<tr><td>5</td><td>홍보팀</td><td>행사 장소 사전 답사</td><td>1일</td></tr>
</table>
2. '◇◇기업 사내 체육대회' 업무 일정 관련 사항
– '◇◇기업 사내 체육대회' 준비 업무는 팀별로 진행하며, ○○프로젝트 완료일의 다음 근무일부터 최우선 순위로 진행함
– 팸플릿 내에 행사 프로그램 일정이 포함되어야 하므로 '행사 프로그램 구성' 업무가 완료된 후 '팸플릿 도안 제작' 업무를 진행함
– '행사 장소 사전 답사' 업무는 5월 24일(월)에 진행함</td></tr>
<tr><th>참고 사항</th><td colspan="5">• 현재 진행 중인 ○○프로젝트 완료일
– 기획팀: 5월 17일(월)
– 홍보팀: 5월 18일(화)
– 디자인팀: 5월 14일(금)</td></tr>
</table>

① 홍보팀의 행사 준비 업무는 언제 완료되나요?

② 현수막과 팸플릿 도안은 몇 개씩 제작하나요?

③ 가장 먼저 사내 체육대회 업무를 진행하는 팀은 어느 팀인가요?

④ 행사 장소 후보로 답사가 필요한 장소는 몇 곳인가요?

⑤ ◇◇기업 사내 체육대회의 개최일은 언제인가요?

02 다음 청년 농업인 양성 프로젝트에 대한 안내문을 근거로 판단한 내용으로 옳지 않은 것은?

[청년 농업인 양성 프로젝트]

1. 사업 개요
 - 농업인 교육과 정착지원금을 통해 미래농업인으로서 필요한 실무지식 습득 및 농촌정착 지원
 - 프로젝트를 이수한 청년 농업인들을 대상으로 농산물 판로 최우선 연계, 1:1 선배 농업인 멘토링 제도 등 다양한 사후 케어링 시스템(Caring system) 제공

2. 신청 안내
 - 모집 대상: 만 39세 이하 농촌 창업 희망자 중 교육 기간 출석 가능한 자
 - 모집 인원: 5명
 ※ 서류 심사 합격자는 모집 인원의 5배수임
 - 교육 기간: 20XX. 03. 01.~20XX. 12. 31.(10개월, 220일)
 - 교육 비용: 1,000만 원(100만 원 자기 부담, 최우수 교육 이수자 1인 전액 면제)
 - 신청 방법: E-mail 접수/우편 접수(E-mail 접수는 즉시 접수, 우편 접수는 3일 정도 소요)

3. 전형 일정

서류 접수	서류 심사	면접 전형	합격자 발표	합격자 OT
20XX. 01. 01. ~ 20XX. 01. 15.	20XX. 01. 16. ~ 20XX. 01. 20.	20XX. 01. 25. ~ 20XX. 01. 26.	20XX. 01. 31.	20XX. 02. 07.

※ 서류 접수는 마감일 오후 6시 이전 도착 서류에 한함

4. 교육 내용

구분	교육명	교육 내용	비고
기초 교육 과정	농업 기초	• 농업기초이론(토양학 등) • 생산/재배 기초이론 • 수확/후가공 기초이론	
	작물 품종 기초	• 곡물류 재배이론 • 과채/엽채류 재배이론 • 특화작물 재배이론	
	농기계 기초	• 농기계운전기능사 이론 • 농기계정비기능사 이론	교육 일정 내 기능사 자격 취득 필수, 미취득 시 프로젝트 이수 불가

※ 전체 교육 일정의 80% 미만 출석자는 출석 미달로 프로젝트 이수가 불가하며, 출석 미달 시 지원받은 교육 비용의 20%를 추가로 부담해야 함

① 교육일정 종료 후 기능사 자격 미취득자는 사후 케어링 시스템을 제공받을 수 없다.

② E-mail로 서류 접수를 하였다면 즉시 제출된 것이다.

③ 프로젝트를 이수하기 위해서는 전체 교육 일정에 176일 이상 출석하여야 한다.

④ 전체 교육 일정에 70%만 참여하였다면 200만 원을 추가로 부담해야 한다.

⑤ 면접 전형 대상자는 25명이다.

[03 - 04] **다음은 ○○공사 승진 규정과 승진 대상자별 평가점수에 대한 자료이다. 자료를 읽고 각 물음에 답하시오.**

[○○공사 승진 규정]

1. 총칙
   1) 목적: 이 규정은 ○○공사(이하 "공사"라 한다.)의 직원의 동기유발과 능력개발을 위한 임원 승진의 기준을 정하고 승진관리의 합리적인 지침을 규정함을 그 목적으로 한다.
   2) 대상: 임원급 미만 전 직원을 대상으로 한다.
   3) 승진시기: 승진 평가 후 다음 3월 1일
   4) 승진원칙: 직원의 승진은 장래성의 원칙, 공정성의 원칙, 객관성의 원칙, 능력주의의 원칙 및 기회균등의 원칙에 입각하여 임원직급의 업무를 감당할 수 있는 자 중에서 합리적인 범위 내에서 결정한다.

2. 승진 대상자의 선정
   1) 승진 평가항목 및 평가점수를 기반으로 선정
   2) 승진 대상자의 평가분야 점수 중 1가지 분야라도 분야별 만점의 70% 미만의 점수일 경우 승진 불가
   3) 승진 대상자 중 승진이 불가한 직원을 제외하고, 최종 평가점수가 높은 순서대로 승진자를 선정함

3. 최종 평가점수 산정 기준
   - 최종 평가점수는 평가점수 합계+연차점수+가산점수로 산정한다.

     ※ 1) 단, 최종 평가점수가 동점일 경우 근무실적 점수가 높은 사람 순으로 승진자를 선정함
     2) 연차점수: 개인별 연차 1년당 0.5점씩 연차점수를 부여함
     3) 가산점수: 임원 추천서를 받은 사람은 직무수행능력 총점의 10%에 해당하는 가산점수를 부여함

4. 승진 평가항목 및 평가점수
   - 승진 평가항목 및 배점기준은 다음과 같다.

평가분야	평가항목	평가점수
근무실적(30점)	계획된 과제 목표 달성도	
	업무 난이도	
	업무 기한 내 처리	
직무수행능력(30점)	직무수행 지식 보유	
	직무수행 정보 파악	
	비전	
직무수행태도(20점)	성실성과 책임감	
	친절도	
도덕성 및 청렴도(20점)	도덕성	
	청렴도	
합계		

※ 평가항목별 평가점수는 최우수 10점, 우수 8점, 보통 6점, 미흡 4점, 노력 2점을 부여함

[승진 대상자별 평가점수]

구분	A 부장	B 부장	C 부장	D 부장	E 부장
연차	15년	16년	20년	18년	22년
근무실적	24점	30점	28점	26점	26점
직무수행능력	24점	22점	22점	24점	30점
직무수행태도	16점	14점	14점	12점	20점
도덕성 및 청렴도	16점	14점	16점	18점	12점
특이사항		임원 추천			

03 ○○공사는 연차가 15년 이상 25년 미만인 부장 1명을 임원 승진자로 선정하려고 한다. ○○공사 승진 규정과 승진 대상자별 평가점수를 근거로 판단할 때, 5명 중 승진하는 사람은?

① A 부장 ② B 부장 ③ C 부장 ④ D 부장 ⑤ E 부장

04 위 자료를 근거로 판단한 내용으로 옳은 것은?

① 직무수행태도 점수는 B 부장이 D 부장의 1.2배이다.

② C 부장이 도덕성에서 최우수를 받았다면, 청렴도는 우수를 받았다.

③ A 부장이 임원 추천을 받았다면 D 부장보다 평가점수 합계가 높다.

④ 연차점수를 제외한 최종 평가점수는 최대 120점을 받을 수 있다.

⑤ 승진하기 위해 임원급 미만의 직원이 실제로 받을 수 있는 근무 실적 최소 점수는 22점이다.

05 ○○포털사이트의 비밀번호를 분실한 세림이는 임시비밀번호를 발급받으려고 한다. ○○포털사이트의 임시비밀번호 생성 규칙과 세림이의 회원 정보가 다음과 같을 때, 세림이가 발급받을 수 있는 임시비밀번호는?

[임시비밀번호 생성 규칙]

- 임시비밀번호는 다음 규칙을 적용하여 무작위로 정해진다.
  - 임시비밀번호는 영문자 대문자, 영문자 소문자, 숫자, 특수문자 중 3종류를 조합하여 10자리 이상으로 구성되거나 4종류를 조합하여 8자리 이상으로 구성된다.
  - 동일한 문자 또는 숫자는 3회 이상 임시비밀번호에 포함되지 않는다.
  - 개인정보로 추측할 수 있는 생년월일, ID, 전화번호에 포함된 문자 또는 숫자 중 연이어 배치된 4자 이상은 임시비밀번호에 포함되지 않는다.

    예 생년월일이 1997년 02월 10일인 경우 9702는 포함될 수 없으나, 702는 포함될 수 있음
  - 3자리 이상 연속한 문자 또는 숫자는 동시에 임시비밀번호에 포함되지 않는다.

    예 '1a2b3', '321ab', 'c1b2a', 'abc12' 등은 포함되지 않음

[회원 정보]

ID	생년월일	전화번호	주소
selim1004	1992년 05월 19일	010-1234-5678	경기도 수원시 장안구

① SJ@01Q85Z　　② selim1004#R　　③ 72#94aCt

④ &2z82Q#2　　⑤ Tk4321rnl!*

06 **다음은 ◇◇스포츠 센터의 이용 안내문이다. 현주의 ◇◇스포츠 센터 환불 신청서를 확인하였을 때, 현주가 환불받는 금액은?** (단, 1일 이용료는 십 원 단위에서 올림하여 계산한다.)

[◇◇스포츠 센터 이용 안내]

1. 접수 안내
   - 접수 기간: 매월 20일 09시~22일 18시
     ※ 신규, 기존 회원 구분 없음
   - 접수 방법: 프로그램 참가 신청서 작성하여 인터넷으로 접수

2. 이용 안내
   - 이용 개시일: 접수 기간에 접수가 완료된 경우, 다음 달 1일부터 이용 개시함
   - 가격 안내

구분	등록 기간	가격
헬스	1개월	70,000원/1개월
	6개월	60,000원/1개월
	12개월	40,000원/1개월
수영/아쿠아로빅	1개월	100,000원/1개월
	3개월	85,000원/1개월
	6개월	70,000원/1개월
스쿼시/복싱다이어트	1개월	125,000원/1개월
	3개월	105,000원/1개월
	6개월	80,000원/1개월

※ 1) 두 개 이상의 프로그램을 신청하는 경우, 총액의 5%가 추가로 할인됨
2) 1일 이용료 = (등록 기간 1개월 기준 1개월 등록 가격) / 30

3. 환불 안내
   - 환불 방법: 프로그램 환불 신청서 작성하여 안내데스크에 방문 접수
   - 프로그램 이용 개시일 전 또는 수강 과목 폐강 시: 전액 환불
   - 프로그램 이용 개시일 이후: (결제한 총금액의 10%) + (경과일수 × 1일 이용료) 금액 차감 후 환불
     ※ 경과일수는 이용 개시일부터 1일이며, 환불 신청 일자까지 계산함

[◇◇스포츠 센터 환불 신청서]

- 이름: 임현주
- 접수 일자: 2021. 03. 21.
- 등록 내용: 헬스 6개월, 아쿠아로빅 6개월
- 환불 신청 일자: 2021. 04. 05.

① 637,900원 ② 673,000원 ③ 712,900원 ④ 741,000원 ⑤ 780,000원

[07 - 08] 다음은 뮤지컬 관람 요금 및 할인 정보를 나타낸 것이다. 각 물음에 답하시오.

[좌석 등급별 일반 요금]

좌석 등급	R	S	A
금액	120,000원	108,000원	80,000원

※ 금액이 클수록 좌석 등급이 높은 것을 의미함

[할인 정보]

구분	할인율	적용 등급	유의사항
카드 할인	5%	전 등급	• △△카드로 예매 시 할인 적용
4인 할인	10%	전 등급	• 4매 단위 예매 시 할인 적용
학생 할인	20%	S, A 등급	• 초, 중, 고, 대학생에 한함(대학원생 제외) • 학생증 또는 재학증명서를 소지하지 않을 경우 티켓 수령 시 차액을 지불해야 함
경로 할인	30%	S, A 등급	• 만 65세 이상 관람객에 한함 • 주민등록증을 소지하지 않을 경우 티켓 수령 시 차액을 지불해야 함
복지 할인	50%	전 등급	• 장애인, 국가유공자 본인에 한함 • 장애인등록증, 국가유공자 확인서를 소지하지 않을 경우 티켓 수령 시 차액을 지불해야 함
단체 할인	20%	전 등급	• 30명 이상 단체 관람객에 한함

※ 모든 할인은 한 가지만 적용 가능하며, 중복할인은 불가함

07 지수는 가족과 함께 뮤지컬 관람을 계획하고 있어, 티켓 예매를 하기 전에 상담원에게 요금 관련 문의를 하였다. 아래 문의 내용을 바탕으로 한 상담원의 응대로 옳지 않은 것은?

> **지수**: 안녕하세요. 티켓을 예매하려고 하는데 할인되는 내용이 많아 어떤 할인을 받으면 좋을지 고민이 되어 연락드렸습니다. 저를 포함하여 5명이 뮤지컬을 관람할 예정인데, 아버지께서 △△카드를 가지고 계셔요. 또, 할아버지께서 국가유공자시거든요. 할아버지와 부모님, 대학생인 동생과 함께 가장 높은 등급의 좌석에서 뮤지컬을 관람하려면 어떤 할인을 받을 수 있을까요?

① 가족분이 가지고 계신 △△카드로 결제를 하시면 예매 수량에 상관없이 모두 5%씩 할인받으실 수 있습니다.

② 고객님의 동생분이 학생이시지만, 예매하시고자 하는 R 등급 좌석은 학생 할인이 적용되지 않습니다.

③ 관람을 함께 하시는 할아버지께서 국가유공자시라면 티켓 1매는 복지 할인을 받아 예매하시는 방법이 있습니다.

④ 만약 가족분 중 연세가 만 65세 이상인 분이 계신다면 그 인원만큼 경로 할인도 가능합니다.

⑤ 티켓 4매는 4인 할인으로 예매하고 나머지 1매는 다른 할인을 적용하거나 일반 요금으로 결제하셔도 됩니다.

08 아래 다섯 명은 뮤지컬 관람을 위해 전체 관람 금액을 지불하였다. 다음 중 가장 적은 비용으로 뮤지컬을 관람한 사람은?

> - **다영**: 친구 2명과 할인받지 않은 A 등급 좌석에서 뮤지컬을 관람했어.
> - **태곤**: 나는 S 등급 좌석 티켓을 수령할 때, 예매한 3매 모두 주민등록증으로 확인을 받았지.
> - **나윤**: 4인 할인을 받아 A 등급 좌석 4매를 예매했어.
> - **아인**: △△카드로 R 등급 좌석 2매를 예매했어.
> - **하나**: S 등급 좌석 1매는 학생 할인, 다른 2매는 복지 할인을 받아 예매했는데, 재학증명서를 깜박하고 가는 바람에 1매는 차액을 지불했어.

① 다영　　② 태곤　　③ 나윤　　④ 아인　　⑤ 하나

09 점포 관리자는 한 구역의 5개 지점(가~마)을 관리하고 있다. 가에서 출발해서 모든 지점을 한 번씩만 들를 때, 최단 경로의 거리는?

(단위: km)

출발지 \ 도착지	가	나	다	라	마
가	0	6	9	4	7
나	6	0	5	3	2
다	9	5	0	7	4
라	4	3	7	0	5
마	7	2	4	5	0

① 11km ② 13km ③ 16km ④ 19km ⑤ 21km

10 다음은 기업 내부의 강점 요인과 약점 요인, 외부 환경의 기회 요인과 위협 요인을 분석, 평가하고 이들을 서로 연관 지어 전략과 문제해결방안을 개발하는 SWOT 분석의 분석 방법에 대해 정리한 자료이다. 정리된 자료 중 분석 방법에 대한 내용으로 옳지 않은 것을 모두 고르면?

외부 환경 요인 분석 (Opportunities, Threats)	• 자신을 제외한 모든 정보를 기술한다. 좋은 쪽으로 작용하는 것은 기회 요인으로 분류하고, 나쁜 쪽으로 작용하는 것은 위협 요인으로 분류한다. • ㉠ 언론매체, 개인 정보망 등을 통하여 입수한 상식적인 세상의 변화 내용을 시작으로 당사자에게 미치는 영향을 순서대로, 점차 구체화시킨다. • 정보들 사이에 인과관계가 있는 경우 화살표로 연결한다. • ㉡ 동일한 Data라도 자신에게 긍정적으로 전개되면 기회 요인으로 구분하고, 부정적으로 전개되면 위협요인으로 구분한다. • ㉢ 외부 환경 분석에는 SCEPTIC 체크리스트를 활용하면 편리하며, SCEPTIC의 각 항목은 Social(사회), Competition(경쟁), Economic(경제), Politic(정치), Technology(기술), Information(정보), Cost(비용)이다.
내부 환경 분석 (Strength, Weakness)	• ㉣ 경쟁자와는 별개로 나의 강점 요인과 약점 요인을 분석한다. • 강점 요인과 약점 요인은 보유하고 있거나 동원 가능한 자원 또는 활용 가능한 자원(Resources)을 바탕으로 한다. • ㉤ 내부 환경 분석에는 MMMITI 체크리스트를 활용할 수도 있으며, MMMITI의 각 항목은 Man(사람), Material(물자), Money(돈), Information(정보), Time(시간), Image(이미지)이다.

① ㉠, ㉡ ② ㉡, ㉣ ③ ㉢, ㉣ ④ ㉣, ㉤ ⑤ ㉠, ㉡, ㉤

약점 보완 해설집 p.34

PART 1 | NCS 직무능력평가

제4장 자원관리능력

출제경향분석

자원관리능력 소개

자원관리능력은 업무 상황에 필요한 모든 시간 · 예산 · 물적자원 · 인적자원을 효율적으로 확보하고 활용하는 능력을 평가하는 영역이다.

대표 출제 유형

자원관리능력은 자원계산, 자원분석 총 2개의 유형으로 출제된다.

유형 1	자원계산
유형 2	자원분석

시험 유형별 자원관리능력 출제 유형

시험 유형	출제 유형
60문항/60분	자원계산, 자원분석
60문항/70분	자원계산, 자원분석
70문항/70분	자원계산, 자원분석

최신 출제 경향

1 자원관리능력은 전반적으로 보통의 난도로 출제되고 있다.

2 자원계산은 교통비의 총액 문제와 같이 자원의 양을 구하는 문제가 출제되었다.

3 자원분석은 기초이론을 학습해야 정답을 찾을 수 있는 예산수립의 절차 문제와 시간관리 방법을 묻는 문제가 출제되었다. 또한, 수익률이 높은 상품을 찾는 문제와 같이 주어진 상황에서 여러 조건을 고려하여 수치 계산을 통해 결론을 도출하는 문제가 출제되었다.

학습 방법

1 자원계산

조건을 먼저 확인한 후 제시된 자료에서 필요한 정보만 선별하여 빠르게 문제를 푸는 연습을 한다.

2 자원분석

문제에 제시된 상황을 정확하게 이해하는 연습이 필요하다. 따라서 다양한 문제를 풀어보며 상황에 따라 합리적인 방안을 도출하는 연습을 한다. 또한, 자원의 특성과 자원관리 방법 등 기초적인 지식을 묻는 문제를 풀 수 있도록 '자원관리능력 기초이론(p.240)'에 정리된 내용을 반드시 학습한다.

기초이론

해커스
지역농협 6급
NCS 인적성 및 직무능력평가 통합 기본서

'기초이론'에서는 한국산업인력공단 NCS 직업기초능력 가이드북 자료뿐만 아니라 문제를 풀 때 필요한 이론까지 학습할 수 있다.
'지농6급 기출'은 지역농협 6급 시험에 출제된 개념이므로 반드시 암기하고, 학습한 내용은 '확인 문제'를 통해 다시 한번 점검한다.

1. 자원분석

1 자원의 의미와 활용

1) 자원의 의미

- 사전적으로는 인간생활에 도움이 되는 자연계의 일부를 의미하나 실제로 자원의 범위는 방대함
- 기업활동에서의 자원은 기업활동에 사용되는 모든 시간·예산·물적자원·인적자원을 의미함

2) 자원의 특징

자원은 유형을 불문하고 유한성을 지니고 있으므로 한정된 자원을 효과적으로 확보·유지·활용하는 자원관리능력이 매우 중요함

3) 자원의 낭비요인

- 비계획적 행동: 계획 없이 충동적이고 즉흥적으로 행동하는 경우로, 목표치가 없기 때문에 얼마나 낭비하는지도 파악 못함
- 편리성 추구: 자신의 편리함을 최우선으로 추구하는 경우
- 자원에 대한 인식 부재: 자신이 중요한 자원을 가지고 있다는 인식이 없는 경우
- 노하우 부족: 자원관리의 중요성을 알고는 있으나 효과적으로 수행하는 방법을 알지 못하는 경우로, 경험 및 학습을 통해 극복 가능함

4) 자원관리의 과정

필요한 자원의 종류와 양 파악	▶	이용 가능한 자원 수집	▶	자원활용 계획 수립	▶	계획에 따른 수행
구체적으로 어떤 활동에 어떤 자원이 어느 정도 필요한지 파악함		실제 필요 자원을 확보하는 단계로, 계획한 양보다 여유 있게 확보할 필요가 있음		업무나 활동의 우선 순위를 고려하여 자원활용 계획을 수립		가급적 계획대로 업무를 수행하도록 함

확인 문제

다음 중 자원의 낭비요인이 아닌 것은?

① 편리성 추구 ② 노하우 부족 ③ 한정된 자원
④ 비계획적 행동 ⑤ 자원에 대한 인식 부족

정답: ③

2 자원관리의 종류

시간관리	기업활동에 필요한 시간자원을 파악하고 이용 가능한 시간자원을 확보하여 실제 업무에 어떻게 활용할 것인지 계획을 수립하고 효율적으로 활용하여 관리하는 것
예산관리	기업활동에 필요한 예산을 파악하고 이용 가능한 예산을 확보하여 실제 업무에 어떻게 사용할 것인지 계획을 수립하고 계획대로 사용하는 것을 의미하며, 최소의 비용으로 최대의 효과를 얻기 위해 필요함
물적자원관리	기업활동에 필요한 물적자원을 파악하고 이용 가능한 물적자원을 확보하여 실제 업무에 어떻게 사용할 것인지 계획을 수립하고 효율적으로 활용하여 관리하는 것
인적자원관리	목적을 달성하기 위하여 필요한 인적자원을 조달·확보·유지·개발하여 경영 조직 내 구성원의 능력을 최고로 발휘하도록 관리하는 것

3 자원관리의 중요성

1) 시간관리의 중요성

기업 입장	· 생산성 향상	· 가격 인상	· 위험 감소	· 시장 점유율 증가
개인 입장	· 스트레스 감소	· 균형적인 삶	· 생산성 향상	· 목표 성취

2) 예산관리의 중요성

예산은 필요한 비용을 미리 헤아려 계산하는 것으로, 대부분 하나의 사업이나 활동에는 정해진 예산 범위가 있기 때문에 예산계획을 세우고 계획대로 사용하도록 관리하는 것이 매우 중요함

3) 물적자원관리의 중요성

물적자원을 효과적으로 관리할 경우 과제 및 사업의 성공으로 경쟁력을 향상시킬 수 있으나, 물적자원관리가 부족할 경우 과제 및 사업에 실패하여 경제적 손실을 얻게 됨

4) 인적자원관리의 중요성 지농6급 기출

기업 입장	· 조직의 성과는 인적자원에 대한 관리의 영향을 크게 받으며, 이는 인적자원의 능동적인 성격, 개발 가능성, 전략적 중요성이 강조된 특성에서 비롯됨
개인 입장	· 각종 정보와 정보의 소스를 획득할 수 있음 · 나 자신의 인간관계와 행동에 대해서 알 수 있으며, 삶의 탄력을 얻을 수 있음 · 참신한 아이디어나 도움을 얻을 수 있음

확인 문제

다음 중 개인 입장에서의 인적자원관리 중요성에 해당하는 것은?

① 스트레스 감소　② 균형적인 삶　③ 아이디어 획득
④ 생산성 향상　⑤ 목표 성취

정답: ③

4 자원관리 방법

1) 시간관리 방법

① 시간의 특성 지농6급 기출

- 시간은 매일 주어짐
- 시간은 똑같은 속도로 흐름
- 시간의 흐름은 멈추게 할 수 없음
- 시간은 빌리거나 저축할 수 없음
- 시간은 활용 방법에 따라 가치가 달라짐
- 시간은 시절에 따라 밀도와 가치가 다름

② 시간계획의 순서

명확한 목표 설정 → 일의 우선순위 결정 → 예상 소요시간 결정 → 시간계획서 작성

[참고] 일의 우선순위 판단 매트릭스

구분	긴급함	긴급하지 않음
중요함	· 긴급하면서 중요한 일 - 위기상황 - 급박한 문제 - 기간이 정해진 프로젝트	· 긴급하지 않지만 중요한 일 - 인간관계 구축 - 새로운 기회 발굴 - 중장기 계획
중요하지 않음	· 긴급하지만 중요하지 않은 일 - 잠깐의 급한 질문 - 일부 보고서 및 회의 - 눈앞의 급박한 상황	· 긴급하지 않고 중요하지 않은 일 - 하찮은 일 - 우편물, 전화 - 시간낭비거리

③ 시간계획의 기본원리

- 60 : 40 Rule: 예측하지 못한 사태와 일의 중단, 개인적으로 흥미를 느끼는 일과 개인적인 일 등에 대응할 수 있도록 본인이 가진 시간의 60%는 계획된 일에, 20%는 계획 외의 행동에, 나머지 20%는 자신이 창조성을 발휘하는 데 활용하는 규칙

확인 문제

다음 중 일의 우선순위 판단 매트릭스상 '긴급하면서 중요한 일'에 해당하는 것은?

① 인간관계 구축 ② 잠깐의 급한 질문 ③ 기간이 정해진 프로젝트
④ 우편물 ⑤ 중장기 계획

정답: ③

④ 시간계획 시 고려해야 할 사항 지농6급 기출

- 어디에 어떻게 시간을 사용하고 있는지 행동과 시간, 시간관리 저해요인을 분석할 것
- 실현 가능한 것만 현실적으로 계획할 것
- 해당 시간에 예정된 일이나 행동을 모두 리스트화할 것
- 예정된 행동 외에 기대되는 성과와 행동의 목표도 기록할 것
- 적절한 시간 프레임(Frame)을 설정하고 특정 일을 하는 데 필요한 시간만 계획에 포함할 것
- 예상치 못한 일들이 발생할 경우와 이동시간 및 대기 시간과 같은 자유 시간 등을 고려하여 여유시간을 확보할 것
- 우선순위를 고려하여 여러 일 중에 어느 일을 먼저 처리할 것인지 결정할 것
- 시간계획을 규칙적·체계적으로 체크하여 일관성 있게 마무리할 것
- 시간계획이란 결국 목표 달성을 위해 필요한 것임을 알고 유연성 있게 계획을 수립할 것
- 시간의 손실이 일어났을 경우 미루지 않고 바로 보상할 것
- 체크리스트나 스케줄 표 등을 사용하여 전체 상황을 파악할 것
- 해야 할 일을 끝내지 못했을 경우 차기 계획에 반영할 것
- 자신의 업무의 일부를 부하에게 위임하고 그 수행을 책임지도록 하는 권한위양을 실행할 것
- 일의 경중에 따라 시간을 할애하며, 전체적인 계획을 정리하는 시간을 갖도록 할 것
- 본인 이외의 사람들의 시간계획도 감안하여 계획을 수립할 것

2) 예산관리 방법

① 예산수립 절차 지농6급 기출

1단계	필요한 과업 및 활동 규명: 예산 범위 내에서 수행해야 하는 활동과 소요예산을 정리함
▼	
2단계	우선순위 결정: 우선적으로 예산이 배정되어야 하는 활동을 도출하기 위하여 활동별 예산 지출 규모를 확인하고 우선순위를 확정함
▼	
3단계	예산 배정: 우선순위가 높은 활동부터 예산을 배정하고 사용함

② 과업세부도

- 과제 및 활동계획 수립 시 가장 기본적인 수단으로 활용되는 그래프
- 모든 일을 중요한 범주에 따라 체계화시켜 구분해 놓은 그래프로, 구체성에 따라 2단계, 3단계, 4단계 등으로 구분할 수 있음

③ 예산수립 시 주의사항 지농6급 기출

- 무조건 적게 비용을 들이는 것은 좋지 않으며 제품 개발 시 개발 책정 비용이 실제보다 높으면 경쟁력을 잃고, 낮으면 적자가 발생할 수 있으므로 책정 비용과 실제 비용이 비슷한 상태가 가장 이상적임

④ 예산집행 시 주의사항

- 예산계획에 차질이 없도록 예산집행 내역과 계획을 지속적으로 비교·검토해야 함

확인 문제

다음 중 시간계획 과정 중 고려해야 할 사항이 아닌 것은?

① 예상 소요시간 ② 여유시간 배제 ③ 일의 우선순위
④ 명확한 목표 설정 ⑤ 시간계획서 작성

정답: ②

3) 물적자원관리 방법

① 물적자원관리 절차

1단계	사용 용품과 보관 물품의 구분: 물품의 활용계획을 철저히 확인하여 물품을 꺼냈다가 다시 넣었다가 하는 반복 작업을 방지하고 물품활용의 편리성을 키워야 함

▼

2단계	동일 및 유사 물품으로의 분류: 동일성의 원칙(같은 품종은 같은 장소에 보관)과 유사성의 원칙(유사품은 인접 장소에 보관)에 따라 물품을 보관하여 효율성을 높임

▼

3단계	물품 특성에 맞는 보관 장소 선정: 재질, 무게와 부피 등의 물품 특성과 회전대응 보관의 원칙(입출하의 빈도가 높은 품목은 출입구에서 가까운 곳에 보관)에 따라 보관 장소를 선정함

② 물적자원관리 방법

바코드의 원리 활용	· 다량의 물품을 취급하는 곳에서는 바코드, QR코드 등을 활용하여 물품을 관리하고 있음 · 개인의 사적인 물품도 바코드처럼 기호화하여 효과적으로 관리하도록 함
물품관리 프로그램 활용	· 쉽고 체계적으로 물품관리를 할 수 있는 각종 프로그램이 개발되고 있음 · 개인보다는 기업이나 조직차원에서 활용하는 경우가 많으며, 큰 조직에서 다량의 물품을 효과적으로 관리하는 데 도움이 됨

③ 물적자원관리 방해요인

- 보관 장소를 파악하지 못하는 경우: 물적자원이 필요한 상황에서 제때 공급을 하지 못하고 시간을 지체하면 효과를 거둘 수 없음
- 훼손된 경우: 새로 구입해야 하는 경제적 손실을 초래함
- 분실한 경우: 보관 장소를 파악하지 못하는 경우와 유사하지만 다시 구입하지 않으면 활용할 수 없다는 차이가 있으며, 다시 물품을 구입해야 하므로 경제적 손실을 초래함

4) 인적자원관리 방법

① 인적자원관리 원칙 지능6급 기출

적재적소 배치의 원칙	해당 직무 수행에 가장 적합한 인재를 배치해야 함
공정 보상의 원칙	근로자의 인권을 존중하고 공헌도에 따라 노동의 대가를 공정하게 지급해야 함
공정 인사의 원칙	직무 배당, 승진, 상벌, 근무 성적의 평가, 임금 등을 공정하게 처리해야 함
종업원 안정의 원칙	직장에서 신분이 보장되고 계속해서 근무할 수 있다는 믿음을 갖게 하여 근로자가 안정된 회사 생활을 할 수 있도록 해야 함

확인 문제

다음 중 물적자원관리 시 가장 먼저 진행해야 할 절차는?

① 물품의 활용계획 확인 ② 같은 품종 분류 ③ 보관 장소 선정
④ 물품의 특성 파악 ⑤ 유사 물품 정리

정답: ①

창의력 계발의 원칙	근로자가 창의력을 발휘할 수 있도록 새로운 제안, 건의 등의 기회를 마련하고, 적절한 보상을 하여 인센티브를 제공해야 함
단결의 원칙	직장 내에서 구성원들이 소외감을 갖지 않도록 배려하고, 서로 유대감을 가지고 협동, 단결하는 체제를 이루도록 함

② 개인의 인맥관리 방법

명함 관리	· 받은 명함을 인맥관리에 적극적으로 사용하도록 함 · 명함 관리 프로그램, 애플리케이션 등을 활용함 · 명함에 상대에 대한 구체적인 정보를 메모하도록 함
인맥관리카드 작성	· 이름, 관계, 직장 및 부서, 학력, 출신지, 연락처, 친한 정도 등의 내용을 정리하여 관리함 · 핵심 인력과 파생 인맥을 구분하여 작성하도록 하며, 파생 인맥 카드에는 어떤 관계에 의해 파생되었는지 포함하도록 함
소셜네트워크 (SNS)	· 직접 대면하지 않고 시공간을 초월하여 네트워크상에서 인맥을 형성하고 관리함 · 기존의 소셜네트워크 서비스 외에도 인맥 구축과 채용에 도움이 되는 비즈니스 특화 인맥관리 서비스(BNS: Business social Network Service)에 대한 관심이 증대되고 있음

③ 팀원 관리 방법

· 적절한 인력 배치

인력 배치 원칙	- 적재적소주의(The right man for the right job): 팀의 효율성을 높이기 위해 팀원의 능력이나 성격 등과 가장 적합한 위치에 배치하여 능력을 최대로 발휘할 수 있도록 함 - 능력주의: 개인에게 능력을 발휘할 수 있는 기회와 장소를 부여하고, 그 성과를 바르게 평가하며, 평가된 능력과 실적에 대해 그에 상응하는 보상을 주는 원칙 - 균형주의: 전체와 개체가 균형을 이룰 수 있도록 모든 팀원에 대해 평등한 적재적소를 고려할 필요성이 있음
인력 배치 유형	- 양적 배치: 작업량과 조업도, 여유 또는 부족 인원을 감안하여 소요 인원을 결정 및 배치하는 것 - 질적 배치(= 적재적소의 배치): 능력이나 성격 등과 가장 적합한 위치에 배치하는 것 - 적성 배치: 팀원의 적성 및 흥미에 따라 배치하는 것 - 양적·질적·적성 배치는 따로 분리되는 것이 아니라 적절히 조화되어야 함

· 과업세부도 작성

인력을 배치하여 업무를 수행하는 과정에서 팀원들에게 할당된 일을 적절히 관리하기 위해서는 과업세부도를 작성하는 것이 효과적임

확인 문제

다음 중 팀원 관리 시 고려해야 할 사항으로 적절하지 않은 것은?

① 모든 팀원에 대해 평등한 적재적소 고려
② 능력을 발휘할 수 있는 기회와 장소 부여
③ 양적·질적·적성 배치를 적절히 조화하여 운영
④ 작업량을 감안하여 소요 인원 결정
⑤ 팀원의 적성 및 흥미보다는 능력 고려

정답: ⑤

기출유형공략

유형 1 자원계산

유형 특징

- 주어진 자료를 분석하여 업무 수행에 소요될 자원의 양을 계산하는 유형의 문제이다.

세부 출제 유형

- 자원계산은 다음과 같이 1개의 세부 유형으로 출제된다.
  ① 자료를 분석하여 소요될 자원의 양을 계산하는 문제

공략법

- 일정표, 예산안, 물적관리대장 등 공공기관의 보고 자료에 익숙해지도록 다양한 분야의 자료를 접하고 분석하는 연습을 한다.
- 조건을 먼저 확인하고 제시된 자료에서 필요한 정보만 선별적으로 확인하여 풀이시간을 단축한다.
- 특별한 공식 없이 사칙연산만으로 풀 수 있는 간단한 문제이지만 계산 단계가 많거나 계산하는 자릿수가 커 실수하기 쉬우므로 많은 문제를 풀어보며 빠르고 정확하게 계산하는 연습을 한다.

예제 1 자료를 분석하여 소요될 자원의 양을 계산하는 문제

총무팀에서 근무 중인 귀하는 사무실 의자 10개를 구매하기 위해 A~C 가구 업체별로 사무실 의자 가격 및 할인 정보를 조사하였다. 조사된 내용을 토대로 한 곳의 업체에서 사무실 의자 10개를 구매하고자 할 때, 가장 저렴한 사무실 의자의 구매 비용은?

[업체별 사무실 의자 정보]

구분	가격(개)	할인 정보
A 업체	100,000원	3개 구매 시 1개 추가 증정
B 업체	85,000원	100만 원 이상 구매 시 10% 할인
C 업체	110,000원	전 품목 20% 할인

① 765,000원 ② 800,000원 ③ 850,000원 ④ 880,000원 ⑤ 920,000원

|정답 및 해설| ②

[업체별 사무실 의자 정보]에 따르면 A 업체에서 구매할 경우 사무실 의자 1개당 가격은 100,000원이고, 3개 구매 시 1개를 추가로 증정함에 따라 사무실 의자 8개를 구매하는 비용으로 10개를 구매할 수 있으므로 구매 비용은 100,000 × 8 = 800,000원이다. B 업체에서 구매할 경우 사무실 의자 1개당 가격은 85,000원이고, 100만 원 이상 구매 시 10% 할인을 받을 수 있으나 구매 비용은 85,000 × 10 = 850,000원임에 따라 할인을 받을 수 없다. C 업체에서 구매할 경우 사무실 의자 1개당 가격은 110,000원이고, 전 품목 20% 할인을 받으므로 구매 비용은 110,000 × 10 × 0.8 = 880,000원이다. 이에 따라 사무실 의자 10개를 가장 저렴하게 구매하기 위해서는 A 업체에서 사무실 의자를 구매해야 한다.
따라서 가장 저렴한 사무실 의자의 구매 비용은 800,000원이다.

유형공략문제

01 ○○출판사에서 근무하고 있는 귀하는 인쇄소에 의뢰하여 가~마 출판물의 샘플을 모두 출력하고자 한다. 흑백 출력은 1매당 20원, 컬러 출력은 1매당 80원이라고 할 때, 귀하가 지불해야 하는 총 금액은?

구분	흑백 매수	컬러 매수
가 출판물	0매	150매
나 출판물	100매	50매
다 출판물	250매	0매
라 출판물	0매	200매
마 출판물	50매	100매

※ 출판물별 샘플 출력 매수가 총 200매 이상인 경우 해당 출판물 출력 비용의 10%가 할인됨

① 45,900원 ② 48,000원 ③ 51,400원 ④ 53,000원 ⑤ 55,100원

02 **농식품을 가공·유통하는 H 회사는 회사 홍보를 위해 A, B, C, D, E 지역 중 한 지역의 축제에 참가하려고 한다. 기획팀, 재무팀, 홍보팀 의견을 종합했을 때, H 회사가 참가할 축제 지역은?** (단, 총비용은 부스 비용과 사은품 비용의 합으로 계산한다.)

> 기획팀: 부스를 설치하여 우리 제품을 체험할 수 있는 공간을 마련해야 해요. 부스를 운영하며 그 자리에서 제품을 판매하면 좋을 것 같아요. 또한, 축제 기간 방문하는 총 예상 방문자 수가 1만 명 이상은 되어야 해요.
>
> 재무팀: 축제에 참가하는 데 필요한 총비용이 적을수록 좋아요.
>
> 홍보팀: 농산물과 관련된 축제에 참가해야 하고 부스는 3일 동안 진행될 예정이에요. 또한, 총 예상 방문자 수만큼 사은품을 준비하여 저희 제품의 우수성을 홍보해야 해요.

[지역별 축제 정보]

구분	축제 이름	일 부스 단가	사은품 단가	총 예상 방문자 수
A 지역	배추 축제	330,000원	65원	17,000명
B 지역	영양고추 축제	240,000원	75원	18,000명
C 지역	인삼 축제	무료	220원	9,500명
D 지역	포도 축제	280,000원	70원	17,500명
E 지역	보드게임 축제	200,000원	50원	25,000명

① A 지역　② B 지역　③ C 지역　④ D 지역　⑤ E 지역

약점 보완 해설집 p.38

유형 2 자원분석

유형 특징

- 자원에 관한 자료를 종합적으로 검토하여 최선의 방안 및 자원관리 방법을 결정하는 유형의 문제이다.

세부 출제 유형

- 자원분석은 다음과 같이 2개의 세부 유형으로 출제된다.
  ① 가장 합리적인 방안을 도출하는 문제
  ② 적절한 자원관리 방법을 판단하는 문제

공략법

- 자원관리의 의미와 자원관리 방법 등 이론을 꼼꼼하게 학습한다. (기초이론 p.240)
- 시간·예산·물적자원·인적자원 등 다양한 자원을 활용한 문제를 풀어보며 각 자원의 특징을 파악한다.
- 주어진 조건과 선택지를 먼저 확인한 후 제시된 자료에서 관련된 내용만 확인하여 풀이시간을 단축한다.

예제 1 가장 합리적인 방안을 도출하는 문제

인사부에서 근무하는 귀하는 신입사원 6명의 부서를 배치하고자 한다. 신입사원 입사 성적 및 지원 부서와 부서 배치 기준을 근거로 판단할 때, 인사부에 배치되는 신입사원은?

[신입사원 입사 성적 및 지원 부서]

구분	A	B	C	D	E	F
입사 성적	85점	72점	74점	83점	76점	86점
1지망	기획	영업	기획	기획	총무	기획
2지망	영업	기획	총무	영업	기획	총무

[부서 배치 기준]

- 부서별 필요 인원은 기획부 2명, 영업부 1명, 인사부 1명, 총무부 2명이다.
- 신입사원의 1지망 지원 부서를 가장 우선적으로 고려하여 배치하되 부서별 필요 인원보다 지원 인원이 많은 경우 입사 성적이 높은 신입사원을 우선 배치한다.
- 1지망 지원 부서에 배치되지 않은 신입사원을 2지망 지원 부서에 배치하되 1지망에 따른 신입사원 배치 후 남은 부서별 필요 인원보다 지원 인원이 많은 경우 입사 성적이 높은 신입사원을 우선 배치한다.
- 2지망 지원 부서에도 배치되지 않은 신입사원은 필요 인원이 충족되지 못한 부서에 배치한다.

① A　② B　③ C　④ D　⑤ E

|정답 및 해설| ④

[부서 배치 기준]에 따르면 부서별 필요 인원은 기획부 2명, 영업부 1명, 인사부 1명, 총무부 2명이고, 신입사원의 1지망 지원 부서를 가장 우선적으로 고려하여 배치하되 부서별 필요 인원보다 지원 인원이 많은 경우 입사 성적이 높은 신입사원을 우선 배치하므로 1지망으로 기획부에 지원한 A, C, D, F 중 입사 성적이 높은 A와 F가 기획부에 배치되고, 1지망으로 영업부에 지원한 B는 영업부에, 1지망으로 총무부에 지원한 E는 총무부에 배치된다. 이에 따라 1지망 지원 부서에 배치되지 못한 신입사원은 C와 D이고, 1지망에 따른 필요 인원이 충족되지 못한 부서별 필요 인원은 인사부 1명, 총무부 1명이다. 2지망으로 총무부에 지원한 C는 총무부에 배치되지만, 2지망으로 영업부에 지원한 D는 영업부에 필요 인원이 없으므로 2지망 지원 부서에도 배치되지 않고, 2지망 지원 부서에도 배치되지 않은 신입사원은 필요 인원이 충족되지 못한 부서에 배치되므로 D는 인사부에 배치된다.
따라서 인사부에 배치되는 신입사원은 'D'이다.

예제 2 적절한 자원관리 방법을 판단하는 문제

다음은 지역농협의 신입사원 5명이 효과적인 시간 계획에 대한 교육을 수료한 후 나눈 대화이다. 다음 대화를 근거로 판단할 때, 효과적인 시간 계획에 대해 제대로 이해하지 못한 신입사원은?

- **미영**: 시간은 한정되어 있으므로 한정된 시간을 효율적으로 활용하기 위해서는 명확한 목표가 필요해.
- **라희**: 중요성과 긴급성을 기준으로 일의 우선순위를 결정하는 것이 일반적이야.
- **연화**: 우선순위가 결정되면 각각 할 일에 소요되는 예상 시간을 결정해야 하는데, 모든 일마다 정확하게 소요 시간을 계산할 수는 없더라도 규모가 큰 일을 할 때에는 정확하게 소요 시간을 계산하는 것이 효율적이야.
- **지혜**: 전문가들은 시간 계획을 할 때 자신에게 주어진 시간 중 과반수를 계획되지 않은 행동에 사용되는 시간으로 설정하는 것을 시간 계획의 기본 원리로 제시하고 있어.
- **혜진**: 목표와 우선순위, 예상 소요 시간을 결정한 뒤, 시간 계획서를 작성할 때에는 개인의 성향에 따라 달력이나 다이어리 등 다양한 도구를 활용할 수 있지.

① 미영 ② 라희 ③ 연화 ④ 지혜 ⑤ 혜진

|정답 및 해설| ④

시간계획의 기본원리에 따르면 전문가들은 시간 계획의 기본 원리를 계획된 행동 60%, 계획 외의 행동 20%, 자발적 행동 20%로 제시하므로 계획되지 않은 행동은 전체 시간의 40%로 설정한다.
따라서 효과적인 시간 계획에 대해 제대로 이해하지 못한 신입사원은 '지혜'이다.

유형공략문제

01 **해외여행을 계획하고 있는 A는 싱가포르를 경유하여 몰디브에 도착하는 서울발 비행기를 예매하려고 한다. 비행기가 금요일 오후 2시 30분에 서울에서 출발하면, 몰디브에 도착하는 시각은 언제인가?** (단, 몰디브 시각을 기준으로 한다.)

> • 서울에서 싱가포르까지의 비행 시간은 6시간, 싱가포르에서 몰디브까지의 비행 시간은 4시간 30분이다.
> • 싱가포르 시각은 서울 시각보다 1시간 느리고, 몰디브 시각은 서울 시각보다 4시간 느리다.
> • 경유에 소요되는 대기 시간은 1시간 30분이다.

① 금요일 오후 9시

② 금요일 오후 10시 30분

③ 토요일 오전 2시 30분

④ 토요일 오전 5시

⑤ 토요일 오전 6시 30분

02 예산수립 절차에 맞게 ㉠~㉢을 순서대로 나열한 것은?

㉠ 활동별 예산 지출 규모를 확인하고 우선적으로 추진해야 하는 활동을 선정함 ㉡ 우선순위가 높은 활동부터 적절하게 예산을 배정하고 실제 예산을 사용함 ㉢ 예산 범위 내에서 수행해야 하는 활동과 소요될 것으로 예상되는 예산을 정리함

① ㉠ → ㉡ → ㉢

② ㉡ → ㉠ → ㉢

③ ㉡ → ㉢ → ㉠

④ ㉢ → ㉠ → ㉡

⑤ ㉢ → ㉡ → ㉠

약점 보완 해설집 p.38

유형 1 | 자원계산

제한시간: 5분 50초

01 전자용품 판매점을 운영하는 K 씨는 공장으로부터 마우스를 납품 받아 소비자에게 판매하고 있다. K 씨는 판매점의 영업 이익을 개선하기 위해 마우스 종류별 가격 정보와 지난 달 판매 수량을 고려하여 지난 달의 판매 이윤이 가장 적은 상품의 판매를 중단하고자 할 때, K 씨가 판매를 중단할 상품은?

구분	가 마우스	나 마우스	다 마우스	라 마우스	마 마우스
납품 가격	2.5만 원	3만 원	5.2만 원	1.8만 원	4.6만 원
판매 가격	4만 원	5만 원	7만 원	3만 원	6만 원
지난 달 판매 수량	22개	19개	20개	30개	25개

※ 1) 마우스의 납품 가격과 판매 가격은 모두 제품 한 개 기준임
2) 판매 이윤 = (개당 판매 가격 − 개당 납품 가격) × 판매 수량

① 가 마우스 ② 나 마우스 ③ 다 마우스 ④ 라 마우스 ⑤ 마 마우스

02 다음은 국내 △△은행의 외화 송금 수수료 규정과 Y 씨의 외화 송금 내역이다. 외화 송금 수수료 규정을 근거로 판단할 때, Y 씨가 3월에 지불한 송금 수수료의 총액은?

[외화 송금 수수료 규정]

<table>
<tr><th>구분</th><th>당행 이체 시</th><th>타행 이체 시</th></tr>
<tr><td rowspan="2">국내 은행 간 외화 송금에 대한 이체 수수료(건당)</td><td>$2,000 이하: 3,000원
$5,000 이하: 6,000원
$5,000 초과: 8,000원</td><td>$10,000 이하: 7,000원
$10,000 초과: 12,000원</td></tr>
<tr><td colspan="2">• 단, 인터넷뱅킹 이용 시 50% 감면</td></tr>
<tr><td rowspan="3">해외로 외화 송금에 대한 수수료(건당)</td><td>창구 이용 시</td><td>인터넷뱅킹 이용 시</td></tr>
<tr><td>$500 이하: 5,000원
$2,000 이하: 10,000원
$5,000 이하: 15,000원
$20,000 이하: 20,000원
$20,000 초과: 25,000원</td><td>$500 이하: 2,500원
$2,000 이하: 5,000원
$5,000 이하: 7,500원
$20,000 이하: 10,000원
$20,000 초과: 12,500원</td></tr>
<tr><td colspan="2">• 전신료(건당)는 $3,000 이하 송금 시 면제하며, $3,000 이상 송금 시 금액에 관계없이 8,000원으로 적용</td></tr>
<tr><td>해외로부터 외화 송금에 대한 수수료(건당)</td><td colspan="2">• $100 미만일 경우 면제하며, $100 이상일 경우 금액에 관계없이 10,000원으로 적용
• 단, 인터넷뱅킹 이용 시 50% 감면</td></tr>
</table>

※ 1) 송금 수수료 = 국내 은행 송금 수수료 + 전신료 + 해외 중개은행 중개 수수료
2) 전신료는 해외로 외화 송금 외에는 부과되지 않음

[외화 송금 내역]

송금 기준일	외화 송금 금액	외화 송금 내역	비고
3/1	$5,000	국내 타행 이체	인터넷뱅킹 이용
3/12	$5,000	해외로 송금	창구 이용 해외 중개은행 중개 수수료: 20,000원
3/15	$20,000	해외로 송금	인터넷뱅킹 이용 해외 중개은행 중개 수수료: 30,000원
3/23	$10,000	해외로부터 송금	창구 이용 해외 중개은행 중개 수수료: 25,000원
3/31	$3,800	국내 당행 이체	창구 이용

① 44,500원 ② 68,500원 ③ 100,500원 ④ 135,500원 ⑤ 149,000원

03 다음은 ○○스키장의 리프트 이용 요금 및 할인 정보이다. 갑, 을, 병 세 사람이 각각의 일행들과 함께 ○○스키장 리프트를 이용하였을 때, 갑, 을, 병이 각각 지불한 요금을 바르게 연결한 것은?

[○○스키장 리프트 이용 요금]

구분	대인 요금		소인 요금	
	주중	주말	주중	주말
1시간권	30,000원	36,000원	25,000원	30,000원
2시간권	55,000원	65,000원	40,000원	48,000원
3시간권	60,000원	71,000원	44,000원	52,000원
4시간권	63,000원	74,000원	46,000원	55,000원
6시간권	68,000원	80,000원	50,000원	59,000원

※ 소인은 만 13세 이하, 대인은 만 14세 이상을 의미함

[리프트권 할인 정보]

구분	할인율	유의사항
제휴 카드 할인	25%	온라인 예매, 현장 발매 모두 가능
☆☆시 지역 주민 할인	30%	현장 발매만 가능
장애/국가유공자 할인	50%	현장 발매만 가능

※ 1) 할인은 중복 적용되지 않으며, 개인마다 할인율이 가장 높은 할인이 적용됨
2) 제휴 카드 할인과 ☆☆시 지역 주민 할인은 본인 외 2명까지 할인이 적용되며, 장애/국가유공자 할인은 본인에 한하여 할인이 적용됨

- 만 18세인 갑은 동갑인 친구 2명과 함께 주말 리프트 3시간권을 이용하였으며, ☆☆시 지역 주민인 갑은 모든 일행의 리프트권을 제휴 카드로 온라인 예매하였다.
- 국가유공자인 만 32세 을은 만 30세인 배우자, 만 12세인 딸과 함께 주중 리프트 4시간권을 이용하였으며, 을은 모든 일행의 리프트권을 현금으로 현장 발매하였다.
- 만 30세인 병은 만 10세인 아들과 만 9세인 딸과 함께 주중 리프트 2시간권을 이용하였으며, 병은 모든 일행의 리프트권을 비제휴 카드로 현장 발매하였다.

	갑 일행	을 일행	병 일행
①	149,100원	109,000원	101,250원
②	149,100원	140,500원	135,000원
③	159,750원	109,000원	135,000원
④	159,750원	140,500원	135,000원
⑤	159,750원	109,000원	101,250원

[04 - 05] 다음은 박 주임이 출장을 갈 때 차량을 운행해야 하는 도로의 제한 속도와 도로별 이동 거리이다. 각 물음에 답하시오.

구분	비포장도로	포장도로
제한 속도	60km/h	100km/h
이동 거리	100km	50km

※ 눈이나 비가 올 경우 제한 속도의 50%로 감속 운행해야 함

04 박 주임이 운행하는 차량의 연비가 12km/L일 때, 박 주임이 출장을 가는 데 필요한 연료량은?

① 10L ② 11.5L ③ 12.5L ④ 13L ⑤ 14.5L

05 박 주임은 이동 시간을 최소화하기 위해 도로의 제한 속도로 차량을 운행하다가 포장도로를 모두 지나고 비포장도로가 30km 남은 구간에서 눈이 내려 감속 운행하였다. 박 주임이 출장을 가는 데 걸린 시간은?

① 2시간 ② 2시간 10분 ③ 2시간 20분 ④ 2시간 30분 ⑤ 2시간 40분

약점 보완 해설집 p.42

01 S 기업 해외 마케팅 부서는 기업의 글로벌화를 위해 4개의 프로젝트로 구성된 신사업을 기획했다. 프로젝트 참여를 희망한 직원 A~F 중 미국 프로젝트에 3명, 나머지 프로젝트에 각각 1명씩 선발할 때, 미국 프로젝트에 선발될 직원은? (단, 프로젝트 선발 조건은 조건 번호 순서대로 적용된다.)

[프로젝트별 중요도 및 희망 직원 현황]

구분	베트남 프로젝트	미국 프로젝트	중국 프로젝트	프랑스 프로젝트
중요도	★	★★★★	★★★	★★
A	O	O		
B		O	O	
C	O	O		O
D	O		O	O
E		O		
F		O		O

[프로젝트 선발 조건]

1. 중요도가 높은 프로젝트를 우선으로 선발한다.
2. 각 프로젝트는 희망하는 직원 내에서 선발한다.
3. 희망하는 프로젝트 수가 적은 직원을 우선으로 선발한다.
4. 희망 프로젝트 수가 동일할 경우, 중요도가 높은 프로젝트를 더 많이 희망한 직원을 우선으로 선발한다.

① A, B, D ② A, B, E ③ B, C, E ④ B, E, F ⑤ C, D, F

02 인사총무부에 근무하는 귀하는 K 부장으로부터 다음 달에 예정된 시무식 관련 회의를 하기 위해 다음 주 수요일에 1시간 동안 이용할 수 있는 회의실을 예약하라는 지시를 받았다. 매일 12시부터 1시간 동안 휴게시간을 가지는 인사총무부 조직원 모두가 회의에 참석할 수 있는 시간으로 회의실을 예약할 때, 가장 적절한 회의 시간은?

[인사총무부 수요일 업무 일정]

구분	K 부장	Y 과장	B 계장	S 사원	L 사원
업무 일정	• 09:00~10:00 임원진 아침 조회 • 17:00~18:00 보고서 검토	• 09:00~10:00 기획안 검토 • 10:00~10:30 신입사원 교육 • 13:30~15:00 예산 편성	• 10:00~12:00 공장 방문 • 15:00~15:30 거래처 회의 • 17:00~18:00 업체 회의	• 09:00~10:30 물품 구매 • 13:00~15:30 창고 정리 • 17:30~18:00 우편 접수	• 10:00~10:30 교육 참석 • 14:30~16:00 시장 조사

① 10:30~11:30 ② 13:00~14:00 ③ 15:30~16:30 ④ 16:00~17:00 ⑤ 16:30~17:30

03 H 회사 인사팀에 근무하는 김 대리는 5월 16일에 신입사원 교육을 진행하기 위해 세미나실을 예약하려고 한다. 김 대리와 세미나 업체 직원의 대화 내용을 고려할 때, 김 대리가 추천받은 세미나실은?

[5월 16일 세미나실 정보]

구분	최대 수용 인원	외부 음식 반입	이용 가능 시간	총 이용 요금
A 세미나실	80명	허용	7시간	180,000원
B 세미나실	140명	허용	6시간	230,000원
C 세미나실	100명	허용	7시간	225,000원
D 세미나실	120명	허용	6시간	225,000원
E 세미나실	95명	금지	4시간	200,000원

※ 세미나실 이용 시 이용 가능 시간을 초과하여 사용할 수 없음

김 대리: 안녕하세요, H 회사 인사팀 김 대리입니다. 이번 신입 사원 교육을 위한 세미나실을 예약하려고 연락드렸습니다.

직 원: 안녕하세요, 대리님. 혹시 생각해두신 세미나실이 있으신가요?

김 대리: 어떤 세미나실이 적합할지 추천을 받아보려고 합니다. 이번에 신입사원 75명이 입사해서 스태프 포함 85명은 수용할 수 있는 장소로 골라야 할 것 같아요.

직 원: 네, 그러시군요. 세미나실은 몇 시간 이용하시나요?

김 대리: 오전 10시부터 오후 4시까지 이용하려고 합니다. 이용 시간 내에 점심시간이 포함되어 있으므로 외부 음식 반입이 허용되는 세미나실이 좋겠어요. 앞서 이야기한 모든 조건을 만족한다면 총 이용 요금이 가장 저렴한 세미나실 중 이용 가능 시간이 긴 세미나실로 추천해주세요.

직 원: 네, 대리님. (　　) 세미나실이 가장 적합할 것 같은데 예약 진행해드릴까요?

① A　② B　③ C　④ D　⑤ E

04 ◇◇회사는 거래처에 납품할 제품을 생산하기 위해 7월 작업 계획을 수립하고자 한다. 제품을 생산하기 위해서는 A~F 6가지 작업이 모두 필요하며, 월요일인 7월 4일부터 작업을 시작할 예정이다. 다음 작업 실행 규칙을 고려하여 가장 빠르게 작업을 완료시키고자 할 때, 작업이 완료되는 날짜는?

[작업 실행 규칙]

- 토요일과 일요일 및 다른 일정이 수립되어 있는 날에는 작업을 실행하지 않는다.
- A 작업은 3일, B 작업은 4일, C 작업은 2일, D 작업은 5일, E 작업은 4일, F 작업은 3일이 소요된다.
- A 작업과 B 작업은 C 작업이 완료된 이후에 실행한다.
- 최대 2개의 작업까지 동시에 실행할 수 있다.
- D 작업을 완료한 직후에 F 작업을 실행한다.
- E 작업을 가장 늦게 실행한다.

[7월 일정표]

월	화	수	목	금
4	5	6	7	8
		법정 교육		
11	12	13	14	15
	마인드 교육			
18	19	20	21	22
			비전 교육	
25	26	27	28	29

① 7월 18일 ② 7월 19일 ③ 7월 20일 ④ 7월 22일 ⑤ 7월 25일

05 **옐로나이프 지사에서 근무하는 A 사원은 밴쿠버 본사에 방문하여 1시간 동안 발표 리허설 후 서울에서 개최되는 국제박람회에 참석하여 자사 제품에 대해 발표하려고 한다. A 사원이 국제박람회에 3월 15일 오후 1시에 도착해야 할 때, A 사원이 옐로나이프 지사에서 출발해야 하는 현지 시각은?** (단, 비행시간을 제외한 이동시간은 고려하지 않는다.)

[그리니치 시차]

구분	그리니치	서울	밴쿠버	옐로나이프
그리니치 시차	0	+9	–8	–7

※ '+'는 그리니치보다 시간이 빠르고, '–'는 그리니치보다 시간이 느린 것을 의미함

[비행시간]

출발지 → 도착지	비행시간
옐로나이프 → 밴쿠버	2시간 30분
밴쿠버 → 서울	15시간 30분

※ 출발지와 도착지가 서로 반대인 경우에도 비행시간은 동일함

① 3월 14일 오전 2시

② 3월 14일 오전 4시

③ 3월 14일 오전 11시

④ 3월 14일 오후 6시

⑤ 3월 14일 오후 10시

06 A~D는 조직차원에서의 인적자원관리 특성에 대해 이야기를 나누고 있다. 다음 중 인적자원관리 특성 중 서로 동일한 특성에 대해 이야기하는 사람끼리 바르게 연결한 것은?

- A: 인적자원에서 나타나는 성과는 인적자원의 욕구와 동기, 태도와 행동 그리고 만족감 여하에 따라 결정돼.
- B: 인적자원은 자연적인 성장과 성숙은 물론 오랜 기간에 걸쳐서 개발될 수 있는 많은 잠재능력과 자질을 보유하고 있어.
- C: 조직의 성과는 인적자원을 효과적이고 능률적으로 활용하는 데 달려있지.
- D: 인적자원의 행동동기와 만족감은 경영관리에 의해 조건화되므로 이를 잘 관리하여야 기업의 성과를 높일 수 있겠구나.

① A, C ② A, D ③ B, C ④ B, D ⑤ C, D

07 다음 상황에서 귀하가 취해야 할 행동으로 가장 적절한 것은?

귀하는 기획안에 따라 행사의 세부적인 예산 계획을 수립하고, 수립한 계획에 따라 적절한 숙소 예약 및 기타 예산 관련 업무를 진행하려고 한다. 이때 팀장으로부터 행사의 세부 계획 수립을 담당하게 된 신입사원에게 세부 계획 수립을 위한 교육을 진행하고, 신입사원이 수립한 세부 계획을 검토하여 최종안을 확정하라는 지시를 받았다. 하지만 귀하는 오늘까지 숙소 예약, 강사 초빙 등 비용 관련 업무를 모두 마쳐야 하고, 이와 더불어 팀에서 사용한 이번 달 비용 관련 서류도 정리하여 회계팀에 제출해야 한다. 귀하는 자신의 업무만으로도 시간이 부족하지만, 신입사원의 업무를 반드시 도와주라는 팀장의 지시로 인해 자신의 업무 및 신입사원과 관련된 업무도 모두 완료해야 하는 상황이다.

① 신입사원에게 상황을 설명한 후 도와줄 수 없는 자신의 처지에 대해 양해를 구한다.

② 신입사원은 업무 진행 속도가 느리고, 업무 수행 능력이 아직 부족하므로 자신이 신입사원을 대신하여 급한 업무를 모두 마친다. 그 후에 신입사원이 다음부터 업무에 적절히 적용할 수 있도록 업무 진행 방식 및 검토해야 할 세부사항을 교육한다.

③ 신입사원 교육 자료를 제작하여 다른 팀의 동료에게 신입사원 교육을 부탁하고, 교육 후에 신입사원이 세부 행사 일정을 세우도록 지시한다.

④ 신입사원에게 세부 행사 일정에 대한 계획을 수립하면서 궁금한 사항들을 정리하도록 지시하고, 오늘까지 마무리해야 하는 예산 관련 업무를 진행한다. 그 후에 신입사원이 정리한 사항들에 대해 교육하며 수정 방향을 교육한다.

⑤ 자신이 진행해야 하는 업무와 소요 시간을 정리하여 팀 회의를 요청한다. 회의에서 오늘까지 완료할 수 없음을 전달하고 자신을 대신하여 업무를 진행해 줄 다른 담당자를 선정해 달라고 요청한다.

08 다음 (가), (나)에 해당하는 유연근무제 유형을 바르게 연결한 것은?

> (가) 직장 내에서 회의나 전화 통화가 많지 않은 업무를 담당하는 A 씨는 별도의 출퇴근 없이 집에서 근무한다. A 씨는 하루 일과를 시작하기 전에 집안일을 미리 처리하거나, 커피를 한 잔 마시며 여유를 가지는 등 업무에 돌입하기 전 자신만의 시간을 가진다. 또한 사무실보다 훨씬 자유로운 분위기에서 일을 처리할 수 있어 개인적인 시간 및 컨디션 관리를 보다 쉽게 할 수 있다. 업무의 끝을 명확히 구분하기 어렵다는 단점이 있지만, A 씨는 일정한 업무 시간을 정해두고 업무 시간 이후에는 온전히 휴식에 집중하는 방식으로 이를 해결하고 있다.
>
> (나) 아이를 양육하는 B 씨는 매주 일정한 시간에 출퇴근하는 방식 대신 정해진 근무시간내에서 한 주간의 근무시간을 자유롭게 조정하여 주 5일 미만으로 일하는 방식으로 업무를 진행하고 있다. 오전 7시부터 오후 11시 사이 하루 최대 12시간 근무까지 진행하며 아이가 학교에 간 시간을 이용해 집중해서 일을 처리하고, 남은 시간에는 온전히 아이와 함께 놀거나 공부를 도와주는 등 양육에 더욱 집중한다. 이 방식을 도입한 덕분에 직장과 가정의 균형을 잘 맞출 수 있었고, 아이에게 온전한 하루의 시간을 쏟을 수 있다는 점이 B 씨의 삶의 질을 크게 향상시켰다.

	(가)	(나)
①	근무시간선택형	집약근무형
②	근무시간선택형	시차출퇴근형
③	재택근무형	집약근무형
④	재택근무형	시차출퇴근형
⑤	재택근무형	재량근무형

09 인사팀으로 배치될 신입사원을 대상으로 인적자원관리에 대한 교육을 진행하였다. 인적자원관리에 대한 내용을 바르게 이해하지 못한 사원은?

① A: 우리 회사의 성과를 위해서는 개인의 능력을 중시하는 것이 좋기 때문에, 우리가 판단하여 관리하기보다는 개인의 자유의사에 맡기는 것이 더 좋아.

② B: 먼저, 각 부서에 필요한 인적자원을 조사하여 필요한 인적자원과 맞는 사원들을 배치해야지.

③ C: 개인에게 능력을 발휘할 수 있는 기회를 부여하되, 성과를 평가하고 평가된 능력과 실적에 상응하는 보상을 하는 것이 좋겠어.

④ D: 팀원의 적성이나 능력도 중요하지만, 부서마다 부족한 인원이 정해져 있다는 점도 고려해야 해.

⑤ E: 혹시 새로 배치된 부서에서 소외감을 느낄 수도 있으니, 각 부서에 첫날에는 서로 자기소개하는 시간을 가지도록 유도하는 내용을 전달하자.

10 인테리어 전문회사의 오피스 가구 담당 영업사원인 귀하는 자사에서 진행하는 명함 교육에 참석했다. 귀하가 이해한 교육 내용으로 가장 적절한 것은?

[명함 교육 안내]

1) 목적

명함의 기능 및 명함 관리로 자신만의 영업 전략을 수립하는 방법을 익혀 전문 영업사원으로의 성장을 유도하기 위함

2) 개요

일시	20○○년 ○○월 ○○일
장소	1층 대강당
참여 대상	국내 영업팀, 해외 영업팀
진행 순서	1. 강사 및 교육 개요 소개 2. 명함 교육 – 명함의 기능 및 명함을 통한 고객 관리법 – 나만의 명함 구상하기 – 나만의 명함으로 나만의 영업 전략 수립하기

[교육 내용 정리]

1. 명함을 통한 고객 및 거래처 관리
   - 명함에는 사내 업무용 연락처가 아닌 고객용 연락처를 기재하여 고객과 빠르고 정확한 소통이 가능하도록 한다.
   - 고객 명함에는 기억해야 하는 정보나 특이사항을 간략히 기록하여 후속 교류를 위한 도구로 사용한다.
   - 고객의 명함은 본인만의 기준으로 분류하여 보관하며 목적에 따라 이용할 수 있도록 한다.

2. 명함을 통한 영업 전략
   - 회사와 직무가 연상되는 명함을 만들어 PR 도구로 사용한다.
   - 명함은 항상 넉넉하게 휴대하여 가망고객에게 제공한다.

① 새로 제작하는 명함에는 사내 업무용 이메일과 사내 전화번호를 기재한다.

② 고객 미팅 시에 특이사항은 자신의 명함에 기록한다.

③ 모든 고객의 명함은 한곳에 순차적으로 보관하여 분실을 방지한다.

④ 의자나 책상 모양이 입체로 나타나는 나만의 명함을 제작하여 고객 미팅 시에 회사와 직무를 홍보한다.

⑤ 고객 수에 맞게 명함을 준비하여 명함을 낭비하지 않는다.

약점 보완 해설집 p.43

PART 1 | NCS 직무능력평가

제5장 조직이해능력

출제경향분석

기초이론

기출유형공략

유형 1 조직체제

유형 2 경영이해

유형 3 비즈니스매너

최신기출동형문제

출제경향분석

조직이해능력 소개

조직이해능력은 개인의 업무 성과를 높이고, 나아가 경영의 효율성을 높이는 데 필요한 조직 체제와 경영에 대한 이해력을 평가하는 영역이다.

대표 출제 유형

조직이해능력은 조직체제, 경영이해, 비즈니스매너 총 3개의 유형으로 출제된다.

유형 1	조직체제
유형 2	경영이해
유형 3	비즈니스매너

시험 유형별 조직이해능력 출제 유형

시험 유형	출제 유형
60문항/60분	조직체제, 경영이해
60문항/70분	조직체제, 경영이해
70문항/70분	조직체제, 경영이해, 비즈니스매너

최신 출제 경향

1 조직이해능력은 전반적으로 보통의 난도로 출제되고 있다.

2 조직체제는 농협이 하는 일, 농협에서 판매하는 상품, 농협 계열사별 사업 내용 등 농협에 대한 지식을 묻는 문제가 높은 비중으로 출제되고 있다.

3 경영이해는 경영전략 추진 과정, SWOT 분석, 경영의 과정, 조직의 의사결정 과정 등 기본적인 경제/경영 상식이 출제되었다.

4 비즈니스매너는 명함을 주고받을 때의 태도 문제와 같은 직장 내 예절에 관한 문제가 출제되었다.

학습 방법

1 조직체제

조직에 대한 기본적인 이론 학습이 필요하다. 따라서 '조직이해능력 기초이론(p.270)'을 통해 조직의 기본 개념 및 특징, 일반적인 기업의 부서별 담당 업무 등을 파악한다. 또한, 농협 조직 및 농협의 경제활동에 대한 문제가 많이 출제되므로 '조직이해능력 기초이론(p.271)'을 꼼꼼히 학습하고, NH농협 사이트를 통해 업데이트되는 내용을 주기적으로 확인한다.

2 경영이해

'조직이해능력 기초이론(p.282)'에 정리된 경영의 개념과 과정, 경영자의 역할 등을 반드시 학습해야 한다. 또한, 경영활동과 관련된 시사 상식이 출제될 가능성이 있으므로 시험에 출제되었던 것을 중심으로 경제/경영 분야의 시사 상식을 확인한다.

3 비즈니스매너

직업인이 갖추어야 할 기본적인 예절 상식과 국제 상식에 대한 학습이 필요하다. 따라서 '조직이해능력 기초이론(p.292)'을 통해 직장생활에서 필요한 인사, 소개, 악수 등 기본 예절을 학습한다. 국제 상식의 경우 단기간에 지식을 쌓는 것이 어려우므로 틈틈이 뉴스를 보며 국제감각을 기른다.

기초이론

해커스
지역농협 6급
NCS 인적성 및 직무능력평가 통합 기본서

'기초이론'에서는 한국산업인력공단 NCS 직업기초능력 가이드북 자료뿐만 아니라 문제를 풀 때 필요한 이론까지 학습할 수 있다. '지농6급 기출'은 지역농협 6급 시험에 출제된 개념이므로 반드시 암기하고, 학습한 내용은 '확인 문제'를 통해 다시 한번 점검한다. 또한, '지역농협 상식 압축 정리(p.530)'를 학습하여 지역농협 관련 상식 문제에도 철저히 대비하도록 한다.

1. 조직체제

1 조직의 개념과 특징

1) 조직의 개념

두 사람 이상이 공동의 목표 달성을 위해 의식적으로 구성하여 상호작용과 조정을 하는 행동 집합체

2) 조직의 특징

- 목적이 있음
- 구조가 있음
- 목적 달성을 위하여 구성원들이 협동적인 노력을 함
- 외부 환경과 긴밀한 관계가 있음
- 사회적 기능을 지님

3) 조직의 유형

확인 문제

다음 중 조직의 특징에 해당하지 않는 것은?

① 외부 환경과 긴밀한 관계가 있음
② 목적이 있음
③ 혼자서도 구성할 수 있음
④ 사회적 기능을 지님
⑤ 구조가 있음

정답: ③

2 농협 조직의 특징

1) 농협의 미션

농협법 제1조: 농업인의 경제적·사회적·문화적 지위를 향상시키고, 농업의 경쟁력 강화를 통하여 농업인의 삶의 질을 높이며, 국민경제의 균형 있는 발전에 이바지함

2) 농협의 비전

· 농업이 대우받고 농촌이 희망이며 농업인이 존경받는 '함께하는 100년 농협'
  - 농업인과 국민, 농촌과 도시, 농축협과 중앙회, 그리고 임직원 모두 협력하여 농토피아를 구현하겠다는 의지
  - 60년을 넘어 새로운 100년을 향한 위대한 농협으로 도약하겠다는 의지

3) 농협의 인재상 지농6급 기출

시너지 창출가	항상 열린 마음으로 계통 간, 구성원 간에 존경과 협력을 다하여 조직 전체의 성과가 극대화될 수 있도록 시너지 제고를 위해 노력하는 인재
행복의 파트너	프로다운 서비스 정신을 바탕으로 농업인과 고객을 가족처럼 여기고 최상의 행복 가치를 위해 최선을 다하는 인재
최고의 전문가	꾸준한 자기계발을 통해 자아를 성장시키고, 유통·금융 등 맡은 분야에서 최고의 전문가가 되기 위해 지속적으로 노력하는 인재
정직과 도덕성을 갖춘 인재	매사에 혁신적인 자세로 모든 업무를 투명하고 정직하게 처리하여 농업인과 고객, 임직원 등 모든 이해관계자로부터 믿음과 신뢰를 받는 인재
진취적 도전가	미래지향적 도전의식과 창의성을 바탕으로 새로운 사업과 성장동력을 찾기 위해 끊임없이 변화와 혁신을 추구하는 역동적이고 열정적인 인재

확인 문제

다음 중 농협의 인재상이 아닌 것은?

① 사람 지향 소통인 ② 최고의 전문가 ③ 행복의 파트너
④ 시너지 창출가 ⑤ 정직과 도덕성을 갖춘 인재

정답: ①

4) 농협의 핵심가치

국민에게 사랑받는 농협	지역사회와 국가경제 발전에 공헌하여 온 국민에게 신뢰받고 사랑받는 농협을 구현
농업인을 위한 농협	농업인의 행복과 발전을 위해 노력하고, 농업인의 경제적, 사회적, 문화적 지위 향상을 추구
지역 농축협과 함께하는 농협	협동조합의 원칙과 정신에 의거협동과 상생으로 지역 농축협이 중심에 서는 농협을 구현
경쟁력있는 글로벌 농협	미래 지속가능한 성장을 위하여 국내를 벗어나 세계 속에서도 경쟁력을 갖춘 농협으로 도약

5) 농협이 하는 일 지농6급 기출

교육지원 부문	· 교육지원사업 – 농 · 축협 육성 · 발전지도 · 영농 및 회원 육성 · 지도 – 농업인 복지 증진 – 농촌사랑 · 또 하나의 마을 만들기 운동 – 농정활동 및 교육사업 · 사회공헌 및 국제협력 활동
경제 부문	· 농업경제사업 – 영농자재(비료, 농약, 농기계, 면세유 등) 공급 – 산지유통혁신 – 도매 사업 – 소비지유통 활성화 – 안전한 농식품 공급 및 판매 · 축산경제사업 – 축산물 생산 · 도축 · 가공 · 유통 · 판매 사업 – 축산 지도(컨설팅 등) – 지원 및 개량 사업 – 축산 기자재(사료 등) 공급 및 판매
금융 부문	· 상호금융사업 – 농촌지역 농업금융 서비스 및 조합원 편익 제공 – 서민금융 활성화 · 농협금융지주 – 종합금융그룹(은행, 보험, 증권, 선물 등)

확인 문제

다음 농협이 하는 일 중 속한 부문이 다른 것은?

① 소비지유통 활성화 ② 농업인 복지 증진 ③ 지원 및 개량 사업
④ 안전한 농식품 공급 및 판매 ⑤ 산지유통혁신

정답: ②

6) 농협의 조직현황 지농6급 기출

① 농협의 계통조직 체계

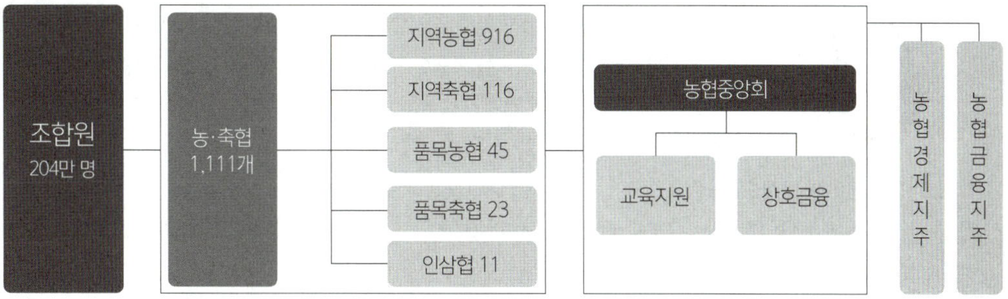

※ 2025년 1월 NH농협 사이트 기준

② 농협중앙회의 조직도

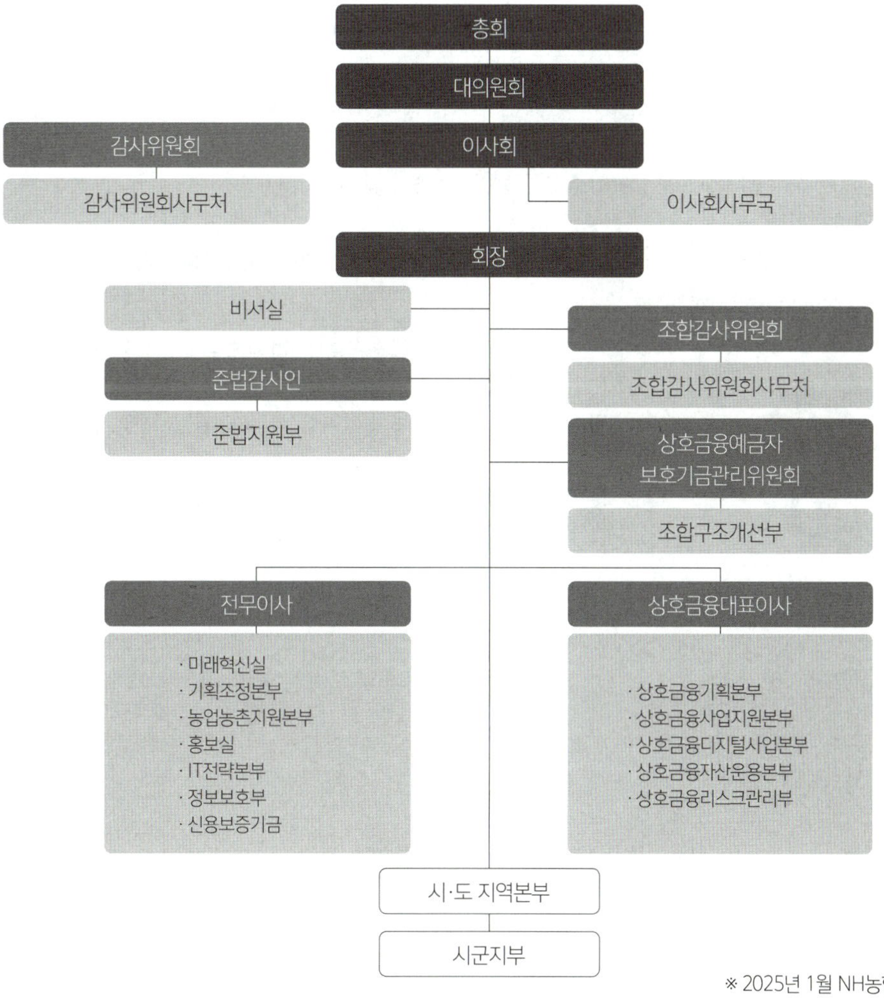

※ 2025년 1월 NH농협 사이트 기준

확인 문제

농협의 지역본부 개수는?

① 2 ② 4 ③ 8 ④ 16 ⑤ 32

정답: ④

7) 농협의 CI 지능6급 기출

① 농협의 심벌마크

- [V]꼴: '농'자의 'ㄴ'을 변형한 것으로, 싹과 벼를 의미하여 농협의 무한한 발전을 상징함
- [V]꼴 아랫부분: '업'자의 'ㅇ'을 변형한 것으로, 원만과 돈을 의미하며, 협동 단결을 상징함
- 마크 전체: '협'자의 'ㅎ'을 변형한 것으로, 'ㄴ + ㅎ'은 농협을 나타내고 항아리에 쌀이 가득한 모습을 의미하므로 농가 경제의 발전을 상징함

② 커뮤니케이션 브랜드 'NH'

- 고객과의 커뮤니케이션을 위해 농협의 이름과 별도로 사용되는 영문 브랜드로, 미래지향적이고 글로벌한 농협의 이미지를 표현함
- 농협의 영문자 첫 글자이자 자연과 인간의 조화(Nature&Human), 새로운 희망(New Hope)과 행복(New Happiness)을 상징적으로 표현함
- 색상시스템
  - Nature Green: 순수한 자연을 세상에 널리 전하는 농협의 건강한 이미지를 표현(농협 전통의 친근하고 깨끗한 이미지를 계승)
  - Human Blue: 농협의 앞서나가는 젊은 에너지와 전문적인 이미지를 표현(젊은 농협의 현대적이고 세련된 이미지를 창조)
  - Heart Yellow: 풍요로운 생활의 중심, 근원이 되는 농협의 이미지를 계승
- 그래픽 모티브
  - NH Wave: 인간과 자연을 위한 새로운 물결, 상생, 화합, 조화와 변화, 혁신 그리고 새로운 바람을 상징함

③ 농협의 캐릭터 '아리(ARI)'

- 기업과 고객을 가장 친근감 있게 연결시키며, 심벌을 보조하여 기업 이미지를 업(Up)시키는 제2의 상징체
- 농업의 근원인 씨앗을 모티브로 하여 쌀알, 밀알, 콩알에서의 '알'을 따와서 이름을 붙임
- '아리랑'을 연상시켜 '흥', '어깨춤' 등 동적인 이미지를 지님과 동시에 곡식을 담을 '항아리'를 연상시켜 '풍요', '결실'의 의미도 지님

※ 출처: NH농협 사이트

확인 문제

농협의 색상시스템 중 농협의 앞서나가는 젊은 에너지와 전문적인 이미지를 표현하는 색상은?

① Nature Green ② Human Gold ③ Human Blue
④ Heart Pink ⑤ Heart Yellow

정답: ③

3 조직체제 이해

1) 체제의 개념

- 특정한 방식이나 양식으로 서로 결합된 부분들의 총체로, 조직은 하나의 체제라고 할 수 있음
- 조직체제의 구성요소: 조직목표 + 조직구조 + 조직문화 + 규칙 및 규정 + 업무 프로세스 등

2) 조직목표

① 조직목표의 정의

조직이 달성하려는 미래의 상태

② 조직목표의 기능과 특징

기능	특징
· 조직이 존재하는 정당성과 합법성을 제공함 · 조직이 나아갈 방향을 제시함 · 조직구성원 의사결정의 기준이 됨 · 조직구성원 행동수행의 동기를 유발함 · 수행평가의 기준이 됨 · 조직설계의 기준이 됨	· 공식적 목표와 실제적 목표가 다를 수 있음 · 다수의 조직목표를 추구하는 것이 가능함 · 조직목표 간에 위계적 관계가 존재함 · 가변적 속성을 지님 · 조직의 구성요소와 상호관계를 가짐

③ 조직목표의 분류

조직이 일차적으로 수행해야 할 과업인 운영목표에는 전체 성과, 시장, 생산성, 자원, 혁신과 변화, 인력개발이 포함되어야 함

3) 조직구조

① 조직구조의 구분

- 기계적 조직
  구성원들의 업무가 분명하게 정의되고, 많은 규칙과 규제들이 있으며, 공식적 경로를 통하여 의사소통이 이루어지고 엄격한 위계질서가 존재함
- 유기적 조직
  의사결정권한이 하부구성원들에게 많이 위임되어 있으며, 업무도 고정되지 않고 공유가 가능함. 조직구성원 간에 비공식적인 상호의사소통이 원활히 이루어지며, 규제나 통제의 정도가 약하여 변화에 따라 쉽게 변할 수 있음

확인 문제

다음 중 조직목표의 기능으로 적절하지 않은 것은?

① 가변적 속성을 지님
② 조직이 존재하는 정당성과 합법성을 제공함
③ 조직이 나아갈 방향을 제시함
④ 조직구성원 행동수행의 동기를 유발함
⑤ 조직구성원 의사결정의 기준이 됨

정답: ①

② 조직구조의 결정요인

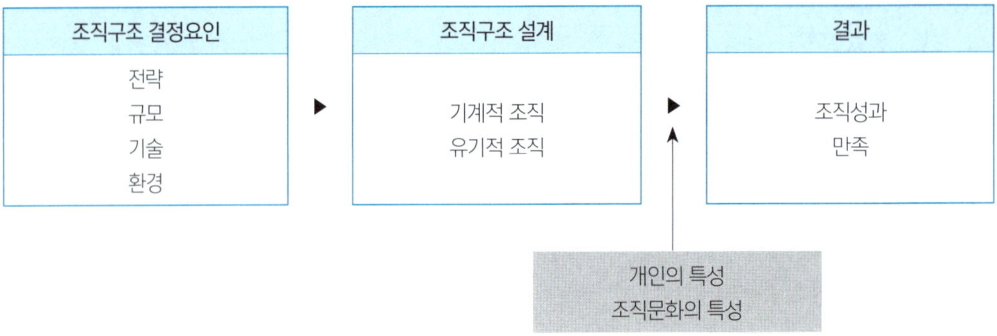

③ 조직구조의 형태 지능6급 기출

- 기능적 조직구조
  - CEO가 조직의 최상층에 있고, 조직구성원들이 단계적으로 배열되는 구조
  - 환경이 안정적이고 일상적인 기술과 조직의 내부 효율성을 중요시하며, 기업의 규모가 작을 때는 업무의 내용이 유사하고 관련성 있는 것들을 결합한 기능적 조직구조 형태를 이룸

- 사업별 조직구조
  - 개별 제품, 서비스, 제품 그룹, 주요 프로젝트나 프로그램 등에 따라 조직화된 구조
  - 분권화된 의사결정이 가능해 급변하는 환경변화에 효과적으로 대응할 수 있음

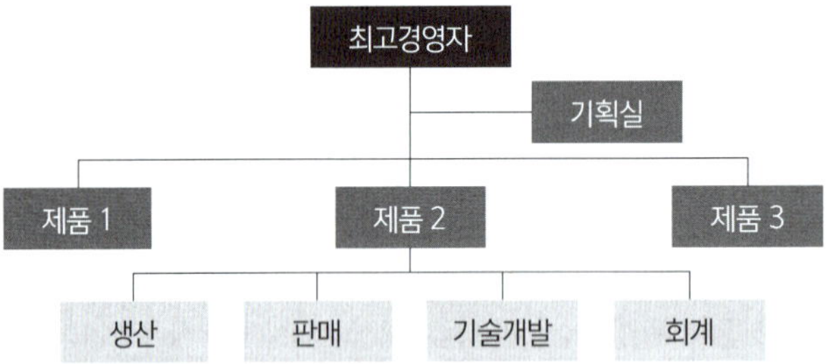

확인 문제

다음 중 조직구조의 결정요인에 해당하지 않는 것은?

① 전략 ② 환경 ③ 서비스 ④ 기술 ⑤ 규모

정답: ③

4) 조직문화

① 조직문화의 정의

조직구성원들이 공유하고 있는 생활양식이나 가치

② 조직문화의 기능

- 조직 전체와 조직구성원들의 행동에 영향을 미침
- 업무 수행의 대략적인 가이드라인을 제공함
- 조직구성원들에게 일체감과 정체성 부여
- 조직의 안정성 유지

③ 조직문화 구성요소(맥킨지 7-S 모형)

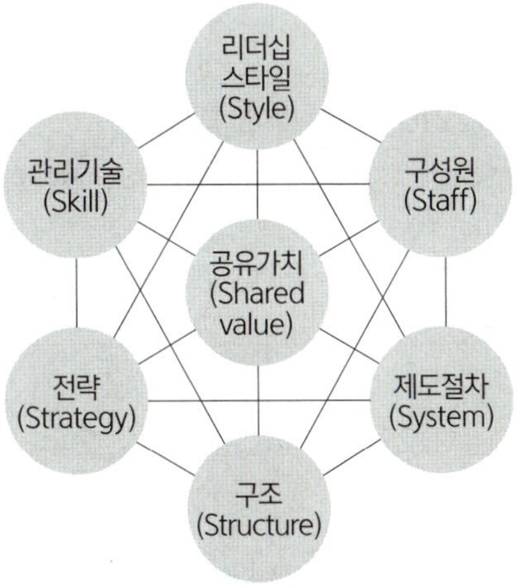

④ 조직문화의 유형(퀸의 경쟁가치모형)

유연성 & 자율성(Flexibility & Discretion)

내부지향 & 통합 (Internal focus & Integration)			외부지향 & 차별 (External focus & Differentiation)
	집단문화	개발문화	
	계층문화	합리문화	

안정 & 통제(Stability & Control)

확인 문제

다음 중 맥킨지 7-S 모형에서 조직문화를 구성하는 요소가 아닌 것은?

① Strategy ② System ③ Style ④ Skill ⑤ Schedule

정답: ⑤

조직문화의 유형	주요 특징
집단문화	· 관계지향적이고 조직구성원 간의 인간애 또는 인간미를 중시하는 문화로, 조직내부의 통합과 유연한 인간관계를 강조함 · 조직구성원 간 협동, 공유가치, 참여 등을 중요시하며, 개인의 능력 개발에 대한 관심이 높고 조직구성원에 대한 인간적 배려와 가족적인 분위기를 만들어냄
개발문화	· 외부환경에 대한 변화지향성과 신축적 대응성을 기반으로 조직구성원의 도전의식, 모험성, 창의성, 혁신성, 자원획득 등을 중시하는 문화로, 높은 유연성과 개성을 강조함 · 조직의 성장과 발전에 관심이 높은 조직문화로, 조직구성원의 업무수행에 있어 자율성과 재량권을 핵심요소로 여김
합리문화	· 과업지향적이고 결과지향적인 조직문화로, 조직의 목표를 명확하게 설정하여 합리적이고 효율적으로 업무를 수행하는 것을 중시함 · 조직구성원 간의 경쟁을 유도하기 때문에 때로는 지나친 성과를 강조하게 되어 조직에 대한 조직구성원들의 방어적인 태도와 개인주의적인 성향이 나타나기도 함
계층문화	· 현재의 상태를 유지하는 차원에서 계층화되고 서열화된 조직구조를 지향하는 문화로, 조직내부의 통합과 안정성 확보를 중시함 · 위계질서에 의한 명령과 통제, 업무처리에서의 규칙과 법의 준수, 관행과 안정, 문서와 형식, 보고와 정보관리, 명확한 책임소재 등을 강조함

5) 조직 내 집단의 기능과 유형

① 집단의 유형

- 공식적 집단
  조직에서 의도적으로 만든 집단으로, 집단의 목표나 임무가 비교적 명확히 규정되어 있으며 참여자도 인위적으로 결정되는 경우가 많음
- 비공식적 집단
  조직구성원들의 요구에 따라 자발적으로 형성된 집단

② 집단 간 경쟁

내부 응집성이 강화되고 집단의 활동이 더욱 조직화되는 장점이 있으나, 집단 간 경쟁이 과열될 경우 자원 낭비, 업무 방해, 비능률 등의 문제가 발생하게 됨

③ 팀의 역할과 성공조건

- 팀은 생산성을 높이고 의사결정을 신속하게 내리며, 창의성을 향상시키기 위해 조직됨
- 팀이 성공적으로 운영되기 위해서는 조직구성원들의 협력 의지와 관리자층의 지지가 있어야 함

확인 문제

다음 중 공식적 집단에 해당되지 않는 것은?

① 유치원 ② 기업 ③ 관공서 ④ 교우회 ⑤ 학교

정답: ④

4 업무 이해

1) 업무의 개념

조직이 개인에게 부여한 의무이자 책임

2) 업무의 배정

- 조직의 목적 달성을 위해 업무는 효과적으로 분배되고 원활히 처리되는 구조로 이루어져야 함
- 업무의 종류, 성격, 범위를 구분하는 기준에 따라 나누어짐
- 조직의 목적이나 규모에 따라 다르게 구성될 수 있음

3) 업무의 특성 및 권한

- 공통된 조직의 목적을 지향함
- 요구되는 지식, 기술, 도구가 다양함
- 업무는 독립적으로 이루어지는 한편, 업무 간에 관계성도 고려해야 함
- 업무수행에 있어 임의로 선택할 수 있는 자율성과 재량권이 적음
- 업무별로 가지는 특성이 매우 다양함
- 직업인은 업무를 공적으로 수행할 수 있는 권한을 얻게 됨과 동시에 수행 결과에 대한 책임도 부여받게 됨

4) 업무의 종류 지농6급 기출

부서	내용
총무부서	주주총회 및 이사회개최 관련 업무, 의전 및 비서업무, 집기비품 및 소모품의 구입과 관리, 사무실 임차 및 관리, 차량 및 통신시설의 운영, 국내외 출장 업무 협조, 복리후생 업무, 법률자문과 소송관리, 사내외 홍보 광고업무 등
인사부서	조직기구의 개편 및 조정, 업무분장 및 조정, 인력수급계획 및 관리, 직무 및 정원의 조정 종합, 노사관리, 평가관리, 상벌관리, 인사발령, 교육체계 수립 및 관리, 임금제도, 복리후생제도 및 지원업무, 복무관리, 퇴직관리 등
기획부서	경영계획 및 전략 수립, 전사기획업무 종합 및 조정, 중장기 사업계획의 종합 및 조정, 경영정보 조사 및 기획보고, 경영진단업무, 종합예산수립 및 실적관리, 단기사업계획 종합 및 조정, 사업계획, 손익추정, 실적관리 및 분석 등
회계부서	회계제도 유지 및 관리, 재무상태 및 경영실적 보고, 결산 관련 업무, 재무제표 분석 및 보고, 법인세, 부가가치세 등 국세·지방세 업무자문 및 지원, 보험가입 및 보상업무, 고정자산 관련 업무 등
영업부서	판매 계획, 판매예산의 편성, 시장 조사, 광고 선전, 견적 및 계약, 제조지시서의 발행, 외상매출금의 청구 및 회수, 제품의 재고 조절, 거래처로부터의 불만처리, 제품의 애프터서비스, 판매원가 및 판매가격의 조사 검토 등

※ 부서별 업무는 조직의 목적과 규모에 따라 다양하게 구성될 수 있음

확인 문제

다음 중 주로 판매 계획, 판매예산의 편성, 시장 조사, 광고 선전, 견적 및 계약 등의 업무를 하는 부서는?

① 총무부서　② 영업부서　③ 기획부서　④ 인사부서　⑤ 회계부서

정답: ②

5 업무수행 절차

업무지침 확인	· 임의로 업무를 수행하지 않고 조직의 목적에 부합할 수 있도록 업무와 관련된 지침을 확인 · 개인은 조직의 업무지침을 토대로 개인의 업무지침을 만들 수 있으며, 이는 업무수행의 준거가 되고 시간 절약에 도움이 됨 · 개인 업무지침을 세울 때는 조직의 업무지침과 장·단기 목표, 경영전략, 조직구조, 규칙 및 규정 등을 고려하여 작성하도록 함

▼

활용자원 확인	· 업무 관련 자원은 시간, 예산, 기술 등의 물적자원과 조직 내·외부에서 공동으로 일을 수행하는 인적자원으로 구성됨 · 제한된 조건에서 효과적으로 사용할 수 있도록 계획을 수립하도록 함

▼

업무수행 시트 작성	· 간트 차트(Gantt chart) 단계별로 업무를 시작해서 끝나는 데 걸리는 시간을 바(Bar) 형태로 표시한 것으로, 전체 일정을 한눈에 볼 수 있고 단계별 소요시간과 업무 사이의 관계를 보여줌 · 워크 플로 시트(Work flow sheet) 일의 흐름을 동적으로 보여주는 시트로, 시트에 사용하는 도형의 종류를 다르게 하여 주된 작업과 부차적인 작업, 혼자 처리할 수 있는 일과 협조를 필요로 하는 일 등을 구분해서 표현할 수 있음 · 체크리스트(Checklist) 업무의 각 단계를 효과적으로 수행했는지를 스스로 점검해볼 수 있는 도구로, 시간의 흐름을 표현하는 데는 한계가 있으나 업무별 달성 수준을 확인하기 쉬움

확인 문제

다음 중 단계별로 업무를 시작해서 끝나는 데 걸리는 시간을 바(Bar) 형태로 표시한 것으로, 전체 일정을 한눈에 볼 수 있고 단계별 소요시간과 업무 사이의 관계를 보여주는 업무수행 시트는?

① 간트 차트 ② 워크 플로 시트 ③ 업무수행평가표 ④ 체크리스트 ⑤ 히스토그램

정답: ①

6 업무수행 방해요인과 해결책

방해요인	해결책
타인의 방문, 인터넷, 전화, 메신저 등	각 행동에 할애할 시간을 미리 정해놓고 효과적으로 통제하도록 함
갈등관리	갈등 상황을 받아들이고 갈등의 원인 및 해결책을 객관적으로 평가하도록 함
스트레스	시간 관리를 통한 업무 과중 극복, 명상 등을 통한 긍정적 사고 함양, 신체적 운동 및 전문가의 도움, 또는 조직 차원에서의 사회적 관계 형성 장려

7 환경변화에 따른 조직변화 계획 수립

1) 조직변화의 과정

환경변화 인지 ▶ 조직변화 방향수립 ▶ 조직변화 실행 ▶ 변화결과 평가

2) 조직변화의 유형

조직변화는 제품과 서비스, 전략, 구조, 기술, 문화 등에 의해서 이루어짐

확인 문제

다음 빈칸에 들어갈 단어로 적절한 것은?

환경변화 인지 ▶ 조직변화 방향수립 ▶ (　　) ▶ 변화결과 평가

① 환경변화 수용　② 조직변화 실행　③ 환경변화 분석
④ 조직변화 이해　⑤ 피드백

정답: ②

2. 경영이해

1 경영의 개념 및 특징

1) 경영의 개념

조직이 수립한 목적을 달성하기 위해 계획을 세우고 실행하고 그 결과를 평가하는 과정

2) 경영의 구성요소

경영목적 + 조직구성원 + 자금 + 경영전략

3) 경영자의 역할

조직의 전략, 관리 및 운영활동 주관, 의사결정을 통한 조직의 발전방향 제시

[참고] 민츠버그가 제안한 경영자의 역할 구분

- 대인적 역할: 상징자나 지도자로서 대외적으로 조직을 대표하고 대내적으로 조직을 이끄는 리더로서의 역할
- 정보적 역할: 조직을 둘러싼 외부 환경의 변화를 모니터링하고, 조직에 전달하는 전달자로서의 역할
- 의사결정적 역할: 조직 내 문제해결과 대외적 협상을 주도하는 협상가이자 분쟁조정자, 자원배분자로서의 역할

2 경영의 구성요소 및 과정

1) 경영의 구성요소

- 경영목적: 조직의 목적을 달성하기 위한 방법이나 과정
- 조직구성원: 조직에서 일하는 임직원으로, 이들이 어떤 역량을 가지고 어떻게 직무를 수행하는지에 따라 경영 성과가 달라짐
- 자금: 경영활동에 요구되는 금전을 의미하는 것으로, 경영의 방향과 범위를 한정함
- 경영전략: 경영목적을 달성하기 위해 기업 내 모든 역량과 자원을 조직화하고 실행에 옮겨 경쟁우위를 달성하는 일련의 방침과 활동

2) 경영의 과정 지능6급 기출

경영계획	▶	경영실행	▶	경영평가
· 미래상 설정 · 실행방안 선정 · 대안 분석		· 조직목적 달성 · 조직구성원 관리		· 수행결과 감독 · 교정

(경영평가 → 경영계획: 피드백)

3) 경영활동 유형

- 외부경영활동: 조직 외부에서 조직의 효과성을 높이기 위해 이루어지는 활동
- 내부경영활동: 조직 내부에서 인적, 물적자원 및 생산기술을 관리하는 활동

확인 문제

다음 중 경영의 구성요소에 해당하지 않는 것은?

① 경영목적 ② 자금 ③ 조직구성원 ④ 조직문화 ⑤ 경영전략

정답: ④

3 조직의 의사결정 과정

1) 절차 지농6급 기출

확인단계	문제를 인식하고 진단하는 단계로, 문제의 심각성 및 긴급성 등에 따라서 의사결정 과정의 시간이 달라짐

▼

개발단계	확인된 문제에 대한 해결 방법을 모색하는 단계 · 탐색과정: 기존의 해결 방법 중에서 문제해결 방법을 찾음 · 설계: 이전에 없었던 완전히 새로운 문제는 새로운 해결안을 설계해야 함

▼

선택단계	판단, 분석 토의 및 교섭 등의 방식으로 선택하며, 조직 내에서 공식적인 승인절차를 거쳐 실행됨

2) 집단의사결정의 특징

① 장점

- 집단구성원의 다양한 견해를 가지고 문제에 접근할 수 있음
- 의사결정에 참여한 사람들이 결정 사항을 수월하게 수용할 수 있으며, 의사소통의 기회가 향상됨

② 단점

- 의견이 불일치할 경우 의사결정을 내리는 데 시간이 많이 소요됨
- 특정 구성원에 의해 의사결정이 독점될 가능성이 있음

4 조직의 경영전략

1) 경영전략 추진 과정 지농6급 기출

순서	과정	내용
1	전략목표 설정	· 비전과 미션 설정
2	환경분석	· 내·외부환경 분석(SWOT 분석)
3	경영전략 도출	· 조직전략 · 사업전략 · 부문전략
4	경영전략 실행	· 경영목적 달성
5	평가 및 피드백	· 경영전략 결과 평가 · 평가결과에 따른 전략목표 및 경영전략 재조정

확인 문제

다음 중 경영전략 추진 과정에서 SWOT이 실행될 가능성이 가장 높은 과정은?

① 전략목표 설정　② 환경분석　③ 경영전략 도출
④ 경영전략 실행　⑤ 평가 및 피드백

정답: ②

2) 경영전략의 유형(마이클 포터의 본원적 경쟁전략 매트릭스) 지능6급 기출

전략적 목표		전략적 우위 요소: 고객들이 인식하는 제품의 특성	전략적 우위 요소: 원가 우위
전략적 목표	산업 전체	① 차별화 전략	② 원가 우위 전략
전략적 목표	산업의 특정 부분	③ 집중화 전략 차별화 + 집중화	③ 집중화 전략 원가 우위 + 집중화

① **차별화 전략**

- 조직이 생산품이나 서비스를 차별화하여 고객에게 가치 있고 독특하다고 인식되게 하는 전략
- 연구개발이나 광고를 통해 기술, 품질, 서비스, 브랜드 이미지를 개선해야 함

② **원가 우위 전략**

- 원가 절감을 통해 해당 산업에서 우위를 차지하는 전략
- 대량 생산을 통해 단위 원가를 낮추거나 혁신적인 생산 기술을 개발해야 함

③ **집중화 전략**

- 경쟁 조직들이 소홀히 하고 있는 한정된 시장을 원가 우위나 차별화로 집중 공략하는 전략

5 근로자의 경영참가제도

1) 경영참가제도의 목적

- 경영의 민주성 제고
- 근로자와 노동조합이 새로운 아이디어를 제시하거나 현장에 적합한 해결 방안을 마련하여 경영의 효율성 상승

2) 경영참가제도의 유형

- 경영참가: 공동의사결정제도, 노사협의회제도 등
- 이윤참가: 이윤분배제도 등
- 자본참가: 종업원지주제도, 노동주제도 등

확인 문제

다음 중 자본참가 유형에 해당하는 경영참가제도를 모두 고른 것은?

㉠ 종업원지주제도	㉡ 이윤분배제도	㉢ 노동주제도	㉣ 공동의사결정제도

① ㉠ ② ㉣ ③ ㉠, ㉢ ④ ㉡, ㉢ ⑤ ㉡, ㉢, ㉣

정답: ③

6 경영이해능력을 갖추기 위한 시사 상식

1) 경영 상식

워크아웃	경영난으로 부도 위기에 처해 있는 기업이 금융기관과 합의하에 진행하는 회생 작업으로, 주로 회생의 가능성은 보이나 유동성의 부족으로 부도 위기에 처한 기업이 대상이 됨
네트워크 조직	아웃소싱이나 전략적 제휴와 같이 특정 사업 목표를 달성하기 위해 전문 인력이 각자의 전문 분야를 추구하며 상호 협력하는 조직 유형
프로젝트 조직	특정한 사업 목표를 달성하기 위해 조직 내의 전문 인력을 임시로 결합하고, 목표가 달성되면 해산하여 본래의 부서로 돌아가는 조직 유형
매트릭스 조직	조직구조 형태 중 하나인 기능적 조직구조와 프로젝트 조직이 결합된 이중 구조 조직으로, 기능 구조와 사업 구조의 화학적 결합을 시도하는 조직 유형
BCG 매트릭스	보스턴컨설팅그룹이 개발한 사업 포트폴리오 분석 기법으로, 시장성장률과 상대적 시장점유율에 따라 사업을 4가지로 구분한 것 지농6급 기출 · Star: 시장성장률과 상대적 시장점유율이 모두 높아 계속해서 투자가 필요한 사업 · Cash cow: 투자비용을 전부 회수하고 많은 이익을 내고 있는 상태로, 시장점유율은 높으나 시장성장률은 낮은 사업 · Question mark: 시장성장률은 높지만 시장점유율이 낮아 시장 확대를 위한 투자 전략을 필요로 하는 상태로, 기업의 전략에 따라 Star 또는 Dog가 될 수 있는 사업 · Dog: 시장성장률과 시장점유율이 모두 낮아 철수가 필요한 사업
SWOT 분석	기업이 경영전략을 수립하기 위해 기업 내부의 강점(Strength)과 약점(Weakness), 기업을 둘러싼 외부환경의 기회(Opportunity)와 위협(Threat)이라는 4가지 요소를 분석하는 것 지농6급 기출
STP	시장을 세분화(Segmentation)하여 타깃을 설정(Targeting)하고 목표 시장에 적절하게 제품을 포지셔닝(Positioning)하는 전략
3C	고객(Customer), 기업(Company), 경쟁사(Competitor)를 중심으로 시장 환경을 분석하는 방법
4P	마케팅 믹스의 구성요소를 제품(Product), 가격(Price), 유통 경로(Place), 판매 촉진(Promotion)의 4가지로 나눈 것
5 Forces Model	마이클 포터가 주장한 것으로, 기존 경쟁자 간의 경쟁, 잠재적 진입자의 위협, 대체재의 위협, 공급자의 교섭력, 구매자의 교섭력의 5가지 요인에 의해 해당 산업의 경쟁력과 수익성이 결정된다는 것을 설명하는 모형
6시그마	생산 현장에서의 불량률을 줄이기 위한 품질 관리 기법에서 시작된 것으로, 오늘날 품질 혁신과 고객 만족 달성을 목표로 경영 활동에 존재하는 모든 프로세스를 통계적 척도로 정량화하여 평가하는 기업 경영전략
적대적 M&A	인수 대상 기업의 동의 없이 행해지는 기업 인수 합병 · 적대적 M&A의 공격전략: 곰의 포옹, 공개매수, 시장매집, 위임장 대결, 토요일 밤 특별 작전, 흑기사 등 · 적대적 M&A의 방어전략: 백기사, 시차 임기제, 왕관의 보석 매각, 포이즌 필, 황금 낙하산 등

확인 문제

다음 중 생산 현장에서의 불량률을 줄이기 위한 품질 관리 기법에서 시작된 것으로, 오늘날 품질 혁신과 고객 만족 달성을 목표로 경영 활동에 존재하는 모든 프로세스를 통계적 척도로 정량화하여 평가하는 기업 경영전략은?

① 6시그마 ② 3C ③ STP ④ 5 Forces Model ⑤ SWOT 분석

정답: ①

블루오션/ 레드오션	· 블루오션: 아직 존재하지 않거나 알려지지 않아 경쟁자가 없는 시장 · 레드오션: 이미 잘 알려져 있어 수요보다 공급이 많은 상태로 경쟁이 치열한 시장
IR (Investor Relations)	기업이 자사의 가치를 정당하게 평가받고 자금 조달을 원활하게 하기 위해, 투자자들을 대상으로 기업에 대한 포괄적인 정보를 제공하는 홍보 활동
레버리지/ 디레버리지	· 레버리지(Leverage): 자기자본의 이익률을 높이기 위해 타인자본을 차입하는 것으로, 경기가 호황일 때 사용하면 효과적인 투자 방법 · 디레버리지(Deleverage): 레버리지가 지나쳐 투자가 실패로 돌아갈 경우 감당할 수 없을 손실을 입는 것을 피하기 위해 레버리지를 줄이는 것
롱테일 법칙/ 파레토 법칙	· 롱테일 법칙: 80%의 사소한 다수가 20%의 핵심적인 소수보다 더 나은 가치를 창출한다는 법칙으로, 기업이나 상점에서 판매하는 상품을 잘 팔리는 순서로 배열하여 판매량 그래프를 그렸더니 판매량이 낮은 상품의 곡선이 긴 꼬리(Long tail)처럼 낮지만 길게 이어졌는데, 이 꼬리 부분의 총합이 잘 팔리는 상품의 판매량보다 많았다는 데에서 유래함 · 파레토 법칙: 전체 결과의 80%는 전체 원인의 20%에 해당하는 핵심적인 소수에게서 창출된다는 법칙(≒ 2080 법칙)
방카슈랑스	은행과 보험사가 제휴하여 은행에서 보험상품을 판매하는 제도
넛지마케팅	메시지를 직접적으로 전달하지 않으면서도 의도한 방향으로 사람들의 행동을 유도하는 마케팅 전략
노이즈마케팅	고의로 자신들의 상품을 구설에 오르게 하여 소비자들의 이목을 집중시키고 판매를 늘리는 마케팅 전략
니치마케팅	빈틈을 찾아 공략하듯이 시장을 소비자들의 특성에 따라 세분화하고 그 시장에 존재하는 소비자를 대상으로 하는 마케팅 전략
디마케팅	기업이 자사 제품에 대한 고객들의 수요를 의도적으로 줄이는 전략
버즈마케팅	바이럴마케팅이라고도 하며, 누리꾼이 이메일, 블로그, 카페, SNS 등을 통해 어떤 기업 또는 제품을 자발적으로 홍보하게 하는 마케팅 전략
앰부시마케팅	스포츠 경기에서 대회의 공식 스폰서가 아님에도 불구하고 특정 선수나 팀의 스폰서가 되거나 이들을 후원하는 내용의 광고문구를 통해 대중들에게 대회의 공식 스폰서인 것처럼 인식되도록 하여 제품을 홍보하는 전략
로스리더 (Loss leader)	일반 판매가보다 훨씬 저렴한 가격으로 판매하는 일종의 미끼상품으로, 미끼상품을 사러 매장을 방문한 고객들이 미끼상품 외에 다른 상품도 구매하게 되므로 유통업체의 전체 매출은 오르게 됨
후광 효과	어떤 대상을 평가할 때 그 대상의 어느 한 측면의 특성이 다른 측면의 특성을 평가하는 데에도 영향을 미치는 현상 지농6급 기출
프레이밍 효과	틀짜기 효과라고도 하며, 동일한 문제라도 어떤 방식으로 제시하는가에 따라 사람들의 판단과 선택이 달라지는 인식 왜곡 현상 지농6급 기출

확인 문제

다음 중 빈틈을 찾아 공략하듯이 시장을 소비자들의 특성에 따라 세분화하고 그 시장에 존재하는 소비자를 대상으로 하는 마케팅 전략은?

① 노이즈마케팅　② 앰부시마케팅　③ 니치마케팅
④ 디마케팅　⑤ 넛지마케팅

정답: ③

2) 경제 상식

환율	자국 통화와 외국 통화의 교환비율을 말하며, 한 단위의 외화를 얻기 위해 지불해야 하는 자국 통화의 양 · 환율의 변동: 외화의 수요와 공급에 의해 결정됨 (외환시장에서의 수요 증가 및 공급 감소 → 환율 상승, 외환시장에서의 수요 감소 및 공급 증가 → 환율 하락) · 환율 상승의 영향: 수출 증가 및 수입 감소, 경상수지 개선, 국내 물가 상승, 외채 상환 부담 증가 · 환율 하락의 영향: 수출 감소 및 수입 증가, 경상수지 악화, 국내 물가 하락, 외채 상환 부담 감소
GDP	'Gross Domestic Product(국내총생산)'의 약자로, 국적에 관계없이 한 나라의 국경 내에서 모든 경제 주체가 일정 기간 생산 활동에 참여하여 창출한 최종 재화와 서비스의 시장 가치
GNP	'Gross National Product(국민총생산)'의 약자로, 국경에 관계없이 한 나라의 국민이 일정 기간 국내와 국외에서 생산한 최종 재화와 서비스의 시장 가치
GNI	'Gross National Income(국민총소득)'의 약자로, 국경에 관계없이 한 나라의 국민이 일정 기간 생산 활동에 참여하여 벌어들인 소득
인플레이션 (Inflation)	화폐가치가 하락하여 물가 수준이 지속적으로 상승하는 현상(↔ 디플레이션) · 디스인플레이션(Disinflation): 통화량과 물가가 더 이상 팽창하거나 상승하지 않고 현재 상태로 머무르게 하는 것을 목표로 인플레이션을 극복하기 위한 경제정책 · 리플레이션(Reflation): 디플레이션에서 벗어나 심한 인플레이션에는 이르지 않는 현상 · 스태그플레이션(Stagflation): 불황기에 물가가 계속 상승하여 경기 침체와 물가 상승이 동시에 일어나고 있는 현상 · 애그플레이션(Agflation): 곡물 가격이 상승함에 따라 일반 물가도 상승하고 있는 현상 · 하이퍼인플레이션(Hyperinflation): 급격한 인플레이션이 발생해 통제할 수 없을 정도로 물가가 상승하고 있는 현상
더블딥 (Double dip)	불황기를 잠시 벗어났다가 다시 경기 침체에 빠지는 현상
양적 완화	초저금리 상태에서도 경기가 회복되지 않을 때, 중앙은행이 국채 등 다양한 금융자산의 매입을 통해 직접 시중에 유동성을 증가시켜 경기를 부양하는 정책 · 미국의 양적 완화: 2008년 리먼브라더스 사태 이후 경제 불안이 지속되자, 경기 부양을 위해 양적 완화정책을 실시함 · 일본의 아베노믹스: 엔화의 공급을 늘려 수출을 확대하고 경기를 부양함으로써, 일본의 오랜 디플레이션을 극복하기 위해 실시한 아베 총리의 양적 완화정책
출구전략	경기 침체기에 경기를 부양하기 위해 각종 완화정책을 취했다가, 경기가 회복되기 시작하면 이를 서서히 거두어들이는 전략 · 미국의 출구전략: 2008년 글로벌 경제 위기 이후 미국 정부는 지속적으로 양적 완화를 실시하고 제로 금리를 유지하였으나, 미국의 경제가 점차 회복세를 보이자 2014년 10월에 양적 완화 종료를 발표함

확인 문제

다음 중 환율 상승의 영향으로 적절하지 않은 것은?

① 경상수지 개선 ② 국내 물가 상승 ③ 수출 증가
④ 외채 상환 부담 감소 ⑤ 수입 감소

정답: ④

재정절벽	세금감면 혜택이 종료되고 정부가 갑작스럽게 재정 지출을 축소하면서 경기가 절벽같이 급격히 하강하는 상태
유동성 함정	정부가 아무리 금리를 인하하거나 시중에 유동성을 공급해도 그 영향이 기업과 가계의 투자와 소비로 연결되지 않아 경기가 회복되지 않는 상태
디커플링 (Decoupling)	'탈동조화'라고도 하며, 두 국가의 환율이나 주가의 등락과 같은 경기적 흐름이 서로 동일한 흐름을 보이지 않게 되는 현상(↔ 커플링)
연착륙/경착륙	· 연착륙: 경기가 과열될 기미가 있을 때에 경제성장률을 적정한 수준으로 낮추어 불황을 방지하는 일 · 경착륙: 활기를 띠던 경기가 갑자기 침체되면서 주가가 폭락하고 실업자가 급증하는 일
지급준비율 정책	중앙은행에서 금융기관의 총예금액에 대한 현금준비 비율인 지급준비율을 높이거나 낮추는 방식으로 시중의 통화량을 조정하는 것 · 지급준비율 인상 → 통화량 감소 · 지급준비율 인하 → 통화량 증가
공개시장 조작 정책	중앙은행이 시장에 참여하여 보유하고 있던 유가증권을 매매하는 방식으로 시중의 통화량을 조절하는 것 · 국공채 매각 → 통화량 감소 · 국공채 매입 → 통화량 증가
금융중개지원대출 자금 정책	중앙은행이 시중 은행별로 정해놓은 한도 내에서 저금리로 돈을 대출해주는 제도인 금융중개지원대출 자금을 높이거나 낮추는 방식으로 시중의 통화량을 조절하는 것 · 금융중개지원대출 자금 축소 → 통화량 감소 · 금융중개지원대출 자금 확대 → 통화량 증가
금리	원금에 대한 이자의 비율로, 시중의 통화량을 조절하는 기능을 수행하는 것 · 기준금리: 중앙은행의 금융통화위원회가 매달 회의를 통해 결정하는 금리로, 시중은행의 금리 책정의 기준이 되는 것 · 콜금리: 은행, 보험회사와 같은 금융회사 간의 대출금에 적용되는 금리로, 금융회사끼리 단기(30일 이내)에 자금을 빌려주고 받을 때 적용되는 금리
통안채	'통화안정증권' 또는 '통안증권'이라고도 하며, 3저(저달러, 저유가, 저금리) 호황을 누리던 1987년부터 한국은행이 시장실세금리로 할인발행하고 있는 정부기관채로, 국제수지 흑자로 인한 해외 부문 통화 증발 등의 과잉 유동성을 흡수해 통화가치를 안정시키는 목적으로 발행되는 채권
헤지펀드	100명 미만의 소수 고액 투자자들로부터 자금을 모아 선물, 옵션 등 위험성이 높은 파생 금융 상품 위주로 투자해 단기간에 고수익을 올리는 펀드

확인 문제

다음 중 중앙은행이 통화량 증가를 위해 시행할 수 있는 정책을 모두 고른 것은?

㉠ 지급준비율 인하　　㉡ 국공채 매입　　㉢ 금융중개지원대출 자금 확대

① ㉠　② ㉡　③ ㉠, ㉢　④ ㉡, ㉢　⑤ ㉠, ㉡, ㉢

정답: ⑤

양도성 예금증서(CD)	타인에게 양도가 가능한 무기명 예금증서로, 한국은행에 예금지급준비금을 예치할 의무가 있는 은행들의 자금 조달 수단으로 이용되며, 중도 해지는 불가능하지만 시장에서 자유롭게 거래할 수 있어 유동성은 높다는 특징을 가지는 금융상품
모기지론/역모기지론	· 모기지론: 부동산을 담보로 주택저당증권을 발행하여 장기주택자금을 대출해 주고 원리금을 분할 상환하도록 하는 제도 · 역모기지론: 현재 보유한 주택을 은행에 맡기고 이를 담보로 생활비를 조달할 수 있게 하는 제도로 만기에 원리금을 한꺼번에 갚음
DTI/LTV	· DTI(Debt To Income): '총부채상환비율'을 의미하는 것으로, 금융 부채의 상환 능력을 따져 대출 한도를 정하는 제도 · LTV(Loan To Value ratio): '주택담보대출비율'을 의미하는 것으로, 은행이 주택을 담보로 대출을 해줄 때 담보가 되는 주택의 가치를 따져 대출 한도를 정하는 제도
BIS(Bank for International Settlements)	· 각국 중앙은행 간의 협력을 위해 설립된 국제결제은행 · BIS 자기자본비율: 은행 경영의 건전성을 위해 BIS가 정한 것으로, 은행의 위험가중 자산(손실 위험이 큰 부실채권, 유가증권 등) 총액 대비 자기자본이 차지하는 비율(BIS 권고 기준: 자기자본비율 8% 이상)
옵션	거래 당사자 간에 미리 정한 가격으로 특정 시점에서 일정 자산을 사거나 팔 수 있는 권리로, 살 수 있는 권리를 콜옵션, 팔 수 있는 권리는 풋옵션이라고 함
서킷브레이커(Circuit breaker)	코스피 지수나 코스닥 지수가 일정 수준 이상 하락하는 경우 투자자들이 냉정하게 투자 판단을 할 수 있도록 시장에서의 모든 매매를 일시 중단하는 제도로, 우리나라의 경우 코스피 지수나 코스닥 지수가 직전 거래일의 종가 대비 8% 이상, 15% 이상 떨어진 상태가 1분간 지속되면 각각 1단계, 2단계 서킷브레이커가 발동되어 각각 20분간 매매가 중단되고, 20% 이상 급락하면 3단계 서킷브레이커가 발동되어 당일 장 운영이 종료됨
사이드카(Side car)	시장 상황이 급변할 경우 프로그램매매의 호가효력을 일시적으로 제한함으로써 프로그램매매가 주식시장에 미치는 충격을 완화하고자 하는 제도로, 코스닥150 지수 선물 가격이 6% 이상 상승·하락하고 코스닥150 지수 현물 가격이 3% 이상 상승·하락한 상태가 1분간 지속될 때, 코스피의 경우 코스피200 지수 선물 가격이 5% 이상 상승·하락한 상태가 1분간 지속될 때 발동되어 프로그램매매 매수호가 또는 매도호가의 효력을 5분간 정지시킴
엥겔지수	가계의 총소비지출액에서 식료품비가 차지하는 비율로, 저소득 가계일수록 총지출 가운데 식료품비가 차지하는 비율이 높고 고소득 가계일수록 식료품비가 차지하는 비율이 낮다는 엥겔의 법칙과 관련 있는 것($= \frac{식료품비}{총소비지출액} \times 100$)
슈바베지수	가계의 총소득에서 주거비가 차지하는 비율로, 소득 수준이 증가할수록 주거비는 커지지만 총소득 대비 주거비가 차지하는 비중은 감소한다는 슈바베의 법칙과 관련 있는 것
지니계수	인구분포와 소득분포와의 관계를 나타내는 수치로, 빈부격차와 계층 간 소득분포의 불균형 정도를 평가하는 데 이용되며 수치가 0에 가까울수록 소득 분배가 평등한 상태임을 나타내는 지표

확인 문제

다음 중 각국 중앙은행 간의 협력을 위해 설립된 국제결제은행은?

① DTI　② CD　③ 옵션　④ LTV　⑤ BIS

정답: ⑤

경제 상식

에인절계수	가계 총지출에서 수업료, 장난감 구입비, 용돈 등을 포함한 교육비가 차지하는 비율을 나타내는 지표
로렌츠곡선	그래프의 가로축에 소득액 순으로 소득 인원수의 누적 백분비를, 세로축에 소득액의 누적 백분비를 나타내어 얻어지는 곡선으로, 소득분포의 불평등을 측정하는 지표
고통지수	물가상승률과 실업률을 더하여 산정하는 것으로, 국민들이 피부로 느끼는 경제적 어려움을 수치화하여 나타내며 수치가 높을수록 경제적 어려움이 크다는 것을 나타내는 지표
립스틱 효과	경기 불황기에 저가임에도 소비자들을 만족시키는 제품은 오히려 판매가 증가하는 현상
밴드왜건 효과	타인의 소비 행태나 특정 상품에 대한 대중적인 유행에 따라 제품을 구매하는 소비 현상
베블런 효과	일부 계층의 과시욕이나 허영심 때문에 가격이 올라도 수요가 줄어들지 않는 현상
세계 3대 신용평가기관	미국의 무디스 인베스터서비스(Moody's Investors Service), 스탠더드앤드 푸어스(S&P), 영국의 피치 IBCA
ETF	'Exchage Traded Fund'의 약자로 인덱스펀드를 거래소에 상장시켜 투자자들이 주식처럼 편리하게 거래할 수 있도록 만든 상품

3) 일반 상식

OTP (일회용 비밀번호)	한 번만 사용하고 버리는 비밀번호로, 인터넷 뱅킹의 안전성을 높이기 위해 고안되었으며 OTP 생성기를 이용해 거래할 때마다 새로운 암호를 생성함
스푸핑 (Spoofing)	임의로 개설한 웹사이트에 사용자가 방문하도록 유도한 후 개인정보를 빼가는 해킹 수법
파밍 (Pharming)	PC를 악성코드에 감염시켜 이용자가 금융회사 등의 정상적인 홈페이지 주소로 접속을 하더라도 피싱 사이트로 유도하여 금융거래정보 등을 몰래 빼가는 해킹 수법
스미싱 (Smishing)	문자메시지(SMS)와 피싱(Phishing)의 합성어로, 무료 쿠폰이나 초대장 등을 내용으로 하는 문자메시지를 보내 첨부된 인터넷주소를 클릭하면 악성코드가 설치되게 하는 해킹 수법
피싱 (Phishing)	개인정보(Private data)와 낚시(Fishing)의 합성어로, 금융기관 또는 공공기관 등의 웹사이트나 거기서 보내온 메일로 위장하여 개인의 인증번호나 신용카드번호, 계좌정보 등을 빼내 이를 불법적으로 이용하는 사기 수법
메모리해킹	컴퓨터 메모리에 있는 수취인의 계좌번호, 송금액을 변조하거나, 보안카드 비밀번호를 훔친 후 돈을 빼돌리는 새로운 해킹방식으로 정상적인 인터넷뱅킹 사이트에 접속하였음에도 이체거래 과정에서 금융거래정보 등을 실시간으로 위·변조하는 즉시 공격의 특징을 지닌 사기 수법
공인인증서	전자 상거래 시 거래자의 신원 확인 및 증명을 위해 사용되는 일종의 전자 서명으로, 공인인증기관이 발행한 인증서를 말함

확인 문제

다음 중 문자메시지(SMS)와 피싱(Phishing)의 합성어로, 무료 쿠폰이나 초대장 등을 내용으로 하는 문자메시지를 보내 첨부된 인터넷 주소를 클릭하면 악성코드가 설치되게 하는 해킹 수법은?

① 메모리해킹 ② 파밍 ③ 스푸핑 ④ 피싱 ⑤ 스미싱

정답: ⑤

일반 상식

아이핀 (I-PIN)	대면 확인이 불가능한 인터넷상에서 주민등록번호의 유출과 오남용을 방지하기 위해 정부가 도입한 방식으로, 주민등록번호가 웹사이트에 저장되지 않아 외부 노출 가능성이 적어진 본인 인증 방식
비콘	블루투스 4.0 기술을 기반으로 최대 70m 이내의 장치들과 교신할 수 있는 근거리 통신기술
IoT	'Internet of Things'의 약자로 사물인터넷이라고도 하며, 사물에 센서를 장착하여 사람의 개입 없이도 사물이 스스로 인터넷을 통해 실시간으로 데이터를 수집하고 교환할 수 있게 하는 기술
핀테크 (Fintech)	'금융(Finance)'과 '기술(Technology)'의 합성어로, IT 기술을 기반으로 한 새롭고 차별화된 금융 상품 및 서비스를 의미하며 크라우드 펀딩, 모바일 결제 및 송금, 개인자산관리 등이 포함됨
비트코인	가상 디지털 화폐로, 일반적인 화폐와 달리 통화를 관리하는 중앙기구가 존재하지 않고 발행량이 정해져 있으며, 컴퓨터로 수학 문제를 풀면 발행받을 수 있다는 특징이 있음
AI	'Artificial Intelligence(인공지능)'의 약자로, 인간의 지능이 가지는 학습, 추리, 적응, 논증 따위의 기능을 갖춘 컴퓨터 시스템을 의미하며, 구글 딥마인드가 개발한 알파고가 대표적임 · 딥러닝(Deep learning): 인간 두뇌의 정보처리 방식을 모방해 컴퓨터가 다양한 단계의 사고 과정을 거쳐 스스로 인지 및 추론, 판단하게 하는 기술
로보어드바이저	로봇을 의미하는 '로보(Robo)'와 자문 전문가를 의미하는 '어드바이저(Advisor)'의 합성어로, 고도화된 알고리즘과 빅데이터 기술을 활용하여 투자자의 투자 성향과 시장 상황을 분석하여 자산 운용 방법을 자문 및 관리해 주는 서비스
임금피크제	기업 내 근로자의 근로시간을 줄여 새로운 일자리를 만드는 제도인 워크셰어링(Worksharing)의 하나로, 일정 연령이 된 직원에 대해 임금을 삭감하는 대신에 정년을 보장하는 제도
타임오프제	회사 측이 노동조합 전임자에게 임금을 지급하는 것을 원칙적으로 금지하되, 노사 교섭, 고충 처리 등 노사 공통의 이해가 걸린 노무관리적 성격이 있는 업무에 한해 근무시간으로 인정해 임금을 지급하는 제도
숍 제도	노동조합의 유지와 발전을 위해 노동조합이 사용주와 체결하는 노동협약에 종업원 자격과 조합원 자격의 관계를 규정해두는 제도 · 오픈 숍: 노동자가 기업의 노동조합에 대한 가입 여부를 자유의지로 결정할 수 있도록 하는 제도 · 유니온 숍: 신규 채용 시에는 기업이 노동조합원 여부와 관계없이 누구나 채용할 수 있지만, 채용된 사람은 일정 기간 안에 반드시 노동조합에 가입해야 하며 그러지 않을 경우 기업은 해당 노동자를 해고할 수 있도록 하는 제도 · 클로즈드 숍: 신규 채용 시에 기업이 노동조합의 조합원이어야만 채용할 수 있고, 조합에서 제명되거나 탈퇴한 노동자는 해고하도록 하는 제도

확인 문제

다음 중 기업 내 근로자의 근로시간을 줄여 새로운 일자리를 만드는 제도인 워크셰어링(Worksharing)의 하나로, 일정 연령이 된 직원에 대해 임금을 삭감하는 대신에 정년을 보장하는 제도는?

① 오픈 숍 제도　② 타임오프제　③ 유니온 숍 제도
④ 임금피크제　⑤ 클로즈드 숍 제도

정답: ④

3. 비즈니스매너

1 직장 예절

1) 인사 예절

직장 내 인사 예절	· 상대방보다 먼저 인사할 것 · 타이밍에 맞추어 적절히 응답할 것 · 명랑하고 활기차게 인사할 것 · 사람에 따라 인사 태도를 다르게 하지 않을 것 · 기분에 따라 인사 자세가 다르지 않을 것 · 아침에 상사나 동료와 만났을 때는 밝고 정중하게 인사하고, 같은 날 다시 만나게 될 때는 밝은 표정으로 목례만 할 것 · 화장실에서 상사나 동료를 만났을 때는 목례만 할 것 · 업무 중 상사가 사무실에 들어왔을 때는 일어서지 않고 앉아서 목례할 것 · 출퇴근 시에는 상사와 동료에게 인사하고, 다른 사람들보다 먼저 퇴근할 경우 먼저 퇴근하겠다는 적절한 인사말을 하며, 상사나 동료가 바쁠 때는 도움이 필요한지 물어볼 것 · "수고하세요." 또는 "수고하셨습니다."라는 표현은 동년배나 아래 직원에게만 쓸 수 있는 인사말이기 때문에 직장 상사에게는 사용하지 않을 것

2) 소개 예절

소개하는 순서	· 나이 어린 사람을 연장자에게 소개할 것 · 내가 속해 있는 회사의 관계자를 타 회사의 관계자에게 소개할 것 · 신참자를 고참자에게 소개할 것 · 동료 임원을 고객, 손님에게 소개할 것 · 남성과 여성을 소개할 때는 남성을 여성에게 소개하는 것이지만, 남성이 지위가 높은 경우라면 여성을 남성에게 소개할 것 · 한 사람과 여러 사람을 소개할 때는 한 사람을 여러 사람에게 소개할 것 · 소개받는 사람의 별칭은 그 이름이 비즈니스에서 사용되는 것이 아니라면 사용하지 말 것 · 반드시 성과 이름을 함께 말할 것 · 정부 고관의 직급명은 퇴직한 경우라도 사용할 것 · 천천히 그리고 명확하게 말할 것 · 각각의 관심사와 최근의 성과에 대하여 간단한 언급을 할 것

확인 문제

다음 중 인사 예절로 적절하지 않은 것은?

① 명랑하고 활기차게 인사한다.
② 직급에 따라 인사 태도를 달리한다.
③ 상대방보다 먼저 인사한다.
④ 화장실에서 만났을 때는 가볍게 목례만 한다.
⑤ 타이밍에 맞추어 적절히 응답한다.

정답: ②

3) 명함 예절 지농6급 기출

명함을 건네는 순서	· 명함은 직위가 낮은 사람이 직위가 높은 사람에게, 방문한 사람이 방문 받은 사람에게, 서비스 제공자가 고객에게, 소개된 사람이 소개받은 사람에게, 연소자가 연장자에게 먼저 건넬 것 · 여러 사람을 만났을 때는 가장 직급이 높은 사람에게 먼저 명함을 건넬 것 · 직장 상사와 함께 외부 업체 등을 방문해 명함을 건네는 경우, 상사가 먼저 외부인에게 명함을 건넨 뒤에 부하 직원이 명함을 건넬 것
명함을 주고받을 때의 태도	· 명함을 주고받을 때는 명함을 주는 사람과 받는 사람 모두 일어설 것 · 명함은 왼손으로 받쳐 오른손으로 건네고, 두 사람이 동시에 명함을 주고받을 때는 왼손으로 받고 오른손으로 건넬 것 · 명함을 건넬 때는 상대방이 읽기 편하도록 명함을 돌려서 건넬 것 · 명함을 받으면 바로 주머니에 넣지 말고, 이름과 중요한 정보를 확인하고 명함에 관해 한두 마디 대화를 건넬 것 · 명함에 읽기 어려운 한자나 외국어가 있을 경우 바로 물어봐서 나중에 실수하지 않도록 할 것 · 명함을 받은 뒤에는 탁자 위와 같이 잘 보이는 곳에 명함을 두고, 대화를 나누는 동안 명함을 눈여겨보며 상대의 이름을 외울 것 · 상대방이 식사 중이거나 다른 사람과 대화 중일 때는 명함을 건네지 않을 것 · 명함은 새것을 사용할 것 · 명함에 없는 부가 정보는 상대방과의 만남이 끝난 후에 적을 것 · 명함은 반드시 명함 지갑에서 꺼내고 상대방에게 받은 명함도 명함 지갑에 넣을 것

4) 악수 예절

악수하는 순서	· 악수는 윗사람이 아랫사람에게, 연장자가 연소자에게, 기혼자가 미혼자에게 청할 것 · 여성과 남성이 악수할 때는 여성이 남성에게 먼저 악수를 청하는 것이지만, 남성이 지위가 높은 경우라면 남성이 여성에게 악수를 청할 것
악수를 나눌 때의 태도	· 악수할 때는 서로 시선을 맞춰야 하며, 상대방의 눈과 손을 번갈아 보며 가볍게 위아래로 세 번 정도 흔들 것 · 오른손을 사용할 것 · 손을 잡을 때 적당한 악력으로 잡고, 손끝만 잡는 행위는 하지 않도록 할 것 · 주머니에 손을 넣지 않고 악수할 것 · 여성의 예식용 장갑이나 장식용 장갑 외의 장갑은 악수할 때 벗을 것 · 기본적으로 남성은 악수할 때 일어서야 하고, 여성도 비즈니스 관계이거나 상대방이 자신보다 연장자라면 일어서서 악수할 것 · 악수가 채 끝나지 않았는데 상대방이 아닌 다른 곳으로 시선을 돌리는 것은 상대방을 무시한다는 인상을 줄 수 있음을 유의할 것 · 악수할 때는 손을 잡은 채로 너무 오랫동안 말을 해선 안 되며, 인사가 끝나면 바로 손을 놓을 것

확인 문제

다음 중 명함을 건네는 순서가 잘못된 것은?

① 직위가 높은 사람이 직위가 낮은 사람에게 먼저 건넨다.
② 방문한 사람이 방문 받은 사람에게 먼저 건넨다.
③ 연소자가 연장자에게 먼저 건넨다.
④ 서비스 제공자가 고객에게 먼저 건넨다.
⑤ 소개된 사람이 소개받은 사람에게 먼저 건넨다.

정답: ①

5) 식사 예절

우리나라의 식사 예절	· 윗사람과 함께 식사할 때는 윗사람이 먼저 수저를 든 다음에 들고, 윗사람의 식사 속도에 맞춰 식사할 것 · 윗사람보다 먼저 식사가 끝났을 때는 자리에서 일어나지 말고, 수저를 국그릇에 걸쳐놓았다가 윗사람의 식사가 끝나면 상 위에 내려놓을 것 · 밥그릇이나 국그릇을 손에 들고 먹지 않을 것 · 식사 도중에는 입안에 음식물을 머금은 채로 말하지 않을 것 · 국이나 물을 마실 때 후후 불거나 후루룩거리는 소리를 내지 않을 것 · 밥과 국은 숟가락으로, 반찬은 젓가락으로 먹을 것 · 숟가락과 젓가락은 한 손에 같이 들지 않을 것 · 밥상 앞에서는 트림하거나 이쑤시개를 사용하지 않을 것

6) 조문 예절

문상 절차와 예절	· 상가에 도착하면 외투, 모자 등을 미리 벗어 둘 것 · 영정 앞에 분향이나 헌화를 할 때 나무향일 경우에는 오른 손목을 왼손으로 받친 상태에서 오른손으로 향을 집어 세 번 눈높이까지 올렸다가 향로 위에 놓고, 선향일 경우에는 한 개만 촛불에 불을 붙인 다음 손으로 끄며, 향을 입으로 끄지 않도록 할 것 · 영좌 앞에 공수하고 절을 두 번 한 뒤, 영좌에서 물러나 상주와 맞절할 것 · 종교에 따라 절을 하지 않는 경우는 합장을 하거나 묵념을 올릴 것 · 공수를 할 때는 평상시와 반대로 하여 남성은 오른손이 위로, 여성은 왼손이 위로 오게 할 것 · 평소 안면이 있는 경우라면 상주에게 문상 인사말을 건네고 낮은 목소리로 짧게 위로의 말을 건넬 것 · 유가족을 붙잡고 고인의 사망 원인과 경위에 대해 자세히 물어보거나 너무 많은 말을 시키는 것은 지양할 것 · 문상이 끝나고 물러 나올 때에는 두세 걸음 뒤로 물러난 뒤, 몸을 돌려 나올 것 · 상가에서 오래간만에 지인을 만나더라도 큰 소리로 부르거나 떠들지 않도록 할 것

확인 문제

다음 중 우리나라의 식사 예절로 적절하지 않은 것은?

① 윗사람이 수저를 든 후에 식사를 시작한다.
② 음식물을 머금은 채로 말하지 않는다.
③ 숟가락과 젓가락을 한 손에 들고 먹는다.
④ 밥상 앞에서는 트림하지 않는다.
⑤ 밥그릇이나 국그릇을 손에 들고 먹지 않는다.

정답: ③

7) 전화 예절

직장 내 전화 예절 (전화 걸기)	· 전화를 건 이유를 숙지하고 이와 관련하여 대화를 나눌 수 있도록 준비할 것 · 전화는 정상적인 업무가 이루어지고 있는 근무 시간에 걸도록 할 것 · 원하는 상대와 통화할 수 없을 경우에 대비하여 다른 사람에게 메시지를 남길 수 있도록 준비할 것 · 비서를 통해 고객에게 전화를 거는 것은 고객으로 하여금 당신의 시간이 고객의 시간보다 중요하다는 느낌을 받게 하므로 전화는 직접 걸도록 할 것 · 전화를 건 상대가 부재중인 경우 전화를 건 사람은 자신의 소속과 이름, 용건 등을 메모로 남기고 대신 전화를 받은 사람이 누군지 확인할 것 · 전화를 해달라는 메시지를 받았다면 가능한 한 48시간 안에 답해줄 것 · 하루 이상 자리를 비우게 되는 경우 다른 사람이 대신 전화를 받아줄 수 없다면 자리를 비운다는 메시지를 남겨놓을 것
직장 내 전화 예절 (전화 받기)	· 전화벨이 3~4번 울리기 전에 받을 것 · 전화를 받을 때는 먼저 자신의 소속과 이름을 대고 상대방이 누군지 확인할 것 · 천천히, 명확하게 예의를 갖추고 말할 것 · 밝은 목소리로 말할 것 · 말을 할 때 상대방의 이름을 함께 사용할 것 · 언제나 펜과 메모지를 곁에 두어 메시지를 받아 적을 수 있도록 준비할 것 · 주위의 소음을 최소화할 것 · 긍정적인 말로 전화 통화를 마치도록 하고 전화를 건 상대방에게 감사 표시를 할 것 · 전화상에서는 내용을 잘못 전달하기 쉬우므로 전화를 끊기 전에 대화 내용이 제대로 전달됐는지를 반복해서 확인하고, 중요한 내용은 반드시 메모할 것 · 상사를 잘 아는 듯한 사람이 전화를 걸어와 상사와 전화를 연결해달라고 하는 경우에도, 그대로 상사에게 전화를 연결해주지 말고 반드시 상대가 누군지 확인한 뒤 상사에게 상대의 이름과 함께 전화를 연결해 줄 것 · 부재중인 자리의 전화를 받은 경우 전화를 받은 사람은 부재 사유를 전하고, 메모를 남기는 등 상대방에게 부탁 사항을 물을 것 · 일반적으로 전화를 건 쪽에서 먼저 끊는 것이 예의지만, 상대방이 윗사람이거나 거래처인 경우 상대방이 먼저 끊을 때까지 기다릴 것

확인 문제

다음 중 회사에서 전화를 받을 때의 예절로 적절하지 않은 것은?

① 주위의 소음을 최소화한다.
② 전화벨이 3~4번 울리기 전에 받는다.
③ 천천히, 명확하게 말한다.
④ 중요한 내용은 메모한다.
⑤ 가능하면 상대방의 신분을 묻지 않는다.

정답: ⑤

8) 기타 직장생활 예절

스마트폰 예절	· 상대방에게 통화를 강요하지 말 것 · 지나친 SNS 사용은 업무에 지장을 주므로 휴식시간을 이용할 것 · 운전하면서 스마트폰을 사용하지 말 것 · 온라인상에서 예절을 지킬 것 · 알림은 무음으로 하여 타인에게 폐를 끼치지 않도록 할 것
E-mail 예절	· 특유의 온라인 언어 사용을 최소한으로 하며, 중요한 내용만 간단하고 간결하게 작성하여 수신자가 빠르고 정확히 읽고 응답할 수 있도록 할 것 · 상단에 보내는 사람의 이름을 적을 것 · 메시지에는 언제나 제목을 넣도록 할 것 · 요점을 빗나가지 않는 제목을 잡도록 할 것 · 메시지는 간략하게 만들 것 · 올바른 철자와 문법을 사용할 것 · 앞서 주고받은 E-mail의 내용과 관련된 일관성 있는 답을 할 것 · 다른 비즈니스 서신에서와 마찬가지로 화가 난 감정의 표현을 보내는 것은 피할 것 · 자동답신을 선택하여 보낼 때도 다시 한번 주소를 확인할 것
근무 태도	· 지각 시에는 사전에 연락을 취해 지각 사유와 예상 출근 시간을 밝히고, 외부 업체의 전화, 방문 등 중요한 업무가 있는 경우 동료에게 협조를 요청하여 차질이 없도록 사전조치를 취할 것 · 근무 중 자리를 비우게 될 경우 옆자리 직원에게 행선지와 용건을 분명히 알릴 것 · 업무를 지시받은 경우에는 해당 일이 끝났을 때 즉시 보고하고, 지시받은 일이 복잡해 업무 완료가 지연될 경우에는 중간보고를 하여 진행 상황을 알릴 것 · 업무를 지시한 상사나 직장 선배가 가장 알고 싶어하는 것은 지시한 업무의 결과이므로 보고할 때는 반드시 결론부터 보고할 것

확인 문제

다음 중 E-mail 예절로 적절하지 않은 것은?

① 온라인 언어를 사용하여 친밀감을 높인다.
② 올바른 철자와 문법을 사용한다.
③ 메시지를 간략하게 작성한다.
④ 보내는 사람의 이름을 적는다.
⑤ 반드시 제목을 넣는다.

정답: ①

2 국제감각

1) 국제감각의 필요성

- 통신기술 등의 발달로 세계화가 진전되어 활동 범위가 세계로 확대됨
- 세계화 시대의 도래로 범지구적 시스템과 네트워크 안에서 기업 활동이 이루어지는 국제경영의 중요성이 강조됨
- 업무 상황에서도 다양한 문화의 사람들과 커뮤니케이션할 빈도가 증가하고 있으며, 이에 따라 직업인에게도 다른 나라의 문화를 이해하고, 국제 동향을 파악하며 이를 업무에 활용할 수 있는 국제감각이 필요해짐

2) 다른 나라 문화 이해방법

① 문화 충격

- 문화 충격이란 한 문화권에 속한 사람이 다른 문화를 접하게 되었을 때 체험하는 충격을 의미함
- 문화 충격에 대비하기 위해서는 개방적인 태도를 견지하며 자신이 속한 문화를 기준으로 다른 문화를 평가하지 않도록 하고, 자신의 정체성은 유지하되 새로운 것을 경험하는 데 즐거움을 느끼는 적극적인 자세를 취하도록 함

② 이문화 커뮤니케이션

- 이문화 커뮤니케이션은 서로 다른 문화적 배경을 지닌 사람과의 커뮤니케이션을 의미하는 것으로, 언어적인 것과 비언어적인 것이 모두 포함됨
- 이문화 커뮤니케이션에 대비하기 위해서는 외국어 활용능력뿐 아니라 상대국의 문화적 배경을 이해하기 위한 노력이 수반되어야 함

3) 글로벌 경쟁력을 갖추기 위한 국제 매너

나라별 금기사항	· 러시아 - 꽃을 선물할 때는 홀수로 준비해야 함(짝수의 꽃은 장례식에 사용함) · 싱가포르 - 공공장소에서 음식물을 섭취하거나 담배를 피우면 벌금을 물게 되며, 껌을 씹는 것도 금지함 · 중국 - 우산이 이별을 의미하여 상대방에게 우산을 선물하지 않음 · 태국 - 어린아이의 머리에 손을 대지 않아야 하며, 발로 사람이나 물건을 가리키는 것은 모욕적인 행위임
나라별 시간 약속	· 미국 - 시간을 돈과 같이 생각해 시간 엄수를 중요하게 여김 · 라틴아메리카, 동부 유럽, 아랍 - 시간 약속은 형식적이며, 상대방이 기다려 줄 것으로 생각하므로 가급적 기다리도록 함 · 독일 - 약속시간에 2~3분 늦게 도착하는 것도 결례일만큼 시간 엄수를 중요하게 여김 - 금요일 오후 2시나 3시에 업무를 종료하는 회사가 많으므로 금요일 오후에는 약속을 잡지 않도록 함

확인 문제

다음 중 우산 선물을 가장 지양해야 하는 국가는?

① 미국 ② 싱가포르 ③ 중국 ④ 대한민국 ⑤ 러시아

정답: ③

나라별 인사법	· 영미권 악수법 - 일어서서 상대방의 눈이나 얼굴을 보면서 악수함 - 오른손으로 상대방의 오른손을 잠시 힘주어 잡았다가 놓음 · 영미권 명함 교환법 - 영미권은 사교용 명함과 업무용 명함이 나뉘어 있음 - 악수를 먼저 한 후 명함을 교환함 - 아랫사람이나 손님이 먼저 꺼내 오른손으로 상대방에게 주고, 받는 사람은 두 손으로 받음 - 받은 명함은 한번 보고 탁자 위에 보이게 두거나 명함지갑에 넣도록 하며, 구기거나 계속 만지지 않도록 함 - 미국에서는 상대에게 추후 연락할 필요가 있는 경우에만 명함을 주고받으며, 명함을 받은 후 바로 지갑에 넣는 등의 행위는 예의에 어긋나지 않는 행동임 · 중국 명함 교환법 - 명함 교환을 선호하므로 충분한 양을 준비하고, 명함의 한쪽은 영어로 다른 한쪽은 가능하면 중국어로 표기하도록 함 - 황금색이 위상과 번영을 나타내므로 명함을 금색으로 인쇄하는 것이 좋음 · 미국에서의 인사법 - 이름이나 호칭을 어떻게 부를지 먼저 물어봄 - 인사를 하거나 이야기할 때 상대방의 개인 공간을 지켜주도록 함 · 중국에서의 인사법 - 첫 인사 때 악수나 목례를 하거나 허리를 약간 굽혀서 인사함 · 독일에서의 인사법 - 도착이나 출발을 할 때 일반적으로 악수를 함 - 얼굴을 맞대고 눈을 보며 말하는 것은 신뢰감을 주는 행동임 · 아프리카에서의 대화법 - 눈을 직접 보지 않고 코끝 정도를 보면서 대화함 · 러시아와 라틴아메리카에서의 인사법 - 포옹 또는 입맞춤 인사는 친밀함의 표현이므로 이해하도록 함

확인 문제

다음 중 대화할 때 예의상 눈을 직접 보지 않고 코끝 정도를 보면서 대화해야 하는 곳으로 가장 적절한 지역은?

① 유럽 ② 아프리카 ③ 아시아 ④ 남아메리카 ⑤ 남극

정답: ②

글로벌 경쟁력을 갖추기 위한 국제 매너

나라별 식사예절	· 이슬람권 국가 - 돼지를 불결한 동물로 여기기 때문에 돼지고기를 먹지 않음 - 할랄 육류(이슬람식 알라의 이름으로 도살한 고기)만 섭취함 · 인도 - 소를 신성한 동물로 여기기 때문에 쇠고기를 먹지 않음 - 왼손은 화장실에서 사용하는 손이므로 밥을 먹을 때 오른손만 사용함 - 식사하면서 대화하는 것을 무례하게 여겨서 식사 중에는 대화를 나누지 않으며 식사를 마치고 입을 물로 씻고 난 후에 대화를 나눔 - 식사 자리에 초대를 받았다면 연장자나 집주인이 식사를 마치기 전에 자리를 떠나서는 안 됨 - 종교적 이유로 술을 거의 마시지 않으므로 식사 중에 술은 멀리함 · 서양권 - 식당에 들어가면 임의로 빈자리에 앉는 것이 아니라 웨이터에게 안내를 받고 자리에 앉음 - 웨이터가 의자를 빼주는 곳이 상석이므로 그 자리에는 주빈(主賓)이나 여성이 앉도록 배려함 - 냅킨은 모든 일행이 테이블에 앉은 후에 무릎 위에 폄 - 의자에 앉을 때는 의자의 왼쪽으로 들어가 앉음 - 식사 도중에 자리를 뜰 경우 냅킨은 테이블 위에 올려놓지 말고 의자 등받이에 걸쳐둠 - 식사 중에는 포크와 나이프를 접시에 팔(八)자 형태로 걸쳐 놓고, 식사를 마친 후에는 오른쪽으로 가지런히 놓아둠 - 일반적으로 포크와 나이프는 음식이 제공되는 순서에 따라 바깥쪽에 놓인 것부터 사용함 - 자신의 접시를 중심으로 왼쪽의 빵을 먹고 오른쪽의 물을 마심 - 빵은 나이프나 치아로 자르지 않고 손으로 떼어 먹도록 하며, 식사 중에는 머리, 코, 귀 같은 곳을 만지지 않음 - 수프를 소리 내면서 먹지 않으며, 뜨거운 수프는 숟가락으로 저어서 식히도록 함 - 수프를 먹을 때는 안쪽에서 바깥쪽으로(미국식) 또는 바깥쪽에서 안쪽으로(유럽식) 떠먹음 - 생선요리는 뒤집어 먹지 않으며, 스테이크는 미리 잘라 놓기보다는 잘라 가며 먹도록 함 - 테이블에 팔꿈치를 괴거나 다리를 꼬고 앉지 않음

확인 문제

다음 중 서양권 식사예절에 해당하는 것은?

① 생선요리를 뒤집어 먹지 않는다.
② 식사 중에는 포크와 나이프를 오른쪽으로 가지런히 놓아둔다.
③ 빵을 나이프로 썰어 먹는다.
④ 테이블에 팔꿈치를 괴거나 다리를 꼬고 앉는다.
⑤ 수프를 소리 내면서 먹는다.

정답: ①

글로벌 경쟁력을 갖추기 위한 국제 매너

나라별 식사예절	· 중국 - 고개를 숙이지 않고 밥공기를 들고 식사함 - 식사를 마친 후에는 사용 흔적이 보이지 않도록 숟가락을 엎어 둠 - 회전하는 원형 테이블은 시계 방향으로 돌림 · 일본 - 음식을 젓가락에서 젓가락으로 전달하는 행동을 불길하게 여기므로 주의해야 함 - 식사 시 젓가락만 사용하는 경우가 많아서 한 손에 밥그릇이나 국그릇을, 다른 손에 젓가락을 들고 식사함
나라별 제스처의 의미	· 엄지와 검지로 동그라미를 하는 것 - 북미, 유럽: OK - 일본: 돈 - 프랑스, 벨기에: 가치 없는 것 - 러시아, 브라질: 모욕적인 의미 · 손등을 바깥쪽으로 하여 검지와 중지로 V자를 만드는 것 - 영국: 모욕적인 의미 · 손바닥을 바깥쪽으로 하여 검지와 중지로 V자를 만드는 것 - 그리스: 모욕적인 의미 · 엄지만 접고 나머지 네 손가락은 펴는 것 - 일반적으로는 숫자 4 - 일본: 모욕적인 의미 · 주먹을 쥐고 엄지를 치켜드는 것 - 일반적으로는 최고 - 호주, 그리스: 모욕적인 의미 · 고개를 위아래로 끄덕이는 것 - 일반적으로는 긍정 - 그리스, 불가리아: 부정의 의미

확인 문제

다음 중 주먹을 쥐고 엄지를 치켜드는 제스처를 모욕적인 의미로 받아들이는 나라는?

① 일본 ② 프랑스 ③ 불가리아 ④ 호주 ⑤ 러시아

정답: ④

4) 국제동향파악

- 신문, 잡지, 인터넷 등 각종 매체를 활용하여 국제적인 동향을 파악
- 조직의 업무와 관련된 국제적 법규나 규정을 숙지
- 특정 국가의 관련 업무 동향 점검
- 국제적인 상황변화에 능동적으로 대처

5) 글로벌 경쟁력을 갖추기 위한 국제 상식

APEC	'Asia-Pacific Economic Cooperation'의 약자로, 아시아와 태평양 지역의 무역 증진과 지속적인 경제 성장을 위해 설립된 아시아태평양 경제협력체
G20 (Group of 20)	선진 7개국 정상회담(G7)과 유럽연합(EU) 의장국 그리고 대한민국을 포함한 신흥시장 12개국 등 세계 주요 20개국을 회원으로 하는 국제기구
FTA (Free Trade Agreement)	국가 간 무역 증진을 위해 무역 장벽을 없애는 자유무역협정 · 우리나라와의 FTA가 발효된 국가: 칠레, 싱가포르, 유럽자유무역연합(EFTA), 동남아시아국가연합(ASEAN), 인도, 유럽연합(EU), 페루, 미국, 터키(기본협정 · 상품무역협정), 호주, 캐나다, 중국, 뉴질랜드, 베트남, 콜롬비아, 중미 5개국, 영국 · 우리나라와의 FTA가 서명 · 타결된 국가: RCEP, 인도네시아(CEPA), 이스라엘, 캄보디아 · 우리나라와의 FTA가 협상 중인 국가: 중 · 일, 남미공동시장(MERCOSUR), 필리핀, 러시아, 말레이시아, 에콰도르 SECA, 아세안 추가 자유화, 인도 CEPA 업그레이드, 칠레 FTA 업그레이드, 중국 FTA 서비스 · 투자 후속협상 · 우리나라와 재개, 개시, 여건조성 중인 국가: PA(멕시코, 콜롬비아, 페루, 칠레 지역경제 동맹), 유라시아경제연합(EAEU), 우즈베키스탄 STEP
RCEP	'Regional Comprehensive Economic Partnership'의 약자로, 동남아시아국가연합(ASEAN) 10개국과 한 · 중 · 일 3개국, 호주 · 뉴질랜드 등 총 15개국의 관세장벽 철폐를 목표로 하는 중국 주도의 다자간 자유무역협정(FTA)
AIIB	'Asian Infrastructure Investment Bank'의 약자로, 미국 등 서구 국가 주도의 국제통화기금(IMF), 세계은행(WB)과 아시아개발은행(ADB) 등의 기존 국제금융기구에 대항하기 위해 중국 주도로 설립된 은행으로 아시아 국가들의 도로, 철도, 항만 등의 인프라 자금 지원을 목적으로 설립된 금융기구
IMF	'International Monetary Fund'의 약자로, 브레턴우즈 협정에 따라 가맹국의 출자로 공동의 기금을 만들어, 각국이 이용하도록 함으로써 외화 자금의 조달을 원활히 하고, 나아가서는 세계 각국의 경제적 번영을 도모하기 위하여 설립한 국제 금융기구
WTO	'World Trade Organization'의 약자로, 1995년 1월 1일에 출범하여 가트(GATT)의 업무를 대신하며, 세계 무역 분쟁 조정 · 관세 인하 요구 · 반덤핑 규제 따위의 법적인 권한과 구속력을 행사할 수 있는 전 세계적 경제 협력 기구
ICA	'International Cooperative Alliance'의 약자로, 프랑스의 협동조합 지도자인 보와브의 제안으로 전 세계 협동조합과 조합원의 이익 증진을 위해 창설된 국제협동조합연맹

확인 문제

기존 국제금융기구에 대항하기 위해 중국 주도로 설립된 은행으로, 아시아 국가들의 도로, 철도, 항만 등의 인프라 자금 지원을 목적으로 설립된 금융기구는?

① APEC　② IMF　③ AIIB　④ RCEP　⑤ G20

정답: ③

글로벌 경쟁력을 갖추기 위한 국제 상식

신흥시장	· BRICS: 브라질, 러시아, 인도, 중국, 남아프리카공화국, 총 5개의 경제 신흥 국가를 가리키는 용어 · CIVETS: 콜롬비아, 인도네시아, 베트남, 이집트, 터키, 남아프리카공화국, 총 6개의 경제 신흥 국가를 가리키는 용어 · MAVINS: 멕시코, 호주, 베트남, 인도네시아, 나이지리아, 남아프리카공화국, 총 6개의 경제 신흥 국가를 가리키는 용어 · MIKT: 멕시코, 인도네시아, 한국, 터키, 총 4개의 경제 신흥 국가를 가리키는 용어
재정 위기국	· PIGS: 포르투갈, 이탈리아, 그리스, 스페인, 총 4개의 유로존 재정 위기국을 가리키는 용어 · PIIGS: 포르투갈, 이탈리아, 아일랜드, 그리스, 스페인, 총 5개의 유로존 재정 위기국을 가리키는 용어
아시안게임 개최지	· 2018년: 제18회 자카르타 하계 아시안게임(인도네시아) · 2022년: 제19회 항저우 하계 아시안게임(중국) · 2026년: 제20회 아이치, 나고야 하계 아시안게임(일본) · 2030년: 제21회 도하 하계 아시안게임(카타르)
올림픽 개최지	· 2018년: 제23회 평창 동계 올림픽(대한민국) · 2021년: 제32회 도쿄 하계 올림픽(일본) · 2022년: 제24회 베이징 동계 올림픽(중국) · 2024년: 제33회 파리 하계 올림픽(프랑스) · 2026년: 제25회 밀라노 코르티나담페초 동계 올림픽(이탈리아) · 2028년: 제34회 로스앤젤레스 하계 올림픽(미국)
월드컵 개최지	· 2018년: 제21회 러시아 월드컵 · 2022년: 제22회 카타르 월드컵 · 2026년: 제23회 북중미(캐나다, 멕시코, 미국) 월드컵 · 2030년: 제24회 3대륙(아프리카, 유럽, 남미) 6개국(모로코, 스페인, 포르투갈, 우루과이, 아르헨티나, 파라과이) 월드컵

확인 문제

다음 중 2030년 월드컵 개최지가 아닌 국가는?

① 모로코 ② 프랑스 ③ 아르헨티나 ④ 스페인 ⑤ 우루과이

정답: ②

기출유형공략

유형 1 조직체제

유형 특징

· 한국산업인력공단의 가이드북 자료를 기반으로 한 조직체제 이론과 농협 관련 지식이 출제되는 유형의 문제이다.

세부 출제 유형

· 조직체제는 다음과 같이 3개의 세부 유형으로 출제된다.
① 농협 조직의 특징을 고르는 문제
② 조직의 체계와 구조를 파악하는 문제
③ 조직 내 부서의 종류 및 업무를 파악하는 문제

공략법

· 농협이라는 조직에 대한 이해도를 높이기 위해 농협의 비전과 미션, 농협의 조직도, 농협이 하는 일, 농협의 CI 등을 꼼꼼히 학습한다. (기초이론 p.271)
· 조직의 기본 개념과 구성요소를 확인하고, 조직구조의 유형 및 결정요인에 대해 학습한다. (기초이론 p.275)
· 조직 내 주요 업무의 종류 및 각 업무의 소관 부서에 대해 학습한다. (기초이론 p.279)

예제 1 농협 조직의 특징을 고르는 문제

다음 중 농림 축수산물 도매업 및 소매업, 생필품 소매업 등을 주요 사업으로 하는 경제 지주 계열사는?

① 농협물류 ② 농협목우촌 ③ 농협식품 ④ 농협하나로유통 ⑤ 농협아그로

|정답 및 해설| ④

농림 축수산물 도 · 소매업, 생필품 소매업, 전자상거래업, 일반 음식점업, 유류판매업 등을 주요 사업으로 하는 경제 지주 계열사는 '농협하나로유통'이다.

① 농협물류: 운송, 배송, 보관, 창고, 하역, 택배 사업 등을 주요 사업으로 하는 경제 지주 계열사

② 농협목우촌: 축산물 가공판매, 외식체인 운영 등을 주요 사업으로 하는 경제 지주 계열사

③ 농협식품: 농식품 가공 · 유통을 주요 사업으로 하는 경제 지주 계열사

⑤ 농협아그로: 각종 과실 봉지 및 포장재의 제조, 공급을 주요 사업으로 하는 경제 지주 계열사

예제 2 조직의 체계와 구조를 파악하는 문제

다음 중 아래 조직도를 잘못 이해한 사람은?

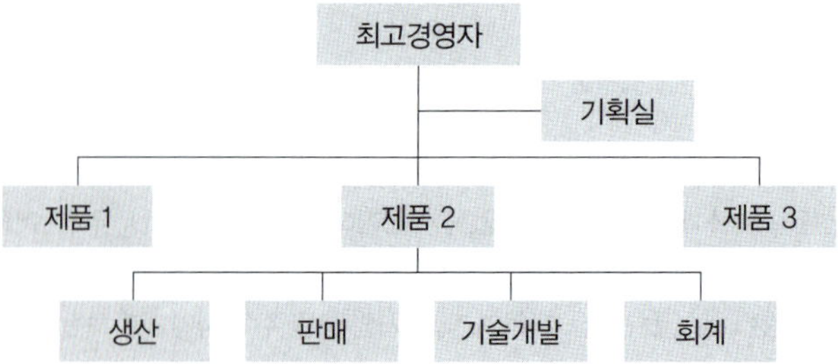

- A: 환경변화에 효과적으로 대응할 수 있는 조직입니다.
- B: 제품, 서비스, 주요 프로젝트 등에 따라 조직화된 모습을 확인할 수 있습니다.
- C: 의사결정의 권한이 하부 구성원에게 위임되어 있는 조직의 형태입니다.
- D: 기업의 규모가 작아 내부 효율성이 중요할 때 적합한 조직구조입니다.
- E: 제품, 지역, 고객별 차이에 빠르게 적응할 수 있다는 장점이 있습니다.

① A ② B ③ C ④ D ⑤ E

|정답 및 해설| ④

제시된 조직도는 사업별 조직구조의 조직도이다. 기업의 규모가 작아 내부 효율성이 중요할 때 적합한 조직구조는 기능적 조직구조에 대한 설명이므로 조직도를 잘못 이해한 사람은 'D'이다.

예제 3 조직 내 부서의 종류 및 업무를 파악하는 문제

다음은 △△기업 면접 스터디에서 이루어진 대화의 일부이다. 대화 내용을 참고하였을 때, 각각의 지원자가 지원한 부서를 바르게 짝지은 것은?

> **김용인:** 제가 지원한 부서는 제품의 판매 계획과 애프터 서비스 등의 업무뿐만 아니라 제품의 재고를 조절하거나 거래처로부터의 불만을 처리하는 업무도 담당하더라고요.
>
> **나정민:** 그렇군요. 저는 평소 임금제도와 복리후생제도에 관심이 많아서 복무 및 퇴직 관리 업무를 담당하는 부서에 지원했어요.
>
> **마 훈:** 부서별로 정말 다양한 업무를 담당하고 있네요. 제가 지원한 부서도 재무상태 및 경영실적 보고 업무, 결산 관련 업무, 고정자산 관련 업무 등 다양한 업무를 하고, 재무제표 분석도 해야 한다고 하니 관련 내용을 미리 공부해야 할 것 같아요.
>
> **장보배:** 그럼요. 부서에 배치받기 전까지 관련 부서 업무의 공부는 필수인 것 같아요. 평소에 사소한 계획부터 큰 계획까지 꼼꼼하게 짜는 편인 저는 경영계획이나 경영전략뿐만 아니라 사업 손익 추정, 종합예산 수립 등의 업무를 담당하는 부서에 지원하게 되었어요.
>
> **허윤지:** 맡은 업무를 꼼꼼히 잘하실 것 같아요. 제가 지원하고자 하는 부서에서는 집기 비품이나 소모품의 구입과 관리를 모두 담당하고 있어요. 국내 및 국외 출장 업무를 협조하거나 사내외 홍보 및 광고 업무도 마찬가지이고요.

① 김용인 – 영업부 ② 나정민 – 기획부 ③ 마훈 – 총무부
④ 장보배 – 인사부 ⑤ 허윤지 – 회계부

|정답 및 해설| ①

대화를 통해 각각의 지원자가 지원한 부서는 김용인은 영업부, 나정민은 인사부, 마훈은 회계부, 장보배는 기획부, 허윤지는 총무부임을 알 수 있다.
따라서 지원자와 지원자가 지원한 부서를 바르게 짝지은 것은 '김용인–영업부'이다.

유형공략문제

01 다음 중 농협의 핵심가치에 해당하지 않는 것은?

① 국민에게 사랑받는 농협

② 최상의 행복 가치를 추구하는 농협

③ 농업인을 위한 농협

④ 지역 농축협과 함께 하는 농협

⑤ 경쟁력 있는 글로벌 농협

02 ○○기업의 교육 담당자인 귀하는 신입사원들을 대상으로 조직목표에 관한 교육을 진행하였다. 다음 중 조직목표의 특징에 대해 바르게 이해한 사원은?

A 사원: 조직의 실제적인 목표와 공식적인 목표는 반드시 일치해야 합니다. **B 사원**: 조직의 목표들은 조직체제의 다양한 구성요소들과 상호관계를 맺고 있습니다. **C 사원**: 조직의 목표는 조직을 둘러싼 환경 변화에도 변하지 않는 불변성을 지녀야 합니다. **D 사원**: 조직은 여러 목표를 추구하는 것보다 하나의 목표에 집중해야 합니다. **E 사원**: 조직의 목표들은 수평적 상호관계로, 서로 동등관계에 있으면서 영향을 주고받습니다.

① A 사원 ② B 사원 ③ C 사원 ④ D 사원 ⑤ E 사원

약점 보완 해설집 p.46

유형 2 경영이해

유형 특징

· 조직의 운영과 관련된 기본적인 경영 지식이 출제되는 유형의 문제이다.

세부 출제 유형

· 경영이해는 다음과 같이 2개의 세부 유형으로 출제된다.
① 경영 상식 문제
② 경제 상식 문제

공략법

· 경영자의 역할, 경영전략의 추진 과정, 기업 분석 및 경영환경 분석 이론 등 경영에 대한 기본적인 내용을 학습한다. (기초이론 p.282)
· 시험에서 자주 출제되는 다양한 분야의 시사 상식을 학습한다. (기초이론 p.285)
· 평소 뉴스를 통해 농협의 사업 분야와 관련된 이슈를 놓치지 않고 숙지한다.

예제 1 경영 상식 문제

다음 글에 나타난 L 기업의 마케팅 기법으로 가장 적절한 것은?

> 월드컵의 열기로 뜨거웠던 지난달, L 기업은 이 마케팅을 통해 홍보 효과를 톡톡히 누렸다. 합법과 불법 사이를 교묘하게 넘나드는 이 마케팅은 올림픽, 월드컵과 같이 전 세계적인 관심을 받는 대회의 공식 후원사가 아님에도 불구하고 광고나 개별 선수 후원으로 브랜드 이미지를 노출하는 기법이다. 공식 후원사가 아닌 기업은 광고에 공식 로고, 단어, 휘장 등을 사용할 수 없다. 하지만 L 기업은 월드컵 기간에 월드컵과 관련된 참여형 팝업스토어를 개설하고, 매장과 TV 광고에 월드컵이 연상되는 문구와 이미지를 사용하여 대중의 시선을 끌어모았다. 그 결과 L 기업은 많은 사람으로 하여금 실제 월드컵 후원사가 H 기업이 아닌 L 기업이라고 착각하게 만드는 성과를 얻었다. 많은 비용을 들여서 대회의 공식 후원사가 된 H 기업보다 더 큰 인지도와 홍보 효과를 얻은 것이다.

① 앰부시마케팅 ② 게릴라마케팅 ③ 원투원마케팅 ④ 스텔스마케팅 ⑤ 노이즈마케팅

|정답 및 해설| ①

신문 기사에 나타난 L 기업의 마케팅 기법은 '앰부시마케팅'이다.
② 게릴라마케팅: 시공간에 구애받지 않고 대중이 모인 장소에 나타나 제품을 홍보하는 마케팅 기법
③ 원투원마케팅: 개별 고객에게 초점을 맞춰 차별화된 서비스를 제공하고 장기적인 관계를 구축하여 고객의 이탈을 막고 높은 수익을 창출하는 마케팅 기법
④ 스텔스마케팅: 소비자가 눈치채지 못하도록 생활 속에 파고들어 구매 욕구를 자극하고 제품을 홍보하는 마케팅 기법
⑤ 노이즈마케팅: 고의로 자신들의 상품을 구설에 오르게 하여 소비자들의 이목을 집중시키고 판매를 늘리는 마케팅 기법

예제 2 경제 상식 문제

다음 각 빈칸에 들어갈 단어를 차례대로 나열한 것은?

시중에 돈이 많이 유통되어 물가 상승과 경기 과열 등의 문제가 나타날 때, 중앙은행이 시중에 유통되는 통화량을 인위적으로 줄여 경기를 안정화시키고 경제 성장을 도모하는 정책을 긴축통화정책이라고 한다. 이때, 중앙은행은 국채를 (　　　)하는 공개시장 조작, 법정지급준비율을 (　　　) 지급준비율 정책, 금융기관에 빌려주는 자금의 이자율을 (　　　) 재할인율 정책을 이용하여 통화량을 줄일 수 있다.

① 매각 - 낮추는 - 낮추는
② 매각 - 낮추는 - 높이는
③ 매각 - 높이는 - 높이는
④ 매입 - 낮추는 - 낮추는
⑤ 매입 - 높이는 - 높이는

|정답 및 해설| ③

중앙은행은 공개시장 조작을 통해 국채를 매각하여 그 대가를 받음으로써 시중의 통화량을 줄일 수 있고, 지급준비율 정책을 통해 법정지급준비율을 높여 시중의 은행들이 보유하고 있어야 하는 돈을 늘림으로써 시중에 유통되는 통화량을 줄일 수 있다. 또한, 재할인율 정책을 통해 금융기관에 빌려주는 자금의 이자율을 높여 금융기관이 중앙은행으로부터 빌리는 자금의 규모를 줄이도록 유도함으로써 금융기관이 시중에 공급하는 통화량을 줄일 수 있다.
따라서 각 빈칸에 들어갈 단어를 차례대로 나열한 것은 '매각 – 높이는 – 높이는'이다.

유형공략문제

01 **다음 중 후광 효과에 해당하는 사례로 적절한 것은?**

① 만화가 독서 능력을 기르는 데 방해가 된다고 믿는 학부모는 만화가 독서 능력을 기르는 데에 이롭다는 증거를 찾으려고 하지 않는다.

② 길을 가던 사람이 신호등의 빨간불을 보고 가던 길을 멈춘다.

③ 어느 사람의 외모에서 좋은 인상을 받아 그 사람의 지능이나 성격 등도 좋게 평가한다.

④ 유명 연예인이 사용한 제품이 일반 소비자들 사이에서도 높은 인기를 보인다.

⑤ 기상관측 프로그램에 초깃값을 소수점 네 번째 자리에서 반올림한 값으로 수정하였을 때 처음과 완전히 다른 결과를 얻었다.

02 지역 단위 농협은 다음 중 어떤 금융기관에 속하는가?

① 상호저축은행

② 일반은행

③ 특수은행

④ 신용협동기구

⑤ 중앙은행

약점 보완 해설집 p.46

유형 3 비즈니스매너

유형 특징

- 직장생활에서 필요한 기본 예절 및 국제 상식이 출제되는 유형의 문제이다.

세부 출제 유형

- 비즈니스매너는 다음과 같이 2개의 세부 유형으로 출제된다.
  ① 직장 예절 문제
  ② 국제 상식 문제

공략법

- 명함 예절, 악수 예절 등 직장생활에 필요한 기본적인 예절을 학습한다. (기초이론 p.292)
- 글로벌 비즈니스 상황에서 필요한 문화권별 예절 및 국제 상식을 학습한다. (기초이론 p.297)

예제 1 직장 예절 문제

Y 기업에 재직 중인 귀하는 동료 직원들과 함께 직장 내 식사 예절에 대한 대화를 나누고 있다. 다음 중 직장 내 식사 예절에 대해 잘못 설명한 사람을 고르면?

- **가연**: 국을 마실 때는 불거나 후루룩거리는 소리를 내지 않도록 주의해야겠어.
- **범수**: 한 손에 숟가락과 젓가락을 함께 들고 식사하는 것은 예의에 어긋나는 행동이야.
- **송하**: 직장 상사보다 식사가 먼저 끝나면 식기를 모두 상 위에 두고 자리에서 기다려야 해.
- **지안**: 입안에 음식물을 넣은 채로 말하지 않는 것이 상대방에 대한 예의라고 할 수 있어.
- **현지**: 윗사람과 함께 식사를 할 때는 윗사람이 수저를 든 후에 식사를 시작하는 것이 좋아.

① 가연 ② 범수 ③ 송하 ④ 지안 ⑤ 현지

|정답 및 해설| ③

윗사람과 함께 식사할 때 자신의 식사가 먼저 끝났다면 자리에서 일어나지 말고, 수저를 국그릇에 걸쳐놓았다가 윗사람의 식사가 끝나면 상 위에 내려놓아야 한다.
따라서 직장 내 식사 예절에 대해 잘못 설명한 사람은 '송하'이다.

예제 2 국제 상식 문제

다음 중 미국의 비즈니스 문화에 대한 설명으로 가장 적절하지 않은 것은?

① 상대방과의 적정 거리를 지키며 인사를 해야 한다.

② 명함 교환을 중요하게 생각하기 때문에 충분한 양을 준비해야 한다.

③ 접대 시 전체요리부터 와인까지 주문하는 것이 좋다.

④ 식사 약속을 잡는 경우 최소 1주일 전에 문의해야 한다.

⑤ 상대를 부르기 전에 이름이나 호칭에 대해 먼저 묻는 것이 예의이다.

|정답 및 해설| ②

미국에서는 상대방에게 추후 연락할 필요가 있는 경우에만 명함을 주고받으므로 명함 교환을 중요하게 생각하여 충분한 양을 준비해야 한다는 것은 가장 적절하지 않은 설명이다.

유형공략문제

01 **다음 중 직장 내 인사 예절에 대한 설명으로 가장 적절하지 않은 것은?**

① 상대의 직급에 따라 인사 자세를 다르게 하지 않아야 한다.

② 업무를 하던 중에 사무실로 들어 온 상사와 마주쳤다면 일어서지 않고 앉아서 목례한다.

③ 팀원보다 먼저 퇴근할 경우에는 퇴근하겠다는 인사말을 한 후 퇴근한다.

④ 업무가 완료된 후에는 상사에게 "수고하셨습니다."라는 인사말을 건넨다.

⑤ 인사를 기다리는 태도보다는 상대방에게 먼저 인사하는 태도를 갖춘다.

02 다음 대화에서 빈칸에 들어갈 나라로 가장 적절한 것은?

김 사원: 대리님, 지난주에 제가 (   )으로/로 출장을 다녀온 것 알고 계시죠? 그런데 출장지에서 바이어와 미팅하는 자리에 바이어가 약속 시간보다 50분이나 늦게 오더라고요. 아무리 바이어라지만 너무 예절에 어긋나는 행동 아닌가요?

송 대리: 바이어가 50분이나 늦게 도착해서 김 사원이 단단히 화가 났었군요. 그런데 김 사원이 출장 다녀온 지역은 시간 약속을 형식적으로 생각한다고 하네요. 상대방이 당연히 기다려줄 것으로 생각하는 문화가 있어 예절에 어긋나는 행동이 아니라고 해요.

김 사원: 그 나라 사람들은 시간 약속을 지키지 않는 것이 예절에 어긋나는 행동은 아니었던 거군요.

송 대리: 그렇지요. 다른 나라로 출장을 다녀올 때 그 나라 문화를 미리 알아가면 이번 출장처럼 감정이 상하는 일이 많이 생기지 않을 것 같아요.

김 사원: 네, 앞으로 해외 출장을 가기 전 그 나라 문화에 대해 알아봐야겠네요. 감사합니다.

① 독일　② 일본　③ 스위스　④ 캐나다　⑤ 사우디아라비아

약점 보완 해설집 p.47

유형 1 | 조직체제

제한시간: 4분 30초

01 다음 중 농업협동조합법에 따른 지역농협의 목적이 아닌 것은?

① 조합원의 농업 생산성을 높인다.

② 조합원이 생산한 농산물의 유통 원활화를 도모한다.

③ 조합원이 필요로 하는 기술, 자금 및 정보 등을 제공한다.

④ 조합원의 공동이익 증진과 건전한 발전을 계획한다.

⑤ 조합원의 문화적 지위를 향상시킨다.

02 다음 ㉠~㉣을 지역농협의 조합원 가입 절차에 따라 바르게 나열한 것은?

㉠ 출자금 납입	㉡ 이사회 부의를 통한 조합원 자격 유무 심사
㉢ 조합원 가입 신청서 제출	㉣ 가입 승낙 통지서 발송

① ㉠ - ㉢ - ㉡ - ㉣

② ㉠ - ㉢ - ㉣ - ㉡

③ ㉡ - ㉢ - ㉠ - ㉣

④ ㉢ - ㉡ - ㉠ - ㉣

⑤ ㉢ - ㉡ - ㉣ - ㉠

03 **다음 중 농협의 심벌마크에 대한 설명으로 가장 적절하지 않은 것은?**

① 농협의 심벌마크 전체 모양은 '협'자의 'ㅎ'을 변형한 형태이다.

② '농'자의 'ㄴ'을 변형한 [V]꼴은 농협의 무한한 발전을 상징한다.

③ [V]꼴과 [V]꼴 아랫부분 전체는 'ㄴ'과 'ㅎ'이 결합한 형태로 농협을 나타낸다.

④ '농'자의 'ㅇ'을 변형한 [V]꼴 아랫부분은 원만과 돈을 의미하며 풍요를 상징한다.

⑤ 'ㄴ'과 'ㅎ'이 결합한 전체 모양은 항아리에 쌀이 가득 담겨 있는 형상을 표시한다.

04 **다음은 '농협이 하는 일'을 세 가지 부문으로 나누어 도표로 나타낸 것이다. 〈보기〉 중 경제 부문에 속하는 일의 총 개수는?**

[농협이 하는 일]

〈보기〉

ⓐ 소비지유통 활성화	ⓑ 농업인 복지증진	ⓒ 농촌지역 농업금융 서비스 제공
ⓓ 영농자재 공급	ⓔ 농정 활동	ⓕ 조합원 편익 제공
ⓖ 서민금융 활성화	ⓗ 농촌사랑운동	ⓘ 식사랑농사랑운동
ⓙ 산지유통혁신	ⓚ 국제 협력 활동	ⓛ 안전한 농식품 판매
ⓜ 농·축협 육성	ⓝ 축산 기자재 판매	ⓞ 도매 사업

① 3개　② 4개　③ 5개　④ 6개　⑤ 7개

05 다음 중 농협의 그래픽 모티브인 NH Wave가 상징하는 의미에 해당하는 것의 개수는?

㉠ 변화 및 조화	㉡ 정의	㉢ 혁신
㉣ 자유	㉤ 문화	㉥ 화합

① 1개　② 2개　③ 3개　④ 4개　⑤ 5개

06 다음은 A 기업 신입사원들이 신입사원 연수 중 잠시 나눈 대화의 일부이다. 대화를 통해 직원들이 속한 부서를 유추한다고 할 때, 가장 적절하지 않은 것은?

고 사원: 저희 부서는 다양한 업무를 하는 것 같아요. 회사의 살림을 맡아서 한다고 해야 하나? 사무실 임차 및 관리부터 법률자문과 소송관리까지 하더라고요.

한 사원: 오늘 교육 때 들어보니 저희 부서는 큰 부서에서 세부 팀으로 다시 나뉘는데, 제가 속한 팀은 업무분장 및 조정, 노사관리를 집중적으로 하는 것 같더라고요. 저는 교육체계를 수립하고 관리하는 업무를 기대하고 입사했는데, 맡을 업무가 조금 달라서 걱정이에요.

왕 사원: 고민이 많겠어요. 다행히 저는 제가 하고 싶었던 일을 할 수 있을 것 같아요. 저희 부서는 중장기적인 사업계획을 종합하고 이것을 조정하는 업무를 맡고 있는 것 같더라고요. 물론 제가 처음부터 그러한 업무에 바로 투입되지는 않겠지만, 기대돼요.

목 사원: 저는 의전이랑 비서업무를 주로 하게 될 거라고 하더라고요. 대학교 시절에 비서교육을 받았었는데, 이번에 그때 교육받았던 내용을 충분히 활용할 수 있을 것 같아서 좋아요.

차 사원: 부럽네요. 저는 어쩌다 보니 제 관심분야랑 전혀 상관없는 부서에 배치되었어요. 재무상태나 경영실적을 보고하는 일을 주로 하게 된다고 하는데, 제가 경영학을 전공하기는 했지만 이 분야 수업을 제대로 듣지 않아서 걱정돼요.

① 고 사원 - 영업부　② 한 사원 - 인사부　③ 왕 사원 - 기획부
④ 목 사원 - 총무부　⑤ 차 사원 - 회계부

약점 보완 해설집 p.50

제한시간: 3분 45초

01 다음 ㉠~㉢의 설명에 해당하는 용어를 바르게 연결한 것은?

> ㉠ 국경에 관계없이 한 나라의 국민이 일정 기간 생산 활동에 참여하여 벌어들인 소득
> ㉡ 국적에 관계없이 한 나라의 국경 내에서 모든 경제 주체가 일정 기간 생산 활동에 참여하여 창출한 최종 재화와 서비스의 시장 가치
> ㉢ 국경에 관계없이 한 나라의 국민이 일정 기간 국내와 국외에서 생산한 최종 재화와 서비스의 시장 가치

	㉠	㉡	㉢
①	GNP	GDP	GNI
②	GDP	GNP	GNI
③	GDP	GNI	GNP
④	GNI	GNP	GDP
⑤	GNI	GDP	GNP

02 다음은 경영전략 추진과정을 단계별로 정리한 것이다. SWOT 분석을 실행하기에 가장 적절한 단계는 어느 단계인가?

① 전략목표 설정
▼
② 환경분석
▼
③ 경영전략 도출
▼
④ 경영전략 실행
▼
⑤ 평가 및 피드백

03 다음 사례와 관련 있는 마케팅 전략으로 가장 적절한 것은?

> 전남농협은 6(육)과 4(Four)가 육포를 연상케 한다는 점에서 착안하여 2012년부터 6월 4일을 육포데이로 선정하고 우리 육포의 우수성을 알리는 각종 이벤트를 진행해 왔다. 100% 한우로 만든 우수한 품질의 육포를 맛볼 수 있는 시식회를 진행하고 이와 동시에 할인 행사를 실시하여 많은 시민들이 맛 좋은 육포를 저렴한 가격에 구입할 수 있도록 하였다.

① 뉴메릭 마케팅　② 앰부시 마케팅　③ 디마케팅
④ 니치 마케팅　⑤ 노이즈 마케팅

04 귀하는 다른 직원들보다 항상 30분 일찍 출근하여 경제 신문을 읽으면서 하루를 시작한다. 오늘 아침 미국 기준금리의 인상이 가시화되고 있다는 기사를 읽은 귀하는 문득 기준금리에 대해 더 자세히 알고 싶다는 생각이 들어 관련 내용을 인터넷에서 찾아봤다. 조사한 내용을 바탕으로 정리한 것이 다음과 같을 때, 가장 적절하지 않은 것은?

① 기준금리는 매월 물가 동향, 국내외 경제 상황, 금융 시장의 여건 등을 종합적으로 고려하여 결정된다.
② 한국의 기준금리가 인하되면 외국인 투자자금의 국내 유입량이 증가할 가능성이 높다.
③ 기준금리는 한 나라의 금리를 대표하는 것으로 시중 은행의 금리 책정 기준이 된다.
④ 물가가 상승하여 경기가 과열될 것으로 전망될 경우, 기준금리를 올리는 것이 일반적이다.
⑤ 우리나라의 경우 중앙은행인 한국은행이 국내외 경제 상황을 판단하여 기준금리를 결정한다.

05 귀하가 속한 P 기업은 이제 새로운 금융 사업에 진출하고자 한다. 시장에 신규 진입하기에 앞서 P 기업은 마이클 포터의 산업 구조 분석 모형을 통해 해당 시장의 경쟁 요인을 종합적으로 분석하고, 이를 토대로 시장 진입이 적절한지 면밀히 검토하였다. 이때, P 기업이 활용한 마이클 포터의 산업 구조 분석 모형에 대한 설명으로 가장 적절하지 않은 것은?

[마이클 포터의 산업 구조 분석 모형]

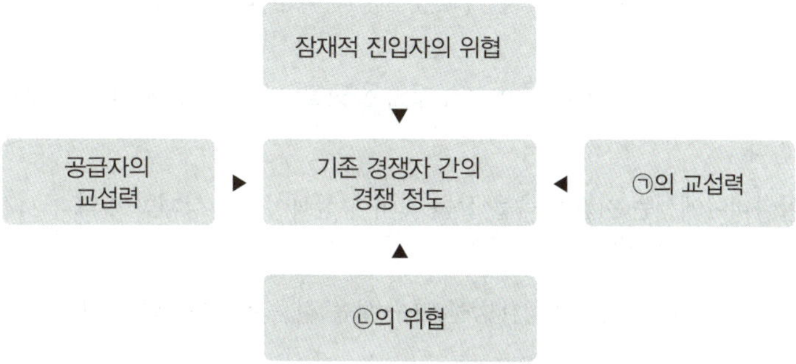

① 신규 경쟁자가 쉽게 진입할 수 있는 산업은 매력도가 낮아지므로, 기존 기업은 신규 경쟁자에 대해 진입 장벽을 구축하게 된다.

② ㉠은 제품 간의 가격을 비교하거나 품질에 대한 기대를 높이는 등의 방법으로 산업에 영향을 미칠 수 있다.

③ 공급자가 속한 산업이 소수의 기업이 지배하는 구조일 경우 공급자의 교섭력이 높아지게 된다.

④ ㉡에는 대체재가 들어가며, 대체재로 교체하는 비용이 높을 경우 대체재의 위협 수준 역시 함께 높아지며 수익성이 악화될 수 있다.

⑤ 위 경쟁 요인들의 힘이 약할수록 산업 내의 경쟁 정도가 낮아지며, 이 경우 기업의 협상력이 강해져 초과 이윤을 얻을 가능성이 커진다.

약점 보완 해설집 p.50

유형 3 | 비즈니스매너

제한시간: 2분

01 **다음 중 각 나라의 비즈니스 매너에 대한 설명으로 가장 적절하지 않은 것은?**

① 독일에서는 월요일 오후 2시나 3시에 업무를 시작하는 회사가 많으므로 월요일 오전에는 약속을 잡지 않도록 한다.

② 미국에서는 인사를 할 때 상대방의 개인 공간을 지켜주는 것이 예의이며, 호칭을 어떻게 부를지 먼저 물어봐야 한다.

③ 사우디아라비아에서는 시간 약속을 잡는 것이 형식적이므로 상대방이 약속 시간에 맞춰 도착하지 않는다고 해서 재촉해서는 안 된다.

④ 튀니지에서는 대화를 나눌 때 상대방을 마주 보는 것은 예의에 어긋나므로 코끝 정도를 보면서 대화를 이어 나가야 한다.

⑤ 중국에서는 겸허함이 미덕이라고 여기기 때문에 협상 시 지나치게 주장을 고집하거나 공격적인 태도를 보여서는 안 된다.

02 **귀하는 식품 제조 업체에 근무하는 팀장이다. 귀하는 오늘 오전에 귀하의 팀원 중 신입사원인 성 사원, 윤 사원과 함께 회사를 방문한 거래처 직원들을 만나게 되었다. 거래처 직원들과 인사를 나누던 중 귀하는 성 사원이 몇 가지 예의에 맞지 않는 행동을 한 것을 발견하게 되었다. 다음 성 사원의 행동 중 지적 사항으로 가장 적절하지 않은 것은?**

① 직급이 낮은 거래처 직원을 직급이 높은 윤 사원에게 먼저 소개한 행동

② 미혼인 윤 사원을 기혼인 거래처 직원에게 먼저 소개한 행동

③ 거래처 직원이 성 사원에게 인적 사항을 물을 때 침묵하고 대답하지 않은 행동

④ 남성인 거래처 직원을 여성인 윤 사원에게 먼저 소개한 행동

⑤ 자신을 소개할 때 다른 정보를 제외하고 이름만 소개한 행동

03 **귀하는 글로벌 사업부의 3년 차 대리로 신입사원들에게 기초적인 국제 비즈니스 매너를 가르치고 있다. 다음 중 귀하가 후배 사원에게 설명할 내용으로 가장 적절하지 않은 것은?**

① 미국인들의 경우 시간을 돈과 같이 생각하므로 미팅 시간을 엄수해야 합니다.

② 부족에 따라 차이는 있겠지만 아프리카에서는 눈을 직접 보지 않는 것이 예의이므로 코끝 정도를 보면서 대화하도록 합니다.

③ 러시아에서는 홀수의 꽃이 장례식에 사용되니 꽃을 선물할 일이 있다면 짝수로 준비하세요.

④ 이슬람권에서는 알라의 이름으로 도살된 할랄 육류만 섭취하므로 아무 음식이나 권해서는 안 됩니다.

⑤ 싱가포르에서는 공공장소에서 음식물을 섭취하거나 담배를 피우면 바로 벌금을 물게 되므로 유의하세요.

04 **귀하의 부서는 이번 하반기에 신입사원 5명을 채용하게 되었다. 귀하는 신입사원들에게 새로 인쇄된 명함을 나눠주며 명함을 주고받을 때의 예절에 관해 본인이 알고 있는 사항을 말해보라고 하였다. 다음 신입사원들의 대답 중 가장 적절하지 않은 대답을 한 사람은?**

최 사원: 명함을 드릴 때는 명함을 오른손에 들고 왼손으로 받쳐 드리는 것이 좋고, 읽기 편한 방향으로 돌려 드리는 것 이 좋습니다. 김 사원: 거래처와 명함을 주고받는 자리에서 상사와 함께 있을 경우에는 상사 분이 먼저 명함을 건네고 난 다음에 제가 건네는 것이 맞는 순서입니다. 박 사원: 명함을 드릴 때는 상대방이 식사를 하거나, 통화를 하거나, 대화를 할 때를 피하는 등 상대방의 상황을 살펴서 드리는 것이 옳습니다. 이 사원: 명함을 받으면 대화하기 전에 이름과 직위, 소속 등 중요한 정보를 빠르게 암기한 후, 명함 보관하는 곳에 바로 넣어야 합니다. 장 사원: 저는 신입사원이기 때문에 회사 내에서 명함을 드려야 할 사람들이 있으면 먼저 명함을 드리는 것이 예의입니다.

① 최 사원 ② 김 사원 ③ 박 사원 ④ 이 사원 ⑤ 장 사원

약점 보완 해설집 p.51

PART 2

NCS 실전모의고사

NCS 직무능력평가

실전모의고사 1회

시작과 종료 시각을 정한 후, 실전처럼 모의고사를 풀어보세요.

시 분 ~ 시 분 (총 60문항/60분)

- 본 실전모의고사는 총 60문항으로 구성되어 있으며, 영역별 제한 시간 없이 60분 이내로 모든 영역의 문제를 풀어야 합니다.
- 의사소통능력, 수리능력, 문제해결능력, 자원관리능력, 조직이해능력 문제가 출제됩니다.
- 맨 마지막 페이지에 있는 회독용 OMR 답안지와 해커스ONE 애플리케이션의 학습 타이머를 이용하여 실전처럼 모의고사를 풀어본 후, 60번 문제 하단에 있는 '바로 채점 및 성적 분석 서비스' QR코드를 스캔하여 응시 인원 대비 본인의 성적 위치를 확인해 보시기 바랍니다.

01 다음 명제가 모두 참일 때, 항상 참인 것은?

> • 버스를 선호하는 사람은 도보로 출근하지 않는다.
> • 지하철을 타는 사람은 버스를 선호한다.
> • 지하철을 타지 않는 사람은 자가용으로 출근한다.

① 도보로 출근하는 사람은 지하철을 타지 않는다.
② 지하철을 타지 않는 사람은 버스를 선호하지 않는다.
③ 버스를 선호하지 않는 사람은 자가용으로 출근하지 않는다.
④ 도보로 출근하는 사람은 지하철을 탄다.

02 다음은 A 반의 영어 점수를 나타낸 표이다. A 반 영어 점수의 평균은?

점수	60점	70점	80점	90점	100점	합계
도수	10	8	7	3	2	30

① 71점 ② 72점 ③ 73점 ④ 74점

03 원가가 5,000원인 우산에 30%의 수익을 붙여 정가를 정하였지만 판매가 부진하여 정가에서 20%를 할인하여 판매하였다. 우산이 판매된 가격은?

① 5,000원 ② 5,200원 ③ 5,400원 ④ 5,600원

04 다음 보도자료의 제목으로 가장 적절한 것은?

농림축산식품부(이하 농식품부)는 지난 2009년 제정된 식생활교육지원법에 따라 2010~2014년 제1차, 2015~2019년 제2차 식생활 교육 기본계획을 수립해 관련 정책을 추진해 왔다. 이번 제3차 기본계획은 환경·건강·배려를 핵심 가치로 '지속 가능한 식생활'의 실천과 확산에 중점을 뒀으며, 4대 전략과 12개 과제로 구성돼 있다. 우선, 사람 중심 교육 전략에 따라 저소득층과 고령자를 비롯한 취약계층, 영유아, 초·중·고등학생, 군 장병, 직장인 등 다양한 계층의 삶을 고려한 식생활 교육을 시행한다. 농식품 지원사업과 식생활 교육을 연계해 식품 지원이 영양 불균형 해소로 이어질 수 있도록 하고, 어린이집과 유치원, 초·중·고 정규교육 과정에서 식생활 교육 기회를 확대한다. 군 장병과 대학생, 직장인 등 식생활 관리가 어려운 계층은 '찾아가는 식생활 교육'으로 생활 습관 개선을 돕기로 했다. 고령자를 대상으로 보건소, 국민건강보험공단 등과 협업하여 '식생활·건강 개선 교실'도 운영한다. 또한, 농업·환경의 공익적 가치에 대한 이해를 높이고자 식생활 교육·체험 공간 지정을 확대하고 학교 주변 유휴지와 그린벨트 등에 도시 텃밭을 조성한다. 로컬푸드 직매장은 먹거리·교육 문화시설로 기능을 다양화하고 한식문화관에서는 전통 식생활을 경험할 수 있는 교육·체험 프로그램을 운영한다. 아울러 식생활 교육 정보를 통합 제공하는 종합정보 플랫폼을 운영하고 공모전을 통해 공공과 민간의 다양한 교육 우수사례를 발굴하기로 했다. 농식품부는 원활한 정책 추진을 위해 식생활 교육 정책 추진과 연차별 성과평가 등을 위한 분과위원회를 별도로 구성해 협업과 평가를 활성화할 방침이다. 농식품부 관계자는 "지난 제1~2차 기본계획을 통해 식생활 교육 정책의 기반 구축과 전국적 확산 분위기를 조성했다."며 "3차 기본계획은 실질적인 교육 확산과 내실화에 중점을 두고 추진할 예정"이라고 밝혔다.

※ 출처: 농림축산식품부 보도자료

① 농식품부, 학교 주변 유휴지에 도시 텃밭을 조성하여 식생활 교육 공간 지정 확대
② 농식품부, 취약계층의 영양 불균형 해소를 위한 농식품 바우처 제도 도입
③ 농식품부, 식생활 교육의 활성화를 위한 공공과 민간의 협업 체계 마련
④ 농식품부, 다양한 계층의 지속 가능한 식생활을 위한 맞춤형 교육 시행

05 다음 글에서 설명하고 있는 논리적 사고 개발 방법은?

하위의 사실이나 현상부터 생각함으로써 상위의 주장을 만들어가는 방법으로, 보조 메시지들을 통하여 중요한 메인 메시지를 도출해내고, 다시 메인 메시지를 종합하여 최종 정보를 도출해 내는 방법이다. 예를 들어 현재 제품 영업 및 CS 업무를 맡고 있는 A 부서에서 자사 제품의 판매 부진, 고객들의 불만 건수 증가, 경쟁사 제품의 매출 증가 등의 현상을 발견하였다면, 이것을 보조 메시지로 삼아 우리 회사의 제품에 대한 홍보 부족과 고객의 만족도 저하라는 메인 메시지를 도출할 수 있다. 이러한 메인 메시지들을 모아서 최종 결론을 도출하는 방법이 (   )이다.

① 오류 소거법
② So what법
③ 피라미드 구조화 방법
④ 고정관념 타파법

06 □□기업의 인사팀 K 과장은 신입사원 A, B, C, D의 부서를 배정하였다. 4명의 신입사원이 배정받은 부서는 미래혁신부, IT전략부, 금융리스크관리부, 금융자금운용부 중 하나이며, 아래의 부서 배정 결과를 모두 만족한다. 다음 중 신입사원 A, B, C, D의 성별과 부서가 바르게 짝지어진 것은?

[조직도]

경영기획

기획조정본부
- 기획본부
- 미래혁신부
- 인사부
- 자본시장본부
- 인재개발부

회원지원본부
- 회원관리부
- 회원정보보호부
- 농가소득관리부
- IT전략부

금융·자산 리스크관리

금융지원본부
- 금융기획부
- 금융수신부
- 금융여신부

리스크관리본부
- 금융리스크관리부
- 금융소비자보호부
- 금융정보보호부

자산운용본부
- 금융자금지원부
- 금융자금운용부
- 금융투자부

[부서 배정 결과]

〈참인 내용〉
- C와 D의 성별은 같다.
- C는 남자가 아니며, 회원지원본부에 배정받지 않았다.
- 4명 모두 다른 부서에 배정 받았다.
- B가 배정받은 부서는 금융투자부와 같은 본부에 속해 있으며, B와 성별이 같은 사람은 없다.

〈거짓인 내용〉
- 신입사원 4명의 성비는 남자의 비중이 더 높다.
- A와 C 중 적어도 1명은 금융·자산 리스크관리에 속한 부서로 배정받았다.

	신입사원	성별	부서
①	A	남자	미래혁신부
②	B	여자	금융자금운용부
③	C	여자	IT전략부
④	D	여자	금융리스크관리부

07 Z 사에서는 3명의 면접관이 필기 전형을 통과한 지원자 6명의 면접을 진행하였고, 면접 전형에 응시한 지원자의 절반이 최종 합격한다. 면접 점수 산출 방법과 지원자별 면접 점수를 고려하였을 때, 최종 합격하는 지원자를 모두 고르면?

[면접 점수 산출 방법]

- 면접관 3명의 평균 점수를 면접 점수로 한다.
- 면접 점수와 가산점을 합한 점수를 최종 점수로 하며, 최종 점수가 높은 순으로 순위를 매겨 최종 합격을 결정한다.
- 최종 점수가 동일한 경우, 면접 점수가 높은 지원자에게 더 높은 순위를 매긴다.

[지원자별 면접 점수]

지원자	가 면접관	나 면접관	다 면접관	가산점
A	83점	91점	87점	3점
B	79점	88점	82점	6점
C	92점	86점	86점	4점
D	68점	78점	91점	8점
E	76점	82점	88점	6점
F	88점	85점	82점	4점

① A, B, C ② A, B, F ③ A, C, F ④ B, D, E

08 a, b, c는 차례로 5배씩 커지는 자연수이고, 세 자연수의 평균은 50보다 크고 82보다 작다. a가 짝수일 때, a+b+c는?

① 93 ② 124 ③ 155 ④ 186

09 다음 빈칸에 공통으로 들어갈 단어로 적절한 것은?

- The office party was such a success, it might ______ into a monthly event.
- If they get lost while hiking, their trip could ______ out to be very difficult.

① turn ② settle ③ figure ④ spell

10 다음 빈칸에 들어갈 한자성어로 적절한 것은?

토마스 에디슨은 세계에서 가장 많은 발명품을 남긴 미국의 발명가이자 사업가로, "천재는 1%의 영감과 99%의 노력으로 이루어진다."의 명언을 남긴 사람으로 잘 알려져 있다. 이 말은 노력이 영감보다 중요하다는 의미로 널리 전달되어 왔는데, 사실 에디슨의 자서전에 따르면 이 말의 의도는 영감 없이는 노력을 해도 성공할 수 없다는 의미라고 한다. 그렇다고 에디슨이 노력을 중요시하지 않은 사람일까? 그렇지 않다. 오히려 누구보다 많은 시행착오를 겪은 사람이다. 에디슨은 필라멘트를 만들기 위해 6천 번의 실험을 하였으며, 이는 하루에 10번씩 하더라도 2년이 걸리는 작업이다. 또한 축전지를 만들 때에는 무려 2만 5천 번의 실험을 하였다. 당시 주변 사람들은 해결할 수 없는 문제라고 만류하였지만, 에디슨은 '나는 실패한 것이 아니라 실행되지 않는 수만 가지의 방법을 발견한 것이다.'라고 말하며 계속해서 실험을 진행하였다고 한다. 이처럼 에디슨은 단순히 호기심이 많고 실험을 즐기는 사람을 넘어 (　　　)의 모습을 몸소 보여준 인물이다. 에디슨에게 영감이란 목표를 달성하려는 열정과 도전이었으며, 그는 수많은 위대한 발명품들을 통해 이를 증명하였다.

① 마부위침(磨斧爲針)　② 호접지몽(胡蝶之夢)　③ 각골난망(刻骨難忘)　④ 연목구어(緣木求魚)

11 다음 중 빈칸에 들어갈 용어로 가장 적절한 것은?

(　　　)은/는 기부식품 및 생활용품을 결식 위기에 놓인 이용자 또는 시설 단체에 직접 전달하는 것으로, 유통 기한 만료 등으로 품질에는 문제가 없지만 판매가 어려워 상품 가치를 잃은 잉여 식품 등을 무료로 지원받아 소외계층 등에 전달하여 유용하게 활용함으로써 식품자원의 낭비를 줄이는 역할을 한다.

① 푸드마켓　② 푸드뱅크　③ 농식품바우처　④ 푸드마일리지

[12-13] 다음은 유연근무제 활용 방법 및 ○○은행 각 부서의 유연근무제 적용 근무 현황이다. 각 물음에 답하시오.

[유연근무제 활용 방법]

구분		활용 방법
시간제근무	-	Full-time 근무보다 짧은 시간 근무
탄력근무제	시차출퇴근형	1일 8시간(주 40시간) 근무 - 매일 같은 출근 시각 - 요일마다 다른 출근 시각
	근무시간선택형	1일 근무 시간을 자율 조정하여 주 5일 근무
	집약근무형	총 근무 시간(주 40시간)을 유지하면서 주 5일 미만으로 근무
	재량근무형	출퇴근 의무 없이 프로젝트 수행으로 주 40시간 인정
원격근무제	재택근무형	자택에서 근무
	스마트워크근무형	자택 인근의 별도 사무실에서 근무

[유연근무제 적용 근무 현황]

(단위: 명)

부서	전체 인원수	시간제 근무	탄력근무제				원격근무제	
			시차 출퇴근형	근무시간 선택형	집약 근무형	재량 근무형	재택 근무형	스마트워크 근무형
수신	10	0	0	0	0	0	0	0
여신	15	2	6	2	0	0	0	2
외환	10	1	5	2	0	0	1	1
감사	15	3	5	4	1	0	1	1

12 **○○은행의 여신 부서 소속인 김 사원은 유연근무제를 적용할 계획이다. 김 사원과 박 팀장의 대화 내용을 고려하였을 때, 김 사원이 적용하고자 하는 유연근무제로 가장 적절한 것은?**

> **김 사원**: 팀장님, 울산에서 지내는 가족들 때문에 다음 달부터는 유연근무제를 적용하고자 해요.
> **박 팀장**: 김 사원, 가족들과 떨어져 지낸다고 들었는데 갑자기 무슨 문제가 생겼어요?
> **김 사원**: 작은아들이 주중 4일을 운영하는 유치원에 다녔는데, 그 유치원이 다음 달부터 주중 3일만 운영하는 것으로 변경된다고 해서요. 주중에 아내도 일을 다니는 상황이라 하루씩 작은아들을 돌보기로 했거든요.
> **박 팀장**: 아, 주변에 다른 유치원은 없나요?
> **김 사원**: 네, 거기가 작은 시골 마을이라서 유치원이 하나뿐이에요.
> **박 팀장**: 네, 그럼 주 40시간 근무를 유지하여 김 사원이 원하는 대로 유연근무제를 적용하도록 해요.

① 시간제근무 ② 시차출퇴근형 ③ 근무시간선택형 ④ 집약근무형

13 **○○은행의 본부장은 직원들의 유연근무제 활용도를 검토하여 유연근무제의 문제점을 보완하려고 한다. ○○은행 직원들의 유연근무제 적용 근무 현황을 고려하였을 때, ○○은행의 본부장이 인지한 문제점으로 가장 적절한 것은?**

① 원격근무제는 각 부서마다 직원들의 활용도가 가장 낮다.
② 수신 부서는 재택근무하는 직원의 비중이 높아 지점 고객 상담 업무를 진행할 수 있는 직원이 한정되어 있다.
③ 근무시간선택형을 활용하는 직원의 비중이 가장 높아 회의 시간을 조절하는 데 어려움이 있다.
④ 유연근무제를 활용하는 부서가 한정되어 있다.

14 다음은 업종별 외국인 근로자 현황을 나타낸 자료이다. 자료에 대한 설명으로 옳은 것은?

[업종별 외국인 근로자 현황]

(단위: 명)

구분	2013년	2014년	2015년	2016년	2017년	2018년
서비스업	70	91	71	68	100	90
건설업	1,606	2,299	2,228	2,593	1,846	1,405
어업	2,227	2,245	2,548	2,718	2,621	2,845
농축산업	5,641	6,047	5,949	7,018	6,855	5,820
제조업	48,967	40,874	40,223	47,425	39,415	43,695
합계	58,511	51,556	51,019	59,822	50,837	53,855

※ 출처: KOSIS(고용노동부, 고용허가제고용동향)

① 2014년 전체 외국인 근로자 수는 전년 대비 7,055명 감소했다.
② 2016년 농축산업 외국인 근로자 수는 전년 대비 20% 이상 증가했다.
③ 2014년 이후 어업과 건설업 외국인 근로자 수의 전년 대비 증감 추이는 같다.
④ 전체 외국인 근로자 수에서 서비스업 외국인 근로자 수가 차지하는 비중은 2017년이 2018년보다 크다.

15 갑과 을이 함께 일하면 6일이 걸리고, 병과 을이 함께 일하면 10일이 걸리는 일이 있다. 세 명이 함께 일할 때 5일이 걸렸다면, 갑과 병이 함께 일하면 일을 마치는 데 최소 며칠이 걸리는가?

① 8일 ② 10일 ③ 12일 ④ 13일

16 다음 글의 제목으로 가장 적절한 것은?

> 고령화가 가속화됨에 따라 만 65세 이상 고령 운전자의 교통사고 발생률도 가파르게 상승하며 고령 운전자의 안전 운전 문제가 사회적 이슈로 부상하고 있다. 고령 운전자의 교통사고가 잦은 이유는 무엇일까? 연구 결과 돌발 상황 발생 시 고령 운전자의 반응 속도는 비고령자보다 2배 느린 1.4초이며, 이로 인해 제동 거리도 비고령자보다 2배 긴 것으로 밝혀졌다. 또한 고령 운전자는 움직이는 물체를 인식하는 동체 시력이 낮고, 야간 눈부심 현상이 발생할 경우 시력 회복에 소요되는 시간이 비고령자의 9.5배에 달한다. 운전 실력이 아무리 좋아도 노화로 인해 신체 능력이 낮아지는 것은 피할 수 없기 때문이다. 우리나라는 고령 운전자에 의한 교통사고를 예방하기 위해 도로교통법 개정을 통해 75세 이상 고령 운전자의 면허증 갱신 주기를 단축하고, 적성검사와 교통안전교육을 의무화하였다. 하지만 이론 위주로 진행되는 현 제도의 실효성에 대한 의문과 함께 여전히 난무하는 고령 운전자의 교통사고로 인해 고령자가 운전면허를 반납하도록 하는 등의 적극적인 제한이 필요하다는 주장이 제기되고 있다. 실제로 일부 국내 지자체에서는 면허를 자진 반납하는 고령 운전자에게 인센티브를 제공하는 제도를 운용하고 있다. 하지만 고령 운전자 면허 반납은 법적으로 강제하기에 무리가 있으며, 급속한 고령화로 인해 노인 재고용 수요가 확대되며 생계형 고령 운전자가 증가하고 있어 논란이 지속되고 있다. 특히 고령화가 더는 피할 수 없는 사회적 추세가 된 만큼, 고령자의 운전을 제한하는 것은 궁극적인 해답이 될 수 없다. 따라서 고령 운전자의 교통사고 자체를 줄일 수 있는 보다 실질적이고 궁극적인 계책이 필요하다. 일례로 외국의 경우 시력이 낮은 노인을 위해 도로 표지판 크기를 확대하고 조명 설치량을 늘리는 정비 사업을 진행 중이며, 노인 운전자 마크를 부착하여 해당 차량과 사고 발생 시 상대 운전자에게 고령 운전자 보호 미흡 과실을 물리는 제도를 시행하고 있다.

① 돌발 상황 발생 시 반응 속도, 고령 운전자와 비고령 운전자 전격 비교
② 고령 운전자에 의한 교통사고, 노인 운전 제한만이 유일한 해결방안인가?
③ 늘어나는 교통사고 발생 건수, 인센티브제와 벌점제를 더욱 확대해야 할 때
④ 도로 표지판 확대, 고령 운전자에 의한 교통사고 발생률 감소에 얼마나 효과 있을까?

17 다음 제시된 단어와 유사한 뜻을 가진 것을 고르면?

어지간하다

① 무난하다　② 담담하다　③ 엉성하다　④ 만만찮다

[18-19] 다음은 H 구의 구민체육센터 이용 안내문이다. 각 물음에 답하시오.

[구민체육센터 이용 안내]

1. 접수 안내
   - 기존 회원 등록기간: 매월 19일~25일(평일 07:00~20:40, 토요일 07:00~15:00)
     ※ 전월 이용 회원 중 동일 프로그램 이용 회원만 해당함
   - 신규 회원 등록기간: 매월 26일~매월 말일(평일 07:00~20:40, 토요일 07:00~15:00)
   - 접수 방법: 프로그램 참가 신청서 작성하여 선착순으로 방문 접수

2. 이용 안내
   - 프로그램 개강일: 등록기간 다음 달 1일
   - 가격 안내

구분	등록기간	가격
에어로빅 프로그램	1개월	69,000원/1개월
	6개월	55,000원/1개월
	12개월	40,000원/1개월
수영 프로그램	1개월	96,000원/1개월
	3개월	82,000원/1개월
	6개월	70,000원/1개월
필라테스 프로그램	1개월	141,000원/1개월
	3개월	110,000원/1개월
	6개월	90,000원/1개월
헬스 프로그램	1개월	81,000원/1개월
	6개월	68,000원/1개월
	12개월	52,000원/1개월

※ 1) 두 개 이상의 프로그램을 신청하는 경우, 등록 총액의 10%가 추가로 할인됨
   2) 1일 이용료 = (1개월 등록 가격 기준) / 30

3. 연기 신청 안내
   - 연기 신청 방법: 연기 신청서를 작성하여 안내데스크에 방문 접수
     ※ 연기 신청 이후에는 해당 프로그램의 환불이 불가함
   - 수영 프로그램은 대기자가 많은 관계로 연기 신청이 불가함
   - 연기 신청이 불가한 프로그램 외에 강습 프로그램은 1개월 단위로 연기 신청이 가능하며, 최대 2개월까지 연기 가능함

4. 환불 안내
   - 환불 방법: 프로그램 환불 신청서 작성하여 안내데스크에 방문 접수
   - 프로그램 폐강 시: 전액 환불
   - 프로그램 개강일 이전: 결제한 총금액의 10% 금액 차감 후 환불
   - 프로그램 개강일 이후: (결제한 총금액의 10%) + (경과일수 × 1일 이용료) 금액 차감 후 환불
     ※ 경과일수는 개강일부터 1일이며, 환불 신청 일자까지 계산함

18 위 안내문을 근거로 판단한 내용으로 옳지 않은 것은?

① 에어로빅 프로그램을 1개월 연기 신청한 경우 에어로빅 프로그램에 대한 금액을 환불받을 수 없다.
② 필라테스 프로그램을 신청했으나 기준 인원 미달로 프로그램이 폐강되었으면 전액 환불이 가능하다.
③ 기존에 헬스 프로그램만 수강하던 사람이 수영 프로그램을 등록하는 경우 19일에 방문 접수할 수 있다.
④ 수영 프로그램과 헬스 프로그램을 동시에 신청하면 등록 총액의 10%를 추가로 할인받을 수 있다.

19 위 안내문과 현주의 프로그램 환불 신청서를 확인하였을 때, 현주가 환불받는 금액은?

[프로그램 환불 신청서]

프로그램 등록 일자: 202X. 04. 27.
등록 내용: 수영 프로그램 3개월, 필라테스 프로그램 3개월
환불 신청 일자: 202X. 05. 08.

① 403,360원 ② 455,200원 ③ 466,560원 ④ 512,800원

[20-21] 다음 자료를 보고 각 물음에 답하시오.

H 호텔에서 근무하는 귀하는 호텔 연회장 예약 일정 관리를 담당하고 있다. H 호텔의 모든 연회장은 오전 11시부터 오후 10시까지 운영하며, 10월 둘째 주와 셋째 주의 연회장 예약 일정과 연회장 정보는 다음과 같다.

[10월 연회장 예약 일정]

일	월	화	수	목	금	토
8	9	10	11	12	13	14
[12:00] Z 홀 [18:00] W 홀	[16:00] Z 홀	[12:00] Y 홀 [18:00] Y 홀	[11:00] V 홀 [12:00] X 홀	[11:00] Y 홀 [15:00] Z 홀	[11:00] X 홀 [17:00] Z 홀	[12:00] Z 홀 [18:00] V 홀
15	16	17	18	19	20	21
[11:00] X 홀 [17:00] Z 홀	[11:00] V 홀 [16:00] Y 홀 [19:00] W 홀	[13:00] Y 홀 [19:00] W 홀	[13:00] W 홀 [18:00] Z 홀	[12:00] X 홀 [19:00] Y 홀	[13:00] W 홀 [15:00] V 홀	[11:00] V 홀 [14:00] X 홀

※ 예약: [시작 시각] 연회장 이름

[연회장 정보]

연회장	최소 수용 인원	최대 수용 인원	이용 시간	이용 요금	관리 인력
V 홀	120명	180명	3시간	2,000,000원	20명
W 홀	150명	200명	3시간	1,800,000원	20명
X 홀	100명	150명	5시간	2,100,000원	30명
Y 홀	150명	180명	3시간	1,500,000원	40명
Z 홀	200명	250명	4시간	2,300,000원	40명

※ H 호텔의 총 관리 인력은 50명임

20 다음과 같은 연회장 예약 관련 문의를 받았을 때, 귀하가 A 고객에게 예약을 추천할 일자와 연회장은?

> **A 고객:** 연회장 예약을 하려고 하는데요. 10월 둘째 주나 셋째 주 목요일에 오전 11시부터 오후 2시까지 이용하려고 합니다. 인원은 150명인데 예약 가능한 연회장이 있을까요? 되도록이면 이용 요금이 저렴한 연회장으로 추천해 주세요.

① 10월 12일, V 홀
② 10월 12일, X 홀
③ 10월 19일, V 홀
④ 10월 19일, W 홀

21 귀하는 B 고객으로부터 10월 11일에 예약한 X 홀을 10월 셋째 주 평일로 변경하고 싶다는 요청을 받고 변경 가능한 예약 일시를 추천하려고 한다. 귀하가 B 고객에게 추천할 수 있는 날짜 및 시작 시각은? (단, 시간대는 변경 가능하며 예약한 연회장은 변경하지 않는다.)

① 10월 16일 오후 7시
② 10월 17일 오후 2시
③ 10월 18일 오후 1시
④ 10월 19일 오후 5시

22 다음 밑줄 친 부분과 바꿔 쓸 수 없는 것은?

> 국립생물자원관은 개인이 멸종위기종 여부를 식별할 수 있도록 안내서를 마련하였다.

① 분간　　② 인식　　③ 구명　　④ 가름

[23-24] 다음 글을 읽고 각 물음에 답하시오.

> 포도당은 육각고리형 구조를 가진 우리 몸의 주요 에너지원으로 세포에 필요한 영양분을 공급한다. 혈액 속 포도당 양이 증가하면 췌장에서 분비된 인슐린이 세포가 포도당을 흡수하도록 도와 혈당 수치를 정상 범위로 유지한다. 그러나 인슐린이 부족하거나 제대로 작용하지 않으면 체내에 흡수된 포도당이 세포에 이용되지 못하고 혈액 속에 축적된다. 이로 인해 혈당이 과도하게 높아지고 소변으로 포도당이 배출되는 현상이 나타나며, 이를 당뇨병이라고 한다. 당뇨병의 주요 증상은 ㉠ 다식, 다뇨, ㉡ 다음 세 가지이다. 체내에서 당분이 제대로 사용되지 않으면 과도한 식욕이 발생하고, 혈액에 남은 당분이 소변으로 배출되면서 수분도 함께 빠져나가 소변량이 증가하며, 그로 인해 심한 갈증을 느끼게 된다. 당뇨병 증상을 인지하지 못하고 치료가 지연되면 인슐린 분비 기능이 감소하고 인슐린 저항성이 증가하여 혈당이 계속 상승할 수 있다. 또한 완치가 되지 않는 질병인 만큼 급성 및 만성 합병증으로 이어질 수 있으므로 건강한 생활습관과 정기적인 진료를 통해 혈당을 관리하는 것이 중요하다.

23 윗글의 내용과 일치하는 것은?

① 병원 치료를 받으며 건강한 생활습관을 유지한다면 당뇨병을 완치할 수 있다.
② 당뇨병은 췌장에서 인슐린이 과도하게 분비되어 발생하는 질병이다.
③ 혈당 수치가 정상으로 유지되기 위해서는 혈액 속 포도당이 세포에 흡수되어야 한다.
④ 당뇨병 환자는 일반인보다 음식을 섭취하고자 하는 욕구가 낮다.

24 ㉠, ㉡에 해당하는 한자를 바르게 연결한 것은?

	㉠	㉡
①	多食	多飮
②	多植	多飮
③	多食	多音
④	多植	多音

25 다음은 20X3년 하반기 당월 및 전년 동월 농협손해보험의 수입보험료 관련 자료이다. 이를 기반으로 작성한 보고서의 내용 중 옳지 않은 것을 모두 고르면?

[농협손해보험 수입보험료 및 수입보험료 손해율]

(단위: 십억 원, %)

구분		수입보험료	수입보험료 손해율
20X3년 07월	당월	1,972	95.5
	전년 동월	1,996	93.2
20X3년 08월	당월	2,189	101.2
	전년 동월	2,207	93.9
20X3년 09월	당월	2,387	101.0
	전년 동월	2,417	93.1
20X3년 10월	당월	2,627	101.9
	전년 동월	2,623	92.8
20X3년 11월	당월	2,916	100.6
	전년 동월	2,901	90.6
20X3년 12월	당월	3,289	99.0
	전년 동월	3,114	89.5

[20X3년 하반기 수입보험료 보고서]

농협손해보험이 20X3년 하반기 수입보험료 관련 자료를 공개했다. ⓐ 농협손해보험의 수입보험료는 20X3년 8월부터 20X3년 12월까지 전월 대비 꾸준히 증가했다. ⓑ 특히 20X3년 12월 수입보험료는 전년 동월 대비 7% 이상 증가한 것으로 나타났다.

특이사항으로는 ⓒ 20X2년 하반기에는 100%를 넘지 않던 평균 수입보험료 손해율이 20X3년 하반기에는 100%를 넘었으며, ⓓ 20X3년 하반기 동안 수입보험료 손해율은 10월에 가장 높았던 것으로 나타났다.

① ⓐ, ⓑ ② ⓐ, ⓓ ③ ⓑ, ⓒ ④ ⓒ, ⓓ

[26-27] 다음 글과 자료를 읽고 각 물음에 답하시오.

주택청약 종합저축통장 가입자가 2,400만 명을 넘으면서 앞으로 청약 경쟁이 더욱 치열해질 것으로 전망된다. 특히 서울, 인천, 부산 등 주요 대도시의 주택청약 종합저축통장 가입자가 크게 증가한 것으로 나타났다. 주택청약 종합저축은 청약저축과 청약예금·청약부금의 기능을 하나로 묶어 놓은 것으로 현재 유일하게 신규 가입을 할 수 있다. 이는 공공아파트와 민영아파트 모두 청약이 가능하여 일명 '만능 청약통장'으로 불리기도 한다. 또한, 주택청약 종합저축은 시중은행 예·적금 상품과는 달리 국토교통부에서 금리를 결정하여 은행별 모든 상품이 똑같은 금리로 제시되기 때문에 은행별 금리 비교를 할 필요가 없다.

올해 7월 기준 국내 인구수의 절반은 청약통장을 가지고 있다고 한다. 20여 차례에 걸친 정부의 부동산 규제에도 불구하고 집값이 계속해서 오르자 주택 수요자들의 조바심이 갈수록 커지게 되었고, 신규 공급 단지들 또한 분양 가격이 시세보다 저렴하게 결정되면서 청약 당첨으로 시세 차익을 기대하는 수요자가 증가했기 때문이다. 새 아파트마저도 주택도시보증공사의 통제로 분양가가 주변 기존 시세보다 낮게 책정되자 시세보다 분양가가 낮은 '로또 아파트'에 대한 열기가 지속되어 저렴하게 내 집을 마련코자 하는 청약 가입자가 계속 큰 폭으로 증가하고 있다는 분석이다.

한편 부동산 업계 전문가들은 향후 청약통장 가입자는 더 증가할 것이라고 전망했다. 한 은행의 부동산 투자지원센터 팀장은 "신규 단지의 분양 가격이 주변 기존 단지보다 저렴한 경우가 많아지면서 '로또 청약'에 대한 기대감과 이에 따른 수요가 급증하고 있다"고 설명했다. 부동산 업계 다른 관계자 또한 "청약 경쟁이 치열해지는 와중에도 그만큼 가치가 높다고 평가되는 지역은 꾸준히 청약통장 신규 가입자가 증가하고 있다"면서 "주택도시보증공사와 지자체 두 군데 모두 분양가를 통제하려는 움직임이 활발해지자 신규 분양 단지에 당첨이 되기만 한다면 추후 현재보다 더 높은 시세차익을 얻을 수 있다는 가입자들의 기대감이 반영된 것으로 보인다"고 설명했다.

[20XX년 1월·7월 지역별 주택청약 종합저축통장 가입 현황]

(단위: 좌)

구분	서울	인천	대전	광주	대구	울산	부산
1월	5,913,388	1,374,692	819,880	745,804	1,189,550	455,274	1,654,362
7월	6,050,167	1,457,330	844,838	764,166	1,220,423	477,534	1,716,368

26 다음 중 글의 내용과 일치하는 것은?

① 20여 차례에 걸친 정부의 부동산 규제 이후 집값은 하락하였다.
② 청약 경쟁이 치열한 지역은 청약통장 신규 가입자가 감소하고 있다.
③ 현재 청약예금과 청약부금은 신규 가입이 가능하다.
④ 신규 공급 단지의 분양 가격은 기존 시세보다 낮게 책정되었다.

27 제시된 지역 중 20XX년 1월 대비 7월 주택청약 종합저축통장 가입 수의 증가량이 가장 큰 지역과 두 번째로 큰 지역의 증가량의 합은?

① 167,672좌 ② 198,805좌 ③ 214,237좌 ④ 219,417좌

[28-29] 다음 N 사의 결재 규정을 보고 각 물음에 답하시오.

[결재 규정]

- 결재를 받으려는 업무에 대하여 최고결재권자(대표이사) 포함 이하 직책자의 결재를 받도록 한다.
- '전결'이라 함은 기업의 경영활동·관리활동을 수행하는 중에 의사결정 및 판단을 요하는 업무에 대하여 최고결재권자의 결재를 생략하고, 그 권한을 위임받은 자가 자신의 책임하에 최종적으로 의사결정 및 판단을 하는 행위를 의미한다.
- 전결사항에 대해서도 위임받은 자를 포함한 이하 직책자의 결재를 받도록 한다.
- 결재 양식 표시 내용: 최고결재권자로부터 전결 권한을 위임받은 자가 있을 경우 권한을 위임받은 자의 결재란에 '전결' 표시를 하고 최종결재란에 위임받은 자가 누구인지를 표시한다. 단, 결재가 불필요한 직책자의 결재란은 상향대각선으로 표시한다.
- 최고결재권자의 결재사항 및 최고결재권자로부터 위임된 전결사항은 아래에 따른다.

구분	내용	금액	결재서류	팀장	파트장	대표이사
접대비	거래처 식비 및 경조사비 등	-	접대비지출품의서, 지출결의서		■	●
출장비	국내 출장비	30만 원 이하	출장계획서, 청구서	■	●	
		30만 원 초과		■		●
	국외 출장비	-			■	●
교육비	사내·외 교육비	100만 원 이하	기안서, 지출결의서	■ ●		
		100만 원 초과			■ ●	
소모품비	사무용품 구입비	-	지출결의서	●		
	기타 비품 구입비	10만 원 이하		●		
		10만 원 초과			●	

※ 1) ■: 기안서, 출장계획서, 접대비지출품의서
2) ●: 지출결의서, 기타 신청서 및 청구서

28 N 사 인사팀 소속 성보람 사원은 신입사원 교육을 위해 회당 20만 원, 총 5회 진행되는 외부 전문 업체의 HRD 강의를 신청했다. 성보람 사원이 작성한 결재 양식으로 가장 적절한 것은?

①

지출결의서				
결재	담당	팀장	파트장	최종결재
	성보람	전결		대표이사

②

기안서				
결재	담당	팀장	파트장	최종결재
	성보람			팀장

③

지출결의서				
결재	담당	팀장	파트장	최종결재
	성보람	전결		팀장

④

기안서				
결재	담당	팀장	파트장	최종결재
	성보람	전결		팀장

29 N 사 영업팀 소속 지은경 사원은 거래처인 H 사의 사장 아들이 결혼한다는 소식을 듣고, 회사 이름으로 10만 원짜리 축하 화환을 보냈다. 지은경 사원이 작성한 결재 양식으로 가장 적절한 것은?

①

접대비지출품의서				
결재	담당	팀장	파트장	최종결재
	지은경			파트장

②

접대비지출품의서				
결재	담당	팀장	파트장	최종결재
	지은경		전결	파트장

③

접대비지출품의서				
결재	담당	팀장	파트장	최종결재
	지은경	전결		팀장

④

지출결의서				
결재	담당	팀장	파트장	최종결재
	지은경		전결	대표이사

30 다음 글의 내용과 일치하는 것은?

> 최초의 비행기 발명이라고 하면 라이트 형제를 떠올리기 쉽다. 하지만 비행에 대한 인간의 열망과 도전은 훨씬 이전부터 있었다. 사람이 처음으로 하늘을 날았다는 공식적인 기록은 1783년 몽골피에 형제의 열기구 비행이다. 그리고 여기에 자극을 받아 오늘날 고정익 항공기의 기초가 되는 원리를 고안해낸 사람이 바로 현대 항공공학의 아버지라고 불리는 조지 케일리이다. 그는 기구로 하늘을 날고자 했던 기존의 사고방식에서 탈피하고 하늘의 나는 새를 모방하여 만들고자 했다. 날개의 양력이 비행기의 중력을 감당하여 공중에 떠 있게 하고 별도의 추진 장치가 만드는 추력으로 항력을 거슬러 앞으로 나가게 한다는 개념을 생각해냈다. 이러한 혁신적인 이론을 토대로 조지 케일리는 1804년에 최초로 글라이더를 비행시켰으며, 1세기 후인 1903년에 라이트 형제가 인류 최초의 동력 비행에 성공할 수 있었다.

① 라이트 형제 이전에도 사람들은 비행에 대한 욕망을 가졌지만 실제로 날 수는 없었다.
② 조지 케일리는 과학적인 고찰을 통해 현대 항공공학의 이론적 터전을 확립하였다.
③ 널리 알려진 것과 달리 동력 비행기를 발명한 것은 라이트 형제가 아니라 몽골피에 형제이다.
④ 조지 케일리는 이전의 비행기 원리를 이용해 인류 최초의 동력 비행에 성공한 사람으로 기록되었다.

31 수민이는 1월 1일에 월 이자율이 4%인 복리 적금 갑 상품과 월 이자율이 5%인 단리 적금 을 상품에 동시에 가입하여 매월 말일에 서로 같은 금액을 일정하게 적금하였다. 3년 후 수민이가 돌려받은 원리금은 을 상품보다 갑 상품이 50만 원 더 많았을 때, 수민이가 매월 갑 상품과 을 상품에 각각 적금한 금액은? (단, $1.04^{36} \fallingdotseq 4.1$이며, 세금은 고려하지 않는다.)

① 5만 원 ② 10만 원 ③ 15만 원 ④ 20만 원

32 다음 글의 중심 내용으로 가장 적절한 것은?

> 콜럼버스는 15세기 유럽의 대항해 시대에 활동한 이탈리아의 탐험가이다. 그는 금과 후추가 필요했던 스페인 왕실의 지원을 업고 1492년 8월 신대륙을 향하여 항해를 시작했다. 망망대해를 떠돌던 콜럼버스는 10월 12일 마침내 서인도제도의 북서부에 있는 산살바도르 섬에 도착했고, 뒤이어 쿠바와 아이티에까지 도달했다. 스페인으로 금의환향한 콜럼버스는 17척의 배와 약 1,500명의 선원들과 함께 2차 항해를 떠났다. 다시 신대륙에 도착한 그는 식민지 도시를 건설하고, 원주민을 동원하여 금을 채굴하는 등 신대륙을 성공적으로 개척하기에 이른다. 이를 계기로 세계 무역의 중심지는 지중해에서 대서양 연안으로 이동하였으며, 국제 관계의 주도권은 동양에서 서양으로 넘어가게 되었다. 이 때문에 콜럼버스는 신대륙 발견을 통해 세계사에 한 획을 그은 인물로 평가된다. 그러나 최근 그와 그의 업적에 대해 재평가가 필요하다는 목소리가 세계 곳곳에서 터져 나오고 있다. 신대륙을 개척하는 과정에서 원주민을 학살하고, 노예로 삼는 일을 서슴지 않은 콜럼버스의 행동은 그를 제국주의적 인물이라고 평가하기에 충분하기 때문이다. 게다가 널리 알려진 바와 달리, 콜럼버스가 아메리카 대륙을 최초로 발견한 인물이 아닐 수도 있다는 증거가 속속 등장하면서 콜럼버스에 대한 재평가의 필요성은 더욱 강조되고 있다. 실제로 북유럽 바이킹족의 유적과 유물이 캐나다 뉴펀들랜드에서 발견되었는데, 이들의 제작 연대는 1000년경으로 추정되고 있다. 또한, 1418년에 만들어진 중국 지도에도 아메리카 대륙이 실제와 비슷한 모양으로 표시되어 있다.

① 콜럼버스는 신대륙 발견을 통해 세계 질서를 재편한 인물로 재평가되어야 한다는 내용의 칼럼이야.
② 유럽의 중세 시대가 막을 내리는 데 콜럼버스의 신대륙 발견이 큰 영향을 미쳤다는 내용의 칼럼이야.
③ 콜럼버스를 유럽의 대항해 시대를 대표하는 인물로 보기엔 부족한 점이 있다는 내용의 칼럼이야.
④ 세계사에서 긍정적으로 평가되어 온 콜럼버스를 다른 시각에서 평가할 필요가 있다는 내용의 칼럼이야.

33 전 직원이 1,000명인 Q 회사에서 송년회 때 전 직원에게 만년필을 1인당 2개씩 선물하려고 한다. 다음 만년필 가격표와 조건을 고려해 예산을 최대한 사용할 때, 주문하게 될 만년필은?

[만년필 가격표]

구분	기본 단가	레이저 인쇄비	배송 소요 시간
A 만년필	25,000원	100개당 30,000원	1주
B 만년필	22,000원	50개당 20,000원	2주
C 만년필	23,000원	1개당 700원	5일
D 만년필	22,000원	1개당 1,000원	5일

※ 만년필 가격은 기본 단가에 부가세가 10% 가산된 금액임

〈조건〉

- Q 회사에서 만년필 구매에 사용할 수 있는 예산은 5,500만 원이다.
- 모든 만년필에는 회사 마크를 레이저 인쇄해야 한다.
- 송년회는 만년필을 주문하는 날로부터 열흘 뒤이다.

① A 만년필　② B 만년필　③ C 만년필　④ D 만년필

34 귀하는 농가소득지원부에 근무하는 관계자이다. 언론사·지역농협 등 관련 기관에 보도자료를 배부하기 전 최종 점검하는 업무를 담당한다고 할 때, 귀하가 보도자료에서 수정할 내용으로 가장 적절하지 않은 것은?

> **새로운 농정 비전, 공익형 직불제 어떻게 실현되나**
>
> 농업소득을 보전하기 위한 정부의 법률안 개편으로 농가의 경제적 형편과 농업의 공익 증진을 기대해볼 수 있는 공익형 직불제 시행을 목전에 두고 있다. 2006년 공익형 직불제의 전신인 쌀 직불제가 도입됐을 당시만 하더라도 그에 ㉠ 걸맞는 농외소득 관련 기준이 정해져 있지 않았다. 이와 관련하여 일각에서는 농업 종사자가 아닌 사람들이 지원을 받고 있다는 ㉡ 잇달은 불만으로 파문이 일었고, 정부는 불만을 잠재우고자 2009년경 농외소득이 3,700만 원 미만인 농가를 대상으로 직불금을 지원한다는 규정을 수립하였다. 이를 두고 ㉢ 10여 년만에 개정되는 공익형 직불제의 농외소득 기준을 포함한 시행 규정에 관심이 모아지고 있다. 먼저 농외소득 기준에 대해서는 우려의 목소리가 높다. 오늘날 귀농 인구가 점차 증가하면서 전체 소득 중 농외소득이 차지하는 비율이 늘어가고 있다. 이뿐만 아니라 농업으로 인한 소득이 한동안 정체될 경우 농외소득으로 농가에 활력을 불어넣어야 한다는 현실을 고려했을 때 약 10년 전의 기준을 유지하는 것은 농업인들의 상황을 고려하지 않은 방책이라는 것이다. 한편, 농림축산식품부에서 공익형 직불제의 시행 방안을 구체화함에 따라 농가가 준수해야 할 사항 17개를 제시하였다. 이번 정책의 시행으로 공익형 직불금 수령액은 이전보다 증가할 것으로 예측되지만 공익 의무를 수행하지 않으면 도리어 직불금이 삭감될 수 있다. 1건의 의무 위반 시에는 직불금 총액의 10%, 같은 의무를 다음 해에도 어길 시에는 감액률을 2배로 높인다는 방안이 검토됨에 따라 편법으로 직불금을 수령하여 이득을 취하는 경우를 예방한다는 게 정부의 입장이다. 정부의 공익형 직불제 시행 규정 수립은 공익형 직불제의 도입으로 농업의 공익적 기능이 향상될 수 있도록 직불금을 부정하게 수급하려는 자들을 애초에 ㉣ 싹둑 자르겠다는 의도로 보인다.

① 형용사와 결합한 관형사형 어미의 쓰임이 바르지 않은 ㉠을 '걸맞은'으로 수정해야 한다.
② ㉡은 틀린 표현이므로 이를 올바른 표현인 '잇단'으로 바꿔 써야 한다.
③ '– 만'은 시간의 흐름을 의미하는 의존 명사이므로 ㉢은 '10여 년 만에'로 띄어 써야 한다.
④ ㉣은 어떤 물건을 도구나 기계 따위가 해결할 수 있을 만큼의 힘으로 단번에 자르거나 베는 소리를 의미하는 '싹뚝'으로 대체해야 한다.

35 레스토랑 매니저는 자원관리의 과정에 따라 직원 배치 계획을 수립하였다. 빈칸에 들어갈 내용으로 가장 적절하지 않은 것은?

구분	자원관리의 과정	직원 배치 계획
1단계	필요한 자원의 종류와 양 파악	㉠
2단계	㉡	파악한 내용을 바탕으로 직원을 좀 더 여유 있게 채용한다.
3단계	㉢	업무별 우선순위에 따라 업무에 배치할 직원과 인원수를 계획한다.
4단계	계획에 따른 수행	㉣

① ㉠: 업무별 필요 직원 수를 파악한다.
② ㉡: 이용 가능한 자원 수집
③ ㉢: 자원 활용 계획 수립
④ ㉣: 계획에 따라 직원을 배치한 후, 계획에 수정이 필요할 경우에는 업무별 담당 직원이 각자 판단하여 수정하도록 지시한다.

36 다음은 박 주임의 5월 출장 내역과 사내 출장비 지급 기준이다. 다음 자료를 근거로 판단할 때, 박 주임이 지급받을 5월 출장비의 총액은?

[5월 출장 내역]

출장 시작 일자	출장 지역	출장 기간	기타
5월 13일	서울특별시	당일(09:00~13:00)	개인차량 이용
5월 22일	전라남도	1박 2일	개인차량 이용
5월 25일	강원도	2박 3일	-
5월 29일	제주도	2박 3일	-

[출장비 지급 기준]

<table>
<tr><th>출장 지역</th><th colspan="2">직급별 출장 수당</th><th>편도 교통비</th></tr>
<tr><td rowspan="3">수도권</td><td>사원</td><td>45,000원/일</td><td rowspan="2">35,000원</td></tr>
<tr><td>주임~과장</td><td>60,000원/일</td></tr>
<tr><td>차장~부장</td><td>85,000원/일</td><td>50,000원</td></tr>
<tr><td rowspan="3">수도권 외</td><td>사원</td><td>60,000원/일</td><td rowspan="2">65,000원</td></tr>
<tr><td>주임~과장</td><td>85,000원/일</td></tr>
<tr><td>차장~부장</td><td>110,000원/일</td><td>90,000원</td></tr>
</table>

※ 1) 수도권은 서울특별시, 경기도, 인천광역시 지역을 의미함
2) 당일 출장의 경우, 총 출장 시간이 4시간 이하이면 출장 수당의 50%만 지급됨
3) 출장비의 총액은 직급별 출장 수당과 왕복 교통비의 합으로 계산됨
4) 교통비는 실비와 관계없이 편도 교통비 지급 기준 금액이 지급되며, 개인차량 이용 시 왕복 교통비는 편도 교통비 지급 기준으로 산출된 왕복 교통비의 80%가 지급됨
5) 출장 지역이 제주도 지역일 경우, 편도 교통비는 수도권 외 기준 편도 교통비 금액의 150%가 지급됨

① 1,130,000원 ② 1,195,000원 ③ 1,209,000원 ④ 1,235,000원

37 같은 출발지에서 각각 다른 경로로 운행되는 열차 A, B가 있다. A 열차는 운행을 시작하여 출발지로 돌아오는 데 50분이 걸리고 B 열차는 40분이 걸린다. 두 열차가 오전 8시에 출발지에서 동시에 운행을 시작하여 세 번째로 만날 때의 시각은?

① 오후 3시　　② 오후 4시　　③ 오후 5시　　④ 오후 6시

38 수집된 빅데이터를 정리하는 데 가영이가 혼자 하면 6시간, 나영이가 혼자 하면 9시간, 다영이가 혼자 하면 18시간이 걸린다고 한다. 가영이와 다영이가 3시간 동안 함께 빅데이터를 정리한 후 나영이와 다영이가 함께 남은 빅데이터를 정리하여 일을 끝냈을 때, 나영이와 다영이가 함께 빅데이터를 정리하는 데 걸린 시간은?

① 1시간　　② 1.5시간　　③ 2시간　　④ 2.5시간

39 총무부의 사원인 귀하는 팀장으로부터 다음과 같은 문서를 전달받았다. 문서이해 절차 중 3단계에 맞춰 다음 문서를 이해한 것으로 가장 적절한 것은?

[통근 버스 임시 우회 운행 안내]

○○시에서 진행하는 '행복한 세상 만들기 마라톤' 행사와 관련한 교통 통제로 인하여 통근 버스가 아래와 같이 임시 우회하여 운행될 예정입니다. 통근 버스를 이용하시는 임직원들께서는 참고하시어 이용에 불편이 없으시길 바랍니다.

1) 임시 우회 운행 일시
- 20△△년 10월 6일(금요일) 07:30~17:30

2) 임시 우회 운행 사항

현행 노선	우회 운행 노선
소망아파트 → 믿음공원 입구 → 나눔 오거리 → 7호선 양보역	소망아파트 → 믿음공원 입구 → 화합 삼거리 → 우수대교 → 미소로타리

3) 참고 사항
- 임시 우회 운행 일시 및 사항은 당일 교통 통제 상황에 따라 변동될 수 있으며, 교통 통제가 해제되는 대로 최대한 신속히 정상 운행할 수 있도록 노력하겠습니다.

총무부
안내 전화: 123-456-7890

[문서이해 절차]

1단계	문서의 목적을 이해함
2단계	문서의 작성 배경과 주제를 파악함
3단계	문서의 정보를 밝혀내고, 문서에 제시된 현안을 파악함
4단계	상대방의 요구 및 의도를 파악하고, 자신에게 요구되는 행동에 대한 내용을 분석함
5단계	문서에서 이해한 목적을 달성하기 위해 해야 할 행동을 생각하고 결정함
6단계	상대방의 의도를 도표, 그림 등으로 메모하여 요약 및 정리함

① 통근 버스는 단 하루만 우회 운행하며, 당일 오후 5시 30분을 넘어서부터는 정상 운행할 거야.
② 마라톤 행사가 진행됨에 따라 통근 버스의 노선이 변경되므로 이를 알리기 위해 작성된 문서야.
③ 난 어차피 10월 6일 오후 6시에 회의가 있어 퇴근이 늦을 테니 노선 변경에 신경 쓰지 않아도 되겠어.
④ 통근 버스를 이용하는 임직원의 경우 변경된 버스 노선을 참고하여 출퇴근하라는 의미야.

40 다음은 과실별 생산면적에 대한 자료이다. 이를 바탕으로 만든 그래프로 옳은 것은?

[과실별 생산면적]

(단위: 백 ha)

구분	2014년	2015년	2016년	2017년	2018년
사과	307	316	333	336	332
배	131	127	112	109	103
복숭아	155	167	199	210	211
포도	163	154	149	131	128
감귤	213	213	217	216	216
감	280	270	251	247	239
자두	57	59	70	73	73

※ 출처: KOSIS(통계청, 농작물생산조사)

① 2017년 과실별 생산면적

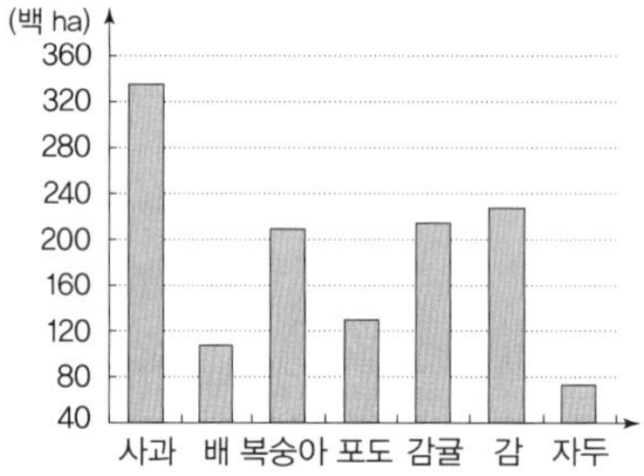

② 연도별 복숭아 생산면적

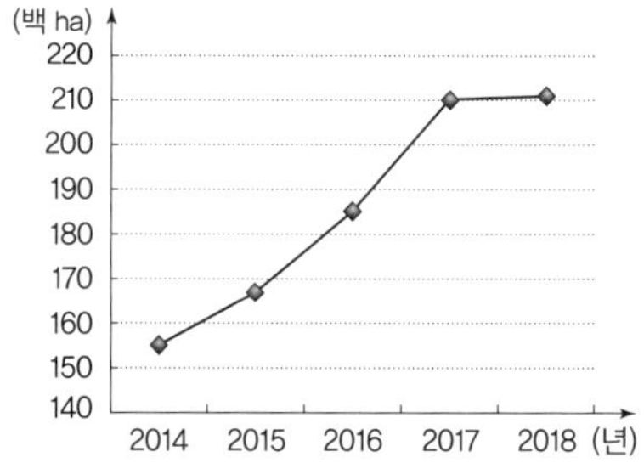

③ 2014년 과실별 생산면적

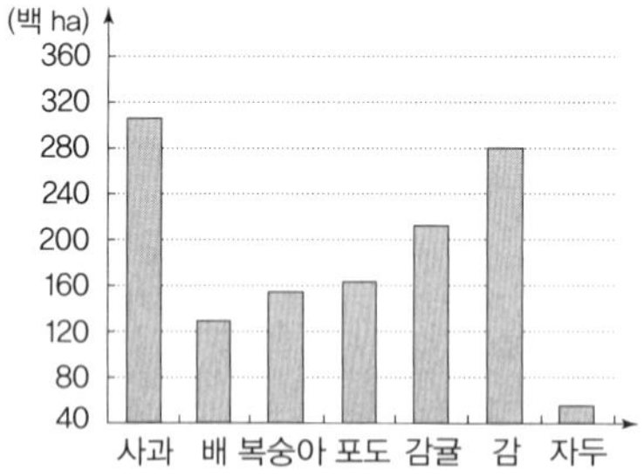

④ 연도별 포도 생산면적

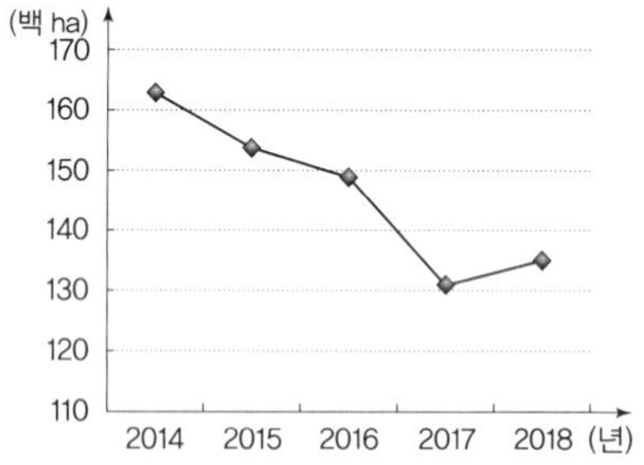

41 다음 지문에서 설명하고 있는 자원의 낭비요인은?

> 자원관리에 대한 경험이 부족하여 발생하는 요인으로, 자원관리의 중요성을 알고는 있으나 이를 효과적으로 수행하는 방법을 알지 못하는 경우에 해당한다. 자원관리에는 실패하지만 그러한 경험과 별도의 학습을 통해 극복이 가능한 요인이다.

① 비계획적 행동　② 편리성 추구　③ 자원에 대한 인식 부재　④ 노하우 부족

42 다음은 A 국의 연도별 친환경 농산물 재배 현황과 인증 종류별 친환경 농산물 재배 농가 수 및 생산량을 나타낸 자료이다. 자료에 대한 설명으로 옳지 않은 것은?

[연도별 친환경 농산물 재배 현황]

(단위: 천 호, 천 ha, 천 톤)

구분	2020년	2021년	2022년	2023년	2024년
농가 수	199	184	160	143	129
면적	202	194	173	164	142
생산량	2,358	2,216	1,852	1,498	1,182

[인증 종류별 친환경 농산물 재배 농가 수]

(단위: 천 호)

구분	2020년	2021년	2022년	2023년	2024년
유기농	9	11	13	17	16
무농약	64	83	90	90	90
저농약	126	90	57	36	23

[2024년 인증 종류별 친환경 농산물 생산량]

(단위: 천 톤)

구분	곡류	과실류	채소류	서류	특용작물	기타
유기농	49	10	41	4	3	11
무농약	223	60	199	27	170	14
저농약	7	260	103	1	0	0
합계	279	330	343	32	173	25

※ 친환경 농산물 인증 종류는 유기농, 무농약, 저농약으로 구성됨

① 2024년 인증 종류별 친환경 농산물의 생산량 구성비는 무농약이 가장 크다.

② 2024년 인증 종류별 친환경 농산물 재배 농가 수 1호당 생산량은 저농약이 무농약보다 5톤 이상 더 많다.

③ 제시된 기간 동안 친환경 농산물 전체 재배 농가 수에서 유기농 친환경 농산물 재배 농가 수가 차지하는 비중은 매년 증가하였다.

④ 2024년 무농약 친환경 농산물 재배 농가 수당 무농약 곡류 및 채소류 생산량은 같은 해 유기농 친환경 농산물 재배 농가 수당 유기농 곡류 및 채소류 생산량보다 많다.

43 **갑~무 5명은 3월 둘째 주 평일에 견출지, 볼펜, 샤프, 지우개, 플래그 중 하나의 사무용품을 신청하였다. 다음 조건을 모두 고려하였을 때, 항상 거짓인 것은?** (단, 3월 둘째 주에 공휴일은 없다.)

- 갑~무는 서로 다른 사무용품을 신청하였고, 사무용품을 신청한 요일도 모두 다르다.
- 월요일에 사무용품을 신청한 사람은 볼펜을 신청하였다.
- 을은 수요일에 견출지를 신청하였다.
- 정은 갑과 병보다 늦게 사무용품을 신청하였고, 정이 신청한 사무용품은 플래그이다.
- 금요일에 사무용품을 신청한 사람은 지우개를 신청하였다.

① 갑은 화요일에 사무용품을 신청하였다.
② 병이 신청한 사무용품은 볼펜이다.
③ 무가 신청한 사무용품은 샤프이다.
④ 정은 무보다 먼저 사무용품을 신청하였다.

44 다음은 신용카드의 개인회원 약관 중 일부결제금액이월약정(이하 리볼빙)에 대한 내용이다. A의 전월 리볼빙 이월 잔액이 130만 원이고 당월 리볼빙 신규이용금액이 70만 원이라고 할 때, 옳지 않은 것은?

> 제31조 리볼빙
>
> ① 리볼빙이란 회원이 카드 이용대금 중 카드사와 회원이 미리 약정한 약정(최소)결제비율 이상을 결제하면 다음 달 결제월에 잔여 결제금액과 리볼빙 수수료를 합산하여 납부하는 결제방식이다.
>
> ② 약정결제비율이란 리볼빙 이용금액 중 카드사와 회원이 결제일에 결제를 원하는 비율을 의미하며 회원은 이용금액의 10~100% 이내의 범위에서 약정조건에 따라 최소결제비율 이상으로 원하는 비율을 선택할 수 있다.
>
> ③ 최소결제비율이란 회원이 결제일에 결제하여야 할 최소결제금액을 산정하는 비율을 의미하며 최소결제비율은 10% 이상으로 회원의 신용 상태 등에 따라 차등 적용된다. 최소결제비율은 복수의 카드를 소지한 경우라도 회원 단위로 동일하게 적용된다.
>
> ④ 리볼빙 수수료란 리볼빙 이용과 관련하여 회원에게 부과되는 수수료를 의미한다.
>
> 제35조 결제금액
>
> ① 리볼빙 이용회원의 결제금액은 약정(최소)결제비율에 따른 리볼빙 청구원금, 리볼빙 수수료 및 리볼빙 비대상 금액의 합계액으로 한다. 단, 리볼빙의 청구원금이 3만 원 미만인 경우 전액 청구한다.
>
> 1. 최소결제금액: 리볼빙의 최소청구원금과 3만 원 중 큰 금액 + 리볼빙 수수료 + 리볼빙 대상 외 금액
> 2. 리볼빙 최소청구원금: (전월 리볼빙 이월 잔액 + 당월 리볼빙 신규이용금액) × 최소결제비율
> 3. 리볼빙 약정청구원금: (전월 리볼빙 이월 잔액 + 당월 리볼빙 신규이용금액) × 약정결제비율
> 4. 리볼빙 수수료: 전월 리볼빙 이월 잔액 × 리볼빙 수수료율 × 이용경과일수 / 365(윤년의 경우 366)
>   - 이용경과일수: 전월 대금 결제일 익일부터 당월 대금 결제일까지의 기간에 해당하는 일수
>   - 수수료는 반올림하여 백 원 단위까지만 나타냄
>
> ② 결제일에 회원이 최소결제금액 미만으로 결제할 경우에는 회원 상태가 연체로 처리되며, 이 경우 회원은 최소결제금액 중 결제하지 못한 금액(이자 제외)에 대하여 지연배상금을 추가로 지급하여야 한다.
>
> ③ 약정결제비율을 100%로 정한 회원이 결제일에 총 청구금액을 결제하지 않고 최소결제금액 이상을 결제한 경우 리볼빙으로 전환되며 리볼빙 수수료가 부과된다.

① A가 결제일에 최소결제금액 미만으로 결제하였다면 A는 연체 상태로 처리된다.
② A의 최소결제비율이 20%이고, 약정결제비율이 30%라면 A의 리볼빙 약정청구원금은 60만 원이다.
③ A의 최소결제비율이 10%이고, 약정결제비율이 30%라면 A의 리볼빙 최소청구원금은 20만 원이다.
④ A의 리볼빙 수수료율이 5.9%이고, 이용경과일수는 60일이며, 해당연도가 윤년이라면 리볼빙 수수료는 약 19,300원이다.

45 202X년 상반기 가맹점 A, B의 매출액이 아래와 같을 때, 두 가맹점의 상반기 매출액에 대한 분산의 차이는?

구분	1월	2월	3월	4월	5월	6월	평균
A	2천만 원	3천만 원	5천만 원	1천만 원	4천만 원	3천만 원	3천만 원
B	4천만 원	2천만 원	2천만 원	1천만 원	2천만 원	1천만 원	2천만 원

① $\frac{1}{2}$　　② $\frac{2}{3}$　　③ $\frac{4}{3}$　　④ $\frac{3}{2}$

46 N 은행의 일반관리직 남자 사원 갑, 을, 병, 정과 여자 사원 A, B, C, D 8명은 버스를 타고 연수원으로 가려고 한다. **다음 중 C 사원 바로 옆자리에 앉은 사원은?** (단, 통로를 사이에 두고 옆에 앉은 경우는 바로 옆자리에 해당하지 않는다.)

- 을은 B보다 오른쪽 자리에 앉아 있다.
- B와 C는 창가 자리에 앉아 있다.
- C의 바로 앞자리에 앉아 있는 사원은 을이다.
- D의 바로 뒷자리에 앉아 있는 사원은 B이다.
- 병의 바로 앞자리에 앉아 있는 사원은 정이다.
- D는 여자 사원 바로 옆자리에 앉아 있다.

<table>
<tr><td rowspan="3">왼쪽 창</td><td>○</td><td>○</td><td rowspan="2">통로</td><td>○</td><td>○</td><td rowspan="3">오른쪽 창</td></tr>
<tr><td>○</td><td>○</td><td>○</td><td>○</td></tr>
<tr><td colspan="5">뒤</td></tr>
</table>

① A　　② D　　③ 갑　　④ 병

47 ◇◇회사에 근무하는 이 대리는 1박 2일 동안 진행할 워크숍 장소를 조사하였다. 전 직원이 숙박 가능한 연수원을 예약하려고 할 때, 이 대리가 예약할 연수원의 총 객실 수는? (단, 총 객실 수는 사용 불가한 객실 수도 포함한다.)

[◇◇회사 직원 수]

내근직	외근직
83명	56명

[연수원별 객실 현황]

구분	VIP형		일반형		비고
	객실 수	정원	객실 수	정원	
A 연수원	10실	3인	15실	8인	VIP형 4실 사용 불가
B 연수원	19실	2인	26실	4인	일반형 2실 사용 불가
C 연수원	15실	2인	20실	6인	VIP형 1실 사용 불가 일반형 2실 사용 불가
D 연수원	12실	3인	24실	5인	일반형 3실 사용 불가
E 연수원	14실	2인	30실	4인	VIP형 3실 사용 불가 일반형 1실 사용 불가

① 25실 ② 35실 ③ 36실 ④ 44실

48 A 사의 영업팀에서 근무 중인 귀하는 자사 제품 설명회를 위하여 회사 근처 세미나실을 대관하고자 한다. 이번 제품 설명회는 5일간 개최될 예정이며, 세미나실 대관에 배정된 예산은 350만 원이다. 배정된 예산을 고려하여 회사에서의 이동 시간이 가장 짧은 세미나실을 대관할 때, 귀하가 대관할 세미나실은?

[세미나실 대관 정보]

구분	대관료(일)	회사에서의 이동 시간
가	38만 원	30분
나	45만 원	19분
다	66만 원	20분
라	80만 원	17분

① 가 ② 나 ③ 다 ④ 라

49 a(a − b) = 29이고, a와 b는 모두 자연수일 때, $a^2 - b^2$의 값은?

① 1 ② 2 ③ 57 ④ 783

50 G 외식업체 기획부의 부장인 귀하는 최근 침체된 매출의 원인을 파악하고 해결방안을 찾기 위해 3C 분석을 하였다. 분석 결과가 다음과 같을 때, G 외식업체가 선택할 전략으로 적절하지 않은 것은?

자사(Company)	• 신선한 식자재의 빠른 조달이 가능한 물류센터 보유 • 저녁 시간대에만 치중된 매출 비중 • 신메뉴 개발을 위한 연구 개발 부서 신설
경쟁사(Competitor)	• 체계적인 인력 관리를 통한 높은 품질의 서비스 제공 • 공격적인 마케팅을 통한 판매 채널 다각화 • 전국에 분포되어 있는 가맹점을 기반으로 한 높은 접근성
고객(Customer)	• 소통 창구의 부족으로 인한 소비자 불만 누적 • 테이크 아웃(Take-out) 음식에 대한 소비자 수요 증가 • 위생 문제에 대한 소비자 불안 및 사회적 관심 고조

① SNS 계정을 개설하여 소비자 의견을 경청하고 각종 프로모션을 진행한다.
② 기존 판매 채널을 적극 활용하여 저녁 시간대의 매출을 집중적으로 높인다.
③ 식자재의 원산지와 유통 과정을 투명하게 고시하고 조리 과정을 공개한다.
④ 테이크 아웃 및 배달이 가능하며 간편히 먹을 수 있는 신메뉴를 개발한다.

51 다음 중 농협이 추구하는 농업·농촌의 미래상인 농토피아에 대한 설명에서 A와 B에 들어갈 내용으로 바르게 짝지어진 것은?

A	희망이 있는 농촌	B
• 농업인이 안심하고 생산에만 전념할 수 있는 유통체계 구축 • 국민들에게 고품질의 안전한 농축산물 공급 • 농업인과 소비자 모두가 만족하는 합리적인 가격으로 농축산물 공급	• 스마트팜 등 혁신 기술에 기반한 비즈니스 기회가 제공되는 농촌 • ICT 기술 등을 통해 살기 좋은 정주(定住) 여건을 갖춘 농촌 • 일터, 삶터, 쉼터로서 도농 간의 교류가 활성화되는 농촌	• 혁신을 통해 경쟁력 있는 농업을 이끌어가는 농업인 • 식량의 안정적 공급, 생태·환경보전, 전통문화 계승 등 농업의 공익적 가치 창출을 통해 국민들로부터 인정받는 농업인

	A	B
①	대우받는 농업	혁신적인 농업인
②	대우받는 농업	존경받는 농업인
③	이로운 농업	혁신적인 농업인
④	이로운 농업	존경받는 농업인

52 다음은 닭·오리·계란 이력정보 전산연계 지원 사업 계획에 대한 자료이다. 제시된 자료를 바탕으로 판단할 때, 옳지 않은 것은?

[닭·오리·계란 이력정보 전산연계 지원 사업 계획]

1. 목적
   - 유통 이력정보의 전산관리 환경 구축과 이력시스템 전산신고 자동화 지원으로 신속한 이력추적 기반 마련 및 안정적인 제도 정착 유도를 위함

2. 기간
   - 7월 1일(수)~10월 30일(금)
     ※ 단, 예산 소진 시 사업을 종료함

3. 신청 자격
   - 전산프로그램과 이력관리시스템을 연계하여 닭·오리·계란 유통 이력정보를 전산신고하고자 하는 유통업체
     ※ 유통업체: 도축장 경영자, 식육포장처리업자, 식용란선별포장업·수집판매업자 등

4. 신청 방법
   - 지원 신청서를 전용 이메일 창구로 제출
     ※ 접수처 이메일의 수신일자 및 시간을 확인하여 선착순으로 확인함

5. 지원 내용
   - 전산신고 자동화 비용을 유통업체 1개소당 50만 원씩 지원하며 사업예산은 총 320백만 원임

6. 사업 절차

1. 전산연계 참여 신청	유통업체에서 축산물품질평가원에 지원
2. 연계 S/W 구매 및 설치	유통업체에서 S/W 업체에 요청
3. 연계 S/W로 전산신고 등록	유통업체와 S/W 업체가 이력관리시스템 등록
4. 지원금 지급요청	S/W 업체가 축산물품질평가원에 지원금 지급 요청
5. 현장 등 확인	축산물품질평가원에서 유통업체에 방문하여 현장 확인
6. 전산실적 확인 및 정산	축산물품질평가원에서 전산실적 확인 후 S/W 업체에 직접 지원금 지급

① 축산물품질평가원에서 전산연계 지원 사업으로 지원 가능한 유통업체 수는 640개소이다.
② 돼지 관련 식육포장처리업자는 해당 전산연계 지원 사업에 지원할 수 없다.
③ 축산물품질평가원이 전산실적 확인 후 유통업체에 직접 지급하는 지원금은 50만 원이다.
④ 전산연계 지원 사업은 이메일로만 지원할 수 있다.

53 다음은 N 회사의 우수 직원 포상 규정과 우수 직원 정보이다. 우수 직원 포상 규정을 토대로 우수 직원들에게 포상하였을 때, 옳은 것은?

[우수 직원 포상 규정]

• 선정 기준
  – 능동적인 자세로 제도 개선, 예산 절감 등에 기여한 자
  – 친절하고 성실한 자세로 고객의 민원을 해결하여 고객으로부터 칭찬을 받은 자
  – 3년 이상 장기 근속하여 회사 발전에 기여한 자

• 우수 직원 평가 기준
  – 최종 점수 = 근속연수 점수 + 프로젝트 기여 점수 + 고객 칭찬 점수
    1) 근속연수 점수

15년 이상	10년 이상 15년 미만	6년 이상 10년 미만	6년 미만
10점	8점	6점	4점

    2) 프로젝트 기여 점수

5건 이상	4건	3건	2건	2건 미만
10점	7점	5점	3점	1점

    3) 고객 칭찬 점수

3건 이상	2건	1건	0건
10점	7점	5점	3점

• 포상 내용
  – 개인 표창장과 특별 상품 모두 지급하도록 함
    1) 개인 표창장
    2) 특별 상품

24점 이상	16점 이상 24점 미만	16점 미만
해외여행	제주도 여행	포상금

※ 우수 직원 평가 기준의 최종 점수에 따라 특별 상품을 지급함

[우수 직원 정보]

구분	근속연수	프로젝트 기여 건수	고객 칭찬 건수
정 팀장	15년	3건	1건
서 과장	11년	4건	3건
최 대리	6년	5건	0건
박 사원	4년	2건	2건
강 사원	3년	4건	3건

① 강 사원은 특별 상품으로 해외여행을 지급받는다.
② 정 팀장은 최 대리와 최종 점수가 동일하다.
③ 서 과장은 우수 직원 중 최종 점수가 가장 높다.
④ 특별 상품으로 포상금을 지급받는 우수 직원은 없다.

54 자동차 한 대의 정가는 3,500만 원이다. 자동차 다섯 대를 판매하여 5,000만 원의 수익을 남겼을 때, 자동차 한 대당 수익률은?

① 35% ② 40% ③ 45% ④ 50%

55 물품의 발주로부터 그 물품이 납입되어 사용할 수 있을 때까지의 기간을 리드 타임(Lead Time)이라고 한다. 현재 재고량과 예상 사용량, 리드 타임을 고려하였을 때, A4용지를 주문해야 하는 날짜 및 시간대는?

[현재 재고량과 예상 사용량]

1일 업무 시작 전 재고 조사 결과, 현재 A4용지 재고량은 6박스이며, 1박스당 500매짜리 제품을 사용하고 있습니다. 창고 공간이 부족하여 A4용지가 모두 소진되기 바로 전 근무일에 A4용지가 보충될 수 있도록 주문해야 합니다.

일	월	화	수	목	금	토
			1	2	3	4
			380장	430장	250장	–
5	6	7	8	9	10	11
–	350장	510장	300장	540장	230장	–
12	13	14	15	16	17	18
–	550장	370장	390장	500장	450장	–

[◇◇제지 주문 안내]

- 오전 주문 시 주문 당일 배송이 시작되고, 오후 주문 시 다음 날 배송이 시작됩니다.
- 배송 시작일로부터 2일 후에 배송이 완료됩니다.
- 매주 수요일은 재고 점검 업무로 인해 오후에만 주문이 가능합니다.
- 배송업체의 주말 휴무로 토요일, 일요일은 배송기간에 포함되지 않습니다.

① 7일 오전　② 7일 오후　③ 8일 오전　④ 8일 오후

56 영찬이는 식습관 개선을 위해 준비한 식품으로 식단을 만들 예정이다. 다음의 조건과 식품별 GI 지수, 영찬이의 식품 선호도를 근거로 판단할 때, 영찬이가 만든 식단에 대한 설명으로 옳지 않은 것은?

- 식단은 식품별 선호도 합이 200점 이하가 되도록 만든다.
- 준비된 식품 중 두부, 현미, 딸기, 고구마는 필수로 포함하여 식단을 만든다.
- 식단에는 동일한 식품을 포함하지 않고, 최소 7가지 식품을 포함해야 한다.

[식품별 GI 지수 및 선호도]

구분		GI 지수	선호도
두류/해조류	두부	42	37점
	땅콩	20	15점
	미역	16	8점
곡류/빵/면	식빵	91	20점
	현미	56	10점
	보리	50	22점
과일	바나나	55	60점
	딸기	29	40점
기타	우유	25	25점
	닭고기	45	50점
	고구마	55	17점

① 두류/해조류를 최소로 포함하여 식단을 만들 경우 식단에 포함되는 식품은 최대 7가지이다.
② 바나나와 딸기를 둘 다 포함한 식단을 만들 경우 닭고기는 포함할 수 없다.
③ 기타에 해당하는 식품을 모두 포함하여 식단을 만들 경우 GI 지수는 최소 276이다.
④ GI 지수가 최소가 되도록 식단을 만들 경우 선호도 합은 152점이다.

57 **○○지원센터에서 지방에 거점을 마련하고자 하는 예비 창업자들에게 임대료 지원 사업을 실시하였다. 기존 규정을 적용하여 최종 점수가 가장 높은 1명의 예비 창업자를 선정했으나, 임대료 지원 기간에 규정이 변경되어 변경된 규정을 적용하여 1명을 더 선정하기로 했을 때, 기존 규정과 변경된 규정으로 선정된 두 예비 창업자가 지급받는 총지원금의 합은?** (단, 기존 규정에 따라 선정된 예비 창업자는 기존 규정을 적용한 지원금을 지급받고, 변경된 규정에 따라 선정된 예비 창업자는 변경된 규정을 적용한 지원금을 지급받는다.)

[규정 변경 안내]

[기존 규정]

1. 임대료 지원 기준

월 임대료	지원 비율	비고
100만 원 이하	월 임대료의 80%	잔여분은 자부담
100만 원 초과 200만 원 이하	월 임대료의 70%	
200만 원 초과 300만 원 이하	월 임대료의 60%	
300만 원 초과	월 임대료의 50%	

2. 선정 기준 가중치

시장성	사업성	인력구성	지원 타당성	발표자료
20%	30%	20%	20%	10%

▼

[변경된 규정]

1. 임대료 지원 기준

월 임대료	지원 비율	비고
100만 원 이하	월 임대료의 90%	잔여분은 자부담
100만 원 초과 200만 원 이하	월 임대료의 80%	
200만 원 초과 300만 원 이하	월 임대료의 60%	
300만 원 초과	월 임대료의 40%	

2. 선정 기준 가중치

시장성	사업성	인력구성	지원 타당성	발표자료
20%	30%	10%	30%	10%

[예비 창업자별 평가 점수]

구분	시장성	사업성	인력구성	지원 타당성	발표자료	월 임대료
갑	70점	80점	80점	80점	60점	80만 원
을	80점	70점	70점	90점	80점	350만 원
병	90점	90점	60점	60점	90점	220만 원
정	70점	60점	80점	70점	80점	150만 원
무	60점	80점	90점	60점	80점	110만 원

① 136만 원　② 196만 원　③ 204만 원　④ 272만 원

58 영재학원에서 학생 4명을 대상으로 아이큐 테스트를 진행하였다. 학생들의 아이큐가 각각 125, 130, 115, 110일 때, 학생 4명 아이큐의 표준편차는?

① 60　② $\sqrt{60}$　③ 62.5　④ $\sqrt{62.5}$

[59-60] 다음은 성준이가 의류 쇼핑몰 창업을 위한 일정과 필요한 의류를 메모한 자료이다. 각 물음에 답하시오.

[쇼핑몰 창업 일정]

구분	내용	20XX년 2월		20XX년 3월				20XX년 4월			
		15~22일	23~28일	1~8일	9~16일	17~24일	25~31일	1~8일	9~16일	17~24일	25~30일
창업 계획	시장 조사	■	■								
	창업이벤트 기획		■								
운영 계획	매장 입지 선정		■	■							
	거래처 선정			■	■						
	홈페이지 개발			■	■	■	■				
운영 준비	매장 리모델링				■	■	■	■			
	의류 물량 확보							■	■		
	홍보 기획						■	■			
마무리 작업	사진 촬영 및 홍보								■	■	
	직원 채용							■	■	■	■

[메모]

상의는 반팔 티 90벌과 긴팔 티 150벌을 구매하고, 하의는 청바지 80벌과 스커트 40벌을 구매한다. 모자는 털모자로 30개를 구매한다. (단, 상의는 종류에 관계없이 총 200벌 이상 구매 시 도매가의 20%가, 하의는 종류에 관계없이 총 150벌 이상 구매 시 도매가의 30%가 할인되며, 모자는 별도의 할인이 적용되지 않는다.)

[거래처 의류 도매가]

상의			하의			모자	
반팔 티	긴팔 티	와이셔츠	면바지	청바지	스커트	캡모자	털모자
1,500원	2,500원	3,000원	4,000원	5,000원	6,500원	1,000원	2,500원

59 위 자료를 근거로 판단한 내용으로 옳은 것은?

① 운영 준비를 모두 완료하는 데 소요되는 기간은 총 38일이다.
② 2월 23~28일에 진행할 일정은 4월 1~8일에 진행할 일정보다 적다.
③ 스커트 150벌을 구매할 때의 할인율은 청바지 150벌을 구매할 때의 할인율보다 높다.
④ 매장 입지 선정에 소요되는 기간과 사진 촬영 및 홍보에 소요되는 기간은 동일하다.

60 성준이가 메모에 정리한 물량만큼 의류를 거래처에서 도매가로 구매하려고 할 때, 성준이가 의류를 구매하는 데 지불할 총비용은?

① 1,143,000원 ② 1,245,000원 ③ 1,321,000원 ④ 1,462,000원

약점 보완 해설집 p.52

NCS 직무능력평가

실전모의고사 2회

시작과 종료 시각을 정한 후, 실전처럼 모의고사를 풀어보세요.

시 분 ~ 시 분 (총 60문항/70분)

- 본 실전모의고사는 총 60문항으로 구성되어 있으며, 영역별 제한 시간 없이 70분 이내로 모든 영역의 문제를 풀어야 합니다.
- 의사소통능력, 수리능력, 문제해결능력, 자원관리능력, 조직이해능력 문제가 출제됩니다.
- 맨 마지막 페이지에 있는 회독용 OMR 답안지와 해커스ONE 애플리케이션의 학습 타이머를 이용하여 실전처럼 모의고사를 풀어본 후, 60번 문제 하단에 있는 '바로 채점 및 성적 분석 서비스' QR코드를 스캔하여 응시 인원 대비 본인의 성적 위치를 확인해 보시기 바랍니다.

01 다음 두 단어 쌍이 같은 관계가 되도록 빈칸에 들어갈 단어를 고르면?

공급 : (　　　) = 이자 : 금리

① 수급　② 수요　③ 조달　④ 초과

02 다음 빈칸에 들어갈 단어로 적절한 것은?

용의자와 범인 목소리의 일치 여부를 (　　　)한 결과 동일 인물인 것으로 밝혀졌다.

① 분별　② 구별　③ 각별　④ 판별

03 다음 단어와 의미가 반대되는 것은?

임의

① 이타 ② 강제 ③ 의도 ④ 자의

04 다음 밑줄 친 단어의 사전적 의미로 가장 적절한 것은?

과일을 일매지게 깎는다.

① 바르지 아니하고 한쪽으로 기울어지거나 쏠리다
② 모두 다 고르고 가지런하다
③ 다른 것과 견줄 수 없을 정도로 뛰어나다
④ 생긴 모양 따위가 두드러진 특징이 없이 평범하다

05 다음 밑줄 친 단어와 바꿔 쓸 수 있는 것은?

매일 반복되는 일상 속에서 그는 어느 순간 자신이 너무 지쳐 있다는 것을 자각했고, 그것이 단순한 피로가 아닌 마음의 병임을 깨닫게 되었다.

① 분석　② 회상　③ 인지　④ 추론

06 다음 지문과 관련 있는 한자성어를 고르면?

자전거의 대중화를 추구하는 △△시는 시민을 위한 공영 자전거 시스템을 구축하기 위해 수억 원을 들여 △△시 곳곳에 공영 자전거 전용 정류장을 설치하고 약 300대의 공영 자전거를 배치하였다. 이뿐만 아니라 공영 자전거에 대한 홍보 책자를 발간하고, 자전거 안전 교육을 주기적으로 시행하고 있다. 이러한 노력에 힘입어 △△시의 공영 자전거는 유료로 전환한 이후에도 매년 평균 이용 시간과 평균 이용 거리, 이용자 수가 꾸준히 상승세를 보이고 있다. 공영 자전거 사업에 관한 성과가 가시적으로 나타나자, △△시는 기존에 자전거 동호회들을 대상으로 지원해왔던 자전거 무료 대여 사업 보조금의 지급을 중단하였다. 자전거 무료 대여 사업 보조금은 자전거 동호회에서 자체적으로 자전거를 구매하여 시민들에게 무상으로 빌려주는 무료 대여소의 운영에 사용되었는데, 보조금 지급이 중단되면서 자전거 무료 대여소가 폐쇄되고 자전거 동호회에서 시민들을 대상으로 운영하던 자전거 문화 교실이 줄줄이 문을 닫고 있다. △△시는 보조금 중단이 공영 자전거 대여소와 무료 대여소를 하나로 통합시키기 위한 조치라고 설명하였으나, 이는 공영 자전거의 유료화에 따른 이용자 편입을 위한 방편에 불과하다. △△시의 공영 자전거 사업이 지속적으로 발전하기 위해서는 자전거를 이용하는 시민이 증가해야 하는데, 이를 위해서는 자전거 동호회 양성이 필수적이다. 다시 말해 공영 자전거 사업의 활성화를 위한 보조금 지급 중단이 오히려 자전거 대중화에 부정적인 영향을 주고 있다.

① 矯角殺牛(교각살우)　② 左顧右眄(좌고우면)　③ 骨肉相爭(골육상쟁)　④ 朝三暮四(조삼모사)

07 다음 ㉠~㉤을 바르게 고쳐 쓴다고 할 때, 적절하지 않은 것의 개수는?

- ㉠(웃어른 → 윗어른)과 대화할 때는 높임말을 사용하여 공손하게 표현해야 한다.
- 강아지를 목욕시키다가 물이 튀어 바지와 ㉡(웃도리 → 윗도리)가 모두 젖어 버렸다.
- 작년에 신축된 이 건물은 계단과 엘리베이터를 이용하여 ㉢(윗층 → 위층)으로 올라갈 수 있다.
- 온돌방에서 아궁이로부터 상대적으로 먼 ㉣(윗목 → 웃목)은 불길이 닿지 않아 온도가 낮은 편이다.
- 폭염에 무거운 짐을 나르느라 고생한 이삿짐 업체에 수고비로 ㉤(웃돈 → 윗돈)을 얹어 전달하였다.

① 0개　② 1개　③ 2개　④ 3개

08 행정안전부에서 근무하는 귀하가 작성한 직업 안전 수칙의 초안이 다음과 같을 때, 수정이 필요한 부분으로 가장 적절하지 않은 것은?

일반 안전 수칙	• 작업할 때는 규정된 복장 및 보호구를 착용한다. • 기계 및 작업기구는 시험 운전을 충분히 한 후 사용한다. • 작업장 및 안전통로는 주변을 항상 정리한다. • 인화 물질 또는 폭발물이 있는 장소에는 화기 취급을 엄금한다. • 위험표시 구역은 담당자 외 무단출입을 금한다. • 담배는 지정된 흡연 장소에서만 피우며, 음주 후 또는 숙취 상태에서는 작업을 금한다. • 모든 기계는 담당자 외 취급을 금하며, 사전 승인 없는 화기 취급은 절대 엄금한다. • 작업장 내에서는 장난하거나 뛰어다녀서는 ㉠안된다. • 모든 전선은 전기가 통한다고 생각하고 감전 사고에 주의한다. • 기계 가동 중에 청소, 측정, 정비 등을 하지 않고, 칩이나 부품을 제거하지 않는다.
생활 속의 직업 안전 실천 수칙	• 작업장의 특성에 따라 필요한 안전수칙을 ㉡준수함으로써 부주의한 행동으로 인한 사고가 발생하지 않도록 한다. • 옷, 소매 등은 작업에 ㉢방해되어지지 않도록 단정히 하고, 항상 산업 현장에서 정한 작업 복장으로 근무에 들어가야 한다. • 작업장에서는 사고에 따른 부상을 최소화하기 위해 쉬는 중에도 안전모 및 안전 보호구를 항상 착용해야 한다. • 작업장에서는 물건에 걸려 넘어지거나 미끄러지지 않도록 작업 종료 후 항상 정리 정돈을 해야 하며, 작업 이동 경로에서는 이물질이나 방해물이 없는지 주위를 살펴야 한다. • 피곤이나 숙취 등으로 인해 사고가 발생하지 않도록 작업 전 가벼운 운동으로 정신을 맑게 유지해야 한다. • 작업장 및 작업 기계에는 안전 표지판을 ㉣계시하고, 작업자는 이를 숙지해야 한다.

① ㉠　② ㉡　③ ㉢　④ ㉣

09 다음 글을 읽고 수정이 필요한 부분으로 가장 적절하지 않은 것은?

체외수정 시술이라고도 불리는 시험관 아기 시술은 여성의 난소에서 배란 직전의 난자를 채취하여 시험관에서 정자와 수정시킨 후, 수정된 배아를 자궁에 이식하여 착상을 유도하는 방식의 불임 치료 방법이다. 여성의 난관은 정자와 난자가 만나 수정이 이루어지는 장소인데, 그 역할을 체외에서 시험관이 대신한다고 생각하면 된다. 예전에는 난관이 없거나 양쪽 난관이 모두 막힌 여성들은 임신이 불가능했지만 시험관 아기 시술이 시행된 이후 기존에 불임 판정을 받았던 여성들도 임신할 수 있게 되었다. 기술이 발달한 오늘날에는 성공률도 ㉠ 30~40%가량 되어 자연 임신이 어려운 부부들에게 희망을 주고 있다. 이렇게 시험관 아기 시술이 오늘날처럼 발전할 수 있었던 데에는 로버트 에드워즈 박사의 공로가 컸다. ㉡ 우리나라에서는 서울대 병원의 장윤석 박사팀에 의해 1985년 첫 시험관 아기가 탄생했다. 에드워즈 박사는 1952년에 영국 에든버러 대학에서 동물유전학 박사 과정을 시작했는데, 당시 포유류의 초기 배아 발달과정에 대해 관심을 두었던 그는 인간 난자 연구에도 관심을 두게 되었다. 그리고 1960년부터는 체외수정에 성공한다면 그 원리를 불임 환자 치료에 이용할 수 있을 것이라는 생각으로 인간 난자의 체외 성숙 과정과 수정, 난자를 체외에서 키울 때 필요한 배양액 연구에 ㉢ 탐독했다. 이러한 가운데 산부인과 의사인 패트릭 스텝토 박사가 배에 작은 구멍을 뚫어 비교적 쉽게 난자를 채취하는 방안을 고안해 냈고, 이에 힘입은 에드워즈 박사는 1969년 인간 난자의 체외 수정에 성공했다. 이후 에드워즈 박사와 패트릭 스텝토 박사는 영국 올덤(Oldham)병원에서 체외수정 시술을 통한 불임 환자 치료를 ㉣ 개시하기 시작했다. 시행착오를 거듭하던 두 사람은 1977년에 체외수정 시술로 양측 난관이 없어 불임이었던 레슬리 브라운 부인의 임신을 성공시켰고, 이듬해 7월 25일 마침내 인간 최초의 시험관 아기인 루이스 브라운이 태어났다. 일각에서는 인공수정으로 태어난 그녀가 성장하여 자연 임신을 할 수 있을지에 대한 우려를 보내기도 하였다. 하지만 루이스 브라운은 자연 임신을 하여 2006년에 건강한 남자 아기를 출산했고, 비로소 일부 사람들이 시험관 아기에 대하여 가졌던 우려도 잠재울 수 있었다.

① 띄어쓰기가 틀렸으므로 ㉠을 '30~40% 가량'으로 띄어 쓴다.
② ㉡은 전체적인 글의 흐름에 맞지 않으므로 삭제한다.
③ 앞 단어와의 호응을 고려하여 ㉢을 '몰두'로 수정한다.
④ ㉣은 같은 의미가 중복해서 사용되었으므로 '시작했다'로 수정한다.

10 다음 밑줄 친 단어의 쓰임이 적절하지 않은 것은?

㉠ 매일 일기를 쓰며 하루를 반측하고 해이해지려는 마음을 다잡았다.
㉡ 홍 부장은 이사진을 설득하여 마침내 본인의 의견을 관철하였다.
㉢ 이번 문제를 해결하기 위해서는 특단의 조치를 마련해야만 한다.
㉣ 감사 이후 권 과장은 직무 유기의 사유로 면직 처분을 받게 되었다.

① ㉠ ② ㉡ ③ ㉢ ④ ㉣

11 다음 문장을 논리적 순서대로 알맞게 배열한 것은?

(가) 보건복지부는 이러한 아동학대의 문제점을 고려하여 2014년 아동학대 범죄의 처벌 등에 관한 특례법을 시행하였으며 이를 통해 국가 차원의 아동학대 대응체계를 구축하였다.
(나) 게다가 아동학대는 가정 폭력을 경험한 이들이 성인이 된 후, 부모의 학대를 자녀에게 대물림하는 2차적인 문제를 양산할 수도 있다.
(다) 아동학대 행위는 우선적으로 피해 아동에게 외상, 영양 결핍에 의한 발육부진, 장애 등의 후유증을 겪게 하는 것은 물론, 심한 경우 사망에 이르게 하는 문제를 야기할 수 있다.
(라) 그러나 아동학대의 근원적 해결을 위해서는 법적인 장치를 마련하는 것 이외에도 아동학대를 가족 내부의 문제로만 여기는 잘못된 사회적 인식에 대한 개선이 이루어져야 할 것이다.

① (가) - (다) - (라) - (나)
② (가) - (라) - (나) - (다)
③ (다) - (가) - (나) - (라)
④ (다) - (나) - (가) - (라)

12 다음 문장을 논리적 순서대로 알맞게 배열한 것은?

(가) 이것은 생체모방기술에 관한 가장 유명한 사례로 꼽힌다.
(나) 스위스의 엔지니어 메스트랄은 산책하러 나갔다가 도꼬마리 씨앗이 자신의 옷과 개의 털에 달라붙어 있는 것을 발견한다.
(다) 생체모방기술은 자연의 순환 고리 안에서 적자생존을 이루어낸 생물체를 모방의 대상으로 삼는다는 점에서 이미 검증 완료된 효용성을 보장하기 때문에 다양한 분야에서의 활용이 기대되는 분야이다.
(라) 생체모방기술이란 자연의 구조, 원리, 시스템을 모방하여 신기술을 개발하는 학문이다.
(마) 메스트랄은 이것을 보고 미세 갈고리와 원형 고리로 구성된 벨크로를 발명했고, 흔히 '찍찍이'라 불리는 벨크로는 오늘날까지도 옷이나 신발, 가방에 단추나 지퍼 대신 널리 사용되고 있다.

① (나) - (가) - (라) - (다) - (마)
② (나) - (마) - (가) - (라) - (다)
③ (라) - (나) - (마) - (다) - (가)
④ (라) - (다) - (가) - (마) - (나)

[13-14] 다음 글을 읽고 각 물음에 답하시오.

별과 별 사이의 공간에는 수많은 가스와 티끌이 구름 모양으로 모여 있는 성운(星雲)이 있다. 성운은 별 수백 개를 합한 정도의 큰 질량을 가지고 있는 경우도 있지만, 매우 넓은 공간에 흩어져 있기 때문에 밀도가 매우 낮아 실제로 성운을 보더라도 해당 공간은 텅 빈 것처럼 보일 수 있다. 특히 성운은 알갱이 혹은 티끌 상태로 존재하기도 하고, 수소나 헬륨, 산소, 질소와 같이 완전히 다른 성질을 가진 기체로도 구성되어 있어 우리에게 각각 다른 모습으로 관찰된다.

우주에서 가스와 티끌이 중력의 영향으로 모이게 되면 온도가 상승하고 그 안에서 별이 탄생하기 때문에 성운은 별의 근원으로 여겨지기도 하고, 별이 죽으면 다시 가스와 티끌로 우주에 흩어지기 때문에 별의 소멸과도 관련이 있다. 다만, 성운이 주변의 별을 가리기도 하고 별에서 방출되는 에너지를 받아서 빛을 내기도 하는 등 다양한 형태로 존재한다는 점에서 빛을 내는 방법에 따라 발광 성운, 반사 성운, 암흑 성운으로 분류된다.

우선 발광 성운은 휘선 성운 혹은 방출 성운이라고도 불리는데, 높은 온도의 별로부터 자외선을 받은 가스가 이온화하여 빛을 발하는 성운을 말한다. 대개 고온의 별이 성간에 존재하는 가스 가까운 곳에 있거나 고온의 별에서 복사되는 자외선의 영향으로 수소 가스가 들뜨게 되면 빛을 낸다. 반사 성운은 성운 자체가 빛을 내지는 않지만 주변에 있는 고온의 별로부터 받은 빛을 반사하여 흡사 스스로 빛을 내는 것처럼 보이며, 가스와 티끌로 구성되어 있다. 주로 붉은빛을 내는 발광 성운과 달리 반사 성운은 푸른빛을 띠게 된다. 암흑 성운은 스스로 빛을 내지 않고 성운 뒤편에 있는 별이나 발광 가스를 막아서 검은 덩어리나 띠 형태로 관찰되는 성운이다. 밝은 빛의 성운이나 별 앞에 먼지와 티끌로 구성된 높은 밀도의 물질이 본인과 대비되는 빛을 차단하기 때문에 검은 실루엣처럼 보이게 된다.

한편, 발광 방법이 아니더라도 성운은 모양에 따라서 행성상 성운, 초신성의 잔해, 산광 성운으로 구분되기도 한다. 행성상 성운은 원판 모양, 반지 모양과 같이 다른 성운에 비해 상대적으로 명확한 형상을 띠는 것이 많아 작은 망원경으로 관찰할 경우 행성처럼 보이기도 한다. 이로 인해 행성상 성운이 발견되었을 당시에는 행성과의 명확한 구분이 어려워 최초의 관측자에 의해 행성상 성운이라고 이름 붙여졌으나 실제로는 행성과 관련이 없다. 일반적으로 중심부에 고온의 중심별이 있고, 항성 진화의 마지막 단계에서 별의 바깥층이 서서히 나뉘어 떨어지면서 가스체가 되는 것으로 짐작된다.

초신성의 잔해는 말 그대로 초신성이 발생한 후에 생긴 잔해로 구성된 가스 성운이다. 초신성은 높은 질량의 항성이 수명을 다하여 더 이상 핵융합을 할 수 없게 되면 발생한다. 항성의 안쪽으로 떨어지는 기체가 다시 밖으로 나오며 뜨거워지고 항성의 중심부에서 바깥쪽으로 팽창하며 별이 폭발하는데, 이때 초신성의 잔해는 팽창하는 가스 표면으로부터 형성되어 중심부터 바깥쪽으로 퍼지는 모습으로 나타나게 된다. 산광 성운은 행성상 성운과는 다르게 처음부터 성간 가스와 먼지가 모여서 이루어지는데, 모양이 불규칙하고 지름이 수십 광년에 이를 정도로 크다. 성운이 보통 가스와 티끌로 이루어진 것이므로 성운을 설명할 때 보편적으로 말하는 성운은 대부분 산광 성운으로 보는 것이 옳다.

13 윗글의 제목으로 가장 적절한 것은?

① 성운의 구성 기체에 따른 발광 색의 차이점
② 성운의 관찰 방법과 관찰 방법별 장단점
③ 성운의 형성 원리와 분류에 따른 특징
④ 성운의 질량과 발광 방법 간의 상관관계

14 윗글의 내용과 일치하지 않는 것은?

① 질량이 높은 항성의 수명이 끝나 더 이상의 핵융합이 불가능한 상태에 이르면 초신성이 일어난다.
② 반사 성운은 주위의 별에서 받은 빛을 흡수하는 방법으로 빛을 내며, 그 빛은 붉은색을 띤다.
③ 성운의 존재를 육안으로 관찰하기 어려운 이유는 성운이 넓은 공간에 퍼져 있기 때문이다.
④ 행성과 행성상 성운 간 유사점은 없으나 망원경으로 관찰 시 행성상 성운을 행성으로 착각하기도 한다.

[15-16] 다음 글을 읽고 각 물음에 답하시오.

지식산업 사회로의 변화, 정보화, 디지털화를 이끄는 4차 산업혁명이 진행되면서 현대 사회는 국가 간, 산업 간의 경계가 무너지고 엄청난 변동성과 불확실성, 복잡성, 모호성을 띠게 되었다. 즉, 시간이 흐를수록 미래를 예측하는 것이 점점 더 어려워지고, 조직을 둘러싼 이해관계자들의 요구는 더욱 복잡하고 빈번해지고 있다. 이에 따라 최근에는 처음부터 완벽한 계획을 수립하여 절차대로 시행하는 종전의 조직 운영 방식이 아니라 상황에 따라 언제든 의사 결정을 수정하고 보완할 수 있는 조직 운영 방식이 요구되고 있다.

그러나 수직적, 보수적, 권위적인 기존 한국의 조직 문화는 경쟁이 치열하고 예측할 수 없을 정도의 빠른 환경 변화를 보이는 오늘날의 상황에 부적합하다는 지적이 계속해서 제기되어 왔다. 따라서 그 대안으로서 협력과 실행, 개방과 효율성, 속도와 민첩성으로 대표되는 애자일(Agile) 조직이 많은 관심을 받고 있다. 애자일 조직은 부서 간 경계를 허물고 구성원 개개인에게 의사 결정 권한을 부여함으로써 불확실성이 높은 상황 변화에 기민하게 대응하고 빠르게 성과를 도출하는 것을 목표로 한다.

애자일 조직은 전통적인 피라미드 조직 대신 필요에 의해 협업하는 자율적인 소규모 조직을 기반으로 자원을 배분한다. 또한 수직적인 조직 구조가 아니라 구성원 개개인의 주인 의식을 중시하는 수평적인 조직을 표방하며, 리더는 전문가로서 자신의 업무를 수행함과 동시에 조직을 지원하고 조율하는 역할을 수행한다. 따라서 애자일 조직을 형성하기 위해 가장 먼저 해야 할 일은 경계 없는 조직 문화를 형성하는 것이다. 사내 동호회나 워크숍 등은 함께 일하는 동료뿐만 아니라 자주 마주치지 않는 직원들과도 활발하게 의사소통할 수 있는 환경을 마련할 수 있다는 점에서 큰 도움이 된다.

그리고 애자일 조직은 1년 이상의 장기적인 계획이 아니라 월 단위의 단기 계획을 수립하며, 사전 분석과 기획을 최소화하는 대신 시제품 등을 통해 외부 상황의 변화와 피드백을 지속적으로 반영함으로써 업무의 완성도를 높여간다는 특징이 있다. 그러므로 업무를 진행함에 있어 (   ) 이 중요하다. 애자일 조직은 제한된 시간 안에 무엇이든 만들어 내도록 독려함으로써 언제 어떻게 바뀔지 모르는 상황에 빠르게 대응할 수 있도록 만든다. 이때 구체적인 기간은 업무 특성에 따라 달라질 수도 있지만, 애자일 조직은 프로젝트당 평균 2주에서 아무리 길어도 한 달이 넘지 않도록 마감 기한을 설정한다.

15 윗글의 내용과 일치하지 않는 것은?

① 애자일 조직에서 리더는 조직을 조율하고 지원하는 업무와 개인의 업무를 동시에 수행해야 한다.
② 애자일 조직은 외부의 변화와 피드백을 반영하는 과정을 통해 업무의 완성도를 높인다는 특징이 있다.
③ 오늘날 조직 운영 방식은 계획을 완벽하게 수립한 뒤 절차에 따라 그대로 시행하는 것을 중시한다.
④ 불확실성과 변동성에 대응하기 위해 애자일 조직은 의사 결정 권한을 구성원 개개인에게 부여한다.

16 윗글의 빈칸에 들어갈 말로 가장 적절한 것은?

① 사전에 최대한 많은 자료를 수집하는 것
② 명확한 업무 마감 기한을 설정하는 것
③ 구체적인 프로젝트 목표를 수립하는 것
④ 업무 진행 상황을 시각화하여 공유하는 것

17 다음 글의 빈칸 ㉠~㉢에 들어갈 접속어를 순서대로 나열한 것은?

평소에 시도 때도 없이 졸거나 본인의 의지와는 관계없이 갑자기 잠에 빠져드는 기면증은 성인의 약 0.02~0.18%에서 나타날 정도로 예상외로 흔한 질환임에도 본인이 기면증인지 모르고 평생을 사는 사람도 상당히 많다. 잠드는 것만으로는 병이라는 생각을 쉽게 하지 않을뿐더러 기면증이 특별한 통증이 있는 질환이 아니고, 합병증을 유발하지 않기 때문이다. (㉠) 영화나 드라마에서 기면증 환자가 일상생활을 하다가 갑자기 쓰러져 잠드는 장면을 자주 노출하면서, 기면증 환자에 대한 이미지가 각인되어 해당 증상이 없는 환자는 병원을 찾지 않는 것으로 알려졌다. (㉡) 흥분하거나 긴장했을 때 운동 근육이 이완되어 쓰러지는 탄력발작을 실제로 경험하는 환자는 전체 환자 중 약 1%에 지나지 않는다. 기면증 진단을 늦게 받을수록 환자는 수년 동안 졸음을 이겨내야 하는 상황을 홀로 견디면서 우울증을 앓거나 활동량 부족으로 신체적인 건강을 해치기도 한다. (㉢) 느닷없이 심각한 졸음이 밀려오는 증상이 3개월 이상 계속되면 신속히 병원을 방문해야 한다. 기면증은 뇌에서 각성을 유도하는 신경 전달 물질 하이포크레틴을 만드는 시상 하부의 신경 세포체가 부족하여 발생하며, 유전적인 요인과 환경적인 요인 모두 원인으로 작용한다. 줄기세포 외에 기면증을 완치할 수 있는 방법은 아직 존재하지 않지만, 모다피닐과 같은 약물 치료를 통해 일상에 영향이 가지 않도록 증상을 조절할 수 있다.

① 그리고 – 아울러 – 따라서
② 게다가 – 그러나 – 가령
③ 또한 – 하지만 – 그러므로
④ 그런데 – 더구나 – 한편

18 다음 글의 서술상 특징으로 가장 적절하지 않은 것은?

인류는 선사 시대부터 바닥에 나뭇가지를 꽂고 태양 그림자로 시간을 예측하는 원시적인 방식의 해시계를 이용했다. 해시계는 태양의 일주 운동과 공전 운동에 따라 달라지는 그림자의 길이를 관찰하여 하루와 일 년의 길이를 측정한다. 고대 그리스, 중국, 이집트 등에서 해시계를 제작하여 사용한 흔적이 남아 있으며, 우리나라도 기원전부터 해시계를 사용했을 것으로 추정된다. 우리나라에 현존하는 가장 오래된 해시계는 7세기경 통일신라 시대의 것이지만, 〈삼국사기〉에 고구려와 백제에 해시계를 관리하는 관직이 있었다는 기록이 남아 있어 삼국 시대에도 해시계가 사용됐음을 확인할 수 있다.

우리나라의 대표적인 해시계로 알려진 것은 조선 세종 때 만들어진 '앙부일구'이다. 앙부일구의 앙부는 '하늘을 우러르는(仰) 가마솥(釜)' 같다는 의미로 해시계의 모양을 나타내고, 일구는 '해(日)의 그림자(晷)'를 측정한다는 의미로 해시계의 역할을 상징한다. 앙부일구가 처음 제작된 것은 1434년(세종 16년)으로, 세종은 해시계를 한양 중심가에도 설치하여 길을 오가는 백성들이 시간을 확인할 수 있도록 하였다. 세종은 글을 모르는 백성도 시계를 볼 수 있길 바랐기 때문에 시계의 각 시간에 한자 대신 12지신의 그림을 그려 백성들이 쉽게 시간을 알 수 있도록 했다. 다만 세종 때의 앙부일구는 소실되어 현재는 시간을 한자로 기입한 조선 시대 후기의 것만 남아 있다.

앙부일구는 기본적으로 시곗바늘에 해당하는 영침과 바닥에 해당하는 시반면으로 구성된다. 영침은 끝이 북쪽을 향하고 있는 뾰족한 막대기 모양으로, 시반면에 그림자를 드리워 시간을 읽을 수 있도록 한다. 시반면의 내부에는 시각선과 절기선이 그려져 있다. 시각선은 시간을 알 수 있는 7개의 가로선으로 묘시(時), 진시, 사시, 오시, 미시, 신시, 유시에 해당한다. 앙부일구는 해시계이기 때문에 태양 그림자가 생기지 않는 밤 시간인 술시, 해시, 자시, 축시, 인시는 표시하지 않았다. 절기선은 절기를 알 수 있는 13개의 세로선으로 선의 양쪽 끝에 24절기가 새겨져 있다. 춘분과 추분에 해당하는 적도선을 중심으로 가장 북쪽에 동지선이, 가장 남쪽에 하지선이 위치한다. 절기가 여름에서 겨울로 변하면 그림자가 남쪽에서 북쪽으로 길게 늘어지는 원리를 따르는 것이다.

이러한 앙부일구는 우리나라의 뛰어난 과학 기술을 증명하는 중요한 문화재이다. 우선, 앙부일구는 시간과 절기를 동시에 확인할 수 있어서 시계이자 달력의 역할을 했다. 또한, 앙부일구는 사용법이 매우 간단하고 편리했는데, 영침 그림자의 끝이 가리키는 가까운 선을 읽기만 하면 시간과 날짜를 알 수 있었다. 앙부일구의 가치는 모양에서도 찾을 수 있다. 해시계는 세계 각국에서 다양한 형태로 제작되어 사용되었으나, 오목한 형태로 만들어진 해시계는 앙부일구가 유일하다. 태양 그림자는 시간에 따라 길이가 달라지므로 보통의 해시계는 숫자판의 간격이 일정하지 않다. 앙부일구는 이를 보완하여 태양 그림자가 드리워지는 시반면을 오목하게 제작했고, 여타 해시계와 다르게 숫자판이 시반면의 둘레에 일정한 간격으로 배치되어 있다.

① 서술 대상을 정의 내리면서 형태와 용도까지 함께 소개하고 있다.
② 실제 사료를 근거로 제시하여 설명에 대한 신뢰를 높이고 있다.
③ 서술 대상의 구성요소를 분석하고 각 요소의 특징을 설명하고 있다.
④ 가설을 설정한 후 이를 구체적인 현상에 적용하고 있다.

[19-20] 다음 글을 읽고 각 물음에 답하시오.

다문화 가정은 국적, 인종, 문화가 서로 다른 사람들로 이루어진 가정을 일컫는 말로, 국제결혼 가족, 혼혈아 등 차별적이고 부정적인 느낌을 주는 용어를 대체하기 위해 등장했다. 한국의 다문화 가정은 우리와 다른 민족 또는 다른 문화적 배경을 가진 사람들이 포함된 가족을 총칭하는 용어로, 크게 국제결혼 가정, 외국인 근로자 가정, 기타 이주민 가정으로 구분할 수 있다. 국제결혼 가정은 한국인 아버지와 외국인 어머니 혹은 외국인 아버지와 한국인 어머니 그리고 그 사이에서 태어난 자녀로 구성된 가정을 말한다. 외국인 근로자가 한국에서 결혼했거나 본국에서 결혼한 후 한국으로 이주했다면 외국인 근로자 가정에 해당하고, 북한 이탈 주민과 그들의 자녀로 구성된 가정이나 유학생 가정은 기타 이주민 가정에 해당한다.

최근 통계청이 발표한 자료에 따르면 전체 국내 출생아 중 다문화 출생아의 비중은 6년 사이 약 1.5%p 증가하였으며, 그 수는 100만 명 이상인 것으로 집계되었다. 낮은 출산율과 초고령화 사회로 부족해진 노동력을 보충하기 위해 외국인 노동자 유입이 늘어남에 따라 국제결혼이 증가하면서 다문화 가정이 함께 증가하는 것으로 분석하고 있다. 그러나 여전히 다문화 가정은 우리 사회에서 여러 고충을 겪고 있다. 가족 간 언어 차이로 인해 소통에 어려움을 겪거나 문화적 차이로 인해 자녀 양육에서 비롯되는 부부 갈등이 대표적이며, 사회적 차별에 의해 다문화 가정의 자녀가 학교에 잘 적응하지 못하여 또래보다 발달이 늦어지는 문제가 발생하기도 한다. 이에 따라 국가 차원의 지원과 사회적 인식의 개선이 절실한 상황이다. 서로 다른 문화를 이해하고 받아들일 수 있도록 우리나라의 문화와 언어, 예절 등을 가르쳐주는 프로그램 등 정책적인 지원이 마련되어야 하며, 사회 전체적으로 다문화 가정을 받아들이는 인식을 가질 수 있도록 국가적인 대책과 방안이 요구된다.

19 윗글의 중심 내용으로 가장 적절한 것은?

① 다문화 가정을 차별성이 드러나는 용어로 불러서는 안 된다.
② 계속해서 늘어나고 있는 다문화 가정이 마주할 수 있는 문제에 대한 해결책이 필요하다.
③ 다문화 가정의 범위는 국제결혼 가정에서 기타 이주민 가정까지 계속해서 넓어지고 있다.
④ 다문화 가정의 자녀들이 겪는 사회적 차별의 심각성을 항상 인지하고 있어야 한다.

20 윗글의 내용과 일치하지 않는 것은?

① 우리나라 전체 인구 중 노인 인구가 차지하는 비중의 증가는 다문화 가정의 증가에 영향을 미쳤다.
② 사회적 차별을 경험하는 다문화 가정의 아이들은 또래 아이보다 발달이 더딜 가능성이 있다.
③ 자국에서 결혼하여 낳은 자녀를 데리고 한국으로 이민을 온 미국인은 다문화 가정이라고 볼 수 없다.
④ 한국과 다른 문화적 배경을 가진 사람이 가족 구성원 중 1명 이상이라면 다문화 가정으로 구분할 수 있다.

21 **인사팀에 소속되어 직원 교육을 담당하는 귀하는 이번 달에 입사한 신입사원을 대상으로 직장에서의 올바른 의사소통 방법에 관한 강의를 진행하였다. 강의를 마친 후 강의 내용에 대해 신입사원끼리 간단하게 이야기하는 시간을 가졌다고 할 때, 다음 중 강의의 내용을 가장 잘못 이해한 사람은?**

① A 사원: 저는 누군가의 잘못에 대해 지적할 때는 이전부터 누적된 잘못들을 모두 언급하여 통찰력 있게 반성할 수 있도록 도와줘야 한다는 사실을 새롭게 알게 되었어요.

② B 사원: 경청 방법에 대한 내용도 좋았어요. 저는 상대방의 의견이 제 의견과 상충하면 말을 가로채서 종종 언쟁이 일어나고는 했는데, 앞으로는 다른 의견도 수용하는 태도를 가지려고 해요.

③ C 사원: 저는 가끔 의사소통할 때 제 의도와 다르게 전달되어 오해가 생기기도 해서, 제 메시지가 실제로 어떻게 해석되는지 상대의 반응을 묻거나 살펴야 한다는 점을 배웠어요.

④ D 사원: 저는 부탁하는 것을 어려워하는데, 누군가에게 업무를 부탁하거나 위임할 때는 기간, 비용 등 구체적이고 명확한 내용을 제시하여 업무에 차질이 생기지 않도록 주의해야겠다고 생각했어요.

22 ○○관광공사의 홍보팀 한 대리는 출장으로 인해 업무 회의에 참석하지 못하여 다음날 회의록을 통해 회의 내용을 확인하였다. 이때, 한 대리가 최우선으로 완료해야 할 행동으로 가장 적절한 것은?

회의록					
회의 일시	20XX년 5월 11일(월) 10:00~12:00	팀명	홍보팀	작성자	김 사원
참석자	이 팀장, 양 주임, 김 사원				
회의 내용	1. 스타트업 마케팅 지원 사업 추진 일정 1) 사업 홍보 및 참여기업 모집 - 사업 홍보 온라인 포스터 제작 ※ 디자인 시안 최종 컨펌은 제작 마감일 이틀 전까지 완료해야 함(담당자: 한 대리) - 사업 모집 공고 2) 사업 참여기업 선정 - 기획팀 담당자와 함께 제품의 시장 경쟁력 및 성장 가능성 검토하여 선정 ※ 참여기업 선정을 위한 홍보팀·기획팀 담당자 미팅(5/19(화) 14시) 3) 패널 공개 모집 - 선정 기업의 제품 리뷰를 위한 패널 모집 공고 4) 패널 선정 및 제품 발송 - 선정 기업의 목표 고객군 고려하여 패널 선정 후 제품 발송 ※ 제품 발송 시 패널 리뷰 가이드라인을 함께 발송함 5) 패널 SNS 리뷰 데이터 정리 - 패널 SNS 리뷰 검토 후 고객 경험 연구를 위한 유의미한 정보 데이터화 6) 고객 경험 연구 보고서 작성 - SNS 리뷰 데이터 바탕으로 작성					
결정사항	내용	담당자	진행 일정		
	사업 홍보 온라인 포스터 제작	양 주임	~5/15(금) 16시		
	사업 모집 공고	양 주임	~5/15(금) 18시		
	사업 참여기업 선정 및 리스트 작성	한 대리	~5/20(수) 17시		
	패널 모집 공고	양 주임	~5/29(금) 15시		
	패널 리뷰 가이드라인 작성	한 대리	~6/3(수) 11시		
	패널 선정 및 제품 발송	김 사원	~6/5(금) 10시		
	리뷰 검토 및 데이터 정리	김 사원	~6/15(월) 18시		
	고객 경험 연구 보고서 작성	이 팀장, 한 대리	~6/29(월) 18시		
특이사항	신입사원 비전 교육: 5/15(금) 14:00~16:00 (담당자: 한 대리)				

① 기획팀과 논의하여 선정한 사업 참여기업의 목록을 팀장에게 보고한다.
② 패널 리뷰 관련 데이터를 전달받아 고객 경험 연구 보고서를 작성한다.
③ 사업 홍보 및 참여기업 모집을 위한 홍보물 디자인 시안의 컨펌을 완료한다.
④ 신입사원 비전 교육을 위해 교육 자료를 제작하여 관련 대상자에게 배포한다.

23 유지와 수정이는 서로 다른 주사위 2개를 동시에 던져 나온 수의 합만큼 말이 정오각형의 다음 꼭짓점으로 이동하는 게임을 하고 있다. 유지와 수정이의 말은 모두 A 꼭짓점에서 시작하여 자기 차례가 되면 반시계 방향의 바로 다음 꼭짓점으로 주사위 2개를 동시에 던져 나온 수의 합만큼 이동한다. 수정이가 자기 차례에 게임을 했을 때, 첫 번째 시도에서 말이 B 꼭짓점에 도착하는 경우의 수는?

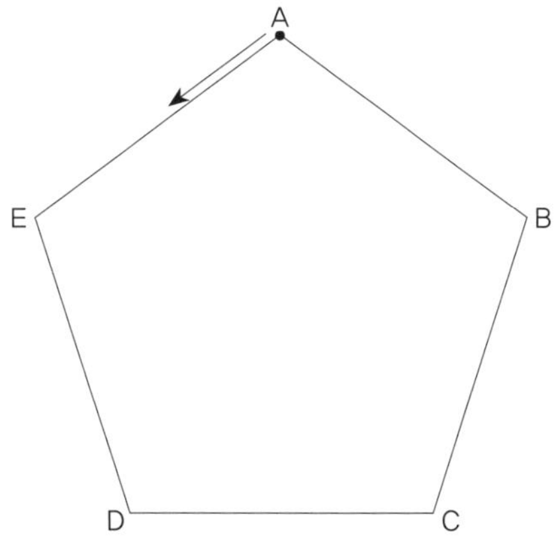

① 2가지　　② 4가지　　③ 5가지　　④ 7가지

24 가로와 세로의 길이가 동일한 정사각형 모양의 토지가 있다. 이 토지의 각 꼭짓점 부분에 나무를 1그루씩 총 4그루를 먼저 심고, 가로 간격은 2m, 세로 간격은 1m로 나무를 추가로 심어 정사각형 모양의 토지 전체에 나무를 심었다. 토지 전체에 심은 나무가 총 3,160그루일 때, 토지의 면적은?

① $5{,}929\text{m}^2$　　② $6{,}084\text{m}^2$　　③ $6{,}241\text{m}^2$　　④ $6{,}400\text{m}^2$

25 3층에 근무하는 전체 인원 60명 중 12명은 안경을 착용한다. 3층에 근무하는 남자 인원의 $\frac{1}{4}$과 여자 인원의 $\frac{1}{6}$이 안경을 착용한다고 할 때, 3층에 근무하는 안경을 착용한 남자 인원은?

① 5명 ② 6명 ③ 24명 ④ 29명

26 다음은 N 회사 직원 10명의 연봉을 나타낸 자료이다. 기획팀 직원 연봉의 분산을 X, 개발팀 직원 연봉의 중앙값을 Y만 원, 영업팀 직원 연봉의 평균을 Z만 원이라고 할 때, $2Z-\frac{X}{100}-Y$의 값은?

구분	A	B	C	D	E	F	G	H	I	J
	기획팀	개발팀	기획팀	영업팀	영업팀	개발팀	기획팀	영업팀	개발팀	영업팀
연봉(만 원)	3,000	5,200	4,500	3,800	2,700	3,500	3,900	5,400	4,350	4,500

① 50 ② 100 ③ 150 ④ 200

27 서로 다른 1,000원짜리 컵라면 2개와 서로 다른 500원짜리 봉지라면 3개가 들어 있는 상자가 있다. 이 상자에서 라면 3개를 꺼냈을 때, 꺼낸 라면들의 가격의 합이 2,000원인 경우의 수는?

① 2가지 ② 4가지 ③ 6가지 ④ 12가지

28 $x=\sqrt{3}$, $y=\sqrt{2}$일 때, $\frac{x}{x-y}+\frac{y}{x+y}-1$을 계산하면 얼마인가?

① $\sqrt{3}$　② $\sqrt{6}$　③ $2\sqrt{3}$　④ $2\sqrt{6}$

29 $\frac{2}{3-\frac{2}{1+\frac{1}{\sqrt{5}}}}$를 간단히 나타낸 식은?

① $\sqrt{5}-1$　② $\sqrt{5}+1$　③ $-1-\sqrt{5}$　④ $1-\sqrt{5}$

30 1부터 9까지의 숫자가 적힌 9장의 숫자 카드에서 3장의 카드를 중복되지 않도록 무작위로 뽑았을 때, 카드 3장에 적힌 숫자의 곱이 360 이상일 확률은?

① $\frac{1}{126}$　② $\frac{1}{28}$　③ $\frac{1}{21}$　④ $\frac{5}{84}$

31 세영, 나은, 지수가 취업 강의에 필요한 PPT 자료를 제작하려고 한다. 세영이와 나은이가 함께하면 12일이 걸리고, 나은이와 지수가 함께하면 9일이 걸리고, 지수와 세영이가 함께하면 18일이 걸릴 때, 세 명이 함께 하여 PPT 자료를 제작하는 데 걸리는 기간은?

① 4일 ② 5일 ③ 6일 ④ 8일

32 다음은 202X년도의 종합소득 과세표준에 따른 세율을 나타낸 자료이다. 갑의 종합소득 과세표준이 1억 4,000만 원이고, 을의 종합소득 과세표준이 1억 6,000만 원일 때, 갑과 을의 종합소득 산출세액의 차이는?

[종합소득 과세표준별 세율]

과세표준	세율
1,200만 원 이하	과세표준의 6%
1,200만 원 초과 4,600만 원 이하	72만 원+(과세표준−1,200만 원)×0.15
4,600만 원 초과 8,800만 원 이하	582만 원+(과세표준−4,600만 원)×0.24
8,800만 원 초과 1억 5,000만 원 이하	1,590만 원+(과세표준−8,800만 원)×0.35
1억 5,000만 원 초과 3억 원 이하	3,760만 원+(과세표준−1억 5,000만 원)×0.38
3억 원 초과 5억 원 이하	9,460만 원+(과세표준−3억 원)×0.40
5억 원 초과 10억 원 이하	1억 7,460만 원+(과세표준−5억 원)×0.42
10억 원 초과	3억 8,460만 원+(과세표준−10억 원)×0.45

※ 종합소득 산출세액은 해당하는 과세표준 구간의 세율을 적용하여 계산한 금액을 의미함

① 700만 원 ② 730만 원 ③ 760만 원 ④ 800만 원

33 9 이상 26 미만의 자연수 x, y, z의 합은 47이고, 곱은 3,600일 때, $x^2+y\times z\div 2$의 값은? (단, $x<y<z$)

① 280 ② 294 ③ 345 ④ 1,380

34 다음 숫자가 규칙에 따라 나열되어 있을 때, 빈칸에 들어갈 알맞은 것을 고르면?

−3 −1 −5 3 −13 19 −45 ( )

① 47 ② −59 ③ 83 ④ −91

35 다음 문자가 규칙에 따라 나열되어 있을 때, 빈칸에 들어갈 알맞은 것을 고르면?

I H L E O ( ) R

① A ② B ③ H ④ L

36 다음 문자가 규칙에 따라 나열되어 있을 때, 빈칸에 들어갈 알맞은 것을 고르면?

B R Z D ( ) G

① E ② F ③ G ④ H

[37 - 38] 다음은 고등학생의 진학 희망 학과 상위 10순위에 대한 자료이다. 각 물음에 답하시오.

[고등학생 진학 희망 학과 상위 10순위]

(단위: 명)

구분	전체		남학생		여학생	
	학과	응답 수	학과	응답 수	학과	응답 수
전체	-	5,854	-	2,986	-	2,868
1순위	경영·경제	549	컴퓨터·통신	357	언어·문학	304
2순위	언어·문학	484	경영·경제	277	사회과학	283
3순위	컴퓨터·통신	448	기계·금속	266	경영·경제	272
4순위	사회과학	447	전기·전자	246	간호	251
5순위	디자인	375	무용·체육	234	디자인	247
6순위	인문과학	334	중등교육	198	인문과학	175
7순위	무용·체육	333	언어·문학	180	유아교육	160
8순위	중등교육	331	생물·화학·환경	165	응용예술	158
9순위	간호	324	사회과학	164	치료·보건	145
10순위	생물·화학·환경	305	인문과학	159	생물·화학·환경	140

※ 모든 조사 대상은 진학 희망 학과를 1개만 선택함

※ 출처: KOSIS(교육부, 진로교육현황조사)

37 다음 중 자료에 대한 설명으로 옳은 것을 모두 고르면?

㉠ 남학생과 여학생의 진학 희망 학과 상위 10순위 안에 공통으로 포함되는 학과는 총 5개이다.

㉡ 사회과학과 진학을 희망하는 여학생 수는 사회과학과 진학을 희망하는 남학생 수보다 109명 더 많다.

㉢ 조사에 응답한 전체 고등학생 수에서 상위 5순위까지의 학과 진학을 희망하는 학생 수가 차지하는 비중은 40% 이상이다.

㉣ 컴퓨터·통신학과 진학을 희망하는 여학생 수보다 디자인학과 진학을 희망하는 남학생 수가 더 많다.

① ㉠, ㉡　　② ㉠, ㉣　　③ ㉡, ㉢　　④ ㉢, ㉣

38 전체 고등학생 진학 희망 학과 순위에서 유아교육학과의 순위가 11순위일 때, 유아교육학과 진학을 희망하는 남학생 수는 최대 몇 명인가?

① 142명　　② 143명　　③ 144명　　④ 145명

39 다음은 A 지역농협의 농업 교육 서비스별 지원 실적에 대한 자료이다. 자료에 대한 설명으로 옳은 것은?

[농업 교육 서비스별 지원 실적]

(단위: 회)

구분	2020년	2021년	2022년	2023년	2024년
작물재배 교육	9,500	13,500	13,800	12,400	12,800
농기계 운용지도	14,900	25,300	20,200	26,100	25,300
영농 컨설팅	40,300	47,400	45,400	45,200	53,000
현장 방문지도	68,400	75,500	86,100	96,400	94,800
기타	119	125	132	138	160

① 2021년부터 2024년까지 현장 방문지도 지원 횟수는 매년 전년 대비 증가하였다.
② 2024년 전체 농업 교육 서비스의 지원 횟수는 190,000회 이상이다.
③ 제시된 기간 중 작물재배 교육 지원 횟수가 다른 해에 비해 가장 많은 해에 농기계 운용지도 지원 횟수는 전년 대비 20% 이상 감소하였다.
④ 2023년 영농 컨설팅 지원 횟수는 같은 해 작물재배 교육 지원 횟수의 3.5배 미만이다.

40 다음은 준공된 농업생산기반 개량사업 현황에 대한 자료이다. 자료에 대한 설명으로 옳지 않은 것은?

[사업 종류별 개량사업 현황]

(단위: 개, ha, 천만 원)

구분		2013년	2014년	2015년	2016년
경지정리	지구 수	39	30	37	28
	면적	2,503	1,966	577,445	8,733
	사업비	8,332	6,005	6,521	6,193
배수 개선	지구 수	19	26	17	32
	면적	1,849	2,912	1,525	2,763
	사업비	8,535	17,524	19,006	17,848
개간	지구 수	315	253	193	220
	면적	281	144	28,510	34,827
	사업비	982	895	8,391	809

※ 출처: KOSIS(한국농어촌공사, 농업생산기반정비통계조사)

① 2016년 배수 개선 사업의 사업비는 2년 전 대비 324천만 원 증가하였다.
② 매년 개간 사업의 면적은 경지정리 사업의 면적보다 작다.
③ 2014년 이후 배수 개선 사업 지구 수의 전년 대비 증감 추이는 같은 기간 경지정리 사업 지구 수의 전년 대비 증감 추이와 정반대이다.
④ 2014년 경지정리 사업에 지구 1개당 평균 200천만 원 이상의 사업비가 투입되었다.

41 다음 중 밑줄 친 부분에 들어갈 내용으로 항상 참인 것은?

> 감사하는 마음은 겸손한 마음이다.
> 감사하지 않는 마음은 자아를 존중하지 않는 마음이다.
> 자신을 낮추지 않는 마음은 자아를 존중하는 마음이다.
> 겸손한 마음은 자신을 낮추지 않는 마음이다.
> 그러므로 ______________________________

① 겸손한 마음은 감사하지 않는 마음이다.
② 자아를 존중하는 마음은 겸손하지 않은 마음이다.
③ 자아를 존중하는 마음은 자신을 낮추지 않는 마음이다.
④ 겸손하지 않은 마음은 자신을 낮추지 않는 마음이다.

42 다음 명제가 모두 참일 때, 항상 참인 것을 모두 고르면?

> • 물을 좋아하는 사람은 수영을 좋아한다.
> • 나는 바다를 좋아하거나 산을 좋아한다.
> • 나는 산을 좋아하지 않는다.
> • 다이빙을 좋아하는 사람은 물을 좋아한다.
> • 물을 좋아하지 않는 사람은 바다를 좋아하지 않는다.

〈보기〉

㉠ 나는 바다를 좋아한다.
㉡ 나는 물을 좋아한다.
㉢ 나는 다이빙을 좋아한다.
㉣ 나는 수영을 좋아한다.

① ㉠, ㉡　② ㉠, ㉢　③ ㉠, ㉡, ㉣　④ ㉡, ㉢, ㉣

43 ○○빌라에 A~H 8명이 각각 서로 다른 호실에 거주하고 있다. 다음 조건을 모두 고려하였을 때, 항상 거짓인 것은?

- H는 G보다 높은 층에 거주한다.
- A와 F는 같은 층에 거주한다.
- E는 D 바로 아래층 같은 호에 거주한다.
- B는 202호에 거주하고, C는 402호에 거주한다.
- F는 D보다 아래층에 거주한다.

[○○빌라 호실 정보]

4층	401호	402호
3층	301호	302호
2층	201호	202호
1층	101호	102호

① H는 302호에 거주한다.
② D와 H는 같은 층에 거주한다.
③ G는 B보다 높은 층에 거주한다.
④ A는 E 바로 아래층에 거주한다.

44 ○○회사 인사팀에서 사원 A~E 5명의 인사고과 점수를 토대로 승진 대상자를 결정하였다. A~E가 받은 인사고과 점수는 각각 88점, 84점, 80점, 78점, 73점 중 하나로 모두의 인사고과 점수가 서로 다를 때, 승진 대상자에 해당하는 사원을 모두 고르면?

- 인사고과 점수가 가장 높은 2명을 승진 대상자로 결정하였다.
- D의 인사고과 점수는 A의 인사고과 점수보다 높다.
- C의 인사고과 점수는 78점이 아니다.
- 인사고과 점수가 높은 순서에 따라 B와 E의 순위는 이웃하지 않는다.
- B와 C의 인사고과 점수 차이는 6점이다.

① A, E　② B, D　③ C, E　④ C, D

[45-46] 다음은 이삿짐센터별 정보에 대한 자료이다. 각 물음에 답하시오.

[센터별 이사 비용]

구분	일반이사		반포장이사		포장이사	
	1톤 용달차	3톤 용달차	1톤 용달차	3톤 용달차	1톤 용달차	3톤 용달차
A 센터	16만 원	22만 원	26만 원	48만 원	43만 원	74만 원
B 센터	14만 원	25만 원	24만 원	45만 원	40만 원	72만 원
C 센터	18만 원	31만 원	25만 원	49만 원	46만 원	75만 원
D 센터	16만 원	28만 원	28만 원	52만 원	44만 원	80만 원

※ 1) 비용은 평일 이사 시 용달차 한 대 기준 비용이며, 주말 및 공휴일에는 1.2배의 비용이 청구됨
2) 모든 센터의 근무 시간은 08:00~12:00, 13:00~18:00이며, 연중무휴임

[센터별 이사 소요 시간]

구분	일반이사	반포장이사	포장이사
A 센터	2시간 30분	3시간 30분	4시간 30분
B 센터	2시간	3시간	4시간
C 센터	3시간	4시간	5시간
D 센터	1시간 30분	3시간	4시간 30분

※ 이사 시간은 이동 시간을 제외한 이삿짐량 1톤 기준 시간이며, 이삿짐량이 1톤 증가할 때마다 이사 시간은 30분씩 증가함

45 이사 종류와 용달차의 적재량에 따라 비용을 비교하여 주말에 이사하려고 할 때, 비교한 내용으로 옳지 않은 것은?

① D 센터에서 3톤 용달차 한 대로 일반이사를 하는 비용은 3톤 용달차 한 대로 반포장이사를 하는 비용보다 288,000원 더 저렴하다.
② A 센터에서 1톤 용달차 한 대로 포장이사를 하는 비용은 1톤 용달차 한 대로 일반이사를 하는 비용보다 344,000원 더 비싸다.
③ B 센터에서 1톤 용달차 한 대로 반포장이사를 하는 비용은 1톤 용달차 한 대로 포장이사를 하는 비용보다 192,000원 더 저렴하다.
④ C 센터에서 3톤 용달차 한 대로 포장이사를 하는 비용은 3톤 용달차 한 대로 반포장이사를 하는 비용보다 312,000원 더 비싸다.

46 지은이는 11월 2일부터 11월 6일까지 날짜 중 하루를 선정하여 이사하려고 한다. 이삿짐량은 1톤으로 반포장이사 예약이 가능한 센터 중 1톤 용달차 한 대 비용이 더 저렴한 센터를 예약하려고 할 때, 옳은 것은? (단, 이동 시간은 고려하지 않는다.)

[센터별 1톤 용달차 예약 가능 일정]

구분	11/2(월)	11/3(화)	11/4(수)	11/5(목)	11/6(금)
A 센터	09:00~12:00 예약 가능	13:00~16:00 예약 가능	예약 불가	14:00~17:30 예약 가능	예약 불가
B 센터	15:00~17:30 예약 가능	13:30~16:30 예약 가능	08:00~11:00 예약 가능	15:30~18:00 예약 가능	09:30~12:00 예약 가능
C 센터	13:30~16:30 예약 가능	14:00~18:00 예약 가능	14:00~17:30 예약 가능	예약 불가	08:00~12:00 예약 가능
D 센터	예약 불가	예약 불가	15:30~18:00 예약 가능	08:00~11:00 예약 가능	예약 불가

① 11/6(금)에 이사를 한다면 예약할 센터는 B 센터이다.
② 11/2(월)과 11/4(수)에 예약 가능한 센터는 없다.
③ 11/3(화)에 이사를 한다면 예약할 센터는 C 센터이다.
④ 11/5(목)에 이사를 한다면 예약할 센터는 A 센터이다.

47 ◇◇농협 조합원 가입 조건을 참고하여 4명의 신청자가 가입 조건을 충족하는지 확인하였을 때, 가입 조건을 충족하지 못하는 신청자는?

[조합원 가입 조건]

1) 1년 중 75일 이상 농업에 종사하는 자
2) 700m^2 이상의 농지를 경영 또는 경작하는 자
3) 시설이 설치된 280m^2 이상의 농지에서 원예작물을 재배하는 자
4) 500m^2 이상의 농지에서 채소·과수 또는 화훼를 재배하는 자
5) 잠종 0.5상자(2만 립 기준 상자)분 이상의 누에를 사육하는 자
6) 아래 기준의 가축을 한 종류 이상 사육하는 자
   - 대가축(소, 말 등): 3마리 이상 사육하는 자
   - 중가축(돼지, 양, 사슴, 개 등): 7마리 이상(단, 개의 경우는 25마리 이상) 사육하는 자
   - 소가축(토끼 등): 60마리 이상 사육하는 자
   - 가금(닭, 오리, 칠면조, 거위 등): 120마리 이상 사육하는 자
   - 꿀벌: 15군 이상 사육하는 자

※ 각 조건 중 하나 이상에 해당하는 자는 누구나 가입 가능함

[조합원 가입 신청자]

가입 신청자	신청자 정보
양승민	• 300m^2 농지에서 화훼를 재배함 • 소 2마리 사육함 • 1년 중 82일 농업에 종사함
유대식	• 500m^2 농지를 경작함 • 개 30마리 사육함 • 1년 중 60일 농업에 종사함
임수영	• 650m^2 농지에서 채소·과수를 재배함 • 토끼 30마리, 닭 125마리 사육함
김주희	• 시설이 설치된 250m^2 농지에서 원예작물을 재배함 • 꿀벌 13군 사육함

① 양승민 ② 유대식 ③ 임수영 ④ 김주희

48 G 공장은 H 기업에 납품할 제품을 생산하려 한다. 제품 생산을 위해서는 A, B, C, D, E, F 6가지 작업이 필요하며, G 공장은 H 기업에 납품할 제품을 최단기간에 생산해야 한다. 작업을 진행할 때의 실행 규칙과 작업별 소요기간을 고려하였을 때, 모든 작업을 완료하는 데 걸리는 총 기간은?

[작업 실행 규칙]

- F 작업을 가장 먼저 시작한다.
- C 작업과 D 작업은 A 작업을 모두 완료한 이후 동시에 바로 시작한다.
- E 작업은 D 작업을 완료한 이후에 바로 시작한다.
- B 작업은 C 작업과 E 작업을 모두 완료한 이후에 바로 시작한다.
- A 작업은 F 작업을 완료한 이후에 바로 시작한다.

[작업별 소요기간]

A	B	C	D	E	F
7일	4일	9일	3일	5일	6일

① 25일 ② 26일 ③ 28일 ④ 29일

49 다음 중 집단 의사결정에 대한 설명으로 가장 적절하지 않은 것은?

① 개인적 의사결정보다 여러 관점에서 문제 분석을 할 수 있다는 장점이 있다.

② 많은 구성원들이 참여하므로 구성원들 사이의 의사전달이 용이하지 못하다는 단점이 있다.

③ 독창적인 해결책을 고안하기보다 다른 구성원들의 동의를 구하는 것에 관심을 가짐으로써 잘못된 결과를 초래하기도 한다.

④ 효과적인 집단 의사결정 기법에는 여러 전문가의 의견을 종합하여 미래를 예측하는 델파이 기법이 있다.

50 다음 설명에 해당하는 논리적 오류의 유형으로 적절한 것은?

하나의 질문에 두 개의 질문을 내포하면서 발생할 수 있는 오류로 '예'나 '아니오' 중 어떤 답을 하더라도 대답한 사람이 불리해진다. 예를 들어 '당신은 과대광고를 하여 판매량이 늘었는가?'에 대한 질문에서 '예'나 '아니오' 중 어떤 답을 하더라도 대답한 사람은 불리해지며, 이러한 질문에 자신을 방어하기 위해서는 '과대광고를 했는가?'란 질문과 '판매량이 늘었는가?'란 질문으로 분리해야 한다.

① 과대 해석의 오류
② 복합 질문의 오류
③ 연역법의 오류
④ 허수아비 공격의 오류

51 ○○회사 구매팀에 근무하는 귀하는 자재 A~E를 구매하기 위해 3개 상점의 가격 및 할인 정보를 조사하였다. A는 1개, B는 3개, C는 1개, D는 2개, E는 3개를 가장 저렴한 방법으로 구매할 때, 총 구매 비용은? (단, 자재를 모두 동일한 상점에서 구매할 필요는 없다.)

[상점별 자재 가격]

구분	A	B	C	D	E
가 상점	3만 원	4만 원	8만 원	3만 원	6만 원
나 상점	4만 원	5만 원	7만 원	4만 원	8만 원
다 상점	5만 원	4만 원	6만 원	4만 원	5만 원

※ 상점별 자재 가격은 자재 1개당 가격임

[상점별 할인 정보]

구분	할인 정보
가 상점	가 상점에서 45만 원 이상 구매 시 전 품목 20% 할인
나 상점	A를 구매한 고객에게 B, E를 50% 할인
다 상점	A~E를 각각 1개 이상씩 구매 시 8만 원 할인

① 34.0만 원 ② 35.0만 원 ③ 35.5만 원 ④ 36.4만 원

52 S 기업의 최 대리는 일주일 동안 휴가를 다녀온 후 처음으로 출근한 날, 예정된 업무를 시작하기 위해 사내 커뮤니티에 접속하였고, 본인에게 새로 도착한 쪽지가 30통이 넘게 있음을 발견하였다. S 기업은 업무 요청을 구두가 아닌 쪽지로 주고받을 때, 최 대리가 먼저 해야 할 행동으로 가장 적절한 것은?

① 예정된 업무 일정대로 하루 업무 계획을 세우고, 업무를 진행하는 틈틈이 쪽지를 모두 확인한다.
② 도착한 시간이 가장 오래된 쪽지부터 확인하여 쪽지로 요청받은 업무를 순서대로 진행한다.
③ 직급이 높은 상사로부터 받은 쪽지를 먼저 확인하고, 쪽지로 요청받은 업무를 우선 진행한다.
④ 쪽지를 모두 확인하여 긴급한 업무와 긴급하지 않은 업무로 분류한다.

[53-54] 다음은 K 은행 신입 행원 6명의 근무 평가 결과이다. 각 물음에 답하시오.

[근무 평가표]

평가 항목	평가 내용	세부 내용	배점
1	고객 상담 능력(20점)	고객의 니즈 파악	15점
2		고객 맞춤형 상품 추천	5점
3	업무처리 능력(50점)	거래 유치 성공률	10점
4		정확한 일 처리	10점
5		신속한 일 처리	10점
6		리스크 최소화	10점
7		업무 완성도	10점
8	서비스 능력(20점)	응대 서비스	15점
9		영업점 내 시설물 및 편의물 관리	5점
10	대처 능력(10점)	고객 불만 해결	10점

[평가 등급]

구분	S 등급	A 등급	B 등급	C 등급	D 등급
평가 점수	91점 이상	81점 이상 91점 미만	71점 이상 81점 미만	61점 이상 71점 미만	61점 미만

[신입 행원별 근무 평가 점수]

(단위: 점)

평가 항목	수신부		여신부		외환부	
	갑	을	병	정	무	기
1	15	5	10	15	12	15
2	5	3	5	5	3	5
3	5	5	10	10	5	5
4	5	10	10	10	9	10
5	10	10	3	2	10	5
6	5	10	10	10	10	10
7	5	10	3	5	10	10
8	10	12	5	10	10	11
9	5	5	2	2	5	5
10	10	5	2	9	2	10
총 평가 점수	75	75	60	78	76	86

53 K 은행 신입 행원들의 근무 평가 평균 점수의 등급은?

① S 등급　② A 등급　③ B 등급　④ C 등급

54 다음은 K 은행 수신부, 여신부, 외환부의 담당 업무 진행 시 필요로 하는 필수 역량을 나타낸 것이다. 각 신입 행원들은 근무 평가 점수에서 부서별 필수 역량 점수를 각각 합산하여 세 곳 중 자신의 평가 점수가 가장 높은 부서로 이동하거나 자신의 부서를 유지하게 된다. 다음 중 다른 부서로 이동하게 되는 신입 행원과 그 이동 부서를 바르게 연결한 것은?

구분	필수 역량
수신부	고객의 니즈 파악, 고객 맞춤형 상품 추천, 고객 불만 해결
여신부	고객 맞춤형 상품 추천, 거래 유치 성공률, 응대 서비스
외환부	정확한 일 처리, 리스크 최소화, 업무 완성도

① 을 – 외환부　② 병 – 수신부　③ 정 – 외환부　④ 무 – 여신부

55 문 주임은 뉴욕 출장을 마치고 한국으로 돌아갈 비행기 항공권을 예매하려고 한다. 문 주임이 뉴욕에서 출발하는 ○월 1일의 한국행 비행기 시간표는 다음과 같고, 문 주임은 ○월 2일 오후 4시 회의에 참석하기 위해 늦어도 오후 3시 30분까지는 회사에 도착해야 한다. 업무 일정을 고려하였을 때, 문 주임이 예매해야 하는 항공권은? (단, 공항에서 회사까지 걸리는 시간은 1시간이다.)

[한국행 비행기 시간표]

구분	QH325	KM574	JX807	VW302
뉴욕 출발 시각	14:30	08:15	11:30	10:00
총 소요 시간	15시간 10분	17시간 30분	15시간 15분	14시간 20분

※ 뉴욕과 한국의 시차는 14시간이며, 뉴욕이 한국보다 14시간 느림

① QH325 ② KM574 ③ JX807 ④ VW302

56 다음 중 아래 조직도를 잘못 이해한 사람을 모두 고르면?

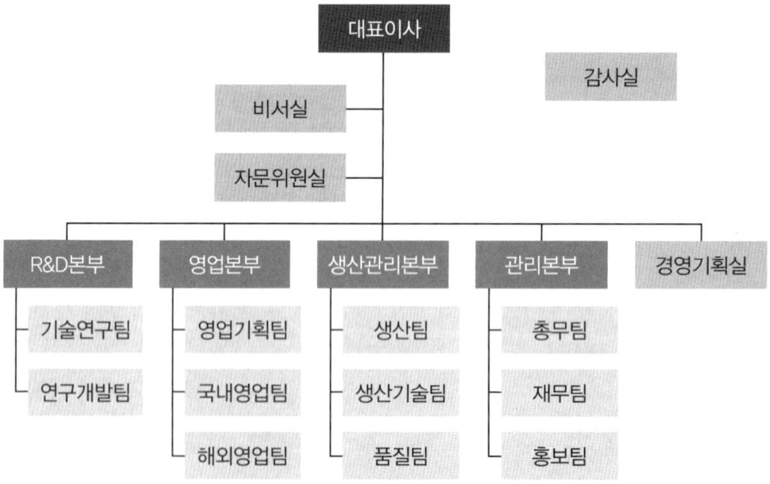

슬기: 조직도를 보면 4개 본부, 4개 실, 11개 팀으로 구성되어 있네.
유진: 자문위원실과 감사실은 대표이사의 직속 기관으로 분류되어 있군.
보미: 생산관리본부와 관리본부는 모두 관리 기능을 하지만 별개의 본부로 되어 있는 것을 보니, 관리하는 대상 또는 관리의 성격이 다르다고 볼 수 있겠어.
기연: 팀 구성을 보니 영업본부는 국내·외 영업을 모두 책임지는 곳이라고 할 수 있겠어.
민지: R&D본부는 소속 팀의 수가 적은 것을 보니 상대적으로 직원 수도 적겠네.

① 슬기, 보미 ② 유진, 민지 ③ 보미, 기연 ④ 슬기, 유진, 민지

57 농협은 '농업이 대우받고 농촌이 희망이며 농업인이 존경받는 함께하는 100년 농협'이라는 비전을 달성하기 위해 임직원의 사고와 행동 기준이 되는 몇 가지 핵심가치를 추구한다. 다음 중 농협의 핵심가치가 아닌 것은?

① 소비자에게 합리적인 가격으로 더 안전한 먹거리를, 농업인에게 더 많은 소득을 제공하는 유통개혁 실현
② 4차 산업혁명 시대에 부응하는 디지털 혁신으로 농업·농촌·농협의 미래 성장동력 창출
③ 농협의 정체성 확립과 농업인 실익 지원 역량 확충을 통해 농업인과 국민에게 신뢰받는 농협 구현
④ 농협의 지속가능성장을 가능하게 하는 사업 파트너인 고객에게 안전먹거리, 금융서비스, 농업·농촌의 최고 가치 제공

58 다음은 농협의 윤리경영에 대한 자료를 읽고 난 직원들의 반응이다. 가장 적절하지 않은 반응을 보인 직원은?

[농협의 윤리경영]

기업윤리	기업 경영 및 활동 시 윤리를 최우선 가치로 생각하며 모든 업무활동의 기준을 윤리규범에 두고 투명하고 공정하며 합리적으로 업무를 수행합니다. 기업 윤리를 지키는 것은 기업의 의사결정이 경제원칙에만 기초로 하는 것이 아니라 투명한 회계, 공정한 약관, 성실 납세, 환경 보호 등의 윤리적 판단을 전제 조건으로 의사결정을 하며 법이나 정부 규제 준수 이상으로 공정하고 정당하게 지키는 것을 의미합니다. 그러므로 기업 윤리란 일반적으로 CEO나 임직원이 기업활동에서 갖추어야 할 윤리를 의미합니다.
윤리경영	농협은 기업활동에서 경제적, 법적, 윤리적 책임 등을 다함으로써 농협의 이해 관계자인 고객, 농민조합원, 협력업체, 지역 농·축협, 직원 등 모두가 함께 성장 발전하여 청렴한 농협, 투명한 농협, 깨끗한 농협을 구현하고 함께 성장하는 글로벌 협동조합을 만듭니다.
윤리경영의 궁극적 목표	부정을 저지르지 말자는 소극적 의미를 넘어 글로벌 스탠다드에 맞게 경영을 투명하게 하는 것이며 고객의 신뢰를 바탕으로 기업가치를 향상시켜 궁극적으로 기업경영을 영위하기 위함입니다.

① A 사원: 농협은 윤리경영을 실천하기 위해 협력업체와 거래할 때 임직원이 각종 뇌물이나 접대를 받아 한쪽에게만 유리한 판단을 내리지 않도록 서약하는 청렴계약제도를 시행하고 있군.
② B 사원: 농협은 임직원이 업무와 관련하여 금품, 향응 등을 요구하거나 직위를 이용하여 부당 이득을 얻을 경우 해당 사실을 신고할 수 있는 클린신고센터를 운영한다고 해.
③ C 사원: 계약사무 처리 과정에서도 계약 상대방과의 위법·부당 행위가 발생하지 않는지 DM 발송, 클린콜 등의 방법으로 주기적인 모니터링을 하고 있어.
④ D 사원: 농협에서 도시와 농촌의 상생을 위해 시행하는 농촌사랑운동과 농업인이 받을 수 있는 교육지원사업 역시 윤리경영의 초석으로 볼 수 있겠네.

59 귀하는 국내의 한 항공사에 지원하기 전에 해당 항공사에 대한 이해도를 높이기 위해 SWOT 분석을 해보기로 하였다. 분석 결과가 다음과 같을 때, 분석 결과에 대응하는 적절한 전략을 모두 고른 것은?

SWOT 분석이란 기업 내부의 강점(Strength)과 약점(Weakness), 기업을 둘러싼 외부의 기회(Opportunity)와 위협(Threat)이라는 4가지 요소를 규정하고 이를 토대로 기업의 경영전략을 수립하는 기법이다. SO(강점 – 기회)전략은 시장의 기회를 활용하기 위해 강점을 적극 활용하는 전략이고, WO(약점 – 기회)전략은 약점을 보완하며 시장의 기회를 활용하는 전략이다. ST(강점 – 위협)전략은 시장의 위협을 회피하기 위해 강점을 활용하는 전략이고, WT(약점 – 위협)전략은 시장의 위협을 회피하고 약점을 최소화하는 전략이다.

내부환경 / 외부환경	강점(Strength)	약점(Weakness)
기회(Opportunity)	SO(강점 – 기회)전략	WO(약점 – 기회)전략
위협(Threat)	ST(강점 – 위협)전략	WT(약점 – 위협)전략

강점(Strength)	• 국내 저가항공사 중 가장 높은 국내선 분담률과 영업이익률 • 국내 저가항공사 중 기내 서비스가 가장 좋다는 평가를 받음 • 가격 대비 고품질의 기내 서비스를 제공한다는 평가를 받음
약점(Weakness)	• 부족한 국제 운항 노선 • 여전히 탈피하지 못한 저가 이미지 • 투자실패로 인한 자본 회수 가능성 불투명
기회(Opportunity)	• 동남아 지역 국민들의 국제 관광에 대한 수요가 지속적으로 상승함 • 가성비를 중요시하는 소비문화 확산
위협(Threat)	• 새로운 저가항공업체 등장 및 기존 저가항공사 간의 가격 경쟁 심화 • 국내 정세 불안으로 인한 해외 투자자들의 이탈 확대

내부환경 / 외부환경	강점(Strength)	약점(Weakness)
기회(Opportunity)	㉠ 저렴한 가격 대비 고품질의 기내 서비스를 제공한다는 점을 홍보 포인트로 하여 가성비를 중시하는 소비자를 포섭함	㉡ 동남아 지역 국제 항공 노선 개척을 적극적으로 추진하여 동남아 지역 소비자들을 신규 고객으로 유치함
위협(Threat)	㉢ 일반적인 저가항공사에서 제공하지 않는 다양한 음료 메뉴 제공 등 타사 대비 차별화할 수 있는 서비스를 제공함	㉣ 국내 투자자를 대상으로 국내 저가항공사 중 가장 높은 국내선 분담률과 영업이익률을 내는 점을 적극적으로 홍보함

① ㉠, ㉡　② ㉢, ㉣　③ ㉠, ㉡, ㉢　④ ㉡, ㉢, ㉣

60 다음 중 마이클 포터의 본원적 경쟁전략에 대한 설명으로 적절한 것은?

① 다른 기업과 구별되는 제품이나 서비스를 제공하여 고객이 가치 있고 독특하다고 인식하도록 하는 전략은 집중화 전략이다.

② 기업의 경쟁 우위에 따라 집중화 전략은 원가 우위 집중 전략과 집중 차별화 전략으로 구분할 수 있다.

③ 차별화 전략은 특정 산업이나 고객을 대상으로 경쟁사에서 주목하고 있지 않은 한정된 시장을 공략한다.

④ 원가 우위 전략은 보유한 기술의 품질을 보완하거나 소량 생산을 통해 상품 가치를 높여 산업에서 유리한 위치를 점하는 전략이다.

약점 보완 해설집 p.64

NCS 직무능력평가

실전모의고사 3회

시작과 종료 시각을 정한 후, 실전처럼 모의고사를 풀어보세요.

시 분 ~ 시 분 (총 70문항/70분)

- 본 실전모의고사는 총 70문항으로 구성되어 있으며, 영역별 제한 시간 없이 70분 이내로 모든 영역의 문제를 풀어야 합니다.
- 의사소통능력, 수리능력, 문제해결능력, 자원관리능력, 조직이해능력 문제가 출제됩니다.
- 맨 마지막 페이지에 있는 회독용 OMR 답안지와 해커스ONE 애플리케이션의 학습 타이머를 이용하여 실전처럼 모의고사를 풀어본 후, 70번 문제 하단에 있는 '바로 채점 및 성적 분석 서비스' QR코드를 스캔하여 응시 인원 대비 본인의 성적 위치를 확인해 보시기 바랍니다.

01 다음 두 단어 쌍이 같은 관계가 되도록 빈칸에 들어갈 단어를 고르면?

대담 : 대화 = (   ) : 모임

① 모집　② 회합　③ 선임　④ 회원　⑤ 협력

02 다음 단어와 의미가 유사한 것은?

터무니없다

① 역력하다　② 허무하다　③ 허황하다　④ 황망하다　⑤ 무상하다

03 다음 밑줄 친 단어와 같은 의미로 사용된 것은?

우리나라는 과거에 식민지배를 받았던 아픈 역사가 있다.

① 생일을 맞아 친구들에게 많은 선물과 편지를 받았다.
② 식물은 햇빛을 받아 광합성을 통해 양분을 얻는다.
③ 새로 개업하는 그 가게는 3월부터 손님을 받을 예정이다.
④ 나는 부모님과 언니들에게 사랑을 듬뿍 받고 자랐다.
⑤ 사흘 내내 잠을 설쳤더니 화장이 잘 받지 않는 것 같다.

04 다음 중 밑줄 친 단어의 의미가 잘못 연결된 것은?

① 정호는 회의의 목적에 대해 부연하였다. → 이해하기 쉽도록 설명을 덧붙여 자세히 말하다
② 몸이 좋지 않아서 죽을 뭉근하게 끓여 먹었다. → 세지 않은 불기운이 끊이지 않고 꾸준하다
③ 그는 며칠째 집에 칩거하고 있다. → 나가서 활동하지 아니하고 집 안에만 틀어박혀 있다
④ 무료하게 시간을 보내다가 책을 읽기 시작했다. → 흥미 있는 일이 없어 심심하고 지루하다
⑤ 여러 종류의 작물을 심기 위해 밭을 구획하였다. → 물건이나 영역, 지위 따위를 차지하다

05 다음 중 맞춤법에 맞는 것은?

① 아이들이 방을 깨끗히 청소해 놓았다.
② 그녀는 계약서의 모든 조항을 꼼꼼이 살펴보았다.
③ 네가 무던히 애를 써왔다는 것은 알고 있다.
④ 곰곰히 생각해봐도 마땅한 대책이 없었다.
⑤ 대수로히 여기지 않은 통증이 점점 심해지고 있다.

06 다음 밑줄 친 부분과 바꿔 쓸 수 없는 것은?

- 이상 기후, 에너지 고갈, 육류 소비로 인해 머지 않은 미래의 지구촌은 심각한 ㉠ 식량 부족 문제에 직면할 것이다.
- 대중의 각성을 통해 우리 사회 곳곳에 만연한 폐단을 ㉡ 바로잡을 수 있도록 해야 한다.
- 집중호우로 인한 침수 피해를 막기 위해 지자체들은 해마다 예방 대책을 내놓고 있지만 결국 침수 피해는 반복되기 때문에 시민들은 근본적인 해결책이 아닌 ㉢ 동족방뇨(凍足放尿)에 지나지 않는다며 비판의 목소리를 내고 있다.
- 진정한 의미의 복지 사회는 퍼주기식 복지가 아니라 취약계층이 경제적으로 ㉣ 홀로서기를 할 수 있도록 돕는 방향으로 전개되어야 한다.
- 뉴질랜드에 서식하는 케아 앵무새가 내는 소리를 분석한 결과, 앵무새도 사람처럼 즐거운 감정을 ㉤ 공유한다는 것을 확인할 수 있었다.

① ㉠: 먹을거리
② ㉡: 시정할
③ ㉢: 고육지계(苦肉之計)
④ ㉣: 자립할
⑤ ㉤: 나눈다는

07 다음 내용에서 공통으로 연상할 수 있는 단어로 가장 적절한 것은?

미켈란젤로, 인문주의, 프레스코화, 피렌체

① 르네상스 ② 바로크 ③ 로코코 ④ 신고전주의 ⑤ 낭만주의

08 다음 내용에서 공통으로 연상할 수 있는 단어로 가장 적절한 것은?

바늘 모양 잎, 사계절, 송진, 겉씨식물

① 매화 ② 동백꽃 ③ 은행나무 ④ 소나무 ⑤ 참나무

09 다음 빈칸에 들어갈 단어로 가장 적절한 것은?

봄철의 황사는 입자가 매우 미세하기 때문에 쉽게 코나 입을 통해 들어와 후두염, 비염, 기관지염 등의 질병을 유발한다. (   ) 황사에 포함된 유해 중금속은 한번 체내에 쌓이면 쉽게 배출되지 않아 여러 장기에 악영향을 줄 수 있으므로 조심해야 한다.

① 게다가 ② 오히려 ③ 왜냐하면 ④ 요컨대 ⑤ 비단

10 다음 지문의 내용과 관련 있는 한자성어는?

조선시대 선조는 왕위에 오른 후 정치적 안정을 중요시하며 내정에 집중했으나 당시 조선은 외세의 위협에 대한 경계심이 부족한 상황이었다. 특히 일본의 침략 징후에 대해 경고하는 목소리가 있었음에도 불구하고 이를 대비하지 않았다. 1590년, 서인 황윤길이 통신사로 일본에 다녀온 후 심상치 않은 일본의 군사적 움직임에 대해 보고를 올리지만, 선조는 국제 정세에 어두워 일본의 통일이 조선에 대한 침공으로 이어질 것이라고 예측하지 못하였다. 1592년 일본군의 침략이 본격적으로 시작되자 조선은 이에 방어를 할 수 있는 준비가 미비한 상태였으며, 설상가상으로 왕이 도성을 두고 피난을 떠나면서 백성들의 분노를 샀다. 왕의 무책임한 태도에 실망한 백성들의 궁궐 방화와 노비 문서 소각 등 사건이 이어지며 나라의 혼란은 더욱 심화되었다. 이러한 상황에서 선조는 후계 문제와 정치적 갈등을 해결하지 못했고 그로 인해 광해군의 즉위 이후에도 정치적 혼란은 계속되었다. 선조의 무책임한 태도와 대응 부족은 국가의 안정성을 심각하게 위협했으며, 결국 조선은 일본의 침략에 효과적으로 대응하지 못하고 큰 어려움을 겪게 되었다. 임진왜란의 결과는 이순신, 권율 등 장군들의 활약과 의병들이 보여준 저항 덕분에 왜군들이 퇴각하면서 조선의 승리로 마무리되었다. 그러나 전쟁으로 인한 경제적, 사회적 피해는 심각했으며, 조선은 이를 회복할 충분한 자원을 갖추지 못한 상황이었다. 특히 왕실의 권위가 크게 약화되고 정치적 혼란이 계속되면서 새로운 왕조를 재건할 힘마저 잃어버린 채 어려운 시기를 맞게 되었다. 선조가 외세의 침략에 대응하고 전쟁 후 국가를 제대로 재건했다면 위기를 기회로 바꾼 위대한 군주로 기억될 수 있었을 것이다. 그러나 선조는 당대의 중요한 조언들을 무시하고 정치적·군사적 난관 속에서 국가를 안정시키지 못한 무능력한 왕으로 남게 되었다.

① 우공이산(愚公移山)
② 오월동주(吳越同舟)
③ 표리부동(表裏不同)
④ 마이동풍(馬耳東風)
⑤ 전전반측(輾轉反側)

11 농협에서 근무하는 귀하는 흙의 날을 맞이하여 농협 홈페이지에 흙의 중요성을 알리는 글을 게시하기 위해 초안을 작성한 후 원고를 검토하던 중 몇 군데 수정할 부분을 발견하였다. 다음 글의 ㉠~㉤을 바르게 고쳐 쓴다고 할 때 가장 적절하지 않은 것은?

> 기후 변화는 인류의 식량 생산과 밀접한 연관을 가지고 있다. 따라서 기후 변화를 일으키는 온실가스 배출량의 감소와 지속 가능한 식량 생산이 이루어지지 않을 경우 인류는 머지않은 미래에 심각한 식량 문제를 맞닥뜨리고 말 것이라는 보고가 발표되었다. 이에 따라 우리나라를 비롯한 ㉠ 전 세계 각국에서 탄소 배출량과 흡수량의 합이 0이 되는 탄소 중립을 선언하며 기후 변화의 원인으로 꼽히는 탄소 배출을 조절하겠다고 나섰다. (㉡) 탄소 중립과 식량 안보를 동시에 해결할 수 있는 방법으로 탄소를 흡수하고 저장할 수 있는 흙의 중요성이 재조명되고 있다. 관련 연구에 의하면 식물의 뿌리 또는 흙 속의 다양한 유기물을 통해 약 2조 4천억 톤에 달하는 공기 중의 탄소가 땅에 ㉢ 배출된다. 공기 중 탄소 총량이 7천6백억 톤이라는 점과 비교하면 무려 3배가 넘는 양의 탄소가 흙에 저장되는 것이다. 세계적으로 화석 연료로 인해 배출되는 ㉣ 탄소량 마저 연간 땅에 저장된 탄소량의 0.4%에 불과하다. 이처럼 흙의 탁월한 탄소 저장 능력을 활용하여 매년 0.4%씩 토양의 탄소 저장량을 늘려가면 기후 변화에 훌륭하게 대응할 수 있다는 의견이 크게 공감받고 있다. 이외에도 흙에 ㉤ 포함된 탄소 함량이 높아질수록 토지가 비옥해져 작물의 생산력을 높여 식량 위기를 극복하는 데에도 큰 도움이 되며, 생물의 다양성을 증진하는 효과도 얻을 수 있어 흙의 소중함을 인지하고 흙 속 탄소 관리를 위한 모두의 실천이 필요하다.

① 띄어쓰기가 옳지 않은 ㉠은 '전세계'로 붙여 써야 한다.
② 앞뒤 문장의 자연스러운 연결을 위해 ㉡에는 '그리하여'가 들어가야 한다.
③ 문맥상 ㉢은 적절하지 않은 단어이므로 '흡수'로 바꿔 써야 한다.
④ 조사 '마저'는 앞말에 붙여 써야 하므로 ㉣은 '탄소량마저'로 수정해야 한다.
⑤ '포함'과 '함량'의 의미가 중복되므로 ㉤을 '포함된 탄소량'으로 고쳐 써야 한다.

12 귀하는 입사 후 처음으로 보고서를 작성하는 신입사원으로부터 보고서 작성 방법 및 제출 시 주의 사항에 대한 조언을 요청받았다. 다음 중 귀하가 보고서 작성이 미숙한 신입사원에게 할 조언으로 가장 적절하지 않은 것은?

① 글로 다루기 복잡한 내용을 담을 경우에는 도표나 그림을 활용하여 읽기 좋고 간결하게 정리하는 것이 좋습니다.
② 보고서 내용을 작성할 때 사용한 참고자료는 빠뜨림 없이 정확하게 제시해야 한다는 점 잊지 않으시길 바랍니다.
③ 보고서 내 같은 내용을 중복하여 제시하고 있지는 않은지 유의하여 핵심 내용만 산뜻하고 간결하게 작성하도록 주의해야 합니다.
④ 업무 진행 과정에서 작성하는 보고서의 경우 계속 변동되는 진행 과정 관련 내용은 생략하는 것을 추천합니다.
⑤ 보고서를 제출하기 전에는 되도록이면 보고서 내용에 대한 예상 질문을 떠올리고 이에 대한 답변을 미리 준비해 가는 것이 좋습니다.

13 다음 빈칸에 공통적으로 들어갈 단어로 적절한 것은?

- 광고회사는 소비자에게 정확한 정보를 전달하기 위해서 과장 광고를 (　　　)해야 한다.
- 이분법적인 태도를 (　　　)하고 서로 다른 입장을 존중하는 것이 중요하다.

① 지양　② 방지　③ 처분　④ 중지　⑤ 제재

14 다음 글에 나타난 필자의 의견으로 가장 적절한 것은?

> 전국모의고사 석차가 상위 0.1% 안에 드는 학생들에게는 특별한 무언가가 있을까? 많은 사람들이 학생 본인의 IQ, 부모의 경제력이나 학력 등이 큰 영향을 끼칠 것으로 생각한다. 하지만 실제로 조사를 해보면 전국모의고사 석차가 상위 0.1% 안에 드는 학생이나 그렇지 않은 학생이나 그러한 부분에서 별반 차이가 없다. 그 비밀을 푸는 열쇠는 바로 '메타인지 능력'에 있다. 메타인지 능력을 연구하는 인지심리학자들이 자주 인용하는 말이 있다. '세상에는 두 가지 종류의 지식이 있다. 첫 번째는 내가 알고 있다는 느낌은 있으나 남에게 설명할 수 없는 지식이고, 두 번째는 내가 알고 있다는 느낌이 있을 뿐만 아니라 남들에게 설명도 할 수 있는 지식이다. 두 번째 지식만이 진짜 지식이며 내가 쓸 수 있는 지식이다.' 여기서 첫 번째 지식은 실제로 우리가 알고 있는 것이 아니라 잦은 경험을 통해 친숙해져 우리가 잘 알고 있다고 오해할 가능성이 높은 지식이다. 메타인지 능력은 두 번째 지식, 즉 진짜 지식을 획득하는 데에 중요한 역할을 한다. 메타인지 능력을 구체적으로 설명하자면, 내가 무엇을 알고 모르는지에 대해 아는 것에서부터 출발하여 자신이 모르는 부분을 보완하기 위한 계획과 그 계획의 실행 과정을 평가하는 전반적인 능력을 말한다. 이를 확인하기 위하여 전국모의고사 석차가 상위 0.1% 안에 드는 800명의 학생과 그렇지 않은 700명의 학생을 대상으로 서로 연관성이 없는 단어 25개를 보여주고 얼마나 기억할 수 있는지 실험을 진행하였다. 그 결과 두 집단에서 기억한 단어 수는 비슷하다는 것이 밝혀졌다. 그러나 '자신이 몇 개의 단어를 기억할 수 있을까?' 하는 물음에 답한 단어 수와 실제로 기억한 단어 수에서 큰 차이가 있었다. 전국모의고사 석차가 상위 0.1% 안에 드는 학생들은 본인이 예상한 단어 수와 실제로 기억한 단어 수가 거의 비슷했던 반면, 다른 학생들은 이 둘 간의 차이가 컸던 것이다. 이는 두 집단의 기억력 자체에는 큰 차이가 없었으나, 자신의 기억력을 평가하는 부분에서 전국모의고사 석차가 상위 0.1% 안에 드는 학생들이 더 정확했음을 의미한다.

① 성적에 가장 큰 영향을 주는 것은 본인의 IQ가 아니라 부모의 경제력과 학력이다.
② 공부를 잘하려면 내가 무엇을 알고 무엇을 모르는지를 정확히 알아야 한다.
③ 기억력을 향상시키기 위해서는 기억해야 할 대상을 자주 접해야 한다.
④ 모르는 것을 정확히 알 때까지 끝까지 탐구하는 자세가 필요하다.
⑤ 성적을 올리기 위해서는 기억력을 향상시키는 노력이 필요하다.

[15-16] 다음 글을 읽고 각 물음에 답하시오.

우리나라의 전통 음악인 국악은 크게 궁중과 양반가에서 향유하던 '정악(正樂)'과 일반 백성들이 즐기던 '민속악(民俗樂)'으로 분류된다. 혹자는 정악이 중국에서 들여왔기 때문에 우리나라의 전통 음악이 아니라고 여기기도 한다. 하지만 지금껏 남아 있는 중국 음악의 흔적은 문묘제례악과 문묘제례악에 쓰이는 일부 악기뿐이며, 가곡, 가사, 시조 등 고려 시대부터 조선 시대 이후까지 지속적으로 연주된 정악은 우리 민족의 정서를 기반으로 만들어졌다. 그러므로 정악과 민속악 모두 선조들의 삶이 고스란히 담겨 있는 우리나라의 전통 음악임을 부인할 수 없다. 이러한 정악과 민속악 사이에는 음악의 향유 계층, 연주되는 악기의 종류, 음악의 속도, 표현 방법 등 여러 부분에서 뚜렷한 차이점이 드러난다.

우선 정악은 말 그대로 '바른(正) 음악(樂)'으로, 궁중과 양반가에서 연주되던 상류 계층의 악기, 노래, 춤 등을 통칭한다. 종묘제례악과 수제천으로 대표되는 궁중의 정악은 웅장하며 궁중 악사가 악보를 보고 정해진 대로 연주한다는 특징이 있다. 주로 제례 의식과 관련한 정악은 민속악보다 근엄하고 규모가 크며, 잔잔하고 여유롭다. 가곡과 시조로 대표되는 양반가의 정악은 궁중에서 연주된 정악과 달리 대부분 풍류를 즐기기 위해 연주되어 풍류 음악이라고도 불린다. 정악은 곡이 느리고 단조롭게 들릴 수도 있을 정도로 꾸밈음이 거의 없으며, 감정 표현이 절제되어 있다. 정악에 쓰이는 악기는 향피리, 대금 등 죽부 악기와 거문고, 해금, 아쟁, 가야금 등 사부 악기 그리고 양금 등 금부 악기로 분류된다.

정악에 대비되는 개념으로 여겨지는 민속악은 백성 사이에서 자연스럽게 만들어진 음악으로, 백성들에 의해 형성되고 민간에서 향유된 음악은 모두 민속악에 포함된다. 민속악은 정악보다 비교적 경쾌하고 가벼우며 감정 표현이 풍부하고 솔직하다. 또한, 일할 때 부르기 위한 음악, 단순히 즐겁게 부르기 위한 음악, 희로애락의 감정을 표현하기 위한 음악 등 여러 목적에 의해 폭넓게 만들어졌다. 민속악은 사물놀이, 풍물놀이 등과 같이 악기에 의해 연주되는 기악과 판소리, 민요 등과 같이 목소리에 의해 연주되는 성악으로 분류된다. 민속악은 악보가 있더라도 악보에 따르기보다는 즉흥적으로 연주되는 경우가 많으며, 서민들의 삶에 대한 애환이 담겨 있어 토속적인 느낌을 준다.

15 윗글의 내용과 일치하지 않는 것은?

① 고려 시대부터 조선 시대 이후까지 계속해서 연주된 정악은 우리 민족의 정서를 담고 있다.
② 조선 시대 양반가에서는 풍류를 즐기기 위해서 가곡과 시조를 연주하기도 하였다.
③ 민속악은 악보를 보고 정해진 박자와 음정에 맞추어 정확하게 연주되는 경우가 많았다.
④ 국악은 사용되는 악기의 종류, 연주 속도, 표현 방법 등에 따라 크게 두 가지로 구분된다.
⑤ 민속악은 다양한 목적에 의해 만들어져 백성들에게 사랑받은 음악을 통칭한다.

16 윗글의 서술상 특징으로 가장 적절한 것은?

① 구체적인 사례로부터 공통점을 추출한 후 보편적 이론을 도출하고 있다.
② 정의, 대조, 예시 등의 방법을 사용하여 두 대상에 관해 설명하고 있다.
③ 문제의 원인을 분석하고 현실적으로 해결할 수 있는 대안을 제시하고 있다.
④ 두 개 이상의 서로 다른 주장을 객관적으로 소개하고 비교하고 있다.
⑤ 어떠한 대상의 특성과 변화 과정을 시간의 흐름에 따라 서술하고 있다.

17 다음 글에 나타난 필자의 의견으로 가장 적절한 것은?

1950년대 중반에서 1960년대 초반에 태어난 베이비붐 세대의 은퇴가 본격적으로 진행되고 있다. 문제는 이러한 베이비붐 세대가 빠른 속도로 고령층에 편입되면서 우리나라는 초고령화 사회에 진입할 수밖에 없는 상황에 직면하게 되었다는 점이다. 우리나라 노인 인구의 대다수를 차지하게 될 이들은 900만 명 이상일 것으로 추정되고 있으며, 만약 이들이 노후를 제대로 준비하지 않을 경우 결과적으로 노인 빈곤 인구가 될 가능성이 높다. 이러한 상황을 고려하여 정부는 고령화 사회의 노후 생활을 보장하는 노인복지정책의 일환으로 2007년 주택연금제도를 도입하였다. 주택연금제도는 집을 소유한 사람에게 집을 담보로 생활자금을 빌려주는 제도인 역(逆)모기지론을 우리나라 실정에 맞게 변형한 한국형 역모기지론이다. 주택연금제도가 시행되기 이전부터 은행에서는 나이와 관계없이 가입 가능한 주택 역모기지론 상품을 판매하였다. 하지만 은행의 주택 역모기지론 상품은 보장 기간이 최대 30년으로 정해져 있을 뿐만 아니라 대출 만기가 도래하면 담보로 잡힌 집이 압류될 가능성이 있다. 이와 달리 주택연금제도는 부부 중 1명이 만 55세 이상인 경우 부부기준 공시가격 등이 9억 원 이하의 주택을 담보로 맡기면 일정 기간 또는 평생 노후 자금을 받을 수 있는 금융상품이다. 무엇보다도 주택연금제도는 정부에서 보증하는 제도이기 때문에 강제퇴거나 연금중단 등의 위험이 없다는 장점이 있다. 게다가 가입자가 사망할 때까지 본인 집에 살면서 연금을 받을 수 있는 종신 지급방식으로 가입할 경우 주거 안정과 고정 소득을 모두 보장받을 수 있다. 특히 가입 당시의 주택 가격을 기준으로 연금 지급액을 결정하기 때문에 집값이 하락하더라도 연금 수령액은 변동되지 않는다. 정부와 학계에서는 초고령화 사회에서 주택연금제도가 보조적 복지 확대 수단이 되는 동시에 소비를 진작할 수 있는 방안이 될 것으로 예측한다. 국내 고령자들의 자산 대부분은 주택에 묶여 있는데, 만일 주택연금제도를 통해 부동산을 현금화하면 이들의 소비가 증가하여 내수시장이 활성화될 수 있기 때문이다. 그러나 여전히 베이비붐 세대 10가구 중 7가구가 주택을 소유하고 있다는 점을 생각하면 주택연금제도의 가입자 수는 아직 미미한 편이다. 이는 우리나라 정서상 주택을 담보로 사용한다는 것을 부정적으로 여기는 사람들이 많기 때문이다. 따라서 현재 시행되고 있는 주택연금제도를 우리나라 국민 정서에 맞게 개선하여 주택연금을 활성화할 방안을 모색해야 한다.

① 주택연금에 가입한 사람이 적으므로 은행에서 출시한 주택 역모기지론 상품을 장려하여야 한다.
② 고령자를 대상으로 한 소비시장이 활성화됨에 따라 정부에서 관련 산업을 육성하는 것이 필요하다.
③ 초고령화 사회에서 노인들이 경제 능력을 갖출 수 있도록 주택연금 가입을 권장하여야 한다.
④ 주택연금에 가입한 후에 집값이 상승하더라도 연금 수령액은 달라지지 않아 가입자가 손해를 볼 수 있다.
⑤ 주택 역모기지론 상품을 적극적으로 권장하여 노인들이 내 집을 마련할 수 있도록 도와줘야 한다.

[18-19] 다음 글을 읽고 각 물음에 답하시오.

최근 우리 사회에서 복지정책에 대한 관점이 변화하고 있다. 시혜적 차원의 복지를 확대하여 재정 건전성을 악화시키는 과거의 정책을 경계하고, 서민의 자립을 도울 수 있는 생산적 복지 구현이 필요하다는 목소리가 높아지고 있다. 다시 말해 이전까지는 복지와 성장을 서로 상충하는 것으로 보는 이분법적 관점에서 접근했다면, 이제는 복지를 통해 국가의 성장을 이루는 접근법이 요구되고 있는 것이다.

성장으로 이어지는 복지를 성공적으로 구현한 대표적인 국가는 스웨덴이다. 스웨덴은 단순한 복지 확대가 아니라 복지를 통해 일자리를 창출하고, 창출된 일자리에서 다시 세금을 거두는 건강한 복지의 선순환 구조를 확립함으로써 유럽 내에서도 높은 경제성장률을 기록하고 있다. 또한, 스웨덴은 실현 가능한 범위 내에서의 복지를 목표로 하고 있다. 한편, 복지에 관한 가장 큰 골칫거리는 더 큰 복지 혜택은 바라지만 이에 따르는 조세부담은 피하고 싶은 국민들의 이기심으로, 이에 맞춰 정책을 세우면 국가는 재정 적자에 시달리게 된다. 하지만 국가 예산의 3분의 1 정도가 복지 비용으로 지출되는 스웨덴의 경우 조세부담률이 세계에서 두 번째로 높음에도 불구하고 스웨덴 국민들은 높은 조세부담률에 대한 불만을 품지 않는다. 세금을 낸 만큼 복지 혜택을 받을 수 있다는 확신이 있기 때문이다.

물론 아무리 좋은 모델을 참고한다고 해도 성장과 사회 통합이라는 두 마리의 토끼를 동시에 잡는 것은 어려운 일이다. 그래도 일하는 복지, 가능한 범위 내에서의 복지 실현, 복지를 위한 증세 이 세 가지를 모두 염두에 둔 균형적인 복지 체계를 마련하는 일은 장기적 관점에서 우리나라의 미래를 좌우할 중요한 문제라는 것은 의심의 여지가 없는 사실이다.

18 윗글의 제목으로 가장 적절한 것은?

① 우리나라 복지정책의 변화 양상
② 선진국 복지 체계의 장단점
③ 과도한 복지정책의 부작용
④ 한국 복지 체계 구축의 필요성
⑤ 국내 복지 체계의 현황과 전망

19 윗글을 통해 추론한 내용으로 적절하지 않은 것은?

① 복지 확대에는 그만큼의 비용 지출이 수반되기 때문에 재정 건전성이 악화될 가능성이 있다.
② 이전에는 복지 실현을 위해서는 국가의 성장 지체 문제를 감수해야 한다는 인식이 있었다.
③ 복지정책 수립 이전에 복지 확대에 따르는 조세부담을 감소시키기 위한 방안을 먼저 고려해야 한다.
④ 스웨덴의 복지가 본보기가 되는 이유는 복지가 성장으로 이어지는 선순환 구조를 구축했기 때문이다.
⑤ 국가 복지와 관련한 중요한 문제점은 국민들이 복지 혜택은 바라지만 증세에는 반대하는 것이다.

20 다음 중 각 문단의 내용을 요약한 것으로 적절하지 않은 것은?

(가) 우리나라는 농산물과 농산가공품의 공정 거래 질서를 확립하여 생산자와 소비자를 보호하기 위해 1993년 7월부터 '원산지 표시제'를 본격적으로 도입하였다. 또한, 특정 상품의 품질이나 명성이 해당 지역 고유의 지리적 특성 덕분이라고 판단되는 경우, 그 지역을 원산지로 하는 상품임을 명시하는 '지리적 표시제'를 2000년부터 전면 시행해오고 있다. 지리적 표시제에는 1호로 지정된 보성 녹차를 비롯하여 벌교 꼬막, 해남 고구마, 나주 배 등의 품목이 등록되어 있다. 소비자의 입장에서 원산지 표시제와 지리적 표시제는 품질에 대한 신뢰도를 높인다는 점에서 이점이 있다.

(나) 일반적으로 소비자는 조건이 불확실한 상황에서 제품이나 서비스 구매를 위한 의사 결정을 해야 할 경우 선택의 스트레스를 받게 된다. 소비자들은 선택 스트레스의 영향으로 선택을 지연하거나 잘못된 대안을 선택하기도 한다. 특히 선택의 폭이 넓을 때 선택 스트레스를 많이 받는데, 이는 선택지가 많을수록 비교·대조를 통한 최선 혹은 차선의 선택을 결정하기 어렵고 선택하지 못한 대안에 대한 후회가 커지기 때문이다. 그러므로 모든 선택지를 비교하기보다 일정한 선택 기준을 설정하고 기준에 부합하는 선택지를 추려서 최종 선택지를 고르는 방식으로 선택의 폭을 좁히는 게 좋다.

(다) 선택으로 유발되는 스트레스는 현재 상황에서 선택을 위해 사용할 수 있는 정보가 부족하거나 부정확할 경우에 심화된다. 스마트폰으로 필요한 정보를 검색한다고 해도 정보 필터링을 거쳐야 하므로 선택 스트레스의 감소에 크게 도움이 되지는 않는다. 만약 선택해야 하는 제품이 농산품이라면 고민은 더욱 깊어진다. 농산품은 품질에 대한 기대치가 높고 평가 기준이 각기 다른데, 선택 상황에서 주어지는 정보만으로는 판단할 수 없는 부분이 많다. 이러한 상황에서 원산지와 생산자가 명시되어 있는 차별화된 제품이 있다면, 많은 사람이 해당 제품을 선택하게 된다. 즉, 원산지 효과가 선택의 스트레스를 감소시킬 수 있다는 것이다.

(라) 원산지 효과는 식품류의 생산지나 생산자, 제조지역 등에 대한 신뢰를 기반으로 특정 제품군의 대표성 이미지를 얻은 경우로, 일종의 브랜드와 같은 역할을 한다. 소비자는 제품을 구매하거나 선택해야 하는 상황에서 원산지 효과를 얻은 제품을 머릿속에 가장 먼저 떠올리게 된다. 이로 인해 원산지 표시제, 지리적 표시제를 포함한 각종 인증 마크를 받은 제품은 일반 제품보다 가격이 대략 10% 비싸더라도 판매량이 많게 나타난다. 소비자는 제품을 통해 얻게 될 이득보다 혹시 생길지 모르는 손실을 더 심각하게 생각하는 심리로 인해 추가 비용을 기꺼이 감수하고 인증 마크를 받은 제품을 구매한다.

(마) 그래서 농산품처럼 원산지 효과가 선택의 주요한 판단 기준으로 작용하는 제품에 부정적인 부분이 발견될 경우 소비자들의 불신이 극에 달하여 불평불만에 그치는 것이 아니라, 보다 더 강력한 행동을 실행하게 된다. 품질이나 디자인이 불만족스러울 경우 주변에 험담하거나 회사에 건의하여 환불·교환을 받겠지만, 원산지를 속인 농산품은 소비자들이 다시는 구매하지 않을 것이다. 그러므로 원산지 표시제나 지리적 표시제를 사용하는 생산자들은 소비자의 신뢰를 얻기 위해 막대한 책임감을 필수적으로 가져야 한다.

① (가): 원산지 표시제와 지리적 표시제의 시행 목적과 소비자 입장에서의 이점
② (나): 선택 스트레스의 발생 원인과 선택지가 많을 때 스트레스를 줄이는 법
③ (다): 선택해야 하는 상황에서 유발되는 스트레스를 줄여주는 원산지 효과
④ (라): 농산품을 구매하는 소비자 행동이 원산지 효과의 확산에 미치는 영향
⑤ (마): 원산지 효과의 혜택을 받는 생산자들이 반드시 가져야 할 책임감

21 다음 문단을 논리적 순서대로 알맞게 배열한 것은?

(가) 이는 뛰어난 방수성과 통기성, 보온성으로 영국 군인과 연합군을 보호해 주는 역할을 하였으며 곧 영국 육군 장교의 유니폼이 되었다.

(나) 농부와 양치기들이 즐겨 입는 리넨 소재의 작업복에 관심을 가졌던 토마스 버버리는 이집트 면에 특별한 방수 코팅 기술을 더해 개버딘이라는 직물을 개발하였다.

(다) 전쟁이 끝난 후 트렌치코트는 하루에도 몇 번씩 비가 왔다 해가 떴다 하는 변덕스러운 영국 날씨에 적합한 외투로 각광받으며 일반인들로부터 관심을 얻기 시작했다.

(라) 특히나 영국 왕실 및 상류층 인사로부터 애용되고, 영화와 TV 속 주인공들의 필수 패션 아이템으로 자리 잡으면서 그 인기가 빠르게 상승하게 되었다.

(마) 연합군으로부터 군용 레인코트를 제작해달라는 주문을 받은 토마스 버버리는 자신이 개발한 개버딘을 소재로 하여 외투를 제작하는데 이것이 바로 군사 용어로 '참호'라는 뜻의 트렌치코트이다.

① (나) - (가) - (다) - (라) - (마)
② (나) - (마) - (가) - (다) - (라)
③ (마) - (가) - (나) - (라) - (다)
④ (마) - (나) - (가) - (라) - (다)
⑤ (마) - (다) - (라) - (가) - (나)

22 다음 보도자료의 제목으로 가장 적절한 것은?

농촌진흥청(청장 허○○)은 3월 초 잦았던 비로 인해 올봄 양파·마늘에서 병 확산이 우려된다며 예찰과 함께 방제를 당부했다. 양파 노균병, 양파·마늘 잎마름병, 마늘 녹병 같은 곰팡이병과 무름병 같은 세균병은 양파와 마늘의 생육과 수량을 떨어뜨리는 주된 원인이다. 특히 지난여름 잦은 비로 제때 양파 연작지(이어짓기 재배지)의 태양열 소독을 못 한 농가가 많고, 3월 초 날이 습했던 탓에 양파 노균병 발생이 더욱 우려된다. 양파 노균병은 감염 시기에 따라 1차와 2차로 구분하는데, 1차 노균병 감염 초기에는 잎에 옅은 노란색 병반(무늬)이 나타나고, 병이 진전되면서 잎 표면에 회색 포자가 형성된다. 2차 감염은 회색 포자가 주변으로 날아가 발생한다. 2~3월 발생하는 1차 노균병은 약제 방제가 어렵지만, 겨울나기 이후 감염돼 4월부터 피해가 발생하는 2차 노균병은 약제로 방제할 수 있다. 노균병 이후 발생하는 잎마름병과 녹병은 양파·마늘 모두에서 발생해 농가에 손해를 끼치고, 잎마름병은 기온이 높고 습한 조건에서 주로 생육 후기에, 녹병은 저온이 지속되고 비가 자주 오면 많이 발생한다. 잎마름병은 2018년 전남지역 양파·마늘 재배지, 3,000헥타르 이상에서 발생해 생산량 감소 원인이 되었고, 특히 노균병으로 병든 잎 주변에서 잎마름병이 발생하므로 미리 방제에 나서야 한다. 마늘 녹병도 지난해 전국에 걸쳐 발생했기 때문에 올해는 각별한 주의가 필요하다. 마늘을 이어짓기 재배하는 곳에서는 녹병의 피해가 없도록 미리 방제해야 한다. 녹병에 감염된 마늘잎은 초기 타원형의 작은 황색(누른빛) 반점이 발생하고, 진전되면서 병반이 울퉁불퉁 솟아오르며 잎 전체가 황갈색으로 변색돼 말라 죽는다. 양파·마늘 곰팡이병과 세균병은 발병 전 철저한 예찰과 함께 3월 중하순부터 7~10일 간격으로 보호제와 방제용 살균제를 뿌려 예방해야 한다. 농촌진흥청 국립원예특작과학원 이○○ 채소과장은 "한파로 겨울나기 후 단위면적당 재식 주수(심은 식물 수)가 감소하고 작황이 부진했으나 최근 기상 여건이 좋아지며 생육이 회복되고 있어 올 작황은 평년 수준일 것이다."라며 "하지만 안심할 수는 없기 때문에 안정적 생산과 생산량 확보를 위해 예찰을 통한 병해충 예방에 힘써 달라."라고 전했다.

※ 출처: 농촌진흥청, 2021-03-29 보도자료

① 안정적인 양파·마늘 생산을 위한 봄철 병 예방
② 잎마름병의 발생 원인과 증상에 따른 대처 방법
③ 곰팡이병과 세균병 확산으로 감소한 농작물 생산량
④ 병해충 예방을 위한 농가별 방제 교육 진행
⑤ 농작물 재배 시 방제용 살균제 사용의 중요성

23 A 지역농협은 직원 대상 실무 교육의 일환으로 원활한 의사소통 방법에 관한 교육을 진행한 뒤 교육 내용에 대해 자유롭게 이야기하는 시간을 마련하였다. 다음 대화를 읽고 설득력 있는 의사표현에 대해 잘못 이야기하고 있는 사람을 모두 고르면?

> 의진: 설득할 때는 혹시라도 내가 상대방의 의견과 태도를 변화시키기 위해 상대방에게 나의 의견과 태도를 일방적으로 강요하고 있지는 않은지 주의해야 해요.
> 진아: 그리고 설득할 때는 내가 요청하는 바의 일부분이라도 도움을 얻기 위해 나의 요구와 상대방의 여건을 적절히 절충하고 협상해야 하는 경우도 있어요.
> 성연: 대표적으로 요청하고자 하는 바의 50~60% 수준의 부탁을 한 뒤 점차 요청하는 도움의 내용을 늘려 상대방의 허락을 유도하는 '문 안에 한 발 들여놓기 기법'이 있어요.
> 주희: 또 다른 방법으로는 상대방에게 요청하고자 하는 도움의 크기가 100이라면 상대방에게 처음부터 100을 요청하고 상대방이 거절하면 점차 요구하는 바를 줄여서 상대방이 요청사항의 일부라도 들어주게끔 유도하는 '얼굴 부딪히기 기법'이 있어요.
> 승은: '얼굴 부딪히기 기법'은 한 번 도움을 거절한 사람은 도움을 요청한 사람에게 미안한 마음을 가지게 되고, 그 미안한 마음을 보상하기 위해 이후 좀 더 작은 도움을 요청받았을 때 더 수월하게 요청을 승낙한다는 점을 이용한 방법이에요.

① 의진 ② 주희 ③ 의진, 성연 ④ 진아, 승은 ⑤ 성연, 주희

24 평소 동료와 서로 당직 날짜를 바꿔주며 도움을 주고받던 귀하는 동료로부터 이번 주 당직 날짜를 바꿔줄 수 있냐는 부탁을 받았지만, 동료가 부탁한 날은 아버지의 생신을 맞이하여 가족 여행이 계획되어 있어 부탁을 들어줄 수 없는 상황이다. 다음 중 귀하가 동료의 부탁을 효과적으로 거절하기 위해 한 말로 가장 적절한 것은?

① "미안해요. 일정을 한번 확인해봐야 할 것 같은데 아마 어려울 듯해요."
② "지난번에도 부탁했던 것 같은데 또 바꾸시려고요? 그날은 안 돼요."
③ "미리 얘기해주셨으면 저도 일정을 조율할 수 있었을 텐데 아쉽네요."
④ "그날은 좀 힘들 것 같은데, 다음 당직 때 바꿔드리면 안 될까요?"
⑤ "미안해요. 그날은 가족 여행을 가기로 해서 불가능해요."

25 귀하의 회사는 올해부터 여름철 쿨비즈 제도를 시행하기로 하였다. 이에 대한 안내문을 본 동료사원 A의 반응이 다음과 같을 때, A는 문서 이해 절차 중 어느 단계에 맞춰 문서를 이해하고 있는가?

[쿨비즈(Cool BIZ) 제도 시행 안내]

무더운 날씨로 인한 전력수요 증가로 국가적 전력난이 우려되고 있습니다. 이에 따라 우리 ㈜ ○○은 쿨비즈 제도를 시행하고, 합리적인 냉방기 사용 규정을 수립함으로써 업무 효율은 높이고 불필요한 에너지 낭비는 줄이고자 합니다.

1. 쿨비즈(Cool BIZ)
   1) 쿨비즈 제도란 더운 여름에 노타이, 반소매 등 가벼운 복장을 할 수 있도록 하여 체감온도를 낮춤으로써 업무효율은 높이고 에너지 낭비는 줄이는 제도를 의미함
   2) 시행기간: 20XX년 5월 15일~20XX년 9월 15까지

2. 냉방기 사용규정
   1) 사무실 냉방기 설정 온도는 26℃ 이상으로 운전함
   2) 점심시간에는 냉방기 운전을 정지함
   3) 회의실 이용 후에는 반드시 냉방기 운전을 정지함
   4) 냉방기 가동 시 창문은 반드시 닫아야 함

A: 여름이 다가옴에 따라 가벼운 옷차림을 허용하는 쿨비즈 제도가 시행되므로 이를 알리기 위해 작성된 문서야.

[문서 이해 절차]

1단계	문서의 목적을 이해함
2단계	문서의 작성 배경과 주제를 파악함
3단계	문서의 정보를 밝혀내고, 문서에 제시된 현안을 파악함
4단계	상대방의 요구 및 의도를 파악하고, 자신에게 요구되는 행동에 대한 내용을 분석함
5단계	문서에서 이해한 목적을 달성하기 위해 해야 할 행동을 생각하고 결정함
6단계	상대방의 의도를 도표, 그림 등으로 메모하여 요약 및 정리함

① 2단계 ② 3단계 ③ 4단계 ④ 5단계 ⑤ 6단계

26 효준이는 연 이율 5%인 1년 만기 거치식 단리 예금 상품에 가입하면서 4,500,000원을 입금하였다. 1년 뒤 효준이는 원리금을 돌려받아 3,200,000원을 사용하였을 때, 잔액은? (단, 세금은 고려하지 않는다.)

① 1,355,000원 ② 1,390,000원 ③ 1,445,000원 ④ 1,470,000원 ⑤ 1,525,000원

27 K 대리는 금융상품 계약 문서의 보안을 위해 본인의 폴더에 비밀번호를 설정하려 한다. 비밀번호는 숫자 1, 2, 3, 4, 5와 특수문자 !, @, #을 이용하여 네 자리로 구성할 예정이다. K 대리의 폴더 비밀번호로 가능한 문자배열은 몇 가지인가? (단, 숫자와 특수문자는 중복 사용이 가능하다.)

① 70가지 ② 720가지 ③ 1,680가지 ④ 4,096가지 ⑤ 5,040가지

28 13시에 공부를 시작한 A와 B는 각각 20분, 25분마다 5분간의 휴식 시간을 갖고 다시 공부를 시작한다. A와 B가 19시까지 공부한다고 했을 때, A와 B가 마지막으로 동시에 공부를 시작하는 시각은?

① 15시 30분 ② 16시 30분 ③ 17시 ④ 17시 30분 ⑤ 18시

29 매년 열리는 식품 박람회에 올해 참석한 남자 인원은 작년 대비 10% 증가하였고, 여자 인원은 작년 대비 20% 감소하였다. 올해 식품 박람회에 참석한 총인원은 540명으로 작년보다 60명 감소했을 때, 작년 식품 박람회에 참석한 여자 인원은?

① 200명 ② 250명 ③ 300명 ④ 350명 ⑤ 400명

30 7시간 동안 기름 1,876mL를 채우는 호스와 1시간 30분 동안 기름 375mL를 채우는 호스가 있다. 두 호스를 동시에 이용해서 2L 기름통을 가득 채우는 데 3시간 45분이 걸렸다고 할 때, 처음 2L 기름통 안에 들어 있던 기름의 양은?

① 55.5mL ② 57.5mL ③ 59.5mL ④ 61.5mL ⑤ 63.5mL

31 다음은 어느 통신사의 이동전화요금 할인율 정보이다. Q 씨는 매달 100,000원의 이동전화요금이 발생하지만, 매달 가족 결합 혜택으로 이동전화요금의 10%를 할인받으며, 할인받은 금액에 추가로 통신사 멤버십 VIP 할인 혜택을 받는다. 다음 달부터 멤버십 등급별 이동전화요금 할인율이 모두 현재 할인율의 50% 만큼 상향 조정되어 적용될 때, Q 씨가 다음 달에 납부하는 이동전화요금은 이번 달보다 얼마 더 적은가?

등급	더블 S	VVIP	VIP	실버	옐로우
할인율	30%	15%	10%	5%	2%

① 4,500원 ② 4,550원 ③ 4,600원 ④ 4,650원 ⑤ 4,700원

32 유 사원은 농협 소개 카탈로그를 제작하기 위해 A 업체의 제작 비용을 확인하고 있다. A 업체는 5부 단위로만 카탈로그를 제작하며, 기본 제작 부수 5부에 대해 51,000원의 비용을 부과한다. 또한, 5부를 초과하는 수량에 대해서는 5부 단위로 13,000원의 비용을 추가로 부과한다. 유 사원이 A 업체에 카탈로그 300부의 제작을 의뢰할 경우 A 업체에 지불해야 하는 금액은?

① 795,000원 ② 818,000원 ③ 831,000원 ④ 857,000원 ⑤ 869,000원

33 다음은 20XX년 직업기초능력평가 응시자의 성적이다. 자료에 대한 설명으로 옳지 않은 것은?

78	95	85	63	73
94	69	56	85	89
63	85	92	77	63
80	74	78	91	88

① 변량의 개수는 20개이다.
② 자료의 최빈값에 63점이 포함된다.
③ 가중치를 고려하지 않은 자료의 평균값은 78.9점이다.
④ 자료의 최빈값은 1개 이상이다.
⑤ 자료 전체를 대표할 수 있는 중앙값은 80점이다.

34 다음은 ○○은행 필기시험 합격자의 NCS 점수와 전공 점수를 나타낸 자료이다. 필기시험 합격자 중 NCS 점수가 가장 높은 사람의 NCS 점수를 m, 전공 점수가 가장 높은 사람의 전공 점수를 n이라고 할 때, m+n의 값은?

구분	A	B	C	D	E	평균 점수
NCS 점수	67점	75점	73점	69점	(　)	72점
전공 점수	83점	(　)	76점	84점	80점	81점

① 159점　② 160점　③ 162점　④ 163점　⑤ 165점

35 다음은 1년 동안 N 은행 카드 영업 사무원 H 씨의 월별 카드 발급 실적에 대한 자료이다. 월별 발급한 카드 수의 평균을 a, 분산을 b라고 할 때, a+b의 값은?

구분	1월	2월	3월	4월	5월	6월	7월	8월	9월	10월	11월	12월
발급한 카드 수	9개	8개	6개	7개	6개	5개	8개	10개	9개	6개	6개	4개

① 7.0　② 8.8　③ 10.0　④ 12.5　⑤ 14.0

36 나래는 산악 동호회 회원들과 함께 한라산을 등산하여 정상에서 30분간 휴식 시간을 갖고 하산하였다. 다음 조건을 모두 고려하였을 때, 나래가 등산을 할 때 이용한 코스 길이와 하산을 할 때 이용한 코스 길이의 차는?

- 등산할 때에는 2코스를 이용하였고, 하산할 때에는 1코스를 이용하였다.
- 1코스 길이와 2코스 길이의 합은 총 19.2km이다.
- 등산할 때에는 시속 1.6km로 올라갔고, 하산할 때에는 시속 2.4km로 내려왔다.
- 등산을 시작할 때부터 하산할 때까지 소요한 시간은 10시간 50분이다.

① 0km ② 1.2km ③ 1.6km ④ 2.5km ⑤ 3.2km

37 갑과 을은 함께 게임을 하고 있다. 다음 조건을 모두 고려하였을 때, 갑이 경품을 받을 확률은?

- 게임에서 이긴 사람은 1점을 얻고, 지는 사람은 0점을 얻으며, 무승부는 없다.
- 갑이 게임에서 을을 이길 확률은 $\frac{2}{3}$이다.
- 먼저 2점을 얻는 사람이 경품을 받는다.

① $\frac{8}{27}$ ② $\frac{4}{9}$ ③ $\frac{2}{3}$ ④ $\frac{20}{27}$ ⑤ $\frac{8}{9}$

38 재환이는 가로의 길이가 96cm, 세로의 길이가 16cm, 높이가 72cm인 직육면체의 나무를 잘라 같은 크기의 정육면체를 만들고자 한다. 나무를 남기지 않고 최대한 큰 정육면체를 만든다고 할 때, 만들 수 있는 정육면체의 개수는?

① 12개 ② 24개 ③ 108개 ④ 216개 ⑤ 512개

39 다음 숫자가 규칙에 따라 나열되어 있을 때, 빈칸에 들어갈 알맞은 것을 고르면?

15　9　27　21　63　57　171　(　　)

① 117　② 155　③ 165　④ 507　⑤ 513

40 다음 문자가 규칙에 따라 나열되어 있을 때, 빈칸에 들어갈 알맞은 것을 고르면?

ㄷ　ㅂ　ㄹ　ㅇ　ㅂ　(　　)　ㅊ　ㅂ　ㄹ

① ㄷ　② ㅅ　③ ㅋ　④ ㅌ　⑤ ㅎ

41 다음 각 기호가 문자, 숫자의 배열을 바꾸는 규칙을 나타낸다고 할 때, 빈칸에 들어갈 알맞은 것을 고르면?

D2B6　3Q8W
↓　↓
H35K → ● → ◈ → 2JL6
↓　↓
F1C7　(　　)

① Q38W　② W8Q3　③ Q8W3　④ W38Q　⑤ Q3W8

42 다음 각 기호가 문자, 숫자의 배열을 바꾸는 규칙을 나타낸다고 할 때, 빈칸에 들어갈 알맞은 것을 고르면?

MG42　R67U
↓　↓
FX85 → ♣ → △ → (　　)
↓　↓
24GM　P79V

① 39ZG　② 77VE　③ 3Z9G　④ 77ZG　⑤ 93GZ

[43-44] 다음은 제품별 수산물가공업체 현황에 대한 자료이다. 각 물음에 답하시오.

[제품별 수산물가공업체 현황]

구분	2018년		2019년		2020년	
	사업체 수(개)	종사자 수(명)	사업체 수(개)	종사자 수(명)	사업체 수(개)	종사자 수(명)
냉동품	2,086	28,887	2,365	30,927	2,225	28,799
통조림품	41	3,108	38	2,917	30	2,491
연제품	96	5,693	107	7,043	117	6,593
소건품	312	2,586	334	3,402	282	2,168
염건품	215	498	221	517	229	612
자건품	84	1,142	75	1,273	70	1,599
해조제품	585	7,780	564	8,039	563	7,441
한천	3	98	2	97	3	99
조미가공품	569	9,682	615	10,054	640	10,129
어유분	18	191	21	317	21	312
염장품	75	1,043	94	1,286	96	1,133
염신품	523	6,038	633	6,991	655	7,481
기타	396	6,451	371	6,845	435	7,334
전체	5,003	73,197	5,440	79,708	5,366	76,191

※ 출처: KOSIS(해양수산부, 수산물가공업통계)

43 다음 중 자료에 대한 설명으로 옳지 않은 것은?

① 2020년에 사업체 수가 100개 미만인 제품은 총 5개이다.
② 2020년 냉동품을 제외한 나머지 제품의 평균 종사자 수는 4천 명 미만이다.
③ 2018년 대비 2020년에 사업체 수가 증가한 제품은 기타를 제외하면 총 7개이다.
④ 2019년 종사자 수가 두 번째로 많은 제품의 사업체 1개당 종사자 수는 15명 이상이다.
⑤ 제시된 기간 동안 종사자 수가 매년 100명 미만인 제품은 2019년에 전년 대비 종사자 수가 증가하였다.

44 2021년에 전체 제품 종사자 수의 전년 대비 증감률이 2020년 전체 제품 종사자 수의 전년 대비 증감률과 같을 때, 2021년 전체 제품 종사자 수는? (단, 증감률과 종사자 수는 소수점 첫째 자리에서 반올림하여 계산한다.)

① 72,839명 ② 73,143명 ③ 75,577명 ④ 79,239명 ⑤ 79,543명

45 다음은 A 지역과 B 지역의 농업인을 대상으로 조사한 재난지원금 수령률을 나타낸 자료이다. 2024년 B 지역의 농업인 수가 전년 대비 118천 명 증가했을 때, ㉠, ㉡을 바르게 연결한 것은?

[지역별 재난지원금 수령률]

(단위: 천 명, %)

구분	2023년		2024년	
	A 지역	B 지역	A 지역	B 지역
농업인 수	1,118	1,007	1,040	(　　)
재난지원금 수령자 수	46	66	78	(㉡)
재난지원금 수령률	4.1	6.6	(㉠)	9.6

※ 재난지원금 수령률(%)=(재난지원금 수령자 수/농업인 수)×100

	㉠	㉡
①	7.5	108
②	7.5	118
③	7.5	128
④	7.8	108
⑤	7.8	118

46 다음은 연도별 해상조난사고에 대한 자료이다. 자료에 대한 설명으로 옳은 것은?

[연도별 해상조난사고 현황]

구분		2019	2018	2017
발생	건수(건)	3,508	3,154	2,907
	척수(척)	3,820	3,434	3,160
	인원(명)	20,422	19,596	17,336
구조	척수(척)	3,758	3,385	3,102
	인원(명)	20,334	19,507	17,228
구조불능	척수(척)	62	49	58
	인원(명)	88	89	108

[연도별 해상조난사고 구조불능인원]

(단위: 명)

구분	2019	2018	2017	2016	2015
사망인원	58	56	83	48	77
실종인원	30	33	25	50	35

※ 출처: KOSIS(해양경찰청, 해상조난사고통계)

① 2015년부터 2019년까지 사망인원이 증가하는 해에 실종인원도 증가하였다.
② 해상조난사고 발생건수의 전년 대비 증가율은 2018년이 2019년보다 크다.
③ 구조불능인원 중 사망인원의 비중은 2017년부터 2019년까지 매년 감소했다.
④ 2018년 해상조난사고 발생인원 대비 구조인원의 비율은 약 99.5%이다.
⑤ 2017년 대비 2019년 구조척수 증가량이 발생건수 증가량보다 크지만 같은 기간의 구조척수 증가율은 발생건수 증가율보다 작다.

[47-48] 다음은 M 국의 스마트팜 유형별 시설 수 및 면적에 대한 자료이다. 각 물음에 답하시오.

[스마트팜 유형별 시설 수]

(단위: 개)

구분	2020년	2021년	2022년	2023년	2024년
소규모 비닐하우스	431	466	484	498	501
중규모 비닐하우스	6,591	6,592	6,584	6,635	6,634
대규모 비닐하우스	2,865	2,858	2,863	2,884	2,882
유리온실	2,394	2,387	2,382	2,388	2,383
식물공장	114	115	115	116	117
복합환경제어온실	533	533	531	532	528

[스마트팜 유형별 시설 면적]

(단위: 만 m^2)

구분	2020년	2021년	2022년	2023년	2024년
소규모 비닐하우스	70	235	243	112	113
중규모 비닐하우스	9,622	9,635	9,610	9,716	9,710
대규모 비닐하우스	4,996	4,987	4,971	5,033	5,021
유리온실	6,904	6,833	6,858	6,840	6,811
식물공장	223	228	243	245	245
복합환경제어온실	13,354	13,329	13,518	13,536	13,464

47 위 자료에 대한 설명으로 옳은 것을 모두 고르면?

ㄱ 2021년 이후 대규모 비닐하우스 시설 수와 대규모 비닐하우스 시설 면적의 전년 대비 증감 추이는 매년 서로 동일하다.
ㄴ 2024년 소규모 비닐하우스 시설 면적은 2년 전 대비 130만 m^2 감소하였다.
ㄷ 제시된 기간 중 복합환경제어온실 시설 면적이 다른 해에 비해 가장 넓은 해에 복합환경제어온실 시설 면적은 전년 대비 18만 m^2 증가하였다.
ㄹ 2022년 중규모 비닐하우스 시설 수는 대규모 비닐하우스와 유리온실 시설 수의 합보다 1,347개 더 많다.

① ㄱ, ㄷ　② ㄴ, ㄷ　③ ㄴ, ㄹ　④ ㄷ, ㄹ　⑤ ㄴ, ㄷ, ㄹ

48 제시된 기간 동안 식물공장 시설 수가 가장 많은 해에 복합환경제어온실 시설 1개당 복합환경제어온실 시설의 평균 면적은?

① 23.5만 m^2　② 24.1만 m^2　③ 24.5만 m^2　④ 25.1만 m^2　⑤ 25.5만 m^2

49 다음은 국가별 경제활동인구 현황을 나타낸 자료이다. 자료에 대한 설명으로 옳은 것은?

[국가별 경제활동인구수]

(단위: 천 명)

구분	2020년	2021년	2022년	2023년	2024년
A 국	26,840	27,160	27,420	27,750	27,900
B 국	65,870	65,980	66,450	67,400	68,300
C 국	19,130	19,600	19,450	19,670	19,800
D 국	155,930	152,500	159,150	160,320	162,080
E 국	29,410	29,480	29,560	29,670	29,590
F 국	41,970	42,160	43,050	43,290	43,390
G 국	20,400	21,290	21,800	22,400	21,700

[2024년 국가별 경제활동참가율]

(단위: %)

구분	A 국	B 국	C 국	D 국	E 국	F 국	G 국
경제활동참가율	58.8	56.5	55.4	62.9	54.8	58.1	61.2

※ 경제활동참가율(%)=(경제활동인구수/경제활동가능인구수)×100

① 제시된 국가 중 2023년 경제활동인구수의 전년 대비 증가 인원이 가장 많은 국가는 B 국이다.
② 제시된 국가 중 2020년에 경제활동인구수가 가장 적은 국가는 2024년 경제활동참가율도 가장 낮다.
③ 2021년 경제활동인구수는 D 국이 C 국의 8배 이상이다.
④ 2021년 이후 E 국과 F 국 경제활동인구수의 전년 대비 증감 추이는 매년 서로 같다.
⑤ 2024년 경제활동가능인구수는 C 국이 G 국보다 더 많다.

50 다음은 연도별 및 2024년 계절별 산불 발생 건수를 나타낸 자료이다. 자료에 대한 설명으로 옳지 않은 것은?

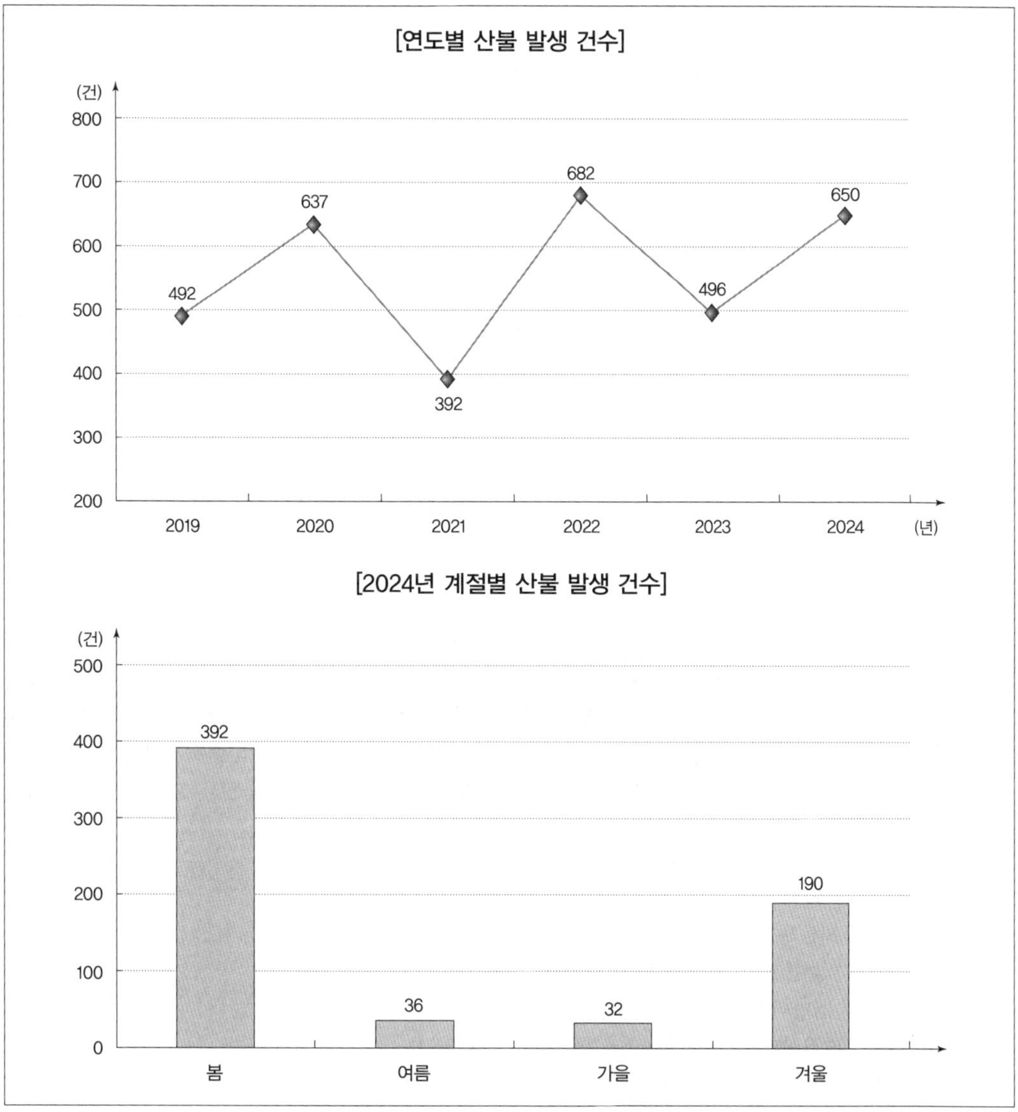

① 2024년 봄에 발생한 산불 발생 건수는 같은 해 여름에 발생한 산불 발생 건수의 11배 이상이다.
② 2020년 이후 산불 발생 건수의 전년 대비 증감 추이는 매년 증가와 감소를 반복한다.
③ 2022년 산불 발생 건수의 전년 대비 증가량은 2020년 산불 발생 건수의 전년 대비 증가량의 2배이다.
④ 2024년 전체 산불 발생 건수에서 겨울에 발생한 산불 발생 건수가 차지하는 비중은 30% 미만이다.
⑤ 제시된 기간 중 2019년보다 산불 발생 건수가 많은 해는 총 4개 연도이다.

51 다음 명제가 모두 참일 때, 항상 참인 것은?

- 열대 과일을 좋아하는 사람은 망고를 좋아한다.
- 포도를 좋아하는 사람은 거봉을 좋아한다.
- 열대 과일을 좋아하지 않는 사람은 거봉을 좋아한다.
- 거봉을 좋아하지 않는 사람은 수박을 좋아한다.

① 열대 과일을 좋아하는 사람은 포도를 좋아한다.
② 수박을 좋아하지 않는 사람은 열대 과일을 좋아하지 않는다.
③ 포도를 좋아하는 사람은 수박을 좋아하지 않는다.
④ 거봉을 좋아하지 않는 사람은 망고를 좋아한다.
⑤ 망고를 좋아하지 않는 사람은 거봉을 좋아하지 않는다.

52 영수, 종민, 수호, 민석, 정식 5명은 게임을 하기 위해 함께 PC방에 갔다. 5명은 희망하는 게임의 종류가 달라 2명과 3명으로 동일한 게임을 희망하는 사람끼리 나뉘어 앉았고, 창문 쪽을 바라보는 좌석과 벽 쪽을 바라보는 좌석에 설치된 게임이 달라 2명과 3명은 서로 다른 쪽을 바라보는 좌석에 앉았다. 창문 쪽을 바라보는 좌석은 1번부터 5번까지이고, 벽 쪽을 바라보는 좌석은 6번부터 10번까지이며, 같은 쪽을 바라보는 좌석에 앉은 사람끼리는 연달아 붙어 앉아 게임을 하였다. 다음 조건을 모두 고려하였을 때, 항상 참인 것은?

- 2번, 8번 좌석은 PC 고장으로 앉을 수 없다.
- 수호는 영수와 같은 쪽을 바라보는 좌석에 앉지 않았다.
- 정식이는 수호보다 번호가 높은 좌석에 앉았다.
- 종민이는 3명이 앉은 쪽 좌석에 앉았으며, 3명 중 가운데에 앉았다.
- 영수는 민석이와 같은 쪽을 바라보는 좌석에 앉았다.
- 민석이는 영수와 정식이보다 번호가 낮은 좌석에 앉았다.

창문 쪽				
1번	2번	3번	4번	5번
10번	9번	8번	7번	6번
벽 쪽				

① 정식이는 10번 좌석에 앉았다.
② 종민이의 오른쪽 좌석에는 정식이가 앉았다.
③ 영수의 뒷좌석에는 아무도 앉지 않았다.
④ 민석이는 3번 좌석에 앉지 않았다.
⑤ 수호와 종민이는 서로 다른 쪽을 바라보는 좌석에 앉았다.

53 갑 사의 기획부에는 A~E 5명이 근무하고 있다. 기획부는 월요일, 화요일, 수요일, 목요일, 금요일에 근무하며 5명이 모두 다음 주 근무 요일 중에 2일씩 휴가를 사용한다고 할 때, 휴가를 사용하는 사람이 가장 적은 요일은?

- A는 2일 중 1일은 E와 같은 요일에 휴가를 사용하고, 나머지 1일은 B와 같은 요일에 휴가를 사용한다.
- A는 B와 E를 제외한 다른 사람과는 같은 요일에 휴가를 사용하지 않았다.
- B는 C와 같은 요일에 휴가를 사용하지 않는다.
- C와 D는 모두 월요일과 화요일에 휴가를 사용하지 않는다.
- E는 월요일과 수요일에 휴가를 사용한다.
- B가 휴가를 사용하는 요일 중 하루는 금요일이다.
- 휴가를 연속한 요일에 사용한 사람은 A와 C뿐이다.

① 월요일 ② 화요일 ③ 수요일 ④ 목요일 ⑤ 금요일

54 현수가 운영하는 사과 농장에 사과를 매번 따가는 사람이 있어 경찰에 신고하였고, 경찰은 사과 농장 인근의 CCTV를 확인하여 용의자로 의심되는 동네 주민 A~E 5명을 불러 진술을 받았다. 5명 중 3명의 진술은 진실이고, 2명의 진술은 거짓이며, 범인은 1명일 때, 사과 농장에서 사과를 매번 따간 범인은?

- A: B와 C 중 한 명이 사과를 따간 범인이다.
- B: D는 사과를 따간 범인이 아니다.
- C: E의 진술은 진실이다.
- D: B와 E 중 한 명이 사과를 따간 범인이다.
- E: C가 사과를 따간 범인이다.

① A ② B ③ C ④ D ⑤ E

55 다음은 업무수행 과정 중 발생한 문제 유형에 대한 설명이다. 다음 중 ㉠~㉢의 설명에 해당하는 용어를 바르게 연결한 것은?

> ㉠ 현재의 상황을 개선하거나 효율을 높이기 위한 눈에 보이지 않는 문제로, 이를 방치하면 뒤에 큰 손실이 따르거나 결국 해결할 수 없는 문제로 확대될 수 있다.
> ㉡ 미래상황에 대응하는 장래 경영전략의 문제로, 지금까지 해오던 것과 전혀 관계없는 새로운 과제 또는 목표에 따라 일어나는 문제를 의미한다.
> ㉢ 당장 걱정하고 해결하기 위해 고민하는 눈에 보이는 문제로, 어떤 기준을 일탈함으로써 생기는 일탈 문제와 기준에 미달하여 생기는 미달문제로 대변되며 원상복귀가 필요하다.

	㉠	㉡	㉢
①	발생형 문제	탐색형 문제	설정형 문제
②	발생형 문제	설정형 문제	탐색형 문제
③	탐색형 문제	발생형 문제	설정형 문제
④	탐색형 문제	설정형 문제	발생형 문제
⑤	설정형 문제	발생형 문제	탐색형 문제

56 다음 글을 근거로 판단할 때, 〈보기〉에 대한 설명으로 옳은 것은?

> 문제 해결의 절차는 환경 분석, 주요 과제 도출, 과제 선정의 3단계로 진행된다. 문제가 발생하였을 때 가장 먼저 고려해야 하는 점은 환경을 분석하는 일로, 사용되는 기법으로는 3C 분석과 SWOT 분석 등이 있다. 현상을 파악한 후에는 분석 결과를 검토하여 과제 후보들을 체계적으로 정리하고 평가하여 주요 과제를 도출해야 한다. 최종적으로는 과제의 중요성, 긴급성, 용이성 등을 종합적으로 고려하여 가장 우선순위가 높은 과제를 선정하고 최적의 해결방안을 수립할 수 있다.

〈보기〉

> 화장품 브랜드 ○○기업은 최근 심각한 경영상의 문제에 직면하였다. 다수의 저가 브랜드의 등장으로 신상품 중 주력 상품이었던 A 상품의 판매 실적이 예상보다 매우 저조하였고, 이에 기업은 문제 해결을 위해 긴급 회의를 소집하였다. ○○기업은 회의의 첫 번째 단계로 고객 후기, 피드백, 설문조사 결과 등의 데이터를 수집하여 A 상품과 자사 서비스에 대한 고객의 만족도를 면밀히 분석하였다. 이어서 경쟁사인 □□기업의 B 상품 판매 실적을 살펴보았으며, B 상품의 가격, 품질, 마케팅 전략 등 다양한 측면을 자사 상품과 비교 분석하며 자사의 시장 경쟁력을 진단하였다. 마지막으로, A 상품 기획 당시 설정했던 '중국 시장 진출'과 '하이엔드 브랜드 이미지 구축'이라는 전략적 목표가 오히려 판매에 부정적인 영향을 미친 것은 아닌지에 대해서도 심도 있게 검토하였다.

① ○○기업 회의는 분석자료를 바탕으로 주요 과제를 도출하는 '주요 과제 도출' 절차에 해당한다.
② ○○기업은 문제를 해결하기 위해 고객, 경쟁사, 자사를 분석하는 3C 분석 기법을 활용하였다.
③ ○○기업은 회의를 진행하기 이전에 실행가능한 후보 과제를 도출하는 절차를 먼저 수행했어야 한다.
④ ○○기업 회의 분석 결과 A 상품 기획 시 설정한 목표는 기업 내부의 강점으로 도출되었을 것이다.
⑤ ○○기업 회의에서 내부 환경에 대한 분석은 진행되었지만, 외부 환경에 대한 분석은 진행되지 않았다.

57 채소 가게를 운영하는 귀하는 도매 시장에서 채소를 구매하여 소매 시장에서 채소를 판매하고 있다. 채소별 가격 정보가 다음과 같을 때 옳지 않은 것은?

[채소별 가격 정보]

구분		1kg당 도매 구매 가격	1kg당 소매 판매 가격
양파	특등급	600원	2,000원
	상등급	500원	1,800원
	중등급	400원	1,600원
	하등급	300원	1,500원
시금치	특등급	3,300원	7,500원
	상등급	3,000원	7,000원
	중등급	2,800원	6,700원
	하등급	2,600원	6,200원
풋고추	특등급	4,500원	12,000원
	상등급	4,200원	10,000원
	중등급	3,700원	9,000원
	하등급	3,300원	8,000원

도매 시장에서 채소를 구매할 때, 품목 수에 따라 구매 가격이 할인된다. 2가지 품목을 구매할 경우 20%, 3가지 품목을 구매할 경우 30%의 가격이 할인되고, 도매 시장에서 소매 시장으로 채소를 운송하는 데 100kg당 30,000원씩 운송비가 지출된다. 도매 시장에서 구매한 채소는 소매 시장에서 등급별로 판매되는 비율이 일정하며, 특등급이 80%, 상등급이 90%, 중등급이 80%, 하등급이 70%가 판매되고, 판매되지 않은 상품은 봉사단체에 기부한다. 이때, 수익은 소매 시장에서 채소를 판매한 금액에서 도매 시장에서 채소를 구매한 금액과 채소를 운송하는 데 지출된 운송비를 차감한 값이다.

① 도매 시장에서 상등급의 풋고추만 100kg을 구매하여 소매 시장에서 판매했을 때, 수익은 450,000원이다.
② 도매 시장에서 특등급의 시금치만 200kg을 구매하여 소매 시장에서 판매했을 때 수익은 특등급의 양파와 시금치를 100kg씩 구매하여 소매 시장에서 판매했을 때 수익보다 더 높다.
③ 도매 시장에서 양파만 100kg 구매하여 소매 시장에서 판매했을 때, 상등급의 수익이 특등급의 수익보다 높다.
④ 도매 시장에서 중등급의 양파와 시금치, 풋고추를 각각 100kg씩 구매하여 소매 시장에서 판매했을 때, 수익은 800,000원 이상이다.
⑤ 도매 시장에서 하등급의 풋고추 100kg을 구매하여 소매 시장에서 판매했을 때 수익은 하등급의 시금치 100kg을 구매하여 소매 시장에 판매했을 때 수익의 2배 이상이다.

58 H 공사에서는 원자력 발전소를 건설하기 위해 A, B, C, D, E 다섯 지역을 고려하였고, 이 중 입지 조건에 가장 적합한 지역을 선정하려고 한다. 평가기준에 따라 3점 척도로 나타낸 지역별 평가점수와 원자력 발전소 입지 조건이 다음과 같다고 할 때, 원자력 발전소의 건설지로 선정될 가능성이 가장 높은 지역은?

[지역별 평가점수]

구분	A 지역	B 지역	C 지역	D 지역	E 지역
넓이	3	2	2	3	1
지형	1	3	2	1	2
바다와의 거리	1	2	1	2	1
도심과의 거리	2	2	2	1	1
지반의 강도	3	3	3	2	3
주변 지역 주민의 선호도	1	1	1	2	1

※ 넓이가 넓을수록, 지형이 송전에 유리할수록, 바다 및 도심과의 거리가 멀수록, 지반의 강도가 클수록, 주민의 선호도가 높을수록 평가 점수가 높음

[원자력 발전소 입지 조건]

우선순위	입지 조건
1	지반이 단단하여 지진 등 자연재해로부터 안전한 곳에 위치한다.
2	폐열 처리를 위한 냉각수를 얻기 위해서 대량의 물과 가까운 곳에 위치한다.
3	주거지역이나 도심으로부터 멀리 떨어진 외곽에 위치한다.
4	송전탑을 설치해야 하므로 산지에 둘러싸이지 않아 송전에 유리한 곳에 위치한다.
5	원자력 발전소 건설에 대한 주변 지역 주민의 선호도가 높은 곳에 위치한다.
6	발전소를 건설해야 하므로 충분히 넓은 곳에 위치한다.

① A 지역 ② B 지역 ③ C 지역 ④ D 지역 ⑤ E 지역

[59-60] 다음은 ○○기업 지역 본부별 다음 달 예상 직원 수와 마스크 생산 업체별 평가 점수에 대한 자료이다. 각 물음에 답하시오.

[지역 본부별 다음 달 예상 직원 수]

구분	현재 직원 수	휴직자	입사 예정자	퇴사 예정자
경기 본부	421명	24명	13명	6명
대전 본부	279명	7명	2명	4명
부산 본부	365명	11명	17명	3명
대구 본부	342명	4명	12명	11명
광주 본부	317명	6명	4명	8명
울산 본부	296명	8명	3명	2명
제주 본부	146명	9명	10명	7명

※ 1) 다음 달 예상 직원 수 = 현재 직원 수 − 휴직자 + 입사 예정자 − 퇴사 예정자
2) 입사 예정자의 입사일은 모두 다음 달 1일, 퇴사 예정자의 퇴사일은 모두 이번 달 31일이고, 다음 달 복직하는 휴직자는 없음

[마스크 생산 업체별 평가 점수]

구분	가격	내구성	착용감
A 업체	4점	5점	3점
B 업체	3점	4점	5점
C 업체	5점	3점	5점
D 업체	2점	5점	4점
E 업체	4점	4점	4점

※ 총점 = (가격 점수 × 0.3) + (내구성 점수 × 0.5) + (착용감 점수 × 0.2)

59 **서울 본부에서 근무하고 있는 임 사원은 각 지역 본부로 직원들이 사용할 마스크를 구매하여 배부하는 업무를 담당하고 있다. 지역 본부별 다음 달 예상 직원이 인당 하루에 한 개씩 다음 한 달 동안 사용할 분량의 마스크를 배부하려고 할 때, 임 사원이 판단한 내용으로 옳지 않은 것은?** (단, 다음 달은 30일이다.)

① 경기 본부에 배부해야 하는 마스크는 총 12,120개이다.
② 광주 본부의 전 직원이 하루에 제공받을 마스크는 울산 본부의 전 직원이 하루에 제공받을 마스크보다 18개 더 많다.
③ 부산 본부에 배부해야 하는 마스크는 총 10,040개이다.
④ 마스크 생산 업체 중 가격 점수, 내구성 점수, 착용감 점수가 각각 가장 낮은 업체는 모두 다르다.
⑤ 대전 본부의 전 직원이 하루에 제공받을 마스크는 대구 본부의 전 직원이 하루에 제공받을 마스크보다 69개 더 적다.

60 **임 사원은 각 지역 본부에 배부할 마스크를 주문하려고 한다. 총점이 가장 높은 업체를 선정하여 마스크를 주문하려고 할 때, 임 사원이 마스크를 주문할 업체는?**

① A 업체 ② B 업체 ③ C 업체 ④ D 업체 ⑤ E 업체

[61 - 62] 다음은 A 지역농협의 농업기계별 임대 정보와 농업기계 임대 사업을 운영하고 있는 P 직원이 작성한 농업기계 평가서이다. 각 물음에 답하시오.

[농업기계별 임대 정보]

구분	보유수량(대)	대여가능수량(대)	대여가격(원/일)	성능(마력)	차후수리비(원)
트랙터	7	4	100,000	105	270,000
이앙기	4	2	43,000	22	135,000
경운기	5	5	15,000	10	120,000
굴삭기	5	2	41,000	67	300,000
파쇄기	3	2	20,000	75	230,000
예취기	2	2	10,000	3	170,000
비료살포기	1	0	10,000	25	100,000
로타베이터	1	1	44,000	55	180,000
SS기	1	1	40,000	20	200,000

[농업기계 평가서]

1. 평가 항목 및 기준

평가 항목	평가 기준
대여가격	성능과 연비를 고려했을 때, 가격이 적절하게 책정되어 있는가?
성능	농업기계의 성능이 좋은가?
연비	농업기계의 연비가 적절한가?
차후수리비	책정된 차후수리비가 농업인이 부담하기에 적절한가?
활용도	농업인의 임대 비율이 높은가?

2. 평가 점수

매우 우수	우수	보통	미흡	매우 미흡
5점	4점	3점	2점	1점

3. 평가표

구분	대여가격	성능	연비	차후수리비	활용도
트랙터	4점	5점	5점	5점	3점
이앙기	3점	2점	2점	3점	4점
경운기	5점	3점	3점	2점	1점
굴삭기	4점	1점	4점	3점	5점
파쇄기	2점	4점	5점	4점	5점
예취기	1점	4점	3점	2점	5점
비료살포기	3점	2점	5점	1점	2점
로타베이터	2점	3점	2점	5점	3점
SS기	1점	2점	1점	5점	3점

61 D 농업인은 A 지역농협에서 보유하고 있는 농업기계를 종류별로 모두 임대할 계획이었으나, 일단 한 대의 농업기계만 임대하기로 결정했다. D 농업인이 자신이 부담해야 하는 차후수리비를 우선적으로 고려하여 임대하고자 할 때, A 지역농협의 직원이 D 농업인에게 제안할 농업기계로 가장 적절한 것은?

① 이앙기 ② 경운기 ③ 파쇄기 ④ 비료살포기 ⑤ SS기

62 P 직원은 농업기계 평가서를 바탕으로 농업기계 임대 사업의 수익을 극대화하는 방안을 모색하려고 한다. 평가 항목 중 임대 수입에 직접적으로 영향을 미치는 대여가격과 활용도 항목만 고려했을 때, P 직원이 가장 높게 평가한 농업기계는? (단, 평가 항목별 가중치는 동일하다.)

① 트랙터 ② 경운기 ③ 굴삭기 ④ 예취기 ⑤ 로타베이터

63 다음은 G 공단 김 대리가 신입사원 교육을 진행하는 데 활용한 PPT의 일부이다. 자원관리에 대해 바르게 이해하지 못한 사람은?

[자원관리의 과정]

단계	내용
1단계	필요한 자원의 종류와 양 파악
2단계	이용 가능한 자원 수집
3단계	자원활용 계획 수립
4단계	계획에 따른 수행

① A: 자원을 확보하기에 앞서 먼저 필요한 자원에 대해 파악하는 것이 중요하네.
② B: 자원을 필요한 만큼만 확보해서 추후에 남는 경우가 없도록 해야겠어.
③ C: 업무의 우선순위를 고려해서 자원활용 계획을 수립해야 해.
④ D: 자원이 한정되어 있다는 것을 항상 염두에 두어야겠어.
⑤ E: 계획을 불가피하게 수정해야 할 경우에는 전체 계획에 미칠 수 있는 영향을 고려해야 해.

64 박상민 사원이 기상무 팀장의 지시에 따라 데드라인이 빠른 업무부터 진행한다고 할 때, 박상민 사원의 업무 순서로 적절한 것은?

보낸 날짜	20XX-07-05 11:45
보낸 사람	기상무 〈wakeup@business.com〉
받는 사람	박상민 〈mini@business.com〉
제목	오후 업무 일정 전달

박상민 사원, 제가 점심시간이 끝나고 바로 오후 1시부터 전시회 업무 때문에 외근을 해야 해서 오늘 오후에 박상민 사원이 해야 할 업무를 미리 전달하겠습니다. 오늘 오후 3시까지 디자인 업체로부터 회사 로고 스티커 시안을 전달받아 검토 부탁드립니다. 디자인 업체의 영업 시간이 오후 7시까지이므로 최소 2시간 전까지는 수정 사항을 전달하고, 최종 수정안은 내일 오후 2시까지 전달해달라고 요청하면 됩니다. 그리고 내일 오전 10시에 대회의실에서 영업부 전체 회의가 있으니, 회사 앞 베이커리 전문점에 회의 시간 30분 전까지 커피와 샌드위치가 배달될 수 있도록 주문 부탁드립니다. 단, 베이커리 전문점은 오후 4시까지 배달 주문을 받으니 시간을 잘 확인해서 늦지 않게 주문하면 됩니다. 어제 박상민 사원이 제출한 연차신청서는 제가 확인 후, 박상민 사원 자리에 놓았습니다. 연차신청서는 적어도 연차 사용 일주일 전까지 인사팀에 제출해야 하니, 점심시간 직후에 인사팀에 연차신청서 제출한 후, 영업부 사원들에게 전시회 물품이 준비되었는지 확인해서 저에게 오후 2시까지 연락 부탁드립니다.

㉠ 커피와 샌드위치 주문　㉡ 전시회 물품 확인　㉢ 스티커 시안 검토
㉣ 연차신청서 제출　㉤ 스티커 시안 수정 사항 전달

① ㉢ – ㉤ – ㉣ – ㉠ – ㉡
② ㉣ – ㉡ – ㉢ – ㉤ – ㉠
③ ㉢ – ㉣ – ㉡ – ㉠ – ㉤
④ ㉣ – ㉢ – ㉡ – ㉤ – ㉠
⑤ ㉣ – ㉡ – ㉢ – ㉠ – ㉤

65 이 주임은 업무 일정 수립을 위해 지금까지 지시받은 업무를 정리하여 백 과장에게 전달하였으며, E-mail을 통해 백 과장으로부터 일정 관련 피드백을 받았다. 이 주임이 E-mail의 내용을 고려하여 업무 일정을 수립하였을 때, 4월 19일까지 본인이 진행해야 하는 업무 중 다섯 번째로 진행해야 하는 업무로 가장 적절한 것은?

[이 주임이 전달한 업무 목록]

구분	업무 요청 일자	업무 마감 기한	업무 세부 내용
1/4분기 업무 보고	3월 20일	4월 15일	• 분기 보고서 작성 • 분기 보고서 발표
A 제품 판매 지수 관련 자료 제출	4월 1일	4월 8일	• 판매 지수 관련 자료 정리
기획 세미나 참석	3월 12일	4월 12일	• 세미나 참석 • 참석 보고서 작성
워크숍 예산 수립	3월 25일	4월 15일	• 운용 가능 예산 확인 • 워크숍 프로그램 구성
경쟁사 물품 조사	4월 1일	4월 19일	• 시장 조사 • 물품 구매 • 보고서 작성
신제품 전략 기획	3월 27일	4월 19일	• 시장 조사 • 경쟁사 조사

E-mail
보낸 날짜: 20XX. 04. 04.(목) 15:05 보낸 사람: 백 과장〈WORK_100@XXX.com〉 받는 사람: 이 주임〈WORK_2@XXX.com〉 제목: 업무 일정 수립 요청 이 주임님, 전달해주신 업무 목록을 확인하였습니다. 그러나 정리하신 목록의 마감 기한만으로는 업무 처리 순서를 결정하기 어려울 것 같으니 아래와 같은 순서로 업무를 처리하시기 바랍니다. 먼저 정리하신 업무 목록에서 업무 마감 기한이 이른 날짜 순으로 업무를 먼저 진행하고, 업무 마감 기한이 같을 경우에는 업무 세부 내용의 수가 많은 업무부터 적은 업무 순으로 업무 일정을 수립해 주세요. 만일 업무 마감 기한도 같고 업무 세부 내용의 수도 같을 경우에는 먼저 요청받은 업무부터 진행하셔야 합니다. 4월에 행사를 포함해 다른 업무가 많아서 정신없으실 것으로 예상됩니다. 전달드린 업무 처리 순서를 고려하여 업무 일정을 수립한 후 보고 바랍니다. 아, 내일 진행하는 식목일 행사가 끝나고 행사에 쓰인 물품을 정리하는 업무가 목록에서 빠진 것 같은데, 해당 업무는 행사 당일 진행하는 것으로 업무 추가해서 보고해 주세요.

① 1/4분기 업무 보고
② 기획 세미나 참석
③ 워크숍 예산 수립
④ 경쟁사 물품 조사
⑤ 신제품 전략 기획

66 다음은 다양한 조직의 유형을 정리해 놓은 자료이다. 자료에 따라 사례를 분류한다고 하였을 때, 〈보기〉에 제시된 사례가 해당하는 조직으로 가장 적절한 것은?

[조직이론]

- **네트워크 조직:** 아웃소싱이나 전략적 제휴와 같이 각자의 전문 분야를 추구하여 특정 사업 목표를 달성하기 위해 상호 협력하는 조직
- **직능별 조직:** 수평적인 조정의 필요성이 낮을 때 효과를 발휘하는 조직 구조로, 동일한 기술을 지닌 구성원을 동일 집단으로 분류한 조직
- **사업부제 조직:** 산출물에 기반을 둔 부서화 방식으로, 제품별·지역별·시장별 등으로 구분하여 일체적 부서화를 추구하는 조직
- **매트릭스 조직:** 기능적 조직과 프로젝트 조직이 혼합한 이중 구조 조직으로, 기능 구조와 사업 구조의 화학적 결합을 시도하는 조직
- **프로젝트 조직:** 특정한 사업 목표를 달성하기 위해 전체 조직 내의 전문 인력을 중심으로 결합하였다가 목표를 달성하면 해산하여 본래의 부서로 돌아가는 조직

〈보기〉

○○해양은 최근 선박과 해양 제품의 혼류 생산으로 인한 생산성 저하 문제를 해결하기 위해 제조하는 품목에 따라 업무가 구분될 수 있도록 대대적인 조직 개편을 시행하였다. 이에 따라 기존 생산, 설계, 재무, 인사 등을 중심으로 운영되었던 구조에서 선박, 특수선, 해양 등으로 구분하여 부서별 담당 제품을 책임지고 생산하는 구조를 확립하게 되었다.

① 네트워크 조직 ② 직능별 조직 ③ 사업부제 조직
④ 매트릭스 조직 ⑤ 프로젝트 조직

67 다음 중 농협의 인재상과 그에 대한 설명이 바르게 짝지어진 것을 모두 고르면?

	인재상	내용
㉠	진취적 도전가	항상 열린 마음으로 계통 간, 구성원 간에 상호 존경과 협력을 다하여 조직 전체의 성과가 극대화될 수 있도록 시너지 제고를 위해 노력하는 인재
㉡	행복의 파트너	프로다운 서비스 정신을 바탕으로 농업인과 고객을 가족처럼 여기고 최상의 행복 가치를 위해 최선을 다하는 인재
㉢	최고의 전문가	꾸준한 자기 계발을 통해 자아를 성장시키고, 유통·금융 등 맡은 분야에서 최고의 전문가가 되기 위해 지속적으로 노력하는 인재
㉣	정직과 도덕성을 갖춘 인재	매사에 혁신적인 자세로 모든 업무를 투명하고 정직하게 처리하여 농업인과 고객, 임직원 등 모든 이해관계자로부터 믿음과 신뢰를 받는 인재
㉤	시너지 창출가	미래지향적 도전의식과 창의성을 바탕으로 새로운 사업과 성장동력을 찾기 위해 끊임없이 변화와 혁신을 추구하는 역동적이고 열정적인 인재

① ㉠, ㉡ ② ㉡, ㉣ ③ ㉠, ㉢, ㉤ ④ ㉡, ㉢, ㉣ ⑤ ㉢, ㉣, ㉤

68 다음은 총무부, 인사부, 기획부, 회계부, 영업부로 구성된 회사에서 근무하는 김 과장과 이 사원의 대화 내용이다. 김 과장과 이 사원의 대화를 토대로 판단할 때, 김 과장이 속한 부서는?

> 김 과장: 이 사원, 지방으로 출장을 다녀오셨다고 들었는데 잘 다녀오셨나요?
> 이 사원: 네, 잘 다녀왔습니다. 그런데 이번 출장 중 한 가지 애로사항이 있었습니다. 숙박비를 결제할 때 사내 법인 카드의 한도가 초과되었다고 하여 개인 카드로 결제하였는데 법인 카드의 한도 증액과 출장 여비 지급은 어느 팀에 요청하면 될까요?
> 김 과장: 네, 국내 출장과 관련된 업무는 우리 팀에서 담당하고 있어요. 관련 양식에 맞추어 신청서를 제출해주시면 처리해드릴게요.
> 이 사원: 네, 김 과장님, 감사합니다. 추가로 이번에 출장을 다녀오며 이용한 회사 차량의 타이어 공기압이 낮다는 경고가 표시되었습니다. 차량 관리는 김 과장님 부서에서 진행한다고 들었는데 점검 부탁드리겠습니다.
> 김 과장: 네, 확인해보고 수리하도록 할게요. 고생하셨습니다.

① 총무부 ② 인사부 ③ 기획부 ④ 회계부 ⑤ 영업부

69 다음 빈칸에 들어갈 용어로 가장 적절한 것은?

> ( )은/는 1987년 10월 미국에서 일어난 사상 최악의 주가 대폭락 사태인 블랙 먼데이 이후 주식시장의 붕괴를 막기 위해 도입된 제도이다. 주식시장에서 주가가 급등하거나 급락하는 경우 주식매매를 일시적으로 정지시키는 제도라고 하여 '주식거래 중단제도'라고 불리기도 한다. 총 3단계에 걸쳐 매매거래가 중단될 수 있는데, 1단계는 종합주가지수가 전일 대비 8% 이상 하락하였을 때 발동되며 주식거래가 20분간 중단된다. 2단계는 1단계 이후 전일 대비 15% 이상 하락하였을 때 발동되고, 1단계와 마찬가지로 거래가 20분간 중단된다. 3단계는 전일 대비 20% 이상 하락한 경우에 발동되는데, 이 시점을 기준으로 모든 주식거래가 종료된다. 각 단계는 주식시장 개장 5분 후부터 폐장 40분 전까지 하루에 한 번씩만 발동될 수 있으나, 3단계는 장이 끝날 때까지 가능하다.

① 사이드 카 ② 숏 커버링 ③ 어닝 쇼크
④ 윈도 드레싱 ⑤ 서킷 브레이커

70 **글로벌 금융 기업의 인사팀장으로서 해외 출장이 잦은 귀하는 현지에서 발생 가능한 문제를 미연에 방지하기 위해 함께 출장 가는 직원들에게 해당 국가에 대한 기본 상식을 교육하려고 한다. 다음 주에 인도 지사 방문이 예정되어 있어 귀하가 제작한 교육 자료에 포함할 내용으로 가장 적절하지 않은 것은?**

① 현재 파키스탄과 카슈미르 지역을 두고 영토 분쟁을 벌이고 있으므로 해당 지역은 가급적 방문하지 않는 것이 좋다.
② 인도는 왼손을 오염된 손으로 생각하므로 식사를 할 때 오른손만 사용한다.
③ 영국의 식민지였다는 역사적 배경 때문에 현재도 파운드를 통화로 사용하고 있으므로 비상금은 파운드화로 준비한다.
④ 다양한 종교가 혼재되어 있으나 전체 인구 중 힌두교도가 차지하는 비중이 월등히 높으므로 힌두교 예절을 잘 숙지해야 한다.
⑤ 영어가 공용어 중 하나이므로 영어를 어느 정도 할 수 있다면 간단한 의사소통에는 큰 문제가 없을 것이다.

약점 보완 해설집 p.74

무료 바로 채점 및 성적 분석 서비스 바로 가기
QR코드를 이용해 모바일로 간편하게 채점하고 나의 실력이 어느 정도인지, 취약 부분이 어디인지 바로 파악해 보세요!

NCS 직무능력평가

실전모의고사 4회 (고난도)

시작과 종료 시각을 정한 후, 실전처럼 모의고사를 풀어보세요.

시 분 ~ 시 분 (총 60문항/70분)

- 본 실전모의고사는 총 60문항으로 구성되어 있으며, 영역별 제한 시간 없이 70분 이내로 모든 영역의 문제를 풀어야 합니다.
- 의사소통능력, 수리능력, 문제해결능력, 자원관리능력, 조직이해능력 문제가 출제됩니다.
- 맨 마지막 페이지에 있는 회독용 OMR 답안지와 해커스ONE 애플리케이션의 학습 타이머를 이용하여 실전처럼 모의고사를 풀어본 후, 60번 문제 하단에 있는 '바로 채점 및 성적 분석 서비스' QR코드를 스캔하여 응시 인원 대비 본인의 성적 위치를 확인해 보시기 바랍니다.

01 다음 제시된 단어와 의미가 반대되는 것은?

해이(解弛)

① 이완(弛緩) ② 해엄(解嚴) ③ 엄중(嚴重) ④ 분해(分解)

02 다음 제시된 단어와 의미가 반대되는 것은?

창안(創案)

① 구안(具案) ② 답습(踏襲) ③ 계획(計劃) ④ 궁리(窮理)

03 다음 밑줄 친 단어와 의미가 유사한 것은?

조합은 생산자로부터 직접 구매한 일용품을 조합원들에게 염가로 판매하였다.

① 원가 ② 평가 ③ 공가 ④ 저가

04 다음 밑줄 친 단어와 의미가 유사한 것은?

무릇 모든 일에는 순서가 있는 법이므로 서두르다가 일을 그르치지 않도록 경계해야 한다.

① 으레 ② 자못 ③ 비단 ④ 대저

05 다음 밑줄 친 단어와 같은 의미로 사용된 것은?

마지막에 고친 답이 정답이어서 얼마나 다행인지 모른다.

① 요즘 손톱 물어뜯는 버릇을 고치기 위해 노력하고 있다.
② 할머니 댁의 재래식 화장실을 수세식으로 고쳤다.
③ 이 병원은 천식을 잘 고치는 것으로 정평이 나 있다.
④ 고장 난 핸드폰을 고치러 회사 주변의 AS센터에 다녀왔다.

06 다음 밑줄 친 부분과 바꿔 쓸 수 있는 것은?

그는 의심할 여지 없이 이번 시험에서 합격할 것이다.

① 실없이 ② 변함없이 ③ 너나없이 ④ 틀림없이

07 다음 빈칸에 들어갈 단어로 적절한 것은?

선거일은 국민들이 유권자의 권리를 (　　)하게 행사할 수 있는 날이다.

① 당당 ② 마땅 ③ 타당 ④ 지당

08 다음 빈칸에 들어갈 단어로 적절한 것은?

세계적으로 한국 김치의 위상이 나날이 높아지고 있지만 동시에 김치 종주국에 대한 중국과 일본의 주장은 날로 강해지고 있다. (　　) 한국이 김치 종주국의 지위를 확실하게 지킬 수 있는 대안이 필요하다.

① 하물며 ② 그런고로 ③ 이윽고 ④ 오히려

09 다음 빈칸 ㉠, ㉡에 들어갈 단어가 순서대로 바르게 연결된 것은?

빈번한 개인정보 유출 사고와 공공기관에 대한 해킹 시도는 보안 시스템의 허술함을 (㉠)한다. 따라서 이 문제를 해결하려면 사이버 테러를 사소한 일로 여기고 (㉡)한 대응 방식으로 해결하려는 정부의 태도를 개선해야 한다.

① 방증 – 안이 ② 보증 – 안일 ③ 검증 – 진부 ④ 증명 – 미약

10 다음 ㉠~㉤ 중 수정이 필요한 부분의 개수는?

• 그 선수는 부상을 딛고 ㉠ 재기하여 다시 경기장에서 뛰고 있다. • 성과를 ㉡ 높히는 최고의 방법은 최선을 다해 노력하는 것이다. • 문제를 해결하기 위해 ㉢ 곰곰이 생각해 보았지만, 해결책이 떠오르지 않았다. • 봄이 오면서 ㉣ 푸릇한 나뭇잎들이 새싹을 틔우기 시작했다. • 그 임무를 완수하기 위해서는 여러 사람의 노력이 ㉤ 병행되야 한다.

① 0개 ② 1개 ③ 2개 ④ 3개

11 다음 중 맞춤법에 맞는 것은?

① 그의 제안을 들은 거래처 사장은 시답잖은 표정으로 대답을 대신하였다.
② 이 가게는 음식의 양이 너무 적어서 곱배기로 시켜야 겨우 배가 찬다.
③ 봄을 머금은 향긋한 나물 반찬들이 어머니의 잃어버린 입맛을 돋구었다.
④ 업무에 지친 이 대리는 틈틈히 운동을 하며 스트레스를 해소하고 있었다.

12 다음 중 띄어쓰기가 옳지 않은 것은?

① 그는 법 대로 하라며 억울함을 호소했다.
② 네가 본 대로 다 말해주면 된다.
③ 공항에 도착하는 대로 전화할게.
④ 오랜 시간 긴장한 탓에 몸이 지칠 대로 지쳤다.

13 다음 글의 중심 내용으로 가장 적절한 것은?

최근 한국은행이 조사한 금융안정보고서에 따르면 외부감사를 받는 기업 중 약 15%가 좀비기업인 것으로 나타났다. 좀비기업이란 자체적으로 기업 운영이 불가능하여 정부나 은행의 도움으로 가까스로 생명을 이어가는 기업을 의미한다. 다시 말해 회생 가능성이 작아 시장 원리에 의해 퇴출되어야 하지만, 정부나 채권단의 지원으로 파산만 면하고 있는 기업이다. 문제는 좀비기업의 수가 늘어날수록 경제 전반에 악영향이 커질 수 있다는 것이다. 우선, 좀비기업의 증가는 정상 기업의 자금 부족을 야기한다. 좀비기업 지원금 편성으로 인해 배분할 수 있는 자금이 그만큼 줄어듦에 따라 정상 기업에 자금을 빌려주는 데 어려움이 생긴다. 특히, 성장 가능성이 큰 벤처기업의 지원 자금 또한 줄어들어 투자가 이루어지지 않는 악순환이 이어지게 된다. 그뿐만 아니라, 금융권 부실이라는 결과가 나타날 수 있다. 채무상환능력이 취약한 기업에 돈을 빌려주다 보니 대출금 회수 가능성이 작아져 은행이 큰 타격을 입게 되는 것이다. 결국, 좀비기업의 생존은 기업과 금융권을 넘어 우리 경제 전체에 막대한 손해를 입히는 결과를 가져온다. 현재 저금리 기조가 이어지면서 기업의 차입금 조달이 쉬워지게 되었고, 그 결과 좀비기업으로 전락했으나 파산 신청을 하는 기업이 줄어들면서 문제가 더욱 심각해지고 있다. 좀비 상태로 연명하는 기업에 자본을 낭비하지 않도록 과감하게 중단해야 할 시점이다.

① 좀비기업의 지원금을 감축하여 벤처기업의 지원금을 확대해야 한다.
② 내수 경제에 심각한 영향을 주는 좀비기업의 지원을 멈추어야 한다.
③ 좀비기업의 수를 줄일 수 있도록 분류 기준을 새롭게 수립해야 한다.
④ 대출금 회수가 가능한 기업만 대출이 가능하도록 금리를 인상해야 한다.

14 다음 글의 내용과 일치하지 않는 것은?

링겔만 효과란 집단 속에 참여하는 사람 수가 늘수록 1인당 공헌도는 오히려 떨어지는 현상을 말한다. 만약 개인이 혼자 내는 힘이 100이라고 가정한다면 참여하는 사람 수가 2명으로 늘어나면 개인이 내는 힘은 80으로, 3명으로 늘어나면 60으로 줄어든다는 것이다. 이러한 링겔만 효과는 조직 내 사회적 태만과 관련 있다. 집단 속에서 개인은 익명성을 이용해 숨을 수 있기 때문에 의식적이든 무의식적이든 최선을 다하지 않게 된다. 따라서 경영자는 조직 내 링겔만 효과를 방지하기 위해 개개인들이 조직의 힘을 극대화하는 데에 일조하도록 하는 '주인의식'을 심어줘야 한다. 주인의식을 갖게 하는 가장 좋은 방법은 경영자가 조직 내 개인의 성과를 측정할 수 있는 시스템을 갖추는 것이다. 평가에 따라 개인별로 다른 승진과 보상체계를 갖춘다면 개인은 집단 속에서도 더 큰 역량을 내기 위해 노력할 것이고, 이를 통해 조직의 역량을 키울 수 있기 때문이다.

① 자신의 역량이 평가받는다는 생각을 하게 되면 개인은 더 노력하게 된다.
② 링겔만 효과에 따르면 참여 인원이 늘어날수록 집단 전체의 힘은 약해진다.
③ 조직 내에서 개개인이 태만을 부리는 것은 익명성이라는 환경적 요인과 관련 있다.
④ 개인이 집단 속에서 최대 역량을 발휘하지 않는 것을 의도적인 것으로만 볼 수 없다.

15 다음 글을 통해 추론한 내용으로 가장 적절하지 않은 것은?

뇌의 특정 기능만 활성화하는 것이 가능할까? 뇌가 전기자극을 받으면 기억력이 상승하거나 질병이 완화되는 등 다양한 효과가 있다는 연구 결과가 나오고 있다. 이에 따라 일부 과학자들은 '뇌 전기자극술'을 통해 인간의 뇌 기능을 발전시킬 수 있을 것으로 기대하고 있다. 실제로 뇌 주변 두피에 전극을 붙여 미세한 직류전류를 흘림으로써 뇌 심부를 자극하는 경두개직류자극술(DCS), 뇌 심부에 직접 긴 바늘 형태의 전극을 심는 뇌심부자극술(DBS) 등 여러 방법이 시도되고 있다. 특히 뇌심부자극술의 경우 뇌전증, 파킨슨병, 우울증 등 여러 질병을 치료하기 위해 사용되고 있다.

뇌 기능 저하를 겪고 있는 뇌전증 환자를 대상으로 뇌의 특정 부위에 전기자극술을 시도한 결과, 기억력이 향상되는 것을 확인할 수 있었다. 주목할 점은 뇌 기능이 떨어져 있을 때 가해지는 전기자극은 기억력 향상에 큰 도움을 주었으나, 고기능 상태일 때는 오히려 기억력을 감퇴시켰다는 점이다. 이는 기억력 향상을 위한 전기자극을 시도할 경우 뇌의 상태에 따라 자극의 효과가 다를 수 있음을 시사한다. 연구진은 뇌 전기자극술을 통해 알츠하이머 환자 또는 외상성 뇌 손상 환자와 같이 기억 상실로 고통받는 환자들의 삶을 개선할 수 있을 것으로 기대하고 있다.

또한 뇌에 전기자극을 가할 경우 만성 통증이 조절되는 효과도 찾아볼 수 있었다. 말초신경 손상으로 인해 발생하는 통증이나 복합부위 통증 증후군을 앓고 있는 환자는 대뇌에 있는 불확정영역의 별아교세포 활성도가 현저하게 낮다는 특징이 있다. 이를 바탕으로 전기자극을 통해 불확정영역의 별아교세포 활성도를 높인다면 통증을 줄일 수 있다는 가정에서 실험을 진행하였다. 그 결과 환자가 통증을 겪을 때 전기자극을 받으면 별아교세포 수가 정상 범위까지 증가함에 따라 활성도가 높아지고 통증이 감소하는 것을 확인하였다. 해당 연구를 통해 전기 자극으로 시냅스를 바꾸는 새로운 만성 통증의 치료법이 나타날 수 있을 것으로 바라보고 있다.

나아가 뇌 전기자극술로 뇌의 노화를 방지할 수 있다는 연구 결과가 나왔다. 인간은 일정 기간 성장을 마친 후 시간이 지날수록 인지 문제해결능력이 감소한다. 기억 작동과 관련된 각각의 뇌 영역이 서로 동기화되지 않기 때문이다. 연구진은 대뇌 피질에 낮은 정도의 전류를 유도하는 전극을 포함하는 뇌파 검사 캡을 디자인하여 60대부터 70대까지의 노인을 대상으로 연구를 실시하였다. 그 결과 뇌가 자극을 받는 시간 동안 노인들은 20대의 작업 능력과 유사한 수준으로 업무를 마칠 수 있었다. 이처럼 일정한 전기 흐름을 이용한 뇌 자극이 뇌 노화 현상을 회복할 수 있는 해결책이 될 수 있을 것으로 예상하고 있다.

그러나 다양한 영역에서 강한 상관관계를 보이는 뇌 전기자극술 역시 부작용을 피할 수는 없었다. 뇌심부자극술의 경우 뇌의 두개골을 열어 긴 바늘을 꽂는 과정에서 바늘에 의한 뇌 조직 파괴 및 감염 위험이 크다. 전극이 움직여 치료 효과가 감소할 가능성 또한 무시할 수 없다. 이러한 문제를 해결하기 위해 경두개직류자극술이 개발되었으나, 해당 방법은 두개골이 전기자극을 막고 있어 위험 발생률이 낮은 동시에 치료 효과도 높지 않다는 단점이 있다. 실제로 경두개직류자극술은 전극으로부터 뇌 심부까지 전해지는 전기의 양이 20%를 하회한다고 전해진다. 현재 연구진들은 앞선 문제점들을 보완할 수 있도록 준침습성 시술 등 다양한 방법을 고안하고 있다.

① 뇌에 전달되는 전기자극으로 인해 별아교세포 수가 늘어나 활성도가 높아진다면 통증이 줄어들 수 있다.

② 뇌 심부에 긴 바늘 형태의 전극을 심는 시술은 환자의 우울감 회복을 위해 쓰이는 경우가 있다.

③ 경두개직류자극술은 부작용 위험이 낮지만 전달하는 전기 중 80% 이상은 뇌에 도달하지 않을 확률이 높다.

④ 뇌전증 환자의 상태가 호전되었을 때 뇌에 전기자극을 가한다면 기억력 향상에 큰 도움이 될 것이다.

16 한 농업회사에서 근무하고 있는 귀하는 창립 50주년을 기념하여 발간된 사보를 읽다가 청년 농업인에 대한 칼럼을 접하게 되었다. 칼럼 내용의 일부가 다음과 같을 때, 이 칼럼의 내용과 일치하지 않는 것은?

> 최근 1차, 2차, 3차산업을 복합하여 농가에 높은 부가가치를 발생시키는 6차산업이 활성화되면서 20·30세대의 청년 농업인이 증가하고 있다. 2016년 30대 귀농 가구 수는 2014년보다 20%나 증가한 1,340가구였으며, 농림축산식품부에서 청년 창업 농업인들을 위해 마련한 지원 정책인 영농정착지원사업에도 지원자의 경쟁률이 약 3대 1을 기록하였다. 특이한 점은 지원자의 대부분이 도시에서 귀농했거나 귀농 예정인 도시 청년이었다는 것으로, 이들의 수는 재촌(在村) 청년의 약 2.5배에 달했다. 또한, 전체 지원자의 72.9%가 비(非)농업계 졸업생으로, 농업계 졸업생들보다 훨씬 많았다. 그렇다면 청년층이 농업을 선택하는 이유는 무엇일까? 기존에 귀농을 선택하였던 장년층의 경우 은퇴 후 시골에서 여생을 보낸다거나 농업으로 전직을 하여 생계수단으로 삼으려는 경우가 많았다. 하지만 청년 농업인들의 경우 주체적인 삶에 대한 갈망으로 귀농을 선택하는 경우가 많은 것으로 나타났다. 치열한 경쟁으로 인해 자신이 선택할 수 있는 범위가 좁은 대도시 대신, 자연 속에서 자급자족하며 자신이 직접 선택할 수 있는 삶을 살고 싶어 귀농을 선택하는 것이다. 청년들의 농촌 유입은 농업과 농촌의 변화를 유발해 농업을 미래 성장 산업으로 끌어 올리는 데 도움이 된다는 긍정적인 효과가 있다. 실제로 청년 농업인은 단순히 농사를 짓는 것에 그치지 않고, 자신의 재능을 농업과 연계하여 새로운 부가가치를 창출한다. 이들은 다양한 아이디어 상품을 만들고 농촌 체험 프로그램을 제공하여 농촌에 활력을 불어넣고 있으며, 농촌의 일상이나 농업 기술을 공유하는 내용을 담은 SNS나 동영상 채널 등을 운영하여 농업과 농촌에 대한 인식을 개선시키기도 한다.

① 대도시에서의 경쟁에 지친 청년들은 자연 속에서 자급자족하는 삶을 동경해 귀농을 선택하기도 한다.
② 농업과 농촌에 새로운 변화를 유발한다는 점에서 청년층의 농촌 유입은 긍정적으로 볼 수 있다.
③ 농가에 높은 부가가치를 가져오는 6차산업의 활성화는 20·30세대의 청년 농업인의 증가를 가져왔다.
④ 영농정착지원사업의 지원자 대부분은 농업계 학교 졸업생들로, 농업에 익숙한 청년들이 주를 이루었다.

[17-18] 다음 글을 읽고 각 물음에 답하시오.

(가) 그렇다면 HACCP이 국제식품규격위원회에서 식품위생 관리지침으로 채택될 수 있었던 이유는 무엇일까? 이에 대한 답은 12절차에 의한 체계적인 접근 방식에 있다. 사전 준비 5단계와 7원칙으로 총 12개의 절차로 이루어진 HACCP은 사전 준비 단계에서 HACCP 팀을 구성하는 것부터 시작한다. 이후 제품의 모든 공정 단계를 파악한 공정 흐름도와 작업 구획을 표시한 평면도를 작성하고, 작업 현장과 일치하면 사전 준비 단계가 마무리된다.

(나) HACCP이란 식품이 원재료의 생산 단계에서 제조, 가공, 보존, 조리 및 유통 단계를 거쳐 최종 소비자에게 도달하기까지 모든 과정에서 위해 물질이 섞여 오염되는 것을 사전에 방지하기 위한 위생 관리 시스템을 말한다. 원료와 생산공정에서 위해 가능성 요소를 찾아 사전에 분석 평가하는 '위해 요소 분석'을 의미하는 HA와 해당 위해 요소를 예방 및 제거하고 안정성을 확보하기 위해 중점으로 다루어야 할 '중요관리점'을 의미하는 CCP로 구성되어 있다.

(다) HACCP의 첫 번째 원칙은 위해요소 분석을 수행하는 것이다. 분석이 끝나면 제품의 원료나 공정에 존재하는 잠재적인 위해요소를 관리하기 위해 중요관리점을 결정하고, 이에 대한 한계 기준을 결정한다. 이때 모니터링 체계를 확립하여 모니터링 결과 한계 기준을 벗어날 경우 사전에 개선 조치 방법을 설정한다. HACCP 시스템이 적절하게 운영되는지 검증 방법을 설정하고, 해당 체계의 보존을 위해 문서 및 기록 유지 방법을 설정하면 모든 절차가 마무리된다.

(라) 이처럼 순차적인 절차를 통해 체계적으로 진행되는 HACCP은 생산자와 소비자 모두에게 효용이 큰 제도이다. 기업은 본 제도를 통해 정부주도형 위생관리에서 벗어나 자율적인 위생관리를 수행할 수 있는 것은 물론, 위해 요인을 규명하여 효과적으로 제거할 수 있어 위생적이고 안전한 식품 제조가 가능하고, HACCP 마크를 통해 기업의 신뢰성을 향상시킬 수 있다. 소비자 역시 HACCP 마크를 통해 안전이 보장된 식품을 식별하고 선택하는 것이 가능해졌다.

(마) 처음으로 HACCP 개념이 적용되기 시작한 것은 1960년대 초 미국 우주 계획에서 무결점 식품공급 기준으로 채택되면서이다. 이후 1993년 유엔식량농업기구(FAQ)와 세계보건기구(WHO)의 국제식품규격위원회에서 HACCP을 식품위생 관리지침으로 채택하였고, 한국에서는 1995년 식품위생법으로 HACCP을 처음 도입하여 2002년에 HACCP을 의무적으로 적용하는 것에 대한 법적인 근거를 마련하였다. 2006년부터는 7개 품목군을 의무적용 대상으로 지정하여 연 매출과 종업원 수 기준으로 매년 순차적으로 확대하여 적용하고 있다.

17 윗글을 논리적 순서대로 알맞게 배열한 것은?

① (나) – (마) – (가) – (다) – (라)
② (나) – (마) – (라) – (가) – (다)
③ (다) – (라) – (가) – (나) – (마)
④ (다) – (라) – (나) – (마) – (가)

18 윗글의 내용과 일치하지 않는 것은?

① HACCP은 공정 흐름도를 먼저 작성하여 이를 바탕으로 HACCP 팀을 조직한다.
② HACCP의 7원칙 중 체계 유지를 위해 문서 보존 방법을 지정하는 것이 포함된다.
③ HACCP으로 인해 기업은 자체 위생관리 수행이 가능해졌다.
④ HACCP은 국제식품규격위원회에서 식품위생 관리지침으로 채택된 지 2년 후에 한국에 처음으로 도입되었다.

[19-20] 다음 보도자료를 읽고 각 물음에 답하시오.

최근 드론에 대한 농업계의 관심이 뜨겁다. 드론은 무선전파 유도에 의해 비행과 조종이 가능한 무인 항공기로, 처음에는 군사 용도로 활용되었으나 그 용도가 확대되어 최근에는 농업, 환경, 미디어, 배달 등 다양한 분야에서 인기를 얻고 있다. 농업계에서 특별히 드론에 관심을 두는 이유는 드론의 경제성과 활용성에 있다. 드론은 보통 1억 5천만 원에서 2억 원에 달하는 농업용 무인헬기보다 상대적으로 저렴하고 가볍다. 또한, 시간이나 장소에 큰 영향을 받지 않는다는 점과 작동이 쉽다는 점도 드론의 인기상승에 한몫하고 있다.

이러한 가운데 ○○시가 20△△년 9월 3일 〈농업용 드론 연구총회〉를 개최한다고 하여 관심이 쏠리고 있다. 농업인구의 비중이 높은 편인 ○○시는 농가인구 감소와 고령화 등으로 인하여 갈수록 일손이 부족해지고 있는 농촌의 문제점을 해결하고자 이러한 프로그램을 개최한다고 밝혔다. 이를 통해 농업용 드론에 대한 농촌의 관심을 더욱 고조시키고, 농업용 드론을 통해 효율적으로 농작업을 진행할 수 있는 길을 열겠다는 것이다.

연구총회의 1부에서는 농업용 드론의 발전 현황과 농업용 드론을 활용하여 성과를 얻은 우리 농촌의 실제 사례를 살펴보게 되며, 2부에서는 농업용 드론의 발전 전망과 ○○시에서 추진 계획 중인 농업용 드론 보급 확대 방안을 설명하고 이에 대한 농민들의 생각을 듣게 된다. ○○시는 이번 연구총회에서 다루는 내용을 자료집 형태로 제작해 연구총회에 참석하는 농민들은 물론 참석하지 못한 농민들에게도 전달하여 농업용 드론에 대한 이해를 도울 예정이다. 한편 이번 연구총회는 우리나라 농업용 드론의 선구자이자 ○○시 농업 기계화 사업의 고문으로 활동하고 있는 △△대학교 김◇◇ 교수가 전체 강연과 토론의 진행을 전담한다고 하여 기대감이 커지고 있다.

1부와 2부가 마무리된 뒤에는 야외로 이동하여 농업용 드론을 이용한 벼 병충해 방제 시연회 및 현장 실습을 시행한다. 이는 벼 병해충 방제 작업 시기임을 고려하여 농업인들을 격려하고 실제 농업용 드론의 방제 효과를 확인하기 위해 마련된 자리로, 드론의 기본 원리에 대한 간단한 이론 교육 후 전문 드론 조종 교육을 받은 ○○시 공무원들이 시범을 보이는 순서로 진행된다. 시범에는 현재 농촌에서 가장 큰 인기를 얻고 있는 드론 기종인 AR-77과 KSG 3100이 사용되며, 시범 후에는 연구총회에 참석한 농민들이 직접 드론을 조종해 보는 시간도 한 시간가량 주어진다.

○○시는 이러한 연구총회 안내와 더불어 드론이 많은 장점을 가지고 있는 것에 비해 아직도 농가 보급률이 낮다며, 농업인들의 드론 구입비를 지원하거나 드론을 구입한 농업인에 대하여 드론 조종 교육 및 안전 교육을 무료로 제공하는 방안 등을 검토 중이라고 언급하였다. 농업인들의 드론 구입 부담을 경감하고 농업 생산성 향상에 이바지하겠다는 의지를 강력히 표명한 것이다.

한편 드론에 대한 뜨거운 관심을 보이는 지자체는 비단 ○○시만은 아니다. 전국의 많은 지자체가 농업용 드론이 가져올 농업 혁신을 기대하고 있다. 이처럼 날로 뜨거워지고 있는 드론에 대한 관심으로 인해 농업용 드론의 활용 범위는 더욱 넓어질 것으로 보인다.

19 위 보도자료의 제목으로 가장 적절한 것은?

① ○○시, 농업용 드론에 주목하여…〈농업용 드론 연구총회〉 개최!
② 드론, 내년부터 농업 관측·작황 정보 파악 등 ○○시의 각종 농업정책에 출격!
③ 하늘의 산업혁명, 본격적으로 시작된 드론 상업화 경쟁에 뛰어든 ○○시!
④ 〈농업용 드론 연구총회〉, 세계 농업용 드론의 발전 방향을 고찰하다!

20 귀하는 ○○시 직원으로 보도자료에서 언급된 〈농업용 드론 연구총회〉 진행을 총괄하게 되었다. 다음 중 보도자료 배포 후 귀하가 해야 할 일로 가장 적절하지 않은 것은?

① 꾸준히 날씨를 확인하고, 우천 시 야외 행사를 대체할 프로그램을 예비로 준비한다.
② 연구총회에서 배부될 자료의 내용을 확인하고, 보강할 내용은 없는지 검토한다.
③ 연구총회에 포함된 강연, 토론 등을 진행할 직원 또는 강사를 섭외한다.
④ 드론 시연회에 사용될 드론에 결함은 없는지 기계 상태를 확실히 점검하도록 한다.

21 $-5 < \sqrt{3x-5} - 13 \leq -3$을 만족하는 자연수 x 중 5의 배수는 몇 개인가?

① 2개 ② 3개 ③ 4개 ④ 5개

22 $a > 0$, $b < 0$일 때, $\sqrt{(-3a)^2} + \sqrt{(2a)^2} - \sqrt{(3b)^2}$을 간단히 나타낸 식은?

① $-a-3b$ ② $-a+3b$ ③ $5a-3b$ ④ $5a+3b$

23 K 종합병원에는 입원 환자를 수용할 수 있는 입원실이 있다. 현재 입원한 환자를 입원실 한 개당 4명씩 수용하면 환자 2명이 입원할 수 없고, 입원실 한 개당 5명씩 수용하면 입원실에 모든 환자를 수용할 수 있으며 8개의 입원실이 남을 때, 입원실의 최대 개수는?

① 40개 ② 42개 ③ 46개 ④ 48개

24 $1 - ax \geq 5x + 7$의 해가 $x \leq -\frac{3}{4}$일 때, 상수 a의 값은?

① 1 ② 3 ③ 5 ④ 7

25 1~10까지 숫자가 적힌 숫자 카드 1장씩과 +, −, ×의 연산자가 적힌 연산자 카드가 1장씩 있다. 숫자 카드 1장, 연산자 카드 1장, 숫자 카드 1장 순으로 총 3장의 카드를 뽑아 뽑은 순서대로 연산식을 만들었을 때, 뽑은 카드의 연산 결과가 8이 되는 경우의 수는? (단, 한 번 뽑은 카드는 다시 넣지 않는다.)

① 7가지 ② 10가지 ③ 12가지 ④ 14가지

26 다음 문자가 규칙에 따라 나열되어 있을 때, 빈칸에 들어갈 알맞은 것을 고르면?

A A B C E H ( ) U H

① J ② L ③ M ④ O

27 다음 문자와 숫자가 규칙에 따라 나열되어 있을 때, 규칙이 적용되지 않는 문자는?

4 H 12 P 20 X 28 F 36 L

① P ② X ③ F ④ L

28 다음 숫자가 규칙에 따라 나열되어 있을 때, 빈칸에 들어갈 알맞은 것을 고르면?

−7 −4 2 14 38 86 182 ( )

① 364 ② 369 ③ 374 ④ 379

29 연화는 서울에서 광주까지 자동차를 타고 이동하려고 한다. 다음 조건을 모두 고려하였을 때, 연화가 서울에서 광주까지 이동한 거리는?

- 연화가 서울에서 출발한 시각은 14시 20분이고, 광주에 도착한 시각은 18시 20분이다.
- 연화는 80km/h 또는 100km/h의 속력으로 달렸다.
- 연화가 80km/h로 달린 거리는 100km/h로 달린 거리보다 50km 더 많다.

① 300km　② 320km　③ 330km　④ 350km

30 하나로마트 △△지점에서 명절 기념 할인 행사로 식용유 세트를 정가보다 20% 낮은 금액으로 판매하여 식용유 세트 1개당 2,880원의 이윤을 남기고자 한다. 식용유 세트의 정가는 40%의 이윤이 남도록 책정되었을 때, 식용유 세트 1개당 정가는?

① 24,000원　② 28,800원　③ 31,200원　④ 33,600원

31 귀하는 Q 은행 본사에서 근무하는 인사팀 직원으로, 공개 채용을 앞두고 현재 회사에 근무하고 있는 전체 사원 수의 작년 대비 변화 추이를 조사하였다. 조사 결과를 바탕으로 전체 사원 수를 파악하였을 때, 현재 여자 사원의 수는?

- 작년 전체 사원 수: 1,000명
- 변화 추이 조사 결과
  - 작년 퇴직 및 신입 충원 결과, 현재는 작년보다 남자 사원이 4% 감소하였음
  - 작년 퇴직 및 신입 충원 결과, 현재는 작년보다 여자 사원이 5% 증가하였음
  - 현재 전체 사원 수는 작년보다 14명 증가하였음

① 400명 ② 576명 ③ 600명 ④ 630명

32 빨간색, 파란색, 노란색 호스가 1개씩 있다. 호스 1개를 사용하여 사각 물탱크에 물을 가득 채우는 데 걸린 시간은 빨간색 호스가 12분, 파란색 호스가 8분, 노란색 호스가 24분이다. 3가지 색상의 호스를 동시에 사용하여 비어 있는 사각 물탱크를 채운다고 할 때, 물탱크를 가득 채우는 데 걸린 시간은?

① 3분 ② 4분 ③ 6분 ④ 8분

33 외화로 재테크를 하는 상민이는 1년 전 미국, 일본, 중국, 영국의 화폐를 구입하였다. 1년 전 환율과 현재 환율이 다음과 같을 때, 상민이의 외화를 통한 재테크 수익률은? (단, 상민이는 1년 전부터 현재까지 외화를 추가로 구입하거나, 판매하지 않았다.)

[국가별 환율]

구분	미국(원/1달러)	일본(원/100엔)	중국(원/1위안)	영국(원/1파운드)
1년 전 환율	1,000	1,000	200	1,500
현재 환율	1,200	1,100	180	1,560

[1년 전 상민이가 구입한 외화]

구분	미국(달러)	일본(100엔)	중국(위안)	영국(파운드)
구입한 외화	100	100	1,000	400

① 3.0% ② 3.2% ③ 3.4% ④ 3.5%

34 A 씨는 1년 전 N 은행에서 월세 대출 상품을 통해 1년 만기일시상환을 조건으로 120만 원을 대출받았다. 처음 11개월 동안은 매월 꾸준히 이자를 납입하였으나 만기일에는 원리금을 납입하지 못해 1개월 연체하여 대출 원리금을 모두 상환하였다. 1개월 연체로 연체이자가 60,200원 발생했을 때, A 씨가 대출받은 상품의 대출 연 이자율은?

[주거 안정 월세 대출 상품 소개]

- 상품 특징: 무주택 세대주가 월세 계약을 체결할 경우 주거 안정을 위한 월세금을 지원하는 상품
- 대출 대상: 주거급여 대상자가 아닌 무주택 세대주
- 대출 한도: 최대 연 720만 원
- 상환 방법: 만기일시상환
- 연체이자
  - 연체 발생일로부터 3개월 이내: 미납금에 대해 '대출 연 이자율 + 1%'의 연체이자가 발생
  - 연체 발생일로부터 3개월 초과: 미납금에 대해 '대출 연 이자율 + 3%'의 연체이자가 발생
  - 연체이자율이 연 10%를 초과하는 경우 연 10%의 연체이자가 발생

① 3% ② 4% ③ 5% ④ 6%

35 B 씨는 △△주택담보대출 상품을 통해 10년 후 만기일시상환을 조건으로 2억 원을 대출하였다. 대출 후 20개월째 되는 날과 35개월째 되는 날에 각각 5천만 원을 중도상환하였고, 5년째 되는 날에는 잔금을 모두 중도상환하였다. △△주택담보대출 상품의 중도상환수수료율이 다음과 같다면, B 씨가 대출금을 모두 상환할 때까지 지불한 총 중도상환수수료는 약 얼마인가?

[대출 후 중도상환까지의 기간별 중도상환수수료율]

1년 이내	1년 초과 2년 이내	2년 초과 3년 이내	3년 초과
1.5%	1.0%	0.5%	-

※ 대출 후 중도상환까지의 기간이 3년 초과 시 중도상환수수료가 면제됨

[중도상환수수료 계산 방법]

- 중도상환수수료 = 중도상환금액 × 중도상환수수료율 × $\frac{\text{대출 잔여일수}}{\text{대출 기간}}$

※ 대출 기간은 일 단위이며 1년은 365일, 1개월은 30일로 계산함

① 53만 원 ② 60만 원 ③ 75만 원 ④ 80만 원

36 다음은 가구원 수별 월평균 가계 소득에 대한 자료이다. 자료에 대한 설명으로 옳지 않은 것은?

[가구원 수별 월평균 가계 소득]

(단위: 원)

구분		1분기	2분기	3분기	4분기
1인 가구	소득	1,796,639	1,773,411	1,887,791	1,863,710
	처분가능소득	1,340,772	1,355,360	1,405,225	1,439,660
2인 가구	소득	3,397,595	3,374,103	3,424,735	3,383,638
	처분가능소득	2,604,351	2,646,251	2,595,240	2,629,242
3인 가구	소득	5,149,604	5,008,962	5,255,306	5,122,462
	처분가능소득	4,026,032	3,920,622	4,031,475	3,976,317
4인 가구	소득	6,002,757	5,734,233	6,004,259	5,776,980
	처분가능소득	4,641,479	4,469,166	4,612,108	4,510,506
5인 이상 가구	소득	6,452,994	6,235,998	6,438,949	6,386,695
	처분가능소득	5,153,853	4,959,671	5,048,697	5,143,852

※ 소득 = 처분가능소득 + 비소비지출

※ 출처: KOSIS(통계청, 가계동향조사)

① 2분기 4인 가구의 월평균 비소비지출은 직전분기 대비 약 7.1% 감소하였다.
② 1~4분기 동안 5인 이상 가구의 월평균 처분가능소득의 평균은 약 5,076,518원이다.
③ 3분기 3인 가구의 1인당 월평균 소득은 동일 분기 2인 가구의 1인당 월평균 소득보다 많다.
④ 2분기 이후 1인 가구의 월평균 비소비지출은 직전분기 대비 매 분기 감소하였다.

[37 - 38] 다음은 정보통신기기 전자 부품의 수입액 및 수출액에 대한 자료이다. 각 물음에 답하시오.

[전자 부품별 수입액]

(단위: 백만 달러)

구분	2014년	2015년	2016년	2017년	2018년
반도체	36,461	38,278	36,608	41,422	44,946
A	6,382	5,943	4,846	6,128	6,744
B	1,071	504	91	103	89
전자관	70	69	66	67	66
C	1,585	1,493	1,522	1,830	2,047
D	2,585	2,377	2,177	2,398	2,228
접속 부품	2,307	2,123	2,074	2,192	2,232
기타 부품	239	210	220	263	276
합계	50,700	50,997	47,604	54,403	58,628

[전자 부품별 수출액]

(단위: 백만 달러)

구분	2014년	2015년	2016년	2017년	2018년
반도체	62,647	62,916	62,225	99,673	128,145
A	35,863	32,843	28,098	30,291	27,760
B	552	287	74	58	69
전자관	24	11	9	6	7
C	1,547	1,565	1,448	1,847	2,049
D	4,687	4,336	4,391	5,524	4,996
접속 부품	2,246	2,292	2,571	2,745	2,841
기타 부품	183	160	155	181	180
합계	107,749	104,410	98,971	140,325	166,047

※ 출처: KOSIS(과학기술정보통신부, ICT실태조사)

37 다음 중 자료에 대한 설명으로 옳은 것은?

① 2018년 기타 부품 수출액은 3년 전 대비 12.5% 증가하였다.
② 2018년 반도체 수입액이 전자 부품 전체 수입액에서 차지하는 비중은 80% 이상이다.
③ 제시된 기간 동안 전자관 수출액의 평균은 전자관 수입액의 평균보다 54.2백만 달러 적다.
④ 제시된 기간 중 접속 부품 수입액이 가장 낮은 해에 접속 부품 수출액은 전년 대비 46백만 달러 증가하였다.

38 다음 조건을 모두 고려하였을 때, 제시된 자료의 A~D를 바르게 연결한 것은?

㉠ A, B, C, D는 각각 센서, 수동 부품, 평판디스플레이, PCB 중 한 전자 부품에 해당한다.
㉡ 제시된 기간 중 반도체 수출액이 처음으로 80,000백만 달러를 넘은 해에 수동 부품 수출액은 센서 수출액보다 1,500백만 달러 이상 많다.
㉢ 제시된 기간 동안 PCB 수입액은 수출액보다 매년 적다.
㉣ 2015년부터 2017년까지 평판디스플레이 수입액과 수출액의 전년 대비 증감 추이는 동일하다.

	A	B	C	D
①	PCB	센서	수동 부품	평판디스플레이
②	평판디스플레이	수동 부품	센서	PCB
③	수동 부품	평판디스플레이	PCB	센서
④	평판디스플레이	센서	수동 부품	PCB

[39-40] 다음은 K 국의 연도별 반도체와 디스플레이 산업 동향에 대한 자료이다. 각 물음에 답하시오.

[연도별 반도체 산업 동향]

구분	2019년	2020년	2021년	2022년	2023년	2024년
생산액(조 원)	66.2	68.5	68.6	66.3	102.7	143.3
시장점유율(%)	15.6	16.5	17.4	16.6	21.5	23.4
수출액(억 불)	573.5	558.5	629.2	622.3	979.4	981.5
수출액 전년 대비 증가율(%)	−7.5	−2.6	12.7	−1.1	57.4	0.2

[연도별 디스플레이 산업 동향]

구분	2019년	2020년	2021년	2022년	2023년	2024년
생산액(조 원)	44.1	43.5	44.2	69.5	79.2	72.6
시장점유율(%)	44.7	42.8	45.1	45.8	45.0	42.6
수출액(억 불)	370.5	323.0	366.5	250.0	274.5	247.0
수출액 전년 대비 증가율(%)	14.0	−12.8	13.5	−31.8	9.8	−10.0

39 다음 중 자료에 대한 설명으로 옳은 것을 모두 고르면?

㉠ 2020년 이후 반도체 수출액과 디스플레이 수출액의 전년 대비 증감 추이는 서로 같다.
㉡ 제시된 기간 중 반도체 수출액이 두 번째로 작은 해에 반도체 수출액은 디스플레이 수출액의 1.5배 이상이다.
㉢ 2019년~2024년 연도별 반도체 시장점유율의 평균은 18.5%이다.
㉣ 2020년 이후 반도체 생산액이 전년 대비 감소한 해에 디스플레이 생산액의 전년 대비 증가율은 60% 이상이다.

① ㉠, ㉡ ② ㉡, ㉢ ③ ㉡, ㉣ ④ ㉡, ㉢, ㉣

40 2018년 반도체 수출액과 2018년 디스플레이 수출액을 바르게 연결한 것은?

	2018년 반도체 수출액	2018년 디스플레이 수출액
①	620억 불	305억 불
②	620억 불	325억 불
③	650억 불	305억 불
④	650억 불	325억 불

41 민채는 한 층이 3칸으로 구성된 2층짜리 정리함을 사서 검은색 적금 통장, 흰색 적금 통장, 검은색 예금 통장, 분홍색 주택 청약 통장, 보라색 연금 통장을 정리하려고 한다. 다음 배치 계획을 고려하여 다섯 개의 통장을 서로 다른 칸에 정리할 때, 항상 거짓인 것은?

[배치 계획]

- 같은 종류의 통장은 같은 열에 정리한다.
- 같은 색의 통장은 같은 층에 정리한다.
- 연금 통장은 주택 청약 통장 바로 오른쪽에 정리한다.
- 모든 적금 통장은 예금 통장보다 왼쪽에 정리한다.
- 2층 2열은 비운다.

[정리함]

구분	1열	2열	3열
2층			
1층			

① 주택 청약 통장을 정리한 칸의 바로 위 칸은 비어 있다.
② 흰색 적금 통장은 2층에 정리한다.
③ 예금 통장은 연금 통장과 같은 열에 정리한다.
④ 다섯 개의 통장을 정리하는 방법은 1가지이다.

42 다음 명제가 모두 참일 때, 〈보기〉 중 항상 참인 것을 모두 고르면?

- 수영을 잘하지 못하는 사람은 승마를 잘하지 못하고 독서도 잘하지 못한다.
- 토론을 잘하는 사람은 피아노 연주도 잘한다.
- 토론을 잘하지 못하는 사람은 수영도 잘하지 못한다.
- 승마를 잘하는 사람은 독서도 잘한다.

〈보기〉

㉠ 수영을 잘하는 사람은 토론과 피아노 연주도 잘한다.
㉡ 토론을 잘하지 못하는 사람은 피아노 연주를 잘하지 못하고 수영도 잘하지 못한다.
㉢ 토론을 잘하는 사람은 승마도 잘한다.
㉣ 승마를 잘하는 사람은 수영도 잘한다.

① ㉠, ㉡　② ㉠, ㉣　③ ㉡, ㉢　④ ㉢, ㉣

43 다음은 가, 나, 다, 라 중 도둑인 사람에 대한 내용이다. 다음 조건을 모두 고려하였을 때, 가, 나, 다, 라 중 도둑인 사람은?

- '가'가 도둑이면 '다'와 '라' 중 한 명은 도둑이다.
- '가'가 도둑이 아니면 '다'도 도둑이 아니다.
- '나'가 도둑이 아니면 '가'와 '다' 중 한 명은 도둑이다.
- 네 명 중 도둑인 사람은 한 명이다.

① 가 ② 나 ③ 다 ④ 라

44 다음은 A 회사의 신입사원(갑, 을, 병, 정)이 B 은행의 서로 다른 영업점에서 직원(가, 나, 다, 라)과 상담한 후 펀드 상품을 가입한 내용이며, 아래의 직원별 판매 상품 특징을 모두 만족한다. 다음 중 상품을 매매한 직원과 신입사원을 바르게 연결한 것은?

구분	종류	순자산(억 원)	수익률(%)			
			1개월	3개월	6개월	1년
갑	주식형	946	−0.51	6.85	4.14	8.51
을	파생형	507	5.03	10.79	14.29	39.76
병	채권형	1,051	0.08	0.49	0.36	1.23
정	혼합형	642	−0.95	1.03	−1.22	0.94

[직원별 판매 상품 특징]

〈참인 내용〉
- 가 직원이 판매한 상품의 3개월 수익률은 5% 이상이다.
- 다와 라 직원이 판매한 상품의 순자산의 합은 가와 나 직원이 판매한 상품의 순자산의 합보다 크다.
- 라 직원이 판매한 상품의 1개월 수익률은 마이너스를 기록했다.
- 1년 수익률이 가장 높은 상품은 나 직원이 판매한 상품이 아니다.

〈거짓인 내용〉
- 나 직원이 판매한 상품은 순자산이 가장 높다.
- 라 직원이 판매한 상품은 혼합형이다.
- 다 직원이 판매한 상품은 3개월 수익률이 6개월 수익률보다 낮다.
- 1개월 수익률이 가장 낮은 상품은 가 직원이 판매하였다.

① 가 – 을 ② 나 – 갑 ③ 다 – 정 ④ 라 – 병

45 귀하는 팀장님의 지시로 농업기술세미나 장소 예약을 담당하게 되었다. 팀장님의 지시에 따라 세미나 장소를 예약할 때, 귀하가 판단한 내용으로 옳지 않은 것은? (단, 19일 이후는 고려하지 않는다.)

[이번 달 예약 완료 현황]

일	월	화	수	목	금	토
			1	2	3	4
				동부(오전) 북부(오후)		동부(오전) 북부(오전)
5	6	7	8	9	10	11
북부(오전)	서부(오후)		동부(오전) 북부(오전)	서부(오후) 남부(오후)	북부(오전) 서부(오후)	동부(오전)
12	13	14	15	16	17	18
남부(오전) 서부(오후)	북부(오전)	동부(오전) 북부(오후)		남부(오전) 동부(오전)	북부(오전)	

[교육장 정보]

구분	북부농업교육장	남부농업기술센터	서부농업교육장	동부농업기술센터
수용 가능 인원	50명	45명	50명	55명
이용 가능 시간	오전/오후	오전/오후	오후	오전

> 팀장: 농업기술세미나는 이번 달 둘째 주나 셋째 주 평일 이틀 동안 진행하는 것으로 결정합시다. 세미나 예정 소요 시간이 총 12시간이니, 첫째 날에는 오전/오후 일정을 같은 곳에서 진행하도록 넣고, 둘째 날에는 오전 일정만 넣으면 딱 맞겠네요. 아무래도 세미나 내용이 연결되는 만큼 이틀을 연달아 진행하는 게 좋겠어요. 아, 예상 참석 인원은 45명이지만 추가 참석자가 있을 수도 있으니, 5명 이상 여유 인원까지 수용할 수 있는 교육장으로 진행합시다.

① 수용 가능 인원을 고려하였을 때, 남부농업기술센터는 적합하지 않군.
② 둘째 주나 셋째 주 평일로 결정되었으니 1, 2, 3일과 주말은 제외하고 고려해야지.
③ 이용 가능 시간만을 고려하면 세미나 첫째 날에는 북부농업교육장만 이용 가능하겠어.
④ 모든 지시 사항을 고려하였을 때, 14일부터 세미나를 시작하는 것은 불가능하구나.

46 다음은 ○○은행 주거래우대정기예금 상품안내서이다. 제시된 상품안내서를 토대로 답변할 때, ○○은행 행원이 안내한 내용으로 옳은 것은?

[○○은행 주거래우대정기예금 상품안내서]

- 상품특징: 은행 거래실적에 따라 다양한 우대금리를 제공하는 거치식 상품
- 가입대상: 개인
- 가입기간: 12개월 이상 36개월 이내(월 단위)
- 가입금액: 1백만 원 이상(1인당 최대 5억 원까지 가입 가능)
- 가입기간에 따른 기본금리

가입기간	12개월 이상 24개월 미만	24개월 이상 36개월 미만	36개월
기본금리 (연%, 세전)	1.10%	1.20%	1.25%

- 우대금리: 최고 0.40%p(아래 우대조건 만족 시 가입일의 기본금리에 가산하여 만기 해지 시 적용)

우대조건	우대금리
가입월부터 만기 전월까지 기간 중 3개월 이상 ○○은행에서 급여이체 시[1]	0.15%p
만기 전전달에 ○○주거래우대통장에서 납부자(타행) 자동이체 또는 출금이체(자동납부)로 3건 이상 출금[2]	0.05%p
가입월부터 만기 전월까지 기간 중 ○○은행 개인신용/체크카드(교육) 월평균 20만 원 이상 이용[3]	0.10%p
만기일 전월 말 기준으로 ○○은행의 주택청약종합저축(청약저축 포함) 또는 적립식(임의식) 펀드 중 1개 이상 가입 시[4]	0.10%p

※ 1) 급여이체의 인정기준은 비연속적으로 3개월 이상인 경우도 포함
2) 계좌 간 자동이체(당행이체)를 제외한 ○○은행 외부기관의 요청에 의해 출금되는 타사카드대금(○○카드 제외), 통신요금, 보험료, 공과금 등에 대해 지로, CMS에 의한 자동납부 및 펌뱅킹, 펌뱅킹플러스, 아파트뱅킹 자동이체를 의미하며 실시간 이체는 제외
3) 승인기준, 현금서비스 제외
4) 만기일 전월 말 기준 유효계좌 보유고객, MMF 제외

- 세제 혜택: 비과세 종합저축

행 원: 안녕하세요, 고객님. ○○은행입니다. 무엇을 도와드릴까요?
고 객: 네, 주거래우대정기예금 계좌를 개설하려고 하는데 20개월 만기 시 기본금리와 36개월 만기 시 기본금리의 차이는 얼마인가요?
행 원: 네, 고객님. ① 주거래우대정기예금의 기본금리는 20개월 만기 시 1.10%, 36개월 만기 시 1.25%로 차이는 0.05%p입니다. 가입기간에 따라 기본금리가 다르며 기본금리 이외에 우대조건을 만족할 경우 추가로 우대금리를 적용받으실 수 있습니다.
고 객: 우대금리는 어떻게 적용되나요?
행 원: 네, 고객님. ② 우대금리는 만기 전월까지 가입을 유지해 주셔야 적용 가능합니다. ③ 해당 상품을 가입한 월부터 만기 전월까지 저희 은행 계좌로 3개월 이상 급여이체를 받을 경우에 우대금리 0.15%p를 적용해드립니다. 또한, 만기 전전달에 ○○주거래우대통장에서 납부자(타행) 자동이체 또는 출금이체(자동납부)로 3건 이상 출금하실 경우 0.05%p, ④ 가입기간 동안 저희 은행 개인신용카드나 체크카드 이용 금액이 현금서비스를 포함하여 월평균 20만 원 이상 이용하실 경우 0.10%p의 우대금리를 적용받으실 수 있고, 저희 은행의 주택청약종합저축(청약저축 포함) 또는 적립식(임의식) 펀드 중 1개 이상 가입 시에도 0.10%p를 우대해 최대 0.40%p의 우대금리를 적용받으실 수 있습니다.
고 객: 답변 감사합니다. 기간은 1년으로 해서 해당 상품에 5백만 원 가입할게요.
행 원: 네, 고객님. ○○은행 주거래우대정기예금 관련 서류 준비해드리겠습니다.

[47-48] 다음은 자전거 마라톤 대회 참가에 대한 안내문이다. 각 물음에 답하시오.

[자전거 마라톤 대회 참가 안내]

1. 일정 및 장소
   1) 대회 일시: 20XX년 10월 30일(토)
   2) 신청 기간: 20XX년 8월 23일(월)~20XX년 10월 8일(금)
      ※ 선착순 모집으로 조기 마감될 수 있음
   3) 대회 장소: □□종합운동장

2. 참가 방법

STEP 1		STEP 2		STEP 3		STEP 4
홈페이지 접속 후 회원가입	▶	참가 신청하기 클릭 후 참가 부문 선택	▶	참가비 납부	▶	대회 참가

※ 1) 신청 내용은 접수 마감일까지 수정할 수 있음
   2) 동호인 단체부 참가 시 사전에 동호인 등록을 해야 하며, 비등록 동호인 선수는 입상 시 제외됨

3. 참가비 및 납부 방법
   1) 참가비: 1인당 15,000원
   2) 납부 방법
      ① 무통장 입금
         – 개인 참가자: 입금자 서명란에 참가자 본인의 성명 및 생년월일 8자리 기재
         – 단체 참가자: 입금자 서명란에 단체장의 이름 또는 참가 단체 이름 기재
      ② 계좌 입금
         – 개인 참가자: △△은행 1930-01-0273984 예금주: ○○시 스포츠연맹
         – 단체 참가자: △△은행 1930-01-0273320 예금주: ○○시 스포츠연맹

4. 참가 부문

구분	자격	비고
20km 개인부	• 청년부: 35세 이하 • 장년부: 36세 이상 59세 이하 • 실버부: 60세 이상	• 13세 이하 아동은 보호자 동반하에 청년부 신청이 가능함 • 연맹 등록 선수 또는 선수 등록이 말소된 지 5년이 경과되지 않은 참가자는 지원할 수 없음
20km 동호인 단체부	• 만 18세 이상 • 참가 인원: 팀당 10명(성비 5:5)	• 단체 참가 인원이 모두 같은 유니폼을 착용하지 않는 경우 실격 처리함
40km 장거리 단체부	• 만 18세 이상의 타 대회 기록 보유자 • 참가 인원: 팀당 10명	• 10km 기준 남자 45분 이내, 여자 50분 이내 경력을 인정받은 자에 한함 ※ 참가 신청 시 증명서 제출 필수

5. 시상 내역

구분	1위	2위	3위
20km 개인부	트로피 및 100만 원	메달 및 70만 원	50만 원
20km 동호인 단체부	트로피 및 150만 원	메달 및 100만 원	70만 원
40km 장거리 단체부	트로피 및 200만 원	메달 및 150만 원	100만 원

※ 단체부 순위는 마지막 주자를 기준으로 정해짐

6. 참고 사항
1) 헬멧 미착용 시 경기 참가가 불가하며, 참가자 안전과 건강을 위해 손목 보호대, 팔꿈치 보호대, 무릎 보호대 착용이 권장됨
2) 우천 시에도 마라톤 대회는 정상적으로 진행되지만, 태풍 등의 특이사항으로 대회 진행이 어려운 경우 개별 통보할 예정
※ 대회 진행 시 참가비 환불은 불가함

47 위 안내문을 근거로 판단한 내용으로 옳은 것은?

① 헬멧 또는 손목 보호대 미착용 인원은 자전거 마라톤 대회에 참가할 수 없다.
② 단체 참가를 희망하는 사람은 무통장 입금 시 팀원의 이름을 입금자 서명란에 모두 작성해야 한다.
③ 신청 접수가 조기 마감되지 않을 경우 참가자들은 10월 9일 전날까지 홈페이지에서 참가 부문을 변경할 수 있다.
④ 비등록 동호인 선수가 동호인 단체부에서 최종 2위를 했다면 메달과 상금 100만 원을 받을 수 있다.

48 위 안내문을 읽고 네 사람이 다음과 같은 대화를 나누었다고 할 때, 안내문을 가장 잘 이해하고 있는 사람은?

① 운기: 대회 당일에 비가 오는 경우 경기 진행 여부와 상관없이 참가를 원하지 않으면 참가비 전액을 환불받을 수 있겠군.
② 정은: 나는 3년 전에 선수 등록이 말소되었지만 동호인 단체 부문의 다른 자격을 모두 충족한다면 해당 부문에 참가하는 데 문제없겠어.
③ 현정: 장거리 단체부에서 수상하기 위해서는 팀에서 결승선을 가장 먼저 통과하는 사람의 기록이 가장 중요해.
④ 호준: 28세인 나는 58세이신 우리 아버지와 함께 20km 개인 장년부에 참가할 수 있겠어.

49 **다음 중 문제 해결을 위해 필요한 기본적 사고에 대한 설명으로 옳지 않은 것은?**

① 전체 문제를 세부 요소로 나누어 각 요소의 의미를 도출한 후, 중요도에 따라 우선순위를 설정하고 문제 해결 방법을 실행해야 한다.

② 현재 직면한 문제와 그 해결 방식에만 몰두하지 말고, 다른 문제들과 어떻게 상호 연결되는지를 고찰해야 한다.

③ 문제를 바라보는 관점은 기존의 안정적이고 검증된 사고 방식에 의존하며, 전통적인 접근법을 고수해야 한다.

④ 가설 지향의 문제는 원인을 분석하기 이전에 개인의 지식을 토대로 과정 및 결과를 가정하고, 이를 검증하여 사실로 확인될 경우 다음 단계를 수행해야 한다.

50 **다음은 직장생활에서 발생하는 문제를 해결할 때 요구되는 사고력 중 창의적 사고를 기르기 위한 신입사원 A, B, C, D, E의 노력에 대한 내용이다. 5명 중 올바른 노력을 하고 있는 사람을 모두 고르면?**

A: 항상 생각하는 습관을 가지며, 명확한 근거를 바탕으로 주변 사람을 설득하기 위해 노력하고 있어.
B: 서로 관련 없어 보이는 것들을 조합하여 새로운 것을 발견할 수 있는지 끊임없이 생각하고 있어.
C: 다양한 것들을 강제적으로 연결 지어서 생각하려고 노력하고 있어.
D: 다른 관점을 존중하고, 고정관념을 버리기 위해 노력하고 있어.
E: 질 좋은 아이디어 1개보다는 많은 양의 아이디어를 내기 위해 노력하고 있어.

① A, B, E　② B, C, D　③ B, C, E　④ C, D, E

51 다음 ○○은행 고객 등급 평가 제도를 통해 고객의 등급을 분류하였을 때, K 고객의 등급은?

[고객 등급 평가 기준]

구분	기준	배점
수신	입출식 예금 3개월 평균 잔액	10만 원당 8점
	거치·적립식 예금 3개월 평균 잔액	10만 원당 3점
여신	가계대출 3개월 평균 잔액	10만 원당 4점
보험	보장성 보험료 누계액	10만 원당 6점
	저축성 보험료 누계액	10만 원당 3점
방카슈랑스	적립식 보험료 누계액	10만 원당 3점
	거치식 보험료 누계액	10만 원당 3점
급여이체	분기 최종월 이체금액 기준	– 50만 원 이상~100만 원 미만: 150점 – 100만 원 이상~200만 원 미만: 250점 – 200만 원 이상: 350점
신용카드	3개월 결제 실적(체크카드 포함)	10만 원당 15점
거래기간	고객원장 등록일 기준	1년당 8점(최고 200점)

[고객 등급 분류]

구분	그린	블루	레드	화이트
기준점수	5,000점 이상	3,000점 이상 ~5,000점 미만	2,000점 이상 ~3,000점 미만	1,000점 이상 ~2,000점 미만
금융자산	4,000만 원 이상	1,000만 원 이상 ~4,000만 원 미만	500만 원 이상 ~1,000만 원 미만	–

※ 1) 금융자산은 본인 기준으로 수신 3개월 평균 잔액, 보험 및 방카슈랑스 보험료 누계액의 합산 금액임
2) 고객 등급은 기준점수와 금융자산 기준을 모두 충족한 등급으로 분류됨

[K 고객 정보]

- 1989년 1월 1일부터 2020년 12월 31일까지 ○○은행과 거래 중이다.
- 월급은 250만 원이며, 3년 전부터 ○○은행 통장으로 이체되고 있다.
- 최근 3개월 동안 신용카드만 300만 원 사용하였고, 체크카드는 사용하지 않았다.
- 3개월 평균 잔액 기준으로 입출식 예금 800만 원, 주택자금 대출 6,000만 원을 거래 중이다.
- 저축성 보험료 누계액은 1,000만 원이다.

① 화이트 ② 레드 ③ 블루 ④ 그린

52 만 33세인 회사원 A는 최근 1개월 동안 승차권을 13회 예매했으며, 이번에도 출장을 위해 온라인으로 왕복 승차권을 예매하였다. 하지만 출장 계획이 변경되어 서울로 돌아오는 승차권을 취소하면서 온라인으로 새 승차권을 다시 예매하였다. A가 적용 가능한 할인을 모두 받아 결제했을 때, 이번 출장에서 승차권을 위해 지출한 총 금액은?

[A의 승차권 예매 내역]

예매일	승차일	출발역	도착역	출발 시각	도착 시각	기본 운임	매수	상태
2/20(수)	2/23(토)	서울	강릉	08:00	10:00	20,000원	1매	예매 완료
2/20(수)	2/24(일)	강릉	서울	17:30	19:30	20,000원	1매	예매 취소
2/21(목)	2/25(월)	강릉	서울	18:00	20:00	20,000원	1매	예매 완료

[승차권 환불 위약금]

승차일	출발 전			출발 이후		
	1개월~출발 1일 전	당일~출발 3시간 전	출발 3시간 전 ~출발 시각 전	출발 이후 ~20분	20분 경과 후 ~1시간	1시간 경과 후 ~도착 전
월~목	무료		10%	15%	40%	70%
금~일, 공휴일	400원	5%				

※ 열차가 목적지에 도착한 이후에는 환불 불가능함

[승차권 할인제도]

구분	내용
주말 할인	• 대상: 승차일이 토요일, 일요일, 공휴일인 승차권을 구매한 고객 • 할인율: 15% 할인(다른 할인과 중복 적용 가능) • 이용방법: 온라인으로 승차권 구매 시 할인 가능
청소년 할인	• 대상: 만 24세까지의 청소년 • 할인율: 20% 할인(다른 할인과 중복 적용 불가능) • 이용방법: 출발 1일 전까지 온라인으로 승차권 구매 시 할인 가능
VIP 할인	• 대상: 최근 2개월 동안 승차권 예매 횟수가 10회 이상인 고객 • 할인율: 10% 할인(다른 할인과 중복 적용 가능) • 이용방법: 온라인으로 승차권 구매 시 할인 가능

※ 할인을 중복으로 적용할 경우 할인된 금액에 추가 적용함

① 33,300원 ② 33,700원 ③ 35,400원 ④ 36,400원

[53-54] 문 사원은 아래의 조건을 모두 고려하여 회사 행사를 진행하기에 적절한 장소를 미리 계약하려고 한다. 각 물음에 답하시오.

구분	위치	대여금액	사용가능기간	소음	수용가능인원	비고
A	동, 5km	120,000원	8시간	없음	600명	붙박이 테이블과 의자가 비치됨
B	북, 3km	250,000원	1일	있음	120명	교통이 편리함
C	남, 10km	90,000원	3일	있음	80명	인적이 드묾
D	동, 1km	600,000원	12시간	없음	300명	식사 제공 가능함
E	서, 7km	100,000원	1일	있음	300명	교통이 편리함
F	북, 15km	50,000원	5일	없음	500명	인적이 드묾

※ 위치는 문 사원의 사무실 기준으로 떨어진 방향과 거리이며, 대여금액은 4시간 기준임

[조건]

- 문 사원이 재직하고 있는 회사의 임직원은 총 500명이며, 그중 팀장 이상 직책의 임직원은 5%에 해당한다.
- 신년회는 주변이 시끄럽지 않은 곳에서 진행되어야 하며, 저녁 식사가 제공되어야 한다.
- 팀장 이상 직책의 과장만 워크숍에 참석하며, 워크숍 장소는 사무실과 가까워야 한다.
- 봄 체육대회는 임직원이 모두 참석하며, 인적이 드물고 주변에 편의시설이 많아야 한다.
- 송년회 장소는 문 사원의 사무실에서 5km 이내에 위치해야 하며, 업무상 200명의 임직원이 참석하지 못한다.

53 송년회 진행 시 공석이 생기지 않도록 계약할 때, 다음 중 가장 적절한 장소는?

① A　　② B　　③ D　　④ E

54 워크숍을 2박 3일 동안 진행할 때, 다음 중 가장 적절한 장소는?

① C　　② D　　③ E　　④ F

55 최 사원은 본인이 담당한 8개의 업무에 점수를 부여하여 업무 점수에 따라 우선순위를 정한 후 월요일부터 수요일까지 3일 동안 모든 업무를 처리하려고 한다. 최 사원이 월요일, 화요일, 수요일에 각각 진행해야 할 업무를 순서대로 바르게 나열한 것은?

[최 사원의 업무 리스트 및 점수]

구분	업무	점수	
		긴급성	중요도
a	신입사원 교육	5점	8점
b	탕비실 정리 및 간식 관리	1점	2점
c	신제품에 대한 기획안 작성	7점	10점
d	주간회의 진행	10점	3점
e	컴퓨터 프로그램 업데이트	2점	7점
f	시장조사를 위한 외근	9점	9점
g	사무용품 구입 신청	4점	1점
h	제품 생산에 사용된 경비 정리	6점	9점

※ 업무 점수 = 긴급성 점수 + 중요도 점수

[업무 점수에 따른 우선순위 분류]

구분	긴급함	긴급하지 않음
중요함	15점 이상인 업무	6점 이상 15점 미만이고, 중요도 점수가 긴급성 점수보다 높은 업무
중요하지 않음	6점 이상 15점 미만이고, 긴급성 점수가 중요도 점수보다 높은 업무	6점 미만인 업무

[요일별 업무 계획]

월요일	화요일	수요일
긴급하면서 중요한 업무	긴급하지 않지만 중요한 업무, 긴급하지만 중요하지 않은 업무	긴급하지도 중요하지도 않은 업무

	월요일	화요일	수요일
①	b, c, f	a, d, h	e, g
②	c, f	a, d, e, h	b, g
③	f, h	a, d, e	b, c, g
④	c, f, h	a, d, e	b, g

56 다음은 △△농협의 SWOT 분석 결과이다. 이 분석 결과에 대응하는 전략으로 가장 적절하지 않은 것은?

[△△농협 SWOT 분석 결과]

강점(Strength)	• 정부 및 지자체와 밀접한 협력 체계 구축 • 신선하고 품질 좋은 친환경 지역 농산물 유통 체계 구축
약점(Weakness)	• 고령층 및 농어촌 지역 거주자 등 금융 취약 계층 고객의 정보 불균형 및 저조한 스마트뱅킹 이용률 • 조합원 내 유통경영 전문가 부족으로 인한 저조한 경영 성과
기회(Opportunity)	• 4차 산업혁명 기술을 접목한 스마트 농업의 확산 • 친환경 식자재에 대한 수요 증가 및 온라인 식자재 유통 시장 확대
위협(Threat)	• 농업 인구 감소 및 실질적인 고객층을 이루는 농가의 고령화 가속화 • 기후 변화로 인한 농산물 생산량 및 가격 변동 심화

내부 환경 / 외부 환경	강점(Strength)	약점(Weakness)
기회(Opportunity)	① 신선하고 품질 좋은 지역 농산물의 직거래 장터 활성화 및 농협 온라인 쇼핑몰의 유통 경로 다변화를 통한 수익성 제고	② 국가 차원에서 IT 기술을 접목한 농업 기술 플랫폼을 구축하여 농업 전 분야로 시범 사업 확대
위협(Threat)	③ 젊은 고객을 유치할 수 있도록 정부·지자체·농협이 힘을 합쳐 청년 인구의 농촌 유입을 유인할 우대 정책 마련	④ 안정적인 유통 경로 확보 및 조합원을 대상으로 한 유통경영 전문가 양성 프로그램 운영을 통해 농산물 가격 안정화 및 경영 성과 개선

57 다음 중 기계적 조직의 특징을 모두 고른 것은?

㉠ 의사결정권한이 하부구성원들에게 많이 위임되어 있음 ㉡ 구성원들의 업무가 명확하게 정의됨 ㉢ 조직구성원 간에 비공식적인 상호의사소통이 원활히 이루어짐 ㉣ 많은 규칙과 규제가 있고, 엄격한 위계질서가 존재함

① ㉠, ㉢　② ㉠, ㉣　③ ㉡, ㉣　④ ㉡, ㉢, ㉣

58 R 출판회사의 결재 규정이 다음과 같을 때, 정 사원이 작성한 결재 양식을 사용할 수 없는 경우는?

[결재 규정]

- 결재를 받으려는 업무에 대하여 최고결재권자(사장) 포함 이하 직책자의 결재를 받도록 한다.
- '전결'이라 함은 기업의 경영활동·관리활동을 수행하는 중에 의사결정 및 판단을 필요로 하는 업무에 대하여 최고결재권자의 결재를 생략하고, 그 권한을 위임받은 자가 자신의 책임하에 최종적으로 의사결정 및 판단을 하는 행위를 의미한다.
- 전결사항에 대해서도 위임받은 자를 포함한 이하 직책자의 결재를 받도록 한다.
- 결재 양식 표시 내용: 최고결재권자로부터 전결 권한을 위임받은 자가 있을 경우 권한을 위임받은 자의 결재란에 '전결' 표시를 하고 최종결재란에 위임받은 자가 누구인지를 표시한다. 단, 결재가 불필요한 직책자의 결재란은 상향대각선으로 표시한다.
- 최고결재권자의 결재사항 및 최고결재권자로부터 위임된 전결사항은 아래에 따른다.

구분	내용	금액	결재서류	팀장	부장	사장
도서인쇄비	도서 구입비	20만 원 이하	지출결의서	■		
		20만 원 초과	지출품의서 지출결의서		● ■	
	각종 인쇄비		지출품의서 지출결의서		■	●
소모품비	사무용품 구입비		지출결의서	■		
	전산소모품 구입비		지출품의서 지출결의서	■	●	
	기타소모품 구입비 (연구소모품 포함)	20만 원 미만	지출결의서	■		
		20만 원 이상 40만 원 이하	지출품의서 지출결의서	■	●	
		40만 원 초과	지출품의서 지출결의서		■	●
교육훈련비	사내·외 교육비	30만 원 이하	기안서 지출결의서	■	●	
		30만 원 초과	기안서 지출결의서		■	●
운반비	택배 및 퀵서비스 이용비	10만 원 미만	지출결의서	■		
		10만 원 이상 20만 원 미만	지출품의서 지출결의서	■	●	
		20만 원 이상	지출품의서 지출결의서		■	●
협회비	각종 협회비		기안서 지출결의서	■		●

※ 1) ●: 지출품의서, 기안서
2) ■: 지출결의서

[정 사원이 작성한 결재 양식]

결재	담당	팀장	부장	최종 결재
	정 사원		전결	부장

① 인사팀 직원들의 키보드 교체를 위한 지출품의서
② 사내 포토샵 강좌를 진행할 강사 섭외비 30만 원에 대한 기안서
③ 40만 원의 연구소모품을 구매하기 위한 지출품의서
④ 한 달 치 택배 비용 10만 원을 지급하기 위한 지출결의서

59 다음 지문과 가장 관련 있는 것은?

> 증권사와 투자자가 투자일임계약을 체결하고 증권사는 투자자의 투자성향과 경험, 자산규모를 고려하여 투자자별로 채권, 펀드, 주식 등에 자산을 투자 및 운용한다. 투자자는 맞춤식 자산관리서비스를 받는 대신에 일정한 대가를 증권사에 지급한다.

① ELS　② 퀀트펀드　③ REITs　④ 랩어카운트

60 다음 중 조직목표에 대한 설명으로 가장 적절하지 않은 것은?

① 미래지향적인 방향성을 제시하여 현재의 방향성은 결정해 주지 않는다.
② 조직구성원들에게 일체감과 정체성을 부여한다.
③ 공식적 목표와 실제적 목표가 서로 다를 수 있다.
④ 구성원의 행동지침이 되어 행동수행의 동기를 가지게 한다.

약점 보완 해설집 p.86

PART 3

NCS 인적성검사

인적성검사 알아보기

인적성검사 모의테스트

* 인적성검사는 각 기업마다 채점 기준이 다르며, 이 채점 기준을 공개하지 않기 때문에 본 교재에서도 문제만 제공되며 정답은 제공되지 않습니다.

인적성검사 알아보기

인적성검사란?

인적성검사는 기본적인 인간성과 사회생활에 필요한 사교성, 대인관계능력, 사회규범에 대한 적응력 등과 같은 사회성을 파악하고 기업의 인재상에 부합하는 인재인지를 알아보기 위한 검사이다.

대표 출제 유형

인적성검사는 점수 척도형, 예/아니요 선택형, 문항군형 총 3개의 유형으로 출제된다.

유형 1	점수 척도형	제시된 문장을 읽고 자신의 성향에 따라 '전혀 아니다~매우 그렇다' 중 자신의 정도를 선택하는 유형이다.
유형 2	예/아니요 선택형	제시된 문장을 읽고 자신의 성향에 따라 '예(YES)' 또는 '아니요(NO)'를 선택하는 유형이다.
유형 3	문항군형	제시된 문장을 읽고 자신의 성향에 따라 '전혀 아니다~매우 그렇다' 중 자신의 정도를 선택하는 점수 척도형, 제시된 문장 중에서 자신의 성향과 가장 가까운 것 1개와 가장 먼 것 1개를 선택하는 문장 선택형이 일종의 문항군(群)으로 제시되는 유형이다.

인적성검사 특징

인적성검사의 각 문항에 대해 명확하게 제시된 정답은 없으나 일반적으로 각 문항에 대한 응답의 정직성과 허구성을 검출하는 방식으로 채점하게 된다.

인적성검사 Tip

1 일관성 있게 답변한다.

인적성검사에서는 유사한 내용의 문항들에 대한 응답이 상반될 경우 거짓으로 답변한 것으로 간주할 가능성이 있다. 이로 인해 응시자의 검사 결과에 신뢰도가 낮다고 판단하여 탈락요인이 될 수 있으므로, 자신의 성향에 따라 솔직하고 일관성 있게 답변하는 것이 좋다.

2 오래 고민하지 않는다.

인적성검사는 많은 문항이 제시되지만, 모든 문항에 대해 빠짐없이 응답하는 것이 좋다. 따라서 주어진 시간 내에 모든 문항에 응답할 수 있도록 오래 고민하지 말고 바로 답변을 선택하도록 한다.

3 농협의 인재상을 파악해둔다.

인적성검사는 지원자가 기업의 인재상에 부합하는 인물인지를 객관적으로 검증하기 위한 목적도 존재한다. 따라서 시험 전에 농협의 인재상(p.15)을 숙지해두는 것이 좋다.

인적성검사 모의테스트

유형 1 **점수 척도형**

본 점수 척도형 모의테스트는 총 100문항으로 구성되어 있으나, 실제 시험은 151문항이 출제된다.

다음 문항을 읽고 ① 전혀 아니다, ② 그렇지 않다, ③ 그렇다, ④ 매우 그렇다 중에서 본인에게 해당된다고 생각하는 것을 선택하여 표기하시오.

1	아랫사람에게 엄하게 대한다.	①	②	③	④
2	화를 참지 못하는 편이다.	①	②	③	④
3	적은 것을 여럿이 나누는 것보다는 한 사람에게 주는 것이 좋다.	①	②	③	④
4	나는 어린 시절 친구가 별로 없었다.	①	②	③	④
5	타인의 충고를 잘 받아들이는 편이다.	①	②	③	④
6	나에게 주어진 일에 대해서 보람을 느낄 때가 많다.	①	②	③	④
7	어린 시절 어두운 밤길도 별로 두려움 없이 잘 다녔다.	①	②	③	④
8	어린 시절 부모로부터 칭찬보다 꾸지람을 더 들었다.	①	②	③	④
9	나에게 맡겨진 일 이외에는 관심이 없다.	①	②	③	④
10	남들이 쉽게 배우는 것을 나는 어렵게 배우는 편이다.	①	②	③	④
11	물건을 보면 평가하고 연구하려는 마음이 생긴다.	①	②	③	④
12	물품의 규격이 정확하지 않은 것은 사지 않는다.	①	②	③	④
13	학교에는 형식적인 것이 많다고 생각한다.	①	②	③	④
14	규격이 정확한 것보다는 다소 융통성이 있는 것이 좋다.	①	②	③	④
15	순한 사람보다는 분명한 사람이 좋다.	①	②	③	④
16	엄하게 보이는 사람은 대하기가 어렵다.	①	②	③	④
17	좋지 않은 규칙이라도 정해지면 따라야 한다.	①	②	③	④
18	낯선 사람을 보면 부담스럽고 친해지기가 힘들다.	①	②	③	④
19	발표력이 좋다고 생각한다.	①	②	③	④
20	친구들이나 타인들이 나를 비교적 잘 따르는 편이다.	①	②	③	④
21	친구를 찾아가는 것보다는 친구들이 나를 찾아오는 편이다.	①	②	③	④
22	남에게 의견을 말할 때 소신대로 되지 않는다.	①	②	③	④
23	친구들로부터 개성이 뚜렷하다는 말을 많이 듣는다.	①	②	③	④
24	여러 명이 토의할 때 나의 의견을 먼저 말하는 편이다.	①	②	③	④

25	매사에 적극적인 편이다.	①	②	③	④
26	분노가 강하고 흥분을 잘한다.	①	②	③	④
27	수학(계산)을 잘하는 편이다.	①	②	③	④
28	잘 모르는 문제가 있으면 타인에게 물어 곧 해결한다.	①	②	③	④
29	국가의 경쟁력을 키우기 위해서는 기업이 투자를 많이 해야 한다고 생각한다.	①	②	③	④
30	지나치게 생각해서 기회를 놓치는 편이다.	①	②	③	④
31	임기응변적인 일이 적성에 맞는 것 같다.	①	②	③	④
32	인정이 많은 사람을 좋아한다.	①	②	③	④
33	일에서는 인간관계를 소중히 하고 싶다.	①	②	③	④
34	논리력이 뛰어나다는 말을 자주 듣는다.	①	②	③	④
35	남을 돕기 위해서라면 규칙을 벗어나도 어쩔 수 없다.	①	②	③	④
36	남달리 이성적이며 냉정한 편이다.	①	②	③	④
37	남의 기분이나 감정에 별로 관심이 없다.	①	②	③	④
38	개인의 자유로운 행동보다는 조직적으로 행동하는 것을 좋아한다.	①	②	③	④
39	여행에서는 일정대로 행동하는 것을 좋아한다.	①	②	③	④
40	우리나라는 복지를 확대해야 한다고 생각한다.	①	②	③	④
41	일은 계획적으로 하는 편이다.	①	②	③	④
42	규칙이나 법률을 중시한다.	①	②	③	④
43	역할보다는 목표에 가치를 둔다.	①	②	③	④
44	돈을 빌리거나 빌려주지 않는 성향이다.	①	②	③	④
45	실제보다 축소 해석하는 것이 안 된다고 생각한다.	①	②	③	④
46	보수적 성향보다는 개혁적 성향이 높다.	①	②	③	④
47	지나친 기대를 갖지 않고 있는 그대로 최선을 다하는 편이다.	①	②	③	④
48	대중교통을 선호하는 편이다.	①	②	③	④
49	사회적 기업의 목표는 이윤창출보다는 사회적 가치를 만드는 것이다.	①	②	③	④
50	목표가 정해지면 무슨 일이라도 달성하려고 한다.	①	②	③	④
51	만난 사람들의 이름을 잘 기억하지 못하는 편이다.	①	②	③	④
52	보수에 따라 일의 결과가 다르다고 생각한다.	①	②	③	④
53	기획하거나 구상하는 것은 별 흥미가 없다.	①	②	③	④
54	새로운 아이디어를 발상하는 능력이 뛰어나다.	①	②	③	④
55	좋은 결과이든 나쁜 결과이든 원인을 탐색한다.	①	②	③	④
56	실수는 자기 발전에 저해가 되는 요인이다.	①	②	③	④
57	복잡한 문제를 해결해 가는 것을 좋아한다.	①	②	③	④
58	예사롭게 넘어갈 것도 신경을 쓰는 편이다.	①	②	③	④
59	카드 결제보다는 현금 결제를 많이 한다.	①	②	③	④
60	앞면을 보면 자연스럽게 뒷면을 보게 된다.	①	②	③	④

61	새로운 도구를 개발하는 데 취미가 있다.	①	②	③	④
62	어렵게 찾는 것보다는 쉽게 찾는 것을 선호한다.	①	②	③	④
63	'그렇다', '아니다'보다는 '왜'라는 생각을 많이 한다.	①	②	③	④
64	사람들이 잘 모르는 것에 대해 파악하는 것을 좋아한다.	①	②	③	④
65	깊이 있는 음악보다는 가벼운 음악을 선호한다.	①	②	③	④
66	특수한 것보다는 평범한 것을 선호한다.	①	②	③	④
67	프리랜서보다는 안정된 직장을 선호한다.	①	②	③	④
68	감수성이 풍부하다.	①	②	③	④
69	다양한 정보는 자기만 많이 가지고 있어야 한다.	①	②	③	④
70	실내 공간이 자주 변하는 것을 싫어한다.	①	②	③	④
71	같은 물건이라도 색이나 디자인에 관심을 갖는다.	①	②	③	④
72	대화나 토론을 별로 좋아하지 않는다.	①	②	③	④
73	문화생활에 개인 투자를 많이 한다.	①	②	③	④
74	우회적인 설명보다는 직선적인 설명이 좋다.	①	②	③	④
75	경제(돈)가 좋다고 해서 행복한 삶을 살 수 있다고 생각하지 않는다.	①	②	③	④
76	신문의 사회면 기사를 보는 것을 좋아한다.	①	②	③	④
77	통계를 근거로 하지 않는 결과는 신뢰하지 않는다.	①	②	③	④
78	받는 정보보다는 주는 정보가 많다.	①	②	③	④
79	의사소통능력이 부족하다.	①	②	③	④
80	사람이 행복해지려면 환경이 좋아야 한다.	①	②	③	④
81	현실 파악 능력이 다소 둔하다.	①	②	③	④
82	남에게 얽매이는 것을 싫어한다.	①	②	③	④
83	계획성이 없는 사람은 싫다.	①	②	③	④
84	휴식시간 정도는 혼자 있고 싶다.	①	②	③	④
85	아는 사람을 만나도 피해 버린다.	①	②	③	④
86	친구 사이에 갈등이 생기면 잘 해결하는 편이었다.	①	②	③	④
87	조직의 일원으로서 움직이는 것이 서툴다.	①	②	③	④
88	상담 직종에 관심이 많다.	①	②	③	④
89	개인의 능력보다 사회 제도가 좋아야 생산성이 높다.	①	②	③	④
90	내가 불리하면 상대를 이해하지 않는다.	①	②	③	④
91	주변에 도와주어야 할 사람들이 많은 것 같다.	①	②	③	④
92	개인 사업보다 집단에서 일하는 것을 선호한다.	①	②	③	④
93	남들이 꺼리는 일을 하고 싶은 성향이 강하다.	①	②	③	④
94	신체(몸)를 보호하는 것에 신경을 많이 쓴다.	①	②	③	④
95	어떤 사건에 대한 분석을 예리하게 하지 못한다.	①	②	③	④
96	질서와 규범을 준수하는 것은 모두를 위한 것이다.	①	②	③	④

97	타협보다는 행동으로 해결하는 것이 빠르다.	①	②	③	④
98	조사나 정보 수집에 관심이 많다.	①	②	③	④
99	어려운 환경을 이겨 나가는 의지가 부족한 편이다.	①	②	③	④
100	앞장서는 것은 희생이 많아서 선호하지 않는다.	①	②	③	④

유형 2 **예/아니요 선택형**

본 예/아니요 선택형 모의테스트는 총 100문항으로 구성되어 있으나, 실제 시험은 210문항이 출제된다.

다음 문항을 읽고 '예(YES)'라고 생각되면 Ⓨ에, '아니요(NO)'라고 생각되면 Ⓝ에 표기하시오.

1	거짓말을 해본 적이 없다.	Ⓨ	Ⓝ
2	손에 땀이 날 때가 많다.	Ⓨ	Ⓝ
3	어른(윗사람)들과는 같이 있고 싶지 않다.	Ⓨ	Ⓝ
4	어두운 곳보다는 밝은 곳이 좋다.	Ⓨ	Ⓝ
5	남이 만진 물건은 병에 걸릴 것 같아 만지기가 싫다.	Ⓨ	Ⓝ
6	갖고 싶은 물건이 너무 많다.	Ⓨ	Ⓝ
7	친구가 상을 받으면 내가 못 받은 것이 더 분하다.	Ⓨ	Ⓝ
8	빈방에 혼자 있으면 무서워서 밖으로 나온다.	Ⓨ	Ⓝ
9	상대를 이기기 위해서는 수단과 방법을 가리지 말아야 한다.	Ⓨ	Ⓝ
10	손을 자주 씻는다.	Ⓨ	Ⓝ
11	내 물건을 남이 만지면 속상하다.	Ⓨ	Ⓝ
12	남들이 입지 않는 옷을 입으면 나를 쳐다보는 것 같아 입을 수가 없다.	Ⓨ	Ⓝ
13	붉은색을 보면 기분이 이상해지고 신경질이 난다.	Ⓨ	Ⓝ
14	물건은 겉보기보다는 수명이 길어야 한다.	Ⓨ	Ⓝ
15	주위 친구들이 나를 흉보는 것 같다.	Ⓨ	Ⓝ
16	큰 물건보다는 작은 물건들이 좋다.	Ⓨ	Ⓝ
17	단체 운동보다는 개인 운동을 좋아한다.	Ⓨ	Ⓝ
18	친구들과 말하기를 좋아한다.	Ⓨ	Ⓝ
19	책 읽기를 좋아한다.	Ⓨ	Ⓝ
20	늦잠을 자고 늦게 일어나는 편이다.	Ⓨ	Ⓝ
21	집안 심부름을 잘한다고 칭찬을 많이 듣는다.	Ⓨ	Ⓝ
22	껌을 씹거나 음식을 먹으면서 공부를 하면 공부가 잘 된다.	Ⓨ	Ⓝ
23	미술 시간보다는 음악 시간이 좋았다.	Ⓨ	Ⓝ
24	마감 기한이 다가오면 항상 초조해진다.	Ⓨ	Ⓝ
25	남에게 무슨 말을 들으면 내가 꼭 그렇게 되는 것 같다.	Ⓨ	Ⓝ
26	주머니가 많이 달린 옷보다는 주머니가 적게 달린 옷이 좋다.	Ⓨ	Ⓝ
27	다른 사람들이 잘못했을 때 바른말을 잘한다.	Ⓨ	Ⓝ
28	남이 나를 칭찬해 주면 하던 일이 더 안 된다.	Ⓨ	Ⓝ

29	세상에는 좋은 일보다 나쁜 일이 더 많다.	Ⓨ	Ⓝ
30	할 일이 있어도 못하고 망설일 때가 많다.	Ⓨ	Ⓝ
31	나는 친구들의 말을 잘 듣는 편이다.	Ⓨ	Ⓝ
32	운동경기 때 응원을 해도 별로 신이 나지 않는다.	Ⓨ	Ⓝ
33	친구들과 노는 것보다는 혼자서 생각하는 것이 좋다.	Ⓨ	Ⓝ
34	나보다 못한 사람이 상을 받아도 억울한 생각이 안 든다.	Ⓨ	Ⓝ
35	글을 쓰면 바르지 않고 흐트러질 때가 많다.	Ⓨ	Ⓝ
36	어릴 때 부모님이 다투실 때가 많았다.	Ⓨ	Ⓝ
37	아무리 작은 것이라도 한 사람이 모두 갖는 것보다 여러 사람이 나누어 갖는 것이 좋다.	Ⓨ	Ⓝ
38	남의 흉내는 잘 내지만 스스로 탐구하는 것은 부족하다.	Ⓨ	Ⓝ
39	나에게 주어진 일이 어려울 때가 많다.	Ⓨ	Ⓝ
40	친구의 말을 잘 받아들인다.	Ⓨ	Ⓝ
41	일을 하고 나면 큰일을 한 것 같이 자랑스럽다.	Ⓨ	Ⓝ
42	글쓰기나 편지쓰기를 잘한다.	Ⓨ	Ⓝ
43	좋은 일을 했을 때 남에게 자랑하여 인정받고 싶다.	Ⓨ	Ⓝ
44	남의 도움을 받지 않고 스스로 해결한다.	Ⓨ	Ⓝ
45	물건을 보면 탐구하는 마음이 생긴다.	Ⓨ	Ⓝ
46	꾸지람을 들을 때 거짓말을 잘한다.	Ⓨ	Ⓝ
47	내 일이 아닌데 나보고 하라고 하면 화가 난다.	Ⓨ	Ⓝ
48	부모님의 요구가 나보다는 부모님을 위한 것이 많다.	Ⓨ	Ⓝ
49	불쌍한 사람을 보면 도와주고 싶다.	Ⓨ	Ⓝ
50	귀찮은 규칙도 정해지면 따라야 한다.	Ⓨ	Ⓝ
51	상점보다는 거리에서 파는 물건을 많이 산다.	Ⓨ	Ⓝ
52	아버지는 잘못했을 때 용서해 주지 않는 편이다.	Ⓨ	Ⓝ
53	몸에 맞는 옷보다는 넉넉한 옷이 좋다.	Ⓨ	Ⓝ
54	무섭게 보이는 사람은 대하기가 어렵다.	Ⓨ	Ⓝ
55	여러 사람 앞에서는 말을 하고 싶어도 마음대로 되지 않는다.	Ⓨ	Ⓝ
56	처음 대하는 사람과 친해지기가 어렵다.	Ⓨ	Ⓝ
57	인사를 잘한다고 칭찬을 많이 듣는다.	Ⓨ	Ⓝ
58	친구들의 싸움을 잘 처리해 준다.	Ⓨ	Ⓝ
59	무엇을 해도 다른 사람보다 내가 빠른 편이다.	Ⓨ	Ⓝ
60	소질이 많지 않고 적은 편이다.	Ⓨ	Ⓝ
61	흥분을 잘하고 울기를 잘한다.	Ⓨ	Ⓝ
62	다른 사람과 의논할 때 나의 의견을 먼저 발표한다.	Ⓨ	Ⓝ
63	여러 사람 앞에서 노래나 내 자랑을 잘한다.	Ⓨ	Ⓝ
64	다른 사람들이 나를 따르는 편이다.	Ⓨ	Ⓝ

65	나에게 불행한 일이 생기지 않을까 늘 불안하다.	Ⓨ	Ⓝ
66	범죄나 좋지 않은 사건에 늘 관심이 간다.	Ⓨ	Ⓝ
67	집을 떠나고 싶은 생각이 많이 든다.	Ⓨ	Ⓝ
68	조그만 자극에도 잘 놀란다.	Ⓨ	Ⓝ
69	불쾌한 일이 생기면 머리에 오래 남는다.	Ⓨ	Ⓝ
70	나의 계획은 대체로 실패로 끝나는 확률이 높다.	Ⓨ	Ⓝ
71	세상 사람들이 모두 나를 속이는 것 같다.	Ⓨ	Ⓝ
72	친구를 사귀고 싶은 마음이 전혀 없다.	Ⓨ	Ⓝ
73	남들에게는 숨겨야 할 것을 나는 가지고 있다.	Ⓨ	Ⓝ
74	아버지 직업에 변동이 많았다.	Ⓨ	Ⓝ
75	모임에서 대표로 선출된 일이 많다.	Ⓨ	Ⓝ
76	여러 사람 앞에서 사회를 잘 본다.	Ⓨ	Ⓝ
77	혼자 있으면 불안하고 여러 명이 있으면 안정된다.	Ⓨ	Ⓝ
78	기억력이 감퇴되고 있음을 현저히 느낀다.	Ⓨ	Ⓝ
79	정신집중이 잘 안 되고 산만해진다.	Ⓨ	Ⓝ
80	언젠가는 모든 사람들에게 존경받는 인물이 될 것이라고 생각한다.	Ⓨ	Ⓝ
81	일을 해 놓고 불안하여 자주 확인한다.	Ⓨ	Ⓝ
82	나에게 중병이 걸려 있는 것 같이 생각된다.	Ⓨ	Ⓝ
83	용서받을 수 없는 큰 죄를 지었다.	Ⓨ	Ⓝ
84	끝없이 여행을 하고 싶다.	Ⓨ	Ⓝ
85	주위에 물건이 흩어져 있으면 산만해서 일을 할 수가 없다.	Ⓨ	Ⓝ
86	음악을 들으면서 공부나 일을 하면 잘 된다.	Ⓨ	Ⓝ
87	초대받았을 때 중요하지 않다고 생각되면 참석하지 않는다.	Ⓨ	Ⓝ
88	책을 읽을 때 중요하다고 생각되는 부분을 먼저 읽는다.	Ⓨ	Ⓝ
89	사람들과 대화하기를 좋아한다.	Ⓨ	Ⓝ
90	과학이 발달할수록 인간은 행복해진다고 생각한다.	Ⓨ	Ⓝ
91	갖고 싶은 물건이 있으면 가져야 마음이 안정된다.	Ⓨ	Ⓝ
92	무슨 일을 하려면 사전에 계획을 잘 세워야 한다.	Ⓨ	Ⓝ
93	잃어버린 물건이 있을 때 크게 걱정한다.	Ⓨ	Ⓝ
94	단체 운동을 할 때 공격보다는 수비를 하는 편이 많다.	Ⓨ	Ⓝ
95	식사나 음식을 남보다 빠르게 먹는다.	Ⓨ	Ⓝ
96	매사에 여유 있게 준비를 하여 손해를 본다.	Ⓨ	Ⓝ
97	강의나 대화를 들어도 이해가 안 되는 경우가 많다.	Ⓨ	Ⓝ
98	나는 상대방의 말을 잘 듣는 편이다.	Ⓨ	Ⓝ
99	명랑한 노래보다는 슬픈 노래를 좋아한다.	Ⓨ	Ⓝ
100	일(공부)을 하려면 잡념이 생겨서 포기할 때가 많다.	Ⓨ	Ⓝ

유형 3 **문항군형**

본 문항군형 모의테스트는 총 10개의 문항군으로 구성되어 있으나, 실제 시험은 40~50개의 문항군이 출제된다.

[응답 I] 다음 4개의 문항 각각에 대해 ① 전혀 아니다, ② 그렇지 않다, ③ 보통이다, ④ 그렇다, ⑤ 매우 그렇다 중에서 본인에게 해당된다고 생각하는 것을 선택하여 표기하시오.
[응답 II] 다음 4개의 문항 중 자신의 모습과 가장 멀다고 생각하는 것 1개와 가장 가깝다고 생각하는 것 1개를 선택하여 표기하시오.

1		응답 I					응답 II	
		전혀 아니다 ◀		보통이다		▶ 매우 그렇다	멀다	가깝다
A	문제를 보면 그 이상의 무엇이 있다는 생각을 하게 된다.	①	②	③	④	⑤	○	○
B	남들이 하지 않은 일에 도전하기를 좋아한다.	①	②	③	④	⑤	○	○
C	조직이 운영되기 위해 때로는 구성원의 희생이 필요하다.	①	②	③	④	⑤	○	○
D	나는 융통성이 있는 사람이다.	①	②	③	④	⑤	○	○

2		응답 I					응답 II	
		전혀 아니다 ◀		보통이다		▶ 매우 그렇다	멀다	가깝다
A	일의 목적과 방향은 언제든 변화할 수 있다고 생각한다.	①	②	③	④	⑤	○	○
B	기발한 아이디어를 내는 사람과 일하고 싶다.	①	②	③	④	⑤	○	○
C	마감 기한에 임박해야 일이 잘 된다.	①	②	③	④	⑤	○	○
D	매뉴얼에 따라 일하는 것이 편하다.	①	②	③	④	⑤	○	○

3		응답 I					응답 II	
		전혀 아니다 ◀		보통이다		▶ 매우 그렇다	멀다	가깝다
A	여러 사람 앞에서 내 생각을 당당하게 말할 수 있다.	①	②	③	④	⑤	○	○
B	새로운 사람보다는 오래 알고 지낸 사람을 만나는 것이 좋다.	①	②	③	④	⑤	○	○
C	어떤 일을 할 때 협동하기보다는 혼자서 빨리 처리하는 것을 선호한다.	①	②	③	④	⑤	○	○
D	주변 사람들이 나에 대해 오해하는 경우가 많다.	①	②	③	④	⑤	○	○

4		응답 I					응답 II	
		전혀 아니다 ◀ 보통이다 ▶ 매우 그렇다					멀다	가깝다
A	생각보다 행동이 앞서는 경우가 많다.	①	②	③	④	⑤	○	○
B	일정을 맞추는 것보다는 더 좋은 결과물을 내는 것이 중요하다.	①	②	③	④	⑤	○	○
C	충분히 상황을 지켜본 뒤 결정을 내리는 편이다.	①	②	③	④	⑤	○	○
D	남들은 잘 알지 못하는 사소한 부분에도 신경을 쓴다.	①	②	③	④	⑤	○	○

5		응답 I					응답 II	
		전혀 아니다 ◀ 보통이다 ▶ 매우 그렇다					멀다	가깝다
A	대중가요보다는 클래식을 좋아한다.	①	②	③	④	⑤	○	○
B	물건을 살 때 디자인보다 실용성을 중시한다.	①	②	③	④	⑤	○	○
C	나와 정반대되는 생각을 가진 사람을 설득할 수 있다.	①	②	③	④	⑤	○	○
D	주변을 항상 깔끔하게 정리한다.	①	②	③	④	⑤	○	○

6		응답 I					응답 II	
		전혀 아니다 ◀ 보통이다 ▶ 매우 그렇다					멀다	가깝다
A	타인의 부탁을 잘 거절하지 못한다.	①	②	③	④	⑤	○	○
B	합리적인 사람으로 평가받고 싶다.	①	②	③	④	⑤	○	○
C	부당한 대우를 받는 사람을 모른 체할 수 없다.	①	②	③	④	⑤	○	○
D	남이 나에 대해 어떻게 생각하는지 궁금하다.	①	②	③	④	⑤	○	○

7		응답 I					응답 II	
		전혀 아니다 ◀ 보통이다 ▶ 매우 그렇다					멀다	가깝다
A	과제가 생기면 제때제때 하지 않고 몰아서 하는 편이다.	①	②	③	④	⑤	○	○
B	일보다는 사생활에 비중을 더 둔다.	①	②	③	④	⑤	○	○
C	의리보다는 신용이 더 중요하다고 생각한다.	①	②	③	④	⑤	○	○
D	목표를 달성하기 위해서 싫어하는 사람과도 손잡을 수 있다.	①	②	③	④	⑤	○	○

8		응답 I					응답 II	
		전혀 아니다 ◀ 보통이다 ▶ 매우 그렇다					멀다	가깝다
A	개혁은 신중하게 해야 한다고 생각한다.	①	②	③	④	⑤	○	○
B	남을 이끌기보다는 따르기를 좋아한다.	①	②	③	④	⑤	○	○
C	적당한 것보다는 선이 분명한 것을 선호한다.	①	②	③	④	⑤	○	○
D	주위 배경이 좋아야 성공할 수 있다고 생각한다.	①	②	③	④	⑤	○	○

9		응답 I					응답 II	
		전혀 아니다 ◀ 보통이다 ▶ 매우 그렇다					멀다	가깝다
A	책이나 영화를 볼 때 감정 이입을 잘하는 편이다.	①	②	③	④	⑤	○	○
B	새로운 사람과 친해지는 데 많은 시간이 걸린다.	①	②	③	④	⑤	○	○
C	믿음이 가지 않는 상대의 말은 참고하지 않는다.	①	②	③	④	⑤	○	○
D	낯선 환경에도 쉽게 적응할 수 있다.	①	②	③	④	⑤	○	○

10		응답 I					응답 II	
		전혀 아니다 ◀ 보통이다 ▶ 매우 그렇다					멀다	가깝다
A	한번 정해진 것은 바꾸어서는 안 된다.	①	②	③	④	⑤	○	○
B	과거의 체험은 중요한 기준이 못 된다.	①	②	③	④	⑤	○	○
C	계획을 세우는 데 공을 들이는 편이다.	①	②	③	④	⑤	○	○
D	위기에 직면했을 때 이성적으로 판단할 수 있다.	①	②	③	④	⑤	○	○

PART 4

면접

면접전형 알아보기

지역별 면접 출제 문제

면접전형 알아보기

면접전형이란?

지역농협 6급 면접은 서류전형과 필기시험을 보완하여, 농협이 추구하는 인재상과의 부합 여부 및 지원자의 잠재적 역량과 열정 등을 평가하는 단계이다.

면접전형 구성 및 특징

지역농협 6급 면접은 블라인드 집단 면접으로 진행된다.

1차 면접(인성 면접)	기본 인성, 지원 동기, 시사 상식 등 공통 질문과 개별 질문에 대한 답변 내용을 평가한다.
2차 면접(주장 면접)	농협, 경제/경영 상식, 시사 상식 등 제시된 특정 주제에 대한 지원자의 답변 내용을 평가한다.

면접전형 대비 전략

1 자신을 분명하게 드러낼 수 있는 자기소개를 준비한다.

약 1분의 짧은 시간 내에 자신을 분명하게 드러낼 수 있는 자기소개를 미리 준비한다. 자신의 개별 신상과 관련된 내용을 나열하기보다는 자신을 표현할 수 있는 키워드를 준비하거나 농협의 인재상 및 비전과 관련지어 자신의 입사 후 포부를 포함하여 마무리하는 식의 자기소개를 준비하는 것이 좋다.

2 지역농협 면접 기출 질문에 답변하는 연습을 한다.

인성, 가치관, 직무 관련 질문들은 매해 면접에서 반복적으로 나오는 경향이 있으므로 지역농협 면접 기출 질문을 찾아보고, 이에 대해 답변하는 연습을 해야 한다.

3 농협의 최근 사업 방향 및 농협 관련 시사 이슈를 파악한다.

면접 전에 농협의 최근 사업부 변화나 농협과 관련된 사회적 이슈에 대해 미리 찾아보고, 이와 관련된 기본적인 내용을 틈틈이 숙지해두어야 한다.

4 최신 사회적 이슈나 농업 관련 이슈에 대한 자신의 의견을 정리한다.

2차 면접에서는 최신 사회적 이슈 또는 농업 관련 이슈에 대한 자신의 주장을 이야기하거나 찬성 또는 반대 의견을 이야기해야 한다. 이에 대비하기 위해 최근에 사회적으로 크게 논란이 되었던 문제나 농업 관련 문제에 대한 자신의 견해를 정리해보고, 찬성과 반대의 관점을 모두 정리해두는 것이 좋다.

5 경제/경영 분야의 상식에 대한 기본 개념을 학습한다.

경제/경영 분야의 상식에 대한 기본적인 개념을 물어보는 경우가 있으므로 기본적인 경제/경영 분야의 개념을 학습해두어야 한다.

6 두괄식으로 답변하는 연습을 한다.

자신의 의견을 명확하게 전달하기 위해 결론부터 먼저 말하고, 그 이후에 결론을 뒷받침하는 근거를 말하는 연습을 해야 한다.

지역별 면접 출제 문제

① 서울 면접 출제 문제

1차 면접	· 자기소개를 해보시오. · 자기계발 활동으로 무엇을 하고 있는가? · 생활의 신조는 무엇인가? · 결혼관은 무엇인가? · 갑자기 10억 정도의 일확천금이 생기게 된다면 어떻게 할 것인가? · 살면서 가장 후회되는 것은? · 가장 감명 깊게 읽은 책은 무엇인가? · 어떤 각오로 농협에서 일할 것인가? · 농협에서 어떤 일을 하고 싶고, 어떻게 성장할 것인가? · 희망하는 연봉은 어느 정도인가? · 농협에 대해 어떻게 생각하는가? · 농협의 단점은 무엇이라고 생각하는가? · 축협 한우프라자에 방문해 본 적이 있는가? · 농협의 향후 발전 방향은 어떨 것으로 생각하는가? · 농협과 삼성그룹에 동시에 합격하게 된다면, 어디에 입사할 것인가? · 주말에 농촌 봉사활동을 할 수도 있는데 할 수 있겠는가? · 본인이 농협에서 근무하고 있는데 본인의 어머니가 가진 천만 원의 여유자금을 금리 7%인 타 은행에 예치하려고 한다면, 어떻게 해서 어머니가 농협으로 천만 원을 예치할 수 있도록 할 것인가? · 조직 생활이란 무엇이라고 생각하는가? · 상사와 갈등이 있다면 어떻게 해결할 것인가? · 하나로마트에서 수입산 바나나를 판매하는 것에 대해 어떻게 생각하는가? · 사회 환원과 봉사의 차이에 대해 설명해보시오. · 지급유예(모라토리엄)에 대해 설명해보시오. · 구상권에 대해 설명해보시오. · SSM에 대해 설명해보시오. · 그린오션에 대해 설명해보시오. · 버핏세에 대해 설명해보시오. · 은행세에 대해 설명해보시오. · 더블딥에 대해 설명해보시오. · 고향세에 대해 설명해보시요. · 기준금리인상에 대해 설명해보시오. · DTI에 대해 설명해보시오. · 블루오션에 대해 설명해보시오. · 노이즈마케팅에 대해 설명해보시오. · 기업을 선택하는 기준은 무엇인가? · 국립공원 케이블카 설치에 대해 어떻게 생각하는가? · 농촌에 기여하고 싶은 부분은 무엇인가?
2차 면접	· 자립형 사립고 폐지에 대한 찬성 또는 반대 의견을 말하시오. · 기초선거구 정당 공천제 폐지에 대한 찬성 또는 반대 의견을 말하시오. · 밀양 송전탑 건설에 대한 찬성 또는 반대 의견을 말하시오.

2차 면접	· 대형마트 주말 의무 휴업(영업 규제)에 대한 찬성 또는 반대 의견을 말하시오. · 농협의 수입 농산물 판매에 대한 찬성 또는 반대 의견을 말하시오. · 한중 FTA에 대한 찬성 또는 반대 의견을 말하시오. · 대학기부금 입학제에 대한 찬성 또는 반대 의견을 말하시오. · 정리해고에 대한 찬성 또는 반대 의견을 말하시오. · 오디션 프로그램에 대한 찬성 또는 반대 의견을 말하시오. · 농촌경제 활성화를 위한 지역농협의 역할에 대해 설명해보시오. · 지역농협의 지역 특색에 맞는 맞춤형 마케팅 방안에 대해 말하시오. · 폭염으로 인한 피해를 줄이기 위한 방안에 대해 설명하시오.

② 인천 면접 출제 문제

1차 면접	· 자기소개를 해보시오. · 지원동기는 무엇인가? · 자신이 생각하는 성실함이란 무엇인가? · 존경하는 인물은 누구이며, 그 사람으로 인해 어떤 영향을 받았는가? · 자신의 장점(특기)은 무엇인가? · 자기계발 활동으로 무엇을 하고 있는가? · 체력(건강)관리는 어떻게 하는가? · 동아리 활동을 해 본 적이 있는가? 맡았던 직책과 어려웠던 점은 무엇이었는가? · 결혼한 후 배우자와 가사분담을 어떻게 할 것인가? · 봉사활동 경험이 있다면 느꼈던 점은 무엇인가? · 도전적이거나 창의적으로 무엇을 이루어낸 성과가 있는가? · 농업과 관련된 경험이 있는가? · 조직 생활에서 중요한 것은 무엇이라고 생각하는가? · 상사가 부당한 것을 요구할 때 해결 방안은 무엇인가? · 어떤 각오로 농협에서 일할 것인가? · 농협의 최근 이슈는 무엇인가? · 농협이 다른 기업과 비교해 더 성장할 수 있는 방향은 무엇인가? · 농협은행 지점에 방문해 본 적이 있는가? 직원들의 친절도는 타 은행에 비해 어떠한가? 개선할 점은 없는가? · 농협의 성장 가능성과 잠재력은 무엇이라고 생각하는가? · 한국 경제의 문제점은 무엇이라고 생각하는가? · 햇살론에 대해 어떻게 생각하는가? · FTA에 대해 어떻게 생각하는가? · 성과연봉제에 대해 설명해보시오. · 쌀 직불금에 대해 설명해보시오. · 스미싱에 대해 설명해보시오. · G20에 대해 설명해보시오. · 옐로우칩에 대해 설명해보시오. · 바나나 현상에 대해 설명해보시오. · 립스틱 효과에 대해 설명해보시오. · 무어의 법칙에 대해 설명해보시오.
2차 면접	· 특정 지역을 선택한 후, 그 지역에서 나오는 특산품과 관광객을 유치하기 위한 전략을 말하시오. · 초·중·고교생의 9시 등교제에 대한 찬성 또는 반대 의견을 말하시오. · 농협의 수입 농산물 판매에 대한 찬성 또는 반대 의견을 말하시오. · 농촌의 고령화를 해소하기 위해 청년층의 농촌 유입을 유도할 수 있는 방안에 대해 말하시오.

③ 경기 면접 출제 문제

1차 면접	· 자신이 농협에 적합한 이유가 무엇인가? · 지원동기는 무엇인가? · 스스로 무언가를 한 경험이 있는가? · 원하지 않는 부서로 배정되면 어떻게 할 것인가? · 남을 위해 무엇을 한 경험이 있는가? · 자신이 가장 박식하다고 여기는 분야는 무엇인가? · 일을 제외하고 개인적으로 이루고 싶은 일은 무엇인가? · 존경하는 역사적 인물은 누구인가? · 입사를 위해 준비한 것은 무엇인가? · 거짓말을 한 경험이 있는가? 거짓말을 했던 이유는 무엇인가? 다시 그 상황에서 선택할 수 있다면 어떻게 할 것인가? · 존경하는 인물은 누구이며, 그 사람으로 인해 어떤 영향을 받았는가? · 살면서 가장 올바른 의사결정은 무엇이었는가? · 조직을 위해 헌신했던 경험이 있는가? · 조직 내 첨예한 갈등이 생겼을 때는 언제이며, 그 상황을 어떻게 해결했는가? · 오늘 옆 지원자와 얘기를 한 적이 있는가? 있다면 옆 지원자가 사교적이라고 생각하는가? · 자기계발 활동으로 무엇을 하고 있는가? · 봉사활동 경험이 있다면 느꼈던 점은 무엇인가? · 자신이 손해를 보게 되더라도 정직하게 행동했던 경험이 있는가? · 성공의 기준은 무엇인가? · 희망하는 연봉은 어느 정도인가? · 바람직한 직장 분위기 조성을 위해 필요한 것은 무엇인가? · 상사가 진행하는 일이 본인의 생각과 다르다면 어떻게 할 것인가? · 농협이 하는 사업에 대해 자신이 알고 있는 것을 말해보시오. · 농협이 하는 사업에 대해 어떻게 생각하는가? · 농협인으로서 갖춰야 할 품성(덕목)은 무엇이라고 생각하는가? · 농협에 노동조합이 필요하다고 생각하는가? · 농산물의 가격은 어떻게 책정되어야 한다고 생각하는가? · 하나로마트에서 수입 농산물을 판매하는 것에 대해 어떻게 생각하는가? · 잡셰어링에 대해 설명해보시오. · 인구절벽에 대해 설명해보시오. · 공동화 현상에 대해 설명해보시오. · 식물공장에 대해 설명해보시오. · 레몬마켓에 대해 설명해보시오. · 6차산업에 대해 설명해보시오. · 치킨게임에 대해 설명해보시오. · 임금피크제에 대해 설명해보시오. · 농지의 기능에 대해 설명해보시오. · 워킹푸어에 대해 설명해보시오. · 미국의 양적 완화 정책에 대해 설명해보시오. · SSM에 대해 설명해보시오. · 저관여제품에 대해 설명해보시오. · 딤섬본드에 대해 설명해보시오. · 한국의 기준금리에 대해 설명해보시오. · 갈라파고스 이론에 대해 설명해보시오. · 크라우드 펀딩에 대해 설명해보시오. · 바이오시밀러에 대해 설명해보시오.

1차 면접	· 농협의 역사와 나아갈 방향에 대해 설명해보시오. · 우리나라 농업의 현안과 시사점을 설명해보시오. · 규칙적인 생활을 지키기 위해 무엇을 하고 있는가? · 주도적으로 목표를 달성했던 경험이 있는가? · 바이럴마케팅에 대해 어떻게 생각하는가? · 코로나19 이후 감소한 농업소득을 향상시키기 위한 방안에 대해 말하시오. · 약속을 지키려고 했던 경험이 있는가? · 탄력근무제의 장단점에 대해 설명해보시오. · 오픈뱅킹이 무엇인지 설명하고, 활용예시를 말하시오. · MBTI가 일으키는 단점은 무엇이라고 생각하는가?
2차 면접	· 핀테크 산업의 전망에 대한 본인의 의견을 말하시오. · 농촌 창업 육성 방안에 대한 본인의 의견을 설명해보시오. · 농협 특화 금융상품에 대해 설명해보시오. · 금리인상에 대한 본인의 의견을 말하시오. · 스마트팜의 해외 사례를 국내에 적용할 방안에 대해 말하시오. · GMO 식품에 대한 자신의 견해와 GMO 식품으로 인한 피해를 최소화할 방안에 대해 말하시오. · 핀테크로 인해 변화된 환경과 그에 대한 금융권(은행)의 대응 방안을 말하시오. · 대형마트 주말 의무 휴업(영업 규제)에 대한 찬성 또는 반대 의견을 말하시오. · 정리해고에 대한 찬성 또는 반대 의견을 말하시오. · 인원 감축과 임금삭감 중 하나를 선택해야 한다면, 어떤 것을 선택할 것인지 말해보시오. · 학교 체벌 금지에 대한 찬성 또는 반대 의견을 말하시오. · 협동조합의 의의와 농협의 발전 방향에 대해 설명해보시오. · 코로나19의 영향으로 경제가 침체되고 있는 와중에 주식 시장이 호황인 이유를 설명해보시오. · 무점포 비대면 거래에 대한 지역농협의 대처 방안에 대해 설명해보시오. · 사회적 이슈를 수용할 때 객관성을 지키는 방법을 설명해보시오. · 가계대출 증가로 인해 농협이 선제적으로 해야하는 것에 대해 말하시오. · 취약계층을 위한 농협의 역할에 대해 본인의 의견을 말하시오.

④ 강원 면접 출제 문제

1차 면접	· 자신의 장점(특기)은 무엇인가? · 지원동기는 무엇인가? · 취득한 자격증을 말해보시오. · 생활신조는 무엇인가? · 봉사활동 경험이 있다면 느꼈던 점은 무엇인가? · 갑자기 10억 정도의 일확천금이 생기게 된다면 어떻게 할 것인가? · 개인이 아닌 팀으로 일해본 경험과 그 과정에서 얻은 것은 무엇인지 설명해보시오. · 농협을 다섯 글자로 표현해보고, 그 이유를 설명해보시오. · '농협'으로 2행시를 지어보시오. · 지역농협은 어떤 기관이라고 생각하는가? · 지역농협이 개선해야 할 점은 무엇이라고 생각하는가? · 농협은행이 아닌 지역농협에 지원한 이유는 무엇인가? · 경제파트와 신용파트가 분리가 되면 경제파트는 어떻게 이익을 내야 할 것인가? · 농협의 인재상에 대해 말해보시오. · 농협에 입사하면 어떤 업무를 하고 싶은가?

1차 면접	· 농협의 장단점은 무엇이라고 생각하는가? · 농협에 입사하기 위해 준비한 것은 무엇인가? · 고객이 막무가내로 화를 낼 경우 어떻게 대응할 것인가? · FTA에 대해 설명해보시오. · DTI에 대해 설명해보시오. · 하이브리드 채권에 대해 설명해보시오. · 군청과 농협의 차이에 대해 설명해보시오. · 순이자마진에 대해 설명해보시오. · 피치마켓에 대해 설명해보시오. · 좀비기업에 대해 설명해보시오. · 자본잠식에 대해 설명해보시오. · 블랙스완에 대해 설명해보시오. · 협동조합에 대해 설명해보시오. · 지금까지 가족, 친구, 친척, 지인에게 받은 칭찬 중 최고의 칭찬은 무엇인가? · 편견으로 인해 타인과 생긴 갈등을 어떻게 풀 것인가? · 본인 삶의 가치관이 무엇인가?
2차 면접	· 지하철 여성 전용칸에 대한 찬성 또는 반대 의견을 말하시오. · 지상파 중간광고 도입에 대한 찬성 또는 반대 의견을 말하시오. · 베이비박스에 대한 찬성 또는 반대 의견을 말하시오. · 기부금 세제 혜택에 대한 찬성 또는 반대 의견을 말하시오. · 대형마트 주말 의무 휴업(영업 규제)에 대한 찬성 또는 반대 의견을 말하시오. · 한중 FTA에 대한 찬성 또는 반대 의견을 말하시오. · 개인회생제도에 대한 찬성 또는 반대 의견을 말하시오. · 무상급식/보육에 대한 찬성 또는 반대 의견을 말하시오.

⑤ 대전 면접 출제 문제

1차 면접	· 자기소개를 해보시오. · 지원동기는 무엇인가? · 자신의 장단점은 무엇인가? · 자신의 장점(특기)은 무엇인가? · 결혼한 후 배우자와 가사분담을 어떻게 할 것인가? · 봉사활동 경험이 있다면 느꼈던 점은 무엇인가? · 농협이 하는 사업에 대해 자신이 알고 있는 것을 말해보시오. · 농협의 장단점은 무엇이라고 생각하는가? · 농협이 수행해야 할 사회적 책임은 무엇이라고 생각하는가? · 농협에 입사하면 어떤 업무를 하고 싶은가? · FTA에 대해 설명해보시오. · PF에 대해 설명해보시오. · 립스틱 효과에 대해 설명해보시오. · 노블레스 오블리주에 대해 설명해보시오. · 버핏세에 대해 설명해보시오. · 사이드카에 대해 설명해보시오.
2차 면접	· 제주 해군기지 설립에 대한 찬성 또는 반대 의견을 말하시오.

⑥ 충북 면접 출제 문제

1차 면접	· 자기소개를 해보시오. · 자신의 장점(특기)은 무엇인가? · 지원동기는 무엇인가? · 최근에 인상 깊게 읽은 책은 무엇인가? · 인생의 멘토는 누구인가? · 결혼한 후 배우자와 가사분담을 어떻게 할 것인가? · 인간관계에서의 중요한 점은 무엇이라고 생각하는가? · 바람직한 직장 분위기 조성을 위해 필요한 것은 무엇인가? · 희망 연봉과 그 이유에 대해 말해보시오. · 농협에 입사하면 어떤 업무를 하고 싶은가? · 외곽 지역으로 발령을 받게 된다면 어떻게 할 것인가? · 상사가 불합리한 일을 시킬 때 어떻게 하겠는가? · 상사와 갈등이 있다면 어떻게 해결할 것인가? · 농협에서 근무할 경우 농협은 주5일제를 전면적으로 실시하지 않고 있으므로 주말에 근무할 수도 있는데 이에 대해 어떻게 생각하는가? · 농협은행 지점에 방문해 본 적이 있는가? 있다면 어느 지점이었는가? · 여러 업무 중 자신이 싫어하는 업무에 배정되었을 때 어떻게 할 것인가? · 고객이 막무가내로 화를 낼 경우 어떻게 대응할 것인가? · 배춧값 폭락으로 한 농민이 농협에 배추를 가져와 판매해달라고 할 경우 어떻게 대응할 것인가? · 인구절벽에 대해 설명해보시오. · 핀테크에 대해 설명해보시오. · FTA에 대해 어떻게 생각하는가? · 쌀 한 가마니의 가격은 얼마인가? · 양적 팽창에 대해 설명해보시오. · MOT에 대해 설명해보시오. · 커플링 효과에 대해 설명해보시오. · 노블레스 오블리주에 대해 설명해보시오. · PF에 대해 설명해보시오. · GCF에 대해 설명해보시오. · 워킹푸어에 대해 설명해보시오. · 쌀 직불금에 대해 설명해보시오. · 출구전략에 대해 설명해보시오. · 지금까지 본인의 견해를 지지받은 경험을 말해보시오. · 본인의 주장이 좋은 평가를 받았던 경험을 말해보시오.
2차 면접	· 지역축제와 농협은 어떤 관련이 있는지 설명하고, 지역축제 활성화를 위해 농협이 해야 할 일에 대해 말하시오. · 스쿨존 내 호텔 건립 허용에 대한 찬성 또는 반대 의견을 말하시오. · 범죄 수사 시 휴대전화 감청에 대한 찬성 또는 반대 의견을 말하시오. · 원자력 발전소 설립에 대한 찬성 또는 반대 의견을 말하시오.

⑦ 충남 면접 출제 문제

1차 면접	· 친해지기 어려운 사람은 어떤 사람인가? · 의견이 서로 다를 때 어떤 방식으로 조율하는가? · 농협인으로서 가져야 하는 자세는 무엇인가? · 한류문화에 대한 본인의 의견을 말해보시오. · 삼권분립에 대해 설명해보시오. · 자신이 친구에게 영향력을 끼친 경험을 말해보시오. · 많이 알려진 사람 중에 자신과 성격이 유사한 사람을 소개해보시오. · 직장의 의미는 무엇이라고 생각하는가? · 동아리 활동 경험에 대해 말해보시오. · 자신의 장점을 말하고, 그것을 농협 업무에 어떻게 접목할 수 있는지 말해보시오. · 자기계발 활동으로 무엇을 하고 있는가? · 가장 존경하는 사람에 대해 말해보시오. · 힘들었던 경험이 있는가? 있다면 어떤 일이었으며 어떻게 극복하였는가? · 살아오면서 부모님을 제외하고 본인에게 도움을 준 사람은 누구인가? · 최근 본 뉴스에서 가장 인상 깊었던 것은 무엇이었는가? · 조직 생활에서 중요한 것은 무엇이라고 생각하는가? · 농협에 입사하기 위해 어떤 노력을 했는가? · 농협에 입사 후에 어떤 계획을 갖고 있는가? · 어떤 각오로 농협에서 일할 것인가? · 농협에 입사하여 어떤 업무를 맡고 싶은가? · 자신의 역량 중에 어떤 역량이 입사 후에 고객들에게 어필할 수 있을 것인가? · 회사 생활을 하면서 실수를 한다면 어떻게 할 것인가? · 팀원 중 업무 능력이 낮은 사람이 있다면 어떻게 할 것인가? · 자신을 상품화하여 고객에게 판매한다면 어떤 상품으로 어떻게 판매할 것인가? · 아침에 시험장에 왔을 때 농협의 느낌은 어땠는가? · 지역농협이 타 시중은행과 다른 점이 무엇인가? · 농협, 농촌, 농업과 관련된 경험이 있는가? · 농협이 하는 사업에 대해 자신이 알고 있는 것을 말해보시오. · 농협인으로서 갖춰야 할 품성(덕목)은 무엇이라고 생각하는가? · 세대 갈등을 경험한 적이 있는가? 있다면 어떻게 극복하였는지 설명해보시오. · 혼자 할 때보다 팀으로 일함으로써 시너지를 발휘한 경험이 있는가? · 직장생활을 하면서 착한 거짓말이 필요할 때가 있다고 생각하는가? · 체리피커에 대해 설명해보시오. · 디마케팅에 대해 설명해보시오. · 사물인터넷에 대해 설명해보시오. · 자유학기제에 대해 설명해보시오. · 추심에 대해 설명해보시오. · 헤지펀드에 대해 설명해보시오. · 파레토 법칙에 대해 설명해보시오. · 이중곡가제에 대해 설명해보시오. · 하우스푸어에 대해 설명해보시오. · 8:2의 법칙에 대해 설명해보시오. · 90:9:1의 법칙에 대해 설명해보시오. · ODM에 대해 설명해보시오. · TPP에 대해 설명해보시오. · 애그플레이션에 대해 설명해보시오.

1차 면접	· 분수효과에 대해 설명해보시오. · 구제역의 정의와 해결 방안에 대해 설명해보시오. · 쌀 직불금에 대해 설명해보시오. · 수직농장에 대해 설명해보시오. · 녹비작물에 대해 설명해보시오. · 역전세난에 대해 설명해보시오. · 본인 삶의 가치관이 무엇인가? · 농협에 대해 알고 있는 것을 말하고, 그에 대해 본인이 할 수 있는 노력은 무엇인가? · 코로나19가 농협과 농업에 미치는 영향과 그에 대한 본인의 의견을 설명하시오. · 본인의 인생에서 가장 중요한 사건을 말해보시오. · 평소에 즐겨 보는 유튜브 채널은 무엇인가?
2차 면접	· 은행 PB 상품 구축 방안에 대한 본인의 견해를 말하시오. · 탄소중립 시대에 대한 본인의 견해를 말하시오. · 4차 산업혁명 시대에서 농협이 발전할 수 있는 방안에 대한 본인의 견해를 말하시오. · 농협이 청소년 금융 교실을 운영하고 있을 때, 어떠한 전략으로 추진할 것인지 말하시오. · 다양한 농협 홍보 채널 중에서 자신이라면 어떤 채널을 이용할 것인지 말하시오. · (현재 농식품의 트렌드가 제시되고) 농식품을 트렌드에 맞게 어떻게 홍보할 것인지 말하시오. · (크라우드 펀딩의 개념이 제시되고) 크라우드 펀딩의 장점과 농업에 어떻게 크라우드 펀딩을 활용할 수 있는지와 크라우드 펀딩을 이용하여 어떻게 투자를 끌어낼 수 있는지를 말하시오. · 귀농 인구가 감소하는 이유와 귀농 인구를 증가시킬 방안을 말하시오. · 추석 이후로 농가들의 실적이 나빠지고 있는데, 홈쇼핑에서 어떤 제품을 팔면 좋을지 말하시오. · 도농 교류의 일환으로 특성화 도시 조성 및 여러 가지 사업을 펼치고 있지만 정작 관광객들은 해외로 나가는데 이에 대한 대처 방안을 말하시오. · 지상파 광고 총량제에 대한 찬성 또는 반대 의견을 말하시오. · 흉악범의 신상 공개에 대한 찬성 또는 반대 의견을 말하시오. · 대체휴일제의 도입에 대한 찬성 또는 반대 의견을 말하시오. · 선행학습 금지법에 대한 찬성 또는 반대 의견을 말하시오. · 무상급식/보육에 대한 찬성 또는 반대 의견을 말하시오. · 제4 이동통신사의 허가에 대한 찬성 또는 반대 의견을 말하시오. · 살충제 달걀 파동과 관련하여 농협이 양계농가에 도움을 줄 수 있는 방법에 대해 말하시오. · 농협은 AI, 구제역 등 가축방역 앱을 운영하고 있다. 다른 창의적인 앱에 대한 아이디어를 말하시오. · 아프리카돼지열병으로 인한 돼지고기 가격 변동 추이를 예상하고, 이러한 질병 발생 시 농협이 해야 할 일에 대해 말하시오.

⑧ 광주 면접 출제 문제

1차 면접	· 지원동기는 무엇인가? · 자신의 장점(특기)은 무엇인가? · 농협에 지원한 이유는 무엇인가? · 다른 사람의 의견을 수용한 경험은 무엇인가? · 코로나19가 끝나면 가장 하고 싶은 일은 무엇인가? · 가장 존경하는 사람은 누구인가? · 10년 후 자신의 모습은? · 인간관계에서의 중요한 점은 무엇이라고 생각하는가? · 봉사활동 경험이 있다면 느꼈던 점은 무엇인가? · 성공은 무엇이라고 생각하는가? · 결혼한 후 배우자와 가사분담을 어떻게 할 것인가? · '농협'이라고 하면 생각나는 것을 말해보시오. · 상사가 불합리한 일을 시킬 때 어떻게 하겠는가? · 농협에 입사하면 어떤 업무를 하고 싶은가? · 상사가 진행하는 일이 본인의 생각과 다르다면 어떻게 할 것인가? · FTA에 대해 설명해보시오. · 임금피크제에 대해 설명해보시오. · DTI에 대해 설명해보시오. · 옐로칩에 대해 설명해보시오. · 콜금리에 대해 설명해보시오.
2차 면접	· 대출금 확대에 따른 농협의 대처 방안에 대한 본인의 견해를 말하시오.

⑨ 전북 면접 출제 문제

1차 면접	· 지원동기는 무엇인가? · 교양을 쌓은 경험에 대해 말해보시오. · 신뢰를 얻었던 경험에 대해 말해보시오. · 행복의 기준은 무엇인가? · 성공의 기준은 무엇인가? · 무언가를 열심히 했던 기억이 있는가? · 가장 존경하는 사람은 누구인가? · 인간관계에서의 중요한 점은 무엇이라고 생각하는가? · 결혼한 후 배우자와 가사분담을 어떻게 할 것인가? · 농협에 대해 어떻게 생각하는가? · 농협의 장단점은 무엇인가? · 어떤 각오로 농협에서 일할 것인가? · 농협에 입사하면 어떤 업무를 하고 싶은가? · 상사가 불합리한 일을 시킬 때 어떻게 하겠는가? · 입사하게 되면 상사, 동료, 후배집단이 생기게 된다. 집단들의 우선순위와 그 이유를 말해보시오. · 농협의 유니폼에 대해 어떻게 생각하는가? · 농협을 찾은 고객에게 어떻게 인사하겠는가? · 농협이 개선해야 할 점은 무엇이라고 생각하는가? · 농협이 더 발전하려면 어떻게 해야 한다고 생각하는가? · FTA에 대해 설명해보시오.

1차 면접	· 바나나 현상에 대해 설명해보시오. · 후원금과 뇌물의 차이에 대해 설명해보시오. · 립스틱 효과에 대해 설명해보시오. · 유리천장에 대해 설명해보시오. · 경제민주화에 대해 설명해보시오. · 쌀 직불금에 대해 설명해보시오. · 핀테크에 대해 설명해보시오. · 4차산업혁명에 대해 설명해보시오. · 수직농장에 대해 설명해보시오.
2차 면접	· 농촌 활성화 방안에 대한 본인의 견해를 말하시오. · 국내 농산물이 나아가야 할 방안에 대한 본인의 견해를 말하시오. · 청년 농업인 유입 방안에 대한 본인의 견해를 말하시오. · 금융 마케팅 방안에 대한 본인의 견해를 말하시오. · 밀양 송전탑 건설에 대한 찬성 또는 반대 의견을 말하시오. · 여성의 군 복무 의무제에 대한 찬성 또는 반대 의견을 말하시오. · 원자력 발전소 설립에 대한 찬성 또는 반대 의견을 말하시오. · 설악산 국립공원 케이블카 설치에 대한 본인의 견해를 말하시오. · TV 프로그램 중간에 삽입되는 중간광고에 대한 본인의 견해를 말하시오.

⑩ 전남 면접 출제 문제

1차 면접	· 자신의 장점은 무엇인가? · 자신을 어느 정도 신뢰하는가? · 자신의 직업관은 무엇인가? · 상대방에게 신뢰를 받은 경험은 무엇인가? · 입사 후 하고 싶은 일은 무엇인가? · 세계화 시대에서 농업은 어떻게 될 것으로 생각하는가? · 어려운 사람을 도운 경험이 있는가? · 디지털 시대로 변하는 상황에 맞추어 농협은 어떻게 변해야 하는가? · 농협이 하는 사업 중 가장 긍정적으로 평가하는 것은 무엇인가? · 자신이 끈기를 가지고 끝까지 노력했던 경험은 무엇인가? · 사람들과 친해지기 위한 자신만의 방법은 무엇인가? · 함께 일하기 싫은 사람은 어떤 사람인가? · 자신만의 향후 목표는 무엇인가? · 혼자 여행을 다녀온 경험에 대해 말하시오. · 10년 후 자신의 모습은? · 자신의 가치를 돈으로 환산한다면 얼마인가? · 가장 감명 깊게 본 책이 있다면 무엇인가? · 봉사활동 경험이 있다면 느꼈던 점은 무엇인가? · 성공의 기준은 무엇인가? · 가장 존경하는 사람은 누구인가? · 자신의 가치를 높이기 위해 노력했던 경험과 그 성과는 무엇이었는가? · 공무원의 공금횡령에 대해 어떻게 생각하는가? · 가장 최근에 본 뉴스에서 인상 깊었던 뉴스와 이에 대한 자기 생각을 말하시오. · 직장동료와 갈등이 있다면 어떻게 해결할 것인가? · 주5일제에 대해 어떻게 생각하는가?

1차 면접	· 농협에 입사하기 위해 어떤 노력을 했는가? · '농협' 하면 떠오르는 것은 무엇인가? · 농협 하나로마트를 운영하면서 주변 상권과의 마찰이 예상될 때, 어떻게 해결해 나갈 것인가? · 농협인으로서 갖춰야 할 품성(덕목)은 무엇이라고 생각하는가? · 여러 업무 중 자신이 싫어하는 업무에 배정되었을 때 어떻게 할 것인가? · 외곽 지역으로 발령을 받게 된다면 어떻게 할 것인가? · 첫 월급을 받으면 어떻게 쓰겠는가? · 고객이 방문하여 불편사항을 토로하면 어떻게 할 것인가? · 업무를 처리하다 실수를 했을 때 어떻게 대처할 것인가? · 팜스테이에 대해 설명해보시오. · 쌀 직불금에 대해 설명해보시오. · 6차산업에 대해 설명해보시오. · 잡셰어링에 대해 설명해보시오. · 알뜰 주유소에 대해 설명해보시오. · 후원금과 뇌물의 차이에 대해 설명해보시오. · 출구전략에 대해 설명해보시오. · 순이자마진에 대해 설명해보시오. · 세이프가드에 대해 설명해보시오. · 미소금융에 대해 설명해보시오. · 승자의 저주에 대해 설명해보시오. · 양적 완화에 대해 설명해보시오. · 모라토리엄에 대해 설명해보시오. · 한우 이력제에 대해 설명해보시오. · 녹비작물에 대해 설명해보시오. · 역전세난에 대해 설명해보시오. · 자발적 실업에 대한 자기 생각을 말하시오. · 언제부터 농협에 입사하고 싶었는가? · 과거에 갈등이 있었던 친구와 오랜만에 만났을 때, 어떻게 다시 신뢰를 회복할 것인가? · 이상 기후에 농협이 해야할 일은 무엇이라고 생각하는가?
2차 면접	· 대출 증가로 인한 농협의 대응 방안에 대해 본인의 견해를 말하시오. · 저금리 시대에서의 농협의 대응 방안에 대해 본인의 견해를 말하시오. · 비대면 물류 및 금융에 대해 본인의 견해를 말하시오. · 농산물 마케팅 방안에 대해 본인의 견해를 말하시오. · 청년 농업인 유입 방안에 대한 본인의 견해를 말하시오. · 1인 가구 증가에 따른 부작용에 대한 대응 방안을 말하시오. · 1인 방송에 대한 본인의 견해를 말하시오. · 로컬푸드 홍보 방안에 대해 말하시오. · 공무원 연금 개혁안에 대한 찬성 또는 반대 의견을 말하시오. · 초·중·고교생의 9시 등교제에 대한 찬성 또는 반대 의견을 말하시오. · 기초선거구 정당 공천제 폐지에 대한 찬성 또는 반대 의견을 말하시오. · 대형마트 주말 의무 휴업(영업 규제)에 대한 찬성 또는 반대 의견을 말하시오. · 상속법 개정안에 대한 찬성 또는 반대 의견을 말하시오. · 사내 유보금 과세에 대한 찬성 또는 반대 의견을 말하시오. · 무상급식/보육에 대한 찬성 또는 반대 의견을 말하시오. · 선거연령 하향에 대한 본인의 견해를 말하시오. · 아프리카돼지열병으로 인한 파급효과와 대처방안에 대해 말하시오. · 기후 위기로 인한 농가 소득 증대 방안을 말하시오.

⑪ 대구 면접 출제 문제

1차 면접	· 지원동기는 무엇인가? · 자신의 장점(특기)은 무엇인가? · 가장 존경하는 사람은 누구인가? · 인간관계에서의 중요한 점은 무엇이라고 생각하는가? · 성공이란 무엇이라고 생각하는가? · 농협에 입사하면 어떤 업무를 하고 싶은가? · 은행세에 대해 설명해보시오. · SSM에 대해 설명해보시오. · DTI에 대해 설명해보시오. · 사이드카에 대해 설명해보시오. · 사회적 기업에 대해 설명해보시오. · 임금피크제에 대해 설명해보시오. · 출구전략에 대해 설명해보시오. · 밴드왜건 효과에 대해 설명해보시오. · 바나나 현상에 대해 설명해보시오.

⑫ 경북 면접 출제 문제

1차 면접	· 자신의 강점은 무엇인가? · 친구들이 말하는 자신의 장점은 무엇인가? · 가장 존경하는 사람은 누구인가? · 성공의 기준은 무엇인가? · 희망하는 연봉은 어느 정도인가? · 첫 월급을 받으면 어떻게 쓰겠는가? · 남들이 꺼리는 일을 나서서 도맡아 처리한 경험이 있는가? · 봉사활동 경험이 있다면 느꼈던 점은 무엇인가? · 조직을 위해 헌신한 경험이 있는가? · 농협에 지원하기로 결심한 계기는 무엇인가? · '농협'이라고 하면 생각나는 것을 말해보시오. · 농협의 핵심가치에 대해 말해보시오. · 농협의 인재상에 대해 말해보시오. · 농협의 장점은 무엇이라고 생각하는가? · 농협이 더 발전하려면 어떻게 해야 한다고 생각하는가? · 힘든 일을 하게 될 수도 있는데 할 수 있겠는가? · 자신이 성과를 잘 낼 수 없는 업무가 계속해서 주어질 경우 어떻게 할 것인가? · 껄끄러운 상사와 일해본 경험이 있는가? · 나이 많은 동료와 함께 일해본 경험이 있는가? · 상사와 갈등이 있다면 어떻게 해결할 것인가? · 농협에 대해서 주변에서 비판하는 내용이 있다면 무엇인가? · 어떤 각오로 농협에서 일할 것인가? · 최저 임금 인상에 대해 어떻게 생각하는가? · NLL에 대해 어떻게 생각하는가? · 레몬마켓에 대해 설명해보시오. · 구황작물에 대해 설명해보시오. · 선지급에 대해 설명해보시오.

1차 면접	· 임금피크제에 대해 설명해보시오. · 햇살론에 대해 설명해보시오. · 예대마진율에 대해 설명해보시오. · 노상권 청구에 대해 설명해보시오. · 후원금과 뇌물의 차이에 대해 설명해보시오. · 순환출자에 대해 설명해보시오. · 경제민주화에 대해 설명해보시오. · 쌀 직불금에 대해 설명해보시오. · 스태그플레이션에 대해 설명해보시오.
2차 면접	· 양심적 병역거부에 대한 찬성 또는 반대 의견을 말하시오. · 운동선수의 군 면제에 대한 찬성 또는 반대 의견을 말하시오. · 대형마트 주말 의무 휴업(영업 규제)에 대한 찬성 또는 반대 의견을 말하시오. · 제주 해군기지 설립에 대한 찬성 또는 반대 의견을 말하시오. · 합법적 낙태 허용에 대한 찬성 또는 반대 의견을 말하시오. · 성폭행범의 신상공개에 대한 찬성 또는 반대 의견을 말하시오. · 고졸 채용확대에 대한 찬성 또는 반대 의견을 말하시오. · 교내 휴대폰 사용에 대한 본인의 견해를 말하시오.

⑬ 부산 면접 출제 문제

1차 면접	· 자기소개를 해보시오. · 가장 존경하는 인물은 누구인가? · 직업관은 무엇인가? · 자신의 장단점은 무엇인가? · 자신이 원하는 배우자의 조건은? · 자신이 좋아하는 사람의 유형과 싫어하는 사람의 유형은 무엇인가? · 농협에 입사하기 위해 어떤 노력을 했는가? · 상사와 갈등이 있다면 어떻게 해결할 것인가? · 농협이 하는 사업에 대해 자신이 알고 있는 것을 말해보시오. · 농협인으로서 갖춰야 할 품성(덕목)은 무엇이라고 생각하는가? · 고객이 막무가내로 화를 낼 경우 어떻게 대응할 것인가? · SSM에 대해 설명해보시오. · DTI에 대해 설명해보시오. · 경제민주화에 대해 설명해보시오. · NIM에 대해 설명해보시오. · 구상권에 대해 설명해보시오. · GMO에 대해 설명해보시오. · 다우지수에 대해 설명해보시오. · 헤지펀드에 대해 설명해보시오. · 더블딥에 대해 설명해보시오.
2차 면접	· 결혼이나 취업을 위해 성형을 하는 것에 대한 찬성 또는 반대 의견을 말하시오.

⑭ 울산 면접 출제 문제

1차 면접	· 성격의 장단점은 무엇인가? · 특기는 무엇인가? · 가장 존경하는 사람은 누구인가? · 자기계발 활동으로 무엇을 하고 있는가? · 봉사활동 경험이 있다면 느꼈던 점은 무엇인가? · 직업관은 무엇인가? · 농협의 장단점은 무엇이라고 생각하는가? · 농협이 하는 사업에 대해 아는 것을 모두 말해보시오. · 어떤 각오로 농협에서 일할 것인가? · 농협인으로서 갖춰야 할 품성(덕목)은 무엇이라고 생각하는가? · 상사와 갈등이 있다면 어떻게 해결할 것인가? · 농협에 입사하면 어떤 업무를 하고 싶은가? · 콜금리에 대해 설명해보시오. · 더블딥에 대해 설명해보시오. · 모기지론에 대해 설명해보시오. · 헤지펀드에 대해 설명해보시오. · SSM에 대해 설명해보시오. · FTA에 대해 설명해보시오. · GMO에 대해 설명해보시오.

⑮ 경남 면접 출제 문제

1차 면접	· 자기소개를 해보시오. · 자신의 장점은 무엇인가? · 인생에서 꾸준히 노력해본 것이 무엇인가? · 지원한 지역을 지원한 이유가 무엇인가? · 농촌 지역을 여행한 경험을 말해보시오. · 농협에서 아쉬운 점과 보충해야 할 점을 말해보시오. · 대인관계에서 가장 중요한 것은 무엇이며 그것을 어떻게 길렀는가? · 자신의 인생에 가장 큰 영향을 미친 사건과 그 이유는 무엇인가? · 타인을 위해 가장 크게 희생해본 경험은 무엇인가? · 전공은 무엇이고, 어떤 자격증을 취득했는가? · 학창시절에 가장 집중적으로 준비한 것은? · 가장 감명 깊게 본 영화 혹은 책이 있다면 무엇인가? · 혼자 할 때보다 팀으로 일함으로써 시너지를 발휘한 경험이 있는가? · 첫 월급을 받으면 어떻게 쓰겠는가? · 자신보다 나이가 많은 사람을 설득해본 경험이 있는가? · 회사 생활을 하면서 실수를 한다면 어떻게 할 것인가? · 농협이 하는 사업에 대해 자신이 알고 있는 것을 말해보시오. · 농협의 장단점은 무엇이라고 생각하는가? · 농협의 인재상에 대해 말해보시오. · 농협이 수행해야 할 사회적 책임은 무엇이라고 생각하는가? · 농협에 입사하면 어떤 업무를 하고 싶은가?

1차 면접	· 농협에서 10년 후 자신이 무엇을 하고 있을 것이라고 생각하는가? · 힘든 일을 하게 될 수도 있는데 할 수 있겠는가? · 축사에서 악취가 많이 나는 문제가 발생할 경우, 어떻게 해결할 것인가? · 고객이 터무니없는 요구를 할 때 어떻게 대응할 것인가? · 스미싱에 대해 설명해보시오. · 바이럴 마케팅에 대해 설명해보시오. · 브렉시트에 대해 설명해보시오. · 출구전략에 대해 설명해보시오. · 구제역에 대해 설명해보시오. · FTA에 대해 설명해보시오. · 자신의 지역에서 나는 특산물 중 한 가지를 고르고, 그 특산물의 판매량을 어떻게 늘릴 것인지에 대해 설명해보시오. · 이상기후 현상에 대해 설명해보시오. · 핀테크에 대해 설명해보시오.
2차 면접	· 탄소중립 실천 방안에 대한 본인의 견해를 말하시오. · 6차산업 활성화를 위해 농협과 정부가 나아갈 길에 대해 말하시오. · 폭염에 대비하기 위해 농협이 해야 할 일에 대해 말하시오. · 쌀 소비량 부진의 주된 이유와 해결 방안을 말하시오. · 농촌 고령화의 이유와 해결 방안을 말하시오. · 농업마케팅 방안과 발전 방향을 말하시오. · 농산물 판매를 촉진하는 방안을 말하시오. · 농민 월급제에 대한 찬성 또는 반대 의견을 말하시오. · 주민등록번호 폐지에 대한 찬성 또는 반대 의견을 말하시오. · 비만세 부과에 대한 찬성 또는 반대 의견을 말하시오. · 어린이집 CCTV 설치 의무화에 대한 찬성 또는 반대 의견을 말하시오. · 대학생들의 무분별한 스펙 쌓기 문제에 대한 찬성 또는 반대 의견을 말하시오.

⑯ 제주 면접 출제 문제

1차 면접	· 지원동기는 무엇인가? · 자신의 장점은 무엇이고, 그것을 농협 업무에 어떻게 접목할 수 있는지 말해보시오. · 농협은행이 아닌 지역농협에 지원한 이유는 무엇인가? · 농협의 사회공헌과 가치창출에 대해 말해보시오. · 자신의 5년 후 모습에 대해 말해보시오. · 농협인으로서 갖춰야 할 자질은 무엇이고, 그 근거가 되는 사례는 무엇인지 말해보시오. · 요즘 즐겨보는 드라마가 있다면 무엇인가? · 외곽 지역으로 발령을 받게 된다면 어떻게 할 것인가? · 체력(건강)관리는 어떻게 하는가? · 자신만의 고객관리 전략은 무엇인가? · 기저효과에 대해 설명해보시오. · 더블딥에 대해 설명해보시오. · 광해군과 인조반정에 대해 설명해보시오. · 풍년과 기근에 대해 설명해보시오. · 출구전략에 대해 설명해보시오. · 커플링전략에 대해 설명해보시오. · DTI에 대해 설명해보시오. · 애그플레이션에 대해 설명해보시오. · 헤지펀드에 대해 설명해보시오. · 바나나 현상에 대해 설명해보시오. · RCEP에 대해 설명해보시오. · 구글세에 대해 설명해보시오.
2차 면접	· 원자력 발전소 설립에 대한 찬성 또는 반대 의견을 말하시오. · 초·중·고교생의 9시 등교제에 대한 찬성 또는 반대 의견을 말하시오. · 단통법에 대한 찬성 또는 반대 의견을 말하시오. · 반값 등록금제 시행에 대한 찬성 또는 반대 의견을 말하시오. · 여성의 군 복무 의무제에 대한 찬성 또는 반대 의견을 말하시오. · 결혼이나 취업을 위해 성형을 하는 것에 대한 찬성 또는 반대 의견을 말하시오. · 인원 감축과 임금삭감 중 하나를 선택해야 한다면, 어떤 것을 선택할 것인지 말해보시오. · 6차산업의 활성화 방안에 대해 말하시오. · 자연재해에 관한 농협의 대처방안에 대해 말하시오.

부록

지역농협 상식 압축 정리

회독용 OMR 답안지

지역농협 상식 압축 정리

지역농협과 관련된 기본적인 상식과 추진 사업 등을 알아두면 서류전형의 자기소개서 작성과 면접전형 준비 시에 활용할 수 있다. 또한, 지역농협과 관련된 상식은 NCS 직무능력평가 시험에서 문제에 제시된 지문이나 자료의 소재로 출제되기도 하므로 관심을 가지고 학습해두면 문제 풀이에 도움이 된다.

농토피아 (農Topia)	· 농업이 대우받고 농촌이 희망이며 농업인이 존경받는, 농협이 추구하는 농업·농촌의 미래상 · 구체적인 방향성 ① 대우받는 농업 - 농업인이 안심하고 생산에만 전념할 수 있는 유통체계 구축 - 국민들에게 고품질의 안전한 농축산물 공급 - 농업인과 소비자 모두 만족하는 합리적인 가격으로 농축산물 공급 ② 희망이 있는 농촌 - 스마트팜 등 혁신 기술에 기반한 비즈니스 기회가 제공되는 농촌 - ICT 기술 등을 통해 살기 좋은 정주(定住) 여건을 갖춘 농촌 - 일터, 삶터, 쉼터로서 도농 간의 교류가 활성화되는 농촌 ③ 존경받는 농업인 - 혁신을 통해 경쟁력 있는 농업을 이끌어가는 농업인 - 식량의 안정적 공급, 생태·환경보전, 전통문화 계승 등 농업의 공익적 가치 창출로 국민들로부터 인정받는 농업인
한국의 농업·농촌운동	· 새농민운동(1965년~현재) - 주체 의식을 확립하여 스스로 농촌사랑의 선구자 역할을 하는 농민 육성 - '자립, 과학, 협동하는 농민'을 신조로 함 · 신토불이운동(1989년) - 국산 농산물 애용 운동 전개 - 쌀 시장 개방 반대 범국민 서명 운동 전개 · 농도불이운동(1996~2020년) - 농촌과 도시는 서로 돕는 하나 - 농산물 직거래 사업 추진 · 농촌사랑운동(2003년~현재) - 농업·농촌 문제의 범국민적 해결 방안 모색 - 1사 1촌 자매결연 체결 · 식(食)사랑 농(農)사랑운동(2011~2015년) - 국산 농산물을 기반으로 하는 올바른 식문화 확산 추구 · 또 하나의 마을 만들기(2016년~현재) - 명예 이장을 위촉하는 등 도농 교류 활성화 - 농업의 공익적 가치 확산 - 깨끗하고 아름다운 농촌 마을 가꾸기 진행 · 국민과 함께하는 도농상생(都農相生) 활성화(2020년~현재) - 다양한 농촌 봉사활동 전개

협동조합	· 협동조합 기본법 제2조 제1항에 따라 재화 또는 용역의 구매·생산·판매·제공 등을 협동으로 영위함으로써 조합원의 권익을 향상하고 지역 사회에 공헌하고자 하는 사업 조직 · 공동의 목적을 가진 5인 이상이 모여 조직한 사업체로, 금융 및 보험을 제외하고는 사업의 종류에 제한이 없음 · 출자 규모와 관계없이 1인 1표제로 평등한 의결권을 가지며, 조합원은 출자 자산에 한정한 유한 책임을 가짐 · 가입과 탈퇴가 자유롭고, 전체 배당액의 100분의 50 이상을 협동조합 사업 이용 실적에 따라 배당함 · 우리나라의 경우 농협, 수협, 새마을금고, 신협, 아이쿱생협 등이 국제협동조합연맹(ICA)의 회원으로 참여하고 있음 · 농협은 설립 2년 만인 1963년에 국제협동조합연맹(ICA)에 준회원으로 참여하다가 1973년에 정회원 자격을 얻었으며, 1998년부터 국제협동조합농업기구(ICAO) 의장기관으로 활동하며 개발도상국에 농협 운동을 장려하고 지원 활동을 수행함 · 국제협동조합연맹(ICA)은 2016년에 한국 농협을 세계 4위, 농업 부문 1위 협동조합으로 발표함
2050 농식품 탄소중립 추진 전략	· 농식품부는 국가적 차원의 탄소중립 목표 달성을 위한 '2050 농식품 탄소중립 추진 전략'을 마련함 · 추진 전략 ① 저탄소 농업구조 전환 - DNA(Data, Network, AI) 기반 정밀 농업 확산 - 환경친화적 농업 확산 - 토양 관리 강화 및 저장능력 향상 ② 온실가스 배출원 감축 - 경종(작물 재배) 부문: 체계적인 논물 관리와 과학적 시비처방을 통해 메탄 및 아산화질소 배출량 감축 - 축산 부문: 저메탄사료 보급 확대, ICT 기술 활용 등을 통해 온실가스 배출량 감축 및 축산생산성 향상 - 유통·소비 부문: 푸드 마일리지을 통해 유통과정에서 발생하는 온실가스 최소화 및 식생활 교육 강화를 통해 소비 단계에서 버려지는 음식물 쓰레기 감축 ③ 농업·농촌 에너지 효율화 및 전환 - 에너지 효율화: 에너지 절감 시설 보급 확대 및 재생에너지 전환 촉진 등 - 에너지 전환: 농업 생산 외 농촌 지역의 탄소중립 추진 등 ④ 온실가스 감축 기반 구축 - 농업 현장의 온실가스 감축 촉진을 위해 기술개발 및 온실가스 통계 정비 - 농가 온실가스 감축활동 촉진을 위해 저탄소 활동에 대한 지원 확대
6차 산업	· 우리나라에서 공식적으로 사용되는 명칭은 '농촌융·복합산업'이며, 1차 산업인 농·임·수산업과 2차 산업인 제조·가공업, 3차 산업인 유통·서비스업을 융합(1차 × 2차 × 3차)하여 농촌에 높은 부가가치와 일자리를 발생시키는 산업 · 농촌 인구의 감소와 고령화의 심화, 수입 농산물의 유입으로 인한 우리나라 농산물의 경쟁력 약화 등의 문제를 해결하기 위해 농업 외의 산업에서 소득을 창출하여 농업·농촌을 유지할 수 있도록 하는 방안의 일환으로 시행됨

공익직불제	· 농업·농촌의 공익기능을 증진하기 위해 농업인에게 보조금을 지급하는 제도로, 기본형공익직접지불제도와 선택형공익직접지불제도로 구성됨 · 기본형공익직접지불제도는 소규모 농가를 대상으로 지급하는 소규모농가직접지불금과 그 밖의 농가에 농지 면적에 따라 지급하는 면적직접지불금으로 구분됨 · 선택형공익직접지불제도는 친환경농업직접지불제도, 친환경안전축산물직접지불제도, 경관보전직접지불제도 등으로 구분됨
농가 주부 모임	· 농촌에서 영농에 종사하는 여성농업인의 지위 향상 및 권익 신장뿐만 아니라 농촌의 복지 증진과 지역사회 발전에 기여하며, 농촌 생활에 활력을 불어넣고 선진 영농 활동의 동기를 부여하기 위해 설립한 여성농업인 단체 · 여성농업인의 경영 능력 향상을 위한 교육, 영농 폐기물 ZERO 운동, 소외계층을 위한 밑반찬 나눔, 다문화가정의 안정적인 농촌 생활 정착을 위한 사업 등 농협과 다양한 협력 사업을 진행함
농민신문사	· 국내외 농업 환경을 가장 신속하고 정확하게 보도하는 농업정론지로, 농촌·농업이 나아갈 방향성과 도농상생(都農相生)의 길을 제시하는 역할을 맡고 있음 · 월간지로 <전원생활>, <어린이동산>, <디지털농업>, <월간축산>을 발간하고 있음
농업인 법률 구조 사업	· 농협과 대한법률구조공단이 공동으로 농업인의 법률적 피해에 대한 구조와 예방 활동을 전개하여 농업인의 경제적·사회적 지위 향상을 도모하는 농업인 무료 법률 복지 사업 · 기준 중위소득 150% 이하인 농업인 및 별도의 소득이 없는 농업인의 배우자, 미성년 직계비속, 주민등록상 동일 세대를 구성하는 직계존속 및 성년의 직계비속을 대상자로 함
농업인 월급제	· 농업인에게 수확기 예상 소득의 약 30~60%를 매월 일정액의 월급으로 나누어 미리 지급하여 농가의 소득 안정을 추진하는 제도 · 농업 소득이 수확기에 치우치기 때문에 농업인들이 수확기 전에 정기적으로 지출해야 하는 생활비나 자녀 교육비 등을 충당하기 위해 대출을 받았고, 이로 인해 많은 어려움을 겪음에 따라 농가의 이자 부담을 줄이고 경영 안정을 도모하려는 목적으로 시행됨 · 농협이 농업인에게 월급을 지급하고, 지방자치단체가 농협에 대출 이자와 대행 수수료를 지급함
농업인 행복콜센터	· 도움이 필요한 고령·독거노인 등 약 12만 명의 돌봄 대상자에게 주기적으로 상담 전화를 하여 노인들의 말벗이 되고 불편 사항을 파악하는 센터
농촌사랑운동	· 농촌을 활력 있게 가꾸고 국민 건강을 지켜 농업인과 도시민 모두의 삶의 질 향상을 추구하는 도농상생(都農相生) 운동 · 정부, 기업, 국민이 함께하는 사랑 나눔의 대국민 실천 운동
농촌사회공헌 인증제도	· 농촌 마을과의 자매결연 등을 통해 농촌 지역에 사회 공헌 활동을 활발하게 전개하고 있는 기업·단체를 농림축산식품부와 사단법인 농촌사랑범국민운동본부가 공동으로 인증하는 제도
농촌현장지원단	· 긴급 지원이 필요한 대상자를 선정하여 노후화된 주거 환경을 개선하거나 생필품을 지원하는 등의 맞춤형 노인 복지를 지원하는 단체
농협대학교	· 1962년에 농업·농촌·농협 발전에 필요한 인재를 육성하기 위해 설립된 유통 및 금융 전공 교과목 중심의 3년제 대학

농협 농촌인력중개센터	· 농촌에 유·무상 인력을 종합 중개하여 일자리 참여자에게는 맞춤형 일자리를 제공하고 농업인에게는 필요한 일손을 공급하는 중개센터 · 참여 대상 - 일자리 참여자: 농작업이 가능한 사람 누구나 참여 가능 - 자원봉사자: 대학생, 기업체 등 농촌 봉사활동을 희망하는 개인 또는 단체 - 농가: 일손이 필요한 농업인(조합원이 아니어도 참여 가능함) · 참여 신청 - 농협 시·군지부, 지역농협 방문 또는 전화 신청(단, 첫 이용 시에는 반드시 방문 신청)
농협식품연구원	· 전국 4개 지역에 식품분석센터를 운영하며 우수한 농식품을 연구·개발하고 국산 농산물의 안전을 관리하는 식품 연구 기관 · 식품 안전사고 방지 및 농산물 소비 촉진, 농식품 품질 향상을 추구하며, 국산 농산물을 활용한 고부가가치 상품과 최신 소비 트렌드를 반영한 신상품을 개발함 · 농협 판매장 출하 농산물에 대한 잔류 농약 검사를 시행하고, 원산지 검사, 중금속 분석 등의 품질 규격 검사, 농산물우수관리인증(GAP), 농협 하나로마트 협력사에 대한 식품 안전 점검 및 평가를 진행함
사회적 농업	· 농촌 자원을 활용하는 활동을 통해 장애인, 다문화가정, 고령자 등 사회적 약자 중 충분한 경제 활동을 하지 못하여 어려움을 겪는 사람들에게 돌봄·교육·고용을 포함한 사회 서비스를 제공하는 농업 활동 · 사회적 약자가 농업에 참여할 수 있도록 하고 궁극적으로 본인의 역량을 키워 자립할 수 있게 도움을 줌
새농민상	· 우리나라 농업·농촌을 주도할 선도 농업인을 육성하기 위한 목적으로 1966년부터 자립·과학·협동의 새농민 운동 정신을 훌륭하게 실천하는 농업인을 선정하여 시상하는 상 · 새농민 회원은 선진 영농 기술을 농가에 보급하고 귀농인과 영농 후계자에게 멘토 역할을 하는 등 각종 사회공헌 활동에 앞장서고 있음
외국인 근로자 고용 허가 제도	· '외국인 근로자의 고용 등에 관한 법률'에 따라 기업체가 외국인 근로자를 고용할 수 있게 하는 제도 · 사업주인 농가는 고용 허가 절차를 직접 수행하거나 농협에 대행 신청할 수 있음 · 농협은 정부가 지정한 고용 허가제 대행 기관으로, 농가가 손쉽게 외국인 근로자를 고용할 수 있게 업무를 대행하고 외국인 근로자에 대한 취업 교육을 시행함 · 베트남, 태국, 캄보디아, 네팔, 미얀마 등 고용 허가제 MOU 체결 국가 중 농업 국가와 농사 선호도가 높은 국가를 우선 도입함 · 작물재배업 및 축산업과 농산물 선별·건조 및 처리장 운영업 등 농업 관련 서비스업을 대상으로 함
주부 농산물 직거래 구매단	· 도시 소비자인 주부가 농촌을 방문하여 농산물을 직접 수확하고 시식한 후에 구매하도록 하는 체험형 농산물 구매단 · 주부는 체험을 통해 농산물의 가치를 느끼면서 싱싱한 농산물을 바로 구매할 수 있고, 농업인은 농산물 직거래로 판매 소득을 올릴 수 있음 · 농협은 직거래 구매단 회원가입 방식과 체험 구매 형태를 다양화하여 소비자와 생산자 간의 거리를 단축시켜 '얼굴 있는 농산물 유통 확산'에 이바지하고 있음

팜스테이 (Farm stay)	· 농가에서 숙식하면서 농사·생활·문화 등을 체험하고 마을 축제에 참여하는 등 농촌·문화·관광이 결합된 농촌 체험 관광 상품 · 농협에서 주5일제에 따른 여가 수요의 증가와 도시민들의 안전한 먹거리 및 가족 단위 체험 관광에 대한 관심에 부응하여 추진됨 · 농업인들에게는 농외소득 창출의 기회를, 도시민들에게는 농업·농촌에 대한 이해도를 높일 수 있는 기회를 제공하여 도농상생(都農相生)의 장을 마련함
NH-OIL 농협 주유소 사업	· 농협에 대한 고객의 높은 신뢰와 경쟁력 있는 가격을 기반으로 농업인의 영농비 절감과 소비자 물가 안정을 도모하는 석유 판매 브랜드
농기계 은행 사업	· 농협에서 농기계를 구입하여 직접 혹은 책임운영자인 농업인을 통해 농작업을 대행하는 사업 · 2008년부터 시행하여 농가 영농비 경감에 기여하였으며, 안정적인 영농 활동을 지원함
농산물 공판장	· 농협이 국내 농산물의 대량 판매와 공정 거래를 선도하여 농업인에게는 수취 가격 제고 및 판로 확대 기회를 제공하고, 소비자에게는 안전 농산물을 공급하기 위해 운영하고 있는 공판장 · 농협은 경제지주 12개소, 조합 67개소로 총 79개의 농산물 공판장을 운영하며 경매, 정가 수의 매매 등 다양한 거래 방식으로 매출 실적을 높이며 판매농협의 구현에 기여하고 있음
농산물 산지 유통 센터 (APC)	· 농산물 상품화를 통해 시장교섭력을 높이고 공동 출하, 공동 선별, 공동 계산으로 물류 효율화를 통해 유통 비용을 절감하고 농가 수취 가격을 제고하는 등의 부가가치를 창출하는 농산물 유통의 전초 기지
농산물우수관리 인증제도(GAP)	· 안전 관리 체계를 구축하여 소비자에게 안전한 농산물을 공급하기 위해 생산부터 판매 단계까지 농약, 중금속, 병원성 미생물 등 농식품 위해 요소를 종합적으로 관리하는 제도 · 농산물의 안전성을 확보하고 이를 소비자가 쉽게 확인할 수 있도록 하여 신뢰도를 높이고 국제 시장에서 우리 농산물의 경쟁력을 강화하며, 저(低)투입 지속 가능한 농업을 통해 농업 환경을 보호하기 위한 목적으로 도입됨 · 농산물우수관리인증제도는 국립농산물품질관리원이 지정한 전문인증기관이 인정하는 체계로, 우리나라는 2006년부터 본격적으로 시행함 · 농협중앙회는 2006년 3월 7일 GAP 인증기관 제1호로 지정됨
농산물이력 추적관리제도	· 농산물의 생산부터 판매까지 각 단계의 정보를 기록 및 관리하여 농산물의 안전성 등에 문제가 생길 경우 해당 농산물을 추적하여 원인을 규명하고 필요한 조치를 취할 수 있도록 관리하는 제도 · 표시의 신뢰성을 확보함으로써 공정한 거래와 위험 관리에 기여하고, 품질·안전·재고 관리를 효율화하기 위한 목적으로 도입됨
농협 하나로마트	· 농협 직영 매장으로, 농업인이 생산한 농축산물 판매 확대를 위해 농축산물 취급 비율을 높여 나가고 있음 · 수입 농산물을 취급하지 않는 것을 원칙으로 국산 농산물 판매에 주력함 · 농가와 소비자를 연결하는 농식품 유통의 핵심 주체로, 다양한 소비자의 기호에 부합하는 농식품 생산과 유통 비용 절감을 통해 새로운 부가가치 창출에 매진하여 지역경제 활성화를 위해 노력하고 있음

미곡종합처리장 (RPC)	· 벼의 수확부터 선별 및 계량, 품질 검사, 건조, 저장, 도정, 판매 등의 쌀 생산의 모든 과정을 개별 농가 단위가 아닌 대단위 자동화 과정으로 공동 처리하는 시설 · 쌀 생산 농가의 노동력 부족을 해소하고 수확 후의 노력 비용과 미곡 손실 방지 등 생산비 절감을 통하여 쌀 산업의 경쟁력을 높이기 위해 운영함
쌀 자동시장격리제	· 초과 공급이 예상되는 쌀을 수확기 전에 자동으로 시장 격리함으로써 쌀 수급을 조절하여 쌀 시장의 불안감을 해소하고 쌀값을 안정적으로 유지하는 제도 · 공익직불제가 도입되고 쌀값이 떨어지면 정부에서 보조금을 지급하던 변동직불제가 폐지되면서 쌀 수급 안정 대책을 위한 대안으로 도입됨
스마트 팜	· 사물인터넷, 빅데이터, 인공지능과 같은 정보 통신 기술(ICT)을 비닐하우스, 유리온실, 과수원, 축사 등에 접목하여 원격·자동으로 작물과 가축의 생육 환경을 적정하게 유지 및 관리할 수 있는 지능화된 농장 · 작물 생육 정보와 환경 정보에 대한 데이터를 바탕으로 최적의 생육 환경을 조성하여 노동력, 에너지, 양분 등을 이전보다 적게 투입하면서도 농산물의 생신성과 품질 향상이 가능함 · 스마트 팜이 보편적으로 확산될 경우 노동, 에너지 등의 투입 요소를 최적화하여 사용할 수 있게 되어 우리나라 농업의 경쟁력을 제고하고 농업을 미래성장산업으로 이끌 수 있음 · 스마트 팜의 도입으로 단순히 노동력의 절감 차원을 넘어서 농작업의 시간적·공간적 구속으로부터 벗어나 농업인의 여유 시간이 늘어나고 삶의 질도 향상되어 우수 신규 인력의 농촌 유입 가능성도 높아지는 효과를 창출할 수 있을 것으로 기대됨
친환경 농산물 인증제도	· 친환경 농산물을 전문 인증 기관이 엄격한 기준으로 선별 및 검사하고 정부가 그 안전성을 인증하는 제도 · 친환경 농산물은 유기합성 농약과 화학비료, 사료첨가제 등의 화학 자재를 일절 사용하지 않거나 최소량을 사용하여 생산한 농축산물을 일컬음 · 친환경 농산물의 인증 종류 - 유기농산물: 유기합성농약과 화학비료를 전혀 사용하지 않고 재배한 농산물 - 무농약농산물: 유기합성농약을 전혀 사용하지 않고, 화학비료는 권장 시비량의 1/3 이내로 사용하여 재배한 농산물
가축 분뇨 자원화 센터	· 가축 분뇨를 유기물이 풍부한 비료로 자원화하여 농경지에 환원하는 친환경 농업 기반 조성 센터 · 경종 농가는 고품질 농산물을 생산하고 축산 농가는 분뇨 문제를 해결할 수 있어 지속 가능한 농축산업 발전에 공헌하고 있음
공동방제단	· 전국 축협을 중심으로 찾아가는 방역 서비스를 시행하고 있는 540개의 공동방제단 · 평소에는 방역이 취약한 소규모 축산 농가를 순회 방문하며 철저하게 소독함으로써 전염병 확산을 차단하고 방제 관련 교육을 시행하며, 긴급 상황이 발생하면 기동방역팀을 운영하여 빈틈없는 방역 체계를 갖추고 있음
축산물 공판장	· 축산 농가의 판로를 확대하고 선제적인 수급 안정 체계의 구축을 위해 위생적이고 품질 높은 축산물을 생산·판매하는 공판장

축산물위해요소 중점관리제도 (HACCP)	· 소비자에게 위생적이고 안전한 축산물을 공급할 수 있는 기본적인 제도로, 작업 공정의 위생을 사전 예방적인 관점에서 체계적이고 과학적으로 관리하는 기법 · 기존 위생 관리 체계와는 다르게 위해 요소를 예방하고 전 제품의 안전성을 확보하는 것을 목적으로 함 · 최종 제품은 물론이고 중요 관리 포인트마다 위생을 철저하게 관리하고, 원인 분석 결과에 따라 위해 요소를 처리하고 조치를 취함
친환경 농산물 직거래 지원사업	· 친환경농축산물 유통 활성화를 위해 유통·가공업체에 생산자와의 친환경농산물 직거래 구입자금 융자를 지원하는 사업 · 신청방법 - 지원신청서를 작성하여 해당지역 농협중앙회 시군지부(농정지원단) 또는 aT 관할 지역본부에 제출
NHarvestX	· 애그·푸드테크 분야의 청년 창업 활성화를 위해 농협에서 시행한 스타트업 육성 프로그램 · 고용노동부에서 시행하는 '청년친화형 기업ESG 지원사업'에 선정된 사업으로, 애그테크 분야의 청년 스타트업 육성을 지원함 · 지원 대상 - 나이: 만 18세 이상 34세 미만 청년(단, 군필자의 경우 의무 복무 기간만큼 최대 만 39세까지 청년 기간 연장) - 자격: 애그·푸드테크 분야 예비 창업가 또는 개인 사업자(단, 연매출 1억 5천만 원 미만, 창업 7년 미만) · 제공 사항 - 5개월 동안 월 100만 원의 활동비 지급 - 비즈니스 진단 - 농식품 특화 및 글로벌 진출 교육 제공 - 1대1 맞춤형 멘토링 제공 - 투자자 라운드 테이블 마련 - 데모데이를 통한 상금 지급(총 8천만 원) 및 투자연계 기회 제공
청년농부 사관학교	· 미래 농업의 성장동력인 예비 청년 농업인 육성을 위해 진행하는 현장 중심의 교육 과정 · 지원 대상 - 39세 이하의 청년 · 교육 과정 및 기간 - 농업기초교육과 스마트팜 이론·실습, 농장현장인턴 실습, 비즈니스플랜 등 3개 모듈에 대해 6개월 동안 700여 시간의 커리큘럼으로 진행 · 교육 혜택 - 정부 인정 귀농교육시간 반영 - 기숙사 및 식사 제공 - 농업용 기계(드론, 지게차, 굴삭기 등) 국가 자격증 취득 지원 - 용접, 농기계 실습 교육 지원 - 졸업생 영농정착 지원 - 교육 수료 시 기념품 증정 및 우수 교육생 장학금 지원

농축협 RPA	· Robotic Process Automation의 약자로, 인간이 수행하는 업무를 로봇이 수행하는 등의 자동화 처리 기술을 의미함 · 지난 2022년 농협중앙회에서 전국 1,117개 농축협을 대상으로 RPA 포털을 오픈하였고, 이를 초석으로 농협의 사업과 업무 전반에 디지털 기술을 확대할 예정
농축협 데이터 분석시스템 고도화 프로젝트	· 농협 상호금융에서 시행한 것으로, 분석용 고객 데이터 관리체계를 구축하고, 시스템 및 인프라를 개선하는 등 전국 농축협이 데이터 분석 결과를 쉽게 확인하고 직접 분석하는 환경을 만들고자 하는 프로젝트 · 프로젝트 성과 - 신용사업 규제·규정 화면을 개발함에 따라 유동성 비율, 편중리스크, 예대비율, 대손충당금적립률, 연체율 등의 주요 지표를 한눈에 파악할 수 있게 됨과 동시에 농축협 경영관리에 대한 지원 기능이 강화됨
디지털 금융 교육	· 고령층 등 디지털 소외계층을 위한 디지털 금융 전담 교육 과정을 개발해 농축협 조합원과 고령 고객 및 농어민을 대상으로 일대일 멘토링과 현장교육을 진행하는 과정 · 교육 내용 - 디지털 관련 용어 이해 - 시니어뱅크 사용법 - 보이스피싱 사례와 피해 예방 방안 관련 교육
AICC 투자	· 2025년 가동을 목표로 범 금융그룹 차원의 1000억 원 규모의 인공지능 관련 투자를 진행해 AICC(AI Contact Center) 구축에 힘쓸 예정
스마트농업 현장활용 경진대회	· 농업 생산성 향상 및 농업현장의 스마트 혁신 도모를 위해 개최하는 경진대회 · 참가 부문 - 스마트팜 작물재배 및 가축사양 - 스마트팜 자유 공모 · 참가 대상(단, 만 18세 이상, 만 40세 미만의 농업인이면서 2ha 이하의 경작지 보유한 중소농이어야 함) - 스마트팜 작물재배 및 가축사양: 시설원예·노지·축산 분야의 스마트팜 도입·운영하는 중소·청년농업인 - 스마트팜 자유공모: 스마트팜을 운영 중이거나 경험이 있는 중소·청년농업인
국내 젖소 유전자원 수출	· 농협 경제지주에서는 농촌진흥청의 코피아(KOPIA)와 연계해 젖소 유전자원을 수출했으며, 2022년에는 중앙아시아 최초로 키르기스스탄에 국내에서 생산한 인공수정용 젖소 정액 약 2,000개(0.5ml/개)를 수출함 · 해당 젖소의 정액으로는 현지 암소 약 1,000마리를 동시에 인공수정할 수 있는 분량으로, 키르기스스탄의 농가 생산성 증대에 긍정적인 영향을 미칠 것으로 보임

NH 육튜브	· 농협경제지주 축산경제의 공식 유튜브 채널로, MZ세대의 축산물의 가치와 중요성을 알리기 위한 콘텐츠를 제공함 · 주요 콘텐츠 – 챌린저: 전국의 축산 관련 현장을 방문하여 체험하는 활동 – 육학다식: 일상에서 접할 수 있는 축산물 관련 정보 제공 – 숏쿡: 재밌는 더빙으로 짧은 레시피를 제공하는 쿡방 – 틈새시장: 이벤트성 흥미 콘텐츠 – 축경생활: 축산업계 직장인들 브이로그 – 드랍 더 미트: 축산물에 관한 실생활 꿀팁 – 고기한 리뷰: 고기 리뷰
유통혁신 4대 혁신전략	· 유통 대변화에 따른 성과 창출을 위해 농협에서 수립한 전략 및 실행과제 · 4대 혁신전략별 주요 실행과제 – 스마트한 생산·유통 환경 조성: 스마트팜 일관지원체계, 디지털 영농지원 확대, 산지유통시설(APC·RPC·가공공장) 스마트화, 스마트 축산시스템 사업화 – 도매사업 중심 유통체계 혁신: 농협형 체인본부 구축, 농산물 통합구매 확대, 도매 대외판매채널 확대, 축산 미트센터 역할 강화 – 도소매사업 온라인 중심 전환: 온라인농산물거래소 활성화, 산지 온라인사업 육성, 농협몰 기능 강화, e하나로 당일배송망 구축 – 협동조합 정체성 확립: ESG지속가능경영, 농협김치 통합법인 육성, 농업·농촌「RE100」 달성 기여, 인삼농협 가공공장 통합 추진, 가공 농업 기반 식품사업 활성화, 한우·양돈 생산성 향상
싱싱이음	· 농협이 직접 운영 및 관리하는 회원제 신선농산물 전문몰 · 농협공판장에서 경매된 식자재를 사업장까지 무료로 배송받을 수 있으며, 당일 오후 11시까지 주문할 경우 다음 날 오전 6~9시에 배송받을 수 있음
농협에코 아그로	· 농협경제지주와 지역농협이 출자한 친환경농자재 제조·우통 전문기업으로, 농협경제지주 자회사인 농협아그로, 농협흙사랑, 상림 3사가 합병하여 기존 대비 기술력 및 전문성을 강화한 통합 법인 · 핵심 추진전략 및 중점과제 – 전국 단위 영업망 구축과 품목 다양화 – 조직·인력 통합 – 친환경농자재 연구 역량 강화
NH하나로목장	· 한우 개체 정보, 한우 시세, 가축시장일정, 커뮤니티 등 한우 관련 모든 서비스를 한 번에 확인 가능한 ICT 기반의 스마트 목장관리 플랫폼

해커스 지역농협 6급 NCS 인적성 및 직무능력평가 통합 기본서

회독용 OMR 답안지

답안지 활용 방법

1. 회독 차수에 따라 본 답안지에 문제 풀이를 진행하시기 바랍니다.
2. 채점 시 O, X, △로 구분하여 채점하시기 바랍니다.
(O: 맞은 문제, X: 틀린 문제, △: 풀지 못했거나 찍었는데 맞은 문제)

회독 차수:　　　　　　진행 날짜:

실전모의고사 1회

1	① ② ③ ④	11	① ② ③ ④	21	① ② ③ ④	31	① ② ③ ④	41	① ② ③ ④	51	① ② ③ ④
2	① ② ③ ④	12	① ② ③ ④	22	① ② ③ ④	32	① ② ③ ④	42	① ② ③ ④	52	① ② ③ ④
3	① ② ③ ④	13	① ② ③ ④	23	① ② ③ ④	33	① ② ③ ④	43	① ② ③ ④	53	① ② ③ ④
4	① ② ③ ④	14	① ② ③ ④	24	① ② ③ ④	34	① ② ③ ④	44	① ② ③ ④	54	① ② ③ ④
5	① ② ③ ④	15	① ② ③ ④	25	① ② ③ ④	35	① ② ③ ④	45	① ② ③ ④	55	① ② ③ ④
6	① ② ③ ④	16	① ② ③ ④	26	① ② ③ ④	36	① ② ③ ④	46	① ② ③ ④	56	① ② ③ ④
7	① ② ③ ④	17	① ② ③ ④	27	① ② ③ ④	37	① ② ③ ④	47	① ② ③ ④	57	① ② ③ ④
8	① ② ③ ④	18	① ② ③ ④	28	① ② ③ ④	38	① ② ③ ④	48	① ② ③ ④	58	① ② ③ ④
9	① ② ③ ④	19	① ② ③ ④	29	① ② ③ ④	39	① ② ③ ④	49	① ② ③ ④	59	① ② ③ ④
10	① ② ③ ④	20	① ② ③ ④	30	① ② ③ ④	40	① ② ③ ④	50	① ② ③ ④	60	① ② ③ ④

맞힌 개수 / 전체 개수 : _____ / 60　　　　O: _____개,　X: _____개,　△: _____개

실전모의고사 2회

1	① ② ③ ④	11	① ② ③ ④	21	① ② ③ ④	31	① ② ③ ④	41	① ② ③ ④	51	① ② ③ ④
2	① ② ③ ④	12	① ② ③ ④	22	① ② ③ ④	32	① ② ③ ④	42	① ② ③ ④	52	① ② ③ ④
3	① ② ③ ④	13	① ② ③ ④	23	① ② ③ ④	33	① ② ③ ④	43	① ② ③ ④	53	① ② ③ ④
4	① ② ③ ④	14	① ② ③ ④	24	① ② ③ ④	34	① ② ③ ④	44	① ② ③ ④	54	① ② ③ ④
5	① ② ③ ④	15	① ② ③ ④	25	① ② ③ ④	35	① ② ③ ④	45	① ② ③ ④	55	① ② ③ ④
6	① ② ③ ④	16	① ② ③ ④	26	① ② ③ ④	36	① ② ③ ④	46	① ② ③ ④	56	① ② ③ ④
7	① ② ③ ④	17	① ② ③ ④	27	① ② ③ ④	37	① ② ③ ④	47	① ② ③ ④	57	① ② ③ ④
8	① ② ③ ④	18	① ② ③ ④	28	① ② ③ ④	38	① ② ③ ④	48	① ② ③ ④	58	① ② ③ ④
9	① ② ③ ④	19	① ② ③ ④	29	① ② ③ ④	39	① ② ③ ④	49	① ② ③ ④	59	① ② ③ ④
10	① ② ③ ④	20	① ② ③ ④	30	① ② ③ ④	40	① ② ③ ④	50	① ② ③ ④	60	① ② ③ ④

맞힌 개수 / 전체 개수 : _____ / 60　　　　O: _____개,　X: _____개,　△: _____개

자르는 선

해커스 지역농협 6급 NCS 인적성 및 직무능력평가 통합 기본서

회독용 OMR 답안지

답안지 활용 방법

1. 회독 차수에 따라 본 답안지에 문제 풀이를 진행하시기 바랍니다.
2. 채점 시 O, X, △로 구분하여 채점하시기 바랍니다.
(O: 맞은 문제, X: 틀린 문제, △: 풀지 못했거나 찍었는데 맞은 문제)

회독 차수: 진행 날짜:

실전모의고사 3회

1	① ② ③ ④ ⑤	16	① ② ③ ④ ⑤	31	① ② ③ ④ ⑤	46	① ② ③ ④ ⑤	61	① ② ③ ④ ⑤
2	① ② ③ ④ ⑤	17	① ② ③ ④ ⑤	32	① ② ③ ④ ⑤	47	① ② ③ ④ ⑤	62	① ② ③ ④ ⑤
3	① ② ③ ④ ⑤	18	① ② ③ ④ ⑤	33	① ② ③ ④ ⑤	48	① ② ③ ④ ⑤	63	① ② ③ ④ ⑤
4	① ② ③ ④ ⑤	19	① ② ③ ④ ⑤	34	① ② ③ ④ ⑤	49	① ② ③ ④ ⑤	64	① ② ③ ④ ⑤
5	① ② ③ ④ ⑤	20	① ② ③ ④ ⑤	35	① ② ③ ④ ⑤	50	① ② ③ ④ ⑤	65	① ② ③ ④ ⑤
6	① ② ③ ④ ⑤	21	① ② ③ ④ ⑤	36	① ② ③ ④ ⑤	51	① ② ③ ④ ⑤	66	① ② ③ ④ ⑤
7	① ② ③ ④ ⑤	22	① ② ③ ④ ⑤	37	① ② ③ ④ ⑤	52	① ② ③ ④ ⑤	67	① ② ③ ④ ⑤
8	① ② ③ ④ ⑤	23	① ② ③ ④ ⑤	38	① ② ③ ④ ⑤	53	① ② ③ ④ ⑤	68	① ② ③ ④ ⑤
9	① ② ③ ④ ⑤	24	① ② ③ ④ ⑤	39	① ② ③ ④ ⑤	54	① ② ③ ④ ⑤	69	① ② ③ ④ ⑤
10	① ② ③ ④ ⑤	25	① ② ③ ④ ⑤	40	① ② ③ ④ ⑤	55	① ② ③ ④ ⑤	70	① ② ③ ④ ⑤
11	① ② ③ ④ ⑤	26	① ② ③ ④ ⑤	41	① ② ③ ④ ⑤	56	① ② ③ ④ ⑤		
12	① ② ③ ④ ⑤	27	① ② ③ ④ ⑤	42	① ② ③ ④ ⑤	57	① ② ③ ④ ⑤		
13	① ② ③ ④ ⑤	28	① ② ③ ④ ⑤	43	① ② ③ ④ ⑤	58	① ② ③ ④ ⑤		
14	① ② ③ ④ ⑤	29	① ② ③ ④ ⑤	44	① ② ③ ④ ⑤	59	① ② ③ ④ ⑤		
15	① ② ③ ④ ⑤	30	① ② ③ ④ ⑤	45	① ② ③ ④ ⑤	60	① ② ③ ④ ⑤		

맞힌 개수 / 전체 개수 : _____ / 70 O: _____개, X: _____개, △: _____개

실전모의고사 4회

1	① ② ③ ④	11	① ② ③ ④	21	① ② ③ ④	31	① ② ③ ④	41	① ② ③ ④	51	① ② ③ ④
2	① ② ③ ④	12	① ② ③ ④	22	① ② ③ ④	32	① ② ③ ④	42	① ② ③ ④	52	① ② ③ ④
3	① ② ③ ④	13	① ② ③ ④	23	① ② ③ ④	33	① ② ③ ④	43	① ② ③ ④	53	① ② ③ ④
4	① ② ③ ④	14	① ② ③ ④	24	① ② ③ ④	34	① ② ③ ④	44	① ② ③ ④	54	① ② ③ ④
5	① ② ③ ④	15	① ② ③ ④	25	① ② ③ ④	35	① ② ③ ④	45	① ② ③ ④	55	① ② ③ ④
6	① ② ③ ④	16	① ② ③ ④	26	① ② ③ ④	36	① ② ③ ④	46	① ② ③ ④	56	① ② ③ ④
7	① ② ③ ④	17	① ② ③ ④	27	① ② ③ ④	37	① ② ③ ④	47	① ② ③ ④	57	① ② ③ ④
8	① ② ③ ④	18	① ② ③ ④	28	① ② ③ ④	38	① ② ③ ④	48	① ② ③ ④	58	① ② ③ ④
9	① ② ③ ④	19	① ② ③ ④	29	① ② ③ ④	39	① ② ③ ④	49	① ② ③ ④	59	① ② ③ ④
10	① ② ③ ④	20	① ② ③ ④	30	① ② ③ ④	40	① ② ③ ④	50	① ② ③ ④	60	① ② ③ ④

맞힌 개수 / 전체 개수 : _____ / 60 O: _____개, X: _____개, △: _____개

자르는 선

해커스 지역농협 6급 NCS 인적성 및 직무능력평가 통합 기본서

회독용 OMR 답안지

답안지 활용 방법

1. 회독 차수에 따라 본 답안지에 문제 풀이를 진행하시기 바랍니다.
2. 채점 시 O, X, △로 구분하여 채점하시기 바랍니다.
(O: 맞은 문제, X: 틀린 문제, △: 풀지 못했거나 찍었는데 맞은 문제)

회독 차수:　　　　　　　　진행 날짜:

실전모의고사 1회

1	① ② ③ ④	11	① ② ③ ④	21	① ② ③ ④	31	① ② ③ ④	41	① ② ③ ④	51	① ② ③ ④
2	① ② ③ ④	12	① ② ③ ④	22	① ② ③ ④	32	① ② ③ ④	42	① ② ③ ④	52	① ② ③ ④
3	① ② ③ ④	13	① ② ③ ④	23	① ② ③ ④	33	① ② ③ ④	43	① ② ③ ④	53	① ② ③ ④
4	① ② ③ ④	14	① ② ③ ④	24	① ② ③ ④	34	① ② ③ ④	44	① ② ③ ④	54	① ② ③ ④
5	① ② ③ ④	15	① ② ③ ④	25	① ② ③ ④	35	① ② ③ ④	45	① ② ③ ④	55	① ② ③ ④
6	① ② ③ ④	16	① ② ③ ④	26	① ② ③ ④	36	① ② ③ ④	46	① ② ③ ④	56	① ② ③ ④
7	① ② ③ ④	17	① ② ③ ④	27	① ② ③ ④	37	① ② ③ ④	47	① ② ③ ④	57	① ② ③ ④
8	① ② ③ ④	18	① ② ③ ④	28	① ② ③ ④	38	① ② ③ ④	48	① ② ③ ④	58	① ② ③ ④
9	① ② ③ ④	19	① ② ③ ④	29	① ② ③ ④	39	① ② ③ ④	49	① ② ③ ④	59	① ② ③ ④
10	① ② ③ ④	20	① ② ③ ④	30	① ② ③ ④	40	① ② ③ ④	50	① ② ③ ④	60	① ② ③ ④

맞힌 개수 / 전체 개수 : _____ / 60　　　　O: _____개,　X: _____개,　△: _____개

실전모의고사 2회

1	① ② ③ ④	11	① ② ③ ④	21	① ② ③ ④	31	① ② ③ ④	41	① ② ③ ④	51	① ② ③ ④
2	① ② ③ ④	12	① ② ③ ④	22	① ② ③ ④	32	① ② ③ ④	42	① ② ③ ④	52	① ② ③ ④
3	① ② ③ ④	13	① ② ③ ④	23	① ② ③ ④	33	① ② ③ ④	43	① ② ③ ④	53	① ② ③ ④
4	① ② ③ ④	14	① ② ③ ④	24	① ② ③ ④	34	① ② ③ ④	44	① ② ③ ④	54	① ② ③ ④
5	① ② ③ ④	15	① ② ③ ④	25	① ② ③ ④	35	① ② ③ ④	45	① ② ③ ④	55	① ② ③ ④
6	① ② ③ ④	16	① ② ③ ④	26	① ② ③ ④	36	① ② ③ ④	46	① ② ③ ④	56	① ② ③ ④
7	① ② ③ ④	17	① ② ③ ④	27	① ② ③ ④	37	① ② ③ ④	47	① ② ③ ④	57	① ② ③ ④
8	① ② ③ ④	18	① ② ③ ④	28	① ② ③ ④	38	① ② ③ ④	48	① ② ③ ④	58	① ② ③ ④
9	① ② ③ ④	19	① ② ③ ④	29	① ② ③ ④	39	① ② ③ ④	49	① ② ③ ④	59	① ② ③ ④
10	① ② ③ ④	20	① ② ③ ④	30	① ② ③ ④	40	① ② ③ ④	50	① ② ③ ④	60	① ② ③ ④

맞힌 개수 / 전체 개수 : _____ / 60　　　　O: _____개,　X: _____개,　△: _____개

자르는 선

해커스 지역농협 6급 NCS 인적성 및 직무능력평가 통합 기본서

회독용 OMR 답안지

답안지 활용 방법

1. 회독 차수에 따라 본 답안지에 문제 풀이를 진행하시기 바랍니다.
2. 채점 시 O, X, △로 구분하여 채점하시기 바랍니다.
(O: 맞은 문제, X: 틀린 문제, △: 풀지 못했거나 찍었는데 맞은 문제)

회독 차수:　　　　　　진행 날짜:

실전모의고사 3회

1	① ② ③ ④ ⑤	16	① ② ③ ④ ⑤	31	① ② ③ ④ ⑤	46	① ② ③ ④ ⑤	61	① ② ③ ④ ⑤
2	① ② ③ ④ ⑤	17	① ② ③ ④ ⑤	32	① ② ③ ④ ⑤	47	① ② ③ ④ ⑤	62	① ② ③ ④ ⑤
3	① ② ③ ④ ⑤	18	① ② ③ ④ ⑤	33	① ② ③ ④ ⑤	48	① ② ③ ④ ⑤	63	① ② ③ ④ ⑤
4	① ② ③ ④ ⑤	19	① ② ③ ④ ⑤	34	① ② ③ ④ ⑤	49	① ② ③ ④ ⑤	64	① ② ③ ④ ⑤
5	① ② ③ ④ ⑤	20	① ② ③ ④ ⑤	35	① ② ③ ④ ⑤	50	① ② ③ ④ ⑤	65	① ② ③ ④ ⑤
6	① ② ③ ④ ⑤	21	① ② ③ ④ ⑤	36	① ② ③ ④ ⑤	51	① ② ③ ④ ⑤	66	① ② ③ ④ ⑤
7	① ② ③ ④ ⑤	22	① ② ③ ④ ⑤	37	① ② ③ ④ ⑤	52	① ② ③ ④ ⑤	67	① ② ③ ④ ⑤
8	① ② ③ ④ ⑤	23	① ② ③ ④ ⑤	38	① ② ③ ④ ⑤	53	① ② ③ ④ ⑤	68	① ② ③ ④ ⑤
9	① ② ③ ④ ⑤	24	① ② ③ ④ ⑤	39	① ② ③ ④ ⑤	54	① ② ③ ④ ⑤	69	① ② ③ ④ ⑤
10	① ② ③ ④ ⑤	25	① ② ③ ④ ⑤	40	① ② ③ ④ ⑤	55	① ② ③ ④ ⑤	70	① ② ③ ④ ⑤
11	① ② ③ ④ ⑤	26	① ② ③ ④ ⑤	41	① ② ③ ④ ⑤	56	① ② ③ ④ ⑤		
12	① ② ③ ④ ⑤	27	① ② ③ ④ ⑤	42	① ② ③ ④ ⑤	57	① ② ③ ④ ⑤		
13	① ② ③ ④ ⑤	28	① ② ③ ④ ⑤	43	① ② ③ ④ ⑤	58	① ② ③ ④ ⑤		
14	① ② ③ ④ ⑤	29	① ② ③ ④ ⑤	44	① ② ③ ④ ⑤	59	① ② ③ ④ ⑤		
15	① ② ③ ④ ⑤	30	① ② ③ ④ ⑤	45	① ② ③ ④ ⑤	60	① ② ③ ④ ⑤		

맞힌 개수 / 전체 개수 : _____ / 70　　　O: _____개, X: _____개, △: _____개

실전모의고사 4회

1	① ② ③ ④	11	① ② ③ ④	21	① ② ③ ④	31	① ② ③ ④	41	① ② ③ ④	51	① ② ③ ④
2	① ② ③ ④	12	① ② ③ ④	22	① ② ③ ④	32	① ② ③ ④	42	① ② ③ ④	52	① ② ③ ④
3	① ② ③ ④	13	① ② ③ ④	23	① ② ③ ④	33	① ② ③ ④	43	① ② ③ ④	53	① ② ③ ④
4	① ② ③ ④	14	① ② ③ ④	24	① ② ③ ④	34	① ② ③ ④	44	① ② ③ ④	54	① ② ③ ④
5	① ② ③ ④	15	① ② ③ ④	25	① ② ③ ④	35	① ② ③ ④	45	① ② ③ ④	55	① ② ③ ④
6	① ② ③ ④	16	① ② ③ ④	26	① ② ③ ④	36	① ② ③ ④	46	① ② ③ ④	56	① ② ③ ④
7	① ② ③ ④	17	① ② ③ ④	27	① ② ③ ④	37	① ② ③ ④	47	① ② ③ ④	57	① ② ③ ④
8	① ② ③ ④	18	① ② ③ ④	28	① ② ③ ④	38	① ② ③ ④	48	① ② ③ ④	58	① ② ③ ④
9	① ② ③ ④	19	① ② ③ ④	29	① ② ③ ④	39	① ② ③ ④	49	① ② ③ ④	59	① ② ③ ④
10	① ② ③ ④	20	① ② ③ ④	30	① ② ③ ④	40	① ② ③ ④	50	① ② ③ ④	60	① ② ③ ④

맞힌 개수 / 전체 개수 : _____ / 60　　　O: _____개, X: _____개, △: _____개

자르는 선

해커스 지역농협 6급 NCS 인적성 및 직무능력평가 통합 기본서

회독용 OMR 답안지

답안지 활용 방법

1. 회독 차수에 따라 본 답안지에 문제 풀이를 진행하시기 바랍니다.
2. 채점 시 O, X, △로 구분하여 채점하시기 바랍니다.
   (O: 맞은 문제, X: 틀린 문제, △: 풀지 못했거나 찍었는데 맞은 문제)

회독 차수: 진행 날짜:

실전모의고사 1회

1	① ② ③ ④	11	① ② ③ ④	21	① ② ③ ④	31	① ② ③ ④	41	① ② ③ ④	51	① ② ③ ④
2	① ② ③ ④	12	① ② ③ ④	22	① ② ③ ④	32	① ② ③ ④	42	① ② ③ ④	52	① ② ③ ④
3	① ② ③ ④	13	① ② ③ ④	23	① ② ③ ④	33	① ② ③ ④	43	① ② ③ ④	53	① ② ③ ④
4	① ② ③ ④	14	① ② ③ ④	24	① ② ③ ④	34	① ② ③ ④	44	① ② ③ ④	54	① ② ③ ④
5	① ② ③ ④	15	① ② ③ ④	25	① ② ③ ④	35	① ② ③ ④	45	① ② ③ ④	55	① ② ③ ④
6	① ② ③ ④	16	① ② ③ ④	26	① ② ③ ④	36	① ② ③ ④	46	① ② ③ ④	56	① ② ③ ④
7	① ② ③ ④	17	① ② ③ ④	27	① ② ③ ④	37	① ② ③ ④	47	① ② ③ ④	57	① ② ③ ④
8	① ② ③ ④	18	① ② ③ ④	28	① ② ③ ④	38	① ② ③ ④	48	① ② ③ ④	58	① ② ③ ④
9	① ② ③ ④	19	① ② ③ ④	29	① ② ③ ④	39	① ② ③ ④	49	① ② ③ ④	59	① ② ③ ④
10	① ② ③ ④	20	① ② ③ ④	30	① ② ③ ④	40	① ② ③ ④	50	① ② ③ ④	60	① ② ③ ④

맞힌 개수 / 전체 개수 : _____ / 60　　O: _____개, X: _____개, △: _____개

실전모의고사 2회

1	① ② ③ ④	11	① ② ③ ④	21	① ② ③ ④	31	① ② ③ ④	41	① ② ③ ④	51	① ② ③ ④
2	① ② ③ ④	12	① ② ③ ④	22	① ② ③ ④	32	① ② ③ ④	42	① ② ③ ④	52	① ② ③ ④
3	① ② ③ ④	13	① ② ③ ④	23	① ② ③ ④	33	① ② ③ ④	43	① ② ③ ④	53	① ② ③ ④
4	① ② ③ ④	14	① ② ③ ④	24	① ② ③ ④	34	① ② ③ ④	44	① ② ③ ④	54	① ② ③ ④
5	① ② ③ ④	15	① ② ③ ④	25	① ② ③ ④	35	① ② ③ ④	45	① ② ③ ④	55	① ② ③ ④
6	① ② ③ ④	16	① ② ③ ④	26	① ② ③ ④	36	① ② ③ ④	46	① ② ③ ④	56	① ② ③ ④
7	① ② ③ ④	17	① ② ③ ④	27	① ② ③ ④	37	① ② ③ ④	47	① ② ③ ④	57	① ② ③ ④
8	① ② ③ ④	18	① ② ③ ④	28	① ② ③ ④	38	① ② ③ ④	48	① ② ③ ④	58	① ② ③ ④
9	① ② ③ ④	19	① ② ③ ④	29	① ② ③ ④	39	① ② ③ ④	49	① ② ③ ④	59	① ② ③ ④
10	① ② ③ ④	20	① ② ③ ④	30	① ② ③ ④	40	① ② ③ ④	50	① ② ③ ④	60	① ② ③ ④

맞힌 개수 / 전체 개수 : _____ / 60　　O: _____개, X: _____개, △: _____개

자르는 선

회독용 OMR 답안지

답안지 활용 방법

1. 회독 차수에 따라 본 답안지에 문제 풀이를 진행하시기 바랍니다.
2. 채점 시 O, X, △로 구분하여 채점하시기 바랍니다.
(O: 맞은 문제, X: 틀린 문제, △: 풀지 못했거나 찍었는데 맞은 문제)

회독 차수: 진행 날짜:

실전모의고사 3회

1	① ② ③ ④ ⑤	16	① ② ③ ④ ⑤	31	① ② ③ ④ ⑤	46	① ② ③ ④ ⑤	61	① ② ③ ④ ⑤
2	① ② ③ ④ ⑤	17	① ② ③ ④ ⑤	32	① ② ③ ④ ⑤	47	① ② ③ ④ ⑤	62	① ② ③ ④ ⑤
3	① ② ③ ④ ⑤	18	① ② ③ ④ ⑤	33	① ② ③ ④ ⑤	48	① ② ③ ④ ⑤	63	① ② ③ ④ ⑤
4	① ② ③ ④ ⑤	19	① ② ③ ④ ⑤	34	① ② ③ ④ ⑤	49	① ② ③ ④ ⑤	64	① ② ③ ④ ⑤
5	① ② ③ ④ ⑤	20	① ② ③ ④ ⑤	35	① ② ③ ④ ⑤	50	① ② ③ ④ ⑤	65	① ② ③ ④ ⑤
6	① ② ③ ④ ⑤	21	① ② ③ ④ ⑤	36	① ② ③ ④ ⑤	51	① ② ③ ④ ⑤	66	① ② ③ ④ ⑤
7	① ② ③ ④ ⑤	22	① ② ③ ④ ⑤	37	① ② ③ ④ ⑤	52	① ② ③ ④ ⑤	67	① ② ③ ④ ⑤
8	① ② ③ ④ ⑤	23	① ② ③ ④ ⑤	38	① ② ③ ④ ⑤	53	① ② ③ ④ ⑤	68	① ② ③ ④ ⑤
9	① ② ③ ④ ⑤	24	① ② ③ ④ ⑤	39	① ② ③ ④ ⑤	54	① ② ③ ④ ⑤	69	① ② ③ ④ ⑤
10	① ② ③ ④ ⑤	25	① ② ③ ④ ⑤	40	① ② ③ ④ ⑤	55	① ② ③ ④ ⑤	70	① ② ③ ④ ⑤
11	① ② ③ ④ ⑤	26	① ② ③ ④ ⑤	41	① ② ③ ④ ⑤	56	① ② ③ ④ ⑤		
12	① ② ③ ④ ⑤	27	① ② ③ ④ ⑤	42	① ② ③ ④ ⑤	57	① ② ③ ④ ⑤		
13	① ② ③ ④ ⑤	28	① ② ③ ④ ⑤	43	① ② ③ ④ ⑤	58	① ② ③ ④ ⑤		
14	① ② ③ ④ ⑤	29	① ② ③ ④ ⑤	44	① ② ③ ④ ⑤	59	① ② ③ ④ ⑤		
15	① ② ③ ④ ⑤	30	① ② ③ ④ ⑤	45	① ② ③ ④ ⑤	60	① ② ③ ④ ⑤		

맞힌 개수 / 전체 개수 : _____ / 70 O: _____개, X: _____개, △: _____개

실전모의고사 4회

1	① ② ③ ④	11	① ② ③ ④	21	① ② ③ ④	31	① ② ③ ④	41	① ② ③ ④	51	① ② ③ ④
2	① ② ③ ④	12	① ② ③ ④	22	① ② ③ ④	32	① ② ③ ④	42	① ② ③ ④	52	① ② ③ ④
3	① ② ③ ④	13	① ② ③ ④	23	① ② ③ ④	33	① ② ③ ④	43	① ② ③ ④	53	① ② ③ ④
4	① ② ③ ④	14	① ② ③ ④	24	① ② ③ ④	34	① ② ③ ④	44	① ② ③ ④	54	① ② ③ ④
5	① ② ③ ④	15	① ② ③ ④	25	① ② ③ ④	35	① ② ③ ④	45	① ② ③ ④	55	① ② ③ ④
6	① ② ③ ④	16	① ② ③ ④	26	① ② ③ ④	36	① ② ③ ④	46	① ② ③ ④	56	① ② ③ ④
7	① ② ③ ④	17	① ② ③ ④	27	① ② ③ ④	37	① ② ③ ④	47	① ② ③ ④	57	① ② ③ ④
8	① ② ③ ④	18	① ② ③ ④	28	① ② ③ ④	38	① ② ③ ④	48	① ② ③ ④	58	① ② ③ ④
9	① ② ③ ④	19	① ② ③ ④	29	① ② ③ ④	39	① ② ③ ④	49	① ② ③ ④	59	① ② ③ ④
10	① ② ③ ④	20	① ② ③ ④	30	① ② ③ ④	40	① ② ③ ④	50	① ② ③ ④	60	① ② ③ ④

맞힌 개수 / 전체 개수 : _____ / 60 O: _____개, X: _____개, △: _____개

자르는 선

2025 최신판

해커스 지역농협 6급 NCS 인적성 및 직무능력평가 + 면접 통합 기본서

개정 12판 2쇄 발행 2025년 9월 8일
개정 12판 1쇄 발행 2025년 2월 11일

지은이	해커스 NCS 취업교육연구소
펴낸곳	(주)챔프스터디
펴낸이	챔프스터디 출판팀
주소	서울특별시 서초구 강남대로61길 23 (주)챔프스터디
고객센터	02-537-5000
교재 관련 문의	publishing@hackers.com 해커스잡 사이트(ejob.Hackers.com) 교재 Q&A 게시판
학원 강의 및 동영상강의	ejob.Hackers.com
ISBN	978-89-6965-601-8 (13320)
Serial Number	12-02-01

2025 최신판

해커스

지역농협 6급

NCS 인적성 및 직무능력평가 +면접

통합 기본서

약점 보완 해설집

해커스잡

해커스

지역농협 6급

NCS 인적성 및 직무능력평가 +면접

통합 기본서

약점 보완 해설집

해커스

제1장 의사소통능력

유형공략문제

유형 1 의사소통기술 p.84

01	02
②	②

01 정답 ②

'왜'라는 질문은 보통 진술을 가장한 부정적, 추궁적, 강압적 표현이므로 가급적 삼가는 것이 적절하다.

02 정답 ②

특정한 일에 관한 현황이나 그 진행 상황 또는 연구 및 검토 결과 등을 보고하고자 할 때 작성하는 문서는 '보고서'이며, '기획서'는 적극적으로 아이디어를 내고 기획하여 하나의 프로젝트를 문서형태로 만든 것으로 상대방에게 기획 내용을 전달하여 기획을 시행하도록 설득하고자 할 때 작성하는 문서이므로 적절하지 않다.

유형 2 어휘력 p.90

01	02	03	04	05
②	⑤	③	①	②
06				
③				

01 정답 ②

제시된 단어는 판단이나 행동 따위가 사리에 어긋나지 아니하고 알맞다는 의미이므로 어떤 기준, 조건, 용도, 도리 따위에 꼭 알맞다는 의미의 ②가 적절하다.

오답 체크

① 온전하다: 본바탕 그대로 고스란하다
③ 완연하다: 흠이 없이 완전하다
④ 원만하다: 일의 진행이 순조롭다
⑤ 대등하다: 서로 견주어 높고 낮음이나 낫고 못함이 없이 비슷하다

02 정답 ⑤

빈칸이 있는 문장에서 온갖 생각이 떠올랐다고 하였으므로 마음속에 품고 있는 여러 가지 생각이라는 의미의 ⑤가 적절하다.

오답 체크

① 집념: 한 가지 일에 매달려 마음을 쏟음
② 묵념: 묵묵히 생각에 잠김
③ 신념: 굳게 믿는 마음
④ 통념: 일반적으로 널리 통하는 개념

03 정답 ③

밑줄 친 단어는 커피에 설탕을 탔다는 의미로 쓰였으므로 다른 것에 섞거나 탄다는 의미의 ③이 적절하다.

오답 체크

① 기계 따위가 작동하도록 조작하다
② 은행에 입금하다
④ 아궁이 따위에 불을 지피다
⑤ 무늬나 글자 따위를 그리거나 박거나 하여 일정한 공간 속에 들어가게 하다

04 정답 ①

제시된 의미에 해당하는 한자성어는 '괄목상대(刮目相對)'이다.

오답 체크

② 청출어람(靑出於藍): 쪽에서 뽑아낸 푸른 물감이 쪽보다 더 푸르다는 뜻으로, 제자나 후배가 스승이나 선배보다 나음을 비유적으로 이르는 말
③ 목불식정(目不識丁): 아주 간단한 글자인 '丁'자를 보고도 그것이 '고무래'인 줄을 알지 못한다는 뜻으로, 아주 까막눈임을 이르는 말
④ 다재다능(多才多能): 재주와 능력이 여러 가지로 많음
⑤ 박학다식(博學多識): 학식이 넓고 아는 것이 많음

05 정답 ②

밑줄 친 부분은 동별당이란 여자 손님들이 묵거나 담소를 나누던 곳이라는 의미로 쓰였으므로 여자 손님을 이르는 말인 ②가 적절하다.

오답 체크

① 속객(俗客): 속세에서 온 손님
③ 가객(佳客): 반갑고 귀한 손님
④ 이용객(利用客): 어떤 시설 따위를 이용하는 손님
⑤ 문안객(問安客): 문안하러 온 손님

06

정답 ③

㉠ 빈칸 앞의 단어인 해산물과 함께 쓸 수 있으며 풀, 나무, 광석 따위를 찾아 베거나 캐거나 하여 얻어 낸다는 의미의 '채취'가 적절하다.
㉡ 빈칸이 있는 문장에서 농업과 함께 물질을 하는 경우가 많고, 농사일 중에도 물때가 되면 작업을 시작한다고 하였으므로 주된 직업 외에 다른 일을 겸하여 한다는 의미의 '겸업'이 적절하다.
㉢ 빈칸이 있는 문장에서 바다에 들어가 목표로 하는 수심에 이르면 물질을 하기 시작한다고 하였으므로 목적한 곳이나 수준에 다다른다는 의미의 '도달'이 적절하다.
㉣ 빈칸이 있는 문장에서 제주 해녀 문화가 유네스코 인류무형문화유산으로 기록되었다고 하였으므로 일정한 사항을 장부나 대장에 올린다는 의미의 '등재'가 적절하다.

오답 체크

- 채굴(採掘): 땅을 파고 땅속에 묻혀 있는 광물 따위를 캐냄
- 전업(專業): 한 가지 일이나 직업에 전념하여 일함 또는 그 일이나 직업
- 도래(到來): 어떤 시기나 기회가 닥쳐옴
- 등단(登壇): 어떤 사회적 분야에 처음으로 등장함

유형 3 문서작성기술

p.96

01	02			
④	①			

01

정답 ④

㉠ 월과 달이라는 동어가 반복되므로 '5월'로 수정해야 한다.
㉢ '– 로써'는 어떤 일의 수단이나 도구를 나타내는 격 조사이고, '– 로서'는 지위나 신분 또는 자격을 나타내는 격 조사이므로 '이모작함으로써'로 수정해야 한다.
㉣ 다양한 작물을 재배하여 쌀의 가격 안정을 도모한다고 하였으므로 글의 내용에 따라 '줄여'로 수정해야 한다.

오답 체크

㉡ '명'과 같은 의존명사는 띄어 쓰는 것이 원칙이므로 수정이 필요한 부분으로 적절하지 않다.
㉤ '조명하다'는 '어떤 대상을 일정한 관점으로 바라보다'라는 의미이므로 수정이 필요한 부분으로 적절하지 않다.

02

정답 ①

화살이 과녁에 꽂혔다는 내용이므로 쏘거나 던지거나 한 물체가 어떤 물체에 닿게 한다는 의미의 '맞혔다'가 적절하다.

오답 체크

② 예방주사를 접종시킨다는 내용이므로 침, 주사 따위로 치료를 받게 한다는 의미의 '맞히러'가 적절하다.
③ 친구와 영어 시험의 답을 비교해 보았다는 내용이므로 둘 이상의 일정한 대상들을 나란히 놓고 비교하여 살핀다는 의미의 '맞춰'가 적절하다.
④ 그가 만나기로 한 약속을 지키지 않았다는 내용이므로 어떤 좋지 아니한 일을 당하게 한다는 의미의 '맞혔다'가 적절하다.
⑤ 빨래에 비를 닿게 했다는 내용이므로 자연 현상에 따라 내리는 눈, 비 따위의 닿음을 받게 한다는 의미의 '맞히고'가 적절하다.

유형 4 독해력

p.104

01	02	03		
②	③	②		

[01 - 02]

01

정답 ②

1문단에서 농협몰 페이지 주문 상품은 신선도를 유지하기 위해 토요일, 공휴일, 공휴일 전일에는 택배 발송을 하지 않는다고 하였지만 고객의 문의 내용에서 월요일이 공휴일이라고 하였으므로 월요일에 상품이 발송될 예정이라는 답변은 가장 적절하지 않은 내용이다.

오답 체크

① 1문단에서 농협몰 페이지에 표시된 내용과 다른 상품이 배송된 경우 같은 상품에 한하여 30일 이내에 교환하거나 취소할 수 있다고 하였으므로 적절한 내용이다.
③ 1문단에서 농협몰 페이지에서 주문한 상품의 교환 및 반품은 상품을 받은 날로부터 7일 이내에 가능하며, 과일·채소·양곡·냉장·냉동식품 등 신선식품은 시간이 지나면 재판매할 수 없어서 고객의 단순 변심에 의한 교환 및 반품이 불가능하다고 하였으므로 적절한 내용이다.
④ 1문단에서 농협몰 페이지 주문 상품은 배송일을 따로 지정할 수 없지만, e-하나로마트 페이지와 식자재 페이지의 주문 상품은 별도의 배송일과 배송 시간을 지정 가능하다고 하였으므로 적절한 내용이다.
⑤ 1문단에서 소비자가 온라인 또는 모바일로 상품을 주문하면 공휴일 및 연휴를 제외하고 평균 2~5일 이내에 전국 배송지에 택배로 발송되지만, 일부 상품의 경우 제주도 및 도서·산간 지역에는 배송이 불가능하거나 배송 시 추가 배송비가 발생할 수 있다고 하였으므로 적절한 내용이다.

02

정답 ③

1문단에서 농협몰 내 식자재 페이지에서는 하나로마트 사업자 회원을 위해 대용량 식자재를 온라인으로 판매한다고 하였으므로 농협몰 내 식자재 페이지가 대용량 식자재 구매를 희망하는 모든 소비자를 대상으로 운영되는 것은 아님을 알 수 있다.

오답 체크

① 2문단에서 수도권이나 거점도시에만 당일배송하는 대형 유통업체와 달리 농협의 하나로마트는 중소도시와 농어촌 지역에도 존재하기 때문에 배송권역을 전국으로 확대할 수 있다는 점에서 차별성을 갖는다고 하였으므로 적절한 내용이다.
② 2문단에서 농협은 배송 시간을 앞당기기 위해 기존 오프라인 매장의 일부 공간을 활용하여 디지털풀필먼트센터를 구축할 계획이며, 이는 상품 보관 및 제품 선별·포장·배송까지의 전 과정을 디지털화한 시스템이라고 하였으므로 적절한 내용이다.
④ 2문단에서 농협은 농축산물의 취급 규모가 타 유통업체보다 현저하게 커서 신선식품 시장에서만큼은 타 온라인 배송업체보다 높은 경쟁력을 얻을 것이라는 전망도 제기된다고 하였으므로 적절한 내용이다.
⑤ 2문단에서 농협은 서울을 시작으로 인천, 대전, 대구, 광주 등 7대 도시를 거쳐 전국으로 점차 당일배송 서비스 시행 지역을 넓혀나갈 예정이며 배송 속도를 앞당겨 경쟁력을 강화하기 위해 기존 오프라인 매장의 일부 공간을 디지털풀필먼트센터(DFC)로 전환하여 온라인 주문 상품을 2시간 이내에 배송하는 싱싱배송 서비스를 전국으로 확대할 방침이라고 하였으므로 적절한 내용이다.

03

정답 ②

기부자는 기부금에 대해 세액공제 혜택을 받을 수 있을 뿐 아니라 기부한 금액에 비례하는 기부포인트를 통해 해당 지역의 답례품도 받을 수 있다고 하였으므로 기부금에 대한 혜택이 세액공제 혹은 답례품 둘 중 하나를 선택하여 수령하는 것은 아님을 알 수 있다.

오답 체크

① 고향사랑기부금법 제6조제1항에 따라 업무·고용 그 밖의 관계를 이용하여 다른 사람에게 기부 또는 모금을 강요하는 행위는 금지된다고 하였으므로 적절한 내용이다.
③ 기부는 고향사랑e음 웹사이트를 통해 간편하게 온라인으로 가능하며, 모바일을 활용하여 기부하기 어려울 경우 전국 5,900여 개 농협 지점에서도 기부가 가능하므로 적절한 내용이다.
④ 주의 사항은 본인의 주민등록등본상 거주지에 해당하는 지역에는 기부할 수 없다는 것이므로 적절한 내용이다.
⑤ 고향사랑기부제를 통한 기부금은 지역 경제 활성화를 위한 다양한 사업과 프로젝트에 활용되며 이를 통해 지역 간 균형 발전이 촉진되는 긍정적 효과를 기대할 수 있다고 하였으므로 적절한 내용이다.

유형 5 기초외국어

p.110

01	02			
②	②			

01

정답 ②

원하는 색깔이 없자 그냥 초록색을 사겠다는 손님 A에게 B가 그것을 입으면 멋있어 보일 것이라고 말하는 내용의 대화이므로 대화가 일어나는 장소로 'at a clothing store(옷 가게에서)'가 적절하다.

오답 체크

① 빵집에서
③ 음식점에서
④ 체육관에서
⑤ 사무실에서

02

정답 ②

A가 '이사하는 것을 도와줘서 고마워.'라고 감사를 나타내고 있으므로 '전혀 어려운 일도 아닌데요, 뭐.'가 B의 대답으로 적절하다.

오답 체크

① 나는 오늘 도움이 많이 필요했어요.
③ 불편을 드려서 죄송해요.
④ 제안해 주셔서 감사해요.
⑤ 사과를 받아들일게요.

최신기출동형문제

정답

유형 1 의사소통기술

p.112

01	02								
③	④								

유형 2 어휘력

p.113

01	02	03	04	05	06	07	08	09	10
④	②	①	①	①	⑤	③	④	②	③
11	12								
②	④								

유형 3 문서작성기술

p.117

01	02	03	04	05					
④	⑤	⑤	④	①					

유형 4 독해력

p.121

01	02	03	04	05	06	07	08		
④	②	③	④	②	④	②	③		

유형 5 기초외국어

p.130

01	02	03							
③	④	①							

취약 유형 분석표

유형별로 맞힌 개수와 정답률을 적고 나서 취약한 유형이 무엇인지 파악해보세요.
정답률이 60% 미만인 취약한 유형은 틀린 문제를 다시 풀어보면서 확실히 극복하세요.

유형	의사소통기술	어휘력	문서작성기술	독해력	기초외국어	TOTAL
맞힌 개수	/2	/12	/5	/8	/3	/30
정답률	%	%	%	%	%	%

※ 정답률(%) = (맞힌 개수/전체 개수) × 100

취약 유형별 학습 전략

본인의 취약한 유형은 다음 취약 유형별 학습 전략을 확인한 후, 관련 이론을 복습하고 틀린 문제 및 풀지 못했거나 찍었는데 맞은 문제를 다시 풀어보면서 확실히 극복하세요.

의사소통기술	의사소통기술 취약형은 의사표현능력, 경청능력 등 의사소통능력에 대한 이해가 부족한 경우에 해당합니다. 따라서 한국산업인력공단에서 제공하는 워크북 자료를 다시 한번 학습해야 합니다. 이때, 모든 내용을 무작정 학습하기보다는 본인이 특히 취약한 부분을 중심으로 숙지하는 것이 좋습니다. ▶ 의사소통기술 필수 이론 복습하기: 본책 기초이론 p.32
어휘력	어휘력 취약형은 어휘의 의미에 대한 정확한 이해가 부족하거나 문맥에 맞는 어휘를 선택하는 능력이 부족한 경우에 해당합니다. 따라서 시험에 출제된 적이 있는 어휘 및 어휘 관계를 중심으로 복습해야 합니다. 이때, 유의어 및 반의어, 다의어, 한자어는 의미상 서로 관련이 있는 어휘들을 묶어서 학습하고, 의미 또는 형태가 유사해 혼동하기 쉬운 어휘는 예문을 통해 정확한 표기와 의미를 학습하는 것이 좋습니다. ▶ 어휘력 필수 이론 복습하기: 본책 기초이론 p.36
문서작성기술	문서작성기술 취약형은 어문 규범과 어법에 대한 이해가 부족하거나 문서의 문제점을 판단하고 바르게 고치는 능력이 부족한 경우에 해당합니다. 따라서 한글 맞춤법, 표준어 규정 등 어법을 확실하게 숙지해야 합니다. 이때, 모든 내용을 무작정 암기하기보다는 일상에서 자주 틀리는 어법을 중점적으로 다시 확인하고, 예문을 통해 어법을 확실히 이해하는 것이 좋습니다. ▶ 문서작성기술 필수 이론 복습하기: 본책 기초이론 p.62
독해력	독해력 취약형은 문서의 중심 내용과 세부 내용을 빠르고 정확하게 가려내는 능력이 부족한 경우에 해당합니다. 따라서 문서를 읽을 때 핵심어를 중심으로 내용을 파악하고, 전체 흐름과 세부 흐름으로 나누어 내용을 도식화하는 연습이 필요합니다. 한편 보도자료, 신문기사, 공문서 등 실제 업무에서 사용되는 문서가 출제되는 경우가 많으므로 좀 더 다양한 문서를 접하고 분석하는 것이 좋습니다. ▶ 독해력 필수 이론 복습하기: 본책 기초이론 p.71
기초외국어	기초외국어 취약형은 기초적인 영어 회화와 영어 단어 등에 대한 학습이 부족한 경우에 해당합니다. 따라서 기초 어휘와 상황에 따른 회화 표현 등을 숙지하는 것이 좋습니다. 이때, 단순히 어휘와 회화 표현을 암기하기 보다는 실제 시험에서 어떤 형태로 출제되는지를 확인하고 문맥을 통해 정답을 파악하는 연습을 하는 것이 좋습니다. ▶ 기초외국어 필수 이론 복습하기: 본책 기초이론 p.74

해설

유형 1 의사소통기술 p.112

01

정답 ③

경청의 방해요인에 따르면 상대방의 말을 듣고 곧 자신이 다음에 할 말을 생각하는 것에 집중하면 자기 생각에 빠져 상대방의 말을 제대로 듣지 못하고 적절하게 반응할 수 없는 결과를 낳게 되므로 경청의 방해요인에 대해 적절하지 않은 설명을 한 사원은 '병 사원'이다.

오답 체크

①, ②, ④, ⑤ 모두 경청의 방해요인에 대한 설명으로 옳은 내용이다.

02

정답 ④

전달성과 보존성이 좋은 것은 문서적인 의사소통의 장점에 해당하므로 언어적인 의사소통이 전달성과 보존성이 좋다는 장점이 있다는 부분을 수정해야 한다.

유형 2 어휘력 p.113

01

정답 ④

'눈 익고 손 설다'는 무슨 일이나 눈으로 보기에는 쉬운 것 같으나 실제로 하기는 힘듦을 비유적으로 이르는 말이므로 빈칸에 들어갈 속담으로 가장 적절하다.

오답 체크

① 별로 하는 일이 없이 한가하게 앉아 있음을 비유적으로 이르는 말
② 어떤 행동을 당장 해치우지 못하여 안달하는 조급한 성질을 이르는 말
③ 잘 먹은 체하며 이를 쑤신다는 뜻으로, 실속은 없으면서 무엇이 있는 체함을 이르는 말
⑤ 한 가지 일로 두 가지 이익을 봄을 비유적으로 이르는 말

02

정답 ②

밑줄 친 단어는 아직 흡족하지 못하거나 만족스럽지 않다는 의미로 쓰였으므로 아직 다 갖추지 못한 상태에 있다는 의미의 ②가 적절하다.

오답 체크

① 명료(明瞭): 뚜렷하고 분명함
③ 명확(明確): 명백하고 확실함
④ 견고(堅固): 사상이나 의지 따위가 동요됨이 없이 확고함
⑤ 투명(透明): 앞으로의 움직임이나 미래의 전망 따위가 예측할 수 있게 분명함

03

정답 ①

밑줄 친 단어는 깊이 들지 않은 잠이라는 의미로 쓰였으므로 깊이 들지 못하고 자주 깨면서 자는 잠이라는 의미의 ①이 적절하다.

오답 체크

② 나비잠: 갓난아이가 두 팔을 머리 위로 벌리고 자는 잠
③ 새우잠: 새우처럼 등을 구부리고 자는 잠
④ 통잠: 한 번도 깨지 아니하고 푹 자는 잠
⑤ 말뚝잠: 꼿꼿이 앉은 채로 자는 잠

04

정답 ①

밑줄 친 단어는 어떤 일에 직접 나서서 관여하지 않고 곁에서 보기만 한다는 의미로 쓰였으므로 참견하지 아니하고 앉아서 보기만 한다는 의미의 ①이 적절하다.

오답 체크

② 책망(責望): 잘못을 꾸짖거나 나무라며 못마땅하게 여김
③ 용인(容認): 용납하여 인정함
④ 경시(輕視): 대수롭지 않게 보거나 업신여김
⑤ 관여(關與): 어떤 일에 관계하여 참여함

05

정답 ①

빈칸에 들어갈 한자성어는 뻔뻔스러워 부끄러움이 없다는 의미의 '후안무치(厚顔無恥)'이다.

오답 체크

② 이재발신(以財發身): 재물의 힘으로 출세함
③ 과유불급(過猶不及): 정도를 지나침은 미치지 못함과 같다는 뜻으로, 중용(中庸)이 중요함을 이르는 말
④ 견마지로(犬馬之勞): 개나 말 정도의 하찮은 힘이라는 뜻으로, 윗사람에게 충성을 다하는 자신의 노력을 낮추어 이르는 말
⑤ 오매불망(寤寐不忘): 자나 깨나 잊지 못함

06

정답 ⑤

제시된 내용에서 연상할 수 있는 단어는 다음과 같다.

삼국사기	고려, 김부식
벽란도	고려, 무역항
서경 천도 운동	고려, 묘청
노비안검법	고려, 광종

따라서 공통으로 연상할 수 있는 단어로 적절한 것은 ⑤이다.

07

정답 ③

제시된 단어 평화와 화목은 모두 평온하고 화목함을 뜻하므로 유의관계이다.

따라서 아주 적거나 사소한 것을 비유적으로 이르는 말인 '털끝'과 유의관계의 단어인 '일호'가 적절하다.

오답 체크

① 한풀: 기세나 기운이 어느 정도로
② 털실: 짐승의 털이나 인조털로 만든 실
④ 어림: 대강 짐작으로 헤아림 또는 그런 셈이나 짐작
⑤ 천지(天地): 대단히 많음

08

정답 ④

밑줄 친 단어는 아픈 어머니를 돌본 그녀의 효성이 착하고 장하다는 의미로 쓰였으므로 ④가 가장 적절하다.

오답 체크

①은 극진하다, ②는 각별하다, ③은 온전하다, ⑤는 친절하다의 의미이다.

09

정답 ②

제시된 내용에서 연상할 수 있는 단어는 다음과 같다.

절기	입추, **동지**, 경칩, 소한, 대서
겨울	**동지**, 소한
팥죽	**동지**
책력	**동지**

따라서 공통으로 연상할 수 있는 단어로 적절한 것은 ②이다.

더 알아보기

경칩(驚蟄): 24절기 중 3번째 절기로, 겨울잠을 자던 벌레, 개구리 따위가 깨어 꿈틀거리기 시작하는 시기를 말하며 태양의 황경이 345도에 도달했을 때인 양력 3월 5일경을 의미함
소한(小寒): 24절기 중 23번째 절기로, 작은 추위라는 뜻을 지니며 태양의 황경이 285도에 도달했을 때인 양력 1월 6일 또는 7일경을 의미함
대서(大暑): 24절기 중 12번째 절기로, 일 년 중 가장 무더운 시기를 말하며 태양의 황경이 120도에 도달했을 때인 양력 7월 24일경을 의미함

10

정답 ③

'거소'는 주소처럼 밀접한 관계를 가진 곳은 아니지만 일정한 기간 동안 계속하여 거주하는 장소를 말하는 것으로 '居所'로 써야 한다. '구역'은 갈라놓은 지역을 의미하므로 '區域'으로 써야 한다.

11

정답 ②

고르거나 가지런하지 않고 차별이 있다는 의미의 차등을 한자로 표기하면 '差等(다를 차, 무리 등)'이다.

오답 체크

① 蹉跌(미끄러질 차, 거꾸러질 질): 하던 일이 계획이나 의도에서 벗어나 틀어지는 일
③ 借讀(빌릴 차, 읽을 독): 남의 책 따위를 빌려서 읽음
④ 借用(빌릴 차, 쓸 용): 돈이나 물건 따위를 빌려서 씀
⑤ 差異(다를 차, 다를 이): 서로 같지 아니하고 다름 또는 그런 정도나 상태

12

정답 ④

㉣은 개인의 행복은 업무 성과와 관련이 있다는 의미로 쓰였으므로 서로 아무런 관련이 없다는 의미의 ④는 적절하지 않다.

오답 체크

① 개입하다: 자신과 직접적인 관계가 없는 일에 끼어들다
② 가급적: 할 수 있는 대로
③ 이끌다: 사람, 단체, 사물, 현상 따위를 인도하여 어떤 방향으로 나가게 하다
⑤ 지참하다: 무엇을 가지고서 모임 따위에 참여하다

유형 3 문서작성기술

p.117

01

정답 ④

뗄레야 (X) → 떼려야 (O)

- 표준어 규정 제17항에 따르면 비슷한 발음의 몇 형태가 쓰일 경우, 그 의미에 아무런 차이가 없고, 그중 하나가 더 널리 쓰이면, 그 한 형태만을 표준어로 삼는다. 따라서 '떼려야'라고 써야 한다.

02

정답 ⑤

문서작성의 원칙에 따라 문서의 주요한 내용을 먼저 작성해야 하므로 가장 적절하지 않다.

03

정답 ⑤

㉤의 앞에서 호찌민이 베트남 전쟁이 끝나는 것을 보지 못하고 죽었지만 그의 노력이 헛되지 않았다는 내용을 말하고 있다.
따라서 전쟁이 끝났다는 의미의 '종전'이 들어가야 하므로 ㉤을 '개전'으로 수정하는 것은 가장 적절하지 않다.

04

정답 ④

㉣이 있는 문장에서 제주 및 도서·산간 지역에서 배송 요청 시 운임을 추가 지불해야 한다는 내용을 말하고 있다.
따라서 세금이나 부담금 따위를 매기어 부담하게 한다는 의미의 '부과(賦課)'는 수정이 필요한 부분으로 가장 적절하지 않다.

오답 체크

① ㉠이 있는 문장에서 고객님께 신선하고 건강한 유기농 제품만을 전해드린다고 하였으므로 ㉠은 지시, 명령, 물품 따위를 다른 사람이나 기관에 전하여 이르게 한다는 의미의 '전달(傳達)'로 수정해야 한다.
- 전수(傳授): 기술이나 지식 따위를 전하여 줌

② 한글 맞춤법 제42항에 따라 의존 명사는 띄어 쓰므로 ㉡은 '2~4일 내'로 수정해야 한다.
- 내(內): 일정한 범위의 안이라는 의미의 의존 명사

③ '되다'와 '-어지다'는 모두 피동을 만드는 표현으로 함께 쓰이는 경우 이중 피동 표현이 되므로 ㉢은 '포함된'으로 수정해야 한다.

⑤ ㉤이 있는 문장에서 출고 전 주문 취소를 원하는 고객은 11시 전까지 가능하며 11시가 지난 취소 접수 건의 택배 왕복비 및 선박 운송료는 고객 부담이라고 하였으므로 ㉤은 이것에 뒤이어 오는 때나 자리라는 의미의 '이다음'으로 수정해야 한다.

05

정답 ①

빈칸 앞에서는 선진국에서는 이미 대기업이 농업에 진출하고 있다는 내용을 말하고 있고, 빈칸 뒤에서는 일본과 네덜란드의 기업들이 농업에 진출한 사례를 말하고 있다.
따라서 ㉠에는 앞의 내용과 뒤의 내용이 인과관계를 이룰 때 사용하는 접속사인 '따라서'가 아니라 앞의 내용에 대한 예시를 들 때 사용하는 접속어인 '예컨대' 또는 '예를 들어'를 넣어야 하므로 가장 적절하지 않다.

오답 체크

② 우리나라 농업계가 무엇에 대해 반대하고 있는 것인지 불분명하므로 ㉡은 '대기업의 농업진출에 대한'을 추가하여 문장의 의미를 명확히 해야 한다.

③ '- 대'는 그 값 또는 수를 넘어선 대강의 범위라는 의미의 접미사이므로 앞의 단어와 붙여 써야 한다.

④ 관형사 '그'는 뒤의 단어와 띄어 쓰는 것이 원칙이지만, 뒷말과 결합하여 하나의 단어로 굳어질 경우 붙여 써야 하므로 '그만큼'으로 붙여 써야 한다.

⑤ '염두'는 '생각의 시초', '마음속'을 의미하는 명사로 '- 하다'가 붙을 수 없으므로 '염두에 두고'로 고쳐 써야 한다.

유형 4 독해력

p.121

01

정답 ④

프랑스가 미국에 선물한 자유의 여신상이 두 나라 사이의 역사적인 동맹을 확인하려는 프랑스의 의도가 표현된 것이라고 하였으므로 에펠탑이 미국과의 동맹 관계를 공고히 하려는 프랑스의 정치적 의도로 제작된 것은 아님을 알 수 있다.

오답 체크

① 에펠탑을 설계한 구스타브 에펠이 자유의 여신상 내부 철골 구조물을 설계했다고 하였으므로 적절한 내용이다.

② 에펠탑의 제작 목표는 런던 만국박람회에서 호평을 받은 영국의 수정궁을 넘어서는 것에 있었다고 하였으므로 적절한 내용이다.

③ 에펠탑은 1930년에 뉴욕 크라이슬러 빌딩이 완성되기 전까지 세계에서 가장 높은 건축물이었다고 하였으므로 적절한 내용이다.

⑤ 1889년 파리 만국박람회에서 에펠탑이 대중에게 공개되었을 때 모파상을 포함한 소수를 제외하고는 에펠탑 건설에 반대했던 사람들도 에펠탑의 모습에 찬사를 보냈다고 하였으므로 적절한 내용이다.

[02-03]

02

정답 ②

이 글은 불황기일수록 전공 불일치 비율에 따라 임금 손실이 발생하는 문제점이 대두되고 있기 때문에 노동시장을 유연화시키고 기업 차원에서 직무 교육 등을 통해 전공 불일치 문제를 완화하려는 노력이 필요하다는 내용이므로 이 글에 나타난 필자의 의견으로 가장 적절한 것은 ②이다.

03

정답 ③

전공 불일치 비율을 낮추기 위해서는 직종 간 이동이 보다 자유로울 수 있도록 노동시장을 유연화시켜야 한다고 하였으므로 한 직장에서 오래 근무할 수 있는 근무 환경을 조성하면 전공 불일치 비율이 낮아지는 것은 아님을 알 수 있다.

오답 체크

① 전공과 일치하지 않는 취업은 대졸 취업자의 임금을 낮추는 결과로 이어진다고 하였으므로 적절한 내용이다.

② 우리나라 근로자 중 대학 전공과 무관한 분야에 취업하는 전공 불일치 비율은 OECD 29개 국가 중에서 두 번째로 높다고 하였으므로 적절한 내용이다.

④ 전공과 일치하지 않는 분야로 취업한 사람의 임금은 단시간으로 해결되지 않아 지속적인 임금 손실이 발생한다고 하였으므로 적절한 내용이다.

⑤ 불황기에 근로자가 자신의 전공과 무관하거나 관련이 낮은 업종으로 취업하는 경우 전공과 관련된 경력을 쌓기가 쉽지 않아 경제 상황이 호전되더라도 전공을 활용할 수 있는 일자리로 이직하기 어렵다고 하였으므로 적절한 내용이다.

04

정답 ④

이 글은 인수 합병과 반대 개념이자 분사와 구분되는 기업 분할의 의미와 장단점을 설명하고, 피분할 회사의 주식 소유에 따라 구분되는 물적 분할과 인적 분할의 특징을 서술하는 내용이다.
따라서 (가)~(마)의 소제목으로 적절한 것의 개수는 4개이다.

오답 체크

(가): 인수 합병의 반대 개념인 기업 분할이 IMF 이후 구조조정을 쉽게 진행하고자 허용되었으나, 독립된 사업부를 주력 사업으로 육성할 수 있어서 국내 기업의 새로운 경영전략으로 자리 잡았다고 하였으므로 소제목은 '기업 분할의 국내 도입 목적과 정착'이 된다.

05

정답 ②

'2. 상세 내용 - 기타'에 따르면 영업종료로 인한 인사이동 등 상세한 안내를 원할 경우 고객이 직접 해당 지점에 문의하도록 안내하라고 하였으므로 특정 직원의 인사이동에 대하여 문의한 고객에게 관련 내용을 상세히 설명한 답변은 가장 적절하지 않은 내용이다.

오답 체크

① '2. 상세 내용 - 계좌 해지 관련'에 따르면 만기일이 남은 계좌를 해약하는 경우에도 약정 이율이 적용된다고 하였으므로 적절한 내용이다.
③ '2. 상세 내용 - 계좌 이관 관련'에 따르면 경기 XX지점에 방문하여 신청서를 작성하면 고객이 원하는 당사 타 지점으로 계좌 이관이 가능하다고 하였으므로 적절한 내용이다.
④ '2. 상세 내용 - 영업 종료 일자'에 따르면 경기 XX지점의 영업종료 일자는 2024년 12월 31일 오후 6시라고 하였으므로 적절한 내용이다.
⑤ '2. 상세 내용 - 계좌 이관 관련'에 따르면 영업종료 시점까지 계좌 이관과 관련하여 의사표시가 없는 고객의 계좌는 경기 ○○지점으로 일괄 이전된다고 하였으므로 적절한 내용이다.

[06-07]

06

정답 ④

노르웨이에서 4월 말부터 7월 말까지 태양이 지평선 아래로 내려가지 않는 현상인 백야를 경험할 수 있다고 하였으므로 5월의 노르웨이는 밤에도 해가 지지 않음을 알 수 있다.

오답 체크

① 노르웨이는 멕시코 만류의 영향으로 비슷한 위도에 있는 알래스카, 그린란드, 북시베리아에 비해서 기후가 따뜻한 것으로 알려져 있다고 하였으므로 적절하지 않은 내용이다.
② 극야 현상은 고위도 지역이나 극점 지역에서 발생하는 것이라고 하였으므로 적절하지 않은 내용이다.
③ 노르웨이는 유럽 스칸디나비아반도의 서쪽을 차지하는 국가라고 하였으므로 적절하지 않은 내용이다.
⑤ 해수면이 상승함에 따라 바닷물이 들어와 골짜기를 채우면서 좁고 긴 만의 피오르가 만들어진다고 하였으므로 적절하지 않은 내용이다.

07

정답 ②

피오르가 수력 발전에 최적의 입지 여건을 가지고 있다는 사실을 포착한 노르웨이가 외국의 기술을 도입해 수력 발전소를 세웠다고 하였으므로 노르웨이가 자체 기술력만으로 피오르를 활용한 수력 발전소를 설립한 것은 아님을 알 수 있다.

오답 체크

① 노르웨이는 본토 외에도 북극해에 위치한 스발바르 제도와 얀마위엔 섬, 남대서양에 위치한 부베 섬을 영유하고 있다고 하였으므로 적절한 내용이다.
③ 노르웨이에는 4월 말에서 7월 말까지 해가 지지 않는 백야 현상이 일어나며, 겨울철에는 해가 뜨지 않는 극야 현상이 발생한다고 하였으므로 적절한 내용이다.
④ 바이킹이 유럽 전역에서 정복 활동을 펼치던 시기에 해안을 따라 남쪽에서 북쪽으로 항해하는 길을 노르웨이라고 불렀다고 하였으므로 적절한 내용이다.
⑤ 피오르에 건설된 수력 발전소를 통해 저렴하게 에너지를 공급받을 수 있게 된 노르웨이는 이를 바탕으로 조선업과 제지업, 선박업을 성공시켰다고 하였으므로 적절한 내용이다.

08

정답 ③

이 글은 서양의 화장 문화를 시대별로 설명하고, 동양의 화장 문화에 포함되는 중국의 화장 문화를 소개하는 내용의 글이다.
따라서 '(라) 고대 이집트에서 치료와 주술 기능을 했던 화장 → (나) 고대 이집트에서 미적 도구의 기능을 하게 된 화장 → (마) 하얀 얼굴을 지향한 고대 그리스 화장 → (다) 서양 화장 문화의 쇠퇴와 부흥 → (가) 동양 화장 문화의 대표적 사례로서의 중국의 화장 문화' 순으로 연결되어야 한다.

유형 5 기초외국어

p.130

01

정답 ③

B가 '현금으로 지불하시겠어요, 아니면 수표로 하시겠어요'라고 물은 후, 빈칸 다음에 '불행히도 저희는 현금이나 수표만 받습니다'라고 하였으므로 '사실 저는 신용카드로 지불하고 싶어요'라는 대답이 적절하다.

오답 체크

① 저는 그것들을 선물용으로 사기를 원해요.
② 다른 사이즈를 사는 것이 더 좋겠네요.
④ 저는 나중에 우리 형을 방문하고 싶어요.
⑤ 저는 가능한 한 일찍 떠나는 게 좋겠어요.

02

정답 ④

첫 번째 문장 '우리의 일 처리 방식을 ____'이라는 문맥에서 ____ on to our way of doing things의 빈칸에 '이해하다'라는 의미를 지닌 catch on to의 catch가 들어가는 것이 적절하다. 두 번째 문장 'Jon은 많은 내용을 ____했다'라는 문맥에서는 Jon had to ____ up on a lot of work의 빈칸에 '따라잡다'라는 의미를 지닌 catch up on의 catch가 들어가는 것이 적절하다.

03

정답 ①

지문 전반에서 초안 작성이 에세이를 쓰는 데 있어서 유용하다고 설명하고 있으므로 글의 제목으로는 '초안 쓰기의 장점'이 적절하다.

제2장 수리능력

유형공략문제

유형 1 기초연산 p.154

01	02	03	04	05
④	③	③	①	③

01 정답 ④

정가 이익률 $=\left(\frac{\text{이익}}{\text{정가}}\right) \times 100$, 정가=원가+이익임을 적용하여 구한다.

작년에 A 제품의 정가를 260만 원으로 책정하여 판매하였더니 A 제품 1개당 얻은 정가 이익률이 30%이므로 A 제품 1개당 얻은 이익은 $260 \times \frac{30}{100} = 78$만 원이고, A 제품 1개당 원가는 260−78=182만 원이다. 이때 올해 A 제품의 원가가 28만 원 상승하였으므로 올해 A 제품 1개당 원가는 182+28=210만 원이고, 올해 A 제품에 대한 정가 이익률을 30%로 유지하기 위한 이익을 x라고 하면 올해 A 제품의 정가는 $210+x$이다.

$\frac{x}{210+x} \times 100 = 30 \rightarrow 100x = 30(210+x) \rightarrow 100x = 6{,}300 + 30x \rightarrow 70x = 6{,}300 \rightarrow x = 90$

이에 따라 올해 A 제품의 정가는 210+90=300만 원이다.

따라서 A 제품의 작년 정가와 올해 정가의 금액 차는 300−260=40만 원이다.

02 정답 ③

빵과 우유를 30개 초과 단체 주문 시 초과분에 대해 빵은 20%, 우유는 15%의 할인을 받아 30개는 정가의 가격을 지불하고 20개는 할인된 가격을 지불한다. 이에 따라 빵 30개의 가격은 1,500 × 30=45,000원이고, 초과분 20개의 가격은 1,500 × (1−0.2) × 20=24,000원이며, 우유 30개의 가격은 1,000 × 30=30,000원이고, 초과분 20개의 가격은 1,000 × (1−0.15) × 20=17,000원이므로 간식을 구매하는 데 지불한 총 비용은 45,000+24,000+30,000+17,000=116,000원이다.

03 정답 ③

최빈값은 변량 중에서 가장 많이 나오는 값으로 이 자료에서는 2번 나온 20℃이고, 평균값은 변량의 총합을 변량의 개수로 나눈 값으로 이 자료에서는 1월부터 12월까지 최고 기온의 총합을 12로 나눈 값이므로 평균값은

$\frac{2+5+13+20+27+30+31+34+28+20+12+6}{12} = 19$℃이다.

중앙값은 변량을 최솟값부터 최댓값까지 크기순으로 배열했을 때 정중앙에 위치하는 값으로 이 자료에서는 12개의 값을 크기순으로 배열했을 때 6번째와 7번째에 위치한 값의 평균값인 $\frac{20+20}{2} = 20$℃이다.

따라서 최빈값인 a는 20, 평균값인 b는 19, 중앙값인 c는 20이므로 a+b+c의 값은 20+19+20=59이다.

04 정답 ①

대명이는 원화 535,000원을 지불하여 엔화를 구매하므로 현금 살 때의 환율이 적용되어 대명이가 일본 여행 경비로 환전한 엔화는 (535,000 / 1,070) × 100=50,000엔이다. 이때, 환전한 엔화의 70%를 일본 여행에서 사용하였으므로 귀국하여 남은 엔화는 50,000 × (1−0.7)=15,000엔이고, 귀국 후 남은 엔화를 모두 지불하여 다시 원화를 구매하므로 현금 팔 때의 환율이 적용된다.

따라서 대명이가 귀국 후 다시 환전한 원화는 (15,000 × 1,030) / 100=154,500원이다.

05 정답 ③

시간당 작업량 $= \frac{\text{작업량}}{\text{시간}}$임을 적용하여 구한다.

온탕 전체 물의 양을 1이라고 하면 1분 동안 온탕에 채우는 물의 양은 A 호스가 $\frac{1}{14}$, B 호스가 $\frac{1}{10}$, C 호스가 $\frac{1}{35}$이다.

세 종류의 호스로 1분 동안 온탕에 채우는 물의 양은 $\frac{1}{14} + \frac{1}{10} + \frac{1}{35} = \frac{14}{70} = \frac{1}{5}$이다.

온탕에 물을 가득 채우는 데 걸리는 시간을 x라고 하면

$\frac{1}{5} \times x = 1 \rightarrow x = 5$

따라서 온탕에 물을 가득 채우는 데 걸리는 시간은 5분이다.

유형 2 수/문자추리 p.158

01	02	03	04	05
④	④	②	③	①

01 정답 ④

제시된 각 숫자 간의 값이 +2, +3, +5, +8, …과 같이 +1, +2, +3, …씩 변화하므로 빈칸에 들어갈 알맞은 숫자는 '75'이다.

02

정답 ④

제시된 각 문자를 알파벳 순서에 따라 숫자로 변경한다.

F	A	H	B	(J)	C	L	D	N
6	1	8	2	(10)	3	12	4	14

홀수항에 제시된 각 숫자 간의 값이 +2로 반복되고, 짝수항에 제시된 각 숫자 간의 값은 +1로 반복되므로 홀수항인 빈칸에 들어갈 알맞은 문자는 숫자 10에 해당하는 'J'이다.

03

정답 ②

제시된 각 숫자 간의 값이 ÷2로 반복되므로 빈칸에 들어갈 알맞은 숫자는 '224'이다.

04

정답 ③

♡: 문자와 숫자 순서에 따라 첫 번째 문자(숫자)를 바로 다음 순서에 오는 문자(숫자)로, 두 번째, 네 번째 문자(숫자)를 바로 이전 순서에 오는 문자(숫자)로 변경한다.
ex. abcd → bacc (a+1, b−1, c, d−1)

■: 첫 번째, 세 번째 문자(숫자)의 자리를 서로 바꾸고, 두 번째, 네 번째 문자(숫자)의 자리를 서로 바꾼다.
ex. abcd → cdab

따라서 빈칸에 들어갈 알맞은 것은 S7O4 → ■ → O4S7이다.

05

정답 ①

◇: 문자와 숫자 순서에 따라 첫 번째, 세 번째 문자(숫자)를 바로 이전 순서에 오는 문자(숫자)로, 두 번째, 네 번째 문자(숫자)를 다음 두 번째 순서에 오는 문자(숫자)로 변경한다.
ex. abcd → zdbf (a−1, b+2, c−1, d+2)

★: 첫 번째, 두 번째 문자(숫자)의 자리를 서로 바꾸고, 세 번째, 네 번째 문자(숫자)의 자리를 서로 바꾼다.
ex. abcd → badc

따라서 빈칸에 들어갈 알맞은 것은 W7B3 → ◇ → V9A5 → ★ → 9V5A이다.

유형 3 도표분석

p.166

01	02	03	04	05
④	④	①	⑤	④

01

정답 ④

리프트 덤프 보유 대수가 유압 덤프 보유 대수보다 많은 지역은 없으므로 옳은 설명이다.

오답 체크

① 수동 덤프 보유 대수가 여섯 번째로 많은 지역은 A 지역이므로 옳지 않은 설명이다.

② H 지역의 유압 덤프 보유 대수는 수동 덤프 보유 대수보다 2,457 − 981 = 1,476대 더 많으므로 옳지 않은 설명이다.

③ J 국의 전체 리프트 덤프 보유 대수에서 F 지역의 리프트 덤프 보유 대수가 차지하는 비중은 (8,098 / 48,448) × 100 ≒ 16.7%이므로 옳지 않은 설명이다.

⑤ C 지역의 덤프 운반차 총 보유 대수는 12,840 + 16,585 + 7,771 = 37,196대이므로 옳지 않은 설명이다.

02

정답 ④

㉡ 2017년 황사 발생횟수가 8회로 예측된다면 황사 발생횟수가 2017년보다 적은 해는 2011년, 2012년, 2013년, 2016년이므로 옳은 설명이다.

㉢ 2010년 이후 황사 발생횟수가 전년 대비 증가한 해는 2010년, 2014년, 2015년이지만 황사 지속일수가 전년 대비 증가한 해는 2010년, 2013년, 2014년, 2015년이므로 옳은 설명이다.

㉣ 2008년부터 2016년까지 황사 지속일수의 평균이 15일이라면 2008년 황사 지속일수는 (15 × 9) − (18 + 25 + 15 + 6 + 7 + 17 + 22 + 16) = 9일이므로 옳은 설명이다.

오답 체크

㉠ 황사 발생횟수가 네 번째로 높은 2009년에 황사 지속일수는 18일이므로 옳지 않은 설명이다.

㉤ 2008년에 황사 발생횟수가 6회였다면 2009년 황사 발생횟수의 전년 대비 증가율은 {(10 − 6) / 6} × 100 ≒ 67%이므로 옳지 않은 설명이다.

[03-04]

03

정답 ①

㉠ 2020년 전체 정부기관 일자리 수의 4년 전 대비 증가율은 {(212.7 − 186.2) / 186.2} × 100 ≒ 14%로 15% 미만이므로 옳은 설명이다.

㉡ 2018년 남성 정부기관 일자리 수의 전년 대비 증가량은 99.4 − 99.2 = 0.2만 개이므로 옳은 설명이다.

오답 체크

㉢ 2020년 정부기관 일자리 수는 연령대가 높을수록 비공무원의 일자리 수는 많아지지만, 공무원의 일자리 수는 50대와 60세 이상에서 바로 전 연령대 대비 일자리 수가 적어지므로 옳지 않은 설명이다.

㉣ 제시된 기간 동안 여성 정부기관 일자리 수가 처음으로 95만 개 이상인 해는 2019년이고, 전체 비공무원 일자리 수가 가장 많았던 해는 2020년으로 동일하지 않으므로 옳지 않은 설명이다.

04

정답 ⑤

2019년 50대 비공무원 일자리 수는 15.9만 개이지만 이 그래프에서는 16만 개보다 높게 나타나므로 옳지 않은 그래프는 ⑤이다.

오답 체크

① 30세 미만 전체 정부기관 일자리 수는 2016년에 26.8만 개, 2017년에 27.2만 개, 2018년에 27.8만 개, 2019년에 29.9만 개, 2020년에 32.6만 개이므로 옳은 그래프이다.
② 2016년 전체 정부기관 일자리 수 비중은 공무원이 (128.0 / 186.2) × 100 ≒ 68.7%이고, 비공무원이 (58.2 / 186.2) × 100 ≒ 31.3%이므로 옳은 그래프이다.
③ 2018년 연령대별 공무원 일자리 수는 30세 미만이 21.4만 개, 30대가 38.5만 개, 40대가 40.2만 개, 50대가 30.2만 개, 60세 이상이 1.5만 개이므로 옳은 그래프이다.
④ 연도별 성별 정부기관 일자리 수의 차는 2016년에 98.5−87.7=10.8만 개, 2017년에 99.2−89.9=9.3만 개, 2018년에 99.4−90.0=9.4만 개, 2019년에 103.4−96.2=7.2만 개, 2020년에 108.1−104.6=3.5만 개이므로 옳은 그래프이다.

05

정답 ④

전체 수강생은
2021년에 920+1,650+2,760+2,200+1,670=9,200명,
2022년에 950+1,610+3,135+2,370+1,435=9,500명,
2023년에 1,008+1,170+2,688+1,840+1,694=8,400명,
2024년에 860+1,200+3,010+1,370+2,160=8,600명으로
2022년에 가장 많다.
따라서 2022년 전체 수강생에서 수영 수강생이 차지하는 비중은 (3,135 / 9,500)×100=33%이다.

최신기출동형문제

정답

유형 1 기초연산

p.172

01	02	03	04	05	06	07	08	09	10
④	③	⑤	③	①	④	②	④	④	⑤

유형 2 수/문자추리

p.175

01	02	03	04	05	06	07	08	09	10
③	④	④	③	③	③	③	④	①	③

유형 3 도표분석

p.178

01	02	03	04	05	06	07	08	09	10
④	④	③	⑤	④	④	②	②	④	⑤

취약 유형 분석표

유형별로 맞힌 개수와 정답률을 적고 나서 취약한 유형이 무엇인지 파악해보세요.
정답률이 60% 미만인 취약한 유형은 틀린 문제를 다시 풀어보면서 확실히 극복하세요.

유형	기초연산	수/문자추리	도표분석	TOTAL
맞힌 개수	/10	/10	/10	/30
정답률	%	%	%	%

※ 정답률(%) = (맞힌 개수/전체 개수) × 100

취약 유형별 학습 전략

본인의 취약한 유형은 다음 취약 유형별 학습 전략을 확인한 후, 관련 필수 이론을 복습하고 틀린 문제 및 풀지 못했거나 찍었는데 맞은 문제를 다시 풀어보면서 확실히 극복하세요.

기초연산	기초연산 취약형은 방정식, 확률, 통계 등 문제 풀이에 사용되는 기초적인 수학 이론 및 공식에 대한 지식이 부족하거나 이론 및 공식은 알고 있지만 이를 문제 풀이에 적용하는 능력이 부족한 경우에 해당합니다. 따라서 기초연산 유형의 문제에서 빠르고 정확하게 정답을 찾기 위해서는 문제 풀이에 사용되는 이론 및 공식에 대한 숙지가 확실히 이루어져야 합니다. 또한, 가급적 다양한 문제를 풀면서 학습한 이론 및 공식을 실제 문제 풀이에 적용하는 연습을 반복하는 것이 좋습니다. ▶ 기초연산 필수 이론 복습하기: 본책 기초이론 p.136
수/문자추리	수/문자추리 취약형은 수열에 대한 지식이 부족하거나 제시된 숫자 또는 문자 간의 관계를 파악하는 능력이 다소 부족한 경우에 해당합니다. 따라서 수/문자추리 기본 규칙을 복습하고, 다양한 문제를 풀어보며 규칙을 찾는 연습을 하는 것이 좋습니다. ▶ 수/문자추리 필수 이론 복습하기: 본책 기초이론 p.144
도표분석	도표분석 취약형은 제시된 자료를 정확히 분석하는 능력이 부족하거나 자료를 분석하여 이를 문제 풀이에 적용하는 능력이 부족한 경우에 해당합니다. 따라서 다양한 형태의 자료가 제시되는 만큼 제한 시간 내에 해당 자료를 정확히 분석할 수 있도록 도표의 종류 및 용도를 정확히 이해하고, 도표분석 시의 유의사항을 숙지하여, 문제를 정확하게 푸는 연습을 반복해야 합니다. ▶ 도표분석 필수 이론 복습하기: 본책 기초이론 p.146

취약 유형 극복

교재 내의 틀린 문제 및 풀지 못했거나 찍었는데 맞은 문제를 다시 풀고 난 후, 해커스잡 사이트(ejob.Hackers.com)에서 제공하는 'NCS 수리능력 추가 연습 문제'를 풀어보세요.

해커스잡 사이트(ejob.Hackers.com)에 접속 후 로그인 ➡ 사이트 메인 중앙 [교재정보 - 교재 무료자료] 클릭 ➡ 교재명 확인 후 'NCS 수리능력 추가 연습 문제' 다운로드 버튼 클릭

해설

유형 1 기초연산

p.172

01

정답 ④

복리 예금 상품 만기 시 받는 원리금은 원금 × (1 + 이자율)^{기간} 임을 적용하여 구한다.
건희는 만기가 6개월인 월복리 예금 상품에 550,000원을 거치하였으며, 연 이자율은 3.6%, 이자는 월 단위로 적용되므로 월 이자율은 3.6 / 12 = 0.3%이다. 이에 따라 건희가 6개월 뒤 만기 해지 시 돌려받을 원리금은 총 $550,000 \times (1+0.003)^6 \fallingdotseq 550,000 \times 1.02 \fallingdotseq 561,000$원이다.
따라서 건희가 6개월 뒤 만기 해지 시 돌려받을 총 원리금 중 이자는 561,000 − 550,000 = 11,000원이다.

02

정답 ③

등차수열의 합 $S=\frac{n\{2a+(n-1)d\}}{2}$(단, n=항의 개수, a=첫 번째 항, d=공차)임을 적용하여 구한다.
257 이상 275 미만인 자연수의 합은 257부터 274까지 자연수의 합이므로 n은 274−257+1=18, a는 257, d는 1인 등차수열의 합과 같다.
따라서 257 이상 275 미만인 자연수의 합은 $\frac{18\{2\times257+(18-1)\times1\}}{2}$ =4,779이다.

03

정답 ⑤

체질량지수(kg/m^2)= $\frac{체중(kg)}{신장(m)^2}$ 임을 적용하여 구한다.
갑의 신장은 178cm=1.78m, 체중은 71.5kg이므로 갑의 체질량지수는 $\frac{71.5}{1.78^2} \fallingdotseq 22.57kg/m^2$이다.
을의 신장은 180cm=1.8m, 체중은 81kg이므로 갑의 체질량지수는 $\frac{81}{1.8^2}=25kg/m^2$이다.
따라서 갑은 정상체중, 을은 비만이다.

04

정답 ③

C의 현재 근속연수를 x라고 하면 A의 현재 근속연수는 C의 현재 근속연수의 5배이므로 A의 현재 근속연수는 $5x$이고, B의 5년 뒤 근속연수는 C의 5년 뒤 근속연수의 2배이므로 B의 5년 뒤 근속연수는 $2(x+5)$이며, B의 현재 근속연수는 $2x+10-5=2x+5$이다.
이때 A, B, C의 현재 근속연수의 합은 45년이므로 $5x+2x+5+x=45 \rightarrow 8x=40 \rightarrow x=5$
따라서 C의 현재 근속연수는 5년이다.

05

정답 ①

1일당 작업량 = $\frac{작업량}{기간}$임을 적용하여 구한다.
틀니 1개를 제작하는 데 작업량을 1이라고 하면 민아의 1일당 작업량은 $\frac{1}{10}$이고, 유미의 1일당 작업량은 $\frac{1}{15}$이며, 민아와 유미가 함께 작업하는 1일당 작업량은 $\frac{1}{10}+\frac{1}{15}=\frac{5}{30}=\frac{1}{6}$이다.
이때 유미가 혼자서 틀니를 제작하기 시작한 뒤 5일 후 남은 작업량은 $1-(\frac{1}{15}\times5)=\frac{10}{15}=\frac{2}{3}$이다.
따라서 민아와 유미가 함께 틀니를 제작한 기간은 $\frac{2}{3}\div\frac{1}{6}=\frac{2}{3}\times\frac{6}{1}=4$일이다.

06

정답 ④

서로 다른 n개에서 중복을 허락하지 않고 r개를 택하여 한 줄로 배열하는 경우의 수는 $_nP_r$임을 적용하여 구한다.
김 주임과 이 대리, 박 사원이 9개의 사내 동호회 중 서로 다른 사내 동호회에 가입하는 경우의 수는 서로 다른 9개에서 중복을 허락하지 않고 3개를 택하여 한 줄로 배열하는 경우의 수와 같다.
따라서 김 주임과 이 대리, 박 사원이 사내 동호회에 가입할 수 있는 경우의 수는 $_9P_3=\frac{9!}{(9-3)!}=9\times8\times7=504$가지이다.

07

정답 ②

평가 항목별 중요도를 고려하지 않은 평균 점수는 산술평균으로 구한다.
산술평균은 변량의 총합을 변량의 개수로 나눈 값이므로 A 업체는 $\frac{80+70+90}{3}=80$점, B 업체는 $\frac{60+80+70}{3}=70$점, C 업체는 $\frac{70+90+65}{3}=75$점이다.
평가 항목별 중요도를 고려하는 평균 점수는 가중평균으로 구한다.
가중평균은 중요도나 영향도에 해당하는 각각의 가중치를 곱하여 가중치의 총합으로 나눈 값이므로
A 업체는 $\frac{(80\times30)+(70\times50)+(90\times20)}{30+50+20}=77$점,
B 업체는 $\frac{(60\times30)+(80\times50)+(70\times20)}{30+50+20}=72$점,
C 업체는 $\frac{(70\times30)+(90\times50)+(65\times20)}{30+50+20}=79$점이다.
따라서 계약 업체를 순서대로 나열한 것은 A 업체, C 업체이다.

08

정답 ④

서로 다른 n개에서 순서를 고려하지 않고 r개를 택하는 경우의 수는 ${}_nC_r=\frac{n!}{r!(n-r)!}$임을 적용하여 구한다.

세 사람이 서로 다른 놀이기구 5개 중 4개를 선택하는 방법의 수는 ${}_5C_4={}_5C_1=\frac{5!}{1!(5-1)!}=5$가지이고, 선택한 4개의 놀이기구 탑승권을 2장, 1장, 1장으로 나누어 갖는 경우의 수는 ${}_4C_2\times{}_2C_1\times{}_1C_1\times\frac{1}{2}=6$가지이다.

따라서 세 사람이 놀이기구 탑승권을 나누어 가질 수 있는 방법은 총 $5\times6\times3!=180$가지이다.

09

정답 ④

기수가 가위바위보를 이긴 횟수를 x라고 하면 기수가 가위바위보를 진 횟수는 $10-x$이다.
가위바위보를 10회 한 결과, 계단 중간지점으로부터 기수의 위치는 $x-(10-x)=2x-10$이고, 미연이의 위치는 $(10-x)-x=10-2x$이다.
이때 기수가 미연이보다 4칸 위에 있으므로
$2x-10=(10-2x)+4 \rightarrow 4x=24 \rightarrow x=6$
따라서 기수가 이긴 횟수는 6회이다.

10

정답 ⑤

과일의 정가는 원가에 30%를 가산하여 책정되므로 수박 한 개와 복숭아 한 개를 판매했을 때 얻는 이익은 각각 $x\times0.3=0.3x$원, $2{,}500\times0.3=750$원이다. 이때 수박을 120개, 복숭아를 150개 판매하여 얻은 총이익이 328,500원이므로
$(0.3x\times120)+(750\times150)=328{,}500$
$\rightarrow 36x=216{,}000 \rightarrow x=6{,}000$
따라서 수박 한 개의 원가는 6,000원이다.

유형 2 수/문자추리

p.175

01

정답 ③

제시된 각 숫자 간의 값이 $+2^2$, $+3^2$, $+4^2$, …와 같이 완전제곱수가 더해지는 규칙이 적용되므로 빈칸에 들어갈 알맞은 숫자는 '61'이다.

02

정답 ④

제시된 각 숫자 간의 값이 ÷6, ×5, ÷4, …로 변화하므로 빈칸에 들어갈 알맞은 숫자는 '225'이다.

03

정답 ④

제시된 각 숫자는 48의 약수를 작은 수부터 나열한 것이므로 규칙이 적용되지 않는 숫자는 '26'이다.

04

정답 ③

A B C

세 개씩 한 군으로 묶인 제시된 각 숫자는 A를 B로 나누었을 때의 나머지가 C($A=B\times x+C$)라는 규칙이 적용되므로 빈칸에 들어갈 알맞은 숫자는 '3'이다.

05

정답 ③

분자에 제시된 각 숫자 간의 값이 +4로 반복되고, 분모에 제시된 각 숫자 간의 값이 −2로 반복되므로 빈칸에 들어갈 알맞은 숫자는 '$\frac{19}{11}$'이다.

06

정답 ③

제시된 각 문자를 알파벳 순서에 따라 숫자로 변경한다.

D L F M H N J O (L)

4 12 6 13 8 14 10 15 (12)

홀수항에 제시된 각 숫자 간의 값이 +2로 반복되고, 짝수항에 제시된 각 숫자 간의 값은 +1로 반복되므로 홀수항인 빈칸에 들어갈 알맞은 문자는 숫자 12에 해당하는 'L'이다.

07

정답 ③

제시된 각 문자를 알파벳 순서에 따라 숫자로 변경한다.

C I D E O J (K)

3 9 4 5 15 10 (11)

제시된 각 숫자 간의 값이 ×3, −5, +1로 반복되므로 빈칸에 들어갈 알맞은 문자는 숫자 11에 해당하는 'K'이다.

08

정답 ④

제시된 각 문자를 한글 자음 순서에 따라 숫자로 변경한다.

ㄷ ㅂ ㅌ ㅊ ㅂ (ㅌ)

3 6 12 24 48 96

각 숫자 간의 값이 ×2로 반복되므로 빈칸에 들어갈 알맞은 문자는 숫자 96에 해당하는 'ㅌ'이다.

빠른 문제 풀이 Tip

같은 한글 자음은 숫자 14 간격으로 나타남을 적용하여 구한다. ㄷ(3), ㅂ(6), ㅌ(12), ㅊ(24)에서 각 숫자는 2배씩 커지므로 빈칸에 들어갈 숫자는 96임을 유추할 수 있다. 96/14≒6.9임에 따라 96−(14×6)=12로 빈칸에 들어갈 문자는 숫자 12에 해당하는 'ㅌ'임을 알 수 있다.

09

정답 ①

◐: 첫 번째, 세 번째 문자(숫자)의 자리를 서로 바꾸고, 두 번째, 네 번째 문자(숫자)의 자리를 서로 바꾼다.
ex. abcd → cdab

◎: 문자와 숫자 순서에 따라 첫 번째, 세 번째 문자(숫자)를 이전 세 번째 순서에 오는 문자(숫자)로, 두 번째, 네 번째 문자(숫자)를 바로 다음 순서에 오는 문자(숫자)로 변경한다.
ex. abcd → xcze (a−3, b+1, c−3, d+1)

따라서 빈칸에 들어갈 알맞은 것은 51JB → ◐ → JB51 → ◎ → GC22이다.

10

정답 ③

♤: 문자(숫자)의 전체 자리를 역순으로 바꾼다.
ex. abcd → dcba

◀: 문자와 숫자 순서에 따라 첫 번째 문자(숫자)를 바로 이전 순서에 오는 문자(숫자)로, 두 번째, 네 번째 문자(숫자)를 다음 두 번째 순서에 오는 문자(숫자)로, 세 번째 문자(숫자)를 이전 세 번째 순서에 오는 문자(숫자)로 변경한다.
ex. abcd → zdzf (a−1, b+2, c−3, d+2)

따라서 빈칸에 들어갈 알맞은 것은 L63J → ♤ → J36L → ◀ → I53N이다.

유형 3 도표분석

p.178

01

정답 ④

2024년 농가소득이 전년 대비 감소한 C, E, F 지역의 2024년 농가소득의 합은 3,980+3,755+4,765=12,500만 원=125백만 원이므로 옳은 설명이다.

오답 체크

① 2021년 D 지역의 농가소득은 전년 대비 감소하였으므로 옳지 않은 설명이다.
② 제시된 지역 중 농가소득이 세 번째로 많은 지역은 2019년에 E 지역, 2021년에 B 지역으로 서로 다르므로 옳지 않은 설명이다.
③ 전국 농가소득에서 A 지역의 농가소득이 차지하는 비중은 2022년에 (4,350/24,400)×100≒17.8%, 2023년에 (4,820/25,870)×100≒18.6%로 2023년에 전년 대비 증가하였으므로 옳지 않은 설명이다.
⑤ 제시된 기간 중 B 지역의 농가소득이 다른 해에 비해 가장 많은 2020년에 전국의 농가소득은 전년 대비 23,360−22,170=1,190만 원 증가하였으므로 옳지 않은 설명이다.

빠른 문제 풀이 Tip

③ 분자와 분모의 증가율을 이용해 분수의 크기를 비교한다.
$\frac{435}{2,440}$ 와 $\frac{482}{2,587}$ 에서 분자의 증가율은 {(482−435)/435}×100≒10.8%로 오른쪽 분수가 약 10.8%만큼 더 크고, 분모의 증가율은 {(2,587−2,440)/2,440}×100≒6.0%로 오른쪽 분수가 약 6%만큼 더 크므로 $\frac{482}{2,587}$가 $\frac{435}{2,440}$보다 크다.
따라서 전국 농가소득에서 A 지역의 농가소득이 차지하는 비중은 2023년에 2022년 대비 증가하였으므로 옳지 않은 설명이다.

[02-03]

02

정답 ④

2021년 이후 창업 기업 직원 수의 전년 대비 증가 인원은 2021년에 1,480−1,390=90명, 2022년에 1,640−1,480=160명, 2023년에 1,820−1,640=180명, 2024년에 1,960−1,820=140명으로 2023년에 가장 많고, 2023년 전체 창업 기업 수에서 B 업종 창업 기업 수가 차지하는 비중은 (295/990)×100≒29.8%로 30% 미만이므로 옳지 않은 설명이다.

오답 체크

① 제시된 기간 동안 연도별 창업 기업 수가 많은 상위 3개 업종은 A 업종, B 업종, F 업종으로 매년 동일하므로 옳은 설명이다.
② 제시된 기간 동안 C 업종의 창업 기업 수의 4배는 2020년에 58×4=232개, 2021년에 53×4=212개, 2022년에 72×4=288개, 2023년에 47×4=188개, 2024년에 53×4=212개로 매년 A 업종의 창업 기업 수보다 작으므로 옳은 설명이다.
③ 창업 기업 직원 1명당 창업 지원금은 2020년에 13,590/1,390≒9.8십억 원, 2021년에 14,140/1,480≒9.6십억 원, 2022년에 15,120/1,640≒9.2십억 원, 2023년에 15,840/1,820≒8.7십억 원, 2024년에 13,500/1,960≒6.9십억 원으로 가장 적은 해는 2024년이므로 옳은 설명이다.
⑤ 2024년 F 업종 창업 기업 수의 전년 대비 증가량은 257−205=52개로 2022년 E 업종 창업 기업 수의 전년 대비 증가량인 165−152=13개의 52/13=4배이므로 옳은 설명이다.

빠른 문제 풀이 Tip

③ 창업 기업 직원 1명당 창업 지원금은 창업 지원금을 창업 기업 직원 수로 나눈 값이며, 제시된 기간 중 2024년에 창업 기업 직원이 가장 많고 창원 지원금이 가장 적으므로 창업 기업 직원 1명당 창업 지원금이 가장 적은 해는 2024년임을 알 수 있다.

03

정답 ③

D 업종의 창업 기업 수의 전년 대비 증가율은 2021년에 {(77−70)/70}×100=10.0%, 2022년에 {(87−77)/77}×100≒13.0%, 2023년에 {(95−87)/87}×100≒9.2%, 2024년에 {(105−95)/95}×100≒10.5%로 가장 큰 해는 2022년이다.
따라서 2022년 전체 창업 기업 1개당 창업 지원금은 15,120/1,120=13.5십억 원=135억 원이다.

04

정답 ⑤

제시된 기간 중 이용자 수가 가장 많은 해는 2023년이고, 연도별 보유 도서 비율에 따라 자연과학 보유 도서는 2022년에 7,000×0.48=3,360권, 2023년에 6,800×0.56=3,808권이다.

따라서 2023년 자연과학 보유 도서의 전년 대비 증가량은 3,808−3,360=448권이다.

05

정답 ④

2023년 에너지원별 발전량 비중은 원자력이 (1,350/2,700)×100=50%, 수력이 (405/2,700)×100=15%, 화력이 (594/2,700)×100=22%, 신재생이 (135/2,700)×100=5%, 기타가 (216/2,700)×100=8%이므로 옳은 그래프는 ④이다.

오답 체크

① 2021년 화력 발전량은 760TWh이지만 이 그래프에서는 750TWh보다 낮게 나타나므로 옳지 않은 그래프이다.

② 2022년 수력 발전량은 595TWh이지만 이 그래프에서는 600TWh보다 높게 나타나므로 옳지 않은 그래프이다.

③ 2022년 원자력 발전량의 전년 대비 증가량은 1,235−1,140=95TWh이지만 이 그래프에서는 100TWh보다 높게 나타나므로 옳지 않은 그래프이다.

⑤ 2024년 수력 발전량은 화력 발전량보다 작지만 이 그래프에서는 수력 발전량이 차지하는 비중은 21%로 화력 발전량이 차지하는 비중인 19%보다 크므로 옳지 않은 그래프이다.

06

정답 ④

제시된 기간 중 농산물 납품량이 가장 많은 해는 2022년이고, 납품 농가 수가 가장 많은 해는 2019년이므로 옳지 않은 설명이다.

오답 체크

① 농산물 처리량 중 도매시장공급량이 차지하는 비중은
2019년에 (1,376/1,778)×100≒77.4%,
2020년에 (1,352/1,732)×100≒78.1%,
2021년에 (1,294/1,758)×100≒73.6%,
2022년에 (1,259/1,781)×100≒70.7%,
2023년에 (1,310/1,774)×100≒73.8%,
2024년에 (1,271/1,768)×100≒71.9%로 매년 70% 이상이므로 옳은 설명이다.

② 2020~2024년 현장판매량의 전년 대비 증감 추이는 감소, 증가, 감소, 증가, 감소이고 온라인배송량의 전년 대비 증감 추이는 증가, 증가, 증가, 감소, 증가로 증감추이가 서로 동일한 해는 2021년뿐이므로 옳은 설명이다.

③ 납품 농가 천 호당 농산물 납품량은 2019년에 1,778/233≒7.6톤, 2021년에 1,758/213≒8.3톤으로 2019년보다 2021년에 더 많으므로 옳은 설명이다.

⑤ 2022년부터 2024년까지 농산물 납품량의 평균은 (1,781+1,774+1,768)/3≒1,774.3톤이므로 옳은 설명이다.

빠른 문제 풀이 Tip

① 제시된 기간 동안 농산물 처리량은 2022년에 1,781톤으로 가장 많고, 도매시장공급량은 2022년에 1,259톤으로 가장 적으므로 농산물 처리량 중 도매시장공급량이 차지하는 비중은 2022년에 가장 작다. 2022년에 농산물 처리량 중 도매시장공급량이 차지하는 비중은 (1,259/1,781)×100≒70.7%로 70% 이상이므로 제시된 기간 동안 매년 70% 이상임을 알 수 있다.

⑤ 2022년부터 2024년까지 각 연도별 (농산물 납품량−1,774)의 합이 음수인지 양수인지 판단한다.
각 연도별 (농산물 납품량−1,774)의 합은 (1,781−1,774)+(1,774−1,774)+(1,768−1,774)=7+0+(−6)=1톤으로 양수이므로 2022년부터 2024년까지 농산물 납품량의 평균은 1,774 이상임을 알 수 있다.

07

정답 ②

D 지역의 신혼부부가 출산한 자녀 수는 32,800×0.90=29,520명으로 C 지역의 신혼부부가 출산한 자녀 수인 35,600×0.84=29,904명보다 적으므로 옳지 않은 설명이다.

오답 체크

① A 지역의 신혼부부 수는 E 지역 신혼부부 수의 242,800/12,500≒19.4배로 20배 미만이므로 옳은 설명이다.

③ 맞벌이 비중이 가장 높은 지역은 A 지역이고, 가장 낮은 지역은 D 지역으로 각각 주택 소유 비중이 가장 낮은 지역과 가장 높은 지역과 같으므로 옳은 설명이다.

④ 평균 출산 자녀가 전국보다 적은 지역은 A 지역, B 지역, F 지역으로 총 3곳이므로 옳은 설명이다.

⑤ 전국의 신혼부부는 888,800쌍이고 맞벌이 비중은 45.0%임에 따라 전국의 맞벌이 신혼부부는 888,800×0.45=399,960쌍으로 400,000쌍 미만이므로 옳은 설명이다.

[08 - 10]

08

정답 ②

㉠ 2019년 경작 이용 면적이 두 번째로 큰 지역은 전북이고, 경지이용률이 두 번째로 높은 지역은 전남으로 서로 다르므로 옳지 않은 설명이다.

㉢ 2019년 경작 가능 면적이 50천 ha 이상인 지역은 경기, 강원, 충북, 충남, 전북, 전남, 경북, 경남, 제주로 총 9개 지역이고, 경지이용률이 50% 이상인 지역은 인천, 광주, 세종, 경기, 충남, 전북, 전남, 경남으로 총 8개 지역이므로 옳지 않은 설명이다.

오답 체크

㉡ 2020년 경지이용률이 60% 이상인 지역은 인천, 광주, 충남, 전북, 전남이며, 5개 지역의 평균 경작 이용 면적은 (11.9+6.1+144.2+142.2+197.0)/5=100.28천 ha로 100천 ha 이상이므로 옳은 설명이다.

㉣ 2020년 경북의 경작 이용률은 전년 대비 46.5−46.3=0.2%p 감소하였으므로 옳은 설명이다.

빠른 문제 풀이 Tip

㉡ 각 항목의 경작 이용 면적의 합과 선택지에 제시된 평균×변량의 수를 비교한다.
경지이용률이 60% 이상인 지역은 인천, 광주, 충남, 전북, 전남으로 5개 지역이고, 5개 지역의 경작 이용 면적의 합은 11.9+6.1+144.2+142.2+197.0=501.4천 ha이다. 이때 선택지에 제시된 평균인 100천 ha와 변량의 수인 5를 곱한 값은 100×5=500천 ha로 5개 지역의 평균 경작 이용 면적은 100천 ha 이상임을 알 수 있다.

09

정답 ④

경지이용률=(경작 이용 면적/경작 가능 면적)×100임을 적용하여 구한다.
2020년 경작 가능 면적이 10천 ha 미만인 지역들은 서울, 부산, 대구, 광주, 대전, 울산, 세종이며, 이 지역들의 전체 경작 가능 면적은 0.3+5.2+7.1+8.8+3.6+9.6+7.3=41.9천 ha이고, 전체 경작 이용 면적은 0.1+2.6+3.5+6.1+1.2+4.4+4.3=22.2천 ha이다.
따라서 2020년 경작 가능 면적이 10천 ha 미만인 지역들의 전체 경작 가능 면적과 전체 경작 이용 면적에 따른 경지이용률은 (22.2/41.9)×100≒53%이다.

10

정답 ⑤

2020년 경남의 경작 가능 면적은 136.7천 ha이지만 이 그래프에서는 150.0천 ha보다 높게 나타나므로 옳지 않은 그래프는 ⑤이다.

오답 체크

① 2019년 수도권 경지이용률은 서울이 33.3%, 인천이 62.4%, 경기가 57.5%이므로 옳은 그래프이다.

② 2020년 호남지방 경작 가능 면적의 전년 대비 감소량은 광주가 8.9−8.8=0.1천 ha, 전북이 191.7−189.4=2.3천 ha, 전남이 277.9−275.4=2.5천 ha이므로 옳은 그래프이다.

③ 2019년 광역시별 경작 이용 면적은 부산이 2.6천 ha, 대구가 3.3천 ha, 인천이 11.6천 ha, 광주가 6.1천 ha, 대전이 1.3천 ha, 울산이 4.4천 ha이므로 옳은 그래프이다.

④ 2020년 영남지방 경지이용률은 부산이 50.0%, 대구가 49.3%, 울산이 45.8%, 경북이 46.3%, 경남이 57.7%이므로 옳은 그래프이다.

제3장 문제해결능력

유형공략문제

유형 1 사고력

p.206

01	02	03	04	05
④	②	①	①	①

01

정답 ④

두 번째 명제, 세 번째 명제의 '대우', 첫 번째 명제의 '대우'를 차례로 결합한 결론은 다음과 같다.

- 첫 번째 명제: 정시 퇴근을 하지 않거나 실수를 많이 하지 않는 사람은 업무 속도가 빠르지 않다.
- 세 번째 명제: 업무 속도가 빠르지 않은 사람은 타자 속도가 빠르지 않다.
- 두 번째 명제(대우): 타자 속도가 빠르지 않은 사람은 컴퓨터 게임을 많이 하지 않는다.
- 결론: 정시 퇴근을 하지 않는 사람과 실수를 많이 하지 않는 사람은 업무 속도와 타자 속도가 빠르지 않으며, 컴퓨터 게임을 많이 하지 않는다.

따라서 항상 참인 것은 'Ⓛ, ⓔ'이다.

02

정답 ②

제시된 조건에 따르면 빨강과 주황 사이에는 두 개의 색을 담았으며, 노랑과 보라는 서로 바로 옆에 담았고 초록과 빨강 사이에는 한 개 또는 세 개의 색을 담았으므로 초록은 주황과 이웃하여 담겨 있다. 이때, 파랑은 빨강의 왼쪽 바로 옆에는 담지 않았으므로 각각 파랑이 빨강의 오른쪽 옆에, 초록이 주황의 왼쪽 옆에 담겨 있다.

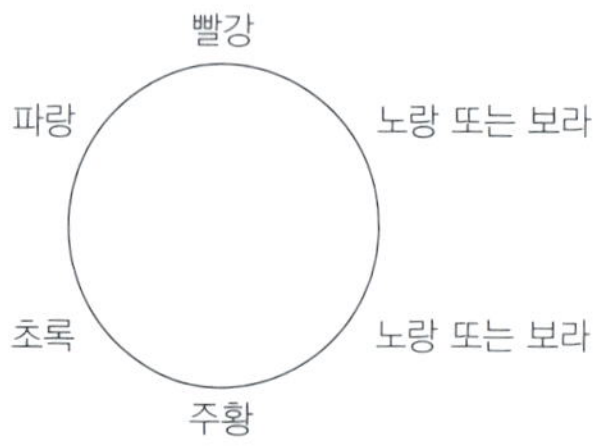

따라서 주황은 초록의 오른쪽 바로 옆에 담겨 있으므로 항상 참인 설명이다.

오답 체크

① 보라와 파랑 사이에는 한 개의 색이 담겨있을 수도 있으므로 항상 참인 설명은 아니다.
③ 파랑과 보라 사이에는 두 개의 색이 담겨 있을 수도 있으므로 항상 참인 설명은 아니다.
④ 노랑과 빨강 사이에는 한 개의 색이 담겨있을 수도 있으므로 항상 참인 설명은 아니다.
⑤ 초록과 노랑 사이에는 한 개의 색이 담겨있을 수도 있으므로 항상 참인 설명은 아니다.

03

정답 ①

펀드 상품 가입을 권유 받은 모든 사람이 ISA 상품에 가입되어 있고, 적금 상품에 가입된 어떤 사람이 펀드 상품 가입을 권유 받았으면 적금 상품에 가입되어 있으면서 ISA 상품에 가입된 사람이 반드시 존재하게 된다.
따라서 'ISA 상품에 가입된 어떤 사람은 적금 상품에 가입되어 있다.'가 항상 참인 설명이다.

오답 체크

적금 상품에 가입된 사람을 '적금', 펀드 상품 가입을 권유 받은 사람을 '펀드', ISA 상품에 가입된 사람을 'ISA', 예금 상품에 가입된 사람을 '예금'이라 하면

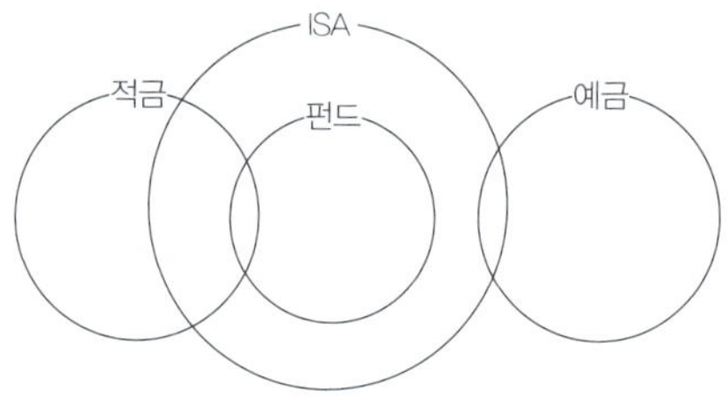

② 예금 상품에 가입된 모든 사람이 적금 상품에 가입되어 있지 않을 수도 있으므로 항상 참인 설명은 아니다.
③ 펀드 상품 가입을 권유 받은 모든 사람이 예금 상품에 가입되어 있지 않을 수도 있으므로 항상 참인 설명은 아니다.
④ 적금 상품에 가입된 어떤 사람은 ISA 상품에 가입되어 있지 않을 수도 있으므로 항상 참인 설명은 아니다.
⑤ 예금 상품에 가입되어 있지 않은 어떤 사람은 펀드 상품 가입을 권유 받았을 수도 있으므로 항상 참인 설명은 아니다.

04

정답 ①

제시된 조건에 따르면 A는 E보다 먼저 도착하였으며, D와 E 사이에 도착한 사람은 없다. 또한, B는 꼴찌가 아니며, C와 순위가 이웃한다. 이에 따라 A를 제외한 B와 C, D와 E는 각각 순위가 이웃함을 알 수 있다. A의 순위에 따라 가능한 경우는 다음과 같다.

[경우 1] A가 1위인 경우

1위	2위	3위	4위	5위
A	B 또는 C	B 또는 C	D 또는 E	D 또는 E
A	D 또는 E	D 또는 E	B	C

[경우 2] A가 3위인 경우

1위	2위	3위	4위	5위
B 또는 C	B 또는 C	A	D 또는 E	D 또는 E

따라서 C의 순위는 1위, 2위, 3위, 5위 중 하나로, 4위가 될 수 없으므로 항상 참인 설명이다.

오답 체크

② 경우 2에 따르면, A는 3위이므로 항상 참인 설명은 아니다.
③ 경우 1에 따르면, D는 2위가 될 수 있으므로 항상 참인 설명은 아니다.
④ 경우 1, 2에 따르면, E는 2위, 3위, 4위도 될 수 있으므로 항상 참인 설명은 아니다.
⑤ 경우 1, 2에 따르면, 3위를 할 가능성이 있는 사람은 A, B, C, D, E 5명이므로 항상 거짓인 설명이다.

05

정답 ①

스테이플러는 'ㄷ'자 모양으로 생긴 철사 침을 사용하여 서류 따위를 철하는 도구로, 스테이플러를 이용하여 서류를 정리한 것은 물건이 기존의 용도와 동일하게 사용된 사례이므로 기존의 틀을 바꾼 사례에 해당하지 않는다.

오답 체크

② 헤어드라이어는 젖은 머리를 말리는 기구로, 헤어드라이어의 온풍을 이용하여 어깨 결림을 완화한 사례는 기존의 틀을 바꾼 사례에 해당한다.
③ 칫솔은 이를 닦는 데 쓰는 솔로, 칫솔을 이용하여 빗의 이물질을 제거한 사례는 기존의 틀을 바꾼 사례에 해당한다.
④ 물컵은 음료를 따라서 마시는 데 쓰는 플라스틱이나 유리 따위로 만든 컵으로, 물컵을 연필꽂이로 이용한 사례는 기존의 틀을 바꾼 사례에 해당한다.
⑤ 스카치테이프는 종이를 붙이는 데 사용하는 접착용 셀로판테이프로, 스카치테이프를 이용하여 사건 현장에서 지문을 채취한 사례는 기존의 틀을 바꾼 사례에 해당한다.

유형 2 문제처리

p.210

01	02	03	04	05
③	④	⑤	④	②

01

정답 ③

'2. 주차장 이용 요금'에서 2시간 이내로 이용할 경우 무료라고 하였으며, 임씨가 2시간 주차권을 2매 구입했다면 4시간을 더 이용할 수 있어 주차장 이용 가능 시간은 최대 6시간이므로 가장 적절하지 않다.

오답 체크

① '4. 무인 정산기 이용 방법'에서 5호관 지하 2층 4호기 엘리베이터 전실에 있는 사전 정산기 이용 시 요금 정산 후 15분간의 출차 여유 시간을 부여한다고 하였으므로 적절하다.
② '3. 주차장 이용 할인권'에서 H 타워 상가 및 업무 시설 방문 고객에 한하여 주차장 이용 할인권을 판매한다고 하였으므로 적절하다.
④ '1. 주차장 운영 시간'에서 평일 운영 시간인 오후 11시 이후 입출차가 제한된다고 하였으므로 적절하다.
⑤ '2. 주차장 이용 요금'에서 최초 2시간 초과 시 10분마다 500원이 청구되며, '4. 무인 정산기 이용 방법'에서 사전 정산기 이용 시 요금 정산 후 15분간의 출차 여유 시간을 부여받을 수 있다고 하여 이용 시간이 2시간 30분일 때 사전 정산기를 이용하면 납부해야 할 주차료는 최소 1,500원이 되므로 적절하다.

02

정답 ④

위협 요소인 Q 회사의 고급 연구 인력을 확보하기 위한 노력에서 기인된 기존 직원의 Q 회사로의 이직률 증가에 대응하기 위해 약점 요소인 낮은 조직 결속도를 직원 복지의 강화와 사내 교육 시행으로 해결하는 WT(약점-위협) 전략에 해당한다.

오답 체크

① 강점 요소인 소비자와 재직자 모두에게 높은 선호도로, 기회 요소인 전자·전기 분야의 연구원 양성 환경 조성을 활용하는 전략이므로 SO(강점-기회) 전략에 해당한다.
② 약점 요소인 부족한 제품 라인업을 기회 요소인 소형 가전제품에 대한 수요 증가를 통해 해결하는 WO(약점-기회) 전략에 해당한다.
③ 강점 요소인 가전제품 개발 노하우와 안정적인 제조 기술력으로, 위협 요소인 장기화된 경기 침체로 인한 가격 경쟁의 심화에 대응하는 ST(강점-위협) 전략에 해당한다.
⑤ 위협 요소인 장기화된 경기 침체에 대응하기 위해 약점 요소인 부족한 라인업을 제품 라인 세분화를 통한 명확한 타깃 선정 이후 제품 개발 및 홍보 강화로 해결하는 WT(약점-위협) 전략에 해당한다.

03

정답 ⑤

윤희는 일반교양 4개 영역에서 한 과목씩 수강하여 8학점을 이수했고, 핵심교양 6~8영역에서 영역별로 한 과목씩 수강하면 6학점을 이수하여 전문교양 과목의 이수학점은 총 14학점이 된다.
따라서 전문교양 과목의 필수 이수학점인 20학점에서 6학점이 부족하므로 옳지 않은 내용이다.

오답 체크

① 윤희의 대학물리실험(Ⅰ) 성적은 F로 학점 인정을 받지 못했으므로 옳은 내용이다.
② 윤희가 대학교양에서 필수로 이수해야 하는 과학 과목은 총 2+1+2+1+2=8학점이므로 옳은 내용이다.
③ 윤희는 공학인증 과정에서 비인증 과정으로 변경하여 총 140학점 이상을 이수해야 하므로 옳은 내용이다.
④ 졸업 요건이 TOEIC 750점 이상이므로 윤희는 750-720=30점 이상의 점수 향상이 필요하고 성적 증명서를 반드시 제출해야 하므로 옳은 내용이다.

04

정답 ④

타일의 세로 길이는 모두 50mm이므로 탕비실 벽면에는 타일을 $\frac{200}{5}$=40줄 붙일 수 있다. 또한, 규격이 큰 타일의 가로 길이는 240mm이므로 1줄에 $\frac{120}{24}$=5개를 붙일 수 있고, 규격이 큰 타일을 4개 붙이는 경우에는 규격이 작은 타일은 2개 붙일 수 있다. 이에 따라 탕비실 벽면에 타일을 연달아 2줄 붙일 때 필요한 타일의 개수는 규격 240mm × 50mm짜리가 9개, 규격 120mm × 50mm짜리가 2개이다. 이때 벽면 가장 위쪽과 아래쪽의 각 2줄씩, 총 4줄만 레드 타일을 사용하고 36줄은 화이트 타일을 사용하므로 레드 타일은 규격 240mm × 50mm짜리가 18개, 규격 120mm × 50mm짜리가 4개 필요하고, 화이트 타일은 규격 240mm × 50mm짜리가 162개, 규격 120mm × 50mm짜리가 36개 필요하다.

따라서 필요한 타일을 구매하려면 18 × 16,000 + 4 × 9,000 + 162 × 13,000 + 36 × 7,000 = 2,682,000원이 필요하다.

05

정답 ②

빈칸에 들어갈 문제해결 절차는 '해결안 개발' 단계로, 이슈와 데이터 분석을 통해서 얻은 결과를 바탕으로 최종 원인을 확인하는 것은 '원인 분석' 단계이므로 옳지 않은 설명이다.

오답 체크

① 열거된 근본 원인을 어떠한 시각과 방법으로 제거할 것인지 명확히 하는 것은 해결안 개발 단계 중 해결안을 도출하는 과정이므로 옳은 설명이다.

③ 전체적인 관점에서 보아 해결 방향과 방법이 같은 것을 그룹핑하는 것은 해결안 개발 단계 중 해결안을 도출하는 과정이므로 옳은 설명이다.

④ 문제, 원인, 방법을 고려해서 해결안을 평가하고 가장 효과적인 해결안을 선택하는 것은 해결안 개발 단계 중 해결안 평가 및 최적안을 선정하는 과정이므로 옳은 설명이다.

⑤ 해결안의 채택 여부를 결정하는 것은 해결안 개발 단계 중 해결안 평가 및 최적안을 선정하는 과정이므로 옳은 설명이다.

정답

유형 1 사고력

p.216

01	02	03	04	05	06	07	08	09	10
④	⑤	⑤	④	③	④	④	④	③	③
11	12	13	14	15	16	17	18	19	20
③	②	⑤	②	④	⑤	①	④	④	②

유형 2 문제처리

p.226

01	02	03	04	05	06	07	08	09	10
④	④	②	⑤	③	①	④	⑤	②	③

취약 유형 분석표

유형별로 맞힌 개수, 틀린 문제 번호와 풀지 못했거나 찍었는데 맞은 문제 번호를 적어보고, 본인이 어떤 유형에 취약한지 확인해 보세요.

유형	사고력	문제처리	TOTAL
맞힌 개수	/20	/10	/30
정답률	%	%	%

※ 정답률(%) = (맞힌 개수/전체 개수) × 100

취약 유형별 학습 전략

본인의 취약한 유형은 다음 취약 유형별 학습 전략을 확인한 후, 관련 이론을 복습하고 틀린 문제 및 풀지 못했거나 찍었는데 맞은 문제를 다시 풀어보면서 확실히 극복하세요.

사고력	사고력 취약형은 기본적인 명제 이론에 대한 지식이 부족하거나 주어진 명제와 조건을 종합하여 문제를 해결하는 능력이 부족한 경우에 해당합니다. 따라서 명제, 추론 등 기본적인 논리 이론을 복습하고, 놓치는 조건이나 경우의 수가 발생하지 않도록 제시된 명제와 조건을 간결하게 정리하거나 표로 정리하여 정확하게 문제를 푸는 연습을 해야 합니다. ▶ 사고력 필수 이론 복습하기: 본책 기초이론 p.190
문제처리	문제처리 취약형은 제시된 문제 상황을 이해하는 능력이 부족하거나 필요한 정보를 선별하여 종합하는 능력이 부족한 경우에 해당합니다. 따라서 제시된 상황을 정확하게 이해하고 필요한 정보만 빠르게 선별하는 연습을 하는 것이 중요합니다. 또한, 기초이론에서 문제의 유형과 문제해결의 절차에 대해 정확히 숙지하고, 다양한 형태의 문제를 풀어보며 상황에 따라 문제를 해결하는 능력을 키우는 것이 좋습니다. ▶ 문제처리 필수 이론 복습하기: 본책 기초이론 p.196

해설

유형 1 사고력

p.216

01

정답 ④

세 번째 명제의 '대우'와 첫 번째 명제의 '대우', 두 번째 명제를 차례로 결합한 결론은 다음과 같다.

- 세 번째 명제(대우): 이기적이지 않거나 시민의식이 높은 사람은 규칙을 지킨다.
- 첫 번째 명제(대우): 규칙을 지키는 사람은 교양이 있고 용기가 부족하지 않다.
- 두 번째 명제: 용기가 부족하지 않은 사람은 비판적이다.
- 결론: 이기적이지 않은 사람은 비판적이다.

따라서 이기적이지 않은 사람은 비판적이므로 항상 참인 설명이다.

02

정답 ⑤

네 번째 명제와 세 번째 명제를 차례로 결합한 결론은 다음과 같다.

- 네 번째 명제: 떡볶이를 좋아하지 않는 사람은 국밥을 좋아한다.
- 세 번째 명제: 국밥을 좋아하는 사람은 볶음밥을 좋아하지 않는다.
- 결론: 떡볶이를 좋아하지 않는 사람은 볶음밥을 좋아하지 않는다.

따라서 떡볶이를 좋아하지 않는 사람은 볶음밥을 좋아하지 않으므로 항상 거짓인 설명이다.

오답 체크

① 순대를 좋아하는 사람이 항상 볶음밥을 좋아하는지는 알 수 없으므로 항상 거짓인 설명은 아니다.
② 김치를 좋아하지 않는 사람이 항상 순대를 좋아하지 않는지는 알 수 없으므로 항상 거짓인 설명은 아니다.
③ 국밥을 좋아하는 사람은 볶음밥을 좋아하지 않고, 볶음밥을 좋아하지 않는 사람은 김치를 좋아하지 않으므로 항상 참인 설명이다.
④ 볶음밥을 좋아하는 사람은 국밥을 좋아하지 않고, 국밥을 좋아하지 않는 사람은 떡볶이를 좋아하므로 항상 참인 설명이다.

03

정답 ⑤

세 번째 명제, 첫 번째 명제, 두 번째 명제의 '대우'를 차례로 결합한 결론은 다음과 같다.

- 세 번째 명제: D 선생님이 근무하거나 E 선생님이 근무하면 A 선생님도 근무한다.
- 첫 번째 명제: A 선생님이 근무하면 B 선생님이 근무하거나 C 선생님이 근무한다.
- 두 번째 명제(대우): D 선생님이 근무하면 B 선생님은 근무하지 않는다.
- 결론: D 선생님이 근무하면 B 선생님은 근무하지 않고 C 선생님은 근무한다.

따라서 D 선생님이 근무하면 B 선생님은 근무하지 않고 C 선생님은 근무하므로 항상 거짓인 설명이다.

04

정답 ④

첫 번째 명제의 '대우'와 세 번째 명제의 '대우'를 차례로 결합한 결론은 다음과 같다.

- 첫 번째 명제(대우): 조를 먹는 사람은 쌀을 먹지 않는다.
- 세 번째 명제(대우): 쌀을 먹지 않는 사람은 보리를 먹지 않는다.
- 결론: 조를 먹는 사람은 보리를 먹지 않는다.

따라서 조를 먹는 사람은 보리를 먹지 않으므로 항상 참인 설명이다.

05

정답 ③

세 번째 명제와 첫 번째 명제의 '대우'를 차례로 결합한 결론은 다음과 같다.

- 세 번째 명제: 크로스핏을 좋아하는 사람은 등산을 좋아하지 않는다.
- 첫 번째 명제(대우): 등산을 좋아하지 않는 사람은 조깅을 좋아하지 않는다.
- 결론: 크로스핏을 좋아하는 사람은 조깅을 좋아하지 않는다.

따라서 크로스핏을 좋아하는 사람은 조깅을 좋아하지 않으므로 항상 참인 설명이다.

오답 체크

① 등산을 좋아하지 않는 사람이 배드민턴을 좋아하는지는 알 수 없으므로 항상 참인 설명은 아니다.
② 조깅을 좋아하는 사람이 테니스를 좋아하는지는 알 수 없으므로 항상 참인 설명은 아니다.
④ 테니스를 좋아하지 않는 사람이 등산을 좋아하지 않는지는 알 수 없으므로 항상 참인 설명은 아니다.
⑤ 배드민턴을 좋아하는 사람은 테니스를 좋아하고, 테니스를 좋아하는 사람은 크로스핏을 좋아하지 않으므로 항상 거짓인 설명이다.

06

정답 ④

첫 번째 명제, 네 번째 명제의 '대우', 두 번째 명제를 차례로 결합한 결론은 다음과 같다.

- 첫 번째 명제: 과학자는 호기심이 많다.
- 네 번째 명제(대우): 호기심이 많은 사람은 상상력이 풍부하다.
- 두 번째 명제: 상상력이 풍부한 사람은 걱정이 많다.
- 결론: 과학자는 걱정이 많다.

따라서 과학자는 걱정이 많으므로 항상 참인 설명이다.

오답 체크

① 상상력이 풍부하지 않은 사람이 도전 정신이 뛰어난지는 알 수 없으므로 항상 참인 설명은 아니다.
② 걱정이 많은 사람이 과학자인지는 알 수 없으므로 항상 참인 설명은 아니다.
③ 도전 정신이 뛰어나지 않은 사람은 호기심이 많지 않고, 호기심이 많지 않은 사람은 과학자가 아니므로 항상 거짓인 설명이다.
⑤ 걱정이 많은 사람이 호기심이 많은지는 알 수 없으므로 항상 참인 설명은 아니다.

07

정답 ④

세 번째 명제의 '대우', 다섯 번째 명제, 두 번째 명제의 '대우'를 차례로 결합한 결론은 다음과 같다.

- 세 번째 명제(대우): 해산물을 좋아하는 사람은 떡볶이를 좋아하지 않는다.
- 다섯 번째 명제: 떡볶이를 좋아하지 않는 사람은 빵을 좋아하지 않는다.
- 두 번째 명제(대우): 빵을 좋아하지 않는 사람은 우유를 좋아하지 않는다.
- 결론: 해산물을 좋아하는 사람은 우유를 좋아하지 않는다.

따라서 해산물을 좋아하는 사람은 우유를 좋아하지 않으므로 항상 거짓인 설명이다.

오답 체크

① 떡볶이를 좋아하는 사람이 버섯을 좋아하는지는 알 수 없으므로 항상 거짓인 설명은 아니다.
② 버섯을 좋아하지 않는 사람이 빵을 좋아하지 않는지는 알 수 없으므로 항상 거짓인 설명은 아니다.
③ 아이스크림을 좋아하는 사람이 해산물을 좋아하는지는 알 수 없으므로 항상 거짓인 설명은 아니다.
⑤ 떡볶이를 좋아하지 않는 사람은 빵을 좋아하지 않고, 빵을 좋아하지 않는 사람은 우유를 좋아하지 않으므로 항상 참인 설명이다.

08

정답 ④

㉡ 영업관리팀 사원은 모두 등산 동호회에서 활동하고, 어떤 영업관리팀 사원은 음악 동호회에서 활동하므로 어떤 영업관리팀 사원은 등산 동호회와 음악 동호회에서 모두 활동한다. 이때 축구 동호회와 음악 동호회에 중복으로 가입한 사원은 없으므로 등산 동호회와 음악 동호회에서 모두 활동하는 영업관리팀 사원은 축구 동호회에서 활동하지 않는다. 이에 따라 등산 동호회에서 활동하는 어떤 사원도 축구 동호회에서 활동하지 않으므로 항상 거짓인 설명이다.
㉣ 어떤 영업관리팀 사원은 음악 동호회에서 활동하고, 음악 동호회에서 활동하는 사원은 모두 야구 동호회에서 활동하므로 어떤 영업관리팀 사원은 음악 동호회와 야구 동호회에서 모두 활동한다. 이때 영업관리팀 사원은 모두 등산 동호회에서 활동하여 음악 동호회, 야구 동호회, 등산 동호회에서 모두 활동하는 영업관리팀 사원이 존재하므로 항상 거짓인 설명이다.

09

정답 ③

지역본부별 딸기를 제외한 나머지 과일의 판매 실적을 계산하면 다음과 같다.

A	B	C	D	E
1,150 백만 원	660 백만 원	1,150 백만 원	900 백만 원	1,200 백만 원

㉠ 딸기를 제외하고 순위를 결정하면 나머지 과일의 총 판매 실적이 가장 큰 E가 1위가 되므로 항상 참인 설명이다.
㉢ B는 딸기를 제외한 나머지 과일의 판매 실적이 가장 작으며, 딸기의 판매 실적이 E, A, D, C, B 순으로 크면 B의 총 판매 실적도 가장 작아 순위도 가장 낮으므로 항상 참인 설명이다.
㉣ C의 딸기 판매 실적이 100백만 원, E는 50백만 원이면, C의 총 판매 실적은 1,150+100=1,250백만 원, E의 총 판매 실적은 1,200+50=1,250백만 원으로 같다. 또한, C와 E의 수박과 자몽 판매 실적의 합도 450백만 원으로 같고, C와 E는 각각 체리와 딸기의 판매 실적이 1억 원 미만으로 순위가 결정되지 않으므로 각 지역본부의 판매 실적이 가장 큰 과일의 판매 실적으로 순위를 결정해야 한다. C는 키위의 판매 실적이 650백만 원으로 가장 크고, E는 체리의 판매 실적이 400백만 원으로 가장 커 C가 E보다 순위가 높으므로 항상 참인 설명이다.

오답 체크

㉡ 딸기를 제외한 나머지 과일의 총 판매 실적은 A와 C가 1,150백만 원으로 같으므로 A와 C의 딸기 판매 실적이 같다면 수박과 자몽 판매 실적의 합으로 순위를 결정해야 한다. 수박과 자몽 판매 실적의 합은 A가 C보다 크므로 항상 거짓인 설명이다.
㉤ 딸기를 제외한 나머지 과일의 총 판매 실적은 B가 가장 작지만, 딸기의 판매 실적을 모르므로 과일 판매의 최하위 순위가 B인지는 판단할 수 없어 항상 참인 설명은 아니다.

10

정답 ③

제시된 조건에 따르면 C는 D와 직급이 같고, A와 F의 직급은 대리이므로 C와 D의 직급은 사원이다. C는 D와 서로 마주 보고 앉고, 대리는 사원 오른쪽 바로 옆자리에 앉지 않으므로 A와 F는 각각 C 또는 D 왼쪽 바로 옆자리에 앉는다. 이때 과장은 C 오른쪽 바로 옆자리에 앉고, E는 D 바로 옆자리에 앉으므로 B의 직급은 과장으로 C 오른쪽 바로 옆자리에 앉고, E의 직급은 부장으로 D 오른쪽 바로 옆자리에 앉는다.

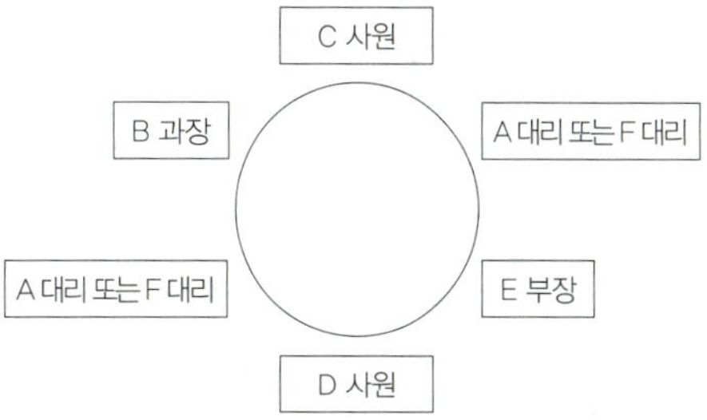

따라서 B는 C 오른쪽 바로 옆자리에 앉으므로 항상 참인 설명이다.

오답 체크

① F가 D 왼쪽 바로 옆자리에 앉을 수도 있으므로 항상 참인 설명은 아니다.
② E의 직급은 부장이므로 항상 거짓인 설명이다.
④ A와 F는 서로 마주 보고 앉으므로 항상 거짓인 설명이다.
⑤ C는 F 오른쪽 바로 옆자리에 앉을 수도 있으므로 항상 참인 설명은 아니다.

11

정답 ③

제시된 조건에 따르면 김 팀장은 4번 좌석에 앉지 않고, 김 팀장과 이 대리는 바로 옆에 이웃하여 앉으므로 김 팀장은 2, 3번 좌석 중 하나의 좌석에 앉고, 이 대리는 2, 3, 4번 좌석 중 하나의 좌석에 앉는다. 또한, 박 사원은 2번 좌석에 앉지 않으므로 1, 3, 4번 좌석 중 하나의 좌석에 앉아야 하지만, 박 사원이 3번 좌석에 앉는 경우 김 팀장과 이 대리는 바로 옆에 이웃하여 앉는다는 조건에 모순되므로 박 사원은 1, 4번 좌석 중 하나의 좌석에 앉는다. 박 사원이 앉는 좌석에 따라 가능한 경우는 다음과 같다.

[경우 1] 박 사원이 1번 좌석에 앉는 경우

택시 기사		박 사원
김 팀장 또는 이 대리 또는 빈 좌석	김 팀장 또는 이 대리	이 대리 또는 빈 좌석

[경우 2] 박 사원이 4번 좌석에 앉는 경우

택시 기사		빈 좌석
김 팀장 또는 이 대리	김 팀장 또는 이 대리	박 사원

따라서 2번 좌석에 아무도 앉지 않으면 박 사원은 1번 좌석에 앉으므로 항상 거짓인 설명이다.

오답 체크

① 김 팀장이 3번 좌석에 앉으면 이 대리는 2번 또는 4번 좌석에 앉으므로 항상 거짓인 설명은 아니다.
② 박 사원이 1번 좌석에 앉으면 3번 좌석에는 김 팀장 또는 이 대리가 앉으므로 항상 거짓인 설명은 아니다.
④ 이 대리는 1번 좌석에 앉지 않으므로 항상 참인 설명이다.
⑤ 박 사원은 3번 좌석에 앉지 않으므로 항상 참인 설명이다.

12

정답 ②

제시된 조건에 따르면 재준이는 거짓을 말하고 있다는 유진이의 진술과 자신은 해시브라운을 먹지 않았다는 재준이의 진술이 모순되므로 유진이와 재준이 중 한 명의 진술이 거짓임을 알 수 있다. 먼저 유진이의 진술이 진실인 경우, 유진이는 쿠키를 먹었고, 재준이의 진술은 거짓이므로 재준이는 해시브라운을 먹었다. 이에 따라 유진이와 재준이는 모두 해시브라운을 먹었다는 지혜의 진술은 거짓이므로 지혜는 해시브라운을 먹었다. 이때 지혜는 쿠키를 먹지 않았다는 상현이의 진술은 진실이 되어 상현이는 쿠키를 먹었고, 지혜와 유진이 중 적어도 한 명은 쿠키를 먹었다는 민철이의 진술도 진실이 되어 민철이는 쿠키를 먹었으므로 쿠키를 먹은 사람이 2명이라는 조건에 모순된다. 이에 따라 유진이의 진술은 거짓이므로 유진이는 해시브라운을 먹었고, 재준이의 진술은 진실이므로 재준이는 쿠키를 먹었다. 이에 따라 유진이와 재준이는 모두 해시브라운을 먹었다는 지혜의 진술은 거짓이므로 지혜는 해시브라운을 먹었다. 또한, 지혜는 쿠키를 먹지 않았다는 상현이의 진술은 진실이므로 상현이는 쿠키를 먹었고, 지혜와 유진이 중 적어도 한 명은 쿠키를 먹었다는 민철이의 진술은 거짓이므로 민철이는 해시브라운을 먹었다.
따라서 쿠키를 먹은 사람은 '상현, 재준'이다.

13

정답 ⑤

제시된 조건에 따르면 5명 중 1명만 진실을 말하고 있고, 나머지 4명은 모두 거짓을 말하고 있다. 먼저 승구는 진실을 말하고 있다는 혜옥이의 말이 진실인 경우 승구도 진실을 말해야 하지만 이는 1명만 진실을 말한다는 조건에 모순되므로 혜옥이의 말은 거짓이고, 보담이 또는 태수가 이벤트에 당첨됐다는 승구의 말도 거짓이므로 보담이와 태수는 모두 이벤트에 당첨되지 않았다. 이에 따라 보담이는 이벤트에 당첨되지 않았다는 나리의 말은 진실이므로 나리와 혜옥이는 모두 거짓을 말하고 있다는 태수의 말은 거짓이다. 이때 1명만 진실을 말한다는 조건에 따라 나리 또는 승구가 이벤트에 당첨됐다는 보담이의 말도 거짓이므로 나리와 승구는 이벤트에 당첨되지 않았다.
따라서 이벤트에 당첨된 사람은 '혜옥'이다.

14

정답 ②

제시된 조건에 따르면 D는 선발대로 선출되지 않았다는 A의 진술과 자신은 선발대로 선출되었다는 D의 진술이 모순되므로 A와 D 중 1명의 진술이 거짓임을 알 수 있다. 먼저 A의 진술이 거짓인 경우 D는 선발대로 선출되었고, 1명의 진술만 거짓이라는 조건에 따라 A를 제외한 나머지 진술은 진실이므로 A는 선발대로 선출되었다는 C의 진술에 따라 A는 선발대로 선출되고, B와 C 중 한 명만 선발대로 선출되었다는 E의 진술에 따라 B와 C 중 한 명만 선발대로 선출되어야 하지만, 이는 2명이 선발대로 선출되었다는 조건에 모순된다. 이에 따라 A의 진술은 진실이고, D의 진술은 거짓이므로 D는 선발대로 선출되지 않았고, A는 선발대로 선출되었다는 C의 진술에 따라 A는 선발대로 선출되었다. C와 E 중 한 명만 선발대로 선출되었다는 B의 진술과 B와 C 중 한 명만 선발대로 선출되었다는 E의 진술에 따라 C가 선발대로 선출되고, E는 선발대로 선출되지 않으며, B도 선발대로 선출되지 않는다.
따라서 선발대로 선출된 2명은 'A, C'이다.

15

정답 ④

제시된 조건에 따르면 같은 요일에 연차를 사용한 사람은 최대 3명이고, 인사팀 직원은 월요일, 수요일, 금요일에 7명씩 근무하였다. 이에 따라 월요일, 수요일, 금요일에 1명씩 연차를 사용하였고, 화요일과 목요일에 2명 또는 3명이 연차를 사용한 것을 알 수 있다. 이때, C가 가장 마지막으로 연차를 사용하였으므로 C는 금요일에 연차를 사용하였고, A와 D가 함께 연차를 사용하고 바로 다음 날에 F가 연차를 사용하였으므로 A와 D는 화요일, F는 수요일에 연차를 사용한 것을 알 수 있다. 또한, E와 G는 같은 날 연차를 사용하므로 목요일에 연차를 사용한다. 이에 따라 3명이 연차를 사용한 요일에 따라 가능한 경우는 다음과 같다.

[경우 1] 화요일에 3명이 연차를 사용한 경우

월요일	화요일	수요일	목요일	금요일
B	A, D, H	F	E, G	C
H	A, B, D	F	E, G	C

[경우 2] 목요일에 3명이 연차를 사용한 경우

월요일	화요일	수요일	목요일	금요일
B	A, D	F	E, G, H	C
H	A, D	F	B, E, G	C

따라서 수요일에 연차를 사용한 사람은 F이므로 항상 참인 설명이다.

오답 체크

① 경우 1, 2에 따르면 B와 D는 다른 날 연차를 사용할 수도 있으므로 항상 참인 설명은 아니다.
② 경우 2에 따르면 화요일에 연차를 사용한 사람은 2명일 수도 있으므로 항상 참인 설명은 아니다.
③ 경우 1, 2에 따르면 가장 먼저 연차를 사용한 사람은 B일 수도 있으므로 항상 참인 설명은 아니다.
⑤ 경우 2에 따르면 A는 B보다 먼저 연차를 사용할 수도 있으므로 항상 참인 설명은 아니다.

16

정답 ⑤

제시된 조건에 따르면 F는 미국을 선택하였고, B는 캐나다를 선택하지 않았으며 C는 캐나다를 선택하였다. 또한, A와 E는 같은 국가를 선택하였고, 미국은 최대 3명, 이외 나머지 국가는 최대 2명까지 선택할 수 있으며, 4개국 중 아무도 선택하지 않은 국가가 있으므로 아무도 선택하지 않은 국가는 영국과 호주 중 하나이다. 아무도 선택하지 않은 국가에 따라 가능한 경우는 다음과 같다.

[경우 1] 아무도 선택하지 않은 국가가 영국인 경우

미국	영국	캐나다	호주
A, E, F		C	B, D
A, E, F		C, D	B
B, D, F		C	A, E
B, F		C, D	A, E

[경우 2] 아무도 선택하지 않은 국가가 호주인 경우

미국	영국	캐나다	호주
A, E, F	B, D	C	
A, E, F	B	C, D	
B, D, F	A, E	C	
B, F	A, E	C, D	

따라서 A와 E는 캐나다를 제외한 모든 국가를 선택할 수 있으므로 항상 참인 설명이다.

오답 체크

① 경우 1, 2에 따르면 미국을 선택한 사람은 2명일 수도 있으므로 항상 참인 설명은 아니다.
② 경우 1에 따르면 아무도 선택하지 않은 국가는 영국이므로 항상 참인 설명은 아니다.
③ 경우 1, 2에 따르면 캐나다는 2명이 선택했을 수도 있으므로 항상 참인 설명은 아니다.
④ 경우 1, 2에 따르면 B와 D 중 미국을 선택한 사람이 없을 수도 있으므로 항상 참인 설명은 아니다.

17

정답 ①

제시된 내용은 '창의적 사고'에 대한 설명이다.

오답 체크

② 논리적 사고: 논리적 형식과 절차에 따라 진행되는 사고
③ 분석적 사고: 자료나 정보 간의 논리적 관계를 분석하고, 폐쇄된 사고 체계 속에서 이루어지는 사고
④ 비판적 사고: 어떤 문제를 합리적·논리적으로 분석하고 평가하는 사고
⑤ 수렴적 사고: 사전에 주어진 정보를 비교·분석·선택하여 가장 적합한 해결책을 찾아내는 사고

18

정답 ④

참석한 사람들의 자유로운 의견을 수용할 수 있는 방법으로 어떤 생각에서 다른 생각을 계속해서 떠올리는 연쇄반응을 통해 주제에 대한 의견을 계속해서 열거해 나가는 방식이므로 '브레인스토밍'에 대한 설명이다.

오답 체크

①, ② 주제와 본질적으로 닮은 것을 힌트로 하여 새로운 아이디어를 얻는 방법으로 비교발상법에 해당한다.
③, ⑤ 각종 힌트를 강제적으로 연결 지어 발상하는 방법으로 강제연상법에 해당한다.

19
정답 ④

자신이 만든 계획이나 주장을 주위 사람에게 이해시켜 실현하기 위해 필요한 능력은 논리적 사고에 적합하므로 옳지 않은 내용이다.

오답 체크

① 비판적 사고는 어떤 주제나 주장 등에 대해서 적극적으로 분석하고 종합하여 평가하는 능동적인 사고로, 분석하고 종합하여 보고서를 작성하는 교육을 하는 것은 옳은 내용이다.
② 비판적 사고를 개발하기 위해서는 어떤 현상에 대해 문제의식을 가져야 하므로 신입사원이 최근에 겪었던 문제의 원인과 해결안, 효과 등을 상기하여 마인드맵을 작성하는 교육을 하는 것은 옳은 내용이다.
③ 다른 관점을 존중하고 고정관념을 버리는 것은 비판적 사고를 개발하는 데 도움이 되므로 토론 교육을 진행하는 것은 옳은 내용이다.
⑤ 체계적이고 객관적으로 주장이나 문제를 분석해야 바람직한 비판적 사고를 할 수 있으므로 논리적 일관성을 유지하고 감정적 요소와 주관적 요소를 배제하는 교육을 진행하는 것은 옳은 내용이다.

20
정답 ②

윤 대리는 현재 상황을 개선하거나 업무의 효율을 높이기 위해 해결해야 하는 문제를 인식하고 있으므로 이는 탐색형 문제에 해당한다. 따라서 현재로서는 문제가 되지 않지만 개선을 통해 현재 업무의 효율을 향상시킨다는 내용의 '업무 프로세스 개선을 통한 영업 이익 증대'가 탐색형 문제와 관련 있다.

오답 체크

①, ④ 현재 직면하여 당장 걱정하고 해결하기 위해 고민하는 문제로 발생형 문제에 해당한다.
③, ⑤ 앞으로 발생하는 미래 상황에 어떻게 대응할지와 관련된 장래 경영 전략의 문제로 설정형 문제에 해당한다.

유형 2 문제처리
p.226

01
정답 ④

'회의 내용'에 따르면 행사 장소 사전 답사는 5월 24일(월)에 진행하지만, 행사 장소 후보에 대한 내용은 회의록에서 알 수 없는 질문이다.

오답 체크

① '회의 내용'에 따르면 홍보팀의 행사 준비 업무는 5월 19일(수)부터 회사 홈페이지 행사 안내문 업로드, 경품 목록 작성 및 필요 물품 구매가 3일 소요되어 5월 21일(금)에 완료되고, 행사 장소 사전 답사는 1일이 소요되어 5월 24일(월)에 진행함에 따라 5월 24일(월)에 완료되므로 회의록에서 알 수 있는 질문이다.
② '회의 내용'에 따르면 현수막 도안 3개, 팸플릿 도안 1개를 제작하므로 회의록에서 알 수 있는 질문이다.
③ '회의 내용'에 따르면 '◇◇기업 사내 체육대회' 준비 업무는 ㅇㅇ프로젝트 완료일의 다음 근무일부터 최우선 순위로 진행하고, '참고 사항'에 따라 ㅇㅇ프로젝트 완료일이 가장 빠른 디자인팀이 가장 먼저 사내 체육대회 업무를 진행하므로 회의록에서 알 수 있는 질문이다.
⑤ '회의 목적'에 따르면 6월 7일(월)에 ◇◇기업 사내 체육대회가 개최되므로 회의록에서 알 수 있는 질문이다.

02
정답 ④

'2. 신청 안내'에 따르면 자기 부담을 제외한 지원받은 교육 비용은 1,000－100＝900만 원이고, '4. 교육 내용'에 따르면 출석 미달 시 지원받은 교육 비용의 20%를 추가로 부담해야 함에 따라 전체 교육 일정에 70%만 참여하였다면 추가로 부담해야 하는 비용은 900×0.2＝180만 원이므로 옳지 않은 설명이다.

오답 체크

① '4. 교육 내용'에 따르면 교육 일정 내 기능사 자격 미취득자는 프로젝트 이수가 불가하고, '1. 사업 개요'에 따르면 프로젝트를 이수한 청년 농업인을 대상으로 사후 케어링 시스템을 제공하므로 옳은 내용이다.
② '2. 신청 안내'에 따르면 서류 접수 시 E-mail로 접수하면 즉시 접수가 가능하므로 옳은 내용이다.
③ '2. 신청 안내'에 따르면 교육 기간은 총 220일이고, '4. 교육 내용'에 따르면 전체 교육 일정의 80% 미만 출석자는 출석 미달이 되어 프로젝트 이수를 위해서는 전체 교육 일정에 220×0.8＝176일 이상 출석해야 하므로 옳은 내용이다.
⑤ '2. 신청 안내'에 따르면 모집 인원은 5명이고, 서류 심사 합격자는 모집 인원의 5배수인 5×5＝25명이므로 옳은 내용이다.

[03-04]
03
정답 ②

'3. 최종 평가점수 산정 기준'과 '4. 승진 평가항목 및 평가점수'에 따라 승진 대상자 5명의 최종 평가점수는 다음과 같다.

구분	A 부장	B 부장	C 부장	D 부장	E 부장
연차	15년	16년	20년	18년	22년
근무실적	24점	30점	28점	26점	26점
직무수행 능력	24점	22점	22점	24점	30점
직무수행 태도	16점	14점	14점	12점	20점
도덕성 및 청렴도	16점	14점	16점	18점	12점
특이사항	-	임원 추천	-	-	-
평가점수 합계	80점	80점	80점	80점	88점
연차점수	15×0.5 ＝7.5점	16×0.5 ＝8.0점	20×0.5 ＝10.0점	18×0.5 ＝9.0점	22×0.5 ＝11.0점
가산점수	0점	22×0.1 ＝2.2점	0점	0점	0점
최종 평가점수	87.5점	90.2점	90.0점	89.0점	99.0점

이때 '2. 승진 대상자의 선정-2)'에 따라 승진 대상자의 평가분야 점수 중 1가지 분야라도 분야별 만점의 70% 미만의 점수일 경우 승진이 불가하므로 도덕성 및 청렴도 점수가 20×0.7=14점 미만인 E 부장은 승진할 수 없다.
따라서 5명 중 승진하는 사람은 B 부장이다.

04

정답 ⑤

'2. 승진 대상자의 선정-2)'에 따라 승진 대상자의 평가분야 점수 중 1가지 분야라도 분야별 만점의 70% 미만의 점수일 경우 승진이 불가하므로 근무실적 점수가 30×0.7=21점 미만일 경우 승진이 불가하다. 이때 평가항목별 평가점수는 최우수 10점, 우수 8점, 보통 6점, 미흡 4점, 노력 2점을 부여하므로 근무실적 점수는 짝수 점수가 나와야 한다. 이에 따라 승진하기 위해 임원급 미만의 직원이 실제로 받을 수 있는 근무 실적 최소 점수는 22점이므로 옳은 내용이다.

오답 체크

① 직무수행태도 점수는 B 부장이 D 부장의 16/12 ≒ 1.3배이므로 옳지 않은 내용이다.
② C 부장이 도덕성 및 청렴도에서 16점을 받았고, 도덕성에서 최우수 10점을 받았을 경우 청렴도에서 16-10=6점인 보통을 받았으므로 옳지 않은 내용이다.
③ A 부장과 D 부장의 평가점수 합계는 동점이고 임원 추천을 받았을 경우에도 평가점수 합계에는 변화가 없으므로 옳지 않은 내용이다.
④ 연차점수를 제외한 최종 평가점수는 평가점수 합계+가산점수로 평가점수는 최대 100점, 가산점수는 30×0.1=3점으로 연차점수를 제외한 최종 평가점수는 최대 100+3=103점임에 따라 옳지 않은 내용이다.

05

정답 ③

[임시비밀번호 생성 규칙]에 따르면 임시비밀번호는 영문자 대문자, 영문자 소문자, 숫자, 특수문자 중 3종류를 조합하여 10자리 이상으로 구성되거나 4종류를 조합하여 8자리 이상으로 구성되며, 임시비밀번호에 동일한 문자 또는 숫자는 3회 이상, 개인정보로 추측할 수 있는 생년월일, ID, 전화번호와 3자리 이상 연속적인 숫자는 포함되지 않는다.
따라서 세림이가 발급받을 수 있는 임시비밀번호는 '72#94aCt'이다.

오답 체크

① 영문자 대문자, 영문자 소문자, 숫자, 특수문자 중 3종류를 조합하여 구성할 경우 10자리 이상으로 구성되므로 옳지 않은 내용이다.
② 개인정보로 추측할 수 있는 ID에 포함된 문자 또는 숫자 중 연이어 배치된 4자 이상은 임시비밀번호에 포함되지 않으므로 옳지 않은 내용이다.
④ 동일한 숫자는 3회 이상 임시비밀번호에 포함되지 않으므로 옳지 않은 내용이다.
⑤ 3자리 이상 연속한 숫자는 동시에 임시비밀번호에 포함되지 않으므로 옳지 않은 내용이다.

06

정답 ①

'2. 이용 안내'에서 이용 개시일은 접수 기간에 접수가 완료된 경우, 다음 달 1일부터 이용 개시한다고 하였으므로 [◇◇스포츠 센터 환불 신청서]에 따라 4월 5일에 환불 신청한 현주는 이용 개시일 이후에 환불을 요청하였다. 현주는 헬스와 아쿠아로빅을 각각 6개월씩 신청하였고, '3. 환불 안내'에서 프로그램 이용 개시일 후 환불을 요청한 경우 (결제한 총금액의 10%)+(경과일수×1일 이용료) 금액을 차감 후 환불받으며, 경과일수는 이용 개시일부터 1일이며, 환불 신청 일자까지 계산하므로 현주는 결제한 총금액의 10%와 경과일수 5일의 이용료를 차감한 금액을 환불받는다. 이때, 두 개 이상의 프로그램을 신청하는 경우, 총액의 5%가 추가로 할인되므로 현주가 결제한 총금액은 {(60,000×6)+(70,000×6)}×(1-0.05)=741,000원이고, 1일 이용료는 (등록 기간 1개월 기준 1개월 등록 가격)/30이며, 십 원 단위에서 올림하여 계산하므로 헬스의 1일 이용료는 70,000/30 ≒ 2,400원, 아쿠아로빅의 1일 이용료는 100,000/30 ≒ 3,400원이다.
따라서 차감되는 금액은 (741,000×0.1)+{(2,400+3,400)×5}=103,100원이므로 현주가 환불받는 금액은 741,000-103,100=637,900원이다.

[07-08]

07

정답 ④

학생 할인과 마찬가지로 경로 할인도 S, A 등급 좌석에만 적용할 수 있다. 지수는 R 등급 좌석을 예매할 계획이어서 경로 할인은 받을 수 없으므로 옳지 않은 내용이다.

08

정답 ⑤

태곤은 티켓 수령 시 주민등록증을 소지해야 하는 경로 할인을 받았으며, 하나는 학생 할인을 받지 못하고, 티켓 3매 중 2매만 복지 할인을 받았음을 알 수 있다. 다섯 명이 각자 예매 및 수령한 티켓의 좌석 등급과 매수, 할인 종류에 따라 지불한 비용은 다음과 같다.

구분	좌석 등급	매수	할인 종류	비용
다영	A 등급	3매	할인 없음	80,000×3=240,000원
태곤	S 등급	3매	경로 할인	(108,000×0.7)×3=226,800원
나윤	A 등급	4매	4인 할인	(80,000×0.9)×4=288,000원
아인	R 등급	2매	카드 할인	(120,000×0.95)×2=228,000원
하나	S 등급	3매	복지 할인 (2매)	108,000+(108,000×0.5)×2=216,000원

따라서 가장 적은 비용으로 뮤지컬을 관람한 사람은 '하나'이다.

09

정답 ②

가에서 출발하여 거리가 가장 짧은 경로로 이동해야 하므로, 가로부터 떨어진 거리가 4km로 가장 짧은 라를 먼저 들른 후, 라로부터 떨어진 거리가 3km로 가장 짧은 나로 이동한다. 그 다음 나에서 2km 떨어진 마로 이동하면 남은 지점은 다 뿐이고 모든 지점은 한 번씩만 들러야 하므로 마지막으로 4km 떨어진 다로 이동한다.
따라서 최단 경로(가 → 라 → 나 → 마 → 다)로 이동할 때의 거리는 4+3+2+4=13km이다.

10

정답 ③

ⓒ SCEPTIC의 각 항목은 Social(사회), Competition(경쟁), Economic(경제), Politic(정치), Technology(기술), Information(정보), Client(고객)이므로 옳지 않은 내용이다.
ⓓ 내부 환경 분석은 경쟁자와 비교하여 나의 강점 요인과 약점 요인을 분석하므로 옳지 않은 내용이다.

따라서 분석 방법에 대한 내용으로 옳지 않은 것은 ⓒ, ⓓ 이다.

제4장 자원관리능력

유형공략문제

유형 1 자원계산 p.248

01	02			
①	④			

01 정답 ①

흑백 출력은 1매당 20원, 컬러 출력은 1매당 80원이고, 출판물별 샘플 출력 매수가 총 200매 이상인 경우 해당 출판물 출력 비용의 10%가 할인되므로 각 출판물별 출력 비용은 다음과 같다.

구분	흑백 매수	컬러 매수	출력 매수	출력 비용
가 출판물	0매	150매	150매	150×80=12,000원
나 출판물	100매	50매	150매	(100×20)+(50×80) =6,000원
다 출판물	250매	0매	250매	250×20×0.9 =4,500원
라 출판물	0매	200매	200매	200×80×0.9 =14,400원
마 출판물	50매	100매	150매	(50×20)+(100×80) =9,000원

따라서 지불해야 하는 총 금액은 12,000+6,000+4,500+14,400+9,000=45,900원이다.

02 정답 ④

제시된 조건에 따르면 축제 기간 동안 방문하는 총 예상 방문자 수가 1만 명 이상인 지역은 A 지역, B 지역, D 지역, E 지역이고, 이 중 농산물과 관련된 축제는 A 지역, B 지역, D 지역이다. 세 지역의 총비용은 A 지역이 (330,000×3)+(65×17,000)=2,095,000원, B 지역이 (240,000×3)+(75×18,000)=2,070,000원, D 지역이 (280,000×3)+(70×17,500)=2,065,000원으로 총비용이 가장 적은 축제 지역은 D 지역이다.
따라서 H 회사가 참가할 축제 지역은 'D 지역'이다.

유형 2 자원분석 p.252

01	02			
②	④			

01 정답 ②

서울에서 싱가포르까지의 비행 시간은 6시간이므로 비행기가 금요일 오후 2시 30분에 서울에서 출발하면 싱가포르에 도착하는 시각은 서울 시각 기준 금요일 오후 8시 30분이다. 또한, 경유에 소요되는 대기 시간은 1시간 30분, 싱가포르에서 몰디브까지의 비행시간은 4시간 30분이므로 비행기는 서울 시각 기준 금요일 오후 10시에 싱가포르에서 출발하여 토요일 오전 2시간 30분에 몰디브에 도착한다. 이때 몰디브 시각은 서울 시각보다 4시간 느리므로 몰디브 시각 기준 몰디브에 도착하는 시간은 금요일 오후 10시 30분이다.

02 정답 ④

예산수립의 절차는 필요한 과업 및 활동 구명, 우선순위 결정, 예산 배정 순으로 진행되므로 가장 적절한 것은 ④이다.

정답

유형 1 자원계산

p.254

01	02	03	04	05					
①	④	④	③	⑤					

유형 2 자원분석

p.258

01	02	03	04	05	06	07	08	09	10
④	④	③	④	①	②	④	③	①	④

취약 유형 분석표

유형별로 맞힌 개수, 틀린 문제 번호와 풀지 못했거나 찍었는데 맞은 문제 번호를 적어보고, 본인이 어떤 유형에 취약한지 확인해 보세요.

유형	자원계산	자원분석	TOTAL
맞힌 개수	/5	/10	/15
정답률	%	%	%

※ 정답률(%) = (맞힌 개수/전체 개수) × 100

취약 유형별 학습 전략

본인의 취약한 유형은 다음 취약 유형별 학습 전략을 확인한 후, 관련 필수 이론을 복습하고 틀린 문제 및 풀지 못했거나 찍었는데 맞은 문제를 다시 풀어보면서 확실히 극복하세요.

자원계산	자원계산 취약형은 제시된 상황을 이해하는 능력이 부족하거나 제시된 조건을 종합하여 정확하게 계산하는 능력이 부족한 경우에 해당합니다. 따라서 문제에서 요구하는 바를 정확히 파악하고 자료에서 필요한 정보만 선별하여 확인하는 것이 중요합니다. 또한, 풀이 단계를 여러 번 거치는 형태로 출제되므로 계산 과정에서 실수하지 않도록 다양한 문제를 풀어보며 정확히 계산하는 연습을 해야 합니다.
자원분석	자원분석 취약형은 시간 · 예산 · 물적자원 · 인적자원의 특징에 대한 이해가 부족하거나 제시된 상황을 종합하여 결과를 도출하는 능력이 부족한 경우에 해당합니다. 따라서 시간 · 예산 · 물적자원 · 인적자원의 특징을 정확히 파악하고 자원관리 방법을 복습하는 것이 좋습니다. 또한, 제시되는 자료의 양이 많은 만큼 자료를 꼼꼼히 확인하여 문제에 필요한 조건을 빠트리지 않도록 주의해야 합니다. ▶ 자원분석 필수 이론 복습하기: 본책 기초이론 p.240

해설

유형 1 자원계산

p.254

01

정답 ①

K 씨는 판매점의 영업 이익을 개선하기 위해 마우스 종류별 가격 정보와 지난 달 판매 수량을 확인하여 지난 달의 판매 이윤이 가장 적은 상품의 판매를 중단하고자 하므로 마우스 종류별 지난 달의 판매 이윤은 다음과 같다.

구분	가 마우스	나 마우스	다 마우스	라 마우스	마 마우스
납품 가격	2.5만 원	3만 원	5.2만 원	1.8만 원	4.6만 원
판매 가격	4만 원	5만 원	7만 원	3만 원	6만 원
개당 판매 이윤	4−2.5 =1.5만 원	5−3 =2만 원	7−5.2 =1.8만 원	3−1.8 =1.2만 원	6−4.6 =1.4만 원
지난 달 판매 수량	22개	19개	20개	30개	25개
지난 달 판매 이윤	1.5×22 =33만 원	2×19 =38만 원	1.8×20 =36만 원	1.2×30 =36만 원	1.4×25 =35만 원

따라서 K 씨가 판매를 중단할 상품은 '가 마우스'이다.

02

정답 ④

[외화 송금 수수료 규정]에 따라 [외화 송금 내역]의 송금 기준일별 송금 수수료를 정리하면 다음과 같다.

송금 기준일	외화 송금 금액	내용	송금 수수료
3/1	$5,000	국내 타행 이체 인터넷뱅킹 이용	7,000/2 =3,500원
3/12	$5,000	해외로 송금 창구 이용 해외 중개은행 중개 수수료: 20,000원	15,000+8,000 +20,000 =43,000원
3/15	$20,000	해외로 송금 인터넷뱅킹 이용 해외 중개은행 중개 수수료: 30,000원	10,000+8,000 +30,000 =48,000원
3/23	$10,000	해외로부터 송금 창구 이용 해외 중개은행 중개 수수료: 25,000원	10,000+25,000 =35,000원
3/31	$3,800	국내 당행 이체 창구 이용	6,000원

따라서 Y 씨가 3월에 지불한 송금 수수료의 총액은 3,500+43,000+48,000+35,000+6,000=135,500원이다.

03

정답 ④

[ㅇㅇ스키장 리프트 이용 요금]에 따르면 소인은 만 13세 이하, 대인은 만 14세 이상을 의미하고, [리프트권 할인 정보]에 따라 할인은 중복 적용되지 않으며, 개인마다 할인율이 가장 높은 할인이 적용된다. 또한, 제휴 카드 할인과 ☆☆시 지역 주민 할인은 본인 외 2명까지 할인이 적용되며, 장애/국가유공자 할인은 본인에 한하여 할인이 적용된다. ☆☆시 지역 주민인 만 18세 갑과 동갑인 친구 2명은 모두 대인으로 ☆☆시 지역 주민 할인을 적용받는 것이 가장 할인율이 높지만, 갑이 모든 일행의 주말 리프트 3시간권을 제휴 카드로 온라인 예매하였으므로 3명 모두 25%의 제휴 카드 할인을 적용받아 갑이 지불한 요금은 (71,000×3)×(1−0.25)=159,750원이고, 국가유공자인 만 32세 을은 대인이고, 만 30세인 배우자도 대인이며, 만 12세인 딸은 소인으로 을이 모든 일행의 주중 리프트 4시간권을 현금으로 현장 발매하였으므로 국가유공자인 을만 본인에 한하여 50% 장애/국가유공자 할인을 적용받아 을이 지불한 요금은 63,000×(1−0.5)+63,000+46,000=140,500원이다. 또한, 만 30세인 병은 대인이고, 만 10세인 아들과 만 9세인 딸은 소인으로 병이 모든 일행의 주중 리프트 2시간권을 비제휴 카드로 현장 발매하였으므로 적용받는 할인이 없어 병이 지불한 요금은 55,000+(40,000×2)=135,000원이다.

따라서 갑, 을, 병이 각각 지불한 요금을 바르게 연결한 것은 ④이다.

[04-05]

04

정답 ③

연비는 리터당 이동거리임을 적용하여 구하면, 박 주임이 출장을 갈 때 차량을 운행하는 이동 거리는 100+50=150km이다.

따라서 박 주임이 출장을 가는 데 필요한 연료량은 150/12=12.5L이다.

05

정답 ⑤

시간=거리/속력임을 적용하여 구하면, 포장도로 제한 속도는 100km/h이고, 이동 거리는 50km이므로 박 주임은 포장도로는 50km를 100km/h로 운행하였다. 또한, 비포장도로 제한 속도는 60km/h이고, 눈이 올 경우 제한 속도의 50%로 감속 운행해야 하므로 박 주임은 비포장도로 이동 거리 100km 중 70km를 이동할 때는 60km/h로 운행하였고, 나머지 30km를 이동할 때 30km/h로 운행하였다.

따라서 박 주임이 출장을 가는 데 걸린 시간은 (50/100)+(70/60)+(30/30)=30분+1시간 10분+1시간=2시간 40분이다.

유형 2 자원분석

p.258

01

정답 ④

프로젝트 선발 조건에 따라 중요도가 높은 프로젝트를 우선으로 선발하므로 미국 프로젝트를 우선으로 선발한다. 각 프로젝트는 희망하는 직원 내에서 선발하므로 미국 프로젝트는 A, B, C, E, F 중에서 3명을 선발하며 희망 프로젝트 수가 적은 직원을 우선으로 선발하므로 희망 프로젝트 수가 1개로 가장 적은 E가 1순위로 선발된다. 그다음 희망 프로젝트 수가 2개로 적은 A, B, F는 각각 희망 프로젝트 수가 동일하므로 중요도가 높은 프로젝트를 더 많이 포함한 직원을 우선으로 선발한다. A는 베트남과 미국 프로젝트, B는 미국과 중국 프로젝트, F는 미국과 프랑스 프로젝트를 희망하며, 프로젝트별 중요도는 미국, 중국, 프랑스, 베트남 프로젝트 순으로 높으므로 B가 2순위, F가 3순위로 선발된다.
따라서 미국 프로젝트에 선발될 직원은 'B, E, F'이다.

02

정답 ④

인사총무부 수요일 업무 일정에 따르면 인사총무부 조직원 모두가 회의에 참석할 수 있는 가장 적절한 회의 시간은 16:00~17:00이다.

오답 체크

① B 계장의 공장 방문 업무가 예정되어 있으므로 적절하지 않다.
② Y 과장의 예산 편성 업무, S 사원의 창고 정리 업무가 예정되어 있으므로 적절하지 않다.
③ L 사원의 시장 조사 업무가 예정되어 있으므로 적절하지 않다.
⑤ K 부장의 보고서 검토 업무, B 계장의 업체 회의 업무가 예정되어 있으므로 적절하지 않다.

03

정답 ③

김 대리는 이용 가능 시간이 최소 6시간, 최대 수용 인원이 85명 이상, 외부 음식 반입이 허용되는 세미나실을 찾고 있으므로 B, C, D 세미나실이 적합하다. B, C, D 세미나실 중 총 이용 요금이 가장 저렴한 세미나실은 225,000원인 C, D 세미나실이고, 비용이 같다면 이용 시간이 더 긴 세미나실을 찾는다.
따라서 김 대리가 추천받은 세미나실은 'C 세미나실'이다.

04

정답 ④

[작업 실행 규칙]에 따르면 최대 2개의 작업까지 동시에 실행할 수 있으며, A 작업과 B 작업은 C 작업이 완료된 이후에 실행하고, D 작업을 완료한 직후에 F 작업을 실행하며, E 작업을 가장 늦게 실행하므로 가장 빠르게 작업을 완료하는 데 소요되는 기간은 다음과 같다.

<table>
<tr><td>C 작업(2일)</td><td colspan="2">A 작업(3일) + B 작업(4일)</td><td>-</td></tr>
<tr><td colspan="2">D 작업(5일)</td><td>F 작업(3일)</td><td>E 작업(4일)</td></tr>
</table>

이에 따라 가장 빠르게 작업을 완료하는 데 소요되는 기간은 5+3+4=12일이고, 7월 4일 월요일부터 작업을 실행하며, 토요일과 일요일 및 다른 일정이 수립되어 있는 날에는 작업을 실행하지 않으므로 6일, 12일, 21일은 작업을 실행하지 않는다.
따라서 작업이 완료되는 날짜는 7월 22일이다.

05

정답 ①

옐로나이프 지사에서 근무하는 A 사원은 밴쿠버 본사에 방문하여 1시간 동안 발표 리허설 후 서울에서 개최되는 국제박람회에 3월 15일 오후 1시에 도착하려면 서울보다 16시간 느린 옐로나이프 현지 시각으로 3월 14일 오후 9시에 서울에 도착해야 한다. 이에 따라 옐로나이프에서 밴쿠버까지 비행시간이 2시간 30분 소요되고, 밴쿠버 본사에 방문하여 1시간 동안 발표 리허설 후 밴쿠버에서 서울까지 비행시간이 15시간 30분 소요됨에 따라 총 19시간이 소요되므로 3월 14일 오전 2시에 옐로나이프에서 출발해야 한다.
따라서 A 사원이 옐로나이프 지사에서 출발해야 하는 현지 시각은 3월 14일 오전 2시이다.

06

정답 ②

A: 인적자원에서 나타나는 성과가 인적자원의 욕구와 동기, 태도와 행동 그리고 만족감 여하에 따라 결정된다는 것은 조직차원에서의 인적자원관리의 특성 중 '능동성'에 대한 내용이다.
D: 인적자원의 행동동기와 만족감은 경영관리에 의해 조건화되므로 이를 잘 관리하여야 기업의 성과를 높일 수 있다는 것은 조직차원에서의 인적자원관리의 특성 중 '능동성'에 대한 내용이다.

따라서 조직차원에서의 인적자원관리의 특성 중 서로 동일한 특성에 대해 이야기하는 사람은 'A, D'이다.

오답 체크

B: 인적자원이 자연적인 성장과 성숙은 물론 오랜 기간에 걸쳐서 개발될 수 있는 많은 잠재능력과 자질을 보유하고 있다는 것은 조직차원에서의 인적자원관리의 특성 중 '개발가능성'에 대한 내용이다.
C: 조직의 성과는 인적자원을 효과적이고 능률적으로 활용하는 데 달려있다는 것은 조직차원에서의 인적자원관리의 특성 중 '전략적 자원'에 대한 내용이다.

07

정답 ④

업무를 수행할 때에는 긴급성과 중요도에 따라 우선순위를 결정해야 한다. 신입사원에게 궁금한 사항을 정리하게 하고, 같은 시간에 자신의 업무를 처리하는 것이 시간 내에 신입사원을 교육하는 업무와 자신의 업무를 모두 완료하기 위해 가장 적절한 방안이다.

08

정답 ③

(가)는 유연근무제 중 자택에서 근무하는 재택근무형에 해당하며, (나)는 총 근무 시간을 유지하면서 주 5일 미만으로 근무하는 집약근무형에 해당한다.

09

정답 ①

인력을 배치할 때는 개인의 능력과 흥미뿐만 아니라, 전체와 개체가 균형을 이룰 수 있도록 고려하는 것이 인력 배치 원칙 중 균형주의에 해당한다.
따라서 인적자원관리에 대해 바르게 이해하지 못한 사원은 'A'이다.

오답 체크

② 각 부서에 필요한 인적자원을 조사하여 필요한 인적자원과 맞는 사원들을 배치하는 것은 인적자원관리 원칙 중 적재적소 배치의 원칙에 해당하므로 적절한 내용이다.
③ 개인에게 능력을 발휘할 수 있는 기회를 부여하되, 성과를 평가하고 평가된 능력과 실적에 상응하는 보상을 하는 것은 인력 배치의 원칙 중 능력주의에 해당하므로 적절한 내용이다.
④ 팀원의 적성이나 능력도 중요하지만, 부서마다 부족한 인원이 정해져 있다는 점을 고려하는 것은 인력 배치 유형 중 양적 배치에 해당하므로 적절한 내용이다.
⑤ 직장 내에서 구성원들이 소외감을 갖지 않도록 배려하고, 서로 유대감을 가지고 협동, 단결하는 체제를 이루도록 하는 것은 인적자원관리 원칙 중 단결의 원칙에 해당하므로 적절한 내용이다.

10

정답 ④

제시된 [교육 내용 정리]에 따르면 명함은 회사와 직무가 연상되도록 만들어 PR 도구로 사용해야 한다. 이에 따라 오피스 가구 담당 영업사원인 귀하는 직무가 연상되도록 의자나 책상 모양이 입체로 나타나는 3D 명함을 제작하면 PR 도구로 사용할 수 있으므로 교육 후에 귀하가 취할 행동으로 가장 적절한 것은 ④이다.

오답 체크

① 명함에 사내 업무용 연락처가 아닌 고객용 연락처를 기재하여 고객과 빠르고 정확한 소통이 가능하도록 해야 하므로 적절하지 않다.
② 고객 미팅 시에 특이사항은 고객의 명함에 간략히 기록하여 후속 교류를 위한 도구로 사용해야 하므로 적절하지 않다.
③ 고객의 명함은 본인만의 기준으로 분류하여 보관하며 목적에 따라 이용할 수 있도록 해야 하므로 적절하지 않다.
⑤ 명함은 항상 넉넉하게 휴대하여 가망고객에게 제공해야 하므로 적절하지 않다.

제5장 조직이해능력

유형공략문제

유형 1 조직체제

p.308

01	02			
②	②			

01 정답 ②

행복의 파트너는 프로다운 서비스 정신을 바탕으로 농업인과 고객을 가족처럼 여기고 최상의 행복 가치를 위해 최선을 다하는 농협의 인재상에 해당하므로 농협의 핵심가치에 해당하지 않는다.

02 정답 ②

조직의 목표들은 조직의 구조, 전략, 문화 등 조직체제를 구성하는 다양한 요소들과 상호관계를 맺으므로 적절하다.

오답 체크

① 조직의 실제 목표와 공식적 목표는 다를 수 있으므로 적절하지 않다.
③ 조직의 목표는 환경이나 조직 내의 다양한 원인에 의해 변동되거나 없어지고, 새로운 목표로 대치되기도 하므로 적절하지 않다.
④ 조직은 다수의 조직목표를 추구할 수 있으므로 적절하지 않다.
⑤ 조직의 목표들은 위계적 상호관계로, 서로 상하관계에 있으면서 영향을 주고받으므로 적절하지 않다.

유형 2 경영이해

p.312

01	02			
③	④			

01 정답 ③

후광 효과는 어떤 대상을 평가할 때에 그 대상의 어느 한 측면의 특질이 다른 특질들에도 영향을 미치는 현상을 말한다. 따라서 타인의 외모에서 좋은 인상을 받았을 경우 외모 외의 지능이나 성격 등도 좋게 평가하는 것은 후광 효과에 해당하는 사례로 적절하다.

오답 체크

① 자신의 가치관, 신념, 판단 따위와 부합하는 정보에만 주목하고 그 외의 정보는 무시하는 사고방식인 확증 편향에 해당하는 사례이므로 적절하지 않다.
② 초기 정보에 사고가 얽매여 그 사고의 틀에서 벗어나지 못하는 앵커링 효과에 해당하는 사례이므로 적절하지 않다.
④ 사회의 상위계층에 해당하는 소비자들을 대상으로 한 마케팅에 성공하면 그 효과가 전체 소비자들에게 빠르고 자연스럽게 확산되는 현상인 폭포 효과에 해당하는 사례이므로 적절하지 않다.
⑤ 초기 조건의 사소한 변화가 전체에 막대한 영향을 미칠 수 있는 나비 효과에 해당하는 사례이므로 적절하지 않다.

02 정답 ④

지역 단위 농협은 지역의 거주자를 조합원으로 모아 만든 상호금융조직이므로 '신용협동기구'에 해당한다.

더 알아보기

금융기관의 유형

중앙은행	한국은행	-
은행 (1금융권)	일반은행	- 시중은행(KB국민은행, KEB하나은행, 우리은행 등) - 지방은행(JB전북은행, BNK부산은행, 제주은행 등) - 외국은행 국내지점(HSBC은행, 뱅크오브아메리카 등)
	특수은행	- KDB산업은행, IBK기업은행, 한국수출입은행, 농업협동조합중앙회, 수산업협동조합중앙회
비은행 금융기관 (2금융권)	상호저축 은행	- 대신저축은행, NH저축은행, SBI저축은행 등
	신용협동 기구	- 상호금융조직(지역 농협, 지역 축협, 수협 등) - 신용협동조합 - MG새마을금고
	우체국예금	-

유형 3 비즈니스매너

p.316

01	02			
④	⑤			

01

정답 ④

"수고하셨습니다." 또는 "수고하셨어요."라는 표현은 연배가 비슷한 동료나 아래 직원에게만 사용할 수 있는 인사말이기 때문에 직장 상사에게는 사용하지 않아야 하므로 업무가 끝났을 때 상사에게 "수고하셨습니다."라는 인사말을 건네야 한다는 것은 가장 적절하지 않은 설명이다.

02

정답 ⑤

라틴아메리카, 동부 유럽, 아랍 지역은 시간 약속을 형식적으로 생각하며 상대방이 당연히 기다려줄 것으로 생각하므로 인내심을 가지고 기다려야 한다. 따라서 김 사원이 지난주 다녀온 출장지는 아랍 지역 국가인 '사우디아라비아'가 가장 적절하다.

정답

유형 1 조직체제

p.318

01	02	03	04	05	06				
④	⑤	④	④	③	①				

유형 2 경영이해

p.321

01	02	03	04	05					
⑤	②	①	②	④					

유형 3 비즈니스매너

p.324

01	02	03	04						
①	②	③	④						

취약 유형 분석표

유형별로 맞힌 개수, 틀린 문제 번호와 풀지 못했거나 찍었는데 맞은 문제 번호를 적어보고, 본인이 어떤 유형에 취약한지 확인해 보세요.

유형	조직체제	경영이해	비즈니스매너	TOTAL
맞힌 개수	/6	/5	/4	/15
정답률	%	%	%	%

※ 정답률(%) = (맞힌 개수/전체 개수) × 100

취약 유형별 학습 전략

본인의 취약한 유형은 다음 취약 유형별 학습 전략을 확인한 후, 관련 이론을 복습하고 틀린 문제 및 풀지 못했거나 찍었는데 맞은 문제를 다시 풀어보면서 확실히 극복하세요.

조직체제	조직체제 취약형은 조직이라는 개념에 대한 정확한 이해가 부족하거나 농협에 대한 지식이 부족한 경우에 해당합니다. 따라서 한국산업인력공단에서 제공하는 워크북 자료를 다시 한번 학습해야 합니다. 이때, 모든 내용을 무작정 학습하기보다는 본인이 취약하거나 생소하게 여겨지는 내용을 중심으로 학습하는 것이 좋습니다. 또한, 농협의 미션과 비전, 조직체계 등 농협 조직과 관련한 지식을 다시 한번 꼼꼼히 학습해야 합니다. ▶ 조직체제 필수 이론 복습하기: 본책 기초이론 p.270
경영이해	경영이해 취약형은 경영 및 경영 과정에 대한 정확한 이해가 부족한 경우에 해당합니다. 따라서 한국산업인력공단에서 제공하는 워크북 자료를 다시 한번 학습해야 합니다. 이때, 모든 내용을 무작정 학습하기보다는 경영자의 역할, 경영의 과정 등 기본적인 이론을 중심으로 학습하는 것이 좋습니다. 또한, 경영 과정에서 필요한 시사상식이 출제될 가능성이 있으므로 시험에 출제된 적이 있는 개념 및 이론을 확실히 학습해야 합니다. ▶ 경영이해 필수 이론 복습하기: 본책 기초이론 p.282
비즈니스매너	비즈니스매너 취약형은 직장 생활에 필요한 예절과 국제 상식에 대한 지식이 부족한 경우에 해당합니다. 출제 범위가 넓은 편이지만, 직장에서 갖추어야 할 기본적인 매너를 학습하고 여기에 문화권별 특징과 같은 특이사항을 추가 학습하는 방식으로 학습하면 효율적으로 학습할 수 있습니다. 또한, 국제 상식은 단기간에 학습하기 어려우므로 평소에 뉴스를 꾸준히 챙겨보는 것이 도움이 됩니다. ▶ 비즈니스매너 필수 이론 복습하기: 본책 기초이론 p.292

해설

유형 1 조직체제 p.318

01

정답 ④

농업협동조합법에 따른 지역농협의 목적은 조합원의 농업 생산성을 높이고 조합원이 생산한 농산물의 판로 확대 및 유통 원활화를 도모하며, 조합원이 필요로 하는 기술, 자금 및 정보 등을 제공하여 조합원의 경제적·사회적·문화적 지위를 향상시키는 것이다.
따라서 조합원의 공동이익을 증진하고 건전한 발전을 계획하는 것은 지역농협의 목적으로 적절하지 않다.

02

정답 ⑤

조합원 가입 신청자가 가입 신청서를 제출하면 이를 이사회에 부의하여 조합원으로서의 자격 유무를 심사한다. 이후 이사회의 가입 승낙에 따라 조합원 가입 신청자에게 가입 승낙 통지서가 발송되며, 이를 확인한 가입 신청자가 최초 출자금을 납입함으로써 조합원 가입이 완료된다.
따라서 지역농협의 조합원 가입 절차대로 나열하면 'ⓒ - ⓛ - ⓔ - ⓣ'이 된다.

03

정답 ④

농협 심벌마크의 [V]꼴 아랫부분은 '농'자의 'ㅇ'이 아닌 '업'자의 'ㅇ'을 변형한 것으로 원만과 돈을 의미하며 협동 단결을 상징하므로 가장 적절하지 않은 설명이다.

04

정답 ④

농협의 경제 부문은 크게 농업경제사업과 축산경제사업으로 나눌 수 있으며, 여기에는 농업인이 영농활동에 안정적으로 전념할 수 있도록 생산·유통·가공·소비에 이르기까지 다양한 경제사업을 지원하는 일이 포함된다.
따라서 경제 부문에 속하는 일은 ⓐ, ⓓ, ⓙ, ⓛ, ⓝ, ⓞ로 총 6개이다.

오답 체크

ⓑ, ⓔ, ⓗ, ⓘ, ⓚ, ⓜ은 교육지원 부문, ⓒ, ⓕ, ⓖ는 금융 부문에 속하는 일이다.

05

정답 ③

농협의 그래픽 모티브인 NH Wave가 상징하는 의미에 해당하는 것은 ㉠, ㉢, ㉥으로 총 3개이다.

더 알아보기

NH Wave

NH Wave는 인간과 자연을 위한 새로운 물결, 상생, 화합, 변화 및 조화, 혁신 그리고 새로운 바람을 상징한다.

06

정답 ①

고 사원이 속한 부서가 하는 사무실 임차 및 관리, 법률자문과 소송관리 업무는 주로 '총무부'에서 담당하는 업무이다.

유형 2 경영이해 p.321

01

정답 ⑤

㉠은 GNI(Gross National Income), ㉡은 GDP(Gross Domestic Product), ㉢은 GNP(Gross National Product)에 대한 설명이다.

02

정답 ②

SWOT은 최적의 대안을 수립하기 위해 조직의 내 · 외부 환경을 분석하는 '환경분석' 단계에 자주 활용되는 기법이다.

- SWOT 분석: 기업 내부의 강점(Strength)과 약점(Weakness), 기업을 둘러싼 외부의 기회(Opportunity)와 위협(Threat)이라는 4가지 요소를 규정하여 분석하고 이를 토대로 기업의 경영전략을 수립하는 기법

03

정답 ①

제시된 사례는 숫자를 이용하여 브랜드와 상품의 인지도를 높이는 '뉴메릭 마케팅'과 관련 있다.

오답 체크

② 앰부시 마케팅: 스포츠 경기에서 대회의 공식 스폰서가 아닌데도 불구하고 특정 선수나 팀의 스폰서가 되거나 이들을 후원하는 내용의 광고문구를 통해 대중들에게 대회의 공식 스폰서인 것처럼 인식되도록 하여 제품을 홍보하는 전략
③ 디마케팅: 기업이 자사 제품에 대한 고객들의 수요를 의도적으로 줄이는 전략
④ 니치 마케팅: 빈틈을 찾아 공략하듯이 시장을 소비자들의 특성에 따라 세분화하고 그 시장에 존재하는 소비자를 대상으로 한 전략을 짜는 마케팅 기법
⑤ 노이즈 마케팅: 고의로 자신들의 상품을 구설에 오르게 하여 소비자들의 이목을 집중시키고 판매를 늘리는 마케팅 전략

04

정답 ②

한국의 기준금리가 인하되면 자금 투자로 인해 얻을 수 있는 이자 수익률이 줄어들어 외국인 투자자금이 유출될 가능성이 높아지므로 가장 적절하지 않다.

05

정답 ④

제시된 마이클 포터의 산업 구조 분석 모형은 기존 경쟁자 간의 경쟁 정도, 잠재적 진입자의 위협, 대체재의 위협, 공급자들의 교섭력, 구매자들의 교섭력이라는 5가지 요인에 의해 해당 산업의 경쟁력과 수익성이 결정된다는 것을 설명하는 모형으로, ㉠에는 구매자, ㉡에는 대체재가 들어간다.
따라서 대체재로 교체하는 비용이 높을 경우 구매자가 대체재로 옮겨갈 가능성이 감소하여 대체재의 위협은 낮아지고 수익률이 높아지게 되므로 가장 적절하지 않다.

유형 3 비즈니스매너

p.324

01

정답 ①

독일은 금요일 오후 2시나 3시에 업무를 종료하는 회사가 많아 금요일 오후에는 약속을 잡지 않는 것이 매너이므로 가장 적절하지 않은 설명이다.

오답 체크

② 미국에서는 이름이나 호칭을 자신의 마음대로 부르지 않고 어떻게 부를지 먼저 물어보는 것이 예의이며, 인사를 하거나 이야기할 때 너무 다가가서 말하지 않고 상대방의 개인공간을 지켜 주어야 하므로 적절한 설명이다.
③ 아랍 지역에서는 시간 약속은 형식적일 뿐이며 상대방이 당연히 기다려 줄 것으로 생각하므로 적절한 설명이다.
④ 아프리카에서는 상대방과 시선을 마주 보며 대화하면 실례이기 때문에 코끝 정도를 보면서 대화해야 하므로 적절한 설명이다.
⑤ 중국에서는 겸허함이 미덕이라고 여기기 때문에 중국인과의 비즈니스 협상이나 교제 시 뻣뻣한 태도는 좋지 않으므로 적절한 설명이다.

02

정답 ②

소개를 할 때 미혼자를 기혼자에게 먼저 소개하는 것이 맞는 순서이므로 지적 사항으로 가장 적절하지 않다.

03

정답 ③

러시아에서는 짝수의 꽃이 장례식에 사용되어 꽃을 선물할 때는 홀수로 준비해야 하므로 가장 적절하지 않다.

04

정답 ④

명함을 받으면 중요한 정보를 확인하고 잘 보이는 곳에 명함을 두고 대화를 나누는 것이 맞는 예절이므로 대화 전에 명함을 바로 넣어두어야 한다고 말한 '이 사원'이 가장 적절하지 않은 대답을 한 사람이다.

NCS 실전모의고사

바로 채점 및 성적 분석 서비스

실전모의고사 1회

정답

p.330

01	①	문제해결능력	16	②	의사소통능력	31	①	수리능력	46	④	문제해결능력
02	③	수리능력	17	①	의사소통능력	32	④	의사소통능력	47	③	자원관리능력
03	②	수리능력	18	③	문제해결능력	33	③	자원관리능력	48	②	자원관리능력
04	④	의사소통능력	19	①	문제해결능력	34	④	의사소통능력	49	③	수리능력
05	③	문제해결능력	20	④	자원관리능력	35	④	자원관리능력	50	②	문제해결능력
06	④	문제해결능력	21	③	자원관리능력	36	②	자원관리능력	51	②	조직이해능력
07	③	자원관리능력	22	③	의사소통능력	37	④	수리능력	52	③	문제해결능력
08	④	수리능력	23	③	의사소통능력	38	③	수리능력	53	③	자원관리능력
09	①	의사소통능력	24	①	의사소통능력	39	①	의사소통능력	54	②	수리능력
10	①	의사소통능력	25	③	수리능력	40	③	수리능력	55	②	자원관리능력
11	②	조직이해능력	26	④	의사소통능력	41	④	자원관리능력	56	③	자원관리능력
12	④	자원관리능력	27	④	수리능력	42	④	수리능력	57	④	자원관리능력
13	④	자원관리능력	28	④	조직이해능력	43	③	문제해결능력	58	④	수리능력
14	④	수리능력	29	②	조직이해능력	44	④	문제해결능력	59	②	문제해결능력
15	①	수리능력	30	②	의사소통능력	45	②	수리능력	60	①	문제해결능력

취약 영역 분석표

영역별로 맞힌 개수와 정답률을 적고 나서 취약한 영역이 무엇인지 파악해 보세요.
정답률이 60% 미만인 취약한 영역은 틀린 문제를 다시 풀어보면서 확실히 극복하세요.

영역	의사소통능력	수리능력	문제해결능력	자원관리능력	조직이해능력	TOTAL
맞힌 개수	/13	/16	/12	/15	/4	/60
정답률	%	%	%	%	%	%

※ 정답률(%) = (맞힌 개수/전체 개수) × 100

01 문제해결능력 정답 ①

첫 번째 명제의 '대우'와 두 번째 명제의 '대우'를 차례로 결합한 결론은 다음과 같다.

- 첫 번째 명제(대우): 도보로 출근하는 사람은 버스를 선호하지 않는다.
- 두 번째 명제(대우): 버스를 선호하지 않는 사람은 지하철을 타지 않는다.
- 결론: 도보로 출근하는 사람은 지하철을 타지 않는다.

따라서 도보로 출근하는 사람은 지하철을 타지 않으므로 항상 참인 설명이다.

오답 체크

② 지하철을 타지 않는 사람이 버스를 선호하지 않는지는 알 수 없으므로 항상 참인 설명은 아니다.
③ 버스를 선호하지 않는 사람은 지하철을 타지 않고, 지하철을 타지 않는 사람은 자가용으로 출근하므로 항상 거짓인 설명이다.
④ 도보로 출근하는 사람은 버스를 선호하지 않고, 버스를 선호하지 않는 사람은 지하철을 타지 않으므로 항상 거짓인 설명이다.

02 수리능력 정답 ③

도수분포표에서 평균$=\frac{(계급값 \times 도수)의\ 총합}{도수의\ 총합}$임을 적용하여 구한다.

$\frac{(60 \times 10+70 \times 8+80 \times 7+90 \times 3+100 \times 2)}{30}=\frac{2,190}{30}=73$점이다.

03 수리능력 정답 ②

판매가=원가×(1+수익률)×(1−할인율)임을 적용하여 구한다. 원가가 5,000원인 우산에 30%의 수익을 붙여 정가를 정하였으므로 정가는 5,000×(1+0.3)=6,500원이다. 이때 판매가 부진하여 정가에서 20%를 할인하여 판매하였으므로 우산이 판매된 가격은 6,500×(1−0.2)=5,200원이다.

04 의사소통능력 정답 ④

이 보도자료는 농림축산식품부가 지속 가능한 식생활을 확산시키기 위해 제3차 식생활 교육 기본계획을 바탕으로 학생, 군 장병, 직장인 등 여러 계층에게 식생활 교육을 시행한다는 내용이므로 이 보도자료의 제목으로 가장 적절한 것은 ④이다.

05 문제해결능력 정답 ③

다음 글에서 설명하고 있는 논리적 사고 개발 방법은 '피라미드 구조화 방법'이다.

06 문제해결능력 정답 ④

제시된 [부서 배정 결과]에서 성별에 관한 내용을 먼저 확인한다. 제시된 〈참인 내용〉에 따르면 C는 여자이고, C와 D의 성별이 같으므로 D도 여자이다. 이때 B와 성별이 같은 사람은 없으므로 B는 남자이고, A는 여자임을 알 수 있다.
다음으로 4명의 신입사원의 부서를 정리하면, 제시된 〈참인 내용〉에 따라 B가 배정받은 부서는 금융투자부와 같은 자산운용본부에 속한 금융자금운용부이고, C는 회원지원본부에 배정받지 않았으므로 C가 배정받은 부서는 IT전략부가 아니다. 이때 〈거짓인 내용〉에 따라 A와 C는 모두 금융·자산 리스크관리에 속한 부서에 배정받지 않았으므로 A와 C는 경영기획에 속한 부서에 배정받아 A가 IT전략부, C가 미래혁신부에 배정받고, 나머지 D가 금융리스크관리부에 배정받았음을 알 수 있다.

A	B	C	D
여자	남자	여자	여자
IT전략부	금융자금 운용부	미래 혁신부	금융리스크 관리부

따라서 신입사원 A, B, C, D의 성별과 부서가 바르게 짝지어진 ④가 정답이다.

07 자원관리능력 정답 ③

면접 전형에 응시한 지원자의 절반이 최종 합격하므로 지원자 6명 중 최종 점수가 높은 순으로 3명이 합격한다.
[면접 점수 산출 방법]과 [지원자별 면접 점수]를 토대로 도출한 면접 점수와 최종 점수는 다음과 같다.

지원자	면접 점수	가산점	최종 점수
A	(83+91+87)/3=87점	3점	87+3=90점
B	(79+88+82)/3=83점	6점	83+6=89점
C	(92+86+86)/3=88점	4점	88+4=92점
D	(68+78+91)/3=79점	8점	79+8=87점
E	(76+82+88)/3=82점	6점	82+6=88점
F	(88+85+82)/3=85점	4점	85+4=89점

최종 점수가 높은 순서대로 최종 합격이 결정되므로 최종 점수가 92점인 C와 90점인 A가 최종 합격하고, 최종 점수가 89점으로 동일한 B와 F 중 면접 점수가 85점으로 더 높은 F가 합격한다.
따라서 최종 합격하는 지원자는 'A, C, F'이다.

08 수리능력 정답 ④

세 자연수는 차례로 5배씩 커지므로

b=5a, c=25a

이때 세 자연수의 평균은 50보다 크고 82보다 작으므로

$50 < \frac{31a}{3} < 82 \rightarrow 150 < 31a < 246$

$\rightarrow 4.83 \cdots < a < 7.93 \cdots$

$\rightarrow$ a=5, 6, 7

이때 a는 짝수이므로

a=6, b=30, c=150

따라서 세 자연수의 합은 6+30+150=186이다.

09 의사소통능력 정답 ①

'매월 열리는 행사가 ____ 모른다'라는 문맥에서는 it might ____ into a monthly event의 빈칸에 '되다, 변하다'라는 의미를 지닌 turn into의 'turn'이, '그들의 여행이 매우 힘들게 ____ 수도 있다'라는 문맥에서는 their trip could ____ out to be very difficult의 빈칸에 '되다, 밝혀지다'라는 의미를 지닌 turn out의 'turn'이 들어가는 것이 적절하다.

오답 체크

② settle: 정리하다

③ figure: 계산하다

④ spell: 바르게 쓰다

더 알아보기

- 사무실 파티는 무척 성공적이어서, 매월 열리는 행사가 될지도 모른다.
- 만약 그들이 하이킹 도중 길을 잃으면, 그들의 여행이 매우 힘들게 될 수도 있다.

10 의사소통능력 정답 ①

빈칸에 들어갈 한자성어는 도끼를 갈아서 바늘을 만든다는 뜻으로, 아무리 어려운 일이라도 끊임없이 노력하면 반드시 이룰 수 있다는 의미의 '마부위침(磨斧爲針)'이다.

오답 체크

② 호접지몽(胡蝶之夢): 나비에 관한 꿈이라는 뜻으로, 인생의 덧없음을 이르는 말

③ 각골난망(刻骨難忘): 남에게 입은 은혜가 뼈에 새길 만큼 커서 잊히지 아니함

④ 연목구어(緣木求魚): 나무에 올라가서 물고기를 구한다는 뜻으로, 도저히 불가능한 일을 굳이 하려 함을 비유적으로 이르는 말

11 조직이해능력 정답 ②

빈칸에 들어갈 용어로 가장 적절한 것은 '푸드뱅크'이다.

오답 체크

① 푸드마켓: 기부식품 및 생활용품을 편의점 형태의 매장에 진열하여 이용자가 직접 방문하여 원하는 물품을 선택할 수 있는 곳

③ 농식품바우처: 저소득 취약계층의 식품 접근성 강화와 국내산 신선 농산물의 지속 가능한 소비체계 구축, 식생활 개선을 위해 채소, 육류, 과일 등 농식품을 구매할 수 있는 이용권을 제공하는 사업

④ 푸드마일리지: 식재료가 생산, 운송, 유통 과정을 거쳐 소비자에게 가기까지 소요된 총 거리를 계량화한 것으로 계산법은 거리(km)×무게(t)임

[12-13]

12 자원관리능력 정답 ④

김 사원은 주중 4일을 운영하던 유치원이 주중 3일만 운영하는 것으로 변경됨에 따라 작은아들을 주중에 돌봐야 하는 상황이다. 주중 이틀을 아내와 하루씩 번갈아 가며 작은아들을 돌봐야 하므로 김 사원은 주중 최대 4일을 근무해야 한다. 따라서 김 사원이 적용하고자 하는 유연근무제는 총 근무시간을 유지하면서 보다 짧은 기간 동안 근무하는 '집약근무형'이다.

13 자원관리능력 정답 ④

○○은행의 [유연근무제 적용 근무 현황]에 따르면 여신, 외환, 감사 부서는 80% 이상이 유연근무제를 적용하고 있는 반면 수신 부서는 10명 모두 유연근무제를 적용하고 있지 않다. 따라서 ○○은행의 본부장은 인력 관리 차원에서 유연근무제를 활용하는 부서가 한정되어 있다는 문제점을 보완하는 것이 가장 적절하다.

14 수리능력 정답 ④

전체 외국인 근로자 수에서 서비스업 외국인 근로자 수가 차지하는 비중은 2017년에 $(100/50,837) \times 100 \fallingdotseq 0.20\%$, 2018년에 $(90/53,855) \times 100 \fallingdotseq 0.17\%$로 2017년이 더 크므로 옳은 설명이다.

오답 체크

① 2014년 전체 외국인 근로자 수는 전년 대비 58,511−51,556=6,955명 감소했으므로 옳지 않은 설명이다.

② 2016년 농축산업 외국인 근로자 수는 전년 대비 $\{(7,018-5,949)/5,949\} \times 100 \fallingdotseq 18\%$ 증가했으므로 옳지 않은 설명이다.

③ 2015년과 2018년에 어업 외국인 근로자 수는 전년 대비 증가하였지만, 건설업 외국인 근로자 수는 전년 대비 감소하였으므로 옳지 않은 설명이다.

빠른 문제 풀이 Tip

④ 분자의 크기와 분모의 크기를 비교한다.
서비스업 외국인 근로자 수는 2017년이 2018년보다 많고, 전체 외국인 근로자 수는 2017년이 2018년보다 적으므로 전체 외국인 근로자 수에서 서비스업 외국인 근로자 수가 차지하는 비중은 2017년이 2018년보다 큼을 알 수 있다.

15 수리능력 정답 ①

전체 일의 양을 1, 갑이 하루 동안 한 일의 양을 x, 을이 하루 동안 한 일의 양을 y, 병이 하루 동안 한 일의 양을 z라고 하면

$(x+y)\times6=1 \rightarrow x+y=\frac{1}{6}$ … ⓐ

$(z+y)\times10=1 \rightarrow z+y=\frac{1}{10}$ … ⓑ

$(x+y+z)\times5=1 \rightarrow x+y+z=\frac{1}{5}$ … ⓒ

ⓒ-ⓐ에서 $z=\frac{1}{5}-\frac{1}{6}=\frac{1}{30}$

ⓒ-ⓑ에서 $x=\frac{1}{5}-\frac{1}{10}=\frac{1}{10}$

이에 따라 갑과 병이 하루 동안 함께 한 일의 양은 $\frac{1}{10}+\frac{1}{30}=\frac{2}{15}$이고, 일을 마치는 데 걸린 기간은 $\frac{15}{2}=7.5$일이다.

따라서 갑과 병이 함께 일하면 일을 마치는 데 최소 8일이 걸린다.

16 의사소통능력 정답 ②

이 글은 고령 운전자에 의한 교통사고 예방 방안으로 고령자의 운전면허 반납 등 적극적인 제한이 필요하다는 의견이 제기되고 있지만 고령자의 운전을 제한하는 것보다 고령 운전자의 교통사고 자체를 줄일 수 있는 실질적이고 궁극적인 계책이 필요하다는 내용이므로 이 글의 제목으로 가장 적절한 것은 ②이다.

오답 체크

① 돌발 상황 발생 시 고령 운전자의 반응 속도가 비고령자보다 2배 느리다고 하였지만, 글 전체를 포괄할 수 없으므로 적절하지 않은 내용이다.

③ 교통사고 발생 건수 증가에 따른 인센티브제와 벌점제 확대의 필요성에 대해서는 다루고 있지 않으므로 적절하지 않은 내용이다.

④ 도로 표지판 확대가 고령 운전자에 의한 교통사고 발생률 감소에 미치는 효과에 대해서는 다루고 있지 않으므로 적절하지 않은 내용이다.

17 의사소통능력 정답 ①

제시된 단어 어지간하다는 수준이 보통에 가깝거나 그보다 약간 더 하다는 의미의 단어이다.

따라서 이렇다 할 단점이나 흠잡을 만한 것이 없다는 의미의 '무난하다'가 적절하다.

오답 체크

② 담담하다: 차분하고 평온하다

③ 엉성하다: 꽉 짜이지 아니하여 어울리는 맛이 없고 빈틈이 있다

④ 만만찮다: 보통이 아니어서 손쉽게 다룰 수 없다

[18 - 19]

18 문제해결능력 정답 ③

'1. 접수 안내'에 따르면 기존 회원 등록기간은 매월 19일~25일이지만 이는 전월 이용 회원 중 동일 프로그램 이용 회원만 해당함에 따라 B 씨가 기존에 헬스 프로그램을 수강 중이더라도 수영 프로그램은 신규 회원 등록기간인 매월 26일~매월 말일에만 신청할 수 있으므로 옳지 않은 내용이다.

오답 체크

① '3. 연기 신청 안내'에 따르면 연기 신청 이후에는 해당 프로그램의 환불이 불가하여 에어로빅 프로그램을 1개월 연기 신청한 경우 에어로빅 프로그램에 대한 금액을 환불받을 수 없으므로 옳은 내용이다.

② '4. 환불 안내'에 따르면 프로그램 폐강 시 전액 환불됨에 따라 필라테스 프로그램을 신청했으나 기준 인원 미달로 프로그램이 폐강되었으면 전액 환불이 가능하므로 옳은 내용이다.

④ '2. 이용 안내'에 따르면 두 개 이상의 프로그램을 신청하는 경우, 총액의 10%가 추가로 할인되므로 옳은 내용이다.

19 문제해결능력 정답 ①

'2. 이용 안내'에 따르면 프로그램 개강일은 매월 1일이므로 [프로그램 환불 신청서]에 따라 5월 8일에 환불 신청한 현주는 프로그램 개강일 이후에 환불을 요청하였다. 현주는 수영 프로그램과 필라테스 프로그램을 각각 3개월씩 신청하였고, '4. 환불 안내'에 따르면 프로그램 개강일 이후 환불을 요청한 경우 (결제한 총금액의 10%)+(경과일수×1일 이용료) 금액을 차감 후 환불받는다. 경과일수는 개강일부터 1일이며, 환불 신청 일자까지 계산하므로 현주는 결제한 총금액의 10%와 8일 경과일수의 이용료를 차감한 금액을 환불 받는다. 이때 두 개 이상의 프로그램을 신청하는 경우, 총액의 10%가 추가로 할인되므로 현주가 결제한 총금액은 {(82,000×3)+(110,000×3)}×(1−0.1)=518,400원이고, 1일 이용료는 (1개월 등록 가격 기준) / 30이므로 수영 프로그램의 1일 이용료는 96,000 / 30=3,200원, 필라테스 프로그램의 1일 이용료는 141,000 / 30=4,700원이다.

따라서 차감되는 금액은 (518,400×0.1)+{(3,200+4,700)×8}=115,040원이므로 현주가 환불 받을 수 있는 금액은 518,400−115,040=403,360원이다.

[20-21]

20 자원관리능력 정답 ④

A 고객은 연회장을 3시간 동안 이용할 예정이며 인원은 150명이므로 V 홀, W 홀, Y 홀이 적합하다. 호텔의 총 관리 인력은 50명이고 10월 둘째 주 목요일에는 오전 11시부터 오후 2시까지 Y 홀이 예약되어 있어 해당 시간대의 여유 관리 인력은 10명이다. 10월 셋째 주 목요일에는 낮 12시부터 오후 5시까지 X 홀이 예약되어 있어 오전 11시부터 낮 12시까지 여유 관리 인력은 50명이고, 낮 12시부터 오후 2시까지 여유 관리 인력은 20명이다.

이때 V 홀과 W 홀의 관리 인력은 20명이고 Y 홀의 관리 인력은 40명이므로 10월 둘째 주 목요일 오전 11시부터 오후 2시까지 예약 가능한 연회장은 없고, 셋째 주 목요일 오전 11시부터 오후 2시까지 예약 가능한 연회장은 V 홀과 W 홀이다. 따라서 귀하가 A 고객에게 예약을 추천할 일자는 10월 셋째 주 목요일인 '10월 19일'이고, 연회장은 이용 요금이 더 저렴한 'W 홀'이다.

21 자원관리능력 정답 ③

10월 18일 오후 1시부터 오후 4시까지 W 홀이 예약되어 있어 해당 시간대의 여유 관리 인력이 30명이고, X 홀의 관리 인력이 30명이므로 10월 18일 오후 1시부터 오후 6시까지 X 홀을 예약할 수 있다.

따라서 귀하가 B 고객에게 추천할 수 있는 날짜 및 시작 시각은 '10월 18일 오후 1시'이다.

오답 체크

① X 홀의 이용 시간은 5시간이고 모든 연회장은 오후 10시까지 운영하므로 오후 7시에는 X 홀을 예약할 수 없다.

② 10월 17일 오후 1시부터 오후 4시까지 Y 홀이 예약되어 있어 해당 시간대의 여유 관리 인력은 10명이므로 오후 2시부터 오후 7시까지 X 홀을 예약할 수 없다.

④ 10월 19일 오후 7시부터 오후 10시까지 Y 홀이 예약되어 있어 해당 시간대의 여유 관리 인력은 10명이므로 오후 5시부터 오후 10시까지 X 홀을 예약할 수 없다.

22 의사소통능력 정답 ③

밑줄 친 부분은 분별하여 알아본다는 의미로 쓰였으므로 사물의 본질, 원인 따위를 깊이 연구하여 밝힌다는 의미의 ③은 적절하지 않다.

오답 체크

① 분간(分揀): 어떤 대상이나 사물을 다른 것과 구별하여 냄

② 인식(認識): 사물을 분별하고 판단하여 앎

④ 가름: 쪼개거나 나누어 따로따로 되게 하는 일

[23-24]

23 의사소통능력 정답 ③

혈액 속 포도당 양이 증가하면 췌장에서 분비된 인슐린이 세포가 포도당을 흡수하도록 도와 혈당 수치를 정상 범위로 유지한다고 하였으므로 적절한 내용이다.

오답 체크

① 당뇨병은 완치가 되지 않는 질병이라고 하였으므로 적절하지 않은 내용이다.

② 인슐린이 부족하거나 제대로 작용하지 않으면 당뇨병이 발병한다고 하였으므로 적절하지 않은 내용이다.

④ 당뇨병의 주요 증상 중 하나는 다식이며, 체내에서 당분이 제대로 사용되지 않으면 과도한 식욕이 발생한다고 하였으므로 적절하지 않은 내용이다.

24 의사소통능력 정답 ①

당뇨병의 주요 증상은 과도한 식욕이 발생하고, 혈액에 남은 당분이 소변으로 배출되면서 수분도 함께 빠져나가 소변량이 증가하며, 그로 인해 심한 갈증을 느끼게 되는 것이므로 ㉠은 다식(多食), ㉡은 다음(多飮)이다. 따라서 ㉠, ㉡에 해당하는 한자를 바르게 연결한 것은 ①이다.

25 수리능력 정답 ③

ⓑ 20X3년 12월 수입보험료는 20X2년 12월 대비 {(3,289−3,114)/3,114} × 100 ≒ 5.6% 증가하였으므로 옳지 않은 설명이다.

ⓒ 20X3년 하반기의 평균 수입보험료 손해율은 (95.5+101.2+101.0+101.9+100.6+99.0)/6 ≒ 99.9%이므로 옳지 않은 설명이다.

오답 체크

ⓐ 20X3년 8월부터 20X3년 12월까지 농협손해보험의 수입보험료는 전월 대비 꾸준히 증가했으므로 옳은 설명이다.

ⓓ 20X3년 하반기 동안 수입보험료 손해율은 10월에 101.9%로 가장 높으므로 옳은 설명이다.

[26-27]

26 의사소통능력 정답 ④

2문단에서 신규 공급 단지들의 분양 가격이 시세보다 저렴하게 결정되면서 청약 당첨으로 시세 차익을 기대하는 수요자가 증가했다고 하였으므로 신규 공급 단지의 분양 가격은 기존 시세보다 낮게 책정되었음을 알 수 있다.

오답 체크

① 2문단에서 20여 차례에 걸친 정부의 부동산 규제에도 불구하고 집값이 계속해서 올랐다고 하였으므로 적절하지 않은 내용이다.

② 3문단에서 부동산 업계 관계자는 청약 경쟁이 치열해지는 와중에도 그만큼 가치가 높다고 평가되는 지역은 꾸준히 청약통장 신규 가입자가 증가하고 있다고 하였으므로 적절하지 않은 내용이다.

③ 1문단에서 주택청약 종합저축은 청약저축과 청약예금, 청약부금의 기능을 하나로 묶어 놓은 것으로 현재 유일하게 신규 가입을 할 수 있다고 하였으므로 적절하지 않은 내용이다.

27 수리능력 정답 ④

20XX년 1월 대비 7월 주택청약 종합저축통장 가입 수의 증가량은 서울이 6,050,167 − 5,913,388 = 136,779좌, 인천이 1,457,330 − 1,374,692 = 82,638좌, 대전이 844,838 − 819,880 = 24,958좌, 광주가 764,166 − 745,804 = 18,362좌, 대구가 1,220,423 − 1,189,550 = 30,873좌, 울산이 477,534 − 455,274 = 22,260좌, 부산이 1,716,368 − 1,654,362 = 62,006좌로 증가량이 가장 큰 지역은 서울이고, 두 번째로 큰 지역은 인천이다.

따라서 서울과 인천의 20XX년 1월 대비 7월 주택청약 종합저축통장 가입 수의 증가량의 합은 136,779 + 82,638 = 219,417좌이다.

[28 - 29]

28 조직이해능력 정답 ④

제시된 결재 규정에 따르면 100만 원 이하의 사외 교육비의 결재를 받을 때 필요한 서류는 기안서와 지출결의서이며, 모두 팀장 전결에 해당한다.

따라서 최고결재권자로부터 전결 권한을 위임받은 팀장의 결재란에 '전결', 최종결재란에 '팀장'을 표시하고, 결재가 불필요한 직책자인 파트장의 결재란에 상향대각선을 표시한 기안서가 가장 적절하다.

29 조직이해능력 정답 ②

제시된 결재 규정에 따르면 금액과 상관없이 거래처 경조사비의 결재를 받을 때 필요한 서류는 접대비지출품의서와 지출결의서이며, 접대비지출품의서는 파트장 전결, 지출결의서는 대표이사 결재에 해당한다.

따라서 최고결재권자로부터 전결 권한을 위임받은 파트장의 결재란에 '전결', 최종결재란에 '파트장'을 표시한 접대비지출품의서가 가장 적절하다.

30 의사소통능력 정답 ②

조지 케일리가 양력, 중력, 추력, 항력 등의 개념을 통해 오늘날 고정익 항공기의 기초가 되는 혁신적인 원리를 고안해냈다고 하였으므로 과학적인 고찰을 통해 조지 케일리가 현대 항공공학의 이론적 터전을 확립하였음을 알 수 있다.

오답 체크

① 사람이 처음으로 하늘을 날았다는 공식적인 기록은 1783년 몽골피에 형제의 열기구 비행이라고 하였으므로 적절하지 않은 내용이다.

③, ④ 1903년에 라이트 형제가 인류 최초의 동력 비행에 성공하였다고 하였으므로 적절하지 않은 내용이다.

31 수리능력 정답 ①

기말불의 경우 복리 적금 상품 만기 시 받는 원리금은 $\frac{\text{원금}\{(1+\text{이자율})^{\text{기간}}-1\}}{(1+\text{이자율})-1}$, 단리 적금 상품 만기 시 받는 원리금은 원금 × 기간 + 원금 × 이자율 × $\frac{\text{기간}(\text{기간}-1)}{2}$임을 적용하여 구한다.

수민이는 1월 1일에 복리 적금 갑 상품과 단리 적금 을 상품에 동시에 가입하여 매월 말일에 서로 같은 금액을 3년 동안 일정하게 적금하였으므로 매월 갑 상품과 을 상품에 각각 적금한 금액을 x만 원이라고 하면

갑 상품에 매월 적금한 원금은 x만 원, 월 이자율은 4%, 기간은 36개월이므로

돌려받은 원리금은 $\frac{x\{(1+0.04)^{36}-1\}}{(1+0.04)-1} \fallingdotseq \frac{x(4.1-1)}{0.04} \fallingdotseq 77.5x$이고,

을 상품에 매월 적금한 원금은 x만 원, 월 이자율은 5%, 기간은 36개월이므로

돌려받은 원리금은 $36x + x \times 0.05 \times \frac{36(36-1)}{2} = 36x + 31.5x = 67.5x$이다.

이때, 돌려받은 원리금은 을 상품보다 갑 상품이 50만 원 더 많았으므로

$77.5x = 67.5x + 50 \rightarrow x = 5$

따라서 수민이가 매월 갑 상품과 을 상품에 각각 적금한 금액은 5만 원이다.

32 의사소통능력 정답 ④

이 글은 콜럼버스가 신대륙 발견을 통해 세계사에 한 획을 그은 인물로 긍정적인 평가를 받아왔으나, 제국주의적 성향을 띠었다는 점과 신대륙을 발견한 최초의 인물이 아닐 수도 있다는 점을 고려하여 다시 평가되어야 한다는 내용이므로 이 글의 중심 내용으로 가장 적절한 것은 ④이다.

33 자원관리능력 정답 ③

송년회는 만년필을 주문하는 날로부터 열흘 뒤이므로 배송 소요 시간이 2주가 걸리는 B 만년필은 주문할 수 없다. 전 직원 1,000명에게 1인당 2개씩 선물하려면 2,000개의 만년필을 주문해야 하며, 만년필 가격표에 따른 A, C, D 만년필에 회사 마크를 레이저 인쇄한 총비용은 다음과 같다.

구분	만년필 비용	레이저 인쇄 비용	총비용
A 만년필	25,000 × 2,000 × 1.1 = 55,000,000원	20 × 30,000 = 600,000원	55,600,000원
C 만년필	23,000 × 2,000 × 1.1 = 50,600,000원	2,000 × 700 = 1,400,000원	52,000,000원
D 만년필	22,000 × 2,000 × 1.1 = 48,400,000원	2,000 × 1,000 = 2,000,000원	50,400,000원

만년필 구매에 사용할 수 있는 예산은 5,500만 원이므로 총비용이 5,500만 원을 초과하는 A 만년필은 주문할 수 없다.
따라서 C 만년필과 D 만년필 중 예산을 최대한 사용할 때 주문하게 될 만년필은 'C 만년필'이다.

34 의사소통능력 정답 ④

한글 맞춤법 제5항에 따라 한 단어 안에서 뚜렷한 까닭 없이 나는 된소리는 다음 음절의 첫소리를 된소리로 적되 'ㄱ, ㅂ' 받침 뒤에서 나는 된소리는 같은 음절이나 비슷한 음절이 겹쳐 나는 경우가 아니면 된소리로 적지 아니한다.
따라서 '싹둑'을 '싹뚝'으로 대체하는 것은 가장 적절하지 않다.

오답 체크

① 형용사는 어미 '-는'을 붙여 활용하지 않으므로 형용사인 '걸맞다'는 '걸맞은'으로 수정해야 한다.
② '잇달다'의 준말은 '잇단'이므로 '잇달은'을 '잇단'으로 바꿔 써야 한다.
③ 시간의 흐름을 의미하는 의존 명사 '만'은 띄어 쓰는 것이 적절하므로 '10여 년만에'를 '10여 년 만에'로 띄어 써야 한다.

35 자원관리능력 정답 ④

계획에 따른 수행 단계는 계획에 맞게 업무를 수행해야 하는 단계이다. 계획에 얽매일 필요는 없지만 최대한 계획대로 수행하는 것이 바람직하며, 불가피하게 수정이 필요한 경우에는 전체 계획에 미칠 수 있는 영향을 고려해야 한다.
따라서 빈칸에 들어갈 내용으로 가장 적절하지 않은 것은 ④이다.

36 자원관리능력 정답 ②

박 주임의 직급은 주임이므로 출장 일자별로 주임~과장 직급의 출장 수당과 편도 교통비를 지급 기준으로 산출된 왕복 교통비의 합을 출장비로 지급받는다. 또한, 개인차량 이용 시 왕복 교통비는 편도 교통비를 지급 기준으로 산출된 왕복 교통비의 80%가 지급되고, 출장 지역이 제주도 지역일 경우, 편도 교통비는 수도권 외 기준 편도 교통비 금액의 150%가 지급된다. 5월 13일에 다녀온 출장 지역은 서울특별시이고, 출장 기간은 당일 4시간이며 개인차량을 이용하였으므로 출장비는 (60,000 × 0.5) + (35,000 × 2 × 0.8) = 86,000원이 지급된다. 5월 22일에 다녀온 출장 지역은 전라남도이고, 출장 기간은 1박 2일이며 개인차량을 이용하였으므로 출장비는 (85,000 × 2) + (65,000 × 2 × 0.8) = 274,000원이 지급된다. 또한, 5월 25일에 다녀온 출장 지역은 강원도이고, 출장 기간은 2박 3일이므로 출장비는 (85,000 × 3) + (65,000 × 2) = 385,000원이 지급된다. 5월 29일에 다녀온 출장 지역은 제주도이고, 출장 기간은 2박 3일이므로 출장비는 (85,000 × 3) + (65,000 × 1.5 × 2) = 450,000원이 지급된다.
따라서 박 주임이 지급받을 5월 출장비의 총액은 86,000 + 274,000 + 385,000 + 450,000 = 1,195,000원이다.

37 수리능력 정답 ④

두 열차가 운행을 시작하여 최초로 만나는 시각은 운행시간의 최소공배수임을 적용하여 구한다.
50을 소인수분해하면 $50 = 2 \times 5^2$이고, 40을 소인수분해하면 $40 = 2^3 \times 5$이다.
최소공배수는 적어도 한 숫자에 포함된 인수의 곱이므로 두 수의 최소공배수는 $2^3 \times 5^2 = 200$이고, 공배수는 200, 400, 600, …이다.
따라서 두 열차가 세 번째로 만날 때의 시각은 600분 = 10시간 후인 오후 6시이다.

38 수리능력 정답 ③

전체 일의 양을 1이라고 하면 가영이가 1시간 동안 혼자 할 수 있는 일의 양은 $\frac{1}{6}$, 나영이가 1시간 동안 혼자 할 수 있는 일의 양은 $\frac{1}{9}$, 다영이가 1시간 동안 혼자 할 수 있는 일의 양은 $\frac{1}{18}$이다.
이때 가영이와 다영이가 3시간 동안 함께 한 일의 양은 $\left(\frac{1}{6}+\frac{1}{18}\right) \times 3 = \frac{2}{3}$이므로 남은 일의 양은 $1-\frac{2}{3}=\frac{1}{3}$이다.
나영이와 다영이가 함께 일하는 데 걸린 시간을 x라고 하면
$\left(\frac{1}{9}+\frac{1}{18}\right) \times x = \frac{1}{3} \rightarrow x = 2$
따라서 나영이와 다영이가 함께 남은 빅데이터를 정리하는 데 걸린 시간은 2시간이다.

39 의사소통능력 정답 ①

'1) 임시 우회 운행 일시' 항목을 통해 통근 버스가 20△△년 10월 6일에 오전 7시 30분부터 오후 5시 30분까지 임시 우회 운행한다는 문서의 정보 및 현안을 파악하고 있으므로 3단계에 맞춰 문서를 이해한 것으로 가장 적절하다.

오답 체크

②는 2단계, ③은 5단계, ④는 4단계에 맞춰 문서를 이해한 것이다.

40 수리능력 정답 ③

제시된 자료에 따르면 2014년 과실별 생산면적은 사과가 307백 ha, 배가 131백 ha, 복숭아가 155백 ha, 포도가 163백 ha, 감귤이 213백 ha, 감이 280백 ha, 자두가 57백 ha이므로 옳은 그래프는 ③이다.

오답 체크

① 2017년 감의 생산면적은 247백 ha이지만, 이 그래프에서는 240백 ha보다 낮게 나타나므로 옳지 않은 그래프이다.
② 2016년 복숭아의 생산면적은 199백 ha이지만, 이 그래프에서는 190백 ha보다 낮게 나타나므로 옳지 않은 그래프이다.
④ 2018년 포도의 생산면적은 128백 ha이지만, 이 그래프에서는 130백 ha보다 높게 나타나므로 옳지 않은 그래프이다.

41 자원관리능력 정답 ④

제시된 지문은 '노하우 부족'에 대한 설명이다.

오답 체크

① 비계획적 행동: 계획 없이 충동적이고 즉흥적으로 행동하는 경우로, 목표치가 없기 때문에 얼마나 낭비하는지도 파악하지 못하는 경우에 해당하는 요인
② 편리성 추구: 자신의 편리함을 최우선으로 추구하는 경우에 해당하는 요인
③ 자원에 대한 인식 부재: 자신이 중요한 자원을 가지고 있다는 인식이 없는 경우에 해당하는 요인

42 수리능력 정답 ④

2024년 무농약 친환경 농산물 재배 농가 수당 무농약 곡류 및 채소류 생산량은 (223+199)/90 ≒ 4.7톤/호로 2024년 유기농 친환경 농산물 재배 농가 수당 유기농 곡류 및 채소류 생산량인 (49+41)/16 ≒ 5.6톤/호보다 적으므로 옳지 않은 설명이다.

오답 체크

① 2024년 인증 종류별 친환경 농산물 생산량이 많을수록 생산량 구성비도 크며, 무농약 친환경 농산물 생산량이 223+60+199+27+170+14=693천 톤으로 유기농, 저농약보다 많아 생산량 구성비도 가장 크므로 옳은 설명이다.
② 2024년 저농약 친환경 농산물 재배 농가 수 1호당 생산량은 (7+260+103+1)/23=371/23 ≒ 16.1톤으로 무농약 친환경 농산물 재배 농가 수당 생산량인 (223+60+199+27+170+14)/90=693/90=7.7톤보다 1호당 16.1−7.7 ≒ 8.4톤 더 많으므로 옳은 설명이다.
③ 2023년까지 친환경 농산물 전체 재배 농가 수는 전년 대비 감소하였고, 유기농 친환경 농산물 재배 농가 수는 전년 대비 증가하여 친환경 농산물 전체 재배 농가 수에서 유기농 친환경 농산물 재배 농가 수가 차지하는 비중은 2023년까지 매년 전년 대비 증가하였으며, 친환경 농산물 전체 재배 농가 수에서 유기농 친환경 농산물 재배 농가 수가 차지하는 비중은 2023년에 (17/143)×100 ≒ 11.9%, 2024년에 (16/129)×100 ≒ 12.4%로 2024년에도 전년 대비 증가하였으므로 옳은 설명이다.

43 문제해결능력 정답 ③

제시된 조건에 따르면 갑~무는 서로 다른 사무용품을 신청하였고, 사무용품을 신청한 요일도 모두 다르다. 을은 수요일에 견출지를 신청하였고, 금요일에 사무용품을 신청한 사람은 지우개를 신청하였다. 이때 정은 갑과 병보다 늦게 사무용품을 신청하였고, 플래그를 신청하였으므로 갑 또는 병이 월요일 또는 화요일에 사무용품을 신청하였고, 정은 목요일에 플래그를 신청하였다. 이에 따라 무가 금요일에 지우개를 신청하였고, 월요일에 사무용품을 신청한 사람은 볼펜을 신청하였으므로 화요일에 사무용품을 신청한 사람은 샤프를 신청하였음을 알 수 있다.

구분	월요일	화요일	수요일	목요일	금요일
신청자	갑 또는 병	갑 또는 병	을	정	무
사무용품	볼펜	샤프	견출지	플래그	지우개

따라서 무가 신청한 사무용품은 지우개이므로 항상 거짓인 설명이다.

오답 체크

① 갑은 월요일 또는 화요일에 사무용품을 신청하였으므로 항상 거짓인 설명은 아니다.
② 병이 신청한 사무용품은 볼펜 또는 샤프이므로 항상 거짓인 설명은 아니다.
④ 정은 목요일, 무는 금요일에 사무용품을 신청하였으므로 항상 참인 설명이다.

44 문제해결능력 정답 ④

제35조 1항 4호에 의해 전월 리볼빙 이월 잔액이 130만 원이고, 리볼빙 수수료율이 5.9%, 이용경과일수는 60일이며, 해당연도가 윤년이라면 리볼빙 수수료는 1,300,000×0.059×60/366 ≒ 12,600원이므로 옳지 않은 설명이다.

오답 체크

① 제35조 2항에 의해 A가 결제일에 최소결제금액 미만으로 결제하였다면 A는 연체 상태로 처리됨을 알 수 있으므로 옳은 설명이다.
② 제35조 1항 3호에 의해 A의 약정결제비율이 30%이면 A의 리볼빙 약정청구원금은 (1,300,000+700,000)×0.3=600,000원이므로 옳은 설명이다.
③ 제35조 1항 2호에 의해 A의 최소결제비율이 10%이면 A의 리볼빙 최소청구원금은 (1,300,000+700,000)×0.1=200,000원이므로 옳은 설명이다.

45 수리능력 정답 ②

분산은 각 변량과 평균의 차이의 제곱합을 변량의 개수로 나눈 값임을 적용하여 구한다.
가맹점 A의 상반기 매출액의 분산은
$\frac{(2-3)^2+(3-3)^2+(5-3)^2+(1-3)^2+(4-3)^2+(3-3)^2}{6}=\frac{5}{3}$이고,
가맹점 B의 상반기 매출액의 분산은
$\frac{(4-2)^2+(2-2)^2+(2-2)^2+(1-2)^2+(2-2)^2+(1-2)^2}{6}=1$이다.

따라서 두 가맹점의 상반기 매출액에 대한 분산의 차이는 $\frac{5}{3}-1=\frac{2}{3}$이다.

46 문제해결능력

정답 ④

제시된 조건에 따르면 B와 C는 창가 자리에 앉아 있고, C의 바로 앞자리에 앉아 있는 사원은 을, D의 바로 뒷자리에 앉아 있는 사원은 B이므로 을과 D도 창가 자리에 앉아 있다. 또한, 을이 B보다 오른쪽 자리에 앉아 있으므로 을과 C는 오른쪽 창가 자리에 앉아 있으며 B와 D는 왼쪽 창가 자리에 앉아 있음을 알 수 있다. 이때 D는 여자 사원 바로 옆자리에 앉아 있으므로 A는 D의 바로 옆자리인 통로 왼쪽 앞자리에 앉게 되고, 병의 바로 앞자리에 앉아 있는 사원은 정이므로 통로 오른쪽 앞자리에 앉아 있는 사원은 정, 통로 오른쪽 뒷자리에 앉아 있는 사원은 병이다.

왼쪽 창	D	A	통로	정	을	오른쪽 창
	B	갑		병	C	
	뒤					

따라서 C 사원 바로 옆자리에 앉은 사원은 '병'이다.

47 자원관리능력

정답 ③

연수원별 사용 불가한 객실 수를 제외한 정원 수를 계산하면, A 연수원은 VIP형 4실이 사용 불가하므로 {(10−4)×3}+(15×8)=138명, B 연수원은 일반형 2실이 사용 불가하므로 (19×2)+{(26−2)×4}=134명, C 연수원은 VIP형 1실, 일반형 2실이 사용 불가하므로 {(15−1)×2}+{(20−2)×6}=136명, D 연수원은 일반형 3실이 사용 불가하므로 (12×3)+{(24−3)×5}=141명, E 연수원은 VIP형 3실, 일반형 1실이 사용 불가하므로 {(14−3)×2}+{(30−1)×4}=138명이 숙박할 수 있다. 이때 ◇◇회사의 직원 수는 총 83+56=139명으로 전 직원이 숙박 가능한 연수원은 D 연수원이다.

따라서 이 대리가 예약할 연수원의 사용 불가한 객실 수를 포함한 총 객실 수는 12+24=36실이다.

48 자원관리능력

정답 ②

제시된 정보에 따르면 A 사에서는 자사 제품 설명회를 위해 회사 근처 세미나실을 5일간 대관할 예정이며, 세미나실 대관에 배정된 예산은 350만 원이다. 이에 따라 1일간 대관료가 350/5=70만 원을 초과하는 라 세미나실은 제외하고 고려한다. 이에 따라 귀하는 배정된 예산 내에서 선택 가능한 가, 나, 다 세미나실 중 회사에서의 이동 시간이 가장 짧은 세미나실을 대관해야 한다.

따라서 귀하가 대관할 세미나실은 '나' 세미나실이다.

49 수리능력

정답 ③

29는 소수임에 따라 $a(a-b)=29$인 두 자연수는 1과 29가 유일하므로 $a=1$, $(a-b)=29$이거나 $a=29$, $(a-b)=1$이다. 먼저 $a=1$, $(a-b)=29$이면, $b=-28$이므로 a와 b가 모두 자연수라는 조건에 모순된다. 다음으로 $a=29$, $(a-b)=1$이면, $b=28$이므로 a와 b는 모두 자연수라는 조건에 성립한다.

따라서 $a^2-b^2=29^2-28^2=841-784=57$이다.

50 문제해결능력

정답 ②

자사 분석에서 저녁 시간대에 매출 비중이 치중되어 있다고 하였고, 경쟁사 분석에서 공격적인 마케팅을 통해 판매 채널을 다각화했다고 하였으므로 G 외식업체가 최근 침체된 매출 문제를 해결하기 위한 전략으로 기존 판매 채널을 적극 활용하여 저녁 시간대의 매출을 극대화하는 것은 적절하지 않다.

51 조직이해능력

정답 ②

농토피아의 구체적인 방향성은 대우받는 농업, 희망이 있는 농촌, 존경받는 농업인이다.

따라서 A에는 '대우받는 농업', B에는 '존경받는 농업인'이 들어가야 한다.

52 문제해결능력

정답 ③

'6. 사업 절차'에 따르면 축산물품질평가원이 전산실적 확인 후 S/W 업체에 직접 지원금을 지급하므로 옳지 않은 내용이다.

오답 체크

① '5. 지원 내용'에 따르면 지원금은 유통업체 1개소당 50만 원, 사업예산은 320백만 원이므로 지원 가능한 유통업체 수는 32,000/50=640개소이므로 옳은 내용이다.
② '3. 신청 자격'에 따르면 닭·오리·계란 유통 이력정보의 전산 신고를 원하는 유통업체만 해당 전산연계 지원 사업에 지원할 수 있으므로 옳은 내용이다.
④ '4. 신청 방법'에 따르면 전산연계 지원 사업은 지원 신청서를 전용 이메일 창구로 제출해야 하므로 옳은 내용이다.

53 자원관리능력

정답 ③

[우수 직원 포상 규정]에 따르면 최종 점수는 근속연수 점수, 프로젝트 기여 점수, 고객 칭찬 점수를 모두 합산한 점수이며, 최종 점수에 따라 특별 상품을 지급한다. 이에 따라 우수 직원들의 최종 점수는 다음과 같다.

구분	근속연수 점수	프로젝트 기여 점수	고객 칭찬 점수	최종 점수
정 팀장	10점	5점	5점	10+5+5=20점
서 과장	8점	7점	10점	8+7+10=25점
최 대리	6점	10점	3점	6+10+3=19점
박 사원	4점	3점	7점	4+3+7=14점
강 사원	4점	7점	10점	4+7+10=21점

따라서 서 과장은 우수 직원 중 최종 점수가 25점으로 가장 높으므로 옳은 내용이다.

오답 체크

① 강 사원의 최종 점수는 21점으로 16점 이상 24점 미만에 해당하여 특별 상품으로 제주도 여행을 지급받으므로 옳지 않은 내용이다.
② 정 팀장의 최종 점수는 20점, 최 대리의 최종 점수는 19점으로 최종 점수가 서로 다르므로 옳지 않은 내용이다.
④ 박 사원의 최종 점수는 14점으로 16점 미만에 해당하여 특별 상품으로 포상금을 지급받으므로 옳지 않은 내용이다.

54 수리능력 정답 ②

수익률 $=\frac{수익}{원가}\times 100$임을 적용하여 구한다.

원가=판매가-수익이므로

자동차 다섯 대의 원가는 $(3{,}500\times5)-5{,}000=12{,}500$만 원이므로 자동차 한 대당 수익률은 $\frac{5{,}000}{12{,}500}\times100=40\%$이다.

55 자원관리능력 정답 ②

제시된 자료에 따르면 1일 업무 시작 전 재고 조사 결과, A4용지의 재고량은 $6\times500=3{,}000$매이다. 1일 업무 시작 이후부터 예상 사용량에 따라 용지를 사용하면 10일 업무가 종료되었을 때의 A4용지 재고량은 $3{,}000-(380+430+250+350+510+300+540+230)=10$매이다. 이에 따라 13일부터 A4용지가 부족하므로 바로 전 근무일인 10일까지 A4용지 배송이 완료되어야 한다. 오전에 주문하면 당일 배송이 시작되어 2일 후에 배송이 완료되고, 오후에 주문하면 다음 날 배송이 시작되어 주문일로부터 3일 후에 배송이 완료되므로 배송기간에 포함되지 않는 주말을 제외하고 2일 전인 8일 오전에 주문해야 한다.

이때 매주 수요일은 ◇◇제지의 재고 점검 업무로 오후 주문만 가능하므로 7일 오후에 A4용지를 주문해야 한다.

따라서 A4용지를 주문해야 하는 날짜 및 시간대는 '7일 오후'이다.

56 자원관리능력 정답 ③

제시된 조건에 따르면 식단은 식품별 선호도 합이 200점 이하가 되도록 만들며, 동일한 식품을 포함하지 않고, 최소 7가지 식품을 포함해야 한다. 또한, 준비된 11개 식품 중 두부, 현미, 딸기, 고구마는 필수로 포함하여 식단을 만든다.

이때, GI 지수는 $42+56+29+55=182$이고, 선호도 합은 $37+10+40+17=104$점이므로 나머지 식단의 선호도 합이 $200-104=96$점 이하가 되도록 최소 3가지 식품을 포함하여 식단을 만들어야 한다.

따라서 고구마는 필수 식단이므로 기타에 해당하는 우유, 닭고기를 포함한 6가지 식품에 대한 선호도 합은 $104+25+50=179$점으로 선호도가 $200-179=21$점 이하인 식품 중 GI 지수가 가장 낮은 미역을 포함하면 식단의 GI 지수는 $182+25+45+16=268$로 최소가 되므로 옳지 않은 내용이다.

오답 체크

① 두류/해조류를 최소로 포함하여 식단을 만들 경우 두류/해조류 중 필수 식단인 두부만 포함하여 9개의 식품으로 식단을 만들었을 때의 선호도 합은 $104+20+22+60+25+50=281$점이다. 선호도 합이 200점 이하가 되려면 최대 81점을 낮추어야 하고, 81점 이상인 식품은 없어 최소 2개의 식품을 제외해야 하므로 옳은 내용이다.
② 딸기는 필수 식단이므로 바나나와 딸기를 모두 넣고 식단을 만들 경우 5가지 식품에 대한 선호도 합은 $104+60=164$점으로 나머지 식품의 선호도 합은 $200-164=36$점 이하여야 함에 따라 선호도가 50점인 닭고기는 식단에 포함할 수 없으므로 옳은 내용이다.
④ GI 지수가 최소가 되도록 식단을 만들 경우 GI 지수가 낮은 7가지 식품으로 식단을 만들어야 하여 필수 식단을 제외한 3가지 식품을 GI 지수가 낮은 미역, 땅콩, 우유로 구성할 때의 선호도 합은 $104+8+15+25=152$점이므로 옳은 내용이다.

57 자원관리능력 정답 ④

제시된 자료에 따르면 예비 창업자별로 기존 규정의 선정 기준 가중치를 적용한 최종 점수는 다음과 같다.

구분	기존 규정을 적용한 최종 점수
갑	$(70\times0.2)+(80\times0.3)+(80\times0.2)+(80\times0.2)+(60\times0.1)=76$점
을	$(80\times0.2)+(70\times0.3)+(70\times0.2)+(90\times0.2)+(80\times0.1)=77$점
병	$(90\times0.2)+(90\times0.3)+(60\times0.2)+(60\times0.2)+(90\times0.1)=78$점
정	$(70\times0.2)+(60\times0.3)+(80\times0.2)+(70\times0.2)+(80\times0.1)=70$점
무	$(60\times0.2)+(80\times0.3)+(90\times0.2)+(60\times0.2)+(80\times0.1)=74$점

또한, 변경된 규정의 선정 기준 가중치를 적용한 최종 점수는 다음과 같다.

구분	변경된 규정을 적용한 최종 점수
갑	$(70\times0.2)+(80\times0.3)+(80\times0.1)+(80\times0.3)+(60\times0.1)=76$점
을	$(80\times0.2)+(70\times0.3)+(70\times0.1)+(90\times0.3)+(80\times0.1)=79$점
병	$(90\times0.2)+(90\times0.3)+(60\times0.1)+(60\times0.3)+(90\times0.1)=78$점
정	$(70\times0.2)+(60\times0.3)+(80\times0.1)+(70\times0.3)+(80\times0.1)=69$점
무	$(60\times0.2)+(80\times0.3)+(90\times0.1)+(60\times0.3)+(80\times0.1)=71$점

이에 따라 기존 규정을 적용했을 때 선정되는 예비 창업자는 최종 점수가 가장 높은 병이고, 변경된 규정을 적용했을 때 선정되는 예비 창업자는 최종 점수가 가장 높은 을이다. 이때, 기존 규정을 적용하여 선정된 병의 월 임대료는 220만 원으로 200만 원 초과 300만 원 이하에 해당하여 월 임대료의 60%를 지원받으므로 병이 지급받는 지원금은 $220 \times 0.6 = 132$만 원이고, 변경된 규정을 적용하여 선정된 을의 월 임대료는 350만 원으로 300만 원 초과에 해당하여 월 임대료의 40%를 지원받으므로 을이 지급받는 지원금은 $350 \times 0.4 = 140$만 원이다.

따라서 기존 규정과 변경된 규정으로 선정된 두 예비 창업자가 지급받는 총지원금의 합은 $132 + 140 = 272$만 원이다.

58 수리능력 정답 ④

표준편차는 분산의 제곱근 값이고, 분산은 각 변량과 평균의 차이의 제곱합을 변량의 개수로 나눈 값임을 적용하여 구한다.

학생 4명 아이큐의 평균은 $\frac{125+130+115+110}{4} = 120$이고,

분산은 $\frac{(125-120)^2+(130-120)^2+(115-120)^2+(110-120)^2}{4} = 62.5$이다.

따라서 학생 4명 아이큐의 표준편차는 $\sqrt{62.5}$이다.

[59 - 60]

59 문제해결능력 정답 ②

2월 23~28일에 진행할 일정은 시장 조사, 창업이벤트 기획, 매장 입지 선정으로 총 3가지이고, 4월 1~8일에 진행할 일정은 매장 리모델링, 의류 물량 확보, 홍보 기획, 직원 채용으로 총 4가지이므로 옳은 내용이다.

오답 체크

① 운영 준비는 3월 9일에 매장 리모델링을 시작하고, 의류 물량 확보 업무를 4월 16일에 완료하여 모두 완료하는 데 소요되는 기간은 총 39일이므로 옳지 않은 내용이다.

③ 하의는 종류에 관계없이 총 150벌 이상 구매 시 도매가에서 30% 할인되어 스커트 150벌을 구매할 때의 할인율과 청바지 150벌을 구매할 때의 할인율은 30%로 동일하므로 옳지 않은 내용이다.

④ 매장 입지 선정에 소요되는 기간은 2월 23일부터 3월 8일까지 총 14일이고, 사진 촬영 및 홍보에 소요되는 기간은 4월 9일부터 4월 24일까지 총 16일로 서로 동일하지 않으므로 옳지 않은 내용이다.

60 문제해결능력 정답 ①

제시된 자료에 따르면 성준이는 메모에 정리한 물량만큼 거래처에서 도매가로 의류를 구매하므로 상의는 반팔 티 90벌과 긴팔 티 150벌, 하의는 청바지 80벌과 스커트 40벌, 모자는 털모자 30개를 구매한다. 먼저, 상의는 종류에 관계없이 총 240벌 구매하여 도매 가격에서 20% 할인이 적용되므로 상의의 구매 비용은 $\{(1{,}500 \times 90) + (2{,}500 \times 150)\} \times (1-0.2) = 408{,}000$원이다. 하의는 종류에 관계없이 총 120벌 구매하여 할인이 적용되지 않으므로 하의의 구매 비용은 $(5{,}000 \times 80) + (6{,}500 \times 40) = 660{,}000$원이다. 또한, 모자는 할인 사항이 없으므로 모자의 구매 비용은 $(2{,}500 \times 30) = 75{,}000$원이다.

따라서 성준이가 의류를 구매하는 데 지불할 총비용은 $408{,}000 + 660{,}000 + 75{,}000 = 1{,}143{,}000$원이다.

정답

p.378

01	③	의사소통능력	16	②	의사소통능력	31	④	수리능력	46	④	문제해결능력
02	④	의사소통능력	17	③	의사소통능력	32	②	수리능력	47	④	문제해결능력
03	②	의사소통능력	18	④	의사소통능력	33	②	수리능력	48	②	문제해결능력
04	②	의사소통능력	19	②	의사소통능력	34	③	수리능력	49	②	문제해결능력
05	③	의사소통능력	20	③	의사소통능력	35	②	수리능력	50	②	문제해결능력
06	①	의사소통능력	21	①	의사소통능력	36	②	수리능력	51	③	자원관리능력
07	④	의사소통능력	22	③	의사소통능력	37	②	수리능력	52	④	자원관리능력
08	②	의사소통능력	23	④	수리능력	38	③	수리능력	53	③	자원관리능력
09	①	의사소통능력	24	②	수리능력	39	③	수리능력	54	①	자원관리능력
10	①	의사소통능력	25	②	수리능력	40	②	수리능력	55	④	자원관리능력
11	④	의사소통능력	26	①	수리능력	41	③	문제해결능력	56	②	조직이해능력
12	②	의사소통능력	27	③	수리능력	42	③	문제해결능력	57	④	조직이해능력
13	③	의사소통능력	28	④	수리능력	43	②	문제해결능력	58	④	조직이해능력
14	②	의사소통능력	29	①	수리능력	44	③	문제해결능력	59	③	조직이해능력
15	③	의사소통능력	30	③	수리능력	45	②	문제해결능력	60	②	조직이해능력

취약 영역 분석표

영역별로 맞힌 개수와 정답률을 적고 나서 취약한 영역이 무엇인지 파악해 보세요.
정답률이 60% 미만인 취약한 영역은 틀린 문제를 다시 풀어보면서 확실히 극복하세요.

영역	의사소통능력	수리능력	문제해결능력	자원관리능력	조직이해능력	TOTAL
맞힌 개수	/22	/18	/10	/5	/5	/60
정답률	%	%	%	%	%	%

※ 정답률(%) = (맞힌 개수/전체 개수) × 100

해설

01 의사소통능력 정답 ③

제시된 단어 이자와 금리는 모두 남에게 돈을 빌려 쓴 대가로 치르는 일정한 비율의 돈을 뜻하므로 유의관계이다.
따라서 요구나 필요에 따라 물품 따위를 제공한다는 의미의 '공급'과 유의관계의 단어인 '조달'이 적절하다.

오답 체크

① 수급(需給): 수요와 공급을 아울러 이르는 말

02 의사소통능력 정답 ④

빈칸이 있는 문장에서 목소리가 일치하는지 옳고 그름을 판단했다고 하였으므로 옳고 그름이나 좋고 나쁨을 판단하여 구별한다는 의미의 ④가 적절하다.

오답 체크

① 분별(分別): 서로 다른 일이나 사물을 구별하여 가름
② 구별(區別): 성질이나 종류에 따라 갈라놓음
③ 각별(各別): 어떤 일에 대한 마음가짐이나 자세 따위가 유달리 특별함

03 의사소통능력 정답 ②

제시된 단어는 일정한 기준이나 원칙 없이 하고 싶은 대로 한다는 의미이므로 권력이나 위력(威力)으로 남의 자유의사를 억눌러 원하지 않는 일을 억지로 시킨다는 의미의 ②가 적절하다.

오답 체크

① 이타(利他): 자기의 이익보다는 다른 이의 이익을 더 꾀함
③ 의도(意圖): 무엇을 하고자 하는 생각이나 계획
④ 자의(恣意): 제멋대로 하는 생각

04 의사소통능력 정답 ②

밑줄 친 단어는 과일을 고르고 가지런하게 깎았다는 의미로 쓰였으므로 ②가 적절하다.

오답 체크

①은 비뚤어지다, ③은 독특하다, ④는 밋밋하다의 의미이다.

05 의사소통능력 정답 ③

밑줄 친 단어는 현실을 판단하여 자기의 입장이나 능력 따위를 스스로 깨닫는다는 의미로 쓰였으므로 어떤 사실을 인정하여 안다는 의미의 ③이 적절하다.

오답 체크

① 분석(分析): 얽혀 있거나 복잡한 것을 풀어서 개별적인 요소나 성질로 나눔
② 회상(回想): 지난 일을 돌이켜 생각함. 또는 그런 생각.
④ 추론(推論): 미루어 생각하여 논함

06 의사소통능력 정답 ①

이 글은 △△시가 자전거의 대중화를 위해 공영 자전거 시스템을 구축하면서 자전거 동호회에 지원하던 보조금을 중단하자 자전거 동호회에서 운영하던 자전거 무료 대여소가 폐쇄되고 자전거 문화 교실이 잇따라 문을 닫는 등 오히려 자전거 대중화에 부정적인 영향을 주고 있다고 주장하는 글이다.
따라서 소의 뿔을 바로잡으려다가 소를 죽인다는 뜻으로, 잘못된 점을 고치려다가 그 방법이나 정도가 지나쳐 오히려 일을 그르친다는 의미의 '矯角殺牛(교각살우)'와 관련 있다.

오답 체크

② 左顧右眄(좌고우면): 이쪽저쪽을 돌아본다는 뜻으로, 앞뒤를 재고 망설임을 이르는 말
③ 骨肉相爭(골육상쟁): 가까운 혈족끼리 서로 싸움
④ 朝三暮四(조삼모사): 간사한 꾀로 남을 속여 희롱함을 이르는 말

07 의사소통능력 정답 ④

㉠ 표준어 규정 제12항에 따라 '웃-' 및 '윗-'은 명사 '위'에 맞추어 '윗-'으로 통일하지만 아래위 대립이 없는 명사 앞에서는 '웃-'으로 표기하므로 '웃어른'이 적절하다.
㉣ 표준어 규정 제12항에 따라 '웃-' 및 '윗-'은 명사 '위'에 맞추어 '윗-'으로 통일하므로 '윗목'이 적절하다.
㉤ 표준어 규정 제12항에 따라 '웃-' 및 '윗-'은 명사 '위'에 맞추어 '윗-'으로 통일하지만 아래위 대립이 없는 명사 앞에서는 '웃-'으로 표기하므로 '웃돈'이 적절하다.
따라서 ㉠~㉤을 바르게 고쳐 쓴다고 할 때 적절하지 않은 것의 개수는 3개이다.

오답 체크

㉡ 표준어 규정 제12항에 따라 '웃-' 및 '윗-'은 명사 '위'에 맞추어 '윗-'으로 통일하므로 '윗도리'가 적절하다.
㉢ 표준어 규정 제12항에 따라 '웃-' 및 '윗-'은 명사 '위'에 맞추어 '윗-'으로 통일하지만 된소리나 거센소리 앞에서는 '위-'로 표기하므로 '위층'이 적절하다.

08 의사소통능력 정답 ②

'-로써'는 어떤 일의 수단이나 도구를 나타내는 격 조사이고, '-로서'는 지위나 신분 또는 자격을 나타내는 격 조사이다. 따라서 안전수칙을 준수하여 부주의한 행동에 의한 사고가 발생하지 않게 해야 한다는 의미로 사용된 '준수함으로써'는 수정이 필요한 부분으로 가장 적절하지 않다.

오답 체크

① 동사 '잘되다'의 반의어일 경우에는 '안되다'로 붙여 쓰지만, 동사 '되다'를 부사 '안'으로 부정하는 경우에는 띄어 써야 하므로 ㉠은 '안 된다'로 수정해야 한다.
③ '방해되어지지'는 피동의 의미를 가지는 '되다'와 '-어지다'를 중복하여 사용한 것이므로 ㉢은 '방해되지'로 수정해야 한다.
④ 작업자들이 주의할 수 있도록 안전 표지판을 설치한다고 하였으므로 ㉣은 여러 사람에게 알리기 위하여 내붙이거나 내걸어 두루 보게 한다는 의미의 '게시(揭示)'로 수정해야 한다.
- 계시(啓示): 깨우쳐 보여 줌

09 의사소통능력 정답 ①

정도의 뜻을 더하는 접미사 '가량'은 앞의 단어와 붙여 써야 하므로 '30~40%가량'은 수정이 필요한 부분으로 가장 적절하지 않다.

오답 체크

② ㉡의 앞에서는 시험관 아기 시술이 로버트 에드워즈 박사의 노력으로 발전했다는 내용을 말하고 있고, ㉡의 뒤에서는 로버트 에드워즈 박사의 대학 시절 관심 분야에 대한 내용을 말하고 있다. 따라서 우리나라 최초의 시험관 아기에 관한 내용인 ㉡은 삭제해야 한다.
③ 연구에 집중했다는 의미로 쓰였으므로 ㉢은 어떤 일에 온 정신을 다 기울여 열중한다는 의미의 '몰두(沒頭)'로 수정해야 한다.
- 탐독(耽讀): 어떤 글이나 책 따위를 열중하여 읽음

④ 행동이나 일을 시작한다는 의미의 '개시하다'는 '시작하다'와 의미가 중복되므로 ㉣은 '개시했다' 또는 '시작했다'로 수정해야 한다.

10 의사소통능력 정답 ①

㉠ 매일 일기를 쓰며 하루를 돌이켜보고 해이해지려는 마음을 다잡았다고 하였으므로 어떤 일을 되풀이하여 음미하거나 생각한다는 의미의 '반추(反芻)'가 적절하다.
- 반측(反側): 생각에 잠기거나 누운 자리가 편안하지 못하여 몸을 뒤척거림

오답 체크

㉡ 관철(貫徹): 어려움을 뚫고 나아가 목적을 기어이 이룸
㉢ 특단(特段): 보통과 구별되게 다름
㉣ 면직(免職): 일정한 직위나 직무에서 물러나게 함

11 의사소통능력 정답 ④

이 글은 아동학대의 문제점을 제시한 뒤 아동학대에 대한 법적 장치 마련과 함께 사회적 인식의 개선이 이루어져야 함을 강조하는 글이다.
따라서 '(다) 아동학대의 1차적 피해: 아동의 신체 손상 → (나) 아동학대의 2차적 피해: 학대의 대물림 현상 유발 → (가) 아동학대 예방을 위한 법적 장치 → (라) 아동학대에 대한 잘못된 사회적 인식 개선의 필요성' 순으로 연결되어야 한다.

12 의사소통능력 정답 ②

이 글은 벨크로의 발명 일화를 통해 생체모방기술을 설명한 뒤 생체모방기술의 장점과 전망을 이야기하는 글이다.
따라서 '(나) 벨크로 발명의 계기가 된 사건 → (마) 그 사건을 통해 벨크로를 발명한 스위스의 엔지니어 메스트랄 → (가) 생체모방기술의 대표적 사례인 벨크로 발명 → (라) 생체모방기술의 정의 → (다) 생체모방기술의 장점 및 전망' 순으로 연결되어야 한다.

[13-14]

13 의사소통능력 정답 ③

이 글은 중력의 영향으로 모인 수많은 가스와 티끌로 이루어진 성운이 발광 방법에 따라 발광 성운, 반사 성운, 암흑 성운으로, 모양에 따라 행성상 성운, 초신성의 잔해, 산광 성운으로 구분된다는 내용이므로 이 글의 제목으로 가장 적절한 것은 ③이다.

오답 체크

① 성운의 구성 기체에 따른 발광 색의 차이점에 대해서는 다루고 있지 않으므로 적절하지 않은 내용이다.
② 성운의 관찰 방법에 대해서는 다루고 있지 않으므로 적절하지 않은 내용이다.
④ 성운의 질량과 발광 방법 간의 상관관계에 대해서는 다루고 있지 않으므로 적절하지 않은 내용이다.

14 의사소통능력 정답 ②

3문단에서 반사 성운은 스스로 빛을 내지는 않지만 주변에 있는 고온의 별로부터 받은 빛을 반사함으로써 스스로 빛을 내는 것처럼 보인다고 하였으며, 대체로 붉은빛을 내는 발광 성운과 달리 푸른빛을 띤다고 하였으므로 반사 성운이 주변의 별로부터 받은 빛을 흡수함으로써 빛을 내며, 그 빛이 붉은색이라는 것은 아님을 알 수 있다.

오답 체크

① 5문단에서 초신성은 높은 질량의 항성이 수명을 다해 더 이상의 핵융합을 할 수 없게 되면 발생한다고 하였으므로 적절한 내용이다.
③ 1문단에서 별 수백 개를 합한 정도의 큰 질량을 갖고 있는 성운은 넓은 공간에 퍼져 있어 밀도가 굉장히 낮기 때문에 성운을 보더라도 해당 공간이 텅 비어 있는 것처럼 보일 수 있다고 하였으므로 적절한 내용이다.

④ 4문단에서 행성상 성운은 작은 망원경으로 관찰할 때 행성처럼 보이기도 하지만, 실제로는 행성과 관련이 없다고 하였으므로 적절한 내용이다.

[15 - 16]

15 의사소통능력 정답 ③

1문단에서 최근에는 처음부터 완벽한 계획을 수립하여 절차대로 시행하는 기존의 방식이 아닌 상황에 따라 언제든 의사 결정을 수정 및 보완할 수 있는 조직 운영 방식이 요구된다고 하였으므로 오늘날 조직 운영 방식이 완벽한 계획 수립 후 절차에 따라 그대로 시행함을 중시하는 것은 아님을 알 수 있다.

오답 체크

① 3문단에서 애자일 조직의 리더는 전문가로서 자신의 업무를 수행하면서 조직을 지원하고 조율하는 역할을 수행한다고 하였으므로 적절한 내용이다.
② 4문단에서 애자일 조직은 사전 분석과 기획을 최소화하는 대신 시제품 등을 통해 외부 상황의 변화와 피드백을 지속적으로 반영하여 업무 완성도를 높인다고 하였으므로 적절한 내용이다.
④ 2문단에서 애자일 조직은 구성원 개개인에게 의사 결정 권한을 부여하여 불확실성이 높은 상황에 빠르게 대응하고 신속하게 성과를 도출하는 것을 목표로 한다고 하였으므로 적절한 내용이다.

16 의사소통능력 정답 ②

빈칸 앞에서는 애자일 조직이 월 단위의 단기 계획을 수립하고 시제품 등을 통해 외부 상황의 변화와 피드백을 계속 반영하여 업무 완성도를 높여간다는 내용을 말하고 있고, 빈칸 뒤에서는 애자일 조직이 제한된 시간 내 무엇이든 만들어 변동성 높은 외부 상황에 빠르게 대응하며 마감 기한은 평균 2주에서 한 달이 넘지 않도록 설정한다는 내용을 말하고 있다. 따라서 업무 진행 시 명확한 마감 기한을 설정하는 것이 중요하다는 내용이 들어가야 한다.

17 의사소통능력 정답 ③

㉠ 빈칸 앞에서 잠드는 것만으로는 병이라는 생각을 쉽게 하기 힘들고 기면증 자체가 특별한 통증이나 합병증을 유발하지 않는다고 하였으며, 빈칸 뒤에서 영화나 드라마에서 기면증 환자가 일상생활을 하다가 갑자기 쓰러져 잠드는 장면을 노출하면서 기면증 환자에 대한 이미지가 각인되어 해당 증상이 없는 환자는 병원을 찾지 않는다고 하였으므로 '또한', '그리고'와 같이 단어, 구, 절, 문장 따위를 병렬적으로 연결할 때 쓰는 접속어나 '게다가', '더욱이'와 같이 앞 문장에 새로운 내용을 덧붙이거나 보충할 때 쓰는 접속어가 들어가는 것이 적절하다.
㉡ 빈칸 앞에서 기면증 환자들이 미디어의 영향으로 일상생활을 하다가 갑자기 쓰러지는 증상이 나타나지 않으면 병원을 찾지 않는다고 하였으며, 빈칸 뒤에서 탄력발작을 실제로 겪는 환자는 전체의 약 1%에 불과하다고 하였으므로 '하지만', '그렇지만', '그러나'와 같이 서로 일치하지 아니하거나 상반되는 사실을 나타내는 두 문장을 이어 줄 때 쓰는 접속어가 들어가는 것이 적절하다.
㉢ 빈칸 앞에서 기면증 진단을 늦게 받을수록 우울증을 겪거나 활동량 부족으로 신체적 건강을 해치기도 한다고 하였으며, 빈칸 뒤에서 갑자기 심각한 졸음이 밀려오는 증상이 3개월 이상 지속되면 신속하게 병원을 찾아야 한다고 하였으므로 '그러므로', '따라서', '그래서'와 같이 앞에서 말한 일이 뒤에서 말할 일의 원인, 이유, 근거가 됨을 나타내는 접속어가 들어가는 것이 적절하다.

따라서 빈칸 ㉠~㉢에 들어갈 접속어를 순서대로 바르게 나열한 것은 ③이다.

18 의사소통능력 정답 ④

글 전체에서 가설을 설정하고 이를 구체적인 현상에 적용하는 방식은 확인할 수 없으므로 가장 적절하지 않다.

오답 체크

① 2문단에서 앙부일구를 정의하면서 '앙부'로 해시계의 생김새와 '일구'로 해시계의 쓰임새까지 함께 설명하고 있으므로 적절하다.
② 1문단에서 〈삼국사기〉에 고구려와 백제에 해시계를 관리하는 관료가 있었다는 기록을 제시하며 삼국 시대에도 해시계가 사용됐다고 설명하고 있으므로 적절하다.
③ 3문단에서 앙부일구가 시곗바늘 역할을 하는 영침과 바닥에 해당하는 시반면으로 구성된다고 하였으며, 영침의 특징과 시반면의 특징을 설명하고 있으므로 적절하다.

[19 - 20]

19 의사소통능력 정답 ②

이 글은 우리나라 전체 가정에서 다문화 가정이 차지하는 비중이 계속해서 증가하고 있지만, 여전히 언어 및 문화 차이, 사회적 차별 등 다양한 고충을 겪고 있어 이에 대한 국가 차원의 지원과 사회적 인식의 개선이 필요하다는 내용이므로 이 글의 중심 내용으로 가장 적절한 것은 ②이다.

20 의사소통능력 정답 ③

1문단에서 한국의 다문화 가정은 국제결혼 가정, 외국인 근로자 가정, 기타 이주민 가정으로 구분할 수 있으며 외국인 근로자가 본국에서 결혼한 후 한국으로 이주한 경우는 외국인 근로자 가정에 해당한다고 하였으므로 자국에서 결혼하여 낳은 자녀를 데리고 한국으로 이민을 온 미국인은 다문화 가정이라고 볼 수 없는 것은 아님을 알 수 있다.

오답 체크

① 2문단에서 초고령화 사회로 부족해진 노동력을 보충하기 위해 외국인 노동자 유입이 늘어남에 따라 국제결혼이 증가하면서 다문화 가정이 함께 증가하는 것으로 분석된다고 하였으므로 적절한 내용이다.
② 2문단에서 사회적 차별로 인해 다문화 가정의 자녀가 학교에 잘 적응하지 못하여 또래보다 발달이 늦어지는 문제가 발생하는 경우가 있다고 하였으므로 적절한 내용이다.
④ 1문단에서 한국의 다문화 가정은 우리와 다른 민족 또는 다른 문화적 배경을 가진 사람이 포함된 가족을 총칭하는 용어라고 하였으므로 적절한 내용이다.

21 의사소통능력 정답 ①

상황에 따른 적절한 의사표현 방법에 따르면 잘못을 지적할 때는 지금의 잘못에 대해서만 지적해야 하므로 과거의 잘못까지 언급해야 한다고 말한 'A 사원'이 강의의 내용을 가장 잘못 이해하고 있다.

오답 체크

②, ③, ④는 모두 직장에서의 올바른 의사소통 방법과 관련 있다.

22 의사소통능력 정답 ③

'회의 내용'에 따르면 온라인 포스터의 디자인 시안을 최종 컨펌하는 것은 사업 홍보 및 참여기업 모집을 위한 온라인 포스터 제작 마감일인 5/15(금) 16시보다 이틀 전까지 완료해야 하므로 한 대리가 최우선으로 완료해야 하는 업무로 가장 적절한 것은 ③이다.

23 수리능력 정답 ④

유지와 수정이의 말은 모두 A 꼭짓점에서 시작하므로 첫 번째 시도에서 말이 B 꼭짓점에 도착하기 위해서는 정오각형의 A 꼭짓점에서 출발하여 꼭짓점을 4개, 9개, 14개, …와 같이 +5씩 변화하며 이동해야 한다. 이때 자기 차례가 되면 주사위 2개를 동시에 던지고, 반시계 방향의 바로 다음 꼭짓점으로 주사위 2개를 동시에 던져 나온 수의 합만큼 말이 이동하므로 한 번에 이동하는 최대 꼭짓점의 개수는 6+6=12개이다.
이에 따라 수정이가 자기 차례가 되어 게임을 했을 때, 첫 번째 시도에서 말이 B 꼭짓점에 도착하는 경우는 주사위 2개를 동시에 던져 나온 수의 합이 4와 9일 때이다.
[경우 1] 주사위 2개를 동시에 던져 나온 수의 합이 4인 경우
(1, 3), (2, 2), (3, 1)
[경우 2] 주사위 2개를 동시에 던져 나온 수의 합이 9인 경우
(3, 6), (4, 5), (5, 4), (6, 3)
따라서 첫 번째 시도에서 말이 B 꼭짓점에 도착하는 경우의 수는 3+4=7가지이다.

24 수리능력 정답 ②

정사각형 모양 토지의 가로변 하나에 심은 나무 수를 x라 고 하면,
가로 간격은 2m, 세로 간격은 1m로 나무를 추가로 심으며, 토지의 가로변과 세로변의 길이가 동일하여 세로변 하나에 심은 나무 수는 가로변 하나에 심은 나무 수의 2배보다 1그루 더 적다. 이에 따라 정사각형 모양 토지의 세로변 하나에 심은 나무 수는 $2x-1$이다. 이때, 정사각형 모양의 토지 전체에 심은 나무가 총 3,160그루이며, 이는 가로변 하나에 심은 나무 수와 세로변 하나에 심은 나무 수의 곱과 같으므로
$x \times (2x-1)=3{,}160 \rightarrow (2x+79)(x-40)=0 \rightarrow x=40$
정사각형 모양의 토지에 심은 나무의 가로 간격은 2m이며, 각 꼭짓점 부분에도 나무를 1그루씩 심었으므로 정사각형 모양의 토지 한 변의 길이는 $(40-1)\times 2=78$m이다.
따라서 토지의 면적은 $78\times 78=6{,}084m^2$이다.

25 수리능력 정답 ②

3층에 근무하는 전체 인원은 60명이므로 3층에 근무하는 남자 인원을 x라고 하면, 3층에서 근무하는 여자 인원은 $60-x$이다. 3층에 근무하는 남자 인원의 $\frac{1}{4}$과 여자 인원의 $\frac{1}{6}$이 안경을 착용하고, 3층에 근무하는 전체 인원 중 12명이 안경을 착용하므로
$\frac{1}{4}x+\frac{1}{6}(60-x)=12 \rightarrow \frac{1}{4}x+10-\frac{1}{6}x=12 \rightarrow \frac{1}{12}x=2$
$\rightarrow x=24$
이에 따라 3층에 근무하는 남자 인원은 24명이고, 남자 인원의 $\frac{1}{4}$이 안경을 착용한다.
따라서 3층에 근무하는 안경을 착용한 남자 인원은 $24\times\frac{1}{4}=6$명이다.

26 수리능력 정답 ①

기획팀 직원 A, C, G의 연봉의 평균은
$\frac{3{,}000+4{,}500+3{,}900}{3}=3{,}800$만 원이므로
기획팀 직원 연봉의 분산인 X는
$\frac{(3{,}000-3{,}800)^2+(4{,}500-3{,}800)^2+(3{,}900-3{,}800)^2}{3}=380{,}000$이고,
개발팀 직원 B, F, I의 연봉은 각각 5,200만 원, 3,500만 원, 4,350만 원이므로 개발팀 직원 연봉의 중앙값인 Y는 4,350만 원이다. 또한, 영업팀 직원 D, E, H, J의 연봉의 평균인 Z는 $\frac{3{,}800+2{,}700+5{,}400+4{,}500}{4}=4{,}100$만 원이다.
따라서 $2Z-\frac{X}{100}-Y=2\times 4{,}100-\frac{380{,}000}{100}-4{,}350=50$이다.

27 수리능력 정답 ③

서로 다른 n개에서 순서를 고려하지 않고 r개를 택하는 경우의 수 ${}_nC_r=\frac{n!}{r!(n-r)!}$임을 적용하여 구한다.

꺼낸 3개의 라면 가격의 합이 2,000원인 경우는 1,000원짜리 컵라면 1개와 500원짜리 봉지라면 2개를 꺼낼 때이므로 경우의 수는 ${}_2C_1\times{}_3C_2=\frac{2!}{1!1!}\times\frac{3!}{2!1!}=6$가지이다.

따라서 꺼낸 라면들의 가격의 합이 2,000원인 경우의 수는 6가지이다.

28 수리능력 정답 ④

$$\frac{x}{x-y}+\frac{y}{x+y}-1$$
$$=\frac{x^2+xy+xy-y^2-x^2+y^2}{x^2-y^2}$$
$$=\frac{2xy}{x^2-y^2}=\frac{2\sqrt{3}\sqrt{2}}{3-2}=2\sqrt{6}$$

따라서 $\frac{x}{x-y}+\frac{y}{x+y}-1$을 계산하면 $2\sqrt{6}$이다.

29 수리능력 정답 ①

아래 쪽의 분모부터 차례대로 계산한 후, 분모와 분자에 분모와 같은 식을 곱하여 분모를 유리화한다.

$$\frac{2}{3-\frac{2}{1+\frac{1}{\sqrt{5}}}}=\frac{2}{3-\frac{2}{\frac{\sqrt{5}+1}{\sqrt{5}}}}=\frac{2}{3-\frac{2\sqrt{5}}{\sqrt{5}+1}}=\frac{2}{\frac{\sqrt{5}+3}{\sqrt{5}+1}}=\frac{2\sqrt{5}+2}{\sqrt{5}+3}$$

$$=\frac{(2+2\sqrt{5})(3-\sqrt{5})}{(3+\sqrt{5})(3-\sqrt{5})}=\frac{6-2\sqrt{5}+6\sqrt{5}-10}{9-5}=\frac{4\sqrt{5}-4}{4}=\sqrt{5}-1$$

30 수리능력 정답 ③

사건 A가 일어날 확률 $=\frac{\text{사건 A가 일어날 경우의 수}}{\text{모든 경우의 수}}$임을 적용하여 구한다.

9장의 숫자 카드에서 3장의 카드를 중복되지 않도록 무작위로 뽑는 경우의 수는 ${}_9C_3=\frac{9!}{3!(9-3)!}=84$가지이다.

이때, 3장의 카드 중 가장 작은 숫자가 4 이하라면 나머지 2장의 카드가 (8, 9)이더라도 곱이 360 미만이므로 카드 3장에 적힌 숫자의 곱이 360 이상이기 위해서는 3장의 카드 중 가장 작은 숫자가 5 이상이어야 한다. 이에 따라 가능한 카드 조합의 경우의 수는 (5, 8, 9), (6, 7, 9), (6, 8, 9), (7, 8, 9)로 총 4가지이다.

따라서 카드 3장에 적힌 숫자의 곱이 360 이상일 확률은 $\frac{4}{84}=\frac{1}{21}$이다.

31 수리능력 정답 ④

기간당 작업량 $=\frac{\text{작업량}}{\text{기간}}$임을 적용하여 구한다.

전체 작업량을 1, 세영, 나은, 지수의 하루 작업량을 각각 x, y, z라고 하면

세영이와 나은이가 함께하면 12일, 나은이와 지수가 함께하면 9일, 지수와 세영이가 함께하면 18일이 걸리므로

$x+y=\frac{1}{12}$ … ⓐ

$y+z=\frac{1}{9}$ … ⓑ

$z+x=\frac{1}{18}$ … ⓒ

ⓐ+ⓑ+ⓒ에서 $2(x+y+z)=\frac{1}{4}\rightarrow x+y+z=\frac{1}{8}$

따라서 세 명이 함께하여 PPT 자료를 제작하는 데 걸리는 기간은 8일이다.

32 수리능력 정답 ②

갑의 종합소득 과세표준은 1억 4,000만 원으로 8,800만 원 초과 1억 5,000만 원 이하에 해당하여 종합소득 산출세액은 1,590+(14,000−8,800)×0.35=3,410만 원이고, 을의 종합소득 과세표준은 1억 6,000만 원으로 1억 5,000만 원 초과 3억 원 이하에 해당하여 종합소득 산출세액은 3,760+(16,000−15,000)×0.38=4,140만 원이다.

따라서 갑과 을의 종합소득 산출세액 차이는 4,140−3,410=730만 원이다.

33 수리능력 정답 ②

x, y, z의 곱인 3,600을 소인수분해하면 $2^4\times3^2\times5^2$이므로 9 이상 26 미만의 자연수 x, y, z는 (9, 16, 25) 또는 (10, 15, 24) 또는 (12, 15, 20)이다. 이때, x, y, z의 합은 (9, 16, 25)일 경우 9+16+25=50, (10, 15, 24)일 경우 10+15+24=49, (12, 15, 20)일 경우 12+15+20=47이므로 x, y, z는 각각 12, 15, 20이다.

따라서 $x^2+y\times z\div2$의 값은 $12^2+15\times20\div2=294$이다.

34 수리능력 정답 ③

제시된 각 숫자 간의 값이 +2, −4, +8, …과 같이 ×(−2)씩 변화하므로 빈칸에 들어갈 알맞은 숫자는 '83'이다.

35 수리능력 정답 ②

제시된 각 문자를 알파벳 순서에 따라 숫자로 변경한다.

I	H	L	E	O	(B)	R
9	8	12	5	15	(2)	18

홀수항에 제시된 각 숫자 간의 값이 +3으로 반복되고, 짝수항에 제시된 각 숫자 간의 값이 −3으로 반복되므로 짝수항인 빈칸에 들어갈 알맞은 문자는 숫자 2에 해당하는 'B'이다.

36 수리능력 정답 ②

제시된 각 문자를 알파벳 순서에 따라 숫자로 변경한다.

B	R	Z	D	(F)	G
2	18	26	30	(32)	33

각 숫자 간의 값이 +16, +8, +4, …와 같이 ÷2씩 변화하므로 빈칸에 들어갈 알맞은 문자는 숫자 32에 해당하는 'F'이다.

[37 - 38]

37 수리능력

정답 ②

㉠ 남학생과 여학생의 진학 희망 학과 상위 10순위 안에 공통으로 포함되는 학과는 경영·경제, 언어·문학, 생물·화학·환경, 사회과학, 인문과학으로, 총 5개이므로 옳은 설명이다.

㉣ 컴퓨터·통신학과 진학을 희망하는 여학생 수는 448−357=91명, 디자인학과 진학을 희망하는 남학생 수는 375−247=128명이므로 옳은 설명이다.

오답 체크

㉡ 사회과학과 진학을 희망하는 여학생 수는 283명, 사회과학과 진학을 희망하는 남학생 수는 164명으로 여학생 수가 남학생 수보다 283−164=119명 더 많으므로 옳지 않은 설명이다.

㉢ 상위 5순위까지의 학과 진학을 희망하는 학생 수는 549+484+448+447+375=2,303명으로 조사에 응답한 전체 고등학생 수에서 상위 5순위까지의 학과 진학을 희망하는 학생 수가 차지하는 비중은 (2,303/5,854)×100≒39.3%로 40% 미만이므로 옳지 않은 설명이다.

38 수리능력

정답 ③

전체 고등학생 진학 희망 학과 순위에서 유아교육학과의 순위가 11순위일 때, 유아교육학과 진학을 희망한 전체 고등학생 수는 전체 고등학생 진학 희망 학과 10순위인 생물·화학·환경학과 진학을 희망한 전체 고등학생 수 305명보다 적어야 하므로 유아교육학과 진학을 희망하는 전체 고등학생 수는 최대 304명이며, 제시된 자료에서 유아교육학과 진학을 희망한 여학생 수는 160명이다.

따라서 유아교육학과 진학을 희망하는 남학생 수는 최대 304−160=144명이다.

39 수리능력

정답 ③

제시된 기간 중 작물재배 교육 지원 횟수가 다른 해에 비해 가장 많은 2022년에 농기계 운용지도 지원 횟수의 전년 대비 감소율은 {(25,300−20,200)/25,300}×100≒20.2%이므로 옳은 설명이다.

오답 체크

① 2024년에 현장 방문지도 지원 횟수는 전년 대비 감소하였으므로 옳지 않은 설명이다.

② 2024년 전체 농업 교육 서비스의 지원 횟수는 12,800+25,300+53,000+94,800+160=186,060회로 190,000회 미만이므로 옳지 않은 설명이다.

④ 2023년 영농 컨설팅 지원 횟수는 같은 해 작물재배 교육 지원 횟수의 45,200/12,400≒3.6배로 3.5배 이상이므로 옳지 않은 설명이다.

40 수리능력

정답 ②

2016년 개간 사업의 면적은 34,827ha로 경지정리 사업의 면적인 8,733ha보다 크므로 옳지 않은 설명이다.

오답 체크

① 2016년 배수 개선 사업의 사업비는 2014년 대비 17,848−17,524=324천만 원 증가하였으므로 옳은 설명이다.

③ 2014년 이후 배수 개선 사업 지구 수의 전년 대비 증감 추이는 증가, 감소, 증가이고, 2014년 이후 경지정리 사업 지구 수의 전년 대비 증감 추이는 감소, 증가, 감소이므로 옳은 설명이다.

④ 2014년 경지정리 사업에 지구 1개당 평균 6,005/30≒200.2천만 원의 사업비가 투입되었으므로 옳은 설명이다.

41 문제해결능력

정답 ③

두 번째 명제의 '대우', 첫 번째 명제, 네 번째 명제를 차례로 결합한 결론은 다음과 같다.

- 두 번째 명제(대우): 자아를 존중하는 마음은 감사하는 마음이다.
- 첫 번째 명제: 감사하는 마음은 겸손한 마음이다.
- 네 번째 명제: 겸손한 마음은 자신을 낮추지 않는 마음이다.
- 결론: 자아를 존중하는 마음은 자신을 낮추지 않는 마음이다.

따라서 자아를 존중하는 마음은 자신을 낮추지 않는 마음이므로 항상 참인 설명이다.

42 문제해결능력

정답 ③

세 번째 명제, 두 번째 명제, 다섯 번째 명제의 '대우', 첫 번째 명제를 차례로 결합한 결론은 다음과 같다.

- 세 번째 명제: 나는 산을 좋아하지 않는다.
- 두 번째 명제: 나는 바다를 좋아하거나 산을 좋아한다.
- 다섯 번째 명제(대우): 바다를 좋아하는 사람은 물도 좋아한다.
- 첫 번째 명제: 물을 좋아하는 사람은 수영을 좋아한다.
- 결론: 나는 바다를 좋아하고, 물도 좋아하고, 수영도 좋아한다.

따라서 항상 참인 설명은 ㉠, ㉡, ㉣이다.

43 문제해결능력

정답 ②

제시된 조건에 따르면 B는 202호에 거주하고, C는 402호에 거주하며, A와 F는 같은 층에 거주하므로 A와 F는 1층 또는 3층에 거주한다. 이때 E는 D 바로 아래층 같은 호에 거주하므로 D와 E가 거주할 수 있는 호실은 각각 (401호와 301호), (301호와 201호), (201호와 101호)이고, F는 D보다 아래층에 거주하므로 A와 F가 3층에 거주할 경우 D는 401호에 거주해야 하지만, 이는 E가 D 바로 아래층 같은 호에 거주한다는 조건에 모순되므로 A와 F는 1층에 거주한다. 또한, H는 G보다 높은 층에 거주하므로 D와 E가 각각 401호와 301호에 거주하는 경우 H는 302호에 거주하고, D와 E가 각각 301호와 201호에 거주하는 경우 H는 401호에 거주한다. H가 거주하는 호실에 따라 가능한 경우는 다음과 같다.

[경우 1] H가 302호에 거주하는 경우

D	C
E	H
G	B
A 또는 F	A 또는 F

[경우 2] H가 401호에 거주하는 경우

H	C
D	G
E	B
A 또는 F	A 또는 F

따라서 D가 4층에 거주하면 H는 3층에 거주하고, D가 3층에 거주하면 H는 4층에 거주하므로 항상 거짓인 설명이다.

오답 체크

① H는 302호 또는 401호에 거주하므로 항상 거짓인 설명은 아니다.
③ G는 2층 또는 3층에 거주하고, B는 2층에 거주하므로 항상 거짓인 설명은 아니다.
④ A는 1층에 거주하고, E는 2층 또는 3층에 거주하므로 항상 거짓인 설명은 아니다.

44 문제해결능력 정답 ③

제시된 조건에 따르면 A~E가 받은 인사고과 점수는 각각 88점, 84점, 80점, 78점, 73점 중 하나로 모두의 인사고과 점수가 서로 다르며, 인사고과 점수가 가장 높은 2명을 승진 대상자로 결정하였다. 이때 B와 C의 인사고과 점수 차이는 6점임에 따라 B와 C의 인사고과 점수는 84점 또는 78점이고, C의 인사고과 점수는 78점이 아니므로 B의 인사고과 점수는 78점으로 4등, C의 인사고과 점수는 84점으로 2등이다. 또한, 인사고과 점수가 높은 순서에 따라 B와 E의 순위는 이웃하지 않으므로 E의 순위는 1등이며, 인사고과 점수는 88점이다. 이에 따라 D의 인사고과 점수는 A의 인사고과 점수보다 높으므로 D의 인사고과 점수는 80점으로 3등, A의 인사고과 점수는 73점으로 5등이다.
따라서 승진 대상자에 해당하는 사원은 'C, E'이다.

[45-46]

45 문제해결능력 정답 ②

주말에는 평일보다 1.2배의 비용이 청구되어 A 센터에서 1톤 용달차 한 대로 포장이사를 하는 비용 430,000×1.2=516,000원은 1톤 용달차 한 대로 일반이사를 하는 비용 160,000×1.2=192,000원보다 516,000−192,000=324,000원 더 비싸므로 옳지 않은 내용이다.

오답 체크

① D 센터에서 3톤 용달차 한 대로 일반이사를 하는 비용 280,000×1.2=336,000원은 3톤 용달차 한 대로 반포장이사를 하는 비용 520,000×1.2=624,000원보다 624,000−336,000=288,000원 더 저렴하므로 옳은 내용이다.
③ B 센터에서 1톤 용달차 한 대로 반포장이사를 하는 비용 240,000×1.2=288,000원은 1톤 용달차 한 대로 포장이사를 하는 비용 400,000×1.2=480,000원보다 480,000−288,000=192,000원 더 저렴하므로 옳은 내용이다.
④ C 센터에서 3톤 용달차 한 대로 포장이사를 하는 비용 750,000×1.2=900,000원은 3톤 용달차 한 대로 반포장이사를 하는 비용 490,000×1.2=588,000원보다 900,000−588,000=312,000원 더 비싸므로 옳은 내용이다.

46 문제해결능력 정답 ④

제시된 자료에 따르면 이삿짐량은 1톤으로 반포장이사 예약이 가능해야 하므로 A 센터는 3시간 30분 이상, B 센터는 3시간 이상, C 센터는 4시간 이상, D 센터는 3시간 이상의 일정이 필요하다. 이에 따라 11월 2일부터 11월 6일까지 센터별 예약이 가능한 경우는 다음과 같다.

구분	11/2(월)	11/3(화)	11/4(수)	11/5(목)	11/6(금)
A 센터	예약 불가	예약 불가	예약 불가	예약 가능	예약 불가
B 센터	예약 불가	예약 가능	예약 가능	예약 불가	예약 불가
C 센터	예약 불가	예약 가능	예약 불가	예약 불가	예약 가능
D 센터	예약 불가	예약 불가	예약 불가	예약 가능	예약 불가

이때, 11/5(목)에 이사를 한다면 예약 가능한 센터는 A 센터와 D 센터이고, 1톤 용달차 한 대 비용은 A 센터가 D 센터보다 저렴하다.
따라서 11/5(목)에 이사를 한다면 예약할 센터는 A 센터이므로 옳은 내용이다.

오답 체크

① 11/6(금)에 이사를 한다면 예약 가능한 센터는 C 센터뿐이므로 옳지 않은 내용이다.
② 11/2(월)에는 모든 센터가 예약 불가하지만, 11/4(수)에는 B 센터가 예약 가능하므로 옳지 않은 내용이다.
③ 11/3(화)에 이사를 한다면 예약 가능한 센터는 B 센터와 C 센터이고, 1톤 용달차 한 대 비용은 B 센터가 C 센터보다 저렴하여 예약할 센터는 B 센터이므로 옳지 않은 내용이다.

47 문제해결능력 정답 ④

제시된 조건에 따르면 김주희 신청자는 시설이 설치된 250m^2 농지에서 원예작물을 재배하고, 꿀벌 13군을 사육하므로 '시설이 설치된 280m^2 이상의 농지에서 원예작물을 재배하는 자'와 '꿀벌 15군 이상 사육하는 자' 조건을 모두 충족하지 못한다.
따라서 가입 조건을 충족하지 못하는 신청자는 '김주희' 신청자이다.

오답 체크

① 양승민 신청자는 1년 중 75일 이상인 82일 농업에 종사하므로 가입 조건을 충족한다.
② 유대식 신청자는 개 25마리 이상인 30마리를 사육하므로 가입 조건을 충족한다.
③ 임수영 신청자는 $500m^2$ 이상인 $650m^2$ 농지에서 채소·과수를 재배하고, 닭 120마리 이상인 125마리를 사육하므로 가입 조건을 충족한다.

48 문제해결능력 정답 ②

제시된 [작업 실행 규칙]에 따르면 F 작업을 가장 먼저 시작하고, A 작업은 F 작업을 완료한 이후에 바로 시작한다. 또한, C 작업과 D 작업은 A 작업을 모두 완료한 이후 동시에 바로 시작하며, E 작업은 D 작업을 완료한 이후에 바로 시작한다. 이때 B 작업은 C 작업과 E 작업을 모두 완료한 이후에 바로 시작하지만 2개 이상의 선행 작업이 있을 때, 소요기간이 짧은 작업이 완료되더라도 소요기간이 긴 작업이 완료될 때까지 다음 작업을 시작할 수 없으므로 선행 작업을 고려한 작업별 순서 및 기간은 다음과 같다.

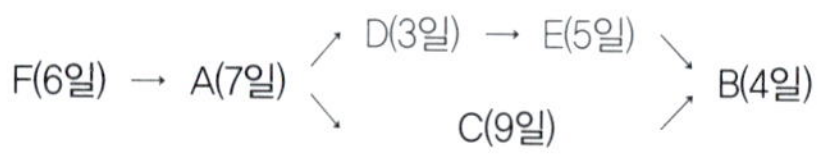

따라서 모든 작업을 완료하는 데 걸리는 총 기간은 6+7+9+4=26일이다.

49 문제해결능력 정답 ②

집단 의사결정은 구성원 사이의 의사전달을 용이하게 하므로 가장 적절하지 않다.

오답 체크

① 집단 의사결정은 문제에 대한 해결 과정이 개인이 아닌 집단에 의해 이루어짐으로써 개인적 의사결정보다 여러 관점에서 문제를 분석할 수 있으므로 적절하다.
③ 독창적인 해결책을 고안하기보다 다른 구성원들의 동의를 구하는 것에 관심을 가짐으로써 잘못된 결과를 초래하는 집단사고 현상이 발생하기도 하므로 적절하다.
④ 효과적인 집단 의사결정 기법에는 브레인스토밍, 명목 집단기법, 델파이 기법 등이 있으며 그중 델파이 기법은 문제에 대한 여러 전문가의 의견을 종합하여 미래를 예측하는 기법이므로 적절하다.

50 문제해결능력 정답 ②

제시된 내용은 '복합 질문의 오류'에 대한 설명이다.

오답 체크

① 과대 해석의 오류: 문맥을 무시하고 과도하게 문구에만 집착할 경우 빠지게 되는 논리적 오류
③ 연역법의 오류: 'A=B, B=C, so A=C'와 같은 삼단 논법에서 발생하는 논리적 오류
④ 허수아비 공격의 오류: 논리가 빈약한 경우 엉뚱한 다른 문제를 공격해 이익을 취하는 오류

51 자원관리능력 정답 ③

[상점별 할인 정보]에 따라 가장 저렴하게 구매하기 위한 방법을 비교한다. 먼저, 자재별로 가격이 가장 저렴한 상점에서 구매하는 경우, A는 가 상점에서 1개 구매하여 3만 원, B는 가 상점 또는 다 상점에서 3개 구매하여 4×3=12만 원, C는 다 상점에서 1개 구매하여 6만 원, D는 가 상점에서 2개 구매하여 3×2=6만 원, E는 다 상점에서 3개 구매하여 5×3=15만 원으로 총 구매 비용은 3+12+6+6+15=42만 원이다. 가 상점의 할인 정보를 적용하여 구매하는 경우, 가 상점에서 모든 자재를 구매해야 3+(4×3)+8+(3×2)+(6×3)=47만 원으로 45만 원 이상이며, 20% 할인받아 구매하면 총 구매 비용은 47×(1−0.2)=37.6만 원이다. 또한, 나 상점의 할인 정보를 적용하여 구매하는 경우, 나 상점에서 A를 1개 구매하고 B와 E를 50% 할인받아 각각 3개씩 구매하면 4+{(5×3)+(8×3)}×(1−0.5)=23.5만 원이며, 나머지 자재는 자재별로 가격이 가장 저렴한 상점에서 구매하면 C는 다 상점에서 1개 구매하고, D는 가 상점에서 2개 구매하므로 총 구매 비용은 23.5+6+(3×2)=35.5만 원이다. 다 상점의 할인 정보를 적용하여 구매하는 경우, 다 상점에서 A~E를 각각 1개씩 구매하면 5+4+6+4+5=24만 원에서 8만 원을 할인받아 24−8=16만 원이다. 나머지 자재는 자재별로 가격이 가장 저렴한 상점에서 구매하면 B는 가 상점 또는 다 상점에서 2개 구매하고, D는 가 상점에서 1개 구매하며, E는 다 상점에서 2개 구매하여 (4×2)+3+(5×2)=21만 원이므로 총 구매 비용은 16+21=37만 원이다. 이때, 구매하는 A는 1개이고, 각 상점에서 할인을 받으려면 A는 반드시 구매해야 하므로 두 상점에서 동시에 할인을 받는 경우는 없다.
따라서 가장 저렴한 방법으로 구매할 때 총 구매 비용은 35.5만 원이다.

52 자원관리능력 정답 ④

시간 관리를 할 때 중요한 것은 일의 우선순위를 결정하는 것이며 일의 우선순위를 판단하기 위해서는 긴급한 업무와 긴급하지 않은 업무, 중요한 업무와 중요하지 않은 업무로 분류해야 한다. 최 대리는 예정된 업무와 쪽지를 통해 요청받은 업무가 있으므로 이를 모두 확인하여 업무의 우선순위를 결정해야 한다.
따라서 최 대리가 먼저 해야 할 행동으로 가장 적절한 것은 쪽지를 모두 확인하여 긴급한 업무와 긴급하지 않은 업무로 분류하는 것이다.

[53-54]

53 자원관리능력 정답 ③

K 은행 신입 행원들의 근무 평가 평균 점수는 (75+75+60+78+76+86) / 6=75점이다.
따라서 K 은행 신입 행원들의 근무 평가 평균 점수의 등급은 'B 등급'이다.

54 자원관리능력 정답 ①

각 신입 행원의 부서별 필수 역량에 해당하는 항목의 평가 점수의 합은 다음과 같다.

구분	수신부	여신부	외환부
갑	15+5+10=30점	5+5+10=20점	5+5+5=15점
을	5+3+5=13점	3+5+12=20점	10+10+10=30점
병	10+5+2=17점	5+10+5=20점	10+10+3=23점
정	15+5+9=29점	5+10+10=25점	10+10+5=25점
무	12+3+2=17점	3+5+10=18점	9+10+10=29점
기	15+5+10=30점	5+5+11=21점	10+10+10=30점

이에 따라 수신부 '을'은 평가 점수가 가장 높은 '외환부'로 부서를 이동하게 된다.

오답 체크

② 여신부 병은 평가 점수가 가장 높은 외환부로 부서를 이동하게 된다.
③ 여신부 정은 평가 점수가 가장 높은 수신부로 부서를 이동하게 된다.
④ 외환부 무는 자신의 부서의 평가 점수가 가장 높아 부서를 이동하지 않는다.

55 자원관리능력 정답 ④

제시된 조건에 따르면 문 주임은 오후 4시 회의에 참석하기 위해 회사에 늦어도 오후 3시 30분까지 도착해야 한다. 또한, 공항에서 회사까지 1시간이 걸리므로 공항에는 오후 2시 30분까지 도착해야 하며 뉴욕이 한국보다 14시간 느리므로 뉴욕 시각으로 늦어도 오전 12시 30분까지 공항에 도착해야 한다.
따라서 문 주임이 예매해야 하는 항공권은 뉴욕 시각으로 00:20에 도착하는 VW3020이다.

오답 체크

① QH325 항공권을 예매하면 뉴욕 시각으로 05:40, 한국 시각으로 19:40에 공항에 도착한다.
② KM574 항공권을 예매하면 뉴욕 시각으로 01:45, 한국 시각으로 15:45에 공항에 도착한다.
③ JX807 항공권을 예매하면 뉴욕 시각으로 02:45, 한국 시각으로 16:45에 공항에 도착한다.

56 조직이해능력 정답 ②

제시된 조직도를 잘못 이해한 사람은 '유진'과 '민지'이다.

- 유진: 제시된 조직도에서 감사실은 최고경영자인 대표이사를 비롯한 대표이사 산하 조직들과 완벽히 분리되어 있으므로 대표이사 직속 기관으로 볼 수 없다.
- 민지: 조직도만으로 각 팀의 팀원 수까지는 알 수 없으므로 제시된 팀의 개수가 적다고 하여 팀원 수도 적을 것이라고 판단하는 것은 적절하지 않다.

57 조직이해능력 정답 ④

농협의 핵심가치는 '농업인과 소비자가 함께 웃는 유통 대변화', '미래 성장동력을 창출하는 디지털 혁신', '경쟁력 있는 농업, 잘사는 농업인', '지역과 함께 만드는 살고 싶은 농촌', '정체성이 살아 있는 든든한 농협'이므로 ④는 적절하지 않다.

58 조직이해능력 정답 ④

농촌사랑운동을 통해 도시와 농촌의 상생을 도모하고 교육지원사업을 통해 사회적 책임을 이행하는 것은 나눔경영에 대한 설명이므로 가장 적절하지 않은 반응을 보인 직원은 'D 사원'이다.

59 조직이해능력 정답 ③

분석 결과에 대응하는 전략으로 적절한 것은 ㉠, ㉡, ㉢이다.

㉠ 가격 대비 고품질의 기내 서비스를 제공한다는 강점을 활용하여 가성비를 중시하는 소비문화 확산이라는 시장의 기회를 활용하는 SO(강점 – 기회)전략에 해당한다.
㉡ 동남아 지역에 신규 노선을 취항하려고 노력하는 것은 국제 운항 노선이 부족하다는 약점을 보완하며 동남아 지역 국민들의 해외 관광 수요 증가라는 시장의 기회를 활용하는 WO(약점 – 기회)전략에 해당한다.
㉢ 타사 대비 차별화된 서비스를 제공하는 것은 저가항공사 중 기내 서비스가 좋다는 강점을 활용하여 새로운 저가항공업체의 등장 및 기존 저가항공사 간의 가격 경쟁 심화라는 위협을 회피하는 ST(강점 – 위협)전략에 해당한다.

오답 체크

㉣ 국내 저가항공사 중 가장 높은 국내선 분담률과 영업이익률이라는 강점을 활용하여 국내 정세 불안으로 인한 해외 투자자들의 이탈 확대라는 위협을 회피하는 ST(강점–위협)전략에 해당한다.

60 조직이해능력 정답 ②

집중화 전략은 기업의 경쟁 우위에 따라 원가 우위 집중 전략과 집중 차별화 전략으로 나뉘므로 적절한 설명이다.

오답 체크

① 다른 기업과 구별되는 제품이나 서비스를 제공하여 고객이 가치 있고 독특하다고 인식하도록 하는 전략은 차별화 전략이므로 적절하지 않은 설명이다.
③ 특정 산업이나 고객에 한정하여 경쟁조직들이 주목하고 있지 않은 시장을 집중적으로 공략하는 전략은 집중화 전략이므로 적절하지 않은 설명이다.
④ 원가 우위 전략은 대량 생산을 통해 경쟁사보다 단위 원가를 낮추거나 새로운 기술을 개발하여 해당 산업에서 유리한 위치를 점하는 전략이므로 적절하지 않은 설명이다.

실전모의고사 3회

정답

p.416

01	②	의사소통능력	21	②	의사소통능력	41	⑤	수리능력	61	②	자원관리능력
02	③	의사소통능력	22	①	의사소통능력	42	①	수리능력	62	③	자원관리능력
03	④	의사소통능력	23	②	의사소통능력	43	⑤	수리능력	63	②	자원관리능력
04	⑤	의사소통능력	24	⑤	의사소통능력	44	②	수리능력	64	⑤	자원관리능력
05	③	의사소통능력	25	①	의사소통능력	45	①	수리능력	65	③	자원관리능력
06	③	의사소통능력	26	⑤	수리능력	46	④	수리능력	66	③	조직이해능력
07	①	의사소통능력	27	④	수리능력	47	②	수리능력	67	④	조직이해능력
08	④	의사소통능력	28	⑤	수리능력	48	⑤	수리능력	68	①	조직이해능력
09	①	의사소통능력	29	⑤	수리능력	49	⑤	수리능력	69	⑤	조직이해능력
10	④	의사소통능력	30	②	수리능력	50	①	수리능력	70	③	조직이해능력
11	①	의사소통능력	31	①	수리능력	51	④	문제해결능력			
12	④	의사소통능력	32	②	수리능력	52	⑤	문제해결능력			
13	①	의사소통능력	33	⑤	수리능력	53	④	문제해결능력			
14	②	의사소통능력	34	②	수리능력	54	②	문제해결능력			
15	③	의사소통능력	35	③	수리능력	55	④	문제해결능력			
16	②	의사소통능력	36	⑤	수리능력	56	②	문제해결능력			
17	③	의사소통능력	37	④	수리능력	57	⑤	문제해결능력			
18	④	의사소통능력	38	④	수리능력	58	③	문제해결능력			
19	③	의사소통능력	39	③	수리능력	59	③	문제해결능력			
20	④	의사소통능력	40	④	수리능력	60	①	문제해결능력			

취약 영역 분석표

영역별로 맞힌 개수와 정답률을 적고 나서 취약한 영역이 무엇인지 파악해 보세요.
정답률이 60% 미만인 취약한 영역은 틀린 문제를 다시 풀어보면서 확실히 극복하세요.

영역	의사소통능력	수리능력	문제해결능력	자원관리능력	조직이해능력	TOTAL
맞힌 개수	/25	/25	/10	/5	/5	/70
정답률	%	%	%	%	%	%

※ 정답률(%) = (맞힌 개수/전체 개수) × 100

01 의사소통능력 정답 ②

제시된 단어 대담과 대화는 모두 마주 대하고 말함을 뜻하므로 유의관계이다.
따라서 어떤 목적 아래 여러 사람이 모이는 일이라는 의미의 '모임'과 유의관계의 단어인 '회합'이 적절하다.

오답 체크

① 모집(募集): 사람이나 작품, 물품 따위를 일정한 조건 아래 널리 알려 뽑아 모음
③ 선임(先任): 어떤 임무나 직무 따위를 맡음
④ 회원(會員): 어떤 회를 구성하는 사람들
⑤ 협력(協力): 힘을 합하여 서로 도움

02 의사소통능력 정답 ③

제시된 단어는 허황하여 전혀 근거가 없다는 의미이므로 헛되고 황당하여 미덥지 못하다는 의미의 ③이 적절하다.

오답 체크

① 역력하다: 자취나 기미, 기억 따위가 환히 알 수 있게 또렷하다
② 허무하다: 무가치하고 무의미하게 느껴져 매우 허전하고 쓸쓸하다
④ 황망하다: 마음이 몹시 급하여 당황하고 허둥지둥하는 면이 있다
⑤ 무상하다: 모든 것이 덧없다

03 의사소통능력 정답 ④

밑줄 친 단어는 우리나라가 식민지배를 당한 경험이 있다는 의미로 쓰였으므로 다른 사람이나 대상이 가하는 행동, 심리적인 작용 따위를 당하거나 입는다는 의미의 ④가 적절하다.

오답 체크

① 다른 사람이 주거나 보내오는 물건 따위를 가지다
② 빛, 볕, 열이나 바람 따위의 기운이 닿다
③ 사람을 맞아들이다
⑤ 화장품 따위가 곱게 잘 발린다

04 의사소통능력 정답 ⑤

'여러 종류의 작물을 심기 위해 밭을 구획하였다.'에서 '구획하다'는 토지 따위를 경계를 지어 가름을 의미한다.

- 점유하다: 물건이나 영역, 지위 따위를 차지하다
  예 우리 회사는 국내 가전제품 시장의 20% 이상을 점유하고 있다.

05 의사소통능력 정답 ③

③은 맞춤법에 맞는 문장이다.

오답 체크

① 깨끗히 (X) → 깨끗이 (O)
- 한글 맞춤법 제51항에 따라 부사의 끝음절이 분명히 '이'로만 나는 것은 '-이'로 적어야 한다. 따라서 '깨끗이'라고 써야 한다.

② 꼼꼼이 (X) → 꼼꼼히 (O)
- 한글 맞춤법 제51항에 따라 부사의 끝음절이 '이'나 '히'로 나는 것은 '-히'로 적는다. 따라서 '꼼꼼히'라고 써야 한다.

④ 곰곰히 (X) → 곰곰이 (O)
- 한글 맞춤법 제25항에 따라 부사에 '-이'가 붙어서 뜻을 더하는 경우에는 그 부사의 원형을 밝히어 적는다. 따라서 '곰곰이'라고 써야 한다.

⑤ 대수로히 (X) → 대수로이 (O)
- 한글 맞춤법 제51항에 따라 부사의 끝음절이 분명히 '이'로만 나는 것은 '-이'로 적어야 한다. 따라서 '대수로이'라고 써야 한다.

06 의사소통능력 정답 ③

ⓒ은 언 발에 오줌 누기라는 뜻으로, 잠시 동안만 효력이 있을 뿐 그 효력은 바로 사라진다는 의미로 쓰였으므로 어려운 상태를 벗어나기 위해 어쩔 수 없이 꾸며 내는 계책이라는 의미의 '고육지계(苦肉之計)'는 적절하지 않다.

오답 체크

① 먹을거리: 먹을 수 있거나 먹을 만한 음식 또는 식품
② 시정하다: 잘못된 것을 바로잡다
④ 자립하다: 남에게 예속되거나 의지하지 아니하고 스스로 서다
⑤ 나누다: 즐거움이나 고통, 고생 따위를 함께하다

07 의사소통능력 정답 ①

제시된 내용에서 연상할 수 있는 단어는 다음과 같다.

미켈란젤로	르네상스, 조각
인문주의	르네상스, 철학, 인간
프레스코화	르네상스, 벽화, 석고
피렌체	르네상스, 메디치 가문

따라서 공통으로 연상할 수 있는 단어로 적절한 것은 ①이다.

08 의사소통능력 정답 ④

제시된 내용에서 연상할 수 있는 단어는 다음과 같다.

바늘 모양 잎	소나무, 침엽수
사계절	소나무, 편백나무
송진	소나무, 솔방울
겉씨식물	소나무, 은행나무

따라서 공통으로 연상할 수 있는 단어로 적절한 것은 ④이다.

09 의사소통능력 정답 ①

빈칸 앞에서는 미세한 황사 입자가 코나 입으로 쉽게 들어와 질병을 유발한다는 내용을 말하고 있고, 이 내용을 심화하여 빈칸 뒤에서는 이런 황사에는 인체에 해로운 중금속이 섞여 있다는 내용을 말하고 있으므로 앞의 내용과 비슷한 내용을 추가할 때 사용하는 접속어 '게다가'가 가장 적절하다.

10 의사소통능력 정답 ④

제시된 지문은 조선시대 선조가 외세의 위협에 대한 경고와 중요한 조언을 무시하고 이에 대한 적절한 대비책을 세우지 않았다는 내용의 글이다. 따라서 동풍이 말의 귀를 스쳐 간다는 뜻으로, 남의 말을 귀담아듣지 아니하고 지나쳐 흘려버린다는 의미의 '마이동풍(馬耳東風)'이 적절하다.

오답 체크

① 우공이산(愚公移山): 우공이 산을 옮긴다는 뜻으로, 어떤 일이든 끊임없이 노력하면 반드시 이루어짐을 이르는 말
② 오월동주(吳越同舟): 서로 적의를 품은 사람들이 한자리에 있게 된 경우나 서로 협력하여야 하는 상황을 비유적으로 이르는 말
③ 표리부동(表裏不同): 겉으로 드러나는 언행과 속으로 가지는 생각이 다름
⑤ 전전반측(輾轉反側): 누워서 몸을 이리저리 뒤척이며 잠을 이루지 못함

11 의사소통능력 정답 ①

'모든' 또는 '전체'를 의미하는 관형사 '전'은 뒤에 오는 명사와 띄어 써야 하므로 ㉠을 '전세계'로 붙여 쓰는 것은 적절하지 않다.

오답 체크

② ㉡의 앞에서는 기후 변화에 따른 식량 안보가 위협받는 상황 속에 여러 나라에서 탄소 중립을 선언하며 탄소 배출을 조절하겠다고 나섰다는 내용을 말하고 있고, ㉡의 뒤에서는 탄소 중립과 식량 안보 해결 방안으로 흙의 중요성이 재조명되고 있다는 내용을 말하고 있으므로 앞의 내용이 뒤의 내용의 원인이거나 앞의 내용이 발전하여 뒤의 내용이 전개될 때 쓰는 접속어인 '그리하여'가 들어가야 한다.
③ ㉢이 있는 문장에서 식물의 뿌리 또는 흙 속의 유기물을 통해 약 2조 4천억 톤에 달하는 탄소가 땅에 저장된다고 하였으므로 빨아서 거두어들인다는 의미의 '흡수(吸收)'로 바꿔 쓰는 것이 적절하다.
  • 배출(排出): 안에서 밖으로 밀어냄
④ 한글 맞춤법 제41항에 따라 조사는 그 앞말에 붙여 써야 하므로 ㉣을 '탄소량마저'로 수정하는 것이 적절하다.
⑤ '함량'은 물질이 어떤 성분을 포함하고 있는 분량이라는 뜻으로 '포함'의 의미가 중복되므로 ㉤을 '포함된 탄소량'으로 고쳐 쓰는 것이 적절하다.

12 의사소통능력 정답 ④

보고서 작성 방법에 따르면 업무 진행 과정에서 쓰는 보고서는 진행 과정에 대한 핵심 내용을 구체적으로 제시해야 하므로 업무 진행 과정에서 작성하는 보고서에서 진행 과정과 관련된 내용을 생략하라는 조언은 가장 적절하지 않다.

13 의사소통능력 정답 ①

빈칸 앞의 단어인 과장 광고, 이분법적인 태도와 함께 쓸 수 있으며 더 높은 단계로 오르기 위하여 어떠한 것을 하지 아니한다는 의미의 ①이 적절하다.

오답 체크

② 방지(防止): 어떤 일이나 현상이 일어나지 못하게 막음
③ 처분(處分): 처리하여 치움
④ 중지(中止): 하던 일을 중도에서 그만둠
⑤ 제재(制裁): 일정한 규칙이나 관습의 위반에 대하여 제한하거나 금지함 또는 그런 조치

14 의사소통능력 정답 ②

이 글은 스스로 아는 것과 모르는 것을 구분하는 메타인지 능력의 중요성을 강조하고, 학생들을 대상으로 진행된 실험에서 성적이 좋은 학생들이 그렇지 않은 학생들에 비해 메타인지 능력이 좋다는 사실이 밝혀졌다는 내용이므로 이 글에 나타난 필자의 의견으로 가장 적절한 것은 ②이다.

[15 - 16]

15 의사소통능력 정답 ③

3문단에서 민속악은 악보가 있어도 악보를 따르기보다 즉흥적으로 연주하는 경우가 많았다고 하였으므로 민속악이 악보에 따라 정해진 박자와 음정으로 정확하게 연주하는 경우가 많은 것은 아님을 알 수 있다.

오답 체크

① 1문단에서 고려 시대부터 조선 시대 이후까지 오래도록 연주된 정악이 우리 민족의 정서를 기반으로 만들어졌다고 하였으므로 적절하다.
② 2문단에서 가곡, 시조 등과 같은 양반가의 정악은 대부분 풍류를 즐기기 위해 연주되었다고 하였으므로 적절하다.
④ 1문단에서 국악은 정악과 민속악으로 분류되며, 음악의 향유계층, 연주되는 악기의 종류, 음악의 속도, 표현 방법 등에 따라 차이점이 드러난다고 하였으므로 적절하다.
⑤ 3문단에서 민속악은 일할 때 부르기 위한 음악, 즐겁게 부르기 위한 음악 등 여러 목적에 따라 광범위하게 만들어졌으며, 백성들에 의해 만들어지고 향유된 음악은 모두 민속악에 포함된다고 하였으므로 적절하다.

16 의사소통능력 정답 ②

글 전체에서 정악과 민속악을 정의, 대조, 예시 등의 방법을 통해 설명하고 있다.

17 의사소통능력 정답 ③

이 글은 초고령화 사회로의 진입을 대비하여 고령층의 주거 안정과 고정 소득을 보장받을 수 있는 주택연금제도를 활성

화하여야 한다는 내용이므로 이 글에 나타난 필자의 의견으로 가장 적절한 것은 ③이다.

[18-19]

18 의사소통능력 정답 ④

이 글은 우리나라가 과거의 시혜적 복지에서 벗어나 국가의 성장을 이끄는 생산적 복지를 구현해나가야 한다고 주장하는 내용이므로 이 글의 제목으로 가장 적절한 것은 ④이다.

19 의사소통능력 정답 ③

2문단에서 성장으로 이어지는 복지를 성공적으로 구현한 스웨덴의 경우 조세부담률이 높은 만큼 복지 혜택을 제공한다고 하였으므로 복지정책을 수립하기 전에 복지 확대에 따르는 조세부담을 감소시키는 방안이 먼저 고려되어야 하는 것은 아님을 알 수 있다.

오답 체크

① 2문단에서 조세부담을 피하고 싶은 국민에 맞추어 정책을 세우면 국가는 재정 적자에 시달리게 된다고 하였으므로 적절한 내용이다.
② 1문단에서 이전까지는 복지와 성장을 서로 상충하는 것으로 보는 이분법적 관점으로 접근했다고 하였으므로 적절한 내용이다.
④ 2문단에서 스웨덴은 복지를 통해 일자리를 창출하고, 창출된 일자리에서 다시 세금을 거두는 복지의 선순환 구조를 확립했다고 하였으므로 적절한 내용이다.
⑤ 2문단에서 복지에 관한 가장 큰 문제는 더 큰 복지 혜택은 바라지만 이에 따른 조세부담을 피하고 싶은 국민들의 이기심이라고 하였으므로 적절한 내용이다.

20 의사소통능력 정답 ④

(라) 문단에서 원산지 효과는 특정 제품군의 대표성 이미지를 얻어 브랜드와 같은 역할을 하는데, 소비자의 제품 구매 및 선택에 영향을 주어 원산지 효과를 얻은 제품은 가격이 비싸도 판매량이 많다고 하였으므로 (라) 문단의 내용을 요약하면 '원산지 효과의 개념과 원산지 효과가 소비자 행동에 미치는 영향'이 된다.

21 의사소통능력 정답 ②

이 글은 군용 레인코트인 트렌치코트의 발명 배경을 제시하고, 트렌치코트의 인기가 상승하게 된 과정을 설명하는 내용의 글이다.
따라서 '(나) 개버딘의 개발 → (마) 개버딘을 소재로 한 트렌치코트의 발명 → (가) 군용품으로서의 트렌치코트 → (다) 전쟁이 끝난 후 일반인들의 관심을 얻기 시작한 트렌치코트 → (라) 일반인 사이에서 인기가 높아진 트렌치코트' 순으로 연결되어야 한다.

22 의사소통능력 정답 ①

이 보도자료는 올봄에 양파·마늘의 생육과 수량을 떨어뜨리는 주된 원인인 곰팡이병과 세균병의 확산이 우려되기 때문에 예찰 및 방제를 통한 병해충 예방이 필요하다는 내용이므로 이 보도자료의 제목으로 가장 적절한 것은 ①이다.

23 의사소통능력 정답 ②

주희: '얼굴 부딪히기 기법'은 상대방에게 요청하고자 하는 도움의 크기가 100이라면 처음에는 그보다 더 큰 200을 요청하여 상대방의 거절을 유도한 뒤 처음보다 더 작은 도움을 요청하여 상대방이 미안한 마음을 보상하기 위해 요청을 수락하도록 하는 방법이므로 '얼굴 부딪히기 기법'이 처음부터 100을 요청하여 상대의 거절을 이끌어낸 뒤 점차 요구하는 바를 줄여 요청사항의 일부라도 들어주게끔 유도하는 것은 적절하지 않다.

24 의사소통능력 정답 ⑤

상대방의 요구를 들어주는 것이 불가능하다고 여겨질 때는 모호한 태도보다 단호하게 거절하는 것이 좋으며, 요구를 거절하는 것에 대한 사과를 한 다음 응해줄 수 없는 이유를 설명하는 것이 바람직하므로 가장 적절한 것은 ⑤이다.

25 의사소통능력 정답 ①

날씨가 더워짐에 따라 쿨비즈 제도가 시행된다는 문서의 작성 배경 및 주제에 대해 언급하고 있으므로 A는 '2단계'에 맞춰 문서를 이해하고 있다.

26 수리능력 정답 ⑤

단리 예금 상품 만기 시 받는 원리금은 원금 × {1+(이자율 × 기간)}임을 적용하여 구한다.
효준이는 연 이율 5%인 1년 만기 거치식 예금 상품에 가입하면서 4,500,000원을 입금하였으므로 1년 뒤 효준이가 돌려받은 원리금은 4,500,000 × {1+(0.05 × 1)} = 4,725,000원이다. 이 중 3,200,000원을 사용하였으므로 4,725,000 − 3,200,000 = 1,525,000원이 남는다.
따라서 잔액은 1,525,000원이다.

27 수리능력 정답 ④

서로 다른 n개에서 중복을 허용하여 r개를 택하는 순열의 수는 ${}_n\Pi_r = n^r$임을 적용하여 구한다.
5개의 숫자와 3개의 특수문자로 구성할 수 있는 네 자리의 비밀번호 개수는 서로 다른 8개의 문자에서 중복을 허용하여 4개의 문자를 택하여 한 줄로 배열하는 것과 같다.
따라서 K 대리의 폴더 비밀번호로 가능한 문자배열은 8^4 = 4,096가지이다.

28 수리능력 정답 ⑤

A와 B는 각각 20분, 25분마다 5분간의 휴식 시간을 가지므로 A와 B가 각자 다시 공부를 시작하는 시간 간격인 25분, 30분의 최소공배수를 구해야 한다. 각 수를 소인수분해하면 $25=5^2$, $30=2\times3\times5$로 최소공배수는 $2\times3\times5^2=150$이므로 A와 B는 150분마다 동시에 공부를 시작한다. 이에 따라 13시부터 19시까지 A와 B가 동시에 공부를 시작하는 시각은 15시 30분, 18시이다.

따라서 A와 B가 마지막으로 동시에 공부를 시작하는 시각은 18시이다.

29 수리능력 정답 ⑤

작년 식품 박람회에 참석한 남자 인원을 x, 여자 인원을 y라고 하면

올해 식품 박람회에 참석한 남자 인원은 작년 대비 10% 증가하였으므로 $1.1x$이고, 여자 인원은 작년 대비 20% 감소하였으므로 $0.8y$이다. 이때, 올해 식품 박람회에 참석한 총인원은 540명이고, 작년 식품 박람회에 참석한 총인원은 올해보다 60명 더 많은 $540+60=600$명이므로

$x+y=600 \rightarrow x=600-y$ … ⓐ

$1.1x+0.8y=540$ … ⓑ

ⓐ를 ⓑ에 대입하여 풀면

$1.1(600-y)+0.8y=540 \rightarrow 0.3y=120 \rightarrow y=400$

따라서 작년 식품 박람회에 참석한 여자 인원은 400명이다.

30 수리능력 정답 ②

시간당 작업량$=\frac{작업량}{시간}$임을 적용하여 구한다.

7시간 동안 기름 1,876mL를 채우는 호스와 1시간 30분 동안 기름 375mL를 채우는 호스는 각각 1시간에 $\frac{1,876}{7}=268$mL, $\frac{375}{1.5}=250$mL의 기름을 채운다. 두 호스를 동시에 이용해서 3시간 45분 동안 채운 기름의 양은 $(268+250)\times3.75=1,942.5$mL이다.

따라서 처음 2L 기름통 안에 들어 있던 기름의 양은 $2,000-1,942.5=57.5$mL이다.

31 수리능력 정답 ①

Q 씨는 매달 100,000원의 이동전화요금이 발생하지만, 매달 가족 결합 혜택으로 이동전화요금의 10%를 할인받으며, 할인받은 금액에 추가로 통신사 멤버십 VIP 할인 혜택으로 10%를 할인받는다. 이에 따라 Q 씨가 이번 달에 납부한 이동전화요금은 $100,000\times0.9\times0.9=81,000$원이다. 또한, 다음 달부터 멤버십 등급별 이동전화요금 할인율이 모두 현재 할인율의 50%만큼 상향 조정되어 Q 씨는 $10\times1.5=15$%를 할인받으므로 Q 씨가 다음 달에 납부하는 이동전화요금은 $100,000\times0.9\times0.85=76,500$원이다.

따라서 Q 씨가 다음 달에 납부하는 이동전화요금은 이번 달보다 $81,000-76,500=4,500$원 더 적다.

32 수리능력 정답 ②

카탈로그 기본 제작 부수 5부에 대해 51,000원, 5부를 초과하는 수량에 대해서는 5부 단위로 13,000원의 비용이 부과된다. 유 사원이 제작 의뢰할 카탈로그는 300부이므로 기본 부수 5부를 제외하고 295부, 즉, $\frac{295}{5}=59$단위에 대한 비용이 추가로 부과된다.

따라서 유 사원이 A 업체에 지불해야 하는 금액은 $51,000+(13,000\times59)=818,000$원이다.

33 수리능력 정답 ⑤

중앙값은 변량을 최솟값부터 최댓값까지 크기 순으로 배열했을 때 정중앙에 위치하는 값이다. 자료 전체를 대표할 수 있는 중앙값은 20개의 값을 크기 순으로 배열했을 때, 10번째에 위치하는 78점과 11번째에 위치하는 80점의 평균값인 $\frac{78+80}{2}=79$점이므로 옳지 않은 설명이다.

오답 체크

① 변량의 개수는 제시된 성적의 개수인 20개이므로 옳은 설명이다.

②, ④ 최빈값은 변량 중에서 가장 많이 나오는 값으로 자료에서 1개 이상 존재할 수 있으며, 이 자료에서는 63점, 85점으로 2개이므로 옳은 설명이다.

③ 가중치를 고려하지 않은 평균값은 산술평균이며, 산술평균은 변량의 총합을 변량의 개수로 나눈 값으로 변량의 총합은 $78+95+85+63+73+94+69+56+85+89+63+85+92+77+63+80+74+78+91+88=1,578$점이다. 따라서 평균값은 $\frac{1,578}{20}=78.9$점이므로 옳은 설명이다.

34 수리능력 정답 ②

평균은 변량의 총합을 변량의 개수로 나눈 값임을 적용하여 구한다.

E의 NCS 점수를 x, B의 전공 점수를 y라고 하면

합격자 전체의 NCS 평균 점수는 72점이므로

$\frac{67+75+73+69+x}{5}=72 \rightarrow x=76$

합격자 전체의 전공 평균 점수는 81점이므로

$\frac{83+y+76+84+80}{5}=81 \rightarrow y=82$

이에 따라 E의 NCS 점수는 76점이고, B의 전공 점수는 82점이므로 필기시험 합격자 중 NCS 점수가 가장 높은 E의 NCS 점수인 m은 76점, 전공 점수가 가장 높은 D의 전공 점수인 n은 84점이다.

따라서 $m+n=76+84=160$점이다.

35 수리능력 정답 ③

평균은 변량의 총합을 변량의 개수로 나눈 값으로 이 자료에서는 1월부터 12월까지 발급한 카드 수의 총합을 12로 나눈 값이므로 평균은 $\frac{9+8+6+7+6+5+8+10+9+6+6+4}{12}=\frac{84}{12}=7$개이다. 분산은 각 변량과 평균의 차이를 제곱하여 합한 값을 변량의 개수로 나눈 값으로 이 자료에서는 1월부터 12월

까지 매월 발급한 카드 수와 평균인 7의 차이를 제곱하여 합한 값을 12로 나눈 값이므로 분산은 $\{(9-7)^2+(8-7)^2+(6-7)^2+(7-7)^2+(6-7)^2+(5-7)^2+(8-7)^2+(10-7)^2+(9-7)^2+(6-7)^2+(6-7)^2+(4-7)^2\} \div 12=\frac{36}{12}=3$이다.

따라서 평균인 a는 7, 분산인 b는 3이므로 a+b의 값은 7+3=10.0이다.

36 수리능력 정답 ⑤

시간$=\frac{거리}{속력}$임을 적용하여 구한다.

제시된 조건에 따르면 나래가 한라산을 등산할 때에는 2코스를 이용하였고, 하산할 때에는 1코스를 이용하였으며, 1코스 길이와 2코스 길이의 합은 총 19.2km이므로 1코스의 길이를 x라고 하면, 2코스의 길이는 $19.2-x$이다. 이때, 등산할 때에는 시속 1.6km로 올라가고, 하산할 때에는 시속 2.4km로 내려왔고, 등산한 뒤 정상에서 30분$=\frac{1}{2}$시간의 휴식 시간을 가졌으며, 등산을 시작할 때부터 하산할 때까지 소요한 시간은 10시간 50분$=10+\frac{5}{6}=\frac{65}{6}$시간이므로

$\frac{19.2-x}{1.6}+\frac{x}{2.4}+\frac{1}{2}=\frac{65}{6} \rightarrow \frac{192-10x}{16}+\frac{10x}{24}+\frac{1}{2}=\frac{65}{6}$

$\rightarrow (576-30x)+20x+24=520 \rightarrow -10x=-80 \rightarrow x=8$

이에 따라 1코스의 길이는 8km이고, 2코스의 길이는 19.2−8=11.2km이다.

따라서 나래가 등산을 할 때 이용한 코스 길이와 하산을 할 때 이용한 코스 길이의 차는 11.2−8=3.2km이다.

37 수리능력 정답 ④

어떤 사건 A가 일어날 확률을 p, 어떤 사건 B가 일어날 확률을 q라고 하면 사건 A가 일어나지 않을 확률은 1−p이고, 두 사건 A, B가 동시에 일어날 확률은 p×q임을 적용하여 구한다.

제시된 조건에 따르면 게임에서 이긴 사람은 1점을 얻고, 지는 사람은 0점을 얻으며, 무승부는 없다. 이때, 먼저 2점을 얻는 사람이 경품을 받으므로 게임은 최소 2판에서 최대 3판까지 진행됨을 알 수 있다. 또한, 갑이 게임에서 을을 이길 확률은 $\frac{2}{3}$이므로 을이 게임에서 갑을 이길 확률은 $\frac{1}{3}$이다.

게임을 진행하는 횟수에 따라 갑이 경품을 받을 확률은 다음과 같다.

- 게임을 2판 진행하는 경우
  갑이 2판을 연달아 이기면 2점을 얻어 경품을 받으므로 갑이 경품을 받을 확률은 $\frac{2}{3}\times\frac{2}{3}=\frac{4}{9}$이다.
- 게임을 3판 진행하는 경우
  갑이 첫 번째 판에서 지고, 두 번째 판에서 이기고, 세 번째 판에서 이기면 먼저 2점을 얻어 경품을 받고, 갑이 첫 번째 판에서 이기고, 두 번째 판에서 지고, 세 번째 판에서 이겨도 먼저 2점을 얻어 경품을 받으므로 갑이 경품을 받을 확률은 $\left(\frac{1}{3}\times\frac{2}{3}\times\frac{2}{3}\right)+\left(\frac{2}{3}\times\frac{1}{3}\times\frac{2}{3}\right)=\frac{4}{27}+\frac{4}{27}=\frac{8}{27}$이다.

따라서 갑이 경품을 받을 확률은 $\frac{4}{9}+\frac{8}{27}=\frac{20}{27}$이다.

38 수리능력 정답 ④

가로의 길이, 세로의 길이, 높이가 모두 다른 직육면체의 나무를 남김없이 잘라 같은 크기의 최대한 큰 정육면체를 만들 때 정육면체의 한 모서리의 길이는 가로의 길이, 세로의 길이, 높이의 최대 공약수임을 적용하여 구한다.

가로의 길이가 96cm$=2^5\times3$cm, 세로의 길이가 16cm$=2^4$cm, 높이가 72cm$=2^3\times3^2$cm이므로 가로의 길이, 세로의 길이, 높이의 최대 공약수는 $2^3=8$이다. 이때, 가로는 8cm씩 12번, 세로는 8cm씩 2번, 높이는 8cm씩 9번 자를 수 있으므로 한 모서리의 길이가 8cm인 정육면체를 12×2×9=216개 만들 수 있다.

따라서 만들 수 있는 정육면체의 개수는 216개이다.

39 수리능력 정답 ③

제시된 각 숫자 간의 값이 −6, ×3으로 반복되므로 빈칸에 들어갈 알맞은 숫자는 '165'이다.

40 수리능력 정답 ④

제시된 각 문자를 한글 자음 순서에 따라 숫자로 변경한다.

ㄷ	ㅂ	ㄹ	ㅇ	ㅂ	(ㅌ)	ㅊ	ㅂ	ㄹ
3	6	4	8	6	12	10	20	18

각 숫자 간의 값이 ×2, −2로 반복되므로 빈칸에 들어갈 알맞은 문자는 숫자 12에 해당하는 'ㅌ'이다.

41 수리능력 정답 ⑤

●: 문자와 숫자 순서에 따라 첫 번째 문자(숫자)를 다음 두 번째 순서에 오는 문자(숫자)로, 두 번째 문자(숫자)를 바로 이전 순서에 오는 문자(숫자)로, 세 번째, 네 번째 문자(숫자)를 바로 다음 순서에 오는 문자(숫자)로 변경한다.
ex. abcd → cade (a+2, b−1, c+1, d+1)

◈: 첫 번째, 두 번째 문자(숫자)의 자리를 서로 바꾸고, 세 번째, 네 번째 문자(숫자)의 자리를 서로 바꾼다.
ex. abcd → badc

따라서 빈칸에 들어갈 알맞은 것은 3Q8W → ◈ → [Q3W8]이다.

42 수리능력 정답 ①

♣: 첫 번째, 네 번째 문자(숫자)의 자리를 서로 바꾸고, 두 번째, 세 번째 문자(숫자)의 자리를 서로 바꾼다.
ex. abcd → dcba

△: 문자와 숫자 순서에 따라 첫 번째 문자(숫자)를 이전 두 번째 순서에 오는 문자(숫자)로, 두 번째, 네 번째 문자(숫자)를 바로 다음 순서에 오는 문자(숫자)로, 세 번째 문자(숫자)를 다음 두 번째 순서에 오는 문자(숫자)로 변경한다.
ex. abcd → ycee (a−2, b+1, c+2, d+1)

따라서 빈칸에 들어갈 알맞은 것은 FX85 → ♣ → 58XF → △ → [39ZG]이다.

[43-44]

43 수리능력 정답 ⑤

제시된 기간 동안 종사자 수가 매년 100명 미만인 한천은 2019년에 전년 대비 종사자 수가 1명 감소하였으므로 옳지 않은 설명이다.

오답 체크

① 2020년에 사업체 수가 100개 미만인 제품은 통조림품, 자건품, 한천, 어유분, 염장품으로 총 5개이므로 옳은 설명이다.
② 2020년 냉동품을 제외한 나머지 제품의 평균 종사자 수는 (76,191 − 28,799) / 12 ≒ 3,949명으로 4천 명 미만이므로 옳은 설명이다.
③ 2018년 대비 2020년에 사업체 수가 증가한 제품은 기타를 제외하면 냉동품, 연제품, 염건품, 조미가공품, 어유분, 염장품, 염신품으로 총 7개이므로 옳은 설명이다.
④ 2019년 종사자 수가 두 번째로 많은 조미가공품의 사업체 1개당 종사자 수는 10,054 / 615 ≒ 16.3명으로 15명 이상이므로 옳은 설명이다.

44 수리능력 정답 ②

2020년 전체 제품 종사자 수가 전년 대비 {(79,708 − 76,191) / 79,708} × 100 ≒ 4% 감소하였으므로 2021년 전체 제품 종사자 수도 2020년 대비 4% 감소하여 2020년 전체 제품 종사자 수의 96%임을 알 수 있다.

따라서 2021년 전체 제품 종사자 수는 76,191 × 0.96 ≒ 73,143명이다.

45 수리능력 정답 ①

재난지원금 수령률(%) = (재난지원금 수령자 수 / 농업인 수) × 100임을 적용하여 구한다.

- ㉠: 2024년 A 지역의 재난지원금 수령률은 (78 / 1,040) × 100 = 7.5%이다.
- ㉡: 2024년 B 지역의 농업인 수는 2023년 대비 118천 명 증가했으므로 1,007 + 118 = 1,125천 명이고, 이에 따라 2024년 B 지역의 재난지원금 수령자 수는 1,125 × 0.096 = 108천 명이다.

따라서 ㉠은 7.5, ㉡은 108이다.

46 수리능력 정답 ④

2018년 해상조난사고 발생인원 대비 구조인원의 비율은 (19,507 / 19,596) × 100 ≒ 99.5%이므로 옳은 설명이다.

오답 체크

① 사망인원이 증가하는 2017년과 2019년에 실종인원은 모두 감소하였으므로 옳지 않은 설명이다.
② 해상조난사고 발생건수의 전년 대비 증가율은 2018년에 {(3,154 − 2,907) / 2,907} × 100 ≒ 8.5%이고, 2019년에 {(3,508 − 3,154) / 3,154} × 100 ≒ 11.2%로 2019년에 더 크므로 옳지 않은 설명이다.
③ 구조불능인원 중 사망인원의 비중은 2017년에 (83 / 108) × 100 ≒ 76.9%, 2018년에 (56 / 89) × 100 ≒ 62.9%, 2019년에 (58 / 88) × 100 ≒ 65.9%로 2019년에는 증가하였으므로 옳지 않은 설명이다.
⑤ 2017년 대비 2019년 구조척수 증가량은 3,758 − 3,102 = 656척, 발생건수 증가량은 3,508 − 2,907 = 601건으로 구조척수 증가량이 더 크고, 같은 기간의 구조척수 증가율은 (656 / 3,102) × 100 ≒ 21.1%, 발생건수 증가율은 (601 / 2,907) × 100 ≒ 20.7%로 구조척수 증가율이 더 크므로 옳지 않은 설명이다.

[47-48]

47 수리능력 정답 ②

㉡ 2024년 소규모 비닐하우스 시설 면적은 2년 전 대비 243 − 113 = 130만 m^2 감소하였으므로 옳은 설명이다.
㉢ 제시된 기간 중 복합환경제어온실 시설 면적이 다른 해에 비해 가장 넓은 2023년에 복합환경제어온실 시설 면적은 전년 대비 13,536 − 13,518 = 18만 m^2 증가하였으므로 옳은 설명이다.

오답 체크

㉠ 2022년 대규모 비닐하우스 시설 수는 전년 대비 증가하였고, 2022년 대규모 비닐하우스 시설 면적은 전년 대비 감소하였으므로 옳지 않은 설명이다.
㉣ 2022년 중규모 비닐하우스 시설 수는 대규모 비닐하우스와 유리온실 시설 수의 합인 2,863 + 2,382 = 5,245개보다 6,584 − 5,245 = 1,339개 더 많으므로 옳지 않은 설명이다.

48 수리능력 정답 ⑤

제시된 기간 동안 식물공장 시설 수가 가장 많은 해인 2024년에 복합환경제어온실 시설 수는 528개이고, 복합환경제어온실 시설 면적은 13,464만 m^2이다.

따라서 2024년 복합환경제어온실 시설 1개당 복합환경제어온실 시설의 평균 면적은 13,464 / 528 = 25.5만 m^2이다.

49 수리능력 정답 ⑤

경제활동가능인구수=(경제활동인구수/경제활동참가율)×100임을 적용하여 구한다.

2024년 경제활동가능인구수는 C 국이 (19,800 / 55.4) × 100 ≒ 35,740천 명, G 국이 (21,700 / 61.2)×100 ≒ 35,458천 명으로 C 국이 G 국보다 더 많으므로 옳은 설명이다.

오답 체크

① 2023년 경제활동인구수의 2022년 대비 증가 인원은 A 국이 27,750 − 27,420 = 330천 명, B 국이 67,400 − 66,450 = 950천 명, C 국이 19,670 − 19,450 = 220천 명, D 국이 160,320 − 159,150 = 1,170천 명, E 국이 29,670 − 29,560 = 110천 명, F 국이 43,290 − 43,050 = 240천 명, G 국이 22,400−21,800 =600천 명으로 D 국이 가장 많으므로 옳지 않은 설명이다.

② 2020년에 경제활동인구수가 가장 적은 국가는 C 국이지만 2024년에 경제활동참가율이 가장 낮은 국가는 E 국이므로 옳지 않은 설명이다.
③ 2021년 D 국의 경제활동인구수는 C 국의 경제활동인구수의 152,500/19,600≒7.8배이므로 옳지 않은 설명이다.
④ 2024년 E 국의 경제활동인구수는 전년 대비 감소하였고, F 국 경제활동인구수는 전년 대비 증가하였으므로 옳지 않은 설명이다.

50 수리능력 정답 ①

2024년 봄에 발생한 산불 발생 건수는 같은 해 여름에 발생한 산불 발생 건수의 392 / 36≒10.9배로 11배 미만이므로 옳지 않은 설명이다.

오답 체크

② 산불 발생 건수는 2020년, 2022년, 2024년에 전년 대비 증가하였으며 2021년, 2023년에 전년 대비 감소하여 매년 전년 대비 증가와 감소를 반복하므로 옳은 설명이다.
③ 2022년 산불 발생 건수의 전년 대비 증가량은 682 − 392 = 290건으로 2020년 산불 발생 건수의 전년 대비 증가량인 637 − 492 = 145건의 290 / 145 = 2배이므로 옳은 설명이다.
④ 2024년 전체 산불 발생 건수에서 겨울에 발생한 산불 발생 건수가 차지하는 비중은 (190 / 650)×100 ≒ 29.2%로 30% 미만이므로 옳은 설명이다.
⑤ 제시된 기간 중 2019년보다 산불 발생 건수가 많은 해는 2020년, 2022년, 2023년, 2024년으로 총 4개 연도이므로 옳은 설명이다.

51 문제해결능력 정답 ④

세 번째 명제의 '대우'와 첫 번째 명제를 차례로 결합한 결론은 다음과 같다.

- 세 번째 명제(대우): 거봉을 좋아하지 않는 사람은 열대 과일을 좋아한다.
- 첫 번째 명제: 열대 과일을 좋아하는 사람은 망고를 좋아한다.
- 결론: 거봉을 좋아하지 않는 사람은 망고를 좋아한다.

따라서 거봉을 좋아하지 않는 사람은 망고를 좋아하므로 항상 참인 설명이다.

오답 체크

① 열대 과일을 좋아하는 사람이 포도를 좋아하는지는 알 수 없으므로 항상 참인 설명은 아니다.
② 수박을 좋아하지 않는 사람이 열대 과일을 좋아하지 않는지는 알 수 없으므로 항상 참인 설명은 아니다.
③ 포도를 좋아하는 사람이 수박을 좋아하지 않는지는 알 수 없으므로 항상 참인 설명은 아니다.
⑤ 망고를 좋아하지 않는 사람은 열대 과일을 좋아하지 않고, 열대 과일을 좋아하지 않는 사람은 거봉을 좋아하므로 항상 거짓인 설명이다.

52 문제해결능력 정답 ⑤

제시된 조건에 따르면 5명은 2명과 3명으로 나뉘어 서로 다른 쪽을 바라보는 좌석에 앉았고, 같은 쪽을 바라보는 좌석에 앉은 사람끼리는 연달아 붙어 앉았으며, 2번, 8번 좌석은 PC 고장으로 앉을 수 없으므로 창문 쪽을 바라보는 3번, 4번, 5번 좌석에 3명이 앉았고, 벽 쪽을 바라보는 6번과 7번 좌석에 2명이 앉거나 9번과 10번 좌석에 2명이 앉았음을 알 수 있다. 수호는 영수와 같은 쪽을 바라보는 좌석에 앉지 않았고, 영수는 민석이와 같은 쪽을 바라보는 좌석에 앉았으며, 종민이는 3명이 앉은 쪽 좌석에 앉았으므로 영수, 종민, 민석 3명이 창문 쪽을 바라보는 좌석에 앉았으면 수호, 정식 2명이 벽 쪽을 바라보는 좌석에 앉았고, 영수, 민석 2명이 벽 쪽을 바라보는 좌석에 앉았으면 종민, 수호, 정식 3명이 창문 쪽을 바라보는 좌석에 앉았다. 이때, 영수와 민석 2명이 벽 쪽을 바라보는 좌석에 앉았다고 가정하면 민석이는 정식이보다 번호가 낮은 좌석에 앉았다는 조건에 모순되므로 영수, 종민, 민석 3명이 창문 쪽을 바라보는 좌석에 앉았고, 수호와 정식 2명은 벽 쪽을 바라보는 좌석에 앉았음을 알 수 있다. 이에 따라 정식이는 수호보다 번호가 높은 좌석에 앉았고, 종민이는 3명 중 가운데에 앉았으며, 민석이는 영수보다 번호가 낮은 좌석에 앉았으므로 민석이는 3번, 종민이는 4번, 영수는 5번 좌석에 앉았으며, 수호가 6번 좌석에 앉았으면 정식이는 7번 좌석, 수호가 9번 좌석에 앉았으면 정식이는 10번 좌석에 앉았다. 따라서 수호는 벽 쪽을 바라보는 좌석, 종민이는 창문 쪽을 바라보는 좌석에 앉아 서로 다른 쪽을 바라보는 좌석에 앉았으므로 항상 참인 설명이다.

오답 체크

① 정식이는 7번 좌석에 앉았을 수도 있으므로 항상 참인 설명은 아니다.
② 종민이의 오른쪽 좌석에는 영수가 앉았으므로 항상 거짓인 설명이다.
③ 수호가 6번 좌석에 앉았으면 영수의 뒷좌석에는 수호가 앉았을 수도 있으므로 항상 참인 설명은 아니다.
④ 민석이는 3번 좌석에 앉았으므로 항상 거짓인 설명이다.

53 문제해결능력 정답 ④

제시된 조건에 따르면 E는 월요일과 수요일에 휴가를 사용하고, B가 휴가를 사용하는 요일 중 하루는 금요일이다. 또한, C와 D는 모두 월요일과 화요일에 휴가를 사용하지 않고, B는 C와 같은 요일에 휴가를 사용하지 않으므로 C는 수요일과 목요일에 휴가를 사용한다. 이때 휴가를 연속한 요일에 사용한 사람은 A와 C뿐이므로 D는 수요일과 금요일에 휴가를 사용한다. 또한, A는 2일 중 1일은 E와 같은 요일에 휴가를 사용하고, 나머지 1일은 B와 같은 요일에 휴가를 사용하였으며, B와 E를 제외한 다른 사람과는 같은 요일에 휴가를 사용하지 않았으므로 C와 D가 E와 같은 요일에 휴가를 사용한 수요일을 제외한 월요일에 휴가를 사용하며, 월요일과 연속한 화요일에 휴가를 사용하고, B도 화요일에 휴가를 사용한다. 이에 따라 월요일에는 A와 E, 화요일에는 A와 B, 수요일에는 C, D, E, 목요일에는 C, 금요일에는 B와 D가 휴가를 사용한다. 따라서 휴가를 사용하는 사람이 가장 적은 요일은 '목요일'이다.

54 문제해결능력 정답 ②

제시된 조건에 따르면 5명 중 3명의 진술은 진실이고, 2명의 진술은 거짓이다. 먼저 E의 진술이 진실이라는 C의 진술이 진실인 경우 E의 진술도 진실이고 E의 진술에 따라 C가 사과를 따간 범인이므로 B와 C 중 한 명이 사과를 따간 범인이라는 A의 진술과 D는 사과를 따간 범인이 아니라는 B의 진술은 진실이 되어 3명의 진술이 진실이라는 조건에 모순된다. 이에 따라 C의 진술은 거짓이고, E의 진술도 거짓이며, C는 사과를 따간 범인이 아니다. 이때 3명의 진술이 진실이라는 조건에 따라 A, B, D의 진술은 진실이고, B와 C 중 한 명이 사과를 따간 범인이라는 A의 진술에 따라 사과를 따간 범인은 B가 된다. B가 사과를 따간 범인인 경우 D는 사과를 따간 범인이 아니라는 B의 진술과, B와 E 중 한 명이 사과를 따간 범인이라는 D의 진술이 진실이므로 조건을 만족한다.
따라서 사과 농장에서 사과를 매번 따간 범인은 'B'이다.

55 문제해결능력 정답 ④

㉠은 탐색형 문제, ㉡은 설정형 문제, ㉢은 발생형 문제에 대한 설명이다.

56 문제해결능력 정답 ②

○○기업은 A 상품의 저조한 판매 실적 문제를 해결하기 위해 3C 분석 기법을 활용하여 고객 만족도와 경쟁사 상품, 자사의 설정 목표를 분석하였으므로 옳은 설명이다.

오답 체크

① ○○기업이 진행한 회의는 '환경 분석' 절차에 해당하므로 옳지 않은 설명이다.
③ 문제 인식 절차는 '환경 분석', '주요 과제 도출', '과제 선정' 순으로 진행되며, 회의는 '환경 분석', 실행가능한 후보 과제를 도출하는 절차는 '과제 선정'에 해당하므로 옳지 않은 설명이다.
④ 다수의 저가 브랜드의 등장으로 A 상품의 판매 실적이 예상보다 저조하였음에 따라 ○○기업 회의 분석 결과 A 상품 기획 시 설정한 '하이엔드 브랜드 이미지 구축' 목표는 기업 내부의 강점으로 도출되지 않았을 것이므로 옳지 않은 설명이다.
⑤ ○○기업 회의에서는 경쟁사와 자사를 비교 분석하는 내부 환경에 대한 분석도 진행하였고, 고객의 만족도를 분석하는 외부 환경에 대한 분석도 진행하였으므로 옳지 않은 설명이다.

57 문제해결능력 정답 ⑤

도매 시장에서 채소를 구매할 때, 2가지 품목을 구매할 경우 20%, 3가지 품목을 구매할 경우 30%의 가격이 할인되고, 도매 시장에서 소매 시장으로 채소를 운송하는 데 100kg당 30,000원의 운송비가 지출된다. 또한, 도매 시장에서 구매한 채소는 소매 시장에서 등급별로 판매되는 비율이 일정하며, 특등급이 80%, 상등급이 90%, 중등급이 80%, 하등급이 70%가 판매되고, 이때, 수익은 소매 시장에서 채소를 판매한 금액에서 도매 시장에서 채소를 구입한 금액과 채소를 운송하는 데 지출한 비용을 차감한 값이다. 도매 시장에서 하등급의 풋고추 100kg을 구매할 때, 도매 시장에서 채소를 구입한 금액은 100 × 3,300 = 330,000원이고, 운송비는 30,000원이며, 하등급은 70%가 판매되므로 소매 시장에서 채소를 판매한 금액은 100 × 0.7 × 8,000 = 560,000원임에 따라 수익은 560,000 − 330,000 − 30,000 = 200,000원이다. 또한, 하등급의 시금치 100kg을 구매할 때, 도매 시장에서 채소를 구입한 금액은 100 × 2,600 = 260,000원이고, 운송비는 30,000원이며, 하등급은 70%가 판매되므로 소매 시장에서 채소를 판매한 금액은 100 × 0.7 × 6,200 = 434,000원임에 따라 수익은 434,000 − 260,000 − 30,000 = 144,000원으로 풋고추를 구매할 때 수익은 시금치를 구매할 때 수익의 200,000 / 144,000 ≒ 1.4배로 2배 미만이므로 옳지 않은 내용이다.

오답 체크

① 도매 시장에서 상등급의 풋고추만 100kg을 구매할 때, 도매 시장에서 채소를 구입한 금액은 100 × 4,200 = 420,000원이고, 운송비는 30,000원이며, 상등급은 90%가 판매되므로 소매 시장에서 채소를 판매한 금액은 100 × 0.9 × 10,000 = 900,000원임에 따라 수익은 900,000 − 420,000 − 30,000 = 450,000원이므로 옳은 내용이다.
② 도매 시장에서 특등급의 시금치만 200kg 구매할 때, 도매 시장에서 채소를 구입한 금액은 200 × 3,300 = 660,000원이고, 운송비는 2 × 30,000 = 60,000원이며, 특등급은 80%가 판매되므로 소매 시장에서 채소를 판매한 금액은 200 × 0.8 × 7,500 = 1,200,000원임에 따라 수익은 1,200,000 − 660,000 − 60,000 = 480,000원이다. 또한, 특등급의 양파와 시금치를 100kg씩 구매할 때 도매 시장에서 채소를 구입한 금액은 {(100 × 600) + (100 × 3,300)} × (1 − 0.2) = 312,000원이고, 운송비는 2 × 30,000 = 60,000원이며, 특등급은 80%가 판매되므로 소매 시장에서 채소를 판매한 금액은 (100 × 0.8 × 2,000) + (100 × 0.8 × 7,500) = 760,000원임에 따라 수익은 760,000 − 312,000 − 60,000 = 388,000원으로 시금치만 구매할 때 수익이 양파와 시금치를 구매할 때 수익보다 높으므로 옳은 내용이다.
③ 도매 시장에서 양파만 100kg 구매할 때, 도매 시장에서 채소를 구매한 금액은 특등급이 600 × 100 = 60,000원, 상등급이 500 × 100 = 50,000원이고 운송비는 모두 30,000원이며, 특등급은 80%가 판매되므로 소매 시장에서 채소를 판매한 금액은 100 × 0.8 × 2,000 = 160,000원, 상등급은 90%가 판매되므로 소매 판매 가격은 100 × 0.9 × 1,800 = 162,000원임에 따라 특등급의 수익은 160,000 − 60,000 − 30,000 = 70,000원, 상등급의 수익은 162,000 − 50,000 − 30,000 = 82,000원으로 상등급의 수익이 더 높으므로 옳은 내용이다.
④ 도매 시장에서 중등급의 양파와 시금치, 풋고추를 각각 100kg씩 구매할 때, 도매 시장에서 채소를 구매한 금액은 {(100 × 400) + (100 × 2,800) + (100 × 3,700)} × (1 − 0.3) = 483,000원이고, 운송비는 3 × 30,000 = 90,000원이며, 중등급은 80%가 판매되므로 소매 시장에서 채소를 판매한 금액은 (100 × 0.8 × 1,600) + (100 × 0.8 × 6,700) + (100 × 0.8 × 9,000) = 1,384,000원임에 따라 수익은 1,384,000 − 483,000 − 90,000 = 811,000원으로 800,000원 이상이므로 옳은 내용이다.

58 문제해결능력 정답 ③

제시된 조건에서 우선순위에 따라 순서대로 입지 조건에 적합한 지역을 선정한다.
첫 번째 입지 조건에 따라 지반이 단단한 지역을 고르면 A, B, C, E 지역이고, 이들 중 두 번째 입지 조건에 따라 물이 있는 바다와 가까운 지역을 고르면 A, C, E 지역이다. 세 번째 입지 조건에 따라 도심으로부터 멀리 떨어진 지역을 고르면 A, C 지역이고, 네 번째 입지 조건에서 A와 C 두 지역 중 지형이 송전에 더 유리한 곳은 C 지역임을 알 수 있다.
따라서 원자력 발전소의 건설지로 선정될 가능성이 가장 높은 지역은 'C 지역'이다.

[59-60]

59 문제해결능력 정답 ③

다음 달 부산 본부의 예상 직원 수는 365-11+17-3=368명이며, 마스크는 지역 본부별 다음 달 예상 직원이 인당 하루에 한 개씩 다음 한 달 동안 사용할 분량을 배부해야 한다.
따라서 부산 본부에 배부해야 하는 마스크는 총 368×30=11,040개이므로 옳지 않은 내용이다.

오답 체크

① 다음 달 경기 본부의 예상 직원 수는 421-24+13-6=404명으로 경기 본부에 배부해야 하는 마스크의 분량은 총 404×30=12,120개이므로 옳은 내용이다.
② 다음 달 광주 본부의 예상 직원 수는 317-6+4-8=307명, 울산 본부의 예상 직원 수는 296-8+3-2=289명으로 광주 본부의 전 직원이 하루에 제공받을 마스크는 울산 본부의 전 직원이 하루에 제공받을 마스크보다 307-289=18개 더 많으므로 옳은 내용이다.
④ 마스크 생산 업체 중 가격 점수가 가장 낮은 업체는 D 업체, 내구성 점수가 가장 낮은 업체는 C 업체, 착용감 점수가 가장 낮은 업체는 A 업체로 모두 다르므로 옳은 내용이다.
⑤ 다음 달 대전 본부의 예상 직원 수는 279-7+2-4=270명, 대구 본부의 예상 직원 수는 342-4+12-11=339명으로 대전 본부의 전 직원이 하루에 제공받을 마스크는 대구 본부의 전 직원이 하루에 제공받을 마스크보다 339-270=69개 더 적으므로 옳은 내용이다.

60 문제해결능력 정답 ①

임 사원은 총점이 가장 높은 업체를 선정하여 마스크를 주문하므로 마스크 생산 업체별 총점은 다음과 같다.

구분	총점
A 업체	(4×0.3)+(5×0.5)+(3×0.2)=1.2+2.5+0.6=4.3
B 업체	(3×0.3)+(4×0.5)+(5×0.2)=0.9+2.0+1.0=3.9
C 업체	(5×0.3)+(3×0.5)+(5×0.2)=1.5+1.5+1.0=4.0
D 업체	(2×0.3)+(5×0.5)+(4×0.2)=0.6+2.5+0.8=3.9
E 업체	(4×0.3)+(4×0.5)+(4×0.2)=1.2+2.0+0.8=4.0

따라서 임 사원이 마스크를 주문할 업체는 'A 업체'이다.

[61-62]

61 자원관리능력 정답 ②

D 농업인은 자신이 부담해야 하는 차후수리비를 우선적으로 고려한다고 하였으므로 A 지역농협의 직원은 차후수리비가 가장 적은 농업기계를 D 농업인에게 제안해야 한다. A 지역농협에서 보유하고 있는 농업기계 중 차후수리비가 가장 적은 농업기계는 비료살포기지만 대여가능수량이 0대이므로 그 다음으로 차후수리비가 적은 '경운기'를 D 농업인에게 제안해야 한다.

62 자원관리능력 정답 ③

제시된 5개의 평가 항목에서 임대 수입에 직접적으로 영향을 미치는 대여가격과 활용도 항목을 고려한다. 이때 평가 항목별 가중치는 동일하므로 농업기계별 대여가격과 활용도의 평가 점수를 합하면 트랙터는 4+3=7점, 이앙기는 3+4=7점, 경운기는 5+1=6점, 굴삭기는 4+5=9점, 파쇄기는 2+5=7점, 예취기는 1+5=6점, 비료살포기는 3+2=5점, 로타베이터는 2+3=5점, SS기는 1+3=4점이다.
따라서 P 직원이 가장 높게 평가한 농업기계는 '굴삭기'이다.

63 자원관리능력 정답 ②

B는 자원관리의 과정 2단계인 이용 가능한 자원 수집에 대해 이야기하고 있다. 이용 가능한 자원 수집 단계는 실제로 필요한 자원을 확보하는 단계로, 필요한 자원의 종류와 양을 먼저 파악하더라도 추후 예기치 못한 일이 발생할 수 있으므로 자원을 계획한 양보다 여유 있게 확보할 필요가 있다.
따라서 자원관리에 대해 바르게 이해하지 못한 사람은 'B'이다.

64 자원관리능력 정답 ⑤

박상민 사원은 데드라인이 빠른 업무부터 진행하므로 점심시간 직후에 인사팀에 연차신청서를 제출한 후 영업부 사원들에게 전시회 물품이 준비되었는지를 확인하고 기상무 팀장에게 오후 2시까지 연락을 해야 한다. 그 후, 오후 3시까지 디자인 업체로부터 회사 로고 스티커 시안을 전달받아 검토해야 하고, 디자인 업체의 영업이 끝나는 오후 7시보다 2시간 빠른 오후 5시까지 수정 사항을 전달해야 한다. 또한, 다음날 진행되는 영업부 전체 회의에 필요한 커피와 샌드위치 배달 주문을 오후 4시까지 해야 한다.
따라서 박상민 사원의 업무 순서는 '㉣ 연차신청서 제출 - ㉡ 전시회 물품 확인 - ㉢ 스티커 시안 검토 - ㉠ 커피와 샌드위치 주문 - ㉤ 스티커 시안 수정 사항 전달'이다.

65 자원관리능력 정답 ③

이 주임이 백 과장의 피드백에 따라 업무 마감 기한, 업무 세부 내용의 수, 업무 요청 일자 순으로 고려하여 수립한 업무 진행 순서는 'A 제품 판매 지수 관련 자료 제출 - 기획 세미나 참석 - 1/4분기 업무 보고 - 워크숍 예산 수립 - 경쟁사 물품 조사 - 신제품 전략 기획'이다. 이때, 4월 5일에 식목일 행사 후 물품을 정리하는 업무를 추가로 진행해야 하므로 '식목일 행사 물품 정리' 업무를 가장 먼저 진행하게 된다. 따라서 이 주임이 다섯 번째로 진행해야 하는 업무로 가장 적절한 것은 '워크숍 예산 수립'이다.

66 조직이해능력 정답 ③

생산성 저하 문제를 해결하기 위하여 개편되는 조직이고, 부서별로 담당하는 제품을 구분하여 책임지고 생산하는 구조를 확립하는 조직이라고 하였으므로 '사업부제 조직'으로 분류하는 것이 가장 적절하다.

67 조직이해능력 정답 ④

농협의 인재상과 그에 대한 설명이 바르게 짝지어진 것은 ㉡, ㉢, ㉣이다.

68 조직이해능력 정답 ①

김 과장이 속한 부서에서 국내 출장과 관련된 업무와 차량 관리 업무를 담당한다고 하였으므로 김 과장이 속한 부서는 '총무부'임을 알 수 있다.

69 조직이해능력 정답 ⑤

제시된 지문은 주식시장에서 주가가 크게 급등 또는 급락하는 경우에 주식매매 거래를 일시적으로 중단하는 주식거래 중단제도를 설명하고 있으므로 빈칸에 들어갈 용어는 '서킷 브레이커'이다.

오답 체크

① 사이드 카(Sidecar): 선물 가격이 전일 종합주가지수 대비 5% 이상 변동되는 사태가 1분 이상 지속될 경우 매매 호가의 효력이 5분 동안 정지되는 제도
② 숏 커버링(Short covering): 주식시장에서 주가가 하락할 것을 예상하여 매도했던 주식을 다시 매수하는 것
③ 어닝 쇼크(Earning shock): 시장의 예상치보다 기업이 발표한 영업 실적이 훨씬 저조하여 주가에 영향을 미치는 현상
④ 윈도 드레싱(Window dressing): 증권시장에서 기관 투자가들이 결산기에 맞춰 투자 수익률을 올리기 위해 주식을 집중적으로 매매하는 행위

70 조직이해능력 정답 ③

인도의 통화는 파운드가 아닌 루피이므로 가장 적절하지 않다.

실전모의고사 4회

정답

p.460

01	③	의사소통능력	16	④	의사소통능력	31	④	수리능력	46	③	문제해결능력
02	②	의사소통능력	17	①	의사소통능력	32	②	수리능력	47	③	문제해결능력
03	④	의사소통능력	18	①	의사소통능력	33	③	수리능력	48	②	문제해결능력
04	④	의사소통능력	19	①	의사소통능력	34	②	수리능력	49	③	문제해결능력
05	①	의사소통능력	20	③	의사소통능력	35	②	수리능력	50	③	문제해결능력
06	④	의사소통능력	21	②	수리능력	36	④	수리능력	51	③	자원관리능력
07	①	의사소통능력	22	④	수리능력	37	①	수리능력	52	②	자원관리능력
08	②	의사소통능력	23	③	수리능력	38	④	수리능력	53	③	자원관리능력
09	①	의사소통능력	24	②	수리능력	39	②	수리능력	54	①	자원관리능력
10	③	의사소통능력	25	③	수리능력	40	②	수리능력	55	④	자원관리능력
11	①	의사소통능력	26	③	수리능력	41	②	문제해결능력	56	②	조직이해능력
12	①	의사소통능력	27	④	수리능력	42	②	문제해결능력	57	③	조직이해능력
13	②	의사소통능력	28	③	수리능력	43	②	문제해결능력	58	④	조직이해능력
14	②	의사소통능력	29	④	수리능력	44	①	문제해결능력	59	④	조직이해능력
15	④	의사소통능력	30	④	수리능력	45	③	문제해결능력	60	①	조직이해능력

취약 영역 분석표

영역별로 맞힌 개수와 정답률을 적고 나서 취약한 영역이 무엇인지 파악해 보세요.
정답률이 60% 미만인 취약한 영역은 틀린 문제를 다시 풀어보면서 확실히 극복하세요.

영역	의사소통능력	수리능력	문제해결능력	자원관리능력	조직이해능력	TOTAL
맞힌 개수	/20	/20	/10	/5	/5	/60
정답률	%	%	%	%	%	%

※ 정답률(%) = (맞힌 개수/전체 개수) × 100

해설

01 의사소통능력 정답 ③

제시된 단어 해이(解弛)는 긴장이나 규율 따위가 풀려 마음이 느슨하다는 의미의 단어이다.
따라서 몹시 엄하다는 의미의 '엄중(嚴重)'이 적절하다.

오답 체크
① 이완(弛緩): 바짝 조였던 정신이 풀려 늦추어짐
② 해엄(解嚴): 경계나 단속을 풂
④ 분해(分解): 여러 부분이 결합되어 이루어진 것을 그 낱낱으로 나눔

02 의사소통능력 정답 ②

제시된 단어 창안(創案)은 어떤 방안, 물건 따위를 처음으로 생각하여 낸다는 의미의 단어이다.
따라서 예로부터 해 오던 방식이나 수법을 좇아 그대로 행한다는 의미의 '답습(踏襲)'이 적절하다.

오답 체크
① 구안(具案): 초안 따위를 작성함
③ 계획(計劃): 앞으로 할 일의 절차, 방법, 규모 따위를 미리 헤아려 작정함
④ 궁리(窮理): 사물의 이치를 깊이 연구함

03 의사소통능력 정답 ④

밑줄 친 단어는 매우 싼 값이라는 의미로 쓰였으므로 시세에 비하여 헐한 값이라는 의미의 ④가 적절하다.

오답 체크
① 원가(原價): 상품의 제조, 판매, 배급 따위에 든 재화와 용역을 단위에 따라 계산한 가격
② 평가(平價): 싸지도 않고 비싸지도 않은 보통의 값
③ 공가(工價): 물건을 만들거나 어떤 일을 하는 데 드는 품삯

04 의사소통능력 정답 ④

밑줄 친 단어는 대체로 헤아려 생각하건대라는 의미로 쓰였으므로 대체로 보아서라는 의미의 ④가 적절하다.

오답 체크
① 으레: 두말할 것 없이 당연히
② 자못: 생각보다 매우
③ 비단: 부정하는 말 앞에서 '다만', '오직'의 뜻으로 쓰이는 말

05 의사소통능력 정답 ①

밑줄 친 단어는 오답을 정답으로 수정했다는 의미로 쓰였으므로 잘못되거나 틀린 것을 바로잡는다는 의미의 ①이 적절하다.

오답 체크
② 본디의 것을 손질하여 다른 것이 되게 하다
③ 병 따위를 낫게 하다
④ 고장이 나거나 못 쓰게 된 물건을 손질하여 제대로 되게 하다

06 의사소통능력 정답 ④

밑줄 친 부분은 그가 반드시 시험에 합격한다는 의미로 쓰였으므로 조금도 어긋나는 일이 없이라는 의미의 ④가 적절하다.

오답 체크
① 실없이: 말이나 하는 짓이 실답지 못하게
② 변함없이: 달라지지 않고 항상 같이
③ 너나없이: 너나 나나 가릴 것 없이 다 마찬가지로

07 의사소통능력 정답 ①

빈칸 바로 앞의 단어인 권리와 함께 쓸 수 있으며 남 앞에서 내세울 만큼 모습이나 태도가 떳떳하다는 의미의 '당당'이 적절하다.

오답 체크
② 마땅: 행동이나 대상 따위가 일정한 조건에 어울리게 알맞음
③ 타당: 일의 이치로 보아 옳음
④ 지당: 이치에 맞고 지극히 당연함

08 의사소통능력 정답 ②

빈칸이 있는 문장 앞에서는 타국의 김치 종주국 주장이 나날이 강해지고 있다고 하였으며, 빈칸이 있는 문장에서는 한국이 김치 종주국의 지위를 확고하게 수호할 수 있는 대안이 필요하다고 하였으므로 앞의 내용과 뒤의 내용이 인과관계를 이룰 때 사용하는 접속어 ②가 가장 적절하다.

09 의사소통능력 정답 ①

㉠ 빈칸이 있는 문장에서 빈번한 개인정보 유출 사고와 공공기관에 대한 해킹 시도가 보안 시스템의 허술함을 보여준다고 하였으므로 사실을 직접 증명할 수 있는 증거가 되지는 않지만, 주변의 상황을 밝힘으로써 간접적으로 증명에 도움을 준다는 의미의 '방증(傍證)'이 적절하다.
㉡ 빈칸이 있는 문장에서 사이버 테러를 사소한 일로 여긴다고 하였으므로 너무 쉽게 여기는 태도나 경향이 있다는 의미의 '안이(安易)'가 적절하다.

10 의사소통능력

정답 ③

㉡ 한글 맞춤법 제19항에 따라 '높-, 많-, 밝-' 등의 어근이 분명히 드러나므로, '높이, 많이, 밝히'와 같이 어근의 원형을 밝혀 적는다. 형용사 '높다'에 사동접미사 '-이-'가 더해진 형태로, '무엇을 높게 하다'의 의미를 가지므로 '높이는'으로 수정해야 한다.
㉤ '병행되어야' 혹은 '병행돼야'로 수정해야 한다.

오답 체크

㉠ '제기하다'는 '의견이나 문제를 내어놓다', '재기하다'는 '역량이나 능력 따위를 모아서 다시 일어서다'라는 의미이므로 수정이 필요한 부분으로 적절하지 않다.
㉢ 한글 맞춤법 제51항에 의하면 여러모로 깊이 생각하는 모양을 나타내는 부사 '곰곰' 뒤에는 부사형 접미사 '-이-'를 붙여 표기해야 하므로 수정이 필요한 부분으로 적절하지 않다.
㉣ 조금 푸르다의 '푸릇하다'이므로 수정이 필요한 부분으로 적절하지 않다.

11 의사소통능력

정답 ①

①은 맞춤법에 맞는 문장이다.

오답 체크

② 곱배기 (X) → 곱빼기 (O)
- 한글 맞춤법 제54항에 따라 다른 형태소 뒤에서 '빼기'로 발음되는 접미사는 '빼기'로 적는다. 따라서 '곱빼기'라고 써야 한다.

③ 돋구었다 (X) → 돋우었다 (O)
- 한글 맞춤법 제22항에 따라 용언의 어간에 접미사 '-우-'가 붙어서 이루어진 말들은 그 어간을 밝히어 적는다. 따라서 '돋우었다'라고 써야 한다.

④ 틈틈히 (X) → 틈틈이 (O)
- 한글 맞춤법 제20항에 따라 명사 뒤에 '-이'가 붙어서 된 말은 그 명사의 원형을 밝히어 적는다. 따라서 '틈틈이'라고 써야 한다.

12 의사소통능력

정답 ①

법 대로 (X) → 법대로(O)
- 한글 맞춤법 제41항에 따라 조사는 그 앞말에 붙여 쓴다.

13 의사소통능력

정답 ②

이 글은 좀비기업의 증가가 경제 전반에 막대한 손해를 입히고 있어 자본 낭비를 막기 위해 좀비기업에 대한 지원을 중단해야 한다는 내용이므로 이 글의 중심 내용으로 가장 적절한 것은 ②이다.

오답 체크

① 좀비기업의 지원금으로 인해 벤처기업의 지원금이 줄어든다는 내용에 대해서는 서술하고 있지만, 글 전체를 포괄할 수 없으므로 적절하지 않은 내용이다.
③ 좀비기업의 분류 기준에 대해 다루고 있지 않으므로 적절하지 않은 내용이다.
④ 낮은 금리로 인해 대출금 회수 가능성이 낮은 좀비기업의 차입금 조달이 쉬워진다는 내용에 대해서는 서술하고 있지만, 글 전체를 포괄할 수 없으므로 적절하지 않은 내용이다.

14 의사소통능력

정답 ②

링겔만 효과는 집단에 참여하는 사람 수가 늘수록 1인당 공헌도가 떨어지는 현상이라고 하였으므로 참여 인원이 늘어날수록 집단 전체의 힘이 약해지는 것은 아님을 알 수 있다.

15 의사소통능력

정답 ④

2문단에서 뇌 기능 저하를 겪는 뇌전증 환자를 대상으로 뇌의 특정 부위에 전기자극술을 시도한 결과 기억력이 향상되는 것을 확인할 수 있다고 하였으나, 뇌가 고기능 상태일 때는 오히려 기억력을 감퇴시켰다고 하였으므로 뇌전증 환자의 상태가 호전되었을 때 자극기술을 받는다면 기억력 향상에 큰 도움이 되는 것은 아님을 알 수 있다.

오답 체크

① 3문단에서 연구진은 전기자극을 통해 별아교세포 수가 정상 범위까지 증가하여 활성도가 높아지고 통증이 감소했다고 하였으므로 적절하다.
② 1문단에서 뇌 심부에 직접 긴 바늘 형태의 전극을 심는 뇌심부자극술은 우울증 치료를 위해 사용되고 있다고 하였으므로 적절하다.
③ 5문단에서 경두개직류자극술은 위험 발생률이 낮지만, 전극으로부터 뇌 심부까지 전해지는 전기의 양이 20%를 하회한다고 하였으므로 적절하다.

16 의사소통능력

정답 ④

영농정착지원사업 지원자 중 비농업계 졸업생들의 비중이 72.9%로 농업계 졸업생들보다 훨씬 많았다고 하였으므로 지원자 대부분이 농업계 학교 졸업생이었던 것은 아님을 알 수 있다.

[17-18]

17 의사소통능력

정답 ①

이 글은 HACCP의 개념을 제시하며 HACCP의 도입 배경을 언급하고, HACCP의 사전 준비 5단계와 7원칙을 설명하며 기업과 소비자에게 효용이 큰 제도임을 설명하는 글이다. 따라서 '(나) HACCP의 개념 → (마) HACCP의 도입 배경 → (가) HACCP 사전 준비 5단계 → (다) HACCP의 7원칙 → (라) HACCP의 의의' 순으로 연결되어야 한다.

18 의사소통능력

정답 ①

(가) 문단에서 사전 준비 단계에서 HACCP 팀을 구성하는 것부터 시작하고, 이후 제품의 모든 공정 단계를 파악한 공정 흐름도를 작성한다고 하였으므로 적절하지 않은 내용이다.

오답 체크

② (다) 문단에서 HACCP 체계의 보존을 위해 문서 및 기록 유지 방법을 설정하면 모든 절차가 마무리된다고 하였으므로 적절한 내용이다.

③ (라) 문단에서 기업은 HACCP을 통해 정부주도형 위생관리에서 벗어나 자율적인 위생관리를 수행할 수 있다고 하였으므로 적절한 내용이다.

④ (마) 문단에서 HACCP은 1993년 국제식품규격위원회에서 식품위생 관리지침으로 채택되었고, 한국에서는 1995년 식품위생법으로 HACCP을 처음 도입하였다고 하였으므로 적절한 내용이다.

[19-20]

19 의사소통능력 정답 ①

이 보도자료는 드론에 대한 국내 농업계의 관심이 고조되고 있으며, 이러한 현상에 맞춰 OO시에서 농업용 드론의 활성화를 위해 〈농업용 드론 연구총회〉를 개최한다는 내용이므로 이 보도자료의 제목으로 가장 적절한 것은 ①이다.

20 의사소통능력 정답 ③

3문단에서 △△대학교 김◇◇ 교수가 〈농업용 드론 연구총회〉의 모든 강연과 토론을 진행하는 것으로 결정되어 있으므로 보도자료 배포 후 〈농업용 드론 연구총회〉 프로그램의 진행자를 섭외해야 하는 것은 아님을 알 수 있다.

21 수리능력 정답 ②

$a<b$이면 $a+c<b+c$, $a-c<b-c$이고, $a<b$, $c>0$이면 $ac<bc$, $\frac{a}{c}<\frac{b}{c}$임을 적용하여 구한다.

$-5+13<\sqrt{3x-5}-13+13\leq-3+13$

$\rightarrow 8^2<(\sqrt{3x-5})^2\leq10^2$

$\rightarrow 64+5<3x-5+5\leq100+5$

$\rightarrow 69<3x\leq105 \rightarrow 23<x\leq35$

따라서 자연수 x 중 5의 배수는 25, 30, 35로 3개이다.

22 수리능력 정답 ④

$-3a<0$, $2a>0$, $3b<0$이므로

$\sqrt{(-3a)^2}+\sqrt{(2a)^2}-\sqrt{(3b)^2}$

$=-(-3a)+2a-(-3b)$

$=3a+2a+3b$

$=5a+3b$

23 수리능력 정답 ③

입원실의 개수를 x라고 하면

입원실 한 개당 환자를 4명씩 수용하면 환자 2명이 입원할 수 없으므로 현재 입원한 환자 수는 $4x+2$이며,

입원실 한 개당 환자를 5명씩 수용하면 8개의 입원실이 남으므로 환자가 입원한 입원실 중 마지막 입원실에는 최소 1명부터 최대 5명까지 수용할 수 있다. 이에 따라 현재 입원한 환자 수의 최솟값은 마지막 입원실에 1명을 수용한 $5(x-9)+1$이고, 최댓값은 마지막 입원실에 5명을 모두 수용한 $5(x-8)$이다.

$5(x-9)+1\leq4x+2 \rightarrow 5x-44\leq4x+2 \rightarrow x\leq46$ … ⓐ

$5(x-8)\geq4x+2 \rightarrow 5x-40\geq4x+2 \rightarrow x\geq42$ … ⓑ

ⓐ와 ⓑ에 의해 $42\leq x\leq46$이다.

따라서 입원실의 최대 개수는 46개이다.

24 수리능력 정답 ②

$1-ax\geq5x+7 \rightarrow -ax-5x\geq6 \rightarrow -(a+5)x\geq6$

이때 부등식의 해가 $x\leq-\frac{3}{4}$이므로 $-(a+5)<0$이다.

이에 따라 $-(a+5)x\geq6 \rightarrow x\leq-\frac{6}{a+5}$

따라서 $-\frac{6}{a+5}=-\frac{3}{4}$이므로 $3(a+5)=24 \rightarrow a=3$이다.

25 수리능력 정답 ③

숫자 카드 1장, 연산자 카드 1장, 숫자 카드 1장 순으로 총 3장의 카드를 뽑아 첫 번째에 뽑은 카드를 x, 두 번째에 뽑은 카드를 y, 세 번째에 뽑은 카드를 z라고 하고, 이를 (x, y, z)로 나타내면

+연산자 카드를 뽑는 경우 (1, +, 7), (2, +, 6), (3, +, 5), (5, +, 3), (6, +, 2), (7, +, 1) 6가지이고, −연산자 카드를 뽑는 경우 (9, −, 1), (10, −, 2) 2가지이며, ×연산자 카드를 뽑는 경우 (1, ×, 8), (2, ×, 4), (4, ×, 2), (8, ×, 1) 4가지이다.

따라서 총 3장의 카드를 뽑아 연산식을 만들었을 때, 뽑은 카드의 연산 결과가 8이 되는 경우의 수는 6+2+4=12가지이다.

26 수리능력 정답 ③

제시된 각 문자를 알파벳 순서에 따라 숫자로 변경한다.

A	A	B	C	E	H	(M)	U	H
1	1	2	3	5	8	(13)	21	34

세 번째 항부터 각 숫자는 앞의 두 숫자의 합이라는 규칙이 적용되므로 빈칸에 들어갈 알맞은 문자는 숫자 13에 해당하는 'M'이다.

27 수리능력 정답 ④

제시된 각 문자를 알파벳 순서에 따라 숫자로 변경한다.

4	H	12	P	20	X	28	F	36	L
4	8	12	16	20	24	28	32	36	38

각 숫자 간의 값이 +4로 반복되므로 규칙이 적용되지 않는 문자는 'L'이다.

28 수리능력 정답 ③

제시된 각 숫자 간의 값이 +3, +6, +12, …와 같이 ×2씩 변화하므로 빈칸에 들어갈 알맞은 숫자는 '374'이다.

29 수리능력 정답 ④

시간 $= \frac{거리}{속력}$임을 적용하여 구한다.

연화가 100km/h의 속력으로 달린 거리를 x라고 하면 80km/h의 속력으로 달린 거리는 $x+50$이다.

또한, 연화가 서울에서 출발한 시각은 14시 20분이고, 광주에 도착한 시각은 18시 20분이므로 연화가 이동한 시간은 총 4시간이다. 이때 연화가 이동한 시간은 100km/h의 속력으로 달린 시간과 80km/h의 속력으로 달린 시간의 합과 같으므로 $4=\frac{x}{100}+\frac{x+50}{80}$ → $1,600=4x+5(x+50)$ → $1,600=9x+250$ → $9x=1,350$ → $x=150$

이에 따라 연화가 100km/h의 속력으로 달린 거리는 150km, 80km/h의 속력으로 달린 거리는 200km이다.

따라서 연화가 서울에서 광주까지 이동한 거리는 150+200=350km이다.

30 수리능력 정답 ④

정가=원가×(1+이익률), 할인가=정가×(1−할인율), 이윤=판매가−원가임을 적용하여 구한다.

식용유 세트 1개당 원가를 x라고 하면

식용유 세트 1개당 정가는 $1.4x$, 할인가는 $1.4x×(1-0.2)=1.12x$, 이윤은 $1.12x-x=0.12x$이므로

$0.12x=2,880$ → $x=24,000$

따라서 식용유 세트 1개당 정가는 1.4×24,000=33,600원이다.

31 수리능력 정답 ④

작년 남자 사원 수를 x, 작년 여자 사원 수를 y라고 하면

현재 남자 사원 수는 작년 남자 사원 수보다 4% 감소하여 $0.96x$이고, 현재 여자 사원 수는 작년 여자 사원 수보다 5% 증가하여 $1.05y$이므로

$x+y=1,000$ → $1.05x+1.05y=1,050$ … ⓐ

$0.96x+1.05y=1,014$ … ⓑ

ⓐ−ⓑ에서 $0.09x=36$ → $x=400$, $y=600$

따라서 작년 남자 사원 수는 400명, 작년 여자 사원 수는 600명이므로 현재 여자 사원 수는 1.05×600=630명이다.

32 수리능력 정답 ②

시간당 작업량 $= \frac{작업량}{시간}$임을 적용하여 구한다.

사각 물탱크를 가득 채우는 데 필요한 물의 양을 1이라고 하면 호스 1개를 사용했을 때 1분 동안 물탱크에 채워지는 물의 양은 빨간색 호스가 $\frac{1}{12}$, 파란색 호스가 $\frac{1}{8}$, 노란색 호스가 $\frac{1}{24}$이므로 3가지 색상의 호스를 모두 동시에 사용했을 때 1분 동안 물탱크에 채워지는 물의 양은 $\frac{1}{12}+\frac{1}{8}+\frac{1}{24}=\frac{6}{24}=\frac{1}{4}$이다.

비어 있는 사각 물탱크를 가득 채우는 데 걸린 시간을 x라고 하면

$\frac{1}{4}×x=1$ → $x=4$

따라서 물탱크를 가득 채우는 데 걸린 시간은 4분이다.

33 수리능력 정답 ③

등락률={(비교일 환율−기준일 환율)/기준일 환율}×100임을 적용하여 구한다.

1년 전 상민이가 구입한 외화의 원화 가격과 1년 전 환율 대비 현재 환율의 국가별 등락률은 다음과 같다.

구분	1년 전 상민이가 구입한 외화의 원화 가격	등락률
미국	1,000×100=100,000원	{(1,200−1,000)/1,000}×100=20%
일본	1,000×100=100,000원	{(1,100−1,000)/1,000}×100=10%
중국	200×1,000=200,000원	{(180−200)/200}×100=−10%
영국	1,500×400=600,000원	{(1,560−1,500)/1,500}×100=4%

상민이의 외화를 통한 재테크 수익은 1년 전 상민이가 구입한 외화의 원화 가격에 해당하는 국가별 등락률을 적용한 값과 같으므로 (100,000×0.2)+(100,000×0.1)+{200,000×(−0.1)}+(600,000×0.04)=34,000원이고, 1년 전 상민이가 구입한 외화의 총 원화 가격은 100,000+100,000+200,000+600,000=1,000,000원이다.

따라서 상민이의 외화를 통한 재테크 수익률은 (34,000/1,000,000)×100=3.4%이다.

빠른 문제 풀이 Tip

상민이가 구입하여 보유하고 있는 외화는 1년 전과 현재가 동일함을 적용하여 구한다.

상민이가 1년 전 구입하여 현재까지 보유한 외화에 1년 전 환율을 적용하면 외화의 총 원화 가격은 (1,000×100)+(1,000×100)+(200×1,000)+(1,500×400)=1,000,000원이고, 현재 환율을 적용하면 외화의 총 원화 가격은 (1,200×100)+(1,100×100)+(180×1,000)+(1,560×400)=1,034,000원이다. 이때 1년 전 대비 1,034,000−1,000,000=34,000원의 수익이 생겼으므로 상민이의 외화를 통한 재테크 수익률은 (34,000/1,000,000)×100=3.4%임을 알 수 있다.

34 수리능력 정답 ②

대출 연 이자율을 x%라고 하면

1개월 동안 발생한 이자는 $120×\frac{x}{100}×\frac{1}{12}=0.1x$만 원이고, 만기일에 납입해야 할 금액은 대출원금과 1개월 동안 발생한 이자이므로 $(120+0.1x)$만 원이다. 이때 만기일에 납입해야 할 금액을 만기일로부터 1개월 뒤에 납입하여 미납금에 대해 $(x+1)$%의 연체이자 60,200원=6.02만 원이 발생했으므로

$(120+0.1x)×\frac{x+1}{100}=6.02$ → $x^2+1,201x-4,820=0$

→ $(x-4)(x+1,205)=0$ → $x=4$

따라서 A 씨가 대출받은 상품의 대출 연 이자율은 4%이다.

35 수리능력 정답 ②

B 씨는 10년 후 만기일시상환을 조건으로 2억 원을 대출하였으므로 대출 기간은 10 × 365 = 3,650일이다. 대출 후 20개월째 되는 날에 5천만 원을 중도상환하였을 때 중도상환수수료율과 대출 잔여일수는 각각 1.0%와 3,650 − (30 × 20) = 3,050일이므로 중도상환수수료는 $5{,}000 \times 0.01 \times \frac{3{,}050}{3{,}650} \fallingdotseq$ 42만 원이고, 대출 후 35개월째 되는 날에 5천만 원을 중도상환하였을 때 중도상환수수료율과 대출 잔여일수는 각각 0.5%와 3,650 − (30 × 35) = 2,600일이므로 중도상환수수료는 $5{,}000 \times 0.005 \times \frac{2{,}600}{3{,}650} \fallingdotseq$ 18만 원이며, 대출 후 5년째 되는 날에는 중도상환수수료가 면제된다.

따라서 B 씨가 대출금을 모두 상환할 때까지 지불한 총 중도상환수수료는 42 + 18 ≒ 60만 원이다.

36 수리능력 정답 ④

1인 가구의 월평균 비소비지출은 1분기에 1,796,639 − 1,340,772 = 455,867원, 2분기에 1,773,411 − 1,355,360 = 418,051원, 3분기에 1,887,791 − 1,405,225 = 482,566원, 4분기에 1,863,710 − 1,439,660 = 424,050원임에 따라 3분기에 직전분기 대비 증가하였으므로 옳지 않은 설명이다.

오답 체크

① 4인 가구의 월평균 비소비지출은 1분기에 6,002,757 − 4,641,479 = 1,361,278원, 2분기에 5,734,233 − 4,469,166 = 1,265,067원임에 따라 2분기 4인 가구의 월평균 비소비지출은 직전분기 대비 {(1,361,278 − 1,265,067) / 1,361,278} × 100 ≒ 7.1% 감소하였으므로 옳은 설명이다.

② 1~4분기 동안 5인 이상 가구의 월평균 처분가능소득의 평균은 (5,153,853 + 4,959,671 + 5,048,697 + 5,143,852) / 4 ≒ 5,076,518원이므로 옳은 설명이다.

③ 3분기 3인 가구의 1인당 월평균 소득은 5,255,306 / 3 ≒ 1,751,769원, 2인 가구의 1인당 월평균 소득은 3,424,735 / 2 = 1,712,367.5원임에 따라 3인 가구의 1인당 월평균 소득이 2인 가구의 1인당 월평균 소득보다 더 많으므로 옳은 설명이다.

[37 - 38]

37 수리능력 정답 ①

2018년 기타 부품 수출액은 3년 전 대비 {(180 − 160) / 160} × 100 = 12.5% 증가하였으므로 옳은 설명이다.

오답 체크

② 2018년 반도체 수입액이 전자 부품 전체 수입액에서 차지하는 비중은 (44,946 / 58,628) × 100 ≒ 76.7%이므로 옳지 않은 설명이다.

③ 제시된 기간 동안 전자관 수출액의 평균 (24 + 11 + 9 + 6 + 7) / 5 = 11.4백만 달러는 전자관 수입액의 평균 (70 + 69 + 66 + 67 + 66) / 5 = 67.6백만 달러보다 67.6 − 11.4 = 56.2백만 달러 적으므로 옳지 않은 설명이다.

④ 제시된 기간 중 접속 부품 수입액이 가장 낮은 2016년에 접속 부품 수출액은 전년 대비 2,571 − 2,292 = 279백만 달러 증가하였으므로 옳지 않은 설명이다.

38 수리능력 정답 ④

ⓔ A~D 4개의 전자 부품 중 2015년부터 2017년까지 전년 대비 수입액과 수출액의 증감 추이가 2015년과 2016년에 감소, 2017년에 증가로 동일한 전자 부품은 A이므로 A가 평판디스플레이이다.

ⓒ 평판디스플레이인 A를 제외하고, 제시된 기간 동안 수입액이 수출액보다 매년 적은 전자 부품은 D이므로 D가 PCB이다.

ⓛ 평판디스플레이인 A와 PCB인 D를 제외한 B, C만 고려하면, 제시된 기간 중 반도체의 수출액이 처음으로 80,000백만 달러를 넘은 2017년에 C의 수출액은 B의 수출액보다 1,847 − 58 = 1,789백만 달러 많으므로 B는 센서, C는 수동 부품이다.

따라서 A는 평판디스플레이, B는 센서, C는 수동 부품, D는 PCB이다.

[39 - 40]

39 수리능력 정답 ②

ⓛ 제시된 기간 중 반도체 수출액이 두 번째로 작은 2019년에 반도체 수출액은 디스플레이 수출액의 573.5/370.5 ≒ 1.55로 1.5배 이상이므로 옳은 설명이다.

ⓒ 2019년~2024년 연도별 반도체 시장점유율의 평균은 (15.6 + 16.5 + 17.4 + 16.6 + 21.5 + 23.4)/6 = 18.5%이므로 옳은 설명이다.

오답 체크

ⓖ 2023년 대비 2024년에 반도체 수출액은 전년 대비 증가하였지만, 디스플레이 수출액은 전년 대비 감소하였으므로 옳지 않은 설명이다.

ⓔ 2020년 이후 반도체 생산액이 전년 대비 감소한 2022년에 디스플레이 생산액의 전년 대비 증가율은 {(69.5 − 44.2)/44.2} × 100 ≒ 57.2%로 60% 미만이므로 옳지 않은 설명이다.

40 수리능력 정답 ②

2018년 수출액 = 2019년 수출액/(1 + 수출액 전년 대비 증가율)임을 적용하여 구한다.

2018년 반도체 수출액을 a, 2018년 디스플레이 수출액을 b라고 하면

2019년 반도체 수출액은 573.5억 불, 수출액 전년 대비 증가율은 −7.5%이므로

a = 573.5/(1 − 0.075) → a = 620억 불이고,

2019년 디스플레이 수출액은 370.5억 불, 수출액 전년 대비 증가율은 14.0%이므로

b = 370.5/(1 + 0.14) → b = 325억 불이다.

따라서 2018년 반도체 수출액은 620억 불, 2018년 디스플레이 수출액은 325억 불이다.

41 문제해결능력 정답 ②

제시된 조건에 따르면 2층 2열은 비우고 같은 종류의 통장은 같은 열에 정리하므로 적금 통장은 1열 또는 3열에 정리할 수 있다. 이때 모든 적금 통장은 예금 통장보다 왼쪽에 정리하므로 적금 통장은 1열에 정리하고, 연금 통장은 주택 청약 통장 바로 오른쪽에 정리하므로 분홍색 주택 청약 통장은 1층 2열에, 보라색 연금 통장은 1층 3열에 정리하고, 검은색 예금 통장은 2층 3열에 정리한다. 이에 따라 같은 색의 통장은 같은 층에 정리하므로 검은색 적금 통장은 2층 1열에, 흰색 적금 통장은 1층 1열에 정리한다.

구분	1열	2열	3열
2층	검은색 적금 통장		검은색 예금 통장
1층	흰색 적금 통장	분홍색 주택 청약 통장	보라색 연금 통장

따라서 흰색 적금 통장은 1층 1열에 정리하므로 항상 거짓인 설명이다.

오답 체크

① 분홍색 주택 청약 통장을 정리한 칸의 바로 위 칸인 2층 2열은 비어 있으므로 항상 참인 설명이다.
③ 검은색 예금 통장은 2층 3열에, 보라색 연금 통장은 1층 3열에 정리하므로 항상 참인 설명이다.
④ 다섯 개의 통장을 정리하는 방법은 1가지이므로 항상 참인 설명이다.

42 문제해결능력 정답 ②

네 번째 명제, 첫 번째 명제의 '대우', 세 번째 명제의 '대우', 두 번째 명제를 차례로 결합한 결론은 다음과 같다.

- 네 번째 명제: 승마를 잘하는 사람은 독서도 잘한다.
- 첫 번째 명제(대우): 승마를 잘하거나 독서를 잘하는 사람은 수영도 잘한다.
- 세 번째 명제(대우): 수영을 잘하는 사람은 토론도 잘한다.
- 두 번째 명제: 토론을 잘하는 사람은 피아노 연주도 잘한다.
- 결론: 승마를 잘하는 사람은 독서와 수영을 잘하며, 수영을 잘하는 사람은 토론과 피아노 연주도 잘한다.

따라서 항상 참인 것은 '㉠, ㉣'이다.

43 문제해결능력 정답 ②

제시된 조건에 따르면 '가'가 도둑이면 '다'와 '라' 중 한 명도 도둑이다. 그러나 이는 네 명 중 도둑인 사람은 한 명이라는 조건에 모순되므로 '가'는 도둑이 될 수 없다. 또한, '가'가 도둑이 아니면 '다'도 도둑이 아니라는 조건에 따라 '다'도 도둑이 될 수 없다. 이때 또 다른 조건에서 '나'가 도둑이 아니면 '가'와 '다' 중 한 명은 도둑이 되지만 '가'와 '다'는 모두 도둑이 될 수 없으므로 '나'가 도둑이 아닌 경우는 성립할 수 없다. 따라서 '나'가 도둑이다.

44 문제해결능력 정답 ①

제시된 〈참인 내용〉에 따르면 가 직원이 판매한 상품의 3개월 수익률은 5% 이상이므로 가 직원은 갑 또는 을에게 상품을 판매하였고, 라 직원이 판매한 상품의 1개월 수익률은 마이너스를 기록했으므로 라 직원은 갑 또는 정에게 상품을 판매하였다. 제시된 〈거짓인 내용〉에 따르면 라 직원이 판매한 상품은 혼합형이 아니므로 라 직원은 정이 아닌 갑에게 상품을 판매하였고, 가 직원은 을에게 상품을 판매하였다. 또한, 제시된 〈거짓인 내용〉에 따르면 나 직원이 판매한 상품은 순자산이 가장 높지 않으므로 나 직원은 병이 아닌 정에게 상품을 판매하였고, 다 직원은 병에게 상품을 판매하였음을 알 수 있다. 따라서 가는 을, 나는 정, 다는 병, 라는 갑에게 상품을 판매하였다.

45 문제해결능력 정답 ③

이용 가능 시간만을 고려하면 세미나 첫째 날에는 오전/오후 일정을 같은 곳에서 진행 가능한 북부농업교육장과 남부농업기술센터 두 군데가 이용 가능하므로 옳지 않은 내용이다.

오답 체크

① 수용 가능 인원을 고려하면 수용 가능 인원이 45명인 남부농업기술센터는 적합하지 않으므로 옳은 내용이다.
② 팀장님의 지시에 따라 둘째 주나 셋째 주 평일 이틀 동안 진행하는 것으로 결정되어 1, 2, 3일과 주말은 제외하고 고려해야 하므로 옳은 내용이다.
④ 모든 지시 사항을 고려하면 인원은 50명 이상이면서 첫째 날에는 오전/오후 일정이 같은 곳에서 진행 가능한 북부농업교육장에서 세미나를 진행하고, 둘째 날에는 오전 일정이 가능한 북부농업교육장 또는 동부농업기술센터에서 진행해야 하지만, 14일에는 북부농업교육장에서 세미나를 진행할 수 없으므로 옳은 내용이다.

46 문제해결능력 정답 ③

'우대금리'에 따르면 해당 상품 가입월부터 만기 전월까지 기간 중 3개월 이상 OO은행에서 급여이체 시 우대금리 0.15%p를 적용 받으며 비연속적으로 3개월 이상인 경우도 포함되므로 옳은 내용이다.

오답 체크

① '가입기간에 따른 기본금리'에 따르면 가입기간이 20개월일 경우 1.10%, 36개월일 경우 1.25%로 차이는 1.25 − 1.10 = 0.15%p이므로 옳지 않은 내용이다.
② '우대금리'에 따르면 우대금리는 우대조건 만족 시 가입일의 기본금리에 가산하여 만기 해지 시 적용되므로 옳지 않은 설명이다.
④ '우대금리'에 따르면 가입월부터 만기 전월까지 현금서비스를 제외한 OO은행 개인신용/체크카드(교육) 월평균 20만 원 이상 이용 시 우대금리를 적용받을 수 있으므로 옳지 않은 내용이다.

[47 - 48]

47 문제해결능력 정답 ③

'1. 일정 및 장소 - 2)'에 따르면 신청 기간은 20XX년 10월 8일 금요일까지이며, '2. 참가 방법'에 따르면 신청 내용은 접수 마감일까지 수정할 수 있으므로 옳은 내용이다.

오답 체크

① '6. 참고 사항 - 1)'에 따르면 헬멧 미착용 시에는 경기 참가가 불가하지만, 손목 보호대 착용은 권장사항이므로 옳지 않은 내용이다.
② '3. 참가비 및 납부 방법 - 2)'에 따르면 단체 참가자가 무통장 입금을 하는 경우 입금자 서명란에 단체장의 이름 또는 참가 단체 이름을 기재해야 하므로 옳지 않은 내용이다.
④ '2. 참가 방법'에 따르면 동호인 단체부에 참가하는 경우 사전에 동호인 등록을 해야 하며, 비등록 동호인 선수는 입상 시 제외되므로 옳지 않은 내용이다.

48 문제해결능력 정답 ②

'4. 참가 부문'에 따르면 20km 개인부에만 연맹 등록 선수 또는 선수 등록이 말소 후 5년이 경과되지 않은 참가자가 지원할 수 없으므로 옳은 내용이다.
따라서 안내문을 가장 잘 이해하고 있는 사람은 '정은'이다.

오답 체크

① '6. 참고 사항 - 2)'에 따르면 우천 시에도 마라톤 대회는 정상적으로 진행되며 대회 진행 시 참가비 환불은 불가하므로 옳지 않은 내용이다.
③ '5. 시상 내역'에 따르면 단체부 순위는 마지막 주자를 기준으로 정해지므로 옳지 않은 내용이다.
④ '4. 참가 부문'에 따르면 20km 개인 장년부는 36세 이상부터 59세 이하까지 참가할 수 있으므로 옳지 않은 내용이다.

49 문제해결능력 정답 ③

문제를 바라보는 관점은 기존의 고정된 사고 방식에서 벗어나 혁신적인 관점에서 바라보는 사고를 추구해야 하므로 옳지 않은 설명이다.

50 문제해결능력 정답 ③

창의적 사고는 당면한 문제를 해결하기 위해 개인이 가지고 있는 경험과 지식을 가치 있는 새로운 아이디어로 결합함으로써 참신한 아이디어를 산출하는 능력을 의미하며, 창의적 사고를 개발하는 방법으로는 자유연상법, 강제연상법, 비교발상법 등이 있다. 이 중 B는 비교발상법의 Synectics법, C는 강제연상법, E는 자유연상법의 브레인스토밍을 활용하여 창의적 사고를 기르기 위해 노력하고 있다.
따라서 창의적 사고를 기르기 위해 올바른 노력을 하고 있는 사람은 'B, C, E'이다.

오답 체크

- A: 논리적 사고를 기르기 위한 노력이며, 논리적 사고를 위한 태도로 생각하는 습관, 상대 논리의 구조화, 구체적인 생각, 타인에 대한 이해, 설득이 있다.
- D: 비판적 사고를 기르기 위한 노력이며, 비판적 사고를 위한 태도로 지적 호기심, 객관성, 개방성, 융통성, 지적 회의성, 지적 정직성, 체계성, 지속성, 결단성, 다른 관점에 대한 존중 등이 있다.

51 자원관리능력 정답 ③

K 고객 정보에 따른 고객 등급 평가 기준별 점수는 다음과 같다.

구분	K 고객 정보	점수
거래기간	32년	32×8=256점 (최고 200점)
급여이체	250만 원	350점
신용카드 (체크카드 포함)	300만 원	(300/10)×15=450점
수신 (입출식 예금)	800만 원	(800/10)×8=640점
여신 (가계대출)	6,000만 원	(6,000/10)×4 =2,400점
보험 (저축성 보험료)	1,000만 원	(1,000/10)×3=300점

이에 따라 K 고객의 OO은행 고객 등급 평가 기준에 따른 기준점수는 200+350+450+640+2,400+300=4,340점이고, 금융자산은 본인 기준으로 수신 3개월 평균 잔액, 보험 및 방카슈랑스 보험료 누계액의 합산 금액이므로 800+1,000=1,800만 원이다.
따라서 K 고객의 등급은 '블루'이다.

52 자원관리능력 정답 ②

토요일에 서울에서 강릉으로 가는 승차권의 기본 운임은 20,000원이고, 적용 가능한 할인은 주말 할인 15%와 VIP 할인 10%이므로 결제 금액은 20,000×0.85×0.9=15,300원이다. 또한, 일요일에 강릉에서 서울로 돌아오는 승차권을 1개월~출발 1일 전에 취소했으므로 환불 위약금은 400원이고, 월요일에 강릉에서 서울로 돌아오는 승차권의 기본 운임은 20,000원이며, VIP 할인 10%만 적용 가능하므로 결제 금액은 20,000×0.9=18,000원이다.
따라서 이번 출장에서 승차권을 위해 지출한 총 금액은 15,300+400+18,000=33,700원이다.

[53 - 54]

53 자원관리능력 정답 ③

제시된 조건에 따르면 송년회 장소는 문 사원의 사무실에서 5km 이내에 위치해야 하므로 계약 가능한 장소는 문 사원의 사무실에서 각각 5km, 3km, 1km 떨어진 A, B, D이다. 이때 업무상 200명의 임직원이 참석하지 못하여 300명만 참석하며, 공석이 생기지 않도록 계약해야 하므로 'D'가 가장 적절하다.

54 자원관리능력 정답 ①

제시된 조건에 따르면 워크숍을 2박 3일 동안 진행하므로 계약 가능한 장소는 사용가능기간이 각각 3일, 5일인 C와 F이다. 이때 문 사원이 재직하고 있는 회사의 임직원은 총 500명이며, 그중 팀장 이상 직책의 임직원은 500×0.05=25명이므로 팀장 이상 직책의 과장은 25명 이하이다. 또한, 워크숍 장소는 사무실과 가까워야 하므로 사무실과 비교적 가까운 'C'가 가장 적절하다.

55 자원관리능력 정답 ④

제시된 [최 사원의 업무 리스트 및 점수]에 따라 8개 업무 점수를 각각 계산하면 a 업무는 5+8=13점, b 업무는 1+2=3점, c 업무는 7+10=17점, d 업무는 10+3=13점, e 업무는 2+7=9점, f 업무는 9+9=18점, g 업무는 4+1=5점, h 업무는 6+9=15점이다. 이에 따라 업무의 우선순위를 정하면 15점 이상인 c, f, h 업무는 긴급하면서 중요한 업무에 해당하고, 6점 이상 15점 미만인 a, d, e 업무 중 a, e 업무는 긴급하지 않지만 중요한 업무, d 업무는 긴급하지만 중요하지 않은 업무에 해당하며, 6점 미만인 b, g 업무는 긴급하지도 중요하지도 않은 업무에 해당한다.
따라서 최 사원은 월요일에 c, f, h 업무를, 화요일에 a, d, e 업무를, 수요일에 b, g 업무를 진행해야 한다.

56 조직이해능력 정답 ②

기회 요소인 4차 산업혁명 기술을 접목한 스마트 농업의 확산을 활용하기 위해 강점 요소인 정부 및 지자체와의 밀접한 협력 체계를 사용하는 SO(강점 – 기회)전략에 해당하므로 적절하지 않다.

오답 체크

① 기회 요소인 친환경 식자재에 대한 수요 증가 및 확대된 온라인 식자재 유통 시장을 활용하기 위해 강점 요소인 신선하고 품질 좋은 친환경 지역 농산물 유통 체계를 사용하는 SO(강점 – 기회)전략에 해당하므로 적절하다.
③ 위협 요소인 농업 인구 감소 및 실질적인 고객층을 이루는 농가의 고령화 가속화를 회피하기 위해 강점 요소인 정부 및 지자체와의 밀접한 협력 체계를 사용하는 ST(강점 – 위협)전략에 해당하므로 적절하다.
④ 위협 요소인 기후 변화로 인한 농산물 생산량 및 가격 변동 심화를 회피하고 조합원 내 유통경영 전문가 부족으로 인한 저조한 경영 성과라는 약점을 최소화하는 WT(약점 – 위협)전략에 해당하므로 적절하다.

57 조직이해능력 정답 ③

기계적 조직의 특징에 해당하는 것은 ㉡, ㉣이다.

오답 체크

㉠, ㉢은 유기적 조직의 특징에 해당한다.

58 조직이해능력 정답 ④

[정 사원이 작성한 결재 양식]은 부장 전결의 결재 양식이다. [결재 규정]에 따르면 10만 원 이상 20만 원 미만의 택배 이용비에 대한 지출결의서는 팀장 전결사항에 해당하므로 정 사원이 작성한 결재 양식을 사용할 수 없다.

59 조직이해능력 정답 ④

제시된 지문은 자산운용과 관련된 여러 가지 서비스를 한데 묶어 투자자의 성향에 맞게 제공하고, 투자자가 맡긴 자산에 대해 구성·운용·자문까지 통합적으로 관리해주는 서비스인 '랩어카운트'에 대한 설명이다.

오답 체크

① ELS(Equity Linked Securities): 주가나 개별주식을 기초자산으로 하여 일정한 조건을 충족하면 정해진 수익률에 따라 지급하는 금융상품
② 퀀트펀드: 금융공학적 기법을 바탕으로 계량적 투자모델에 의해 주식과 채권의 비중을 조절하는 펀드
③ REITs(Real Estate Investment Trusts): 펀드매니저들이 기관투자자와 일반인의 자금을 모아 부동산에 전문적으로 투자하는 뮤추얼펀드 형태의 투자신탁

60 조직이해능력 정답 ①

조직목표는 미래지향적이지만 현재 조직행동의 방향성을 결정해 주는 역할을 하므로 가장 적절하지 않다.

Note

Note